Informatikrecht

Karl Wolfhart Nitsch

Informatikrecht

Grundlagen, Rechtsprechung
und Fallbeispiele

5. Auflage

Springer Gabler

Karl Wolfhart Nitsch
Fakultät für Wirtschaftswissenschaft
Hochschule Wismar
Wismar, Deutschland

ISBN 978-3-658-16425-6   ISBN 978-3-658-16426-3   (eBook)
DOI 10.1007/978-3-658-16426-3

Die Deutsche Nationalbibliothek verzeichnet diese Publikation in der Deutschen Nationalbibliografie; detaillierte bibliografische Daten sind im Internet über http://dnb.d-nb.de abrufbar.

Springer Gabler
1–4.Aufl.: Die ersten vier Auflagen erschienen unter dem Titel „IT-Recht" im Verlag EHV academicpress GmbH, Bremen 2009, 2012, 2013, 2014
5.Aufl.: © Springer Fachmedien Wiesbaden GmbH 2017

Gedruckt auf säurefreiem und chlorfrei gebleichtem Papier

Springer Gabler ist Teil von Springer Nature
Die eingetragene Gesellschaft ist Springer Fachmedien Wiesbaden GmbH
Die Anschrift der Gesellschaft ist: Abraham-Lincoln-Str. 46, 65189 Wiesbaden, Germany

Vorwort

Das Fachbuch „Informatikrecht" bietet eine leicht verständliche Darstellung des gesamten Rechtsgebiets des Informatikrechts und erläutert praxisbezogen die rechtlichen Rahmenbedingungen für die Nutzung des World Wide Web, von IT in sämtlichen Ausgestaltungsformen (wie zum Beispiel Computer, Software u. v. a. m.) sowie der vielfältigen neuen Medien.

In den vergangenen Jahren haben das Internet und damit die gesamte IT-Branche zunehmend an Bedeutung gewonnen. Kenntnisse der gesetzlichen Regelungen und Rahmenbedingungen sowie der richtige Umgang hiermit sind daher immer wichtiger und unverzichtbarer geworden.

Das Informatikrecht ist kein einheitliches Rechtsgebiet, sondern setzt sich vielmehr aus zahlreichen unterschiedlichen Rechtsgebieten zusammen. Zu erwähnen sind hier die verfassungsrechtlichen Grundlagen, die speziellen Mediengesetze, das Recht des elektronischen Geschäftsverkehrs (E-Commerce), das IT-Vertragsrecht sowie der Schutz des geistigen Eigentums durch das Urheber-, Patent-, Marken-, Gebrauchsmuster- und Designrecht. Das Computerrecht hat dabei eine eigenständige Bedeutung erlangt. Aber auch das Wettbewerbsrecht, das Datenschutzrecht, das Domainrecht und Computerstraftaten sind immer wichtiger geworden.

Es werden in dem Fachbuch die dem Informatikrecht in seiner ganzen Breite zugrunde liegenden Gesetze, die sonstigen Vorschriften, die vertraglichen Rahmenbedingungen und zahlreiche Gerichtsentscheidungen auf allen Gebieten des Informatikrechts betrachtet. Dem Leser werden hierbei die faszinierenden Zusammenhänge des sich ständig wandelnden, expandierenden und erneuernden und damit außerordentlich dynamischen Rechtsgebiets verdeutlicht und zugleich nähergebracht.

Das Buch wendet sich an IT-Praktiker in Unternehmen und Verbänden; es eignet sich auch für Studierende an Fachhochschulen und beruflichen Weiterbildungsinstitutionen.

Wismar, Deutschland   Karl Wolfhart Nitsch

Inhaltsverzeichnis

1 **Verfassungsrechtliche Grundlagen** 1
   1.1 Einleitung 1
   1.2 Kommunikationsgrundrechte 2
      1.2.1 Meinungsfreiheit 2
      1.2.2 Informationsrecht 8
      1.2.3 Freiheit der Massenmedien 9
      1.2.4 Zensurverbot 12
   1.3 Schranken der Kommunikationsgrundrechte 13
      1.3.1 Persönlichkeitsrechte 15
      1.3.2 Juristische Konsequenzen aus
               Persönlichkeitsrechtsverletzungen 31
      1.3.3 Fotos von Politikern in der Werbung 33
   1.4 Weitere Grundrechte mit Bedeutung für die Medien 35

2 **Mediengesetze nach medialen Erscheinungsformen** 37
   2.1 Einführung 37
   2.2 Presserecht 38
      2.2.1 Wahrheits- und Sorgfaltspflicht 38
      2.2.2 Gegendarstellungspflicht 39
      2.2.3 Impressumspflicht 40
      2.2.4 Kennzeichnungspflicht für entgeltliche Veröffentlichungen 40
   2.3 Rundfunkrecht 41
      2.3.1 Rundfunkstaatsvertrag (RStV) 42
      2.3.2 Trennung von redaktionellem Inhalt und
               Werbung – Schleichwerbung – Product-Placement 49
      2.3.3 Sponsoring 54
      2.3.4 Beweissicherung durch Aufzeichnungs-
               und Aufbewahrungspflicht 55
   2.4 Filmrecht 55

2.5   Multimediarecht, Telemedien.   56
    2.5.1   Telemediengesetz   57
    2.5.2   Datenschutz bei Telemedien.   65
    2.5.3   Haftung des Diensteanbieters (Providers)   71
    2.5.4   Herkunftslandprinzip   100
2.6   Telekommunikationsrecht   103

3   Recht des elektronischen Geschäftsverkehrs   111
3.1   E-Commerce-Richtlinie der EU (Richtlinie-2000/31/EG).   111
3.2   Schuldrecht.   112
    3.2.1   Vertragstypen nach dem Bürgerlichen Recht   113
    3.2.2   Andere Vertragstypen   120
    3.2.3   Verbraucherschutz, Fernabsatzverträge   122
3.3   Rechtswahlfreiheit   135
3.4   Vertragsschluss bei Online-Geschäften   138
    3.4.1   Willenserklärung per E-Mail   139
    3.4.2   Elektronische Signatur   141
    3.4.3   Homepage als „invitatio ad offerendum".   143
    3.4.4   Online-Auktionen, Power- und Communityshopping   146
3.5   Allgemeine Geschäftsbedingungen   150
3.6   Online-Banking, Electronic Banking, Internet Banking,
    Finanzportale   153
3.7   Elektronisches Lastschriftverfahren – „SEPA-Lastschrift"   156
    3.7.1   Bestätigung der Erteilung eines
              SEPA-Firmenlastschrift-Mandats.   158

4   IT-Vertragsrecht   161
4.1   Einleitung   161
4.2   Erwerb und Nutzung von Hardware.   161
    4.2.1   Verträge über den Kauf von Hardware.   162
    4.2.2   Verträge über die Miete von Hardware   165
    4.2.3   Verträge über das Leasing von Hardware.   167
    4.2.4   Verträge über die Wartung von Hardware   169
4.3   Erwerb und Nutzung von Software   171
    4.3.1   Verträge über den Kauf von Software   172
    4.3.2   Verträge über die Miete von Software   175
    4.3.3   Softwareleasing   178
    4.3.4   Application Service Providing (ASP)   179
4.4   Softwareerstellung   180
4.5   Wartung und Pflege von Software   187
4.6   Weitere Fallgestaltungen   190
    4.6.1   Beraterverträge.   190
    4.6.2   Generalunternehmer-/Subunternehmergestaltungen   191

	4.6.3	Rechenzentrumsverträge	192
	4.6.4	Cloud-Computing	193
	4.6.5	Outsourcing/Backsourcing	194
	4.6.6	Quellcodehinterlegung/Escrow	195
5	**Schutz des geistigen Eigentums**		**197**
5.1	Überblick		197
5.2	Urheberrecht		198
	5.2.1	Urheber	198
	5.2.2	Werk	198
	5.2.3	Entstehung des Urheberrechts	210
	5.2.4	Inhalt des Urheberrechts	214
	5.2.5	Übergang des Urheberrechts	245
	5.2.6	Vergütung	247
	5.2.7	Konsequenzen aus der Verletzung des Urheberrechts	251
	5.2.8	Beendigung des Urheberrechts	252
	5.2.9	Besonderheiten zum Urheberrechtsschutz bei Computerprogrammen	253
	5.2.10	Schutz des Datenbankherstellers gegen Entnahme von Daten	256
	5.2.11	Internationales Urheberrecht, Rechtswahl	257
5.3	Patentrecht		257
	5.3.1	Patent	258
	5.3.2	Erfinder	261
	5.3.3	Inhalt des Patentrechts, Verwertungsrechte	262
	5.3.4	Entstehung des Patentrechts	263
	5.3.5	Übertragung des Patentrechts	263
	5.3.6	Konsequenzen aus der Verletzung des Patentrechts	264
	5.3.7	Beendigung des Patentrechts	264
	5.3.8	Patentgerichtsbarkeit	265
	5.3.9	Europäische Patente	266
5.4	Gebrauchsmusterrecht		272
5.5	Designrecht		273
5.6	Markenrecht		277
	5.6.1	Marken und geschäftliche Bezeichnungen	277
	5.6.2	Schutzhindernisse	283
	5.6.3	Anmeldung und Eintragung der Marke	287
	5.6.4	Rechte aus der Marke	288
	5.6.5	Gerichtsentscheidungen zum Markenrecht	290
	5.6.6	Kollektivmarken	307
	5.6.7	Geografische Herkunftsangaben	307

6   Wettbewerbsrecht   315
  6.1   Überblick   315
  6.2   Gesetz gegen den unlauteren Wettbewerb   315
    6.2.1   Allgemeines zum UWG: §§ 1, 3, 3a, 4, 4a UWG   315
    6.2.2   Irreführende geschäftliche Handlungen und
            Irreführung durch Unterlassen: §§ 5, 5a UWG   321
    6.2.3   Vergleichende Werbung: § 6 UWG   330
    6.2.4   Belästigende Werbung: § 7 UWG   336
    6.2.5   Rechtsfolgen bei Wettbewerbsverstößen   343
    6.2.6   Besonderheiten des Wettbewerbsrechts im Internet   348
  6.3   Gesetz gegen Wettbewerbsbeschränkungen, Kartellrecht   350
    6.3.1   Kartellverbot   351
    6.3.2   Fusionskontrolle, Konzentrationskontrolle   354

7   Datenschutz, Jugendschutz und allgemeine Strafvorschriften   359
  7.1   Überblick   359
  7.2   Datenschutz   359
    7.2.1   Notwendigkeit und Inhalt der Datenschutzbestimmungen   360
    7.2.2   Anwendung des Bundesdatenschutzgesetzes   360
    7.2.3   Internationale Anwendbarkeit   369
    7.2.4   Datenerhebung durch öffentliche und nicht-öffentliche
            Stellen   374
    7.2.5   Rechte der Betroffenen   378
    7.2.6   Datenschutz und Datensicherung   384
    7.2.7   Datenschutzbeauftragte   385
    7.2.8   Medienprivilegien   385
    7.2.9   Videoüberwachung und Online-Durchsuchungen   386
    7.2.10 Vorratsdatenspeicherung   392
    7.2.11 BDSG-neu und EU-DSGVO   405
  7.3   Jugendschutz   411
    7.3.1   Rechtsquellen des Jugendschutzes   411
    7.3.2   Rechtsfolgen bei Verletzung der
            Jugendschutzbestimmungen   416
  7.4   Allgemeine Strafvorschriften   417
    7.4.1   Medienbezogene Strafbestimmungen   417
    7.4.2   Computer- und Internetkriminalität   418
    7.4.3   Begünstigende Sondernormen für die Medien   420

8 Domainrecht   423

   8.1   Überblick   423

   8.2   Aufbau der URL.   424

   8.3   Schutz von Domains.   424

   8.4   Vergabe von Domains   426

   8.5   Gleichnamigkeit   428

   8.6   Domain-Inhaber   435

   8.7   Domain-Pfändung   440

Anhang   443

Abkürzungsverzeichnis

a. a. O.	am angegeben Ort
Abs.	Absatz
a. F.	alte Fassung
AG	Amtsgericht
AGB	Allgemeine Geschäftsbedingungen
AGV	außerhalb von Geschäftsräumen geschlossene Verträge
a. M.	am Main
ArbnErfG	Gesetz über Arbeitnehmererfindungen (Arbeitnehmererfindungsgesetz)
ARD	Arbeitsgemeinschaft der öffentlich-rechtlichen Rundfunkanstalten der Bundesrepublik Deutschland
Art.	Artikel
ASCII	American Standard Code for Information Interchange
ASP	Application Service Providing
BB	Betriebs-Berater (Zeitschrift)
BCS	Banking Communication Standard
BDSG	Bundesdatenschutzgesetz
Beschl.	Beschluss
BGB	Bürgerliches Gesetzbuch
BGB-InfoVO	Verordnung über Informations- und Nachweispflichten nach bürgerlichem Recht
BGBl.	Bundesgesetzblatt
BGH	Bundesgerichtshof
BKA	Bundeskriminalamt
BKAG	Bundeskriminalamtgesetz
BMF	Bundesministerium für Finanzen
BPatG	Bundespatentgericht
BPjM	Bundesprüfstelle für jugendgefährdende Medien
BSI	Bundesamt für Sicherheit in der Informationstechnik
bspw.	Beispielsweise

BT	Bundestag
BVerfG	Bundesverfassungsgericht
BVerwG	Bundesverwaltungsgericht
BVG	Gesetz über die Versorgung der Opfer des Krieges (Bundesversorgungsgesetz)
BvR	Aktenzeichen des Bundesverfassungsgerichts
CCL	Creative Commons Lizenzen
CISG	Convention on Contracts of the international Sale of Goods – Übereinkommen der Vereinten Nationen über Verträge über den internationalen Warenkauf (UN-Kaufrecht)
CR	Computer und Recht (Zeitschrift)
DB	Der Betrieb (Zeitschrift)
DENIC	Deutsches Network Information Center
DesignG	Gesetz über den rechtlichen Schutz von Design (Designgesetz)
d. h.	das heißt
DIN	Deutsches Institut für Normung
DNS	Domain Name System
DoS	Denial of Service, engl. für: Dienstverweigerung
DPMA	Deutsches Patent- und Markenamt
DRM	Digital Rights Management
DRTV	Direct Response Television
DSAnpUG-EU	Gesetz zur Anpassung des Datenschutzrechts an die Datenschutz-Grundverordnung und zur Umsetzung der Richtlinie (EU) 2016/680 (Datenschutz-Anpassungs- und -Umsetzungsgesetz-EU)
E	Entwurf
EBICS	Electronic Banking Internet Communication Standard
e. G.	eingetragene Genossenschaft
EG	Europäische Gemeinschaft
EGBGB	Einführungsgesetz zum Bürgerlichen Gesetzbuche
EGMR	Europäischer Gerichtshof für Menschenrechte
EGStPO	Einführungsgesetz zur Strafprozessordnung
eIDAS	electronic Identification and Signature
EKI	Elektronische Kontoinformation
EMZ	Elektronischer Massenzahlungsverkehr
engl.	englisch
EPA	Europäisches Patentamt
EPÜ	Europäisches Patentübereinkommen
et al.	und andere
ETSI	European Telecommunications Standards Institute
EU	Europäische Union
EU-DSGVO	EU-Datenschutz-Grundverordnung
EuGH	Europäischer Gerichtshof

EUV	Vertrag über die Europäische Union
FCFS	first-come-first-served
FFG	Gesetz über Maßnahmen zur Förderung des deutschen Films (Filmförderungsgesetz)
FIFO	first-in-first-out
franz.	französisch
FSF	Freiwillige Selbstkontrolle für Fernsehen
FSK	Freiwillige Selbstkontrolle
FSM	Freiwillige Selbstkontrolle Multimedia-Diensteanbieter
FTAM	File Transfer and Access Management
FTC	Federal Trade Commission
FTP	File Transfer Protocol
GbR	Gesellschaft bürgerlichen Rechts
GebrMG	Gebrauchsmustergesetz
GEMA	Gesellschaft für musikalische Aufführungs- und mechanische Vervielfältigungsrechte
GEZ	Gebühreneinzugszentrale
GG	Grundgesetz
ggf.	gegebenenfalls
GWB	Gesetz gegen Wettbewerbsbeschränkungen
HABM	Agentur der Europäischen Union für die Eintragung von Marken und Geschmacksmustern
HBV	Hausbankverfahren
HGB	Handelsgesetzbuch
HSM	Hardware Security Module
HTML	Hypertext Markup Language
http	Hyper Text Transfer Protocol
https	HyperText Transfer Protocol Secure
IaaS	Infrastructure as a Service
ICANN	Internet Cooperation für Assigned Names and Numbers
IFG	Informationsfreiheitsgesetz des Bundes
IHK	Industrie- und Handelskammer
i. S.	im Sinne
ISO	Internationale Organisation für Normung
IT	Informationstechnik
i. V. m.	in Verbindung mit
JA	Juristische Arbeitsblätter (Zeitschrift)
JMStV	Jugendmedienschutz-Staatsvertrag
JuSchG	Jugendschutzgesetz
K&R	Kommunikation & Recht (Zeitschrift)
KEF	Kommission zur Überprüfung und Ermittlung des Finanzbedarfs der Rundfunkanstalten

KEK	Kommission zur Ermittlung der Konzentration
KG	Kommanditgesellschaft
KJM	Kommission für Jugendmedienschutz
KunstUrhG	Kunsturhebergesetz
KWG	Kreditwesengesetz
LAN	Local Area Network
lat.	lateinisch
LG	Landgericht
lit.	Buchstabe
MAD	Militärischer Abschirmdienst
MarkenG	Markengesetz
MarkenR	Zeitschrift für deutsches europäisches und internationales Kennzeichenrecht (Zeitschrift)
MD5	Message-Digest Algorithm 5
MDR	Monatsschrift für Deutsches Recht (Zeitschrift)
MDStV	Mediendienste-Staatvertrag
Mio.	Millionen
NSI	Network Solution
NWPresseG	Pressegesetz für das Land Nordrhein-Westfalen
o. ä.	oder ähnlich(es)
OHG	Offene Handelsgesellschaft
OLG	Oberlandesgericht
OSI	Open Systems Interconnection
OVG	Oberverwaltungsgericht
PaaS	Platform as a Service
PAngV	Preisangabenverordnung
PatG	Patentgesetz
PC	Personal Computer
PCT	Patent Cooperation Treaty
PDA	Personal Digital Assistant
ProdSG	Gesetz über die Bereitstellung von Produkten auf dem Markt (Produktsicherheitsgesetz)
PVÜ	Pariser Verbandsübereinkunft zum Schutz des gewerblichen Eigentums
RAID	Redundant Array of Independent Disks
RFinStV	Rundfunkfinanzierungsstaatsvertrag
RStV	Rundfunksstaatsvertrag
S.	Satz
SaaS	Software as a Service
SCL	SEPA-Clearer
SEPA	Single Euro Payments Area
SGB XII	Sozialgesetzbuch (SGB) Zwölftes Buch (XII) – Sozialhilfe

SigG	Signaturgesetz
SLA	Service-Level-Agreements
SSEE	sichere Signatureinheit
StGB	Strafgesetzbuch
StPO	Strafprozessordnung
SWIFT	Society for Worldwide Interbank Financial Telecommunication
TDDSG	Teledienstedatenschutzgesetz
TDG	Teledienstegesetz
TKG	Telekommunikationsgesetz
TKTransparenzVO	Verordnung zur Förderung der Transparenz auf dem Telekommunikationsmarkt
TLD	Top Level Domain
TMG	Telemediengesetz
TSM	Technische Schutzmaßnahmen
u.	und
u. ä.	und ähnlich(es)
u. a.	unter anderem
u. a. m.	und andere(s) mehr
UMTS	Universal Mobile Telecommunications Systems
UrhG	Gesetz über Urheberrecht und verwandte Schutzrechte(Urheberrechtsgesetz)
URL	Uniform Ressource Locator
Urt.	Urteil
USK	Unterhaltungssoftware Selbstkontrolle
UStG	Umsatzsteuergesetz
UWG	Gesetz gegen den unlauteren Wettbewerb
v.	vom
VGG	Gesetz über die Wahrnehmung von Urheberrechten und verwandten Schutzrechten durch Verwertungsgesellschaften
vgl.	vergleiche
V. i. S. d. P.	Verantwortlich im Sinne des Presserechts
WIPO	World Intellectual Property Organization
WLAN	Wireless Local Area Network
WRP	Wettbewerb in Recht und Praxis (Zeitschrift)
WuW	Wirtschaft und Wettbewerb (Zeitschrift)
WWF	World Wide Fund of Nature
www.	world wide web
XML	Extensible Markup Language
z. B.	zum Beispiel
ZDF	Zweites Deutsches Fernsehen
ZIP	Zeitschrift für Wirtschaftsrecht
ZPO	Zivilprozessordnung

Verfassungsrechtliche Grundlagen 1

1.1 Einleitung

Das Recht der „Neuen Medien", speziell das IT-Recht, ist ohne Kenntnisse des allgemeinen Medienrechts nicht nachzuvollziehen. Diese Lerneinheit bietet deshalb zunächst einen Überblick über die Bedeutung des Grundgesetzes für das Medienrecht. Anschließend werden die sogenannten Kommunikationsgrundrechte erklärt, die für die herkömmlichen sogenannten „Alten Medien" Presse, Rundfunk und Film ebenso gelten wie für die Neuen Medien, insbesondere das Internet.

Die Medien haben seit jeher eine große Rolle als Mittel der Meinungsbeeinflussung gespielt. Noch heute ist in Diktaturen zu beobachten, dass freie Medien gleich- oder ausgeschaltet werden. Eine funktionierende Demokratie dagegen zeichnet sich durch freien Meinungsaustausch und einen freien Medienmarkt aus. In der Bundesrepublik Deutschland sind die Medien von erheblicher gesellschaftlicher und wirtschaftlicher Bedeutung. So leisten sie ihren Beitrag zur pluralistischen Meinungsbildung, haben eine Bildungs-, Informations- und Unterhaltungsfunktion, und sie übernehmen nicht zuletzt Aufgaben als Wirtschaftsfaktoren und Kulturträger. Aus verfassungsrechtlicher Sicht sollen die Medien die unabhängige politische Willensbildung fördern. Deshalb ist es unumgänglich, die Medien in ihrem Verhältnis zum Staat und umgekehrt zu betrachten.

Das Grundgesetz ist die Verfassung der Bundesrepublik Deutschland und beschreibt die rechtliche und politische Grundordnung im Staat. Es begründet den Vorrang vor allen übrigen Gesetzen und Verordnungen des Staates. Diese dürfen also mit der Verfassung nicht in Widerspruch stehen und müssen ihre Durchführung bewirken. Von besonderer Bedeutung sind die im ersten Abschnitt des Grundgesetzes verankerten Grundrechte, Art. 1 bis 19 GG.

Grundrechte sind subjektiv öffentliche Rechte mit Verfassungsrang, sie binden also alle Staatsgewalten. Anders ausgedrückt: Die Grundrechte regeln die Rechtsstellung des Bürgers gegenüber dem Staat, sie sind in erster Linie Abwehrrechte des Bürgers gegen

© Springer Fachmedien Wiesbaden GmbH 2017
K.W. Nitsch, *Informatikrecht*, DOI 10.1007/978-3-658-16426-3_1

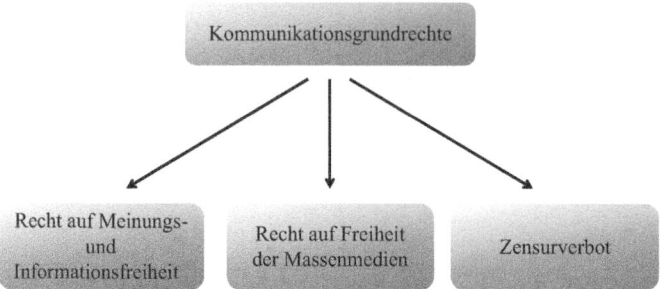

Abb. 1.1   Kommunikationsgrundrechte. (Quelle: eigene Darstellung)

den Staat. Der Grundrechtskatalog der Art. 1 bis 19 GG lässt sich in Freiheitsgrundrechte und Gleichheitsgrundrechte unterteilen, wobei die hier zu besprechenden Kommunikationsgrundrechte der ersten Gruppe zuzuordnen sind.

1.2   Kommunikationsgrundrechte

Für die Medien sind verschiedene Grundrechte von besonderer Bedeutung. Sie werden unter dem Begriff „Kommunikationsgrundrechte" zusammengefasst. Diese in Art. 5 Abs. 1 GG verankerten Grundrechte schaffen die Rahmenbedingungen für alles, was unter Medienrecht – und damit auch weite Teile des IT-Rechts – zu verstehen ist. Es handelt sich um das Recht auf Meinungs- und Informationsfreiheit, das Recht auf Freiheit der Massenmedien sowie um das Zensurverbot. Obwohl diese Grundrechte in einer Norm zusammengefasst sind, haben sie unterschiedliche Regelungsziele: Meinungs- und Informationsfreiheit schützen bspw. vor allem den Einzelnen, das Individuum. Die Freiheit der Massenmedien dient vordergründig der freien Meinungsbildung (Abb. 1.1).

Neben den in Art. 5 Abs. 1 GG genannten Grundrechten können für die Medien weitere Grundrechte von Bedeutung sein, so zum Beispiel die Berufsfreiheit oder die Kunstfreiheit. Außerdem sind den Mediengrundrechten Schranken gesetzt. Im Folgenden sollen die Kommunikationsgrundrechte und ihre Grenzen näher erläutert werden.

1.2.1   Meinungsfreiheit

Unter Meinungsfreiheit ist die Freiheit, eine Meinung zu haben und sie zu äußern, zu verstehen.

Die Freiheit der Meinung wird als unmittelbarster Ausdruck der menschlichen Persönlichkeit in der Gesellschaft und als Grundlage jeder Freiheit überhaupt begriffen.[1]

---

[1] BVerfG, Urt. v. 15.01.1958 – 1 BvR 400/51.

Das Grundrecht der Meinungsfreiheit steht natürlichen Personen zu, aber auch juristische Personen können sich darauf berufen, also bspw. Verlage, sofern das Grundrecht gemäß Art. 19 Abs. 3 GG seiner Natur nach auf sie anwendbar ist.

Die Verfassungsnorm des Art. 5 Abs. 1 GG gibt jedem das Recht, seine Meinung in Wort, Schrift und Bild frei zu äußern und zu verbreiten. Der Schutzbereich des Grundrechts der Meinungsfreiheit umfasst die Äußerung und Verbreitung von Werturteilen. Meinungen sind nach herrschender Auffassung Äußerungen oder Stellungnahmen mit wertendem Inhalt. Dabei spielt es keine Rolle, ob sie rational oder emotional begründet sind. Allerdings muss die Meinungsfreiheit stets zurücktreten, wenn die Äußerung die Menschenwürde eines anderen antastet, desgleichen regelmäßig auch dann, wenn sich eine herabsetzende Äußerung als Formalbeleidigung oder Schmähkritik darstellt.[2]

Das BVerfG hat entschieden, dass die falsche Einordnung einer Äußerung als Schmähkritik den grundrechtlichen Schutz der Meinungsfreiheit verkürzt.[3] Der Begriff der Schmähkritik sei wegen seines die Meinungsfreiheit verdrängenden Effekts von Verfassung wegen eng zu verstehen, da Schmähkritik ein Sonderfall der Beleidigung sei, der nur in seltenen Ausnahmekonstellationen vorliege, sodass die Anforderungen hierfür besonders streng seien, weil bei einer Schmähkritik anders als sonst bei Beleidigungen keine Abwägung mit der Meinungsfreiheit stattfinde.[4]

Meinungen sind im Unterschied zu Tatsachenbehauptungen durch die subjektive Einstellung des sich Äußernden zum Gegenstand der Äußerung gekennzeichnet.[5] Der Begriff der „Meinung" in Art. 5 Abs. 1 S. 1 GG ist grundsätzlich weit zu verstehen: Sofern eine Äußerung durch die Elemente der Stellungnahme, des Dafürhaltens oder Meinens geprägt ist, fällt sie in den Schutzbereich des Grundrechts. Das muss auch dann gelten, wenn sich diese Elemente, wie häufig, mit Elementen einer Tatsachenmitteilung oder -behauptung verbinden oder vermischen, jedenfalls dann, wenn beide sich nicht trennen lassen und der tatsächliche Gehalt gegenüber der Wertung in den Hintergrund tritt.[6]

Eine Tatsachenbehauptung bezieht sich demgegenüber auf objektive Umstände in der Wirklichkeit, die (zumindest theoretisch) dem Beweis vor einem Gericht zugänglich sind, also etwa durch Urkunden, Zeugen oder Sachverständige bestätigt oder widerlegt werden können. Zwar spricht das Grundgesetz nur von der Meinungsäußerungsfreiheit, dies bedeutet jedoch nicht, dass Tatsachenbehauptungen vom Grundrechtsschutz ausgeschlossen sind. Sie sind immer dann geschützt, wenn sie Voraussetzung für eine bestimmte Meinung sind.[7] Die Trennung von Meinungsäußerung und Tatsachenbehauptung kann im Einzelfall schwierig sein. Da unwahre Tatsachenbehauptungen grundsätzlich nicht vom

---

[2]BGH, Urt. v. 30.05.2000 – VI ZR 276/99.

[3]BVerfG, Urt. v. 29.06.2016 – 1 BvR 2646/15.

[4]BVerfG, a. a. O.

[5]BVerfG, Beschl. v. 10.10.1995 – 1 BvR 1476/91; 1 BvR 1980/91; 1 BvR 102/92 u. 1 BvR 221/92.

[6]BVerfG, Beschl. v. 22.06.1982 – 1 BvR 1376/79.

[7]BVerfG, Beschl. v. 25.01.1984 – 1 BvR 272/81.

Schutz der Meinungsfreiheit umfasst sind, ist aber insoweit eine Abgrenzung notwendig. Der Schutz des Art. 5 Abs. 1 GG erfasst nämlich erwiesen oder bewusst unwahre Tatsachenbehauptungen nicht: Eine unrichtige Information ist unter dem Blickwinkel der Meinungsfreiheit kein schützenswertes Gut, weil sie der verfassungsrechtlich vorausgesetzten Aufgabe zutreffender Meinungsbildung nicht dienen kann.

Art. 5 Abs. 1 S. 1 GG wird aber verkannt, wenn Formulierungen, in denen die Bewertung tatsächlicher Vorgänge zum Ausdruck kommt, als Tatsachenbehauptungen angesehen werden.[8] Die falsche Einordnung einer Äußerung als Tatsache verkürzt den grundrechtlichen Schutz der Meinungsfreiheit, da die Vermutung zugunsten der freien Rede für Tatsachenbehauptungen nicht in gleicher Weise gilt wie für Meinungsäußerungen im engeren Sinne.[9] Bei der Frage, ob eine Äußerung ihrem Schwerpunkt nach als Meinungsäußerung oder als Tatsachenbehauptung anzusehen ist, kommt es entscheidend auf den Gesamtzusammenhang dieser Äußerung an.[10] Anders als bei Meinungen im engeren Sinne, bei denen insbesondere im öffentlichen Meinungskampf im Rahmen der regelmäßig vorzunehmenden Abwägung eine Vermutung zugunsten der freien Rede gilt, gilt dies für Tatsachenbehauptungen nicht in gleicher Weise; Bedeutung und Tragweite der Meinungsfreiheit sind deshalb auch dann verkannt, wenn eine Äußerung unzutreffend als Tatsachenbehauptung, Formalbeleidigung oder Schmähkritik eingestuft wird mit der Folge, dass sie dann nicht im selben Maß am Schutz des Grundrechts teilnimmt wie Äußerungen, die als Werturteil ohne beleidigenden oder schmähenden Charakter anzusehen sind.[11]

Auch scharfe oder übersteigerte Äußerungen sind vom Schutzbereich der Meinungsfreiheit erfasst.[12] Die Meinungsfreiheit muss aber stets dann zurücktreten, wenn die Äußerung die Menschenwürde eines anderen antastet.[13] Bei herabsetzenden Äußerungen, die sich als Formalbeleidigung oder Schmähung darstellen, tritt daher die Meinungsfreiheit regelmäßig hinter den Ehrenschutz zurück.[14] Eine überzogene oder gar ausfällige Kritik macht eine Äußerung indessen für sich genommen noch nicht zur Schmähung; hinzutreten muss vielmehr, dass bei der Äußerung nicht mehr die Auseinandersetzung in der Sache, sondern die Diffamierung im Vordergrund steht, die jenseits polemischer und überspitzter Kritik in erster Linie herabsetzen soll.[15]

Wahre Tatsachenbehauptungen sind grundsätzlich zulässig, während unwahre Tatsachenbehauptungen nach § 185 StGB (Beleidigung), § 186 StGB (Üble Nachrede) oder

---

[8]BVerfG, Beschl. v. 09.10.1991 – 1 BvR 1555/88.

[9]BVerfG, Urt. v. 29.06.2016 – 1 BvR 2732/15.

[10]BVerfG, a. a. O.

[11]BVerfG, a. a. O.

[12]BVerfG, Beschl. v. 13.05.1980 – 1 BvR 103/77.

[13]BVerfG, Beschl. v. 10.10.1995 – 1 BvR 1476/91; 1 BvR 1980/91; 1 BvR 102/92 u. 1 BvR 221/92.

[14]BVerfG, Beschl. v. 22.06.1982 – 1 BvR 1376/79.

[15]BVerfG, Beschl. v. 10.10.1995 – 1 BvR 1476, 1980/91 u. 102, 221/92.

§ 187 StGB (Verleumdung) grundsätzlich unzulässig sind. Nur bei der „Wahrnehmung berechtigter Interessen" im Sinne von § 193 StGB können sie ausnahmsweise zulässig sein. Eine Meinungsäußerung ist jedoch stets unzulässig,

- wenn durch sie die Menschenwürde verletzt wird.[16] Die Menschenwürde gilt absolut und ist mit keinem Einzelgrundrecht abwägungsfähig. Die Grundrechte sind nämlich insgesamt Konkretisierungen des Prinzips der Menschenwürde.[17]
- wenn sie eine unzulässige Schmähkritik darstellt, also eine Äußerung vorliegt, durch die eine Person verächtlich gemacht werden soll. Eine Meinungsäußerung wird aber nicht schon nur wegen ihrer herabsetzenden Wirkung für Dritte zur Schmähung.[18] Auch eine überzogene und selbst eine ausfällige Kritik macht für sich genommen eine Äußerung noch nicht zur Schmähung.[19] Eine herabsetzende Äußerung nimmt vielmehr erst dann den Charakter der Schmähung an, wenn in ihr nicht mehr die Auseinandersetzung in der Sache, sondern die Diffamierung der Person im Vordergrund steht.[20]
- wenn in ihr eine Formalbeleidigung liegt, wenn sich also die Beleidigung nicht erst aus dem Inhalt der Äußerung ergibt, sondern bereits aus deren Form oder den äußeren Umständen der Äußerung, wie zum Beispiel bei Schimpfwörtern, die eine selbstständige Herabsetzung enthalten.

Zur Abgrenzung von Meinungsäußerung und Tatsachenbehauptung gilt die Regel, dass eine Äußerung dann eine Tatsachenbehauptung ist, wenn sie nachweisbar ist. Eine Tatsachenbehauptung ist daher immer entweder wahr oder falsch – eine Meinungsäußerung ist hingegen niemals wahr oder falsch.

Beispiel

Abgrenzungsproblematik Meinungsäußerung vs. Tatsachenbehauptung
    Der Fall:[21]
    Die Klägerin zu 1 war die ehemalige DaimlerChrysler AG. Der Kläger zu 2 – Jürgen Schrempp – war bis Ende 2005 Vorsitzender ihres Vorstands. Der Beklagte ist Aktionär der Klägerin zu 1 und Sprecher eines Aktionärsverbands.
    Am 28. Juli 2005 meldete die Klägerin zu 1, ihr Aufsichtsrat habe beschlossen, dass der Kläger zu 2 zum 31. Dezember 2005 aus dem Unternehmen ausscheide. Am

---

[16]BVerfG, Beschl. v. 11.03.2003 – 1 BvR 426/02.
[17]BVerfG, a. a. O.
[18]BVerfG, Beschl. v. 26.06.1990 – 1 BvR 1165/89.
[19]BVerfG, Beschl. v. 26.06.1990 – 1 BvR 1165/89.
[20]BVerfG, a. a. O.
[21]BGH, Urt. v. 22.09.2009 – VI ZR 19/08.

selben Tag wurde in der Fernsehsendung „SWR-Landesschau" ein mit dem Beklagten geführtes Interview ausgestrahlt, in dem dieser unter anderem Folgendes äußerte:

„Ich glaube nicht, dass der Rücktritt (des Klägers zu 2 als Vorsitzender des Vorstands der Klägerin zu 1) freiwillig war. Ich glaube, dass er dazu gedrängt und genötigt wurde. ... und das muss damit zusammenhängen, dass die Geschäfte nicht immer so sauber waren, die Herr S. geregelt hat."

Die Revision des Beklagten führte zur Klageabweisung. Zur Begründung führte der BGH aus:

Die Äußerungen des Beklagten dürfen nicht isoliert gesehen, sondern müssen im Gesamtzusammenhang des Interviews bewertet werden. Sie unterliegen als wertende Äußerungen dem Schutzbereich des Grundrechts auf freie Meinungsäußerung gemäß Art. 5 Abs. 1 des Grundgesetzes. Der erste Teil der Äußerung war nicht als Tatsachenbehauptung, sondern als Werturteil einzustufen. Beim zweiten Teil handelt es sich auch nicht um unzulässige Schmähkritik, weil sich der Beklagte zu einem Sachthema von erheblichem öffentlichen Interesse äußerte und nicht die Herabsetzung der Person des Klägers zu 2 im Vordergrund stand. Bei der danach gebotenen Abwägung zwischen dem Persönlichkeitsschutz der Kläger und dem Grundrecht des Beklagten auf freie Meinungsäußerung musste der Persönlichkeitsschutz der Kläger im vorliegenden Fall zurücktreten. An der Bewertung der Geschäftstätigkeit des Vorstandsvorsitzenden eines Großunternehmens und dessen vorzeitigem Rücktritt besteht ein großes öffentliches Interesse. Demgemäß müssen die Grenzen zulässiger Kritik gegenüber einem solchen Unternehmen und seinen Führungskräften weiter sein. Würde man solche Äußerungen am Tag des Ereignisses unterbinden, wäre eine öffentliche Diskussion aktueller Ereignisse von besonderem Öffentlichkeitswert in einer mit Art. 5 Abs. 1 GG nicht zu vereinbarenden Weise erschwert.

Das Grundrecht der Meinungsfreiheit aus Art. 5 Abs. 1 GG schützt nicht ein unrichtiges Zitat.[22]

Beispiel

Zur Meinungsfreiheit nach Art. 5 Abs. 1 S. 1 GG: Der BGH erlaubte Greenpeace, Milchprodukte als „Gen-Milch" zu bezeichnen.

Der Fall:[23]

Die Theo Müller GmbH & Co. KG, deren Unternehmen Milch- und Molkereiprodukte u. a. unter den Marken „Müller", „Weihenstephan" und „Sachsenmilch" vertreiben, wendete sich dagegen, dass „Greenpeace e.V." in einer Vielzahl von öffentlichkeitswirksamen Aktionen in den Jahren 2004 und 2005 ihre Produkte als „Gen-Milch" bezeichnet hat.

---

[22]BVerfG, Beschl. v. 03.06.1980 – 1 BvR 797/78.
[23]BGH, Urt. v. 11.03.2008 – VI ZR 7/07.

Das Landgericht hatte Greenpeace verboten, die Produkte der Unternehmender Klägerin als „Gen-Milch" zu bezeichnen, sofern nicht gleichzeitig darauf hingewiesen werde, dass die Produkte selbst nicht gentechnisch verändert seien bzw. dass sich nach derzeitigem wissenschaftlichen Stand in den Produkten keine Komponenten aus der gentechnischen Veränderung der Futtermittel nachweisen ließen.

Der Gebrauch des Begriffs „Gen-Milch" durch den Beklagten – Greenpeace e. V. – genieße nach Ansicht des BGH den Schutz des Art. 5 Abs. 1 S. 1 GG. Der objektive Sinngehalt des Begriffs sei unter Einbeziehung des Kontextes zu beurteilen, in dem Greenpeace ihn verwendet habe. Die Bezeichnung „Gen-Milch" bringe als Oberbegriff der von Greenpeace e. V. durchgeführten Kampagne plakativ und schlagwortartig dessen Ablehnung gegen die Herstellung von Milchprodukten unter Verwendung von Milch zum Ausdruck, die u. a. von Kühen stamme, die auch mit gentechnisch veränderten Futtermitteln gefüttert würden, ohne dass diese Produkte – geltendem Recht entsprechend, das eine Kennzeichnungspflicht insoweit nicht vorsähe – entsprechend gekennzeichnet würden.

Unerheblich sei, ob sich die betroffene Milch in ihrer Beschaffenheit von Milch unterscheidet, bei deren Herstellungsprozess auf den Einsatz von Verfahren zur gentechnischen Veränderung verzichtet wurde und ob genmanipulierte DNA aus Futtermitteln nach wissenschaftlicher Erkenntnis in die Milch übergehen kann. Denn selbst wenn ein Einfluss der angewandten Verfahren auf die Beschaffenheit von Milch und Milchprodukten nicht bestehe oder nicht nachweisbar sei, weise der Begriff „Gen-Milch" aus sich heraus keinen unwahren konkreten Tatsachenkern auf. Es könne nämlich ein allerdings weit verstandener Zusammenhang zwischen dem Einsatz von Verfahren zur gentechnischen Veränderung und dem Produkt schon darin gesehen werden, dass ein solches Verfahren im Produktionsprozess zur Anwendung kommt. Die daran von Greenpeace geäußerte Kritik müsse Müller-Milch hinnehmen.

Beispiel

Zur Meinungsfreiheit nach Art. 5 Abs. 1 S. 1 GG: BGH-Entscheidung über die „Meinungsfreiheit bei kritischen Äußerungen über ein Unternehmen und dessen Vorstandsvorsitzenden".

Der Fall:[24]

Die Klägerin zu 1 ist ein Großunternehmen. Der Kläger zu 2 war bis Ende 2005 Vorsitzender ihres Vorstands. Der Beklagte ist Aktionär der Klägerin zu 1 und Sprecher eines Aktionärsverbandes.

Am 28. Juli 2005 meldete die Klägerin zu 1, ihr Aufsichtsrat habe beschlossen, dass der Kläger zu 2 zum 31. Dezember 2005 aus dem Unternehmen ausscheide. Am selben Tag wurde in der Fernsehsendung „SWR-Landesschau" ein mit dem Beklagten geführtes Interview ausgestrahlt, in dem dieser unter anderem Folgendes äußerte:

---

[24]BGH, Urt. v. 22.09.2009 – VI ZR 19/08.

„Ich glaube nicht, dass der Rücktritt (des Klägers zu 2 als Vorsitzender des Vorstands der Klägerin zu 1) freiwillig war. Ich glaube, dass er dazu gedrängt und genötigt wurde. … und das muss damit zusammenhängen, dass die Geschäfte nicht immer so sauber waren, die Herr S. geregelt hat."

Der Bundesgerichtshof hat hierzu ausgeführt, dass die Äußerungen des Beklagten nicht isoliert gesehen werden dürften, sondern im Gesamtzusammenhang des Interviews bewertet werden müssten. Sie unterlägen als wertende Äußerungen dem Schutzbereich des Grundrechts auf freie Meinungsäußerung gemäß Art. 5 Abs. 1 GG. Der erste Teil der Äußerung sei nicht als Tatsachenbehauptung, sondern als Werturteil einzustufen. Beim zweiten Teil handele es sich auch nicht um unzulässige Schmähkritik, weil sich der Beklagte zu einem Sachthema von erheblichem öffentlichem Interesse äußerte und nicht die Herabsetzung der Person des Klägers zu 2 im Vordergrund stand. Bei der danach gebotenen Abwägung zwischen dem Persönlichkeitsschutz der Kläger und dem Grundrecht des Beklagten auf freie Meinungsäußerung müsse der Persönlichkeitsschutz der Kläger im vorliegenden Fall zurücktreten. An der Bewertung der Geschäftstätigkeit des Vorstandsvorsitzenden eines Großunternehmens und dessen vorzeitigem Rücktritt bestehe ein großes öffentliches Interesse. Demgemäß müssten die Grenzen zulässiger Kritik gegenüber einem solchen Unternehmen und seinen Führungskräften weiter sein. Würde man solche Äußerungen am Tag des Ereignisses unterbinden, wäre eine öffentliche Diskussion aktueller Ereignisse von besonderem Öffentlichkeitswert in einer mit Art. 5 Abs. 1 GG nicht zu vereinbarenden Weise erschwert.

1.2.2 Informationsrecht

Das Grundrecht auf Informationsfreiheit bedeutet, sich selbst zu informieren; es korrespondiert also mit der Meinungsfreiheit. Dem Einzelnen wird garantiert, sich aus allgemein zugänglichen Quellen ungehindert zu unterrichten, also sein Wissen zu erweitern. Die Informationsfreiheit soll die Informationsvielfalt herstellen und gewährleisten.

Hintergrund dafür ist die Überlegung, dass sich der Einzelne, der nicht umfassend informiert ist, auch keine unabhängige Meinung bilden und damit nicht eigenverantwortlich am Prozess der politischen Willensbildung beteiligen kann. Das Bundesverfassungsgericht hat dazu festgestellt, dass der Besitz von Informationen in der modernen Industriegesellschaft von wesentlicher Bedeutung für die soziale Stellung des Einzelnen ist.[25]

Quellen der Information sind nach Ansicht der Verfassungsrichter Zeitungen und andere Massenkommunikationsmittel.[26] Sie müssen allgemein zugänglich sein. Das ist der Fall bei solchen Informationsquellen, die technisch dazu geeignet und bestimmt sind,

---

[25]BVerfG, Beschl. v. 03.10.1969 – 1 BvR 46/65.
[26]BVerfG, a. a. O.

nicht nur einem Einzelnen, sondern der Allgemeinheit Informationen zu verschaffen. Dies trifft zu für Zeitungen und Zeitschriften, Hörfunk, Fernsehen und Film, aber auch für die modernen Medien wie das Internet. Keine allgemein zugängliche Quelle sind übrigens der Polizeifunk sowie fremde Straf- und Ehescheidungsakten.

An welchem Ort sich die Informationen befinden – ob im In- oder Ausland – spielt keine Rolle. Entscheidend ist, dass der Bürger rechtmäßig darauf zugreift. Den Inhabern der Quellen bleibt es überlassen, ob und unter welchen Bedingungen sie diese allgemein zugänglich machen wollen. Der Staat darf den Zugang zu solchen Informationen nicht erschweren, zum Beispiel durch erhebliche zeitliche Verzögerung, oder verhindern.

Die Freiheit der Informationsbeschaffung für Journalisten bzw. Mitarbeiter von Massenmedien ist vordergründig nicht vom Grundrecht auf Informationsfreiheit geschützt. Vielmehr wird diese sogenannte Recherchefreiheit durch den Schutzbereich der spezielleren Grundrechte, also der Freiheit der Massenmedien, erfasst.

Ergänzt wird die verfassungsrechtliche Informationsfreiheit durch das Informationsfreiheitsgesetz des Bundes (IFG). Journalisten können dies als Anspruchsgrundlage bei der Recherche anführen, wenn keine anderen Auskunftsansprüche greifen. Das Gesetz bestimmt einen Rechtsanspruch auf Zugang zu amtlichen Informationen von Bundesbehörden. Die Behörden gewähren den Informationszugang grundsätzlich nur auf Antrag; sie erteilen Auskunft, ermöglichen Akteneinsicht oder zum Beispiel Recherchen in Datenbanken. Vor Inkrafttreten des IFG konnten nur Betroffene Akteneinsicht verlangen. Der Auskunftsanspruch des IFG setzt dies nicht mehr voraus, sodass nun jede natürliche oder juristische Person einen Auskunftsantrag stellen kann. Allerdings beinhaltet das IFG auch einen umfangreichen Katalog von Ausnahmefällen, in denen kein Informationszugang gewährt wird. Dies betrifft bspw. den Schutz von besonderen öffentlichen Belangen, den Schutz personenbezogener Daten oder den Schutz des geistigen Eigentums. In einigen Bundesländern gibt es auch eigene landesrechtliche Informationsfreiheitsgesetze mit spezielleren Regelungen. Außerdem enthalten das Urheber- und das Datenschutzrecht Sonderbestimmungen.

1.2.3 Freiheit der Massenmedien

Zu den Kommunikationsgrundrechten zählen neben der Meinungs- und der Informationsfreiheit die sogenannten Mediengrundrechte. Diese betreffen die Massenmedien und sind unterteilt in die drei Bereiche Presse-, Rundfunk- und Filmfreiheit.

Die klassische Unterteilung in Presse, Rundfunk und Film entspricht heute kaum noch der Wirklichkeit. Für die Zukunft zeichnet sich ab, dass immer mehr Medienunternehmen ein und dieselbe Information auf verschiedenen Ausspielwegen gleichzeitig anbieten: bspw. als Nachricht im Hörfunk, als Beitrag in einer herkömmlichen Fernsehsendung und ebenso im Internet als Text, Fotogeschichte, Sound- und Filmpodcast. Die rasante technische Entwicklung der Neuen Medien sollte eine neue, einheitliche Gestaltung der Grundrechte der Medienfreiheit rechtfertigen. Solange der Gesetzgeber dies jedoch anders sieht, ist die Auseinandersetzung mit den Mediengrundrechten unerlässlich.

Pressefreiheit

Das erste Mediengrundrecht, die Pressefreiheit, bezieht sich in erster Linie auf sogenannte periodisch erscheinende Druckerzeugnisse, also Zeitungen und Zeitschriften. Der Grundgedanke: Eine freie Presse, die nicht von öffentlicher Gewalt gelenkt wird, ist ein Wesenselement des freiheitlichen Staates.

Die Pressefreiheit umfasst das Recht, die Öffentlichkeit grundsätzlich über alle bekannt werdenden oder bekannt gewordenen Tatsachen zu informieren – und zwar wahrheitsgemäß. Die Presse muss Nachrichten und Behauptungen, die sie veröffentlicht, auf deren Wahrheitsgehalt überprüft haben. Insbesondere darf die Wahrheit nicht bewusst entstellt werden. Sind der Presse bestimmte Sachverhalte bekannt und unterschlägt sie diese der Öffentlichkeit, sodass ein falscher Eindruck entsteht, ist dies unzulässig.[27]

Für den Begriff des Druckerzeugnisses kommt es auf das gedruckte Wort und nicht auf das zu bedruckende Material an. Auch bei einer bedruckten DVD handelt es sich nach herrschender Auffassung insofern also um ein Druckerzeugnis.

Der Schutzbereich der Pressefreiheit betrifft der ständigen Rechtsprechung des Bundesverfassungsgerichts zufolge den gesamten Herstellungsprozess von der Beschaffung der Information bis zur Verbreitung der Nachrichten und Meinungen. Neben den traditionellen journalistischen Tätigkeiten sind also kaufmännische und technische Tätigkeiten sowie solche des Vertriebs auch erfasst.

Pressetätigkeiten und bspw. die Einrichtung eines Verlagsunternehmens dürfen nicht von einer staatlichen Zulassung abhängig sein. Hinter diesem Gebot steht der Gedanke, dass sich Presseunternehmen frei bilden und miteinander in geistigem und wirtschaftlichem Wettbewerb stehen sollen, um ein vielfältiges publizistisches Gesamtangebot zu gewährleisten.

Beispiel

Mit seiner sogenannten „Cicero"-Entscheidung hat das Bundesverfassungsgericht im Februar 2007 die Pressefreiheit und den Informantenschutz deutlich gestärkt.

Der Fall:[28]

Das Politmagazin „Cicero" hatte im Jahr 2005 einen Artikel über den islamistischen Terroristen Abu Mousab al Sarkawi veröffentlicht. Darin zitierte der Autor, ein freier Journalist, ausführlich aus einem internen Bericht („Verschlusssache") des Bundeskriminalamts. Auf Beschluss des Potsdamer Amtsgerichts wurden dann die Redaktionsräume von „Cicero" in Potsdam und die Wohnung des Autors durchsucht.

Der Durchsuchungsbeschluss wurde damit begründet, dass der Journalist durch Veröffentlichung des vertraulichen Materials Beihilfe zum Verrat von Dienstgeheimnissen geleistet habe. Der „Cicero"-Chefredakteur reichte Verfassungsbeschwerde ein. Seine Argumentation: Die Staatsanwaltschaft habe mit der Durchsuchung lediglich

---

[27]BVerfG, Beschl. v. 08.05.2007 – 1 BvR 193/05.
[28]BVerfG, Urt. v. 27.02.2007 – 1 BvR 538/06, 1 BvR 2045/06.

die Identität desjenigen BKA-Beamten ermitteln wollen, der das Material weitergegeben hatte. Damit sei das Recht von Journalisten auf Informantenschutz verletzt worden.

Im Leitsatz der Entscheidung des Bundesverfassungsgerichts heißt es:

„Durchsuchungen und Beschlagnahmen in einem Ermittlungsverfahren gegen Presseangehörige sind verfassungsrechtlich unzulässig, wenn sie ausschließlich oder vorwiegend dem Zweck dienen, die Person des Informanten zu ermitteln."

Damit wird es für die Strafverfolgungsbehörden schwerer, häufig wohl sogar unmöglich sein, in Redaktionen an Informationen über Informanten zu gelangen. In ihrer Begründung betonen die Bundesverfassungsrichter, die Pressefreiheit umfasse den Schutz vor dem Eindringen des Staates in die Vertraulichkeit der Redaktionsarbeit sowie in die Vertrauenssphäre zwischen den Medien und ihren Informanten. Eine Durchsuchung in Presseräumen stelle wegen der damit verbundenen Störung der redaktionellen Arbeit und der Möglichkeit einer einschüchternden Wirkung eine Beeinträchtigung der Pressefreiheit dar, heißt es in ihrer Begründung weiter. Der Quellenschutz, auf den die Presse dringend angewiesen ist, wurde so entscheidend gestärkt.

Rundfunkfreiheit

Zur Rundfunkfreiheit gehört – wie bei der Pressefreiheit – der Schutz der gesamten Programmgestaltung von der Informationsbeschaffung bis zur Verbreitung der Nachricht oder Meinung. Auch hier handelt es sich um ein Abwehrrecht, das den Rundfunk vor staatlichen Eingriffen schützen soll.

Der Rundfunkstaatsvertrag definiert in § 2 Abs. 1 RStV Rundfunk als „die für die Allgemeinheit und zum zeitgleichen Empfang bestimmte Veranstaltung und Verbreitung von Angeboten in Bewegtbild oder Ton entlang eines Sendeplans unter Benutzung elektromagnetischer Schwingungen". Der Begriff umfasst auch solche Darbietungen, die verschlüsselt verbreitet werden oder nur gegen besonderes Entgelt zu empfangen sind, bspw. Pay-TV-Angebote.

Der Rundfunk in der Bundesrepublik Deutschland unterliegt dem sogenannten „Dualen System" aus öffentlich-rechtlichen und privaten Angeboten. Die öffentlich-rechtlichen Rundfunkanstalten sollen die Grundversorgung der Bürger sichern. In ihren Programmen sollen sich alle gesellschaftlichen Gruppen wiederfinden. Deshalb sollen sie pluralistische Strukturen aufweisen und Meinungsvielfalt bieten. Die privaten Rundfunkanbieter unterliegen dagegen einer derart strengen Kontrolle nicht.

Seit der Entstehung des Grundgesetzes wird die Rundfunkfreiheit durch eigene Rundfunkgesetze der Länder ausgestaltet. Diese Rundfunk- oder Mediengesetze fallen höchst unterschiedlich aus. Gemein ist ihnen, dass die Veranstaltung von Rundfunk durch Private an Zulassungen oder Lizenzen geknüpft ist und dass auch der Privatfunk an bestimmte Programmgrundsätze gebunden wird. Damit kommen die Länder der Forderung des Bundesverfassungsgerichts nach, wonach der private Rundfunk nicht einer oder einzelnen gesellschaftlichen Gruppen ausgeliefert sein soll.[29] Kontrolliert wird die Einhaltung der Gebote durch die Landesmedienanstalten.

Grundsätzlich gilt für öffentlich-rechtliche und private Anbieter gleichermaßen: Unterhaltungssendungen wie Hörspiele, kabarettistische Programme und Musiksendungen genießen den Schutz des Art. 5 GG ebenso wie die politische Information in Nachrichten und Kommentaren.[30]

Die Fernsehberichterstattung im Gericht außerhalb der mündlichen Verhandlung ist bei einem gewichtigen öffentlichen Informationsinteresse grundsätzlich zulässig.[31]

Filmfreiheit

Das dritte Mediengrundrecht, die Filmfreiheit, soll hier nur der Vollständigkeit halber angesprochen werden. Die Filmfreiheit schützt die Berichterstattung durch den Film als chemisch-optischen oder digitalen Tonträger, der durch Vorführung verbreitet wird. Ihre Bedeutung wird von der Kunstfreiheit gemäß Art. 5 Abs. 3 GG überlagert. Erwähnt sei, dass die Filmförderung nach dem Filmförderungsgesetz (FFG) eine besondere Rolle spielt, weil der Staat dem Grundgesetz zufolge dafür Sorge zu tragen hat, dass der Film neben der Presse und dem Rundfunk als eigenständiges Medium besteht.

1.2.4 Zensurverbot

Art. 5 Abs. 1 letzter Satz GG lautet: „Eine Zensur findet nicht statt".

Dieses Zensurverbot bezieht sich auf alle in Art. 5 Abs. 1 GG genannten Grundrechte: Meinungs-, Informations-, Presse- und Rundfunkfreiheit.

Das Zensurverbot ist kein Grundrecht des Einzelnen, sondern eine sogenannte „Schranke" des Grundrechts im Sinne von Art. 5 Abs. 2 GG. Diesem Grundrechtsartikel, der seinerseits bereits die Meinungs-, Presse-, Rundfunk- und Informationsfreiheit durch die „allgemeinen Gesetze", die „Bestimmungen zum Schutze der Jugend" und das „Recht der persönlichen Ehre" beschränkt, wird nämlich durch das Zensurverbot eine weitere Grenze gezogen: Die Beschränkung der Freiheitsrechte des Art. 5 Abs. 1 GG durch Gesetze, Jugendschutzbestimmungen oder Ehrtatbestände darf nämlich nicht dazu führen, dass diese Beschränkung wie eine Zensur wirkt.

Gemeint ist hierbei allerdings nur, dass eine Vorzensur verboten ist. Eine Vorzensur läge zum Beispiel vor, wenn Medienmitarbeiter verpflichtet wären, ihre Artikel, Beiträge oder Filme vor deren Veröffentlichung einer staatlichen Stelle zur Genehmigung vorzulegen.[32] Derartige Verfahren sind verboten, denn ihre bloße Existenz könnte das freie Geistesleben

---

[29]BVerfG, Urt. v. 16.06.1981 – 1 BvL 89/78.
[30]BVerfG, Beschl. v. 25.11.1999 – 1 BvR 348/98 und 1 BvR 755/98.
[31]BVerfG, Beschl. v. 19.12.2007 – 1 BvR 620/07; BVerfG, Beschl. v. 07.06.2007 – 1 BvR 1438/07.
[32]BVerfG, Beschl. v. 09.03.1988 – 1 BvL 49/86.

beeinträchtigen. Eine vorausgehende Kontrolle wird dann für zulässig gehalten, wenn sie nicht ein vollständiges Verbreitungsverbot bewirkt, sondern bspw. Jugendschutzzwecken dient.[33]

Zulässig ist aber die sogenannte Nachzensur, die die Verbreitung bereits veröffentlichter Informationen betrifft. Hier kommen zum Beispiel jugendgefährdende Schriften oder Veröffentlichungen mit strafrechtlichem Inhalt in Betracht.

Unbedingt zu beachten ist, dass das Zensurverbot ausschließlich gegenüber staatlichen Stellen gilt. Fordern leitende Redakteure von den Journalisten in ihren Redaktionen Texte oder Sendungen vor der Veröffentlichung zur Vorlage an, ist darin keine unzulässige Zensur zu sehen.

1.3 Schranken der Kommunikationsgrundrechte

Grundrechte können gegenüber den Medien auch einschränkend wirken. Das ist der Fall, wenn sich Betroffene gegenüber den Medien auf Grundrechte berufen können – insbesondere zum Schutz der persönlichen Ehre. Diese ist vom Schutz des Persönlichkeitsrechts erfasst. Wegen der herausragenden Bedeutung des Persönlichkeitsrechts im Zusammenhang mit dem Medienrecht ist diesem ein eigener Abschnitt gewidmet. Zunächst sollen aber weitere Grenzen, denen die Kommunikationsgrundrechte unterliegen, erläutert werden.

Im Zusammenhang mit dem Zensurverbot wurden bereits die Schranken des Art. 5 Abs. 2 GG erwähnt: Es handelt sich um die allgemeinen Gesetze, den Jugendschutz und das Recht der persönlichen Ehre.

Wirksam eingeschränkt werden können Grundrechte durch:

- einen einfachen Gesetzesvorbehalt, wenn ein Artikel des Grundgesetzes die Klausel enthält: „Dieses Grundrecht kann (nur) durch Gesetz (oder aufgrund eines Gesetzes) eingeschränkt werden".
- einen qualifizierten Gesetzesvorbehalt, wenn ein Artikel des Grundgesetzes die Klausel enthält: „Dieses Grundrecht kann (nur) durch Gesetz (oder aufgrund eines Gesetzes) zum Zwecke… eingeschränkt werden".

Als einschränkende Gesetze kommen in diesem Zusammenhang diejenigen in Betracht, die nicht eine Meinung als solche verbieten, sondern die ein anderes Rechtsgut schützen sollen, das vor der Meinungsfreiheit Vorrang genießt. Rechtsgüter dieser Art sind das Leben, die Gesundheit, die Freiheit und das Eigentum. Als vorrangige Gemeinschaftsgüter kommen die öffentliche Sicherheit und Ordnung sowie die Staatssicherheit in Betracht.

---

[33]BVerfG, Beschl. v. 25.04.1972 – 1Abdruckrechte: Nicht notwendig BvL 13/67.

Zu nennen sind als Schranken außerdem die Meinungsäußerungen im Wehr- und Ersatzdienst gemäß Art. 17a Abs. 1 GG und die Staatsschutzbestimmung des Art. 18 GG (Abb. 1.2).

Der Gesetzgeber ist darüber hinaus, wenn er in Grundrechte eingreift, durch die Verfassungsprinzipien eingeschränkt, daher kommt der Begriff „Schranken-Schranke".

In Art. 19 Abs. 1 und 2 GG sind nämlich der Einschränkung von Grundrechten Schranken gesetzt. Zu diesen vom Gesetzgeber stets zu beachtenden sogenannten „Schranken-Schranken" gehören:

- der Bestimmtheitsgrundsatz,
- das Verbot einschränkender Einzelfallgesetze,
- das Zitiergebot,
- das Verhältnismäßigkeitsprinzip und
- die Wesensgehaltsgarantie.

So sollen der sorgsame Umgang mit den Grundrechten gesichert und eine Überprüfung durch die Allgemeinheit gewährleistet sein.

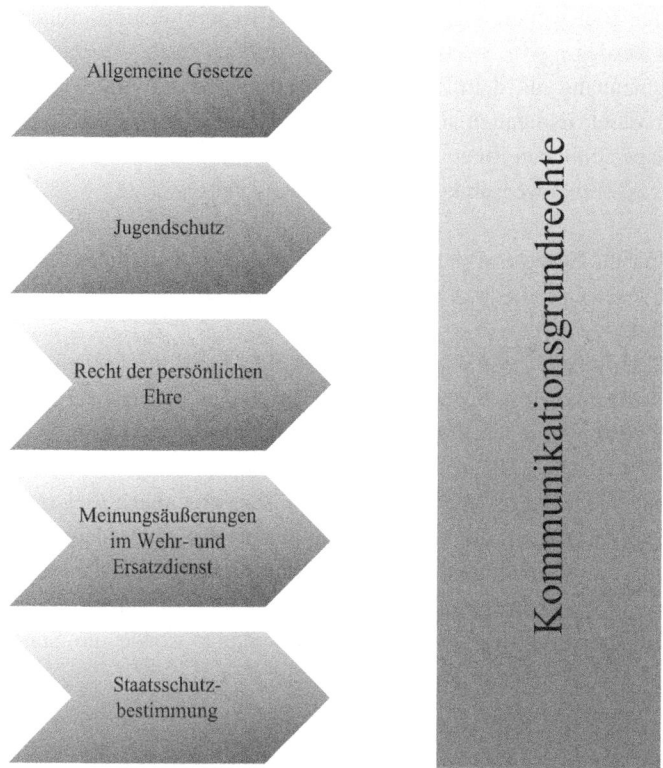

Abb. 1.2 Einschränkungen der Kommunikationsgrundrechte. (Quelle: eigene Darstellung)

Das Bundesverfassungsgericht hat als Maßstab für die Abwägung von Meinungsäußerungen die sogenannte Wechselwirkungslehre entwickelt. Diese besagt Folgendes:
Wenn ein Gesetz ein Grundrecht einschränkt, muss eben dieses Gesetz im Lichte des-
selben Grundrechts auszulegen und zu bewerten sein. Auf der anderen Seite ist auch das
Rechtsgut, das hinter der Schranke steht – also von der Meinungsäußerung betroffen ist –
in die Auslegung einzubeziehen. So entsteht eine Wechselwirkung zwischen dem Grundrecht und der Schranke.

1.3.1 Persönlichkeitsrechte

Das allgemeine Persönlichkeitsrecht ist gemäß Art. 2 Abs. 1 GG i. V. m. Art. 1 Abs. 1
GG ein subjektives Recht mit Verfassungsrang. Es besagt, dass grundsätzlich jeder Einzelne selbst darüber entscheiden kann, ob und inwieweit er sein Leben in die Öffentlichkeit tragen möchte. Die öffentliche Darstellung des Einzelnen soll nicht gegen dessen
Willen geschehen, anderes gilt ausnahmsweise für zwei besondere Personenkreise: absolute und relative Personen der Zeitgeschichte.

Beispiel

Der BGH hat zum „Allgemeinen Persönlichkeitsrecht" entschieden, dass ein Spielfilm über den „Kannibalen von Rotenburg" gezeigt werden darf.

Der Fall:[34]

Der Kläger ist durch Presseberichte über seine Tat als „Kannibale von Rotenburg"
bekannt und rechtskräftig wegen Mordes zu einer lebenslangen Freiheitsstrafe verurteilt worden. Er hatte im März 2001 einen Menschen getötet, den Körper ausgenommen, zerlegt, eingefroren und in der Folgezeit teilweise verzehrt. Die Beklagte
hat auf der Grundlage der Tat einen als „Real-Horrorfilm" beworbenen Spielfilm mit
dem Titel „Rohtenburg" produziert. Lebensgeschichte und Persönlichkeitsmerkmale
der Hauptfigur des Films sowie die Darstellung des Tathergangs entsprechen nahezu
detailgenau dem realen Geschehensablauf und der tatsächlichen Biografie des Klägers, der seinerseits mit einer Produktionsgesellschaft einen Vertrag über die „umfassende, exklusive und weltweite Verwertung" seiner Lebensgeschichte geschlossen hat.

Der Kläger begehrt Unterlassung der Vorführung und Verwertung des Films. Seine
Klage hatte in beiden Vorinstanzen Erfolg. Der Bundesgerichtshof hat die Klage mit
folgender Begründung abgewiesen:

Zwar könne der Film den Kläger als Person erheblich belasten, weil er die Tat auf
stark emotionalisierende Weise erneut in Erinnerung rufe. Als Ergebnis der gebotenen Abwägung zwischen den Rechten des Klägers und der zugunsten der Beklagten
streitenden Kunst- und Filmfreiheit müsse das allgemeine Persönlichkeitsrecht des

---

[34]BGH, Urt. v. 26.05.2009 – VI ZR 191/08.

Klägers jedoch zurückstehen. Auch bestehe an der Tat ein Informationsinteresse der Öffentlichkeit. Der Spielfilm enthalte keine Verfremdungen oder Entstellungen und stelle den Achtungsanspruch des Klägers als Mensch nicht infrage.

Zwar berührten die Darstellungen den besonders schutzwürdigen Kern der Privatsphäre des Klägers. Weil diese Informationen sich unmittelbar auf die Tat und die Person des Täters bezögen, dürften aber auch solche Details geschildert werden. Überdies seien sämtliche Einzelheiten der Öffentlichkeit auch durch Mitwirkung des Klägers bereits bekannt gewesen. Dass die Darstellung neue oder zusätzliche nachteilige Folgen für den Kläger – insbesondere im Hinblick auf seine Resozialisierung – hätte, habe er nicht dargetan.

Beispiel

Das „Deutschlandradio" darf Mitschriften nicht mehr aktueller Rundfunkbeiträge, in denen im Zusammenhang mit dem Mord an Walter Sedlmayr der Name der Verurteilten genannt wird, in ihrem „Online-Archiv" weiterhin zum Abruf bereithalten. Der BGH hat entschieden, dass die wegen Mordes an dem Schauspieler Walter Sedlmayr Verurteilten vom „Deutschlandradio" nicht verlangen können, es zu unterlassen, in dem für Altmeldungen vorgesehenen Teil des Internetauftritts www.dradio.de Mitschriften nicht mehr aktueller Rundfunkbeiträge weiterhin zum Abruf bereitzuhalten, in denen im Zusammenhang mit dem Mord an Walter Sedlmayr der Name der Verurteilten genannt wird.

Der Fall:[35]

Die Kläger wurden im Jahr 1993 wegen Mordes an dem Schauspieler Walter Sedlmayr zu einer lebenslangen Freiheitsstrafe verurteilt. Im Sommer 2007 bzw. Januar 2008 wurden sie auf Bewährung entlassen. Sie verlangen von der Beklagten, die als Körperschaft des öffentlichen Rechts einen Rundfunksender und ein Internetportal betreibt, es zu unterlassen, über sie im Zusammenhang mit der Tat unter voller Namensnennung zu berichten. Die Beklagte hielt auf ihrer Internetseite in der Rubrik „Kalenderblatt" jedenfalls bis ins Jahr 2007 die Mitschrift eines auf den 14. Juli 2000 datierten Beitrags mit dem Titel „Vor 10 Jahren Walter Sedlmayr ermordet" zum freien Abruf durch die Öffentlichkeit bereit. Darin hieß es unter Nennung des Vor- und Zunamens der Kläger wahrheitsgemäß u. a., Sedlmayrs Kompagnon W. und dessen Bruder L. seien 1993 nach einem sechsmonatigen Indizienprozess zu lebenslanger Haft verurteilt worden. Die beiden beteuerten bis heute ihre Unschuld und seien erst in diesem Jahr vor dem Bundesverfassungsgericht mit der Forderung gescheitert, den Prozess wieder aufzurollen.

Der BGH hat die Klagen mit folgender Begründung abgewiesen:

---

[35]BGH, Urt. v. 15.12.2009 – VI ZR 227/08 u. VI ZR 228/08.

Zwar liegt in dem Bereithalten der die Kläger identifizierenden Meldung zum Abruf im Internet ein Eingriff in deren allgemeines Persönlichkeitsrecht.

Der Eingriff ist aber nicht rechtswidrig, da im Streitfall das Schutzinteresse der Kläger hinter dem von der Beklagten verfolgten Informationsinteresse der Öffentlichkeit und ihrem Recht auf freie Meinungsäußerung zurückzutreten hat. Die beanstandete Meldung beeinträchtigt das Persönlichkeitsrecht der Kläger einschließlich ihres Resozialisierungsinteresses unter den besonderen Umständen des Streitfalls nicht in erheblicher Weise. Sie ist insbesondere nicht geeignet, die Kläger „ewig an den Pranger" zu stellen oder in einer Weise „an das Licht der Öffentlichkeit zu zerren", die sie als Straftäter (wieder) neu stigmatisieren könnte. Sie enthält sachlich abgefasste, wahrheitsgemäße Aussagen über ein Kapitalverbrechen an einem bekannten Schauspieler, das erhebliches öffentliches Aufsehen erregt hatte. Angesichts der Schwere des Verbrechens, der Bekanntheit des Opfers, des erheblichen Aufsehens, das die Tat in der Öffentlichkeit erregt hatte und des Umstands, dass sich die Verurteilten bis weit über das Jahr 2000 hinaus um die Aufhebung ihrer Verurteilung bemüht hatten, war die Mitteilung zum Zeitpunkt ihrer Einstellung in den Internetauftritt der Beklagten zulässig. Hieran hat sich trotz der zwischenzeitlich erfolgten Entlassung der Kläger aus der Haft nichts geändert. Der Meldung kam nur eine geringe Breitenwirkung zu. Sie war nur auf den für Altmeldungen vorgesehenen Seiten des Internetauftritts der Beklagten zugänglich, ausdrücklich als Altmeldung gekennzeichnet und nur durch gezielte Suche auffindbar. Zu berücksichtigen war darüber hinaus, dass ein anerkennenswertes Interesse der Öffentlichkeit nicht nur an der Information über das aktuelle Zeitgeschehen, sondern auch an der Möglichkeit besteht, vergangene zeitgeschichtliche Ereignisse zu recherchieren.

Das von den Klägern begehrte Verbot hätte einen abschreckenden Effekt auf den Gebrauch der Meinungs- und Medienfreiheit, der den freien Informations-und Kommunikationsprozess einschnüren würde. Würde auch das weitere Bereithalten ausdrücklich als solcher gekennzeichneter und im Zeitpunkt der Einstellung zulässiger Altmeldungen auf dafür vorgesehenen Seiten zum Abruf im Internet nach Ablauf einer gewissen Zeit oder nach Veränderung der zugrunde liegenden Umstände ohne weiteres unzulässig und wäre die Beklagte verpflichtet, von sich aus sämtliche archivierten Hörfunkbeiträge immer wieder auf ihre Rechtmäßigkeit zu kontrollieren, würde die Meinungs- und Medienfreiheit in unzulässiger Weise eingeschränkt. Angesichts des mit einer derartigen Kontrolle verbundenen personellen und zeitlichen Aufwands bestünde die Gefahr, dass die Beklagte entweder ganz von einer der Öffentlichkeit zugänglichen Archivierung absehen oder bereits bei der erstmaligen Sendung die Umstände ausklammern würde, die wie vorliegend der Name des Straftäters die Mitschrift der Sendung später rechtswidrig werden lassen könnten, an deren Mitteilung die Öffentlichkeit aber im Zeitpunkt der erstmaligen Berichterstattung ein schützenswertes Interesse hat.

Beispiel

Der BGH hat keine Geldentschädigung wegen Verletzung des allgemeinen Persönlichkeitsrechts durch Veröffentlichung des Romans „Erasa" zuerkannt.

Der Fall:[36]

Die Klägerin verlangt Geldentschädigung wegen Verletzung ihres allgemeinen Persönlichkeitsrechts durch den Roman „Esra", dessen Verlegerin die Beklagte zu 1 und dessen Autor der Beklagte zu 2 ist. Der Roman erzählt die Liebesgeschichte von „Adam" und „Esra", einem Schriftsteller und einer Schauspielerin. Die Klägerin, die sich in der Romanfigur der „Esra" wiedererkennt, hat nach Erscheinen des Romans ein gerichtliches Verbreitungsverbot erwirkt. Nunmehr begehrt sie zusätzlich eine Geldentschädigung in Höhe von 50.000 EUR wegen Verletzung ihres Persönlichkeitsrechts.

Der Bundesgerichtshof hat die besondere Bedeutung der Kunstfreiheit betont. Deren hoher Rang und schrankenlose Gewährleistung gebieten bei der Zuerkennung einer Geldentschädigung wegen Verletzung von Persönlichkeitsrechten durch Kunstwerke besondere Zurückhaltung. Obwohl die Veröffentlichung die Klägerin in ihren Persönlichkeitsrechten schwerwiegend betraf, bestand im Streitfall kein Anspruch der Klägerin auf Zuerkennung einer Geldentschädigung. Dabei waren im Rahmen der gebotenen Gesamtabwägung insbesondere die äußerst schwierige Bestimmung der Grenzen der Kunstfreiheit und die Tatsache zu berücksichtigen, dass das von der Klägerin erwirkte Verbot des Romans bereits erheblich in die Kunstfreiheit eingreift.

Absolute und relative Personen der Zeitgeschichte

Absolute Personen der Zeitgeschichte

Absolute Personen der Zeitgeschichte sind solche, die durch ihre Rolle oder Funktion in der Gesellschaft dauerhaft ins öffentliche Blickfeld gerückt sind: Politiker, Wissenschaftler, Künstler, Kirchenvertreter und Schriftsteller etwa, aber in der Regel auch Sportler, wenn sie mindestens auf Bundesebene Bedeutung erlangt haben.

Zu beachten ist, dass nur diese absoluten Personen der Zeitgeschichte zu diesem Kreis zählen, nicht ihre Angehörigen (insbesondere Kinder) oder Begleiter. Absolute Personen der Zeitgeschichte müssen grundsätzlich die Veröffentlichung von Fotos und Artikeln, Sendungen etc. über sich selbst hinnehmen, soweit ein absolutes Informationsinteresse der Allgemeinheit besteht.

Eine Einschränkung hat dieser Grundsatz im Jahr 2004 durch die völkerrechtlich bindende Rechtsprechung des Europäischen Gerichtshofs für Menschenrechte erfahren: Dieser stellte in seiner mittlerweile berühmten „Caroline-Entscheidung"[37] fest, dass auch bei absoluten Personen der Zeitgeschichte unterschieden werden muss zwischen solchen Fotos, die in der Öffentlichkeit aufgenommen werden, und solchen, die in der

---

[36]BGH, Urt. v. 24.11.2009 – VI ZR 219/08.
[37]EGMR, Urt. v. 24.06.2004 – 59320/00.

Privatsphäre entstehen. Insofern wird das Persönlichkeitsrecht prominenter Personen höher bewertet als das Informationsinteresse der Allgemeinheit.

Beispiel

Der BGH hat im Jahre 2007 mit einem Urteil den Schutz Prominenter vor der Veröffentlichung von Fotos aus ihrer Privatsphäre weiter gestärkt.

Der Fall:[38]

Geklagt hatten wiederum Prinzessin Caroline von Monaco und ihr Ehemann Ernst-August; deshalb ist häufig von der „Caroline II"-Entscheidung die Rede. Das Paar wollte die erneute Veröffentlichung von Fotos aus verschiedenen Urlauben verhindern und war damit vor dem BGH erfolgreich. Die Richter erklärten unter dem Einfluss der ersten „Caroline"-Entscheidung, dass nach wie vor ein Spannungsverhältnis zwischen dem Schutz der Privatsphäre und der Pressefreiheit bestehe. Die Presse muss demnach die geschützte Privatsphäre desjenigen beachten, über den sie berichten will. Der BGH hat damit deutlich gemacht, dass der Schutz der Persönlichkeit des Betroffenen umso schwerer wiegt, je geringer der Informationswert für die Allgemeinheit ist. Das soll grundsätzlich auch für absolute Personen der Zeitgeschichte gelten. Wichtig ist den Richtern zufolge, dass die begleitende Wortberichterstattung zu den Fotos beachtet wird. Diese muss demnach über die Befriedigung bloßer Neugier hinausgehen.

Relative Personen der Zeitgeschichte

Relative Personen der Zeitgeschichte sind solche, die nicht dauerhaft, sondern nur zeitweise wegen spektakulärer Ereignisse oder vorübergehender Aufgaben im Licht der Öffentlichkeit stehen. Typische Beispiele: Ein Straftäter, der auf außergewöhnliche Weise eine Bank überfallen und große Mengen Bargeld erbeutet hat, wurde verhaftet. Ein Amokläufer muss sich vor Gericht verantworten. Eine Rapskönigin wurde gekürt. Ein Strandspaziergänger rettet einer hilflosen Person in der Ostsee das Leben.

Für Angehörige oder Begleiter von relativen Personen gilt – noch strenger als bei absoluten Personen der Zeitgeschichte: Sie sind selbst keine Personen der Zeitgeschichte. Über relative Personen der Zeitgeschichte darf grundsätzlich nur berichtet werden, solange das Ereignis, durch das sie ins Rampenlicht geraten sind, in der Öffentlichkeit von Interesse ist.

Beispiel

Der Bundesgerichtshof wies eine Klage im Fall „Heide Simonis" ab.

Der Fall:[39]

Die Klägerin schied am 27. April 2005 aus dem Amt der Ministerpräsidentin von Schleswig-Holstein aus. Sie beanstandete, an diesem Tag und am Folgetag von Reportern der Beklagten verfolgt und fotografiert worden zu sein. Ferner beanstandete sie die Veröffentlichung einiger Fotos in der von der Beklagten herausgegebenen „Bild"-Zeitung, mit

---

[38]BGH, Urt. v. 08.02.2007 – I ZR 77/04.

[39]BGH, Urt. v. 24.06.2008 – VI ZR 156/06.

denen der Artikel vom 28. April 2005 „Danach ging Heide erst mal shoppen" illustriert war; die beanstandeten Fotos zeigen die Klägerin bei privaten Einkäufen.

Der Bundesgerichtshof hat entschieden, dass der Klägerin kein Unterlassungsanspruch hinsichtlich der am 27. April 2005 gefertigten Fotos zustehe. Bei den Fotos handele es sich um Bildnisse aus dem Bereich der Zeitgeschichte, die ohne Einwilligung der Klägerin veröffentlicht werden dürften. Für Personen des politischen Lebens sei ein gesteigertes Informationsinteresse des Publikums anzuerkennen. Die Fotos, welche die Klägerin in unverfänglichen Situationen in einem frequentierten Einkaufszentrum zeigten, wurden an dem Tag gefertigt, als die Klägerin nach rund zwölfjähriger Amtszeit unter spektakulären Umständen als Ministerpräsidentin abgelöst wurde. Im Hinblick darauf sei ein erhebliches Interesse der Öffentlichkeit an dem Verhalten der Klägerin unmittelbar nach ihrem Amtsverlust anzuerkennen. Die Information darüber, wie sich die bisherige Regierungschefin in dieser Situation präsentierte, hätte einen Bezug zur politischen Debatte. Ein Politiker könne sich in einer Situation, wie sie damals gegeben war, nicht ohne Weiteres der Berichterstattung unter Berufung auf seine Privatheit nach dem Amtsverlust entziehen.

Der Bundesgerichtshof hat auch einen Auskunftsanspruch verneint, soweit es um Fotos vom 28. April 2005 geht. An diesem Tag bestand nach Ansicht des Gerichts das Informationsinteresse der Öffentlichkeit noch fort, sodass dem Persönlichkeitsschutz der Klägerin kein Vorrang vor dem Berichterstattungsinteresse der Beklagten zukomme. Ein Vernichtungs- oder Herausgabeanspruch – der grundsätzlich einen schweren Eingriff in das Recht der Presse zur Vorhaltung eines Pressearchivs darstellt – wäre unter diesen Voraussetzungen nur in Betracht gekommen, wenn eine Veröffentlichung der Bilder unter keinen Umständen zulässig wäre, wie etwa bei Fotos aus dem Bereich der Intimsphäre oder bei rechtswidriger Fertigung oder Erlangung der Fotos. Das sei vorliegend nicht der Fall, sodass auch kein vorbereitender Auskunftsanspruch bestehe, ebenso wenig wie ein Anspruch der Klägerin auf Freistellung von Anwaltskosten.

Beispiel

Der Bundesgerichtshof entschied über die Veröffentlichung eines Fotos von Sabine Christiansen beim Einkaufen mit ihrer Putzfrau.

Der Fall:[40]

Die Klägerin war die bekannte deutsche Fernsehjournalistin Sabine Christiansen. Die Beklagte veröffentlichte in der von ihr verlegten Zeitschrift „Bild der Frau" ein Foto, welches die Klägerin mit ihrer Putzfrau beim Einkaufen in Puerto Andratx auf Mallorca zeigt. Foto und dazugehöriger Text befanden sich auf einer bebilderten Seite mit der Überschrift „Was jetzt los ist auf Mallorca". Das Bild war mit dem Begleittext versehen: „ARD-Talkerin … beim Shopping mit ihrer Putzfrau im Fischerdorf Puerto Andratx. Ihre Finca liegt romantisch zwischen Mandelbäumen am Rande von Andratx."

---

[40]BGH, Urt. v. 01.07.2008 – VI ZR 243/06.

Der Bundesgerichtshof hat dem auf Unterlassung der Veröffentlichung dieses Bildes gerichteten Antrag der Klägerin stattgegeben.

Das beanstandete Bild zeige – worauf der Begleittext selbst hinweist – die Klägerin in einer (völlig) belanglosen Situation. Der Nachrichtenwert der Berichterstattung habe keinerlei Orientierungsfunktion im Hinblick auf eine die Allgemeinheit interessierende Sachdebatte. Eine solche Berichterstattung, die nur der Befriedigung des Unterhaltungsinteresses bestimmter Leser diene, rechtfertige es bei der gebotenen Abwägung zwischen Persönlichkeitsrecht und Pressefreiheit nicht, in das Recht der Klägerin am eigenen Bild einzugreifen.

Beispiel

Der Bundesgerichtshof hatte darüber zu entscheiden, ob dem Kläger Günther Jauch wegen der Verwendung seines Bildnisses Zahlungsansprüche zustehen.

Der Fall:[41]

Ein Zeitschriftenverlag hatte den Kläger auf der Titelseite eines Rätselheftes mit der Bildunterschrift *„Günther Jauch zeigt mit „Wer wird Millionär?", wie spannend Quiz sein kann"* abgebildet, ohne dass das Heft einen entsprechenden redaktionellen Beitrag enthielt. Der Kläger, der der Verwendung seines Bildnisses nicht zugestimmt hatte, verlangte von dem beklagten Zeitschriftenverlag den Betrag, der seiner Auffassung nach üblicherweise für die Zustimmung zu einer derartigen Veröffentlichung gezahlt wird. Der Bundesgerichtshof hat angenommen, dass bei der notwendigen Abwägung der widerstreitenden Interessen dem Persönlichkeitsrecht des Klägers, das auch das Recht an seinem Bildnis umfasst, im Streitfall der Vorrang vor der Pressefreiheit zukomme. Zwar dürften Bildnisse aus dem Bereich der Zeitgeschichte im Rahmen der Berichterstattung regelmäßig ohne Einwilligung des Abgebildeten verbreitet werden. Ob ein Bildnis der Zeitgeschichte vorliege, sei anhand des Informationswertes der Abbildung und der sie begleitenden Berichterstattung zu beurteilen. Der Informationsgehalt der Bildunterschrift sei im vorliegenden Fall aber derart gering, dass sie sich darauf beschränkte, einen Anlass für die Abbildung des Klägers zu schaffen, um dessen Werbe- und Imagewert für das Rätselheft des beklagten Verlages auszunutzen.

Beispiel

Die Berichterstattung über einen Hauskauf Joschka Fischers war zulässig.

Der Fall:[42]

Nachdem der Kläger, ehemaliger Außenminister und Vizekanzler der Bundesrepublik Deutschland, im Juni 2006 letztmals an einer Sitzung seiner Bundestagsfraktion

---

[41]BGH, Urt. v. 11.03.2009 – I ZR 8/07.
[42]BGH, Urt. v. 19.05.2009 – VI ZR 160/08.

teilgenommen hatte, veröffentlichte die von der Beklagten verlegte Zeitschrift „BUNTE" einen Artikel, der die Überschrift trug: „Nobel lässt sich der Professor nieder". In dem Artikel werden Einzelheiten über ein vom Kläger erworbenes Wohnhaus mitgeteilt und wird die Frage gestellt, wovon der Kläger dies bezahlt habe; ferner ist ein Foto des Hauses abgedruckt. Der Kläger sieht sich durch die Veröffentlichung in seinem Persönlichkeitsrecht verletzt. Er hat deshalb Klage erhoben mit dem Antrag, der Beklagten die Veröffentlichung und Verbreitung der Äußerungen und von Fotos des Wohnhauses zu untersagen.

Der Bundesgerichtshof hat dazu ausgeführt:

Zwar könne die Veröffentlichung und Verbreitung des Fotos eines Wohnhauses ebenso wie die Wortberichterstattung darüber einen Eingriff in das Persönlichkeitsrecht darstellen, wenn sie unter Nennung des Namens einer Person und gegen deren Willen erfolge, sodass die Anonymität der Privatsphäre und damit das Recht auf Selbstbestimmung bei der Offenbarung der persönlichen Lebensumstände beeinträchtigt würden. Im Rahmen der gebotenen Abwägung müsse dem berechtigten Informationsinteresse an der Berichterstattung eine überwiegende Bedeutung zugemessen werden.

Die Beklagte habe aus aktuellem Anlass, nämlich dem Abschied des Klägers von der Grünen-Bundestagsfraktion, darüber berichtet, wie sich seine Lebensverhältnisse nach dem Ausscheiden aus der Politik gestalteten. Der Kläger habe als langjähriger Bundesaußenminister und Vizekanzler, als Mitglied des Bundestages, als Fraktionsvorsitzender der Grünen sowie als Mitglied des Parteirates der Grünen eine herausragende Stellung im politischen Leben der Bundesrepublik Deutschland eingenommen.

Diese Stellung habe er nicht bereits mit dem Ende seiner Amtszeit als Außenminister und Vizekanzler im Jahr 2005 verloren. Auch soweit in dem Artikel die Wandlung angesprochen werde, die der Kläger seit Beginn der 1970er Jahre durchlebt habe, und die Frage aufgeworfen werde, wovon der Kläger den Kaufpreis für das Haus bezahlt habe, sei ein Informationsinteresse zu bejahen, zumal der Artikel geeignet sei, gesellschafts- und sozialkritische Überlegungen der Leser anzuregen.

Beispiel

Der BGH hob das Verbot einer Wort- und Bildberichterstattung über den Rosenball in Monaco, die Charlotte Casiraghi in den Mittelpunkt stellt, auf.

Der Fall:[43]

Die Klägerin ist die Tochter der Prinzessin Caroline von Hannover. Im März 2007 veröffentlichte die von der Beklagten, einem Verlag, herausgegebene Zeitschrift „Bunte" einen Artikel mit dem Titel: „Charlotte, die Party-Prinzessin" und dem Untertitel „Rosenball in Monaco – und der Star war Prinzessin Carolines Tochter: eine feurige Schönheit". Die Klägerin hatte in zwei getrennten Rechtsstreitigkeiten die Wortberichterstattung und die Bildberichterstattung angegriffen.

---

[43]BGH, Urt. v. 26.10.2010 – VI ZR 190/08 u. VI ZR 230/08.

Der Bundesgerichtshof hat die Klagen abgewiesen und zur Begründung ausgeführt: Der Schutz des allgemeinen Persönlichkeitsrechts reiche hinsichtlich der Veröffentlichung von Bildern einerseits und der Wortberichterstattung andererseits verschieden weit. Die Veröffentlichung des Bildes einer Person müsse nach dem abgestuften Schutzkonzept der §§ 22, 23 Kunsturhebergesetz (KunstUrhG) gerechtfertigt sein. Für einen personenbezogenen Wortbericht gelte dieses Schutzkonzept nicht. Das Allgemeine Persönlichkeitsrecht aus Art. 2 Abs. 1 GG in Verbindung mit Art. 1 Abs. 1 GG biete nicht schon davor Schutz, überhaupt in einem Bericht individualisierend benannt zu werden. Vielmehr biete es Schutz nur gegen spezifische Verletzungsformen, insbesondere gegen eine Beeinträchtigung der Privat- oder Intimsphäre sowie gegen herabsetzende bzw. ehrverletzende Äußerungen.

Ein vom Kommunikationsinhalt unabhängiger Schutz bestehe im Bereich der Textberichterstattung auch unter dem Gesichtspunkt des Rechts am gesprochenen Wort. Im Übrigen biete das allgemeine Persönlichkeitsrecht aber keinen Schutz vor personenbezogenen Äußerungen unabhängig von ihrem Inhalt. Danach dürfe die Berichterstattung der Beklagten über den Rosenball nicht mit der Erwägung verboten werden, in dem Bericht werde die Klägerin in den Mittelpunkt gestellt. Wer an Veranstaltungen teilnähme, die ersichtlich wegen ihres Teilnehmerkreises auf großes Interesse jedenfalls eines Teils des Publikums stoßen und auch auf Außenwirkung angelegt seien, müsse die öffentliche Erörterung seiner Teilnahme an der Veranstaltung ebenso dulden wie kommentierende und wertende Bemerkungen zu seiner Person, soweit sie an die Teilnahme an der Veranstaltung und an bereits bekannte Tatsachen aus der Sozialsphäre anknüpften.

Hinzu komme, dass das Persönlichkeitsrecht der Klägerin durch die Berichterstattung allenfalls geringfügig beeinträchtigt worden sei. Ihre Person werde mit durchweg offenbar positiv gemeinten Formulierungen dargestellt. Dabei werde sie als Mittelpunkt einer „jungen Monaco-Society" beschrieben, die mit teuren Kleidern bei öffentlichen Veranstaltungen auftrete, bei Modeschauen von vornherein in der ersten Reihe sitze und die „Leichtigkeit des Seins" genieße.

Auch die Veröffentlichung der Fotos sei gerechtfertigt. Der Rosenball sei ein zeitgeschichtliches Ereignis im Sinne der §§ 22, 23 Kunsturhebergesetz (KunstUrhG). Sämtliche Fotos würden dort gefertigt und zeigen – bis auf ein Porträtfoto – außer der Klägerin mehrere der anwesenden Personen, die in dem begleitenden Text auch zum Teil benannt würden. Ein Informationsinteresse sei zu bejahen. Angesichts des beschriebenen Inhalts des Artikels gehe es, auch wenn die Klägerin im Mittelpunkt stehe, um eine Darstellung der Lebensweise und des Verhaltens in ihren Gesellschaftskreisen, die eine Leitbild- oder Kontrastfunktion für große Teile der Bevölkerung im Blick habe und auch Anlass zu sozialkritischen Überlegungen geben könne. Dem gegenüber sei das Persönlichkeitsrecht der Klägerin durch die Veröffentlichung der sie in keiner Weise negativ darstellenden Fotos allenfalls geringfügig tangiert.

Beispiel

Der Bundesgerichtshof hat entschieden, dass die Werbung mit der Abbildung einer prominenten Person auf dem Titelblatt einer Zeitung ausnahmsweise auch ohne eine diese Abbildung rechtfertigende Berichterstattung zulässig sein kann, wenn sie dem Zweck dient, die Öffentlichkeit über das Aussehen und die Ausrichtung einer neuen Zeitung zu informieren.

Der Fall:[44]

Der Kläger ist Günther Jauch. Die Beklagte beabsichtigte, ab September 2006 ein Magazin mit dem Titel „Markt & Leute" als gedruckte Zeitung und online im Internet anzubieten. Sie erstellte eine Nullnummer der Zeitung, die lediglich in der Einführungswerbung für das Magazin verwendet, aber nicht zum Kauf angeboten werden sollte. Auf der Titelseite der Nullnummer vom 6. Juli 2006 befand sich unter der Überschrift „Berlin/Hochzeit" und dem *Titel* „Jauchs Hochzeit nicht völlig tabu" ein Bericht darüber, dass das Berliner Kammergericht das vom Kläger erwirkte Verbot, über seine bevorstehende Hochzeit – sie fand am 7. Juli 2006 statt – zu berichten, vorläufig aufgehoben habe. Dieser Bericht war mit einem Porträtfoto des Klägers bebildert. Die Beklagte warb im Internet und in Zeitungsanzeigen mit Abbildungen dieser Titelseite für das Magazin. Da die Titelseite nur unvollständig abgebildet war, waren zwar der Name und das Porträtfoto des Klägers, aber nur ein Teil des Textes des dazugehörigen Artikels zu erkennen. Die Beklagte stellte ihr Vorhaben, das Magazin auf den Markt zu bringen, bereits vor dem Erscheinen einer Erstausgabe ein.

Der Kläger Günther Jauch war der Ansicht, die Verwendung seines Bildnisses und Namens in der Werbung für das Magazin, die ohne seine Einwilligung erfolgte, verletze sein Recht am eigenen Bild und Namen.

Der Bundesgerichtshof hat wie folgt entschieden: Die Prüfung, ob die in der Werbekampagne der Beklagten verwendete Fotografie des Klägers als Bildnis aus dem Bereich der Zeitgeschichte i. S. von § 23 Abs. 1 Nr. 1 Kunsturhebergesetz (KunstUrhG) ohne seine Einwilligung verbreitet werden durfte, erfordere eine Abwägung zwischen dem Interesse des Klägers am Schutz seiner Persönlichkeit und dem von der Beklagten wahrgenommenen Informationsinteresse der Öffentlichkeit. Der Eingriff in das Persönlichkeitsrecht durch die Abbildung eines Porträtfotos des Klägers sei hier vergleichsweise geringfügig, weil die Beklagte damit lediglich die Aufmerksamkeit der Werbeadressaten auf ihre Zeitung gelenkt habe, ohne den Werbewert oder das Image des Klägers darüber hinaus auszunutzen oder sein Ansehen zu beschädigen. Die Beklagte könne sich demgegenüber auf das vom Grundrecht der Pressefreiheit geschützte Interesse berufen, die Öffentlichkeit mit der Abbildung einer Titelseite über die Gestaltung und den Inhalt ihres geplanten Magazins zu informieren. Bei der Interessenabwägung komme dem Umstand, dass der in der Werbung abgebildete

---

[44]BGH, Urt. v. 18.11.2010 – I ZR 119/08.

Artikel über den Kläger in dem Magazin tatsächlich nicht erschienen ist und auch gar nicht hat erscheinen sollen, keine entscheidende Bedeutung zu.

Der Bundesgerichtshof hat seine Auffassung bekräftigt, die Pressefreiheit werde übermäßig eingeschränkt, wenn ein Verlag, der für eine künftig erscheinende Zeitung in zulässiger Weise mit der Abbildung einer beispielhaften Titelseite wirbt, verpflichtet wäre, Beiträge zu Themen zu veröffentlichen, die zum Zeitpunkt des Beginns der Werbekampagne aktuell waren, zum Zeitpunkt des Erscheinens der Erstausgabe aber möglicherweise überholt sind.

Beispiel

Wird der Name einer bekannten Persönlichkeit ohne deren Einwilligung zu Werbezwecken benutzt, so kommt dem Persönlichkeitsrecht der betroffenen Person nicht ohne Weiteres der Vorrang gegenüber der Meinungsäußerungsfreiheit des Werbenden zu.

Der Fall:[45]

Der Kläger war der bekannte Musikproduzent Dieter Bohlen. Er veröffentlichte im Jahre 2003 das Buch „Hinter den Kulissen". Mehrere Gerichtsverfahren führten dazu, dass verschiedene Textpassagen dieses Buches geschwärzt werden mussten. Die Beklagte war das deutsche Tochterunternehmen eines international tätigen Tabakkonzerns. Sie warb am 27. Oktober 2003– ohne Einwilligung des Klägers – in dem Wochenmagazin „Der Spiegel" sowie in der Tageszeitung „Bild" für ihre Zigaretten „Lucky Strike" mit einer nachstehend verkleinert wiedergegebenen ganzseitigen Anzeige, in der zwei Zigarettenschachteln abgebildet sind, an denen ein schwarzer Filzstift lehnt. In der über der Abbildung befindlichen Textzeile „Schau mal, lieber Dieter, so einfach schreibt man super Bücher" wurden die Wörter „lieber", „einfach" und „super" geschwärzt, ohne sie hierdurch unleserlich zu machen.

Der Kläger hatte die Beklagte auf Zahlung einer fiktiven Lizenzgebühr in Höhe von 100.000 EUR in Anspruch genommen. Nach Auffassung des BGH steht dem Kläger der geltend gemachte Anspruch auf Zahlung einer fiktiven Lizenzgebühr jedoch weder aus § 812 Abs. 1 S. 1 Fall 2 BGB noch aus § 823 Abs. 1 BGB i. V. mit Art. 1 Abs. 1, Art. 2 Abs. 1 GG, § 12 BGB zu.

Zur Begründung führt das Gericht aus, dass zwar eine unbefugte Nutzung der vermögenswerten Bestandteile des allgemeinen Persönlichkeitsrechts sowie der besonderen Persönlichkeitsrechte wie des Namens und des Rechts am eigenen Bild einen Bereicherungsanspruch des Rechtsträgers aus Eingriffskondiktion (§ 812 Abs. 1 S. 1 Fall 2 BGB) begründe. Da das Erlangte nicht herausgegeben werden könne, sei Wertersatz zu leisten (§ 818 Abs. 2 BGB), der nach den bei der Verletzung von Immaterialrechtsgütern geltenden Grundsätzen berechnet werden könne. Der Wertersatz kann daher auch nach der üblichen Lizenzgebühr berechnet werden.

---

[45]BGH, Urt. v. 05.06.2008 – I ZR 223/05.

Die Beklagte habe in der beanstandeten Werbeanzeige den Namen des Klägers zu kommerziellen Zwecken genutzt und damit in die vermögenswerten Bestandteile des Persönlichkeitsrechts des Klägers eingegriffen. Das Namensrecht nach § 12 BGB und das allgemeine Persönlichkeitsrecht des Namensträgers könnten auch durch die Verwendung eines Vornamens in Alleinstellung verletzt werden, wenn schon der alleinige Gebrauch des Vornamens beim angesprochenen Verkehr die Erinnerung an einen bestimmten Träger weckt.

Bei der in derartigen Fällen vorzunehmenden Güter- und Interessenabwägung müsse hingegen berücksichtigt werden, dass die vermögensrechtlichen Bestandteile des allgemeinen Persönlichkeitsrechts wie auch des Namensrechts nur einfachrechtlich geschützt sind, während sich die Beklagte ihrerseits auf das verfassungsrechtlich geschützte Grundrecht der Meinungsäußerungsfreiheit (Art. 5 Abs. 1 GG) berufen könne. Unter Berücksichtigung der Schwere des Eingriffs in das Persönlichkeitsrecht des Klägers sei der Ausübung des Grundrechts der Meinungsäußerungsfreiheit im Streitfall daher der Vorrang einzuräumen. Während die Persönlichkeitsrechte, soweit sie dem Schutz ideeller Interessen dienen, zum verfassungsrechtlich gewährleisteten Kern der Persönlichkeitsentfaltung (Art. 1 und 2 Abs. 1 GG) gehörten, sei der Schutz der von der Rechtsprechung entwickelten vermögenswerten Bestandteile der Persönlichkeitsrechte lediglich zivilrechtlich begründet. Den nur einfachrechtlich geschützten vermögensrechtlichen Bestandteilen des Persönlichkeitsrechts komme gegenüber der verfassungsrechtlich geschützten Meinungsäußerungsfreiheit daher grundsätzlich kein Vorrang zu.

Unter Berücksichtigung der Intensität des hier in Rede stehenden Eingriffs in den vermögensrechtlichen Bestand des Persönlichkeitsrechts des Klägers komme bei der gebotenen Güter- und Interessenabwägung der Rechtsposition, auf die sich die Beklagte bei der Verbreitung der Werbeanzeige unter Berufung auf Art. 5 Abs. 1 GG stützen kann, ein größeres Gewicht zu. Der Schutz des Art. 5 Abs. 1 GG erstrecke sich auch auf kommerzielle Meinungsäußerungen und auf reine Wirtschaftswerbung, die einen wertenden, meinungsbildenden Inhalt hat. Dabei hätten nicht nur Beiträge, die sich mit Vorgängen von historisch-politischer Bedeutung befassen, einen meinungsbildenden Inhalt, sondern auch solche, die Fragen von allgemeinem gesellschaftlichen Interesse aufgreifen. Auch durch unterhaltende Beiträge könne Meinungsbildung stattfinden; solche Beiträge könnten die Meinungsbildung unter Umständen nachhaltiger anregen und beeinflussen als sachbezogene Informationen. Die in der Werbeanzeige enthaltenen Äußerungen unterfielen wegen des insoweit bestehenden Informationsinteresses der Öffentlichkeit dem Schutz des Art. 5 Abs. 1 GG.

Die Bekanntheit einer Person wie des Klägers im öffentlichen Leben könne ein besonderes Informationsinteresse der Öffentlichkeit begründen, das es rechtfertigen könne, über bestimmte Verhaltensweisen dieser Person auch mit Namensnennung und Abbildung zu berichten. Einer Berichterstattung mit Namensnennung und Abbildung über solche Ereignisse von gesellschaftlicher Relevanz stehe auch nicht der Schutz der Privatsphäre entgegen.

Obwohl die Beklagte die Buchveröffentlichung des Klägers im Rahmen einer Werbeanzeige thematisiert habe, könne sie sich gleichwohl auf den besonderen Schutz der Meinungsäußerungsfreiheit (Art. 5 Abs. 1 GG) berufen. Der Umstand, dass mit der Anzeige durch die Verwendung des Vornamens des Klägers und durch die Anspielung auf seine Bücher in erster Linie Aufmerksamkeit erregt werden sollte, um letztlich den Absatz der von der Beklagten beworbenen Zigarettenmarke zu erhöhen, führe nicht zu einem grundsätzlichen Überwiegen des allgemeinen Persönlichkeitsrechts des Klägers.

Die mit der Namensnennung verbundene Beeinträchtigung des Persönlichkeitsrechts könne hinzunehmen sein, wenn sich die Werbeanzeige einerseits in satirisch-spöttischer Form mit einem in der Öffentlichkeit diskutierten Ereignis auseinandersetze, an dem der Genannte beteiligt war, und wenn andererseits der Image- oder Werbewert des Genannten durch die Verwendung seines Namens nicht ausgenutzt und nicht der Eindruck erweckt werde, als identifiziere er sich mit dem beworbenen Produkt oder empfehle es.

Beispiel

Der Bundesgerichtshof hat entschieden, dass Bildagenturen vor Weitergabe archivierter Fotos an die Presse nicht die Zulässigkeit der beabsichtigten Presseberichterstattung prüfen müssen.

Der Fall:[46]

Die Beklagten betreiben Bildarchive zur kommerziellen Nutzung durch Presseunternehmen. Der mehrfach wegen Tötungsdelikten verurteilte Kläger verbüßt seit 1983 eine lebenslange Freiheitsstrafe. Über seine Taten wurde in den fünfziger, sechziger und frühen achtziger Jahren des letzten Jahrhunderts ausführlich berichtet. Die Beklagten gaben auf Anfrage ein bzw. zwei Bildnisse aus den fünfziger und sechziger Jahren an das Magazin „Playboy" weiter, das damit einen Artikel „Die Akte … Psychogramm eines Jahrhundertmörders" bebilderte.

Der Kläger machte geltend, die Beklagten hätten die Fotos ohne seine hierzu erforderliche Einwilligung verbreitet und dadurch sein Recht am eigenen Bild verletzt. Die Beklagten beriefen sich demgegenüber auf das Recht der Pressefreiheit. Die Klagen waren darauf gerichtet, den Beklagten aufzugeben, die Weitergabe der Fotos zu unterlassen.

Der Bundesgerichtshof hat die Klagen abgewiesen und zur Begründung ausgeführt: Der Austausch zulässiger Weise archivierten Bildmaterials stehe unter dem Schutz der Pressefreiheit (Art. 5 Abs. 1 S. 2 GG). Diese gewährleiste nicht nur die Freiheit der Verbreitung von Nachrichten und Meinungen; sie schütze vielmehr auch den gesamten Bereich publizistischer Vorbereitungstätigkeit, zu der insbesondere die

---

[46]BGH, Urt. v. 07.12.2010 – VI ZR 30/09 u. VI ZR 34/09.

Beschaffung von Informationen gehöre. Dem sei bei der Auslegung des Begriffs des „Verbreitens" von Bildnissen in § 22 Kunsturhebergesetz (KunstUrhG) – Recht am eigenen Bild – Rechnung zu tragen.

Eine quasi presseinterne Weitergabe von Fotos durch ein Bildarchiv dürfe deshalb grundsätzlich nicht davon abhängig gemacht werden, dass der Inhaber der Bildagentur prüfen müsse, ob die unter Verwendung der Fotos beabsichtigte Presseberichterstattung rechtmäßig sein werde. Die Verantwortung für eine Presseveröffentlichung trage allein das veröffentlichende Presseorgan, das auch die Zulässigkeit der Verwendung der Fotos nach den §§ 22, 23 Kunsturhebergesetz (KunstUrhG) zu prüfen habe. Der betroffene Abgebildete habe dadurch keinen fühlbaren Nachteil. Durch die Weitergabe von Fotos im quasi presseinternen Bereich werde sein Persönlichkeitsrecht allenfalls geringfügig beeinträchtigt.

Schutzsphäre des Persönlichkeitsrechts

Der Schutzbereich des Persönlichkeitsrechts umfasst den unmittelbaren Freiheitsbereich des Einzelnen. Hier wird in vier Sphären unterschieden:

Die Intimsphäre gilt als unantastbar.[47] Über sie darf niemals – auch nicht bei Prominenten – berichtet werden. Ausnahme: Der Betroffene ist damit einverstanden. Die Intimsphäre betrifft vor allem den Sexualbereich, Krankheiten und das Beichtgeheimnis.

Die Geheimsphäre wird nach den Straftatbeständen des § 201 ff. StGB ermittelt. Unbefugte Mitschnitte von Äußerungen und Telefongesprächen sind damit ebenso verboten wie die Veröffentlichung von Briefen oder Äußerungen, die durch besonderes Vertrauen geschützt sind, etwa gegenüber einem Arzt oder Rechtsanwalt.

In der Privatsphäre gilt der Schutz des allgemeinen Persönlichkeitsrechts nicht absolut. Hier wird abgewogen zwischen dem Persönlichkeitsrecht des Betroffenen und der Freiheit der Berichterstattung. Grundsätzlich meint Privatsphäre die eigenen vier Wände des Betroffenen, im übertragenen Sinn Haus, Hof und Garten. Zwangsläufig finden aber auch rein private Ereignisse im öffentlichen Raum statt, Einkaufen bspw. oder ein Spaziergang. Diese sind vom Schutzbereich der Privatsphäre erfasst, wenn der Betroffene deutlich zum Ausdruck bringt, dass er ungestört sein möchte. Personen, die im öffentlichen Leben stehen oder bewusst die Öffentlichkeit suchen, müssen übrigens grundsätzlich mehr Berichterstattung dulden als reine Privatmenschen.

Die Sozialsphäre erfasst solche Orte, Tätigkeiten oder Ereignisse, die andere jederzeit und ohne Schwierigkeiten wahrnehmen können. Hier ist der Schutz des allgemeinen Persönlichkeitsrechts deshalb am geringsten.

Nach der Rechtsprechung des Bundesverfassungsgerichts[48] umfasst das allgemeine Persönlichkeitsrecht (Art. 2 Abs. 1 GG i. V. m. Art. 1 Abs. 1 GG) auch das Grundrecht auf Gewährleistung der Vertraulichkeit und Integrität informationstechnischer Systeme.

---

[47]BVerfG, Beschl. v. 31.01.1973 – 2 BvR 454/71; BVerfG, Beschl. v. 14.09.1989 – 2 BvR 1062/87.
[48]BVerfG, Urt. v. 27.02.2008 – 1 BvR 370/07 u. 1 BvR 595/07.

Die heimliche Infiltration eines informationstechnischen Systems, mittels derer die Nutzung des Systems überwacht und seine Speichermedien ausgelesen werden können, ist verfassungsrechtlich nur zulässig, wenn tatsächliche Anhaltspunkte einer konkreten Gefahr für ein überragend wichtiges Rechtsgut bestehen.

Überragend wichtig sind Leib, Leben und Freiheit der Person oder solche Güter der Allgemeinheit, deren Bedrohung die Grundlagen oder den Bestand des Staates oder die Grundlagen der Existenz der Menschen berührt. Die Maßnahme kann schon dann gerechtfertigt sein, wenn sich noch nicht mit hinreichender Wahrscheinlichkeit feststellen lässt, dass die Gefahr in näherer Zukunft eintritt, sofern bestimmte Tatsachen auf eine im Einzelfall durch bestimmte Personen drohende Gefahr für das überragend wichtige Rechtsgut hinweisen. Die heimliche Infiltration eines informationstechnischen Systems ist grundsätzlich unter den Vorbehalt richterlicher Anordnung zu stellen. Das Gesetz, das zu einem solchen Eingriff ermächtigt, muss Vorkehrungen enthalten, um den Kernbereich privater Lebensgestaltung zu schützen.

Soweit eine Ermächtigung sich auf eine staatliche Maßnahme beschränkt, durch welche die Inhalte und Umstände der laufenden Telekommunikation im Rechnernetz erhoben oder darauf bezogene Daten ausgewertet werden, ist der Eingriff an Art. 10 Abs. 1 GG zu messen.

Verschafft der Staat sich Kenntnis von Inhalten der Internetkommunikation auf dem dafür technisch vorgesehenen Weg, so liegt darin nur dann ein Eingriff in Art. 10 Abs. 1 GG, wenn die staatliche Stelle nicht durch Kommunikationsbeteiligte zur Kenntnisnahme autorisiert ist. Nimmt der Staat im Internet öffentlich zugängliche Kommunikationsinhalte wahr oder beteiligt er sich an öffentlich zugänglichen Kommunikationsvorgängen, greift er grundsätzlich nicht in Grundrechte ein.

Die Unterscheidung der einzelnen Sphären ist nicht unumstritten: Eine klare Abgrenzung ist häufig unmöglich, sodass Grauzonen entstehen und im Einzelfall abgewogen werden muss, wie schützenswert das Persönlichkeitsrecht des Betroffenen gegenüber dem Informationsinteresse der Allgemeinheit ist.

Weitere besondere Persönlichkeitsrechte, Schutzbereiche
Über die Unterscheidung der schützenswerten Sphären hinaus wird das allgemeine Persönlichkeitsrecht in besondere Rechte unterteilt. Die für die Medien bedeutenden Rechte sollen hier erwähnt werden:

Das Recht am gesprochenen Wort schützt den Einzelnen in seiner Spontaneität. Jeder soll selbst bestimmen, ob sein gesprochenes Wort auf Tonträger aufgezeichnet wird und ob, wann sowie vor wem es abgespielt werden darf.

Das Recht am geschriebenen Wort schützt persönliche Aufzeichnungen, insbesondere Briefe oder Tagebücher. Sie dürfen nicht ohne Einwilligung des Betroffenen veröffentlicht werden.

Der Anspruch auf korrektes Zitieren schützt vor Entstellungen oder Unterschiebungen von Äußerungen. Wörtliche Zitate müssen unverfälscht wiedergegeben werden. Wird sinngemäß zitiert, so darf das Zitat nicht aus dem Zusammenhang gerissen werden. Sofern Zitate interpretiert werden, ist dies kenntlich zu machen.

Das Recht am eigenen Bild schützt vor der Verbreitung und öffentlichen Zurschaustellung von Bildern. Das Fotografieren in der Öffentlichkeit ist ohne die Einwilligung
des Fotografierten grundsätzlich von der Informationsfreiheit gedeckt. Die Veröffentlichung von Bildern ohne Einwilligung ist dagegen nicht gestattet. Verankert ist das Recht
am eigenen Bild in § 22 Kunsturhebergesetz (KunstUrhG). Eine Ausnahme bestimmt
§ 23 Abs. 1 Kunsturhebergesetz (KunstUrhG). Demnach dürfen Bildnisse aus dem
Bereich der Zeitgeschichte ohne die Einwilligung des Abgebildeten zur Schau gestellt
werden. Wird durch die Veröffentlichung allerdings ein berechtigtes Interesse des Abgebildeten verletzt, greift die Ausnahmeregelung gemäß § 23 Abs. 2 Kunsturhebergesetz
(KunstUrhG) nicht. Zu beachten sind hier auch die höchstrichterlichen sogenannten
„Caroline"-Entscheidungen.

Das Recht auf Schutz gegen Veränderungen von Fotografien steht in enger Verbindung zum Recht am eigenen Bild. Auch wenn die Verbreitung eines Fotos ohne Einwilligung des Betroffenen zulässig ist, muss sich dieser keine Verzerrung oder Entstellung
seines Bildnisses gefallen lassen. Dies gilt auch für absolute Personen der Zeitgeschichte. Satirische Überzeichnungen fallen grundsätzlich nicht in den Schutzbereich,
für sie gilt das Grundrecht der Kunstfreiheit.

Das Recht auf informationelle Selbstbestimmung hat das Bundesverfassungsgericht im
Jahre 1983 im sogenannten „Volkszählungsurteil"[49] (dazu mehr in Kap. 7) entwickelt. Es
besagt, dass der Einzelne bestimmt, welche seiner persönlichen Daten in welchem Rahmen preisgegeben und verwendet werden dürfen. Zu den geschützten Daten zählen bspw.
Alter, Vermögensverhältnisse, Religion und Gesundheit. Demnach gehören personenbezogene Daten zur Individualsphäre des Einzelnen und dürfen ohne Einwilligung des Betroffenen nicht veröffentlich werden und auch sonst keinen Beeinträchtigungen unterliegen.

Das Recht der persönlichen Ehre schützt vor Diffamierungen. Dies spielt insbesondere zivil- und strafrechtlich eine Rolle, wenn ein Betroffener bspw. durch Medienunternehmen diffamiert wird. Der Staat ist verpflichtet, Private vor Eingriffen in ihr Recht auf
persönliche Ehre zu schützen. Strafwürdig sind in erster Linie Verleumdung, üble Nachrede und Beleidigung. Zu beachten ist auch hier, dass stets zwischen dem Grundrecht auf
Meinungsfreiheit und dem Recht der persönlichen Ehre abgewogen wird.

Der Bundesgerichtshof entschied über die Vererblichkeit des Anspruchs auf Geldentschädigung wegen Verletzung des Persönlichkeitsrechts.

Beispiel

Der Fall:[50]

Der Kläger ist Erbe des bekannten, inzwischen verstorbenen Entertainers Peter
Alexander. Dieser sah sich durch in Zeitschriften der Beklagten erschienene Artikel, die unter anderem seine Trauer um seine verstorbene Tochter sowie seinen

---

[49]BVerfG, Urt. v. 15.12.1983 – 1 BvR 209, 269, 362, 420, 440, 484/83.
[50]BGH, Urt. v. 29.04.2014 – VI ZR 246/12.

Gesundheitszustand zum Gegenstand hatten, in seinem Persönlichkeitsrecht verletzt und nahm die Beklagte deshalb auf Zahlung einer Geldentschädigung in Anspruch. Seine Klage ging bei Gericht per Fax einen Tag vor seinem Ableben ein, wurde der Beklagten aber erst einige Wochen später zugestellt.

Begründung:

Entscheidend gegen die Vererblichkeit des Geldentschädigungsanspruchs aufgrund einer schweren Persönlichkeitsrechtsverletzung spricht die Funktion des Anspruchs. Bei der Zuerkennung einer Geldentschädigung steht der Genugtuungsgedanke im Vordergrund. Der Gesichtspunkt der Genugtuung verliert regelmäßig an Bedeutung, wenn die Verletzung des Persönlichkeitsrechts zwar noch zu Lebzeiten des Geschädigten erfolgt, dieser aber verstirbt, bevor sein Entschädigungsanspruch erfüllt wird. Danach besteht der Anspruch über den Tod des Verletzten hinaus im Allgemeinen nicht fort. Der Präventionsgedanke rechtfertigt kein anderes Ergebnis, da er die Gewährung einer Geldentschädigung nicht alleine zu tragen vermag.

Ob etwas anderes gilt, wenn der Verletzte erst nach Eintritt der Rechtshängigkeit durch die Zustellung der Klage an den Beklagten des Geldentschädigungsanspruchs verstirbt, konnte der BGH offenlassen, da der Erblasser vorliegend vor Zustellung der Klage verstorben war.

1.3.2 Juristische Konsequenzen aus Persönlichkeitsrechtsverletzungen

Aus der Verletzung des allgemeinen Persönlichkeitsrechts können sich sowohl strafrechtliche als auch zivilrechtliche Konsequenzen ergeben. Die wichtigsten sollen im Folgenden kurz erläutert werden.

Strafverfolgung

Wird der Kernbereich der persönlichen Geheimsphäre verletzt, drohen die Bestimmungen der §§ 201 ff. Strafgesetzbuch (StGB) mit Strafe. So macht sich strafbar, wer unbefugt aufgenommenes oder abgehörtes Wort veröffentlicht, wenn dies geeignet ist, die Interessen eines anderen zu beeinträchtigen, es sei denn überragende öffentliche Interessen stehen darüber. Auch wer die Intimsphäre eines anderen verletzt, indem er bspw. ein in einem geschützten Raum aufgenommenes Foto veröffentlicht, macht sich strafbar. Verfolgt werden solche Taten grundsätzlich nur auf Antrag eines in seinem Persönlichkeitsrecht Verletzten, nicht von Amts wegen. Auch bei den Tatbeständen der Beleidigung oder Verleumdung spielt das Strafrecht eine Rolle.

Zivilrechtliche Ansprüche

Wer in seinem Persönlichkeitsrecht verletzt ist, hat darüber hinaus die Möglichkeit, zivilrechtliche Ansprüche geltend zu machen. In den seltensten Fällen greifen diese Ansprüche vor der Veröffentlichung eines Berichts oder Fotos. Meist erfährt der Betroffene erst nach der Veröffentlichung davon und kann auch erst dann entsprechend handeln. Zu unterscheiden sind der Gegendarstellungsanspruch, der Berichtigungsanspruch, der Unterlassungsanspruch und der Anspruch auf Schadensersatz.

Gegendarstellungsanspruch

Der Gegendarstellungsanspruch soll das Selbstbestimmungsrecht des Einzelnen schützen. Jeder soll bestimmen dürfen, wie die Medien ihn darstellen. So muss eine Zeitung oder ein Hörfunksender die Sachverhaltsschilderung des Betroffenen wiedergeben, wenn diese der zuvor veröffentlichten Version widerspricht. Voraussetzung ist, dass es sich bei der Veröffentlichung um eine Tatsachenbehauptung handelt. Verankert ist der Anspruch in den Pressegesetzen, in den Landesmediengesetzen sowie in § 56 des Rundfunkstaatsvertrages (RStV).

Der Gegendarstellungsanspruch des § 56 RStV gilt für alle massenkommunikativen Medien, also auch die elektronische Presse. Hier ist – im Unterschied zu anderen Medien – zu beachten, dass eine Gegendarstellung so lange wie die Tatsachenbehauptung in unmittelbarer Verknüpfung mit dieser angeboten werden muss. Wird die ursprüngliche Tatsachenbehauptung nicht mehr angeboten, muss dennoch die Gegendarstellung an vergleichbarer Stelle in dem elektronischen Angebot veröffentlicht werden und zwar so lange, wie die erste Tatsachenbehauptung zugänglich war.

Berichtigungsanspruch

Der Berichtigungsanspruch verpflichtet den Verletzer des Persönlichkeitsrechts eines anderen, die Äußerung entweder aus der Welt zu schaffen (Widerruf) oder sie zu ändern (Richtigstellung). Außerdem können der früheren Veröffentlichung Tatsachen hinzugefügt werden (Ergänzung). In allen drei Fällen muss sich der Verletzer von seiner früheren Äußerung distanzieren und eine entsprechende Erklärung abgeben. Dieser Anspruch greift also stark in die Medienfreiheiten ein.

Unterlassungsanspruch

Erfährt ein Betroffener rechtzeitig vor einer geplanten Veröffentlichung von einer Persönlichkeitsrechtsverletzung oder droht eine Wiederholung dieser Äußerung, kann er einen Unterlassungsanspruch geltend machen. Meist wird der Betroffene versuchen, vom veröffentlichenden Medium eine Unterlassungserklärung zu bekommen, die mit einer Geldbuße bewehrt ist. Kommt es zu einer Wiederholung der entsprechenden Äußerung, wird die Geldbuße fällig. Schwierig ist die Durchsetzung des Unterlassungsanspruchs im Internet. So müssen bspw. Online-Archive sicherstellen, dass verbotene Inhalte nicht weiterverbreitet werden. Der Unterlassungsanspruch richtet sich – ebenso wie die beiden anderen genannten – vorrangig gegen unrichtige Tatsachenbehauptungen.

Schadensersatzanspruch

Schadensersatzansprüche ergeben sich aus §§ 823 ff. BGB, sie sollen die Rechtsbeeinträchtigung eines Einzelnen ausgleichen. Schadensersatz kann nicht nur bei unrichtigen

Tatsachenbehauptungen gewährt werden, sondern auch bei allen anderen unzulässigen Äußerungen, die ein Rechtsgut verletzen und dadurch einen Schaden verursachen. Journalisten können sich auf die Wahrnehmung berechtigter öffentlicher Interessen berufen, wenn sie der publizistischen Sorgfaltspflicht Genüge tun. Erkennt das Gericht dies an, entfällt der Schadensersatzanspruch.

Das OLG Frankfurt a. M. hat diese Auffassung bestätigt: Maßgebend ist demnach, ob der Ruf des Betroffenen nachhaltig geschädigt wurde. Insbesondere bei Straftaten müsse das Informationsinteresse der Öffentlichkeit berücksichtigt werden, so die Richter.

Beispiel

Der Fall:[51]

Ein Boulevardblatt hatte reißerisch über einen in einem Strafverfahren Angeklagten berichtet und diesen auch abgebildet. Der Mann sah in der Berichterstattung eine Verletzung seines Persönlichkeitsrechts und klagte. Das OLG urteilte, dass zwar auch bei wahrheitsgemäßer Berichterstattung ein Eingriff in das Persönlichkeitsrecht vorliegen kann, dies aber gerechtfertigt sei, wenn sich die Medien an die zulässige Verdachtsberichterstattung hielten. Eine reißerische Aufmachung, wie Boulevardblätter sie üblicherweise handhaben, müsse der Betroffene hinnehmen, wenn der Kern des Textes wahrheitsgemäß sei.

Möglich ist auch ein über den Schadensersatz hinausgehender Geldentschädigungsanspruch (früher „Schmerzensgeld"), der in erster Linie der Genugtuung des Verletzten dienen soll. Der Anspruch wird seit Jahrzehnten aus richterlichem Gewohnheitsrecht abgeleitet, sollte aber besser mit dem zivilrechtlichen Anspruch des § 823 Abs. 1 BGB i. V. m. Art. 1, 2 GG (Menschenwürde, Freiheit der Person) begründet werden.

1.3.3 Fotos von Politikern in der Werbung

Beispiel

Der erste Fall:[52]

Der Bundesgerichtshof hatte darüber zu entscheiden, ob dem Kläger Oskar Lafontaine wegen der von ihm nicht erlaubten Verwendung seines Bildnisses in einer Werbeanzeige ein Zahlungsanspruch zusteht. Kurz nach dem Rücktritt des Klägers als Finanzminister hatte ein großes Mietwagenunternehmen in einer Werbeanzeige zur Darstellung des Bundeskabinetts Porträtaufnahmen des Klägers und weiterer fünfzehn Mitglieder des Bundeskabinetts verwendet. Das Bild des Klägers war durchgestrichen. Der Textbeitrag lautete: „S. verleast auch Autos an Mitarbeiter in der Probezeit". Der Kläger sah darin eine von ihm nicht gewollte Kommerzialisierung seiner Person zu

---

[51]OLG Frankfurt a. M., Urt. v. 31.10.2006 – 11 U 10/06.
[52]BGH, Urt. v. 26.10.2006 – I ZR 82/049.

Werbezwecken. Er verlangte als Entgelt den Betrag, der nach seiner Auffassung üblicherweise an vermarktungswillige Prominente als Lizenz gezahlt wird.

Der BGH hat die Klage abgewiesen. Er ist davon ausgegangen, dass ein Anspruch
des Klägers auf Zahlung einer fiktiven Lizenzgebühr nicht schon deshalb ausscheide,
weil er wegen des für Bundesminister geltenden Verbots, ein Gewerbe auszuüben
(Art. 66 GG), an der eigenen kommerziellen Verwertung seines Bildnisses gehindert
gewesen sei. Der Anspruch auf Zahlung einer angemessenen Lizenz stelle einen Ausgleich für einen rechtswidrigen Eingriff in die der prominenten Person ausschließlich
zugewiesenen Befugnis dar, zu entscheiden, ob sie sich zu Werbezwecken vermarkten
lasse oder nicht. Wertansatz sei für die tatsächlich erfolgte Nutzung des Bildes zu leisten, und zwar unabhängig davon, ob der Berechtigte bereit und in der Lage gewesen
wäre, die Abbildungen gegen Zahlung zu gestatten.

Der Anspruch scheiterte im vorliegenden Fall aber daran, dass die Beklagte ein
aktuelles politisches Geschehen zum Anlass für ihren als Satire verfassten Werbe-
spruch genommen habe, ohne über eine bloße Aufmerksamkeitswerbung hinaus die
Person des Klägers zur Anpreisung ihrer Dienstleistung zu vermarkten. Zwar habe
niemand, auch nicht der Kläger als Person der Zeitgeschichte, es hinzunehmen, mit
seinem Bildnis oder Namen in eine fremde Werbung eingebunden zu werden. Das
schließe es aber nicht aus, dass das auch im Bereich der Wirtschaftswerbung bestehende Recht auf freie Meinungsäußerung den Schutz (des vermögensrechtlichen
Bestandteils) des allgemeinen Persönlichkeitsrechts verdränge. Die gebotene Güterabwägung falle im Streitfall zu Lasten des Klägers aus. Die Verwendung des Bildnisses erwecke nicht den Eindruck, der Abgebildete empfehle das beworbene Produkt.
Ein Image- oder Werbewert des Klägers werde nicht auf die beworbene unternehmerische Leistung übertragen. Das Foto des Klägers behalte auch im Rahmen der
Werbeanzeige seine politische Zuordnung. Es sei Teil einer satirischen Auseinandersetzung der Beklagten mit dem Rücktritt des Klägers als einem aktuellen politischen
Tagesereignis. Zudem sei nur eine kontextneutrale Porträtaufnahme verwendet worden, die sich in Größe und Anordnung in die Porträtaufnahmen der weiteren fünfzehn
Regierungsmitglieder einreihe. Auch seien keine ideellen Interessen des allgemeinen
Persönlichkeitsrechts des Klägers verletzt. Das Ansehen des Klägers werde nicht
beschädigt. Als Folge dieser Abwägung müsse im Streitfall das Interesse des Klägers,
eine Verwertung seines Porträtfotos in der Werbung zu verhindern, zurücktreten. Deshalb sei ihm auch kein Anspruch auf Abschöpfung eines Werbewerts zuzubilligen.

Beispiel

Der zweite Fall:[53]

Die Axel Springer AG als Beklagte musste an den früheren Bundestagsabgeord-
neten und Bundesaußenminister Joschka Fischer insgesamt 203.109,14 EUR, davon

---

[53]LG Hamburg, Urt. v. 27.10.2006 – 324 O 381/06.

EUR 200.000 EUR als sogenannte fiktive Lizenz und 3109,14 EUR als Ersatz für Rechtsanwaltsgebühren, zahlen.

Die Axel Springer AG als Beklagte veröffentlichte im Rahmen einer von ihr im September 2005 für eine Kompaktausgabe einer Zeitung gestarteten Einführungskampagne Anzeigen mit den Abbildungen von Gesichtern bekannter Persönlichkeiten, denen sie die Gesichtszüge jüngerer Kinder gab. Die abgebildeten Personen blieben erkennbar. Sie verwendete auch das Bildnis des Klägers Joschka Fischer ohne dessen Einwilligung im Zeitraum vom 30.08.2005 bis zum 01.10.2005 sowohl als einzelnes Bild als auch gemeinsam mit anderen Prominenten. Sie veröffentlichte Anzeigen mit dem verfremdeten Bild des Klägers Joschka Fischer in mehreren der von ihr verlegten Zeitungen; sie benutzte es weiterhin für City-Light-Poster, für sogenannte Edgar-Postkarten im Gastronomiebereich, als Aufdruck bei Vertriebs-Smarts, für Poster, Anzeigetafeln und Leuchtsäulen. Auf der Homepage der Zeitung war das Bildnis des Klägers zudem noch bis ca. Ende des Jahres 2005 abrufbar.

Das Gericht führte zur Begründung seiner Entscheidung aus, mit der angegriffenen Werbung, die Joschka Fischer als Kläger ohne dessen Einwilligung mit den Gesichtszügen eines jüngeren Kindes zeige, habe die Axel Springer AG als Beklagte rechtswidrig in das Recht des Klägers am eigenen Bild und zugleich in sein allgemeines Persönlichkeitsrecht eingegriffen. Angesichts der damit einhergehenden werblichen Vereinnahmung des Klägers sei sie ihm zum Bereicherungsausgleich bzw. zum Schadensersatz verpflichtet.

Der Kläger könne diesen Ersatz in Höhe des Betrages verlangen, den die Beklagte als Entgelt hätte entrichten müssen, wenn der Kläger ihr die Benutzung seines Bildnisses gestattet hätte. Hierbei handele es sich um die sogenannte fiktive Lizenz. Maßgeblich für deren Bemessung sei das, was vernünftige Vertragspartner in der Lage der Parteien unter Berücksichtigung aller Umstände des Einzelfalls als angemessenes Honorar vereinbart hätten. Bei der hier zu treffenden Entscheidung seien insbesondere die Bekanntheit des Klägers, sein Sympathie- bzw. sein Imagewert entscheidend gewesen sowie der besonders hohe Aufmerksamkeitswert und der Verbreitungsgrad der Werbung. Dies zugrunde gelegt halte das Gericht eine fiktive Lizenz von 200.000 EUR für angemessen.

1.4 Weitere Grundrechte mit Bedeutung für die Medien

Neben den soeben erläuterten Grundrechten haben weitere eine Bedeutung im Medienrecht. Sie sollen nun kurz erwähnt werden.

Die Kunstfreiheit gemäß Art. 5 Abs. 3 GG dient allen, die sich in den Medien und mit ihrer Hilfe künstlerisch betätigen. Es können sich also auch diejenigen auf die Kunstfreiheit berufen, die nicht selbst primär Kunst schaffen, sondern die zwischen dem Künstler und dem Publikum vermitteln. Die Kunstfreiheit gilt als besonders starkes Grundrecht, sie hat grundsätzlich Vorrang vor den Medienfreiheiten.

Auch die Wissenschaftsfreiheit (Art. 5 Abs. 3 GG) ist für zwei Personengruppen von Bedeutung: zum einen für diejenigen Wissenschaftler, die ihre Forschungsergebnisse veröffentlichen oder auch nicht veröffentlichen wollen; zum anderen schützt dieses Grundrecht Nichtwissenschaftler, die Forschungsergebnisse zu Themen ihrer Veröffentlichungen machen, also bspw. Wissenschaftsjournalisten.

Weiterhin können die sogenannten Wirtschaftsgrundrechte – Berufsfreiheit und Eigentumsfreiheit – eine Rolle im Medienrecht spielen.

Die in Art. 12 GG geregelte Berufsfreiheit ist dann von Bedeutung, wenn Vorschriften des Gesetzgebers Tätigkeiten im Medienbereich betreffen oder wenn bspw. in den „Neuen Medien" Berufe betroffen sind, deren Berufsbilder es bisher nicht gab und die von den Freiheiten der sogenannten „Alten Medien" gemäß Art. 5 Abs. 1 GG nicht erfasst werden. Diskutiert wurde die Berufsfreiheit als verwandtes Mediengrundrecht im Zusammenhang mit der Zulässigkeit von Internet-Apotheken. Seit Inkrafttreten des Gesundheitsmodernisierungsgesetzes ist der Versandhandel von Medikamenten nun mit behördlicher Erlaubnis möglich.

Die Anwendung der Eigentumsfreiheit gemäß Art. 14 Abs. 1 GG spielt in erster Linie beim Schutz des geistigen Eigentums eine Rolle – also beim Urheberrecht, dem später ein eigener Abschnitt gewidmet sein wird. Von Bedeutung ist die Eigentumsfreiheit aber auch im Zusammenhang mit Grundstücken oder Produktionsmaschinen in Medienunternehmen.

Der Schutz der Menschenwürde gemäß Art. 1 Abs. 1 GG ist das oberste Grundrecht. Weil aber im konkreten Fall zunächst die spezielleren Grundrechte geprüft werden müssen, spielt die Menschenwürde in der Medienpraxis eine eher untergeordnete Rolle. Zu beachten ist aber, dass sie den Kommunikationsgrundrechten zugrunde liegt und Teil des allgemeinen Persönlichkeitsrechts ist. Im Zusammenhang mit dem Jugendschutz spielt die Menschenwürde eine größere Rolle.

Mediengesetze nach medialen Erscheinungsformen

2

2.1 Einführung

Immer mehr Medienunternehmen machen ihre Veröffentlichungen auf verschiedenen Wegen zugänglich. Es seien einige Beispiele genannt: Zeitungsverlage produzieren Fernsehsendungen, pflegen Internetseiten und bieten Podcasts an. Hörfunkstationen übertragen ihre Sendungen auch via Internet oder verschicken bei außergewöhnlichen Ereignissen an angemeldete Nutzer per SMS sogenannte Newsflashs. Fernsehsender verbreiten ihre Rechercheergebnisse zusätzlich zum eigentlichen Programm im herkömmlichen Sinn inzwischen auch als regelmäßige Podcastsendungen.

Kaum ein Medienunternehmen konzentriert sich noch auf nur einen traditionellen Verbreitungsweg. Die Konvergenz der Medien, ihre Angleichung, ist kaum mehr aufzuhalten. Trotzdem erscheint es sinnvoll, die herkömmlichen Verbreitungsformen der Medien und die dazu gehörigen rechtlichen Regelungen zu unterscheiden, denn der Gesetzgeber hat mit dem Tempo der Entwicklung im Medienbereich bisher kaum Schritt halten können. Im Folgenden sollen deshalb die relevanten Gesetze nach den Mediengattungen erklärt werden.

Zunächst wird ein Überblick über das Recht der „Alten Medien" gegeben, anschließend steht das Recht der „Neuen Medien" im Mittelpunkt. Zahlreiche Grundsätze gelten sowohl für die traditionellen Medien als auch im Multimedia-Bereich. Wo dies der Fall ist, werden wiederholende Erläuterungen zu Gunsten der Übersichtlichkeit vermieden. Spezielle Aspekte der einzelnen, hier genannten relevanten Vorschriften werden später – bspw. zum Urheberrecht oder zum Wettbewerb – erneut aufgegriffen.

© Springer Fachmedien Wiesbaden GmbH 2017
K.W. Nitsch, *Informatikrecht*, DOI 10.1007/978-3-658-16426-3_2

2.2   Presserecht

Unter Presse wird grundsätzlich jedes Druckerzeugnis verstanden, das durch Druck-
technik entsteht. Es ist also in erster Linie auf das „gedruckte Wort" abzustellen. Damit
ist der Begriff sehr weit gefasst. Er trifft zu auf Zeitungen und Zeitschriften, Plakate,
Flugblätter, Flyer oder Bücher – also Druckerzeugnisse, die in Massenvervielfältigungs-
verfahren hergestellt werden. Nach Ansicht des Bundesverfassungsgerichts erfasst der
Pressebegriff außerdem audiovisuelle Speichermedien wie Videos.[1]

Das Presserecht hat im Medienrecht die längste Tradition und ist vor allem mit dem
Markt der Zeitungen und Zeitschriften verbunden. Zu unterscheiden sind Tageszeitun-
gen, Wochen- oder Wochenendzeitungen, Publikums- und Fachzeitschriften.

Verankert ist das Presserecht vorwiegend in den Landespresse- oder Landesmediengesetzen. Dass es nicht in erster Linie Angelegenheit des Bundes ist rührt daher, dass nach dem
Ende des Zweiten Weltkrieges eine Gleichschaltung der Medien verhindert werden sollte:
So kamen Presse und Kultur in Länderzuständigkeit; und die Länder haben diese Gebiete so
umfassend geregelt, dass der Bund bisher nicht in die Gesetzgebung eingegriffen hat.

Die Pressegesetze gestalten die Pressefreiheit gemäß Art. 5 GG aus und regeln sie in
Einzelheiten. Hier werden also die Rahmenbedingungen für die Presse und Kontrollmög-
lichkeiten geschaffen. Wenngleich sich die Pressegesetze der Länder unterscheiden – vor
allem in ihrem Aufbau – so stimmen sie doch inhaltlich weitestgehend überein. Einige
Bundesländer haben neue Entwicklungen bereits berücksichtigt und das bisherige Presserecht in neue Mediengesetze integriert. Die meisten Regelungen gehen auf einen Mus-
terentwurf aus dem Jahr 1963 zurück. So ist übereinstimmend in den Landesgesetzen die
Aufgabe der Presse geregelt, nämlich Nachrichten von öffentlichem Interesse zu beschaffen und zu verbreiten, Stellung zu nehmen und zu kritisieren und so oder auf andere
Weise an der Meinungsbildung der Öffentlichkeit mitzuwirken.

Die Gefahr, dass die Presse die Öffentlichkeit manipuliert, sie steuert, ist nicht komplett auszuschalten. Deshalb obliegen den Presseunternehmen und dem einzelnen Journalisten zahlreiche Pflichten, zum Beispiel die Wahrheits- und Sorgfaltspflicht, die
Gegendarstellungspflicht und die Impressumspflicht.

2.2.1   Wahrheits- und Sorgfaltspflicht

Journalisten sind verpflichtet, sorgfältig zu recherchieren, den Wahrheitsgehalt der
recherchierten Aussagen zu überprüfen und die Ergebnisse schließlich wahrheitsgemäß
zu veröffentlichen. Das bedeutet, dass Journalisten im Rahmen ihrer Tätigkeit bei selbst
recherchierten Themen Betroffene anhören und ihre Quellen überprüfen müssen. Diese
Überprüfung betrifft den Inhalt der Aussagen, die Herkunft und ihre sachliche Richtig-

---

[1]BVerfG, Beschl. v. 08.10.1996 – 1 BvR 1183/90.

keit. Vertrauen dürfen sie dagegen auf seriöse, anerkannte Quellen, zum Beispiel Regierungsmitteilungen oder Berichte von etablierten Nachrichtenagenturen.

Nachrichtenagenturen liefern an ihre Abonnenten vorgefertigte Meldungen über aktuelle Ereignisse und dazugehörige Hintergründe. Sie können als Großhändler für Nachrichten gesehen werden, denn nahezu alle Medienunternehmen nutzen das Angebot der Agenturen. Zeitungen, Zeitschriften, Hörfunk- und Fernsehsender und selbstverständlich auch die elektronische Presse wählen aus dem umfangreichen, minütlich mehrfach aktualisierten Angebot der Agenturen Texte, Fotos oder auch Ton- und Bildbeiträge aus und veröffentlichen diese – inhaltlich bearbeitet oder unbearbeitet – in ihrem eigenen Angebot. Im weltweiten Nachrichtengeschäft spielen die Presseagenturen mit ihren zum Teil weltweit gespannten Korrespondentennetzen heute eine zentrale Rolle.

Zu den bedeutendsten internationalen Agenturen zählen:

- Agence France Press (AFP)
- Associated Press (AP)
- Deutsche Presseagentur (dpa)
- Reuters

Bundesweit sind neben der dpa folgende Nachrichtenagenturen von Bedeutung:
Evangelischer Pressedienst (epd)
Sport-Informations-Dienst (SID)

2.2.2 Gegendarstellungspflicht

Sofern sich ein Einzelner durch die Berichterstattung der Presse in seinem allgemeinen Persönlichkeitsrecht verletzt sieht, kann er eine Gegendarstellung verlangen. Die Presse ist verpflichtet, eine Gegendarstellung in gleicher Weise zu veröffentlichen wie die Erstmitteilung.

So erzwang im Jahr 2006 die ehemalige Ministerpräsidentin von Schleswig-Holstein, Heide Simonis, eine fast halbseitige Gegendarstellung auf der Titelseite der BILD-Zeitung. Es war die bisher größte Gegendarstellung auf dem Titel des Boulevardblattes, die von anderen Medienunternehmen „rekordverdächtig" und „spektakulär" genannt wurde.

Als angemessen gelten Gegendarstellungen, die den Umfang der Erstmitteilung nicht überschreiten. Sie dürfen ferner keinen strafbaren Inhalt haben und müssen sich auf tatsächliche Angaben beschränken. Der Betroffene oder ein gesetzlicher Vertreter muss die Gegendarstellung unterzeichnen und binnen drei Monaten nach der Erstveröffentlichung dem Verlag bzw. dem verantwortlichen Redakteur vorlegen.

Veröffentlicht werden muss eine Gegendarstellung in gleicher Weise wie die Erstmitteilung: also im gleichen Teil der Zeitung/Zeitschrift (zum Beispiel Titelseite), in gleicher Größe, mit der gleichen Schrift. Bei Veröffentlichungen in elektronischen Presseerzeugnissen ist § 56 RStV zu beachten. Als Leserbrief darf eine Gegendarstellung nicht erscheinen, außerdem darf der Betroffene nicht mit Kosten für die Veröffentlichung belastet werden.

2.2.3　Impressumspflicht

Die Impressumspflicht soll demjenigen, der sich in seinen Persönlichkeitsrechten verletzt sieht, die Möglichkeit geben, seine Rechte geltend zu machen. Zeitungen, Zeitschriften und andere Presseunternehmen müssen ihre Verantwortlichkeit gegenüber der Öffentlichkeit also offenlegen.

Im Impressum müssen Name oder Firma und Anschrift des Verlages bzw. des Verfassers oder Herausgebers genannt werden, ferner die Namen der verantwortlichen Redakteure für die einzelnen Redaktionsbereiche. Verantwortlich im Sinne des Presserechts (V. i. s. d. P.) kann nur sein, wer seinen ständigen Aufenthalt in der Bundesrepublik Deutschland hat, älter als 21 Jahre und unbeschränkt geschäftsfähig ist sowie wer unbeschränkt strafrechtlich verfolgt werden kann.

Einige Landesgesetze verlangen sogar, dass Eigentums- und Beteiligungsverhältnisse an Medienunternehmen bekannt gemacht werden (Offenlegungspflicht). So soll das Publikum nachvollziehen können, welcher Einfluss sich auf die Meinungsrichtung durch die Zusammensetzung der Gesellschafter eines Medienunternehmens ergibt.

2.2.4　Kennzeichnungspflicht für entgeltliche Veröffentlichungen

Sofern ein Verleger oder verantwortlicher Redakteur für eine Berichterstattung von Dritten Geld bekommt, fordert oder sich versprechen lässt, muss der Bericht deutlich als Anzeige gekennzeichnet sein. Das Gebot der Trennung von Werbung und redaktionellem Teil (Trennungsgebot) ist wesentlicher Bestandteil des Presserechts. So soll gewährleistet werden, dass die Öffentlichkeit nicht irregeführt wird, sondern darauf vertrauen kann, dass der redaktionelle Teil eines Druckerzeugnisses die Meinung der Redaktion und nicht einzelner Unternehmer oder Gewerbetreibender wiedergibt. Die Massenmedien sollen gegen den Einfluss wirtschaftlicher oder politischer Gruppen geschützt werden. Auch dazu dient das Trennungsgebot. Es besteht eine presserechtliche Kennzeichnungspflicht als Anzeige.

Beispiel

Der Fall:[2]

Die Klägerin, die eine Zeitschrift verlegt, hat von dem beklagten mittelständischen Unternehmen ein Entgelt in Höhe von rund 10.000 EUR für den Abdruck von Text begleitenden Fotos im Rahmen eines sogenannten Firmenporträts der Beklagten verlangt. Die Klägerin hatte der Beklagten zunächst nur ein – kostenloses – Interview vorgeschlagen und erst im späteren Schriftwechsel einen Hinweis auf die Kosten der Bildveröffentlichung gegeben, den die Beklagte nach ihrer Darstellung übersehen hatte.

[2]BGH, Urt. v. 27.11.2007 – X ZR 133/06.

In der mündlichen Verhandlung vor dem BGH hat die Klägerin ihre Revision zurückgenommen, nachdem das Gericht darauf hingewiesen hatte, dass er schon das Zustandekommen eines entgeltlichen Vertrages für problematisch halte, vor allem aber dazu neige, einen Verstoß gegen die Pflicht des Verlegers, entgeltliche Veröffentlichungen als Anzeige zu bezeichnen (Kennzeichnungspflicht nach § 10 NW PresseG), anzunehmen, der zur Nichtigkeit des etwaigen Vertrages wegen Gesetzesverstoßes (§ 134 BGB) führen könne.

2.3   Rundfunkrecht

Das vorangegangene Kapitel zeigt bereits, dass einzelne Regelungen bspw. über Pflichten von Journalisten und Medienunternehmen für die Presse ebenso gelten wie für den Rundfunk oder andere Medien. Gleiche oder sehr ähnliche Regelungen sollen hier deshalb nicht mehrfach erläutert werden. Vielmehr wird im Folgenden auf spezielle Regelungen für den Rundfunk Wert gelegt.

Nach der Verfassung (Art. 5 Abs. 1 GG) ist die Freiheit der Berichterstattung durch den Rundfunk gewährleistet. Er soll die Grundversorgung der Bevölkerung sicherstellen, Programme für die Gesamtheit der Bevölkerung anbieten, umfangreich informieren und die Meinungsvielfalt sichern.

Der Rundfunkbegriff war lange Zeit gesetzlich nicht definiert, sondern wurde maßgeblich von der Rechtsprechung des Bundesverfassungsgerichtes geprägt. In § 2 Abs. 1 des Rundfunkstaatsvertrages (RStV) heißt es jetzt dazu:

„Rundfunk ist ein linearer Informations- und Kommunikationsdienst; er ist die für die Allgemeinheit und zum zeitgleichen Empfang bestimmte Veranstaltung und Verbreitung von Angeboten in Bewegtbild oder Ton entlang eines Sendeplans unter Benutzung elektromagnetischer Schwingungen. Der Begriff schließt Angebote ein, die verschlüsselt verbreitet werden oder gegen besonderes Entgelt empfangbar sind".

Der Rundfunkbegriff setzt sich folglich aus mehreren Komponenten zusammen: Das Angebot muss erstens an die Allgemeinheit gerichtet, zweitens zum zeitgleichen Empfang bestimmt sein und drittens mittels Funktechnik verbreitet werden. Viertens muss es sich um eine Darbietung in Wort, Bewegtbild oder Ton handeln, die als Angebot zur öffentlichen Meinungsbildung beitragen kann.

Entscheidend für die Qualifizierung als Rundfunk ist, dass er eine „Darbietung" enthält. Durch das Merkmal der Darbietung wird die besondere Rolle des Rundfunks als Medium und Faktor der öffentlichen Meinungsbildung gekennzeichnet. Es kommt daher für die Einordnung als Rundfunk auf die Bedeutsamkeit für die öffentliche und individuelle Meinungsbildung an. Entscheidend sind dabei Breitenwirkung, Aktualität und Suggestivkraft des Angebots.

Der Begriff „Rundfunk" ist abhängig vom jeweiligen Sachzusammenhang: Er umfasst im medieninhaltlichen Zusammenhang traditionell die Inhalte von Radio (Hörfunk) und Fernsehen, allgemeiner aber alle Inhalte, die in gleicher Form in Echtzeit an viele Rezipienten übermittelt werden. Im Technikkontext ist der Begriff Rundfunk hingegen als unidirektionaler Verteilerdienst für Hörfunk- oder Fernsehprogramme definiert. Das Grundprinzip ist, mit einem Sender möglichst viele nicht individuell festgelegte Empfänger zu erreichen.

Rundfunkprogramme und einzelne Rundfunksendungen können auch via Internet empfangen werden, wenn sie ins Internet gestreamt werden, sodass im Prinzip jeder internetfähige Computer ein Rundfunkempfangsgerät im Sinne des Rundfunkstaatsvertrags oder auch des Rundfunkgebührenstaatsvertrags ist. Auf die technischen Aspekte des Streamens (zum Beispiel multicast) kommt es dabei nicht an, sondern nur darauf, dass die Angebote an die Allgemeinheit gerichtet sind und „nicht zeitversetzt", also nur in Echtzeit, abgerufen werden können. Politisch und rechtlich relevant ist die Definition von Rundfunk besonders bei Regulierungsaspekten.

2.3.1 Rundfunkstaatsvertrag (RStV)

Von besonderer rechtlicher Bedeutung im Rundfunkrecht sind Staatsverträge. Diese werden von den Bundesländern als originären Hoheitsträgern geschlossen und bedürfen der Zustimmung der Landtage. 1987 haben die Länder den ersten „Rundfunkstaatsvertrag" geschlossen, der gemeinhin als das „Grundgesetz der dualen Rundfunkordnung" bezeichnet wird. Der aktuell gültige – in Kraft seit 1. Januar 2016 – Rundfunkstaatsvertrag (RStV) – (Genaue Bezeichnung „Staatsvertrag für Rundfunk und Telemedien") – vom 31. August 1991 in der Fassung des Achtzehnten Staatsvertrages zur Änderung rundfunkrechtlicher Staatsverträge (18. Rundfunkänderungsstaatsvertrag) beinhaltet in seinem ersten Abschnitt zunächst wichtige Begriffsbestimmungen und Definitionen, die sowohl öffentlich-rechtliche als auch private Anbieter betreffen (zum Beispiel § 2 Abs. 1 RStV: Rundfunkprogramm, Sendung, Vollprogramm, Spartenprogramm, Werbung, Schleichwerbung, Sponsoring, Teleshopping, Produktplatzierung).

Der zweite Abschnitt widmet sich den öffentlich-rechtlichen Programmen, insbesondere ihrer Finanzierung. Der dritte Abschnitt beschäftigt sich mit Regelungen für den privaten Rundfunk, wobei Zulassungsfragen und das Problem der Aufsicht und Kontrolle hier eine besondere Rolle spielen.

Der sechste Abschnitt ist den Telemedien gewidmet. Dies sind nach der Definition von § 2 Abs. 1 RStV alle elektronischen Informations- und Kommunikationsdienste, soweit sie nicht Telekommunikationsdienste, die ganz in der Übertragung von Signalen über Telekommunikationsnetze bestehen, telekommunikationsgestützte Dienste oder Rundfunk sind.

Nach § 54 RStV sind diese sind im Rahmen der Gesetze zulassungs- und anmeldefrei. Für die Angebote gilt die verfassungsmäßige Ordnung; die Vorschriften der allgemeinen

Gesetze und die gesetzlichen Bestimmungen zum Schutz der persönlichen Ehre sind einzuhalten.

Telemedien mit journalistisch-redaktionell gestalteten Angeboten, in denen insbesondere vollständig oder teilweise Inhalte periodischer Druckerzeugnisse in Text oder Bild wiedergegeben werden, haben den anerkannten journalistischen Grundsätzen zu entsprechen. Nachrichten sind vom Anbieter vor ihrer Verbreitung mit der nach den Umständen gebotenen Sorgfalt auf Inhalt, Herkunft und Wahrheit zu prüfen.

Gemäß § 54 Abs. 2. RStV müssen Telemedien mit journalistisch-redaktionell gestalteten Angeboten, in denen Inhalte periodischer Druckerzeugnisse in Text und Bild wiedergegeben werden, den anerkannten journalistischen Grundsätzen entsprechen. Nachrichten sind vom Anbieter vor ihrer Verbreitung sorgfältig auf Inhalt, Herkunft und Wahrheit zu prüfen.

§ 55 Abs. 1 RStV regelt, dass Anbieter von Telemedien Informationen über Namen und Anschrift sowie bei juristischen Personen auch über Namen und Anschrift des Vertretungsberechtigten leicht erkennbar, unmittelbar erreichbar und ständig verfügbar halten müssen. Gemäß § 55 Abs. 2 RStV haben Anbieter von Telemedien mit journalistisch- redaktionell gestalteten Angeboten zusätzlich einen Verantwortlichen mit Namen und Anschrift zu benennen.

Nach § 58 Abs. 1 RStV muss Werbung als solche klar erkennbar und vom übrigen Inhalt der Angebote eindeutig getrennt sein. Unterschwellige Techniken dürfen nicht eingesetzt werden.

Das Telemediengesetz regelt die wirtschaftsbezogenen Bestimmungen für die Telemedien und wird später weiter unten im Abschn. 2.4 näher erläutert. Die nicht wirtschafts-, sondern inhaltsbezogenen Regelungen für die Telemedien legt dagegen der Rundfunkstaatsvertrag fest. Der sechste Abschnitt des RStV gilt insoweit für alle Dienste, die nicht dem Rundfunk und auch nicht den Telekommunikationsdiensten zuzuordnen sind.

Neben den genannten Regelungen greifen auch beim Rundfunk eigene Gesetze der Länder, zum Beispiel die Landesrundfunk- oder Landesmediengesetze, die die Details regeln.

Duales System

In der Bundesrepublik Deutschland ist der Rundfunk nach dem sogenannten „Dualen System" organisiert: Öffentlich-rechtliche und private Programme werden – seit der Einführung des Privatfunks 1984 – parallel angeboten.

Als der private Rundfunk in Deutschland eingeführt wurde, forderten einige Medienpolitiker, den öffentlich-rechtlichen Rundfunk abzuschaffen oder zumindest auf den Bereich der sogenannten Hochkultur zu reduzieren, sobald die privaten Anbieter etabliert wären. Die in der ARD zusammengeschlossenen öffentlich-rechtlichen Rundfunkanstalten der einzelnen Länder und das ZDF als gemeinsame Fernsehanstalt aller Länder haben schließlich davon profitiert, dass das Bundesverfassungsgericht ihre Rolle durch mehrere Urteile gestärkt hat. Einige herausragende Urteile werden später erläutert.

Öffentlich-rechtlicher Rundfunk

Die wichtigsten öffentlich-rechtlichen Rundfunkanstalten sind die Landesanstalten der ARD (zum Beispiel NDR, WDR, BR, RBB) und das ZDF. Außerdem gibt es die Deutsche Welle als Auslandsrundfunk mit Hörfunk- und Fernsehangebot und Deutschlandradio mit den beiden bundesweit empfangbaren Hörfunkprogrammen Deutschlandfunk und Deutschlandradio Kultur. Die Anstalten sind mit dem Recht der Selbstverwaltung ausgestattet und unterliegen den bereits genannten Staatsverträgen sowie den Landesrundfunkgesetzen.

Die öffentlich-rechtlichen Programmveranstalter sollen ein vielfältiges, umfassendes und ausgewogenes mediales Angebot gewährleisten. Die Programme sollen dabei sowohl Information als auch Bildung, Beratung und Unterhaltung beinhalten.

Für den öffentlich-rechtlichen Rundfunk ist einerseits eine staatliche Kontrolle vorgesehen, andererseits soll er weitgehend staatlich unabhängig arbeiten. Das Bundesverfassungsgericht hat ausführlich geregelt, inwiefern dem Staat eine Ordnungsbefugnis zusteht. So muss der Gesetzgeber in Leitgrundsätzen deutlich machen, dass ein Mindestmaß an inhaltlicher Ausgewogenheit und Sachlichkeit gewährleistet ist. Der Staat erfüllt diese Pflicht im Rahmen von Staatsverträgen und Mediengesetzen. Unzulässig wären nach der Verfassung detaillierte Eingriffe seitens des Staates in die Programmgestaltung. Die öffentlich-rechtlichen Programme unterliegen einer staatlichen Rechtsaufsicht, hier muss der Staat aber mit Rücksicht auf das Prinzip der Staatsfreiheit des Rundfunks große Zurückhaltung üben.

In der heutigen Fernsehlandschaft zeigen sowohl die öffentlich-rechtlichen als auch die privaten Programme Werbung; Dauer und Form der Werbeblöcke sowie der unterbrechenden Werbung wird dabei durch den Rundfunkstaatsvertrag (RStV) geregelt.

Öffentlich-rechtliche Rundfunkanstalten dürfen Werbung senden von Montag bis Samstag jeweils bis 20 Uhr, was jedoch zuweilen aber faktisch durch Gewinnspiele mit werbeartigem Charakter und Präsentationen vor und nach Sendungen umgangen wird. Auch an bundesweiten Feiertagen darf im öffentlich-rechtlichen Rundfunk keine Werbung gezeigt werden. Pro Stunde dürfen maximal 12 min Werbung gesendet werden, täglich im Jahresdurchschnitt 20 min.

In den Dritten Fernsehprogrammen der ARD werden überhaupt keine Werbespots ausgestrahlt (vgl. § 16 Abs. 2 RStV).

Für die öffentlich-rechtlichen Rundfunkanstalten gibt es drei Kontrollgremien: den Rundfunkrat, den Verwaltungsrat und die Intendanz.

Um zu gewährleisten, dass die öffentlich-rechtlichen Anstalten ihre Programmaufträge erfüllen können, muss der Staat ihre Funktionsfähigkeit in finanzieller Hinsicht sicherstellen. Eine direkte Finanzierung durch den Staat würde die Gefahr bergen, dass die Programme regierungsfreundlich und abhängig gestaltet würden. Der öffentlich-rechtliche Rundfunk wird deshalb vorrangig durch die Hörfunk- und Fernsehteilnehmer beitragsfinanziert (vgl. § 13 Abs. 1 S. 1 Halbsatz 2 RStV). Programme und Angebote im Rahmen seines Auftrags gegen besonderes Entgelt sind unzulässig; ausgenommen hiervon sind Begleitmaterialien. Einnahmen aus dem Angebot von Telefonmehrwertdiensten dürfen nicht erzielt werden.

Zugleich besteht – wenngleich durch die gesetzlichen Vorschriften der §§ 14, 15 RStV begrenzt – die Möglichkeit, auch in öffentlich-rechtlichen Programmen Werbezeiten zu vergeben und dadurch weitere Einnahmen zu erzielen. Wegen der beiden Grundlagen – Gebühren und Werbeeinnahmen – wird von einer Mischfinanzierung des öffentlich-rechtlichen Rundfunks gesprochen.

Privater Rundfunk

Private Rundfunkanbieter benötigen nach § 20 Abs. 1 RStV eine landesrechtliche Zulassung, um ihr Programm veranstalten zu können.

Wenn und soweit ein elektronischer Informations- und Kommunikationsdienst dem Rundfunk zuzuordnen ist, bedarf auch der Anbieter eines solchen Dienstes einer Zulassung (vgl. § 20 Abs. 1. RStV).

Wer Hörfunkprogramme allerdings ausschließlich im Internet verbreitet, benötigt nach § 20b RStV keine Zulassung. Er hat jedoch das Angebot der zuständigen Landesmedienanstalt anzuzeigen.

Die Anforderungen an die Inhalte der privat angebotenen Rundfunkprogramme sind nicht so hoch wie die, die an den öffentlich-rechtlichen Rundfunk gestellt werden. So heißt es bspw. in § 25 Abs. 1 RStV, dass die Vielfalt der Meinungen „im Wesentlichen" zum Ausdruck zu bringen ist. Die bedeutsamen, politischen, weltanschaulichen und gesellschaftlichen Kräfte und Gruppen müssen jedoch in den Vollprogrammen angemessen zu Wort kommen. Auffassungen von Minderheiten sind zu berücksichtigen. Im Rahmen des Zulassungsverfahrens soll die Landesmedienanstalt darauf hinwirken, dass an dem Veranstalter auch Interessenten mit kulturellen Programmbeiträgen beteiligt werden.

Die privaten Rundfunkanbieter unterstehen einer begrenzten Aufsicht durch die Landesmedienanstalten. Diese prüft, ob die Anbieter die für sie geltenden rechtlichen Bestimmungen zur Sicherung der Meinungsvielfalt einhalten.

Die Finanzierung des privaten Rundfunks erfolgt im Wesentlichen durch Werbeeinnahmen, zum Teil aber auch durch Teleshopping-Spots. Beim privaten Rundfunk ist Werbung daher in viel größerem Umfang als bei den öffentlich-rechtlichen Anbietern möglich und erlaubt: So ist nach § 45 RStV ein Anteil an Sendezeit für Fernsehwerbespots und Teleshopping-Spots innerhalb einer Stunde von 20 % möglich.

Diese Beschränkung gilt jedoch nicht für Produktplatzierungen und Sponsorhinweise (dazu sogleich) sowie für reine Werbekanäle.

Die Regelungen über Fernsehwerbung gelten auch für Teleshopping, Teleshopping-Spots und Teleshopping-Fenster entsprechend (vgl. §§ 7, 15, 45 RStV).

„Teleshopping" ist nach § 2 Nr. 10 RStV „die Sendung direkter Angebote an die Öffentlichkeit für den Absatz von Waren oder die Erbringung von Dienstleistungen, einschließlich unbeweglicher Sachen, Rechte und Verpflichtungen gegen Entgelt in Form von Teleshoppingkanälen, -fenstern und spots". Als Teleshopping bezeichnet man daher eine Verkaufsform, bei der dem Endverbraucher Produkte über das Fernsehen präsentiert werden, die er dann direkt bestellen kann. Teleshopping ist damit eine Form des DRTV (Direct Response Television, also „Direktes-Reaktions-Fernsehen"). Als Verkaufsform des Einzelhandels unter Nutzung des Mediums Fernsehen gehört Teleshopping zum Distanzhandel (Versandhandel). Dem Konsumenten wird die Möglichkeit angeboten, ein Produkt seiner Wahl im Fernsehen auszuwählen und dieses per Telefon, Fax, Onlineshop oder E-Mail bei einem Händler zu bestellen. Dieser stellt die Waren zusammen, hält sie zur Abholung bereit oder übernimmt die Zustellung. Für die Anbieter hat Teleshopping den Nachteil hoher Retouren und eines schlechten Vertriebsimages. Rechtlich bedeutsam ist, dass Teleshopping im Gegensatz zur herkömmlichen Werbung im öffentlich-rechtlichen Rundfunk untersagt ist. Zusätzlich müssen Teleshopping-Fenster nach § 45a Abs. 1 RStV eine Mindestdauer von 15 min ohne Unterbrechung haben und optisch und akustisch klar als Teleshopping-Fenster gekennzeichnet sein.

Beispiele: Urteile zu privaten Rundfunkanbietern

• Mehrere AGB-Klauseln von „Premiere" sind unzulässig.[3]
• Wirksamkeit Allgemeiner Geschäftsbedingungen in Pay-TV-Verträgen[4]

Rundfunkurteile des Bundesverfassungsgerichts
In seinen acht sogenannten „Rundfunkurteilen"

• 1. Urteil[5]
• 2. Urteil[6]
• 3. Urteil[7]
• 4. Urteil[8]
• 5. Urteil[9]
• 6. Urteil[10]
• 7. Urteil[11]
• 8. Urteil[12]

hat das Bundesverfassungsgericht die grundlegenden Weichen für die Rundfunkfreiheit gestellt und verschiedene Bereiche geklärt. Jedes Urteil stärkt für sich die Position der öffentlich-rechtlichen Programmveranstalter im „Dualen System".

---

[3]BGH, Urt. v. 15.11.2007 – III ZR 247/06.
[4]BGH, Urt. v. 15.11.2007 – III ZR 247/06.
[5]BVerfG, Urt. v. 16.01.1957 – 1 BvR 253/56.
[6]BVerfG, Urt. v. 27.07.1971 – 2 BvF 1/68, 2 BvR 702/68.
[7]BVerfG, Urt. v. 16.06.1981 – 1 BvL 89/78.
[8]BVerfG, Urt. v. 04.11.1986 – 1 BvF 1/84.
[9]BVerfG, Urt. v. 24.03.1987 – 1 BvR 147/86; 1 BvR 478/86.
[10]BVerfG, Urt. v. 05.02.1991 – 1 BvF 1/85 und 1 BvR 1/88.
[11]BVerfG, Urt. v. 06.10.1992 – 1 BvR 1586/89; 1 BvR 487/92.
[12]BVerfG, Urt. v. 22.02.1994 – 1 BvL 30/88.

Besonders hervorzuheben ist das 4. Rundfunkurteil aus dem Jahr 1986. Hier haben die Verfassungsrichter die programmlichen Anforderungen an private Rundfunkveranstalter gesenkt mit der Begründung, dass die Werbefinanzierung zwangsläufig Defizite in programmlicher Hinsicht mit sich bringe. Im Gegenzug gestand das Bundesverfassungsgericht den öffentlich-rechtlichen Anbietern die Grundversorgung zu. Als Reaktion auf dieses Urteil verabschiedeten die Länder 1987 den ersten Rundfunkstaatsvertrag.

Ebenso bedeutsam ist das 5. Rundfunkurteil, mit dem das Bundesverfassungsgericht den Begriff der Grundversorgung näher bestimmt hat. Grundversorgung ist demnach nicht als Minimalversorgung zu verstehen, vielmehr sollen die öffentlich-rechtlichen Rundfunkanbieter die gesamte Bandbreite der programmlichen Gestaltungsformen abbilden, die Bürger umfassend auf verschiedenen Wegen informieren, sodass Information für alle erreichbar ist. Dabei soll das Angebot der Grundversorgung ausgewogen und vielfältig sein und die verschiedenen Strömungen der Gesellschaft spiegeln.

Erwähnt sei schließlich das 8. Rundfunkurteil: Es regelt die Gebührenfestsetzung für den öffentlich-rechtlichen Rundfunk und führte zur Verabschiedung des Rundfunkfinanzierungsstaatsvertrages (RFinStV). Demnach müssen die Rundfunkanstalten ihren Finanzbedarf zunächst bei der Kommission zur Überprüfung und Ermittlung des Finanzbedarfs der Rundfunkanstalten („KEF") anmelden. Die KEF ist ein unabhängiges Gremium von Sachverständigen. Sie prüft den angemeldeten Bedarf ausschließlich fachlich und gibt eine Empfehlung zur Höhe der Rundfunkgebühr ab. Im dritten Schritt legen die Länderparlamente die Gebührenhöhe unter Berücksichtigung des KEF-Vorschlags fest.

Seit 2013 wird ein „Rundfunkbeitrag", und zwar nicht mehr pro Fernseher oder Radio, sondern vielmehr im privaten Bereich von jedem Haushalt und im nicht privaten Bereich von jeder Betriebsstätte, gezahlt. Es besteht mithin eine „Beitragspflicht".

Die Höhe des Rundfunkbeitrages ist verschieden, je nachdem, ob es sich um private Haushalte oder Unternehmen bzw. Institutionen handelt. Die jeweils aktuelle Höhe der Beiträge ist zum Beispiel über das Internet auf www.rundfunkbeitrag.de einsehbar.

Für Unternehmen richtet sich die Höhe des zu entrichtenden Beitrags nach der Anzahl der Betriebsstätten, der Beschäftigten, der betrieblich genutzten Kraftfahrzeuge sowie der Anzahl vermieteter Hotel-und Gästezimmer sowie Ferienwohnungen. Ein Unternehmen mit vielen Betriebsstätten und Beschäftigten zahlt daher mehr als ein kleiner Handwerksbetrieb. Die Staffelung der Gebühren nach der Zahl der Mitarbeiter unterscheidet dabei nicht zwischen Voll- und Teilzeitmitarbeitern.

Der Grundsatz der Beitragszahlung im nicht privaten Bereich wird abgestuft nach der Messgröße „Beschäftigte" pro Betriebsstätte festgelegt. Diese Messgröße wurde gewählt, da es für die Höhe und Anzahl der Beiträge auf den möglichen kommunikativen Nutzen ankommt, weshalb die Anzahl der Personen und nicht Kapitaleinsatz oder Umsatz herangezogen werden. Für Betriebsstätten gilt eine Beitragsstaffel, die zum Beispiel im Internet auf www.rundfunkbeitrag.de zu finden ist.

Das Bundesverwaltungsgericht (BVerwG) hat entschieden, dass die Erhebung eines Rundfunkbeitrags für Betriebsstätten und betrieblich genutzte Kraftfahrzeuge mit dem

Grundgesetz vereinbar ist.[13] Nach Auffassung des Gerichts handele es sich bei dem Rundfunkbeitrag um eine rundfunkspezifische nichtsteuerliche Abgabe, sodass die Länder die Regelungsbefugnis für den Rundfunkbeitrag besäßen. Die Anknüpfung an die Betriebsstätte und betrieblich genutzten Kraftfahrzeuge sei geeignet; die Höhe des Beitrags für Betriebsstätten und betrieblich genutzte Kraftfahrzeuge begegne am Maßstab des Gleichbehandlungsgebots keinen verfassungsrechtlichen Bedenken. Die Ausgestaltung des Beitragstarifs orientiere sich am jeweiligen Vorteil, den der Inhaber durch die Rundfunkempfangsmöglichkeit habe.

Sowohl private Haushalte als auch Betriebsstätteninhaber zahlen mithin auch dann Rundfunkgebühren, wenn sie gar keinen Fernseher, kein Radio oder keinen internetfähigen PC haben. Dies gilt übrigens auch für eine Zweitwohnung. Die Beitragspflicht knüpft nämlich an die theoretische Möglichkeit der Nutzung der Geräte an, ohne dass in der Wohnung die für einen Empfang erforderlichen Einrichtungen vorhanden sein müssen.

Mit dem Wechsel reagierten die Bundesländer auf die technische Konvergenz der Empfangsgeräte, zudem wollten sie das Erhebungssystem vereinfachen. So sind auch öffentlich-rechtliche Programme längst nicht mehr nur über TV- und Radiogeräte, sondern via Internet auch per Computer und Handy empfangbar.

Der „ARD ZDF Deutschlandradio Beitragsservice" erhebt den Rundfunkbeitrag für ARD, ZDF und Deutschlandradio, verwaltet die Beitragskonten von Bürgerinnen und Bürgern, Unternehmen, Institutionen und Einrichtungen des Gemeinwohls, bearbeitet die Anträge auf Befreiung und Ermäßigung und steht für Fragen zum Rundfunkbeitrag zur Verfügung.

Grundsätzlich sind alle volljährigen Bürgerinnen und Bürger beitragspflichtig. Die Beitragspflicht beginnt mit dem Ersten des Monats, in dem sie erstmals in einer Wohnung wohnen, nach dem Melderecht dort gemeldet oder im Mietvertrag als Mieter genannt sind. Wenn eine Bewohnerin oder ein Bewohner den Rundfunkbeitrag zahlt, brauchen die übrigen in der Wohnung lebenden Personen keinen Beitrag zu zahlen.

Es gibt die Möglichkeit, aus finanziellen oder gesundheitlichen Gründen eine Befreiung von der Rundfunkbeitragspflicht beziehungsweise eine Ermäßigung des Rundfunkbeitrags zu beantragen. Wer Sozialhilfe, Arbeitslosengeld II oder eine Ausbildungsförderung wie Bafög oder Ausbildungsgeld erhält, wird davon befreit – allerdings nur auf Antrag.

Blinde oder stark Sehbehinderte, Gehörlose und schwerbehinderte Menschen sind künftig nicht mehr grundsätzlich befreit. Einen Antrag auf Befreiung von der Rundfunkbeitragspflicht können stellen:

- taubblinde Menschen,
- Empfänger von Blindenhilfe nach § 72 SGB XII sowie § 27d BVG.

Menschen, denen das Merkzeichen „RF" zuerkannt wurde, können eine Ermäßigung des Rundfunkbeitrags beantragen. Einzelheiten dazu sind im Internet auf www.rundfunkbeitrag.de einsehbar.

---

[13] BVerwG, Urt. v. 07.12.2016 – 6 C 12.15, 6 C 13.15, 6 C 14.15, 6 C 49.15.

2.3.2 Trennung von redaktionellem Inhalt und Werbung –
Schleichwerbung – Product-Placement

Für den Rundfunk gilt – ebenso wie für die Presse – das Gebot zur Trennung von Programm und Werbung. Im Hörfunk muss akustisch, im Fernsehen optisch deutlich werden, dass ein laufendes Programm von Werbung unterbrochen wird.

Nach den Grundregeln von § 7 RStV darf Werbung generell nicht:

- die Menschenwürde verletzen,
- Diskriminierungen aufgrund von Geschlecht, Rasse oder ethnischer Herkunft, Staatsangehörigkeit, Religion oder Glauben, Behinderung, Alter oder sexueller Orientierung beinhalten oder fördern,
- irreführen,
- den Interessen der Verbraucher schaden,
- Verhaltensweisen fördern, die die Gesundheit oder Sicherheit sowie in hohem Maße den Schutz der Umwelt gefährden.
- das übrige Programm inhaltlich und redaktionell beeinflussen.

Werbung muss als solche leicht erkennbar und vom redaktionellen Inhalt unterscheidbar sein. In der Werbung dürfen darüber hinaus auch keine Techniken der unterschwelligen Beeinflussung eingesetzt werden. Auch beim Einsatz neuer Werbetechniken muss Werbung angemessen durch optische oder akustische Mittel oder räumlich eindeutig von anderen Sendungsteilen abgesetzt sein. Übertragungen von Gottesdiensten sowie Sendungen für Kinder dürfen nicht durch Werbung unterbrochen werden.

Werbung oder Werbetreibende dürfen zudem das übrige Programm inhaltlich und redaktionell nicht beeinflussen. Fernsehwerbung ist die Ausstrahlung von Werbefilmen im Fernsehen. Die Sender stellen dafür gegen Entgelt ihre Sendezeit zur Verfügung. Die Werbespots dauern in der Regel circa 30 s. Aus den „Gemeinsamen Werberichtlinien der Landesmedienanstalten für das Fernsehen" ergibt sich die Verpflichtung, Dauerwerbesendungen von mehr als 90 s Länge als solche zu kennzeichnen. Daraus folgt mittelbar, dass Werbesendungen von mehr als 1,5 min Länge nicht mehr als Werbespots angesehen werden. Dauerwerbesendungen sind zulässig, wenn der Werbecharakter erkennbar im Vordergrund steht und die Werbung einen wesentlichen Bestandteil der Sendung darstellt. Sie müssen aber zu Beginn als Dauerwerbesendung angekündigt und während ihres gesamten Verlaufs als solche gekennzeichnet werden.

Neben dieser unterbrechenden Werbung haben sich in den letzten Jahren auch andere Formen der Fernsehwerbung etabliert. Dazu gehören zum Beispiel Dauerwerbesendungen, Werbung im Split-Screen, Werbespotpremieren oder Kurzunterbrechungen mit nur einem Spot. Man versucht damit, auf das Zapping-Verhalten der Zuschauer zu reagieren, zudem lassen sich durch zeitversetztes Fernsehen Werbeblöcke leicht überspringen oder mit Programmen wie MPlayer vor der eigentlichen Betrachtung der Sendung herausschneiden. In der Anfangszeit der Fernsehwerbung stand die eigentliche Information über Produkte im

Vordergrund. Später wurden dann künstlerische Elemente, wie zum Beispiel Musik, Insze-
nierungen oder Handlungen o. ä. immer wichtiger.

Da als potenzielle Käufer die richtige Zielgruppe von Bedeutung ist, wird eine
umfangreiche Forschung der Einschaltquoten betrieben und oftmals das Programman-
gebot entsprechend angepasst. Werbung darf nicht irreführen, den Interessen der Verbraucher nicht schaden und nicht Verhaltensweisen fördern, die die Gesundheit oder
Sicherheit der Verbraucher oder den Schutz der Umwelt gefährden. Werbung oder Werbetreibende dürfen das übrige Programm weder inhaltlich noch redaktionell beeinflussen. Werbung muss daher als solche klar erkennbar sein. In der Fernsehwerbung dürfen
keine Personen auftreten, die regelmäßig Nachrichtensendungen oder Sendungen zum
politischen Zeitgeschehen präsentieren.

In diesem Zusammenhang ist zum einen die sogenannte Schleichwerbung und zum
anderen die Produktplatzierung („Product Placement") zu unterscheiden.

Nach der Definition in § 2 Nr. 8 RStV ist Schleichwerbung die Erwähnung oder Darstellung von Waren, Dienstleistungen, Namen, Marken oder Tätigkeiten eines Herstellers
von Waren oder eines Erbringers von Dienstleistungen in Programmen, wenn sie vom
Veranstalter absichtlich zu Werbezwecken vorgesehen ist und die Allgemeinheit hinsichtlich des eigentlichen Zwecks dieser Erwähnung oder Darstellung irreführen kann. Eine
Erwähnung oder Darstellung gilt insbesondere dann als zu Werbezwecken beabsichtigt,
wenn sie gegen Entgelt oder eine ähnliche Gegenleistung erfolgt.

Das Bundesverfassungsgericht hat definiert, dass als Veranstalter eines Rundfunk-
programms anzusehen ist, wer seine Struktur festlegt, die Abfolge plant, die Sendungen
zusammenstellt und unter einer einheitlichen Bezeichnung dem Publikum anbietet.[14]
Durch diese auf das gesamte Programm bezogenen Tätigkeiten unterscheidet er sich vom
bloßen Zulieferer einzelner Sendungen oder Programmteile.[15] Nicht notwendig ist, dass
der Veranstalter das Programm selbst ausstrahlt oder die einzelnen Sendungen selbst produziert.[16] Ob jemand ein Programm in dem genannten Sinn veranstaltet, beurteilt sich
nach der tatsächlich ausgeübten Tätigkeit.[17] Unerheblich ist, ob sie auch vom Gesetz als
Rundfunkveranstaltung bezeichnet oder anerkannt wird.[18]

Demgegenüber ist nach § 2 Nr. 11 RStV Produktplatzierung („Product-Placement")

> die gekennzeichnete Erwähnung oder Darstellung von Waren, Dienstleistungen, Namen,
> Marken, Tätigkeiten eines Herstellers von Waren oder eines Erbringers von Dienstleis-
> tungen in Sendungen gegen Entgelt oder eine ähnliche Gegenleistung mit dem Ziel der
> Absatzförderung. Die kostenlose Bereitstellung von Waren oder Dienstleistungen ist Pro-
> duktplatzierung, sofern die betreffende Ware oder Dienstleistung von bedeutendem Wert ist.

---

[14]BVerfG, Beschl. v. 20.02.1998 – 1 BvR 661/94.
[15]BVerfG, a. a. O.
[16]BVerfG, a. a. O.
[17]BVerfG, a. a. O.
[18]BVerfG, a. a. O.

Unentgeltliche Produktplatzierungen nennt man auch Produktbeistellungen.

In § 7 Abs. 7 S. 1 RStV heißt es:
„Schleichwerbung, Produkt- und Themenplatzierung sowie entsprechende Praktiken sind unzulässig".

Daraus folgt: Schleichwerbung ist generell verboten.
Produktplatzierungen können jedoch nach § 7 Abs. 7 S. 2 RStV ausnahmsweise zulässig sein, wenn sie folgende Voraussetzungen erfüllen:

1. Die redaktionelle Verantwortung und Unabhängigkeit hinsichtlich Inhalt und Sendeplatz müssen unbeeinträchtigt bleiben.
2. Die Produktplatzierung darf nicht unmittelbar zu Kauf, Miete oder Pacht von Waren oder Dienstleistungen auffordern, insbesondere nicht durch spezielle verkaufsfördernde Hinweise auf diese Waren oder Dienstleistungen.
3. Das Produkt darf nicht zu stark herausgestellt werden; dies gilt auch für kostenlos zur Verfügung gestellte geringwertige Güter.

Auf eine Produktplatzierung ist zudem eindeutig hinzuweisen: Sie ist zu Beginn und zum Ende einer Sendung sowie bei deren Fortsetzung nach einer Werbeunterbrechung oder im Hörfunk durch einen gleichwertigen Hinweis angemessen zu kennzeichnen.
Die Kennzeichnungspflicht entfällt aber für solche Sendungen, die nicht vom Veranstalter selbst oder von einem mit dem Veranstalter verbundenen Unternehmen produziert oder in Auftrag gegeben worden sind, wenn nicht mit zumutbarem Aufwand ermittelbar ist, ob Produktplatzierung enthalten ist.
Nach § 15 RStV ist abweichend von § 7 Abs. 7 S. 1 RStV Produktplatzierung im öffentlich-rechtlichen Rundfunk zulässig:
• in Kinofilmen, Filmen und Serien, Sportsendungen und Sendungen der leichten Unterhaltung, die nicht vom Veranstalter selbst oder von einem mit dem Veranstalter verbundenen Unternehmen produziert oder in Auftrag gegeben wurden, sofern es sich nicht um Sendungen für Kinder handelt, oder wenn kein Entgelt geleistet wird, sondern lediglich bestimmte Waren oder Dienstleistungen, wie Produktionshilfen und Preise, im Hinblick auf ihre Einbeziehung in eine Sendung kostenlos bereitgestellt werden, sofern es sich nicht um Nachrichten, Sendungen zum politischen Zeitgeschehen, Ratgeber- und Verbrauchersendungen, Sendungen für Kinder oder Übertragungen von Gottesdiensten handelt.

Keine Sendungen der leichten Unterhaltung sind insbesondere Sendungen, die neben unterhaltenden Elementen im Wesentlichen informierenden Charakter haben, Verbrauchersendungen und Ratgebersendungen mit Unterhaltungselementen.

Nach § 44 RStV sind die Festlegungen für den privaten Rundfunk weniger strikt: Dort wird – anders als im öffentlich-rechtlichen Rundfunk – der Einsatz von Produktplatzierungen (Product-Placements) in Eigen- und Auftragsproduktionen nicht untersagt.

Für Aufsehen haben Product-Placements in der Vergangenheit zum Beispiel bei der ARD und im ZDF gesorgt. Betroffen waren u. a. die Vorabendserie „Marienhof", die Krankenhausserie „In aller Freundschaft", die Krimireihe „Tatort" sowie „Wetten, dass...". Produktionsgesellschaften, die im Auftrag der Anstalten tätig waren, sollen über vermittelnde Agenturen einzelnen Unternehmen angeboten haben, direkt auf Drehbücher oder Ausstattung der Fernsehserien Einfluss zu nehmen. Im Gegenzug soll Schleichwerbung für Produkte oder Dienstleistungen geboten worden sein. Die Intendanten der Anstalten sind diesen Vorfällen mit scharfen Maßnahmen begegnet. So wurden bspw. Verträge mit Produktionsunternehmen präzisiert und eine umfangreiche Programmbeobachtung eingeführt, um die Unabhängigkeit der Programme sicher zu stellen.

Schleichwerbung wurde auch bei Sport 1 beanstandet: Das Bundesverwaltungsgericht (BVerwG) hat entschieden, dass ein Rundfunkveranstalter gegen das Schleichwerbungsverbot des Rundfunkstaatsvertrags verstößt, wenn in einer von ihm ausgestrahlten Sendung nicht als solche gekennzeichnete Werbung enthalten ist und hierfür keine Rechtfertigung durch den Zweck der Sendung besteht.

Beispiel

Der Fall:[19]

Die Klägerin verbreitet das Fernsehprogramm Sport 1. Sie strahlte eine Sendung aus, in der professionelle Pokerspieler Tipps und Tricks preisgaben. Es handelte sich um einen ursprünglich für den amerikanischen Markt hergestellten, von der Klägerin in Lizenz erworbenen und mit einer deutschen Tonspur versehenen Titel. In der Sendung war das Logo eines Anbieters von Poker im Internet in nahezu jeder Einstellung zu sehen, zum Beispiel auf einem großen Bildschirm zwischen zwei das Spielgeschehen kommentierenden Personen, auf animierten und tatsächlichen Spielchips, in erklärenden Animationen, auf Spielkartenrückseiten und auf Tafeln der Studiodekoration.

Nach Auffassung des BVerwG wurde durch die in die Sendung integrierten Darstellungen des Logos in objektiv werbegeeigneter Weise auf die Dienstleistungen des Pokeranbieters hingewiesen. Die Klägerin habe die Sendung auch absichtlich zu Werbezwecken ausgestrahlt. Auf die Werbeabsicht als subjektives Tatbestandsmerkmal der Schleichwerbung könne bei einem Rundfunkveranstalter dann geschlossen werden, wenn die werbegeeigneten Darstellungen in einer von ihm ausgestrahlten Sendung nicht durch programmlich-redaktionelle Erfordernisse gerechtfertigt seien. Ob dies der Fall sei, müsse im Einzelfall im Wege einer wertenden Gesamtbetrachtung festgestellt werden. Diese Abwägung habe das durch Art. 5 Abs. 1 S. 2 GG geschützte redaktionelle Konzept des Rundfunkveranstalters in den Blick zu nehmen und an dem

---

[19]BVerwG, Urt. v. 22.06.2016 – 6 C 9.15.

vom Gesetzgeber mit dem Schleichwerbungsverbot bezweckten Schutz der Zuschauer vor Irreführung über die Bedeutung des Sendegeschehens zu messen. Nach diesem Maßstab habe kein redaktionell gerechtfertigtes Bedürfnis dafür bestanden, in die von der Klägerin ausgestrahlte Inszenierung mit Tipps zur Vervollkommnung des Pokerspiels werbende Aussagen in der vom Verwaltungsgerichtshof festgestellten Intensität aufzunehmen. Wegen ihrer nicht gekennzeichneten Integration in die Sendung seien diese werbenden Aussagen zur Irreführung der Zuschauer über den Zweck der Sendung geeignet gewesen.

Fazit: Schleichwerbung ist generell verboten, Produktplatzierung wird jedoch sowohl für den privaten als auch für den öffentlich-rechtlichen Rundfunk – in unterschiedlichen Grenzen – erlaubt. Während im privaten Rundfunk in Filmen, Unterhaltungssendungen und im Sport Produkte gegen Entgelt platziert werden dürfen (bei Eigen- und Fremdproduktionen), ist dies im öffentlich-rechtlichen Rundfunk nur bei angekauften Formaten erlaubt.

Unentgeltliche Produktplatzierungen (sogenannte Produktbeistellungen) sind im privaten wie im öffentlich-rechtlichen Rundfunk nur in Nachrichten, Sendungen zum politischen Zeitgeschehen und in Ratgeber- und Verbrauchersendungen verboten, in allen anderen Formaten sind sie erlaubt.

Beim sogenannten „On-Set-Placement" als Unterfall des Product-Placements ist das Produkt für den Handlungsablauf unwichtig. Es erscheint nur am Rande und nur für einen kurzen Zeitraum. So wird zum Beispiel ein Produkt nur ganz kurz in die Kamera gehalten oder es fährt ein bestimmtes Auto vorbei, weshalb das Produkt vom Zuschauer nicht bewusst, sondern eher im Unterbewusstsein wahrgenommen wird. Daher nennt man das „On-Set-Placement" auch „Stilles Placement".

Beim „Creative Placement" werden dagegen für bestimmte Produkte kleine Geschichten entwickelt und nahtlos in die Handlung integriert. Die Schauspieler verwenden die zu bewerbenden Produkte aktiv und geben möglichst eine positive Bewertung ab (sogenanntes „Endorsement"). Beispielsweise benutzt der Darsteller den Laptop eines bestimmten Herstellers oder das Auto einer bestimmten Marke. Durch die gezielte Einbindung des Produktes in die Handlung fällt dieses Placement dem Zuschauer nicht besonders auf, er hält es für „normal", prägt sich aber gerade dadurch unbewusst das Produkt ein.

Von „Corporate Placement" wird gesprochen, wenn beispielsweise ein Unternehmen direkt oder ein Logo gezeigt bzw. genannt wird.

Bei sogenannten „Titelpatronat" wird der Name einer Marke in den Titel einer Fernseh- oder Radiosendung integriert.

Auch das „Generic Placement" ist eine besondere Form der Produktplatzierung. Hier ist nämlich weder das Markenlogo des platzierten Produkts zu sehen, noch wird der Hersteller genannt. Vielmehr wird nur eine bestimmte Produktgattung gezeigt oder genannt. Hier verfolgt die gezielte Einbringung eines Markenartikels in die Medien, ohne dass das Logo eingeblendet wird. Voraussetzung für Generic Placement ist die eindeutige

Identifizierungsmöglichkeit des Artikels durch den Konsumenten anhand seines Ausse-
hens. Diese ist nur bei einem sehr hohen Bekanntheitsgrad gegeben. Interessant ist dieses
Placement daher vor allem für (Quasi)-Monopolisten, Marktführer oder Verbände.

„Music-Placement" nimmt eine besonders wichtige Rolle sowohl in Filmen, in Fern-
sehproduktionen, im Radio oder bei speziellen Musiksendern im Fernsehen ein. Neben
den direkten Zuwendungen an die Entscheider (Payola) forcieren hierbei die Musikverlage ihre Produkte mit dem Hinweis auf den zu erwartenden Erfolg des Musiktitels.

„Country- oder Landside-Placement" bietet sich vor allem in der Touristikbranche an.
Diese Form des Product-Placements rückt Länder, Regionen oder Städte als Schauplätze
in Filmen ins Geschehen, um dadurch den Tourismus anzukurbeln.

Das „Image Placement" stellt ebenfalls einen Sonderfall des Product-Placements dar.
Hier ist das Thema eines Filmes auf ein einziges Unternehmen oder nur auf ein Produkt
oder Land zugeschnitten. Mit dieser Placement-Variante nutzt zum Beispiel die Touristikbranche die Medien Film und TV für unterschwellige werbliche Aktivitäten.

Zunehmend gehen Hersteller von Lifestyleprodukten wie Uhren, Autos oder Designer-
kleidung dazu über, ihre Produkte kostenlos oder sogar gegen Honorar an Schauspieler,
Sportler oder andere Prominente abzugeben. Die Empfänger verpflichten sich im Gegen-
zug, die erhaltenen Produkte auch im Privatleben zu benutzen. Im Rahmen von „Home
Stories", aber auch durch Paparazzi-Fotos erhoffen sich die Hersteller eine zusätzliche
Glaubwürdigkeitssteigerung für ihre Produkte (sogenanntes „Celebrity-Placement").

Die Regelungen über Fernsehwerbung gelten für Teleshopping, Teleshopping-Spots
und Teleshopping-Fenster entsprechend (vgl. §§ 7, 15, 45 RStV).

2.3.3 Sponsoring

„Sponsoring" ist jeder Beitrag einer natürlichen oder juristischen Person oder einer Personenvereinigung, die an Rundfunktätigkeiten oder an der Produktion audiovisueller Werke nicht
beteiligt ist, zur direkten oder indirekten Finanzierung einer Sendung, um den Namen, die
Marke, das Erscheinungsbild der Person oder Personenvereinigung, ihre Tätigkeit oder ihre
Leistungen zu fördern. Durch Sponsoring dürfen jedoch die Erfüllung des Programmauftrages
der Anbieter und die Unabhängigkeit der Programmgestaltung nicht beeinträchtigt werden.

Bei Sendungen, die ganz oder teilweise gesponsert werden, muss zu Beginn oder am
Ende auf die Finanzierung durch den Sponsor in vertretbarer Kürze deutlich hingewiesen werden (§ 8 Abs. 1 RStV). Inhalt und Programmplatz einer derartigen Sendung dürfen vom Sponsor nicht so beeinflusst werden, dass dadurch die Verantwortung und die
redaktionelle Unabhängigkeit des Rundfunkveranstalters beeinträchtigt werden.

In Programmtrailern für gesponserte Sendungen darf auf den Sponsor nicht hingewiesen werden. Zudem ist auszuschließen, dass der Sponsor in Bezug auf den Inhalt oder
die Platzierung der gesponserten Sendung Vorgaben macht oder hierauf in anderer Weise
Einfluss nimmt.

Nachrichtensendungen oder Sendungen zur politischen Information (zum Beispiel politische Magazine) dürfen nicht gesponsert werden. In Kindersendungen und Sendungen religiösen Inhalts ist das Zeigen von Sponsorenlogos untersagt.

Politische, weltanschauliche oder religiöse Vereinigungen dürfen Sendungen nicht sponsern. Sponsoring darf außerdem nicht zum Verkauf, zum Kauf, zur Miete oder Pacht von Erzeugnissen oder Dienstleistungen des Sponsors anregen (§ 8 Abs. 2, 3 RStV).

Sponsoring durch Zigaretten- oder Tabakhersteller ist gemäß § 8 Abs. 4 RStV verboten. Sponsoring durch Arzneimittelhersteller unterliegt nach § 8 Abs. 5 RStV besonderen Einschränkungen.

Nach 20 Uhr ist im öffentlich-rechtlichen Rundfunk lediglich noch das Sponsoring von Sendungen gestattet, andere Werbung ist unzulässig.

2.3.4 Beweissicherung durch Aufzeichnungs- und Aufbewahrungspflicht

Anders als im Presserecht gilt für den Rundfunk keine Impressumspflicht. Die Beweissicherung wird hier durch die Aufzeichnungs- und Aufbewahrungspflicht gewährleistet. So wird denjenigen Personen, die sich durch einzelne Beiträge in Rundfunkprogrammen verletzt sehen, die Möglichkeit gegeben, ihre Rechte geltend zu machen.

Die Rundfunkveranstalter müssen ihre Sendungen vollständig aufzeichnen und aufbewahren. Im Gesetz zum Staatsvertrag über den Norddeutschen Rundfunk heißt es bspw. Dazu in § 14:

> Nach Ablauf von drei Monaten seit dem Tage der Verbreitung können Aufzeichnungen gelöscht und Filme vernichtet werden, soweit keine Beanstandungen mitgeteilt worden sind. Bei einer Beanstandung kann die Aufzeichnung erst gelöscht und der Film erst vernichtet werden, wenn die Beanstandung durch rechtskräftige gerichtliche Entscheidung, durch gerichtlichen Vergleich oder auf andere Weise erledigt ist.

2.4 Filmrecht

Zu den traditionellen Medien gehört auch der Film, der gleichsam in den neuen Medien von besonderer Bedeutung ist. Er wird als eigenständiges Medium neben dem Fernsehen betrachtet. Die Filmfreiheit ist als Grundrecht geschützt. Eine taugliche Definition des Begriffs Film gibt es nicht. In der Literatur wird Film meist als Kommunikationsmedium, bei dem ein chemisch-optischer Bildträger der Öffentlichkeit vorgeführt wird, verstanden. Diese Umschreibung scheint allerdings nicht mehr zeitgemäß. Maßgeblich sollte die Art und Weise der Wiedergabe sein: Wird ein Bildträger an einem bestimmten Ort für einen begrenzten Personenkreis aufgeführt, handelt es sich um einen Film; richtet sich die Aufführung an einen unbestimmten Personenkreis, handelt es sich um Rundfunk.

Zum Verständnis mag ein Beispiel dienen: Ein Kinofilm, der im Fernsehen ausgestrahlt wird, unterliegt der Rundfunkfreiheit, nicht der Filmfreiheit – denn im Fernsehen richtet er sich an eine unbegrenzte Allgemeinheit.

Von Bedeutung ist die Filmförderung durch den Staat. Oft sind gerade Filme mit hohem künstlerischen oder bildenden Wert besonders kostspielig und bedürfen daher einer Förderung. Das Filmförderungsgesetz des Bundes (FFG) zielt darauf, die Qualität des deutschen Films zu steigern und die Filmwirtschaft in ihren Strukturen zu verbessern. Über Förderanträge von Filmschaffenden entscheidet eine Vergabekommission. Nicht förderungsfähig sind Filme, die gegen die Verfassung oder gegen Gesetze verstoßen oder religiöse Gefühle verletzen. Ebenso von der Förderung ausgeschlossen sind Filme von geringer Qualität und solche, die Sexualität oder Brutalität aufdringlich, vergröbernd und spekulativ darstellen.

2.5 Multimediarecht, Telemedien

Der Begriff „Multimedia" – als Synonym für „neue Medien" – ist gesetzlich nicht definiert. Er bezeichnet Inhalte und Werke, die aus mehreren Medien bestehen: Text, Fotografie, Grafik, Animation, Audio und Video. Die Präsentation durch verschiedene Formate ist an sich nichts Neues, die Multimedia-Welt zeichnet sich aber vorwiegend durch digitale Inhalte aus.

Aufgrund des technischen Fortschritts der Digitalisierung und der gesteigerten Leistungsfähigkeit von Computern erlebte die Multimedia-Welt in jüngerer Zeit eine stürmische Entwicklung. Das Vorhandensein unterschiedlicher Interaktionsmöglichkeiten spielt eine zunehmend wichtige Rolle, zum Beispiel eine aktive Navigation, Interaktivität, wechselseitige Kommunikation, Austausch von Fragen und Antworten zwischen Mensch und Datenverarbeitungsanlage über Tastatur, Terminal oder Touchpad, Manipulation von Inhalten oder die Steuerung von Wiedergabeparametern. Entscheidend sind dabei Zusammenwirken und Anwendung verschiedener Medien (zum Beispiel Texten, Bildern, Computeranimationen, Computergrafiken, Musik, Ton) mithilfe elektronischer Datenverarbeitungsanlagen.

Ein „Multimediasystem" ist ein Informationssystem, das mehrere unterschiedliche Medien für die Vermittlung von Informationen, Meinungen oder Kulturgütern verwendet, zum Beispiel Fernsehen, Film, Funk, Presse, Livestream, Internet. Es ist repräsentiert durch die rechnergesteuerte, integrierte Erzeugung, Manipulation, Darstellung, Speicherung und Kommunikation von unabhängigen Informationen, die in mindestens einem kontinuierlichen (zeitabhängigen) und einem diskreten (zeitunabhängigen) Medium codiert sind. Diese werden zum Präsentationszeitpunkt in Form eines Multimedia-Dokuments generiert und eingespielt. Zur Interaktion zwischen Rezipient (Empfänger) und System dienen verschiedene Ein- und Ausgabegeräte.

So vielseitig und flexibel die Multimedia-Welt, so unübersichtlich sind für den Außenstehenden die Rechtsgebiete, die sie betreffen. Der Gesetzgeber hat erkannt, dass Vereinheitlichungen und spezielle Regelungen angesichts der rasanten technischen Entwicklung notwendig sind. Er ist in einigen Bereichen bereits auf Veränderungen eingegangen, andere Gebiete liegen allerdings noch brach.

Im Zuge der Föderalismusreform ist mit Einführung des Telemediengesetzes und der letzten Änderungen des Rundfunkstaatsvertrages das Feld der rechtlichen Bestimmungen für neue Medien immerhin etwas übersichtlicher geworden.

2.5.1 Telemediengesetz

Das Telemediengesetz, in der Umgangssprache auch „Internetgesetz" genannt, regelt die Rahmenbedingungen für die Telemedien. Die frühere Unterscheidung in Teledienste und Mediendienste ist entfallen, es ist jetzt einheitlich von Telemediendiensten (oder kurz: Telemedien) die Rede: Telemedien ist damit ein aus „Teledienste" und „Mediendienste" gebildeter Oberbegriff für elektronische Informations- und Kommunikationsdienste.

Auf den ersten Blick unverständlich ist, warum es ein Telemediengesetz gibt und daneben auch im Rundfunkstaatsvertrag eigene Regelungen zu Telemedien. Die Erklärung ist: Der Rundfunkstaatsvertrag ist ein Werk der Bundesländer, nicht des Bundes, der sicherstellen soll, dass sich die allgemein erreichbaren Medien inhaltlich und auch werbetechnisch bestimmten „Standards" stellen. Für Telemedien gelten lediglich die Abschnitte IV bis VI des Rundfunkstaatsvertrages, wobei nur Abschnitt VI echte Regelungen für Telemedien beinhaltet. Der Rundfunkstaatsvertrag verweist vielmehr regelmäßig auf das Telemediengesetz, so etwa beim Datenschutz. Er trifft dagegen nur sehr wenige grundsätzliche Regelungen hinsichtlich des Anspruchs an den Inhalt von Telemedien mit besonderer Ausprägung auf meinungsbildende Telemedien.

Das Telemediengesetz (TMG) arbeitet demgegenüber mit erweiternden Regelungen hinsichtlich Verantwortung, Datenschutz und Informationspflichten geschäftsmäßiger Webseiten. Der Rundfunkstaatsvertrag, Abschnitt Telemedien, spricht nur von „Telemedien mit journalistisch-redaktionellem Inhalt".

Der Rundfunkstaatsvertrag regelt also nur Telemedien mit journalistisch-redaktionellem Inhalt. Für nicht journalistisch-redaktionelle Telemedien trifft der Rundfunkstaatsvertrag keine Regelungen, dies ist dem Telemediengesetz vorbehalten.

Also: Die beiden Gesetze ergänzen sich.

Telemedien sind entsprechend § 1 Abs. 1 S. 1 TMG bzw. § 2 Abs. 1 S. 3 RStV: „... alle elektronischen Informations- und Kommunikationsdienste, soweit sie nicht Telekommunikationsdienste oder telekommunikationsgestützte Dienste oder Rundfunk sind (Telemedien)."

Die Normen des TMG betreffen damit alle Informations- und Kommunikationsdienste, die nicht ausschließlich den Bereichen Telekommunikation und Rundfunk zuzuordnen sind. Damit berühren sie also in erster Linie fast alle Angebote im Internet, zum Beispiel

Suchmaschinen, Webshops, Chatrooms, Webmaildienste, aber auch private Homepages und Blogs (Abb. 2.1).

In der Praxis ist eine Abgrenzung problematisch. Telemedien werden in § 1 Abs. 1 S. 1 TMG definiert als elektronische Informations- und Kommunikationsdienste mit Ausnahme von Telekommunikation und Rundfunk. Das Telekommunikationsgesetz wird angewendet, wenn es sich um eine Übertragung von Signalen handelt. Heutzutage kommt es mehr und mehr zu einer Verschmelzung unterschiedlicher Infrastrukturen (Mobilfunk, klassisches Internet und Offline-Welt) – daher werden Daten aus unterschiedlichen Zusammenhängen erhoben und miteinander kombiniert. Insofern müssen diese Dienste zur Bestimmung der anwendbaren Datenschutznormen wieder ausdifferenziert werden. Im Wege einer Schwerpunktbetrachtung wird dann ermittelt, welches Gesetz anwendbar ist.

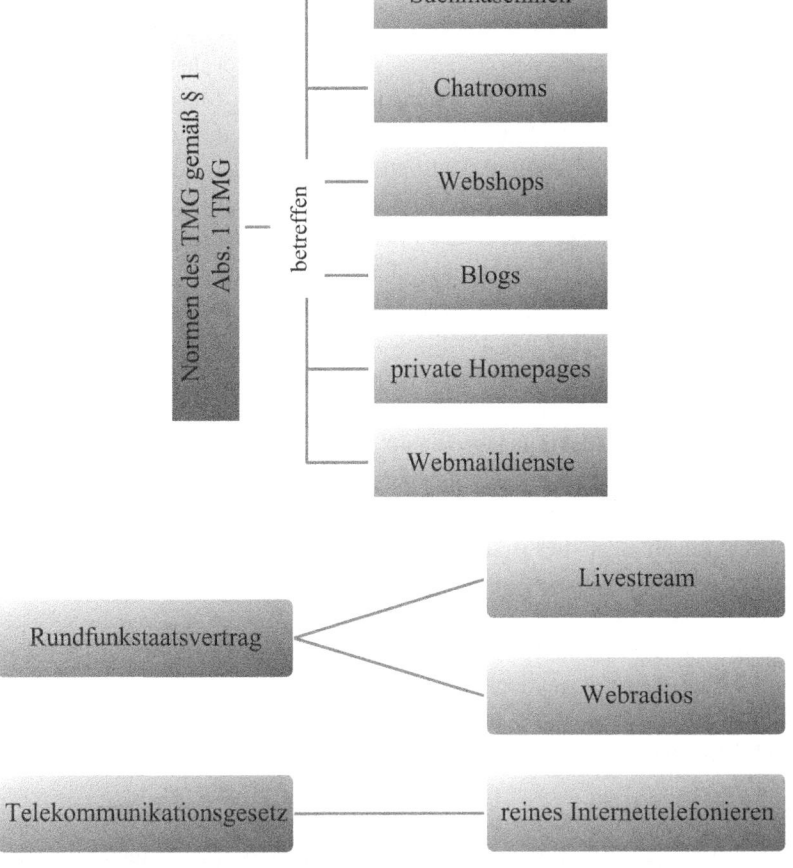

Abb. 2.1   Normen des TMG. (Quelle: eigene Darstellung)

Dienste im Internet sind grundsätzlich entweder als Telemediendienste oder aber als Rundfunk einzuordnen. In Abgrenzung zum Rundfunk sind Dienste, denen es an besonderer Meinungsrelevanz im Hinblick auf journalistisch-redaktionelle Inhalte fehlt, als Telemediendienste zu betrachten. Ebenso ordnen auch die Gesetzesmaterialien zum Telemediengesetz „Online-Angebote von Waren und Dienstleistungen mit unmittelbarer Bestellmöglichkeit [...]"[20] – also E-Commerce – dem Anwendungsbereich des Telemediengesetzes zu.

Das Versenden von E-Mails über Waren- oder Dienstleistungsangebote wird ebenso vom Anwendungsbereich des Telemediengesetzes umfasst wie Chatrooms, Suchdienste und soziale Netzwerke. Nicht erfasst ist dagegen das Versenden von E-Mails im Bereich der Individualkommunikation – diese werden als Telekommunikationsleistungen betrachtet.

Für den E-Commerce finden somit die Vorschriften des Telemediengesetzes Anwendung. Sind die Regelungen des Telemediengesetzes nicht abschließend, so findet auch für den E-Commerce das Bundesdatenschutzgesetz Anwendung.

Die Abgrenzung zwischen Telemedien, Rundfunk und Telekommunikationsdiensten orientiert sich nach der Funktion der Dienste. Unter Rundfunk ist demnach jeder Dienst zu verstehen, der zur Meinungsbildung beiträgt: der herkömmliche Rundfunk (Radio und Fernsehen), dessen Live-Stream-Angebote und die ausschließliche Übertragung herkömmlicher Rundfunkprogramme über das Internet (Webcasting, Webradio, Internetradio).

Telekommunikationsdienste sind solche, die ausschließlich in der Übertragung von Signalen über Telekommunikationsnetze bestehen. Telekommunikation bezeichnet jeglichen Austausch von Informationen über eine gewisse Distanz hinweg. Im engeren Sinne wird heute Telekommunikation als Datenaustausch unter Verwendung von Elektrotechnik, Elektronik, Funktechnik und anderer neuzeitlicher Übertragungstechnologie verstanden. Die ersten Telekommunikationsdienste in diesem Sinne waren Telegrafie (Fernschreiben) und Telefonie, auch Fernmelden genannt. Telekommunikationsdienst ist daher ein Sammelbegriff für Dienstleistungen mit Kommunikationsaspekt. Werden darüber hinaus weitere Dienstleistungen angeboten, zum Beispiel der Zugang zum Internet und die E-Mail-Übertragung, findet wieder das Telemediengesetz Anwendung. Die Internet-Telefonie (Voice over IP) zählt zu den Telekommunikationsdiensten.

Alle übrigen Informations- und Kommunikationsdienste fallen entsprechend unter die Telemediendienste. Telemedien sind bspw.:

- alle Online-Angebote, die über das Internet abrufbar sind (insbesondere www-Angebote, Online-Shopping);
- Angebote zur Nutzung anderer Netze (zum Beispiel Intranet, sonstige geschlossene Benutzergruppen);

---

[20]BT-Drucksache 16/3078 S. 13.

- Angebote im Bereich der Individualkommunikation (Telebanking, E-Mail- Datenaustausch mit Ausnahme der elektronisch versandten Trägermedien);
- Angebote von Waren und Dienstleistungen in Abrufdiensten (sogenanntes Teleshopping) oder in elektronisch abrufbaren Datenbanken (zum Beispiel Video-on-Demand oder Video-Streaming);
- Angebote zur Nutzung von Telespielen (Online-Computerspiele); Verteildienste in Form von Fernsehtext (Videotext), Radiotext und vergleichbaren Textdiensten.

Ob ein Datenangebot an die Allgemeinheit gerichtet ist (zum Beispiel redaktionell gestaltete Inhalte einer Homepage im Internet) oder ob die individuelle Nutzung im Vordergrund steht (zum Beispiel E-Mail, online abrufbare Datenbanken), ist für die Einordnung als Telemedium unerheblich. Ebenso wenig ist von Belang, dass die elektronisch übermittelten Dateninhalte in bestimmten Datenspeichern (Festplatte, Storage-Systeme) bereitgehalten werden.

Das Telemediengesetz gilt für alle Anbieter einschließlich der öffentlichen Stellen, und zwar unabhängig davon, ob für die Nutzung ein Entgelt erhoben wird. Im Online-Shopping gilt daher für Käufer und Verkäufer das Telemediengesetz.

Von den Telemedien zu unterscheiden sind die sogenannten Trägermedien. Diese den Jugendschutzbestimmungen unterfallenden Trägermedien sind nach der gesetzlichen Definition des § 1 Abs. 2 JuSchG „alle gegenständlichen Medienträger, die zur Weitergabe geeignet, zur unmittelbaren Wahrnehmung bestimmt oder in einem Vorführ- oder Spielgerät eingebaut sind".

Zur Weitergabe geeignet sind nur solche gegenständlichen Medienträger, die ohne eine vorhergehende Demontage oder einen sonstigen Ausbau aus einem übergeordneten Medienbetriebssystem an eine andere Person tatsächlich übergeben werden können. Typische Trägermedien in diesem Sinne sind alle Druckschriften, Filmrollen, Schallplatten, Video- oder Audiokassetten, elektronische Speicherplatten wie Disketten, CD-ROMs, DVDs, Speicherkarten usw. Dagegen können lokale Datenspeicher (Festplatten, Storage-Systeme) nicht ohne weiteres den Trägermedien zugeordnet werden. Festplatten in PC-Rechnern sind im Regelfall weder zur Weitergabe geeignet noch zur unmittelbaren Wahrnehmung bestimmt. Schließlich sind sie normalerweise auch nicht in ein (spezielles) Vorführ- oder Spielgerät sondern vielmehr in einen generell der Daten- bzw. Textverarbeitung dienenden Computer eingebaut. Werden Daten von einer Festplatte aus elektronisch versandt, liegt daher vielmehr ein sogenanntes Telemedium vor.

Wichtig: Nach § 4 TMG (bzw. § 54 Abs. 1 RStV) sind Telemedien zulassungs- und anmeldefrei.

Die wesentlichen Inhalte des Telemediengesetzes (TMG) sollen im Folgenden erläutert werden.

Begriffsbestimmungen
§ 2 TMG enthält zunächst Definitionen der wesentlichen Begriffe, die für die Arbeit mit dem Gesetz Voraussetzung sind.

Diensteanbieter

„Diensteanbieter" sind gemäß § 2 Nr. 1 TMG alle natürlichen oder juristischen Personen, die eigene oder fremde Telemedien zur Nutzung bereithalten oder den Zugang zur Nutzung vermitteln. Der Gesetzgeber spricht von „Diensteanbietern", besser verständlich und gebräuchlicher ist der Begriff des „Providers".

„Internet-Provider" sind also die Mittler zwischen dem einzelnen Nutzer und den anderen Nutzern und Anbietern des Internet. Man kann zwischen Internet Service Providern (ISP) und den Internet Presence Providern (IPP) unterscheiden:

Ein „Internet Service Provider" ermöglicht eine Einwahlmöglichkeit ins Internet, wohingegen ein Internet Presence Provider Speicherplatz und Serverfunktionen schafft, um Informationen im Netz anzubieten. Diensteanbieter bzw. Internet-Provider schaffen mithin die Möglichkeit zur Veröffentlichung von Inhalten im Internet.

Zu unterscheiden sind in diesem Zusammenhang folgende Diensteanbieter bzw. Provider:

- Ein „Content-Provider" bietet eigene Inhalte auf einer Internetseite zur Nutzung im Internet an. Die sind zum Beispiel Datenbanken, Nachrichten, Versandhauskataloge, Fahr- und Flugpläne, Spiele und Unterhaltung. Content-Provider können Bildungseinrichtungen, Behörden, Vereine, Privatpersonen, Firmen und Online-Dienste sein.
- Ein „Host-Provider" (auch: „Hosting-Provider") stellt fremde Informationen und Inhalte auf seinem eigenen Webserver und den eigenen Seiten zur Verfügung oder hält ein entsprechendes Programm auf Mietbasis bereit. Ob die Inhalte fremd sind, hängt davon ab, ob sich der Hostprovider die Inhalte zu eigen macht. Ein Host-Provider bietet also für Dritte Ressourcen (Speicherplatz, Rechenzeit, Adressen usw.) kostenlos oder gegen Entgelt an.

Zu den Dienstleistungen können gehören:

- Bereitstellung von Web-Speichern (Webhosting)
- Bereitstellung von Web-Datenbanken
- Registrierung von Top-Level-Domains
- E-Mail-Hosting
- Bereitstellung kompletter Shop-Systeme

Folgende Unterscheidungen werden getroffen:

- „Domain-Hosting" umfasst die Registrierung und meist zusätzlich auch den Betrieb von Domains innerhalb des Domain Name Systems.
- „Server-Hosting" ist der Betrieb von virtuellen und dedizierten Servern, optional mit Zusatzleistungen wie Wartung und Datensicherung.
- Unter „Webhosting" versteht man die Unterbringung (das Hosting) von Webseiten auf einem Webserver eines Internetdienstanbieters. Der Provider („Webhoster") stellt, üblicherweise gegen Bezahlung, seine Ressourcen zur Verfügung.

- Unter „E-Mail-Hosting" versteht man das Zur-Verfügung-Stellen von E-Mail-Diensten, insbesondere eines Mailservers, auf vom Provider betriebenen Hosts. Als „Sharehoster", „One-Click-Hoster", „Filehoster" oder „Cyberlocker" werden Internetdienstanbieter bezeichnet, bei denen der Anwender Dateien unmittelbar mit oder ohne vorherige Anmeldeprozedur speichern kann. Das Hochladen geschieht in der Regel über die Website des Anbieters. So wird außer einem Browser meist kein zusätzliches Programm zur Übertragung benötigt. Nach dem Hochladen erhält der Anwender eine URL, unter der die Datei angezeigt bzw. heruntergeladen werden kann. Oft besteht die Möglichkeit, die hochgeladene Datei mittels eines beim Upload erhaltenen Codes (Lösch-URL) wieder zu löschen. Bei Dateiaustauschdiensten besteht die Möglichkeit, hochgeladene Dateien mit anderen Anwendern zu tauschen.

- Ein „Access-Provider" ist, wer fremde Informationen im Netz lediglich vermittelt bzw. durchleitet oder den Zugang zum Internet durch Bereitstellung von Wählverbindungen ermöglicht. Er stellt weder eigene noch fremde Inhalte zur Nutzung bereit, sondern beschränkt sich auf den Transfer von IP-Paketen in und aus dem Internet. Dieser Transfer kann zum Beispiel über Funktechnik, Wählleitungen, Standleitungen, Breitbandzugänge oder – wenn der Zugang für einen Server, der beim Provider steht – erbracht wird, durch einfaches Netzwerkkabel erfolgen.

- Ein „Usenet-Provider" ist der Betreiber eines elektronischen Netzwerkes („Usenet") von Diskussionsforen (sogenannte „Newsgroups"). Solche Diskussionsforen erfreuen sich wachsender Beliebtheit und werden aufgrund der Veröffentlichung im Internet von großen Teilen der Bevölkerung wahrgenommen. Der Teilnehmer verwendet dazu üblicherweise einen „Newsreader", ein Computerprogramm zum Lesen und Schreiben von Nachrichten in den Newsgroups des Usenets. In diesen Newsgroups werden Daten, Dokumente usw. hochgeladen und dem Nutzer dann als Download angeboten. Usenet-Provider ermöglichen einen einfachen und komfortablen Zugang zum Usenet, indem sie eine Software bereitstellen, mit der man seine Downloads starten und später koordinieren kann. Diese Usenetprovider stellen ihre Software deshalb zur Verfügung, weil es oft sehr schwer ist, Downloads zu finden und zu tätigen.

- Ein „Webforum" (auch: „Diskussionsforum" oder „Internetforum") bietet eine ähnliche Kommunikationsweise wie das Usenet. Allerdings unterscheiden sich die zum Zugriff erforderlichen Softwareprogramme: Bei einem Webforum gibt dessen Autor oder Administrator das Aussehen der Nachrichten und die Funktionen zur Nachrichtendarstellung und -bearbeitung zentral vor, die Darstellung erfolgt im Browser. Ein Internetforum (lat. forum, Marktplatz), ist ein virtueller Platz zum Austausch und Archivierung von Gedanken, Meinungen und Erfahrungen. Die Kommunikation findet dabei asynchron, d. h. nicht in Echtzeit, statt. Englische Bezeichnungen hierfür sind „internet forum", „message board" und „webboard".

Nachstehende Begriffe werden in diesen Zusammenhängen verwendet:

Niedergelassener Diensteanbieter

„Niedergelassener Diensteanbieter" ist jeder Anbieter, der mittels einer festen Einrichtung auf unbestimmte Zeit Telemedien geschäftsmäßig anbietet oder erbringt; der Standort der technischen Einrichtung allein begründet aber noch keine Niederlassung des Anbieters.

Nutzer

„Nutzer" sind natürliche oder juristische Personen, die Telemedien nutzen, um entweder Informationen zu bekommen oder für andere zugänglich zu machen.

Verteildienste

„Verteildienste" sind solche Telemedien, die für eine unbegrenzte Anzahl von Nutzern angeboten werden, ohne dass sie individuell angefordert werden, zum Beispiel Textdienste.

Kommerzielle Kommunikation

Unter „kommerzieller Kommunikation" ist jede Form von Kommunikation zu verstehen, die der unmittelbaren oder mittelbaren Förderung des Absatzes von Waren und Dienstleistungen oder des Erscheinungsbilds eines Unternehmens, einer Organisation oder einer natürlichen Person dient, die im Handel, im Gewerbe, im Handwerk oder in einem freien Beruf tätig ist.

Impressumspflicht auf Internetseiten

Wer kommerziell oder meinungsbildend tätig ist, muss grundsätzlich eine Reihe von Informationspflichten erfüllen, sich bspw. in öffentliche Register (Handelsregister, Handwerksrolle) eintragen oder Druckwerke mit einem Impressum versehen. Auch bei Telemedien ist die Erfüllung solcher Informationspflichten notwendig. Bisher galt sie für nahezu jedes Internetangebot, auch für private Seiten.

In § 5 Abs. 1 TMG schränkt der Gesetzgeber die Pflicht, angebotene Dienste zu kennzeichnen, wörtlich auf „geschäftsmäßige Telemedien" ein, „die in der Regel gegen Entgelt" angeboten werden. Anbieter privater Internetseiten sind damit nach dem Telemediengesetz weitgehend von der Kennzeichnungs- und Informationspflicht entlastet. Zuvor wurde die Impressumspflicht bejaht für jedes dauerhafte und mit gewisser Nachhaltigkeit betriebene Telemedienangebot.

Unklar ist bei der Formulierung im Gesetz, ob auch Seiten mit eindeutig unternehmerischen Inhalten, die aber nicht direkt Waren oder Dienstleistungen anbieten, von der Kennzeichnungspflicht ausgenommen sein sollen. Es ist nicht davon auszugehen, dass der Gesetzgeber dies tatsächlich beabsichtigt hat. Nicht gekennzeichnete Unternehmensauftritte würden nämlich gegen das Wettbewerbsrecht verstoßen. Ein kommerzieller Anbieter, den der Nutzer nicht anhand eines Impressums identifizieren kann, verschafft sich einen Wettbewerbsvorteil vor der Konkurrenz, weil er bspw. bei Gewährleistungsansprüchen des Nutzers nicht erkennbar und somit nicht erreichbar ist. Damit kann der

Nutzer/Kunde seine Rechte gegen den Anbieter nicht oder nur unter großen Anstrengungen geltend machen. Das Wettbewerbsrecht in den neuen Medien wird später ausführlicher thematisiert.

Es ist grundsätzlich gut beraten, wer einen kommerziellen Internetauftritt auch ohne direkt kostenpflichtiges Angebot mit einem Impressum versieht. Im Übrigen raten Experten auch privaten Betreibern, weiterhin eine Kennzeichnung mit Namen und Anschrift des Verantwortlichen zu führen. Der Rundfunkstaatsvertrag sieht dies ohnehin in § 55 RStV vor. Nur Angebote zur rein persönlichen oder familiären Information sind vollständig von der Impressumspflicht befreit. Für alle anderen Telemediendienste, und dabei dürfte es sich um nahezu alle Internetseiten handeln, gelten laut Rundfunkstaatsvertrag abgestufte Anforderungen an die Kennzeichnungspflicht.

Anbieter von Telefon- und Internetdienstleistungen müssen ihre Kunden vor Vertragsabschluss in einem übersichtlichen Informationsblatt über die wesentlichen Vertragsinhalte – zum Beispiel über die Vertragslaufzeiten, die Voraussetzungen für die Verlängerung und Beendigung des Vertrages, die monatlichen Kosten und die verfügbaren Datenübertragungsraten – aufklären[21]. In der monatlichen Rechnung werden Kunden dann jeweils über das aktuell gültige Ende der Mindestvertragslaufzeit und die Kündigungsfrist informiert. Außerdem erhalten Verbraucher einen Rechtsanspruch auf Informationen zur konkreten Übertragungsrate. Verbraucher sollen sich ohne Aufwand darüber informieren können, welche Datenübertragungsrate im Vertrag vereinbart ist und welche Qualität tatsächlich geliefert wird. Anbieter müssten Verbraucher auf Möglichkeiten zur Überprüfung der Bandbreite wie das Messangebot der Bundesnetzagentur unter www.breitbandmessung.de hinweisen. Messergebnisse sollen speicherbar sein, damit Verbraucher mehrere Messungen durchführen und etwaige Abweichungen zwischen tatsächlicher und vertraglich vereinbarter Datenübertragungsrate dem Anbieter mitteilen können.

Schutz vor unerwünschten Werbemails (Spams)
E-Mail-Werbung ist zwar nach herrschender Meinung Telekommunikation und daher kein Telemedium oder Bestandteil eines Telemediums. Für elektronische Post, d. h. Werbung, die in Form von E-Mails oder als SMS-Werbung versandt wird, gilt jedoch eine Sonderregelung in § 6 Abs. 1, 2 TMG, wonach diese für den Empfänger klar als solche zu erkennen sein muss. Dass es sich um kommerzielle Kommunikation im Sinne von § 2 Nr. 5 TMG handelt, darf nicht verheimlicht oder verschleiert werden. Der Gesetzgeber sieht eine Verschleierung von Absenderinformationen bspw. dann gegeben, wenn die Absenderangaben einer Spammail dem Nutzer vortäuschen, er bekäme eine Nachricht von offiziellen Stellen (zum Beispiel Staatsanwaltschaft), von einem Geschäftspartner (zum Beispiel Bank) oder aus dem Freundeskreis.

---

[21] §§ 1 bis 11 TKTransparenzVO.

Verstößt ein Diensteanbieter gegen die Kennzeichnungspflicht solcher sogenannten Spammails, begeht er gemäß § 16 Abs. 1, 3 TMG eine Ordnungswidrigkeit, die mit einem Bußgeld in Höhe von bis zu 50.000 EUR geahndet werden kann.

Kritisch wird gesehen, dass diese Regelung wohl nur in den seltensten Fällen durchsetzbar sein dürfte. Das sie Bestandteil des Gesetzes geworden ist, wird als „gut gemeinte Absichtserklärung" oder „realitätsferner Aktionismus der Politik" bezeichnet. Hintergrund ist, dass ein Großteil der in Umlauf gebrachten Spammails aus dem Ausland kommt und deshalb von den deutschen Behörden nur schwer juristisch verfolgt werden kann. Außerdem gestaltet es sich in den meisten Fällen äußerst schwierig und aufwendig, die Urheber solcher Werbe-Mails zu ermitteln.

2.5.2 Datenschutz bei Telemedien

Telemedien bestehen hauptsächlich aus Informationen – zu weiten Teilen sind daher personenbezogene Daten betroffen. Vorschriften zum Datenschutz sollen dem Schutz der Personen dienen, deren Daten verarbeitet werden. Hier spielt das allgemeine Persönlichkeitsrecht eine Rolle.

Nicht nur – wie man meinen könnte – im Bundesdatenschutzgesetz (dazu später in Kap. 7), sondern auch im Telemediengesetz sind Grundsätze zum Umgang mit personenbezogenen Daten geregelt. Es haben sich zwei weitere unterschiedliche Rechtsquellen für den Bereich des Datenschutzes neben dem Bundesdatenschutzgesetz herausgebildet: Das Telekommunikationsgesetz und das Telemediengesetz. Ersteres verfügt über datenschutzrechtliche Regelungen im Bereich der Telekommunikation. Letzteres enthält Normen über den Telemedienbereich.

Die datenschutzrechtlichen Regelungen sind gemäß § 11 TMG aber grundsätzlich auf das sogenannte „Anbieter-Nutzer-Verhältnis" beschränkt, also auf das Verhältnis jeder natürlichen oder juristischen Person, die eigene oder fremde Telemedien zur Nutzung bereithält oder den Zugang zur Nutzung vermittelt und jeder natürlichen oder juristischen Person, die Telemedien nutzt, insbesondere um Informationen zu erlangen oder zugänglich zu machen.

Nahezu inhaltsgleich mit dem dortigen § 4 Abs. 1 BDSG ist der § 12 Abs. 1 TMG: Nach beiden Vorschriften baut das Datenschutzrecht auf dem Konzept eines „Verbots mit Erlaubnisvorbehalts" auf, d. h. die Erhebung, Verarbeitung und Nutzung ist verboten, es sei denn, ein gesetzlicher Erlaubnistatbestand liegt vor oder der Nutzer hat eingewilligt. Unterschied zum Bundesdatenschutzgesetz ist jedoch, dass die Rechtsvorschrift hier ausschließlich aus den Tatbeständen des Telemediengesetzes resultieren kann.

Grundsätzlich gilt: Ein Diensteanbieter darf nach § 12 Abs. 1 TMG personenbezogene Daten zur Bereitstellung von Telemedien nur erheben und verwenden, soweit das Telemediengesetz oder eine andere Rechtsvorschrift, die sich ausdrücklich auf Telemedien bezieht, es erlaubt oder der Nutzer eingewilligt hat. Die erhobenen personenbezogenen Daten sind damit zweckgebunden, mit ihnen darf folglich kein Missbrauch betrieben werden. Anknüpfend daran ist in § 12 Abs. 2 TMG der Zweckbindungsgrundsatz geregelt. Dieser stellt klar, dass nach § 12 Abs. 1 erhobene Daten allein für den angegebenen Zweck genutzt werden dürfen, sofern nicht auch hinsichtlich einer anderweitigen Verwendung auf eine Rechtsvorschrift oder eine Einwilligung zurückgegriffen werden kann.

Die Anbieter von Telemediendiensten sind deshalb gemäß § 13 Abs. 1 TMG verpflichtet, den Nutzer zu Beginn des Nutzungsvorgangs über Art, Umfang und Zweck der Erhebung und Verwendung personenbezogener Daten in allgemein verständlicher Form zu unterrichten. Meist geschieht dies in Form einer sogenannten Datenschutzerklärung, die transparent und nachvollziehbar belegen soll, welche Daten erhoben und wie sie verarbeitet werden.

Eine Einwilligung muss sich durch ihre Erteilung oder durch ihre Auslegung hinsichtlich ihres Umfanges begrenzen bzw. eng bestimmen lassen, sodass eine Speicherung zu unbestimmten bzw. weiteren – von der Erlaubnis nicht erfassten – Zwecken unzulässig wäre. Im Telemediengesetz muss der Nutzer, ebenso wie im Bundesdatenschutzgesetz (dort: § 4 Abs. 3 BDSG), über Art, Umfang und Zweck der Erhebung und Verwendung personenbezogener Daten unterrichtet werden (§ 13 Abs. 1 TMG). Diese Vorschrift soll Transparenz für den Nutzer schaffen. Daher erstreckt sich die Unterrichtungspflicht auch auf solche Daten, zu deren Erhebung und Verwendung der Anbieter bereits durch gesetzliche Regelungen legitimiert ist.

Die Einwilligung kann elektronisch erklärt werden, wenn der Diensteanbieter sicherstellt, dass

1. der Nutzer seine Einwilligung bewusst und eindeutig erteilt hat,
2. die Einwilligung protokolliert wird,
3. der Nutzer den Inhalt der Einwilligung jederzeit abrufen kann und
4. der Nutzer die Einwilligung jederzeit mit Wirkung für die Zukunft widerrufen kann.

Im E-Commerce ist insbesondere diese elektronische Einwilligung praxisrelevant. Diese Form der Einwilligung ist gemäß § 13 Abs. 2 TMG unter den Voraussetzungen der § 13 Abs. 2 Nr. 1 bis 4 TMG, wirksam. Das in der Praxis häufig anzutreffende Anklicken eines Kontrollkästchens genügt damit den Anforderungen des Telemediengesetzes. Die im Internet häufig fehlende Einholung einer Einwilligung ohne gesetzlichen Erlaubnistatbestand ist dagegen unzulässig.

Auch im Telemediengesetz finden sich die Grundsätze der Datenvermeidung und – Sparsamkeit des aus dem Bundesdatenschutzgesetz (dort: § 3a BDSG) wieder. In § 13 Abs. 4 TMG wird nämlich der Diensteanbieter dazu verpflichtet, bestimmte technische und organisatorische Maßnahmen einzuhalten.

Die Weitervermittlung zu einem anderen Diensteanbieter ist dem Nutzer nach § 13 Abs. 5 TMG anzuzeigen.

Gemäß § 13 Abs. 6 TMG muss der Diensteanbieter dem Nutzer eine anonyme oder pseudonyme Nutzung und Bezahlung ermöglichen, soweit dies technisch möglich und zumutbar ist.

Diensteanbieter müssen – soweit dies technisch möglich und wirtschaftlich zumutbar ist – im Rahmen ihrer jeweiligen Verantwortlichkeit für geschäftsmäßig angebotene Telemedien durch technische und organisatorische Vorkehrungen sicherstellen, dass kein unerlaubter Zugriff auf die für ihre Telemedienangebote genutzten technischen Einrichtungen möglich ist und diese gegen Verletzungen des Schutzes personenbezogener Daten und gegen Störungen, auch soweit sie durch äußere Angriffe bedingt sind, gesichert sind (§ 13 Abs. 7 TMG).

Aus § 13 Abs. 7 TMG ergibt sich auch, dass Diensteanbieter bei der Übertragung von persönlichen Daten ein „als sicher anerkanntes" Verschlüsselungsverfahren verwenden müssen. Als Diensteanbieter sind neben Betreibern von Blogs insbesondere Anbieter von Onlineshops anzusehen, denn über die von ihnen verwendeten Online-Formulare werden besonders schützenswerte Daten der Nutzer übertragen – wie Name, Anschrift und Kontoverbindungsdaten. Abmahnung und Bußgeld drohen bei unzureichender Verschlüsselung.

Die Datenschutzbestimmungen des Telemediengesetzes sind im Einzelnen in den §§ 11 ff. TMG geregelt. Dabei legt § 11 TMG zunächst fest, dass die datenschutzrechtlichen Regelungen im Anbieter-Nutzer-Verhältnis gelten. Im Online-Shopping können sich daher Käufer und Verkäufer auf das Telemediengesetz berufen. Für Dienst- und Arbeitsverhältnisse sowie für die Steuerung von Arbeits- und Geschäftsprozessen gelten sie demgegenüber nicht, vielmehr kommen hier die allgemeinen Regelungen zum Datenschutz, bspw. aus dem Bundesdatenschutzgesetz, zur Anwendung.

In den §§ 14 und 15 TMG wird die Zulässigkeit einer Verarbeitung von personenbezogenen Daten durch Telemediendienste geregelt. Nach diesen Vorschriften sind jene Datenverarbeitungsvorgänge erlaubt, die erforderlich sind, um einen Telemediendienst ordnungsgemäß zu erbringen.179 Die Vorschriften differenzieren hinsichtlich:

- Bestandsdaten (§ 14 Abs. 1 TMG),
- Nutzungsdaten (§ 15 Abs. 1 TMG) und
- Abrechnungsdaten (§ 15 Abs. 4 TMG).

Die Erlaubnistatbestände des Telemediengesetzes sind abschließend – es kann, aufgrund der Spezialität des Telemediengesetzes damit nicht auf das Bundesdatenschutzgesetz zurückgegriffen werden. Für den E-Commerce bedeutet dies, dass für diesen nicht der gesetzliche Erlaubnistatbestand des BDSG herangezogen werden darf.

Als „Bestandsdaten" (§ 14 Abs. 1 TMG) sind personenbezogene Daten des Nutzers zu verstehen, die in allen Stadien des Vertragsverhältnisses erforderlich sind. Hierunter fallen zum Beispiel Name, Anschrift, Geburtsdatum, Bankdaten, Benutzername, Zugangskennungen und Passwörter. Sie sind notwendig, um das Vertragsverhältnis zwischen dem Diensteanbieter und dem Nutzer zu begründen, es auszugestalten oder zu ändern. Entscheidet sich der Kunde zum Beispiel für den Kauf eines Buches, werden dabei regelmäßig Name, Lieferadresse und gewünschte Zahlungsart wichtig sein. Beim Online-Banking werden dazu Kreditlimits, Alter und Einkommen eine Rolle spielen.

Der Diensteanbieter darf nach § 14 Abs. 1 TMG personenbezogene Daten eines Nutzers („Bestandsdaten") nur erheben und verwenden, soweit sie für die Begründung, inhaltliche Ausgestaltung oder Änderung eines Vertragsverhältnisses zwischen dem Diensteanbieter und dem Nutzer über die Nutzung von Telemedien erforderlich sind.

Gemäß § 14 Abs. 2 TMG können Diensteanbieter dagegen verpflichtet sein, Auskunft über diese Dateien zu erteilen, wenn dies für Zwecke der Gefahrenabwehr, der Strafverfolgung aber auch zur Durchsetzung der Rechte am geistigen Eigentum erforderlich ist.

Eine ausdrückliche Löschungsvorschrift für Bestandsdaten enthält § 14 TMG nicht. Gleichwohl dürfen solche Daten dann nicht mehr gespeichert werden, wenn sie für die Abwicklung des Vertrages nicht mehr erforderlich sind. Wird das Vertragsverhältnis beendet und sind alle Pflichten erfüllt, müssen die Daten gelöscht werden.

„Nutzungsdaten" sind erforderlich, um Telemedien überhaupt in Anspruch nehmen zu können und abzurechnen. Das betrifft Merkmale zur Identifikation des Nutzers, Angaben zu Anfang, Ende und Umfang der Nutzung eines Angebots und Angaben über diejenigen Telemedien, die der Nutzer in Anspruch genommen hat. Bei Nutzungsdaten handelt es sich also um diejenigen personenbezogenen Daten, die während der Nutzung eines Telemediendienstes entstehen und erforderlich sind, um die Inanspruchnahme von Telemedien zu ermöglichen und abzurechnen. Dazu gehören zum Beispiel die IP-Adresse und weitere Umgebungsinformationen wie Zeitpunkt und Dauer des Dienstes. Diese Daten fallen oft schon vor einem Kauf an – bereits durch das Surfen auf der Webseite. Diese Daten dienen E-Commerce Unternehmen als Grundlage zur Analyse von Kauf- und Surfverhalten von Nutzern. In der Praxis nutzt Amazon diese beispielsweise, um Kunden Waren anzubieten, die diese bei ihrem letzten Besuch interessant fanden.

Bestands- und Nutzungsdaten können sich dabei zum Teil überschneiden wie etwa Nutzername und Passwort.

Der Diensteanbieter darf nach § 15 Abs. 1 TMG Nutzungsdaten nur erheben und verwenden, soweit dies erforderlich ist, um die Inanspruchnahme von Telemedien zu ermöglichen und abzurechnen. Zum Zwecke der Marktforschung anderer Diensteanbieter dürfen anonymisierte Nutzungsdaten übermittelt werden.

Für Zwecke der Werbung, der Marktforschung oder zur bedarfsgerechten Gestaltung der Telemedien darf der Diensteanbieter aber nur pseudonymisierte Nutzungsprofile erstellen, sofern der Nutzer nicht widerspricht (§ 15 Abs. 3 S. 1 TMG). Diese Nutzungsprofile dürfen jedoch nicht mit Daten über den Träger des Pseudonyms zusammengeführt werden.

Der Diensteanbieter darf an andere Diensteanbieter oder Dritte Abrechnungsdaten nur übermitteln, soweit dies zur Ermittlung des Entgelts und zur Abrechnung mit dem Nutzer erforderlich ist. Er darf Abrechnungsdaten, die für die Erstellung von Einzelnachweisen über die Inanspruchnahme bestimmter Angebote auf Verlangen des Nutzers verarbeitet werden, höchstens bis zum Ablauf des sechsten Monats nach Versendung der Rechnung speichern.

Fehlt es an der Erlaubnis zur Erhebung der Nutzungsdaten nach § 15 Abs. 1 TMG, so folgt aus § 15 Abs. 4 S. 2 TMG und § 12 Abs. 1 und Abs. 2 TMG eine Löschungspflicht, sofern die Daten nicht nach § 15 Abs. 4 S. 1 TMG zu Abrechnungszwecken erforderlich sind. Stehen einer Löschung gesetzliche Aufbewahrungspflichten entgegen, so sind die Daten anstelle der Löschung zu sperren (§ 15 Abs. 4 S. 2 TMG).

Eine Untergruppe der Nutzungsdaten stellen die sogenannten „Abrechnungsdaten" dar. Sie werden in § 15 Abs. 4 S. 1 TMG definiert als diejenigen Nutzungsdaten, welche *„[...] für Zwecke der Abrechnung mit dem Nutzer erforderlich sind [.]."* Soweit die Daten für die Abrechnung notwendig sind, dürfen die Nutzungsdaten über das Ende des Nutzungsvorgangs hinaus verarbeitet und genutzt werden.

In anonymisierter Form ist daneben eine Nutzung für Zwecke der Marktforschung legitim (§ 15 Abs. 5 S. 3 TMG). Daten, die zur Abrechnung benötigt werden, dürfen höchstens bis zum Ablauf von sechs Monaten nach Versendung der Rechnung gespeichert werden (§ 15 Abs. 7 TMG).

Für Zwecke der Strafverfolgung/Gefahrenabwehr findet abermals § 14 Abs. 2 TMG Anwendung (§ 15 Abs. 5 S. 4 TMG).

§ 15 Abs. 3 TMG regelt, unter welchen Voraussetzungen Diensteanbieter sogenannte „Nutzungsprofile" erstellen dürfen. Einzelne Daten, wie etwa die IP-Adresse oder der Zeitpunkt bzw. die Dauer des Besuches einer Website sind für sich allein genommen zunächst keine besonders interessanten oder aussagekräftigen Daten für den Telemedienanbieter. Wertvoll werden die Daten für Diensteanbieter erst dann, wenn sie Aufschlüsse über die Präferenzen einer Person, wie zum Beispiel Hobbys, Kaufverhalten, Vorlieben usw. geben. Dafür müssen diese Daten miteinander verbunden werden. Eine solche Verknüpfung von Daten wird als Profil bezeichnet. Grundsätzlich darf eine Profilbildung ausschließlich für Zwecke der Werbung, Marktforschung oder zur bedarfsgerechten Gestaltung der Telemedien erfolgen. Voraussetzung hierfür ist, dass sämtliche Profile unter Verwendung eines Pseudonyms erstellt werden (§ 15 Abs. 3 S. 1 TMG). Allerdings dürfen die Nutzungsprofile nicht mit Daten über den Träger des Pseudonyms zusammengefügt werden (§ 15 Abs. 3 S. 3 TMG), es sei denn der Nutzer macht von seinem Auskunftsrecht Gebrauch.

Unter „Inhaltsdaten" sind solche Daten zu verstehen, die ein Nutzer und ein Anbieter online austauschen, um die durch den Telemediendienst begründeten Leistungs- und Rechtsverhältnisse zu erfüllen. Diese Daten werden nicht benötigt, um den telemedialen Bestellvorgang zu ermöglichen. Es handelt sich vielmehr um Angaben wie Ware, Preis oder Lieferadresse. Diese Daten fallen an, gleichviel, ob die Kommunikation über das Internet, telefonisch oder mündlich erfolgt. Eine Regelung zu derartigen Inhaltsdaten besteht im Telemediengesetz nicht. Insofern ist fraglich, ob Vertrags- und Leistungsverhältnisse, die isoliert betrachtet keinen Telemediendienst darstellen, dennoch vom Anwendungsbereich des Telemediengesetzes umfasst sind. Diese Problematik ist anhand von folgenden Beispielen darzustellen:

Unproblematisch finden die Datenschutzregeln des Telemediengesetzes Anwendung, wenn der Nutzer online im Internet surft. Ebenfalls eindeutig vom Anwendungsbereich des Telemediengesetzes umfasst ist der Austausch von Online-Musikdateien nach erfolgter Online-Bestellung.

Streitig ist allerdings die Anwendung der Datenschutzregelungen des Telemedien-gesetzes, wenn der Nutzer mit dem Anbieter interaktiv und online Daten zur Begrün-dung eines Vertrags- und Leistungsverhältnisses austauscht. Als Beispiel sei der Kauf einer CD bei Amazon angesprochen: Das Besuchen der Website, also das Austauschen von Daten online stellt für sich genommen ein typisches Anbieter-Nutzer-Verhältnis im Sinne des Telemediengesetzes dar. Die Abwicklung des Kaufes, d. h. die Bezahlung und die Zusendung der CD, gleicht hingegen einem normalen Offline-Sachverhalt. Es wird zum Teil vertreten, dass die Datenschutzregelungen des TMG insoweit überhaupt keine Anwendung finden sollen, d. h., dass selbst der online erfolgte Bestellvorgang ledig-lich unter das Bundesdatenschutzgesetz falle. Die Begründung hierfür ist zum einen, dass solche Unternehmen, die Bestellungen telefonisch, schriftlich als auch im Internet annehmen, die Daten jeweils unterschiedlichen Rechtsquellen unterwerfen. Insofern unterlägen Daten aus Online-Bestellungen einer deutlich strengeren Zweckbindung als Daten aus schriftlichen oder telefonischen Bestellungen. Daneben wird vorgebracht, dass das Telemediengesetz die Verarbeitung solcher Inhaltsdaten nicht kenne, da sie nicht explizit geregelt sind.

Diese Auffassung widerspricht jedoch sowohl dem Wortlaut als auch Sinn und Zweck: Der Anwendungsbereich des Telemediengesetzes muss eröffnet sein, weil hier ein Telemediendienst gemäß § 1 Abs. 1 S. 1 TMG genutzt wird – nämlich die Website. Wird die CD, wie im ersten Fall, heruntergeladen, liegt daher für die gesamte Abwick-lung ein Telemediendienst vor. Wird die CD hingegen auf postalischem Weg erbracht, ist fraglich, ob für den gesamten Vorgang das Telemediengesetz anzuwenden ist oder ob die Vorgänge getrennt beurteilt werden und damit für den Bestellvorgang das Tele-mediengesetz und für das Versenden sowie das Bezahlen das Bundesdatenschutzge-setz anzuwenden ist. Richtigerweise muss der gesamte Vorgang des Online-Kaufs dem Anwendungsbereich des Telemediengesetzes zuordnet werden, da es keinen Sinn macht, die Zulässigkeit des Erhebens von Daten im Amazon-Beispiel danach zu unterteilen, ob der Kunde sich lediglich etwas anschaut, also „surft", oder die angesehene Ware dann anschließend bestellt.

In § 14 Abs. 2 TMG und in § 15 Abs. 5 TMG sind zivilrechtliche Auskunftsansprü-che über personenbezogene Daten verankert. Bei zivilrechtlichen Auseinandersetzungen – etwa wegen der Durchsetzung von Urheberrechten oder wegen Entgeltansprüchen – haben Dritte einen Anspruch darauf, vom Diensteanbieter die personenbezogenen Daten der Nutzer zu erhalten.

Hintergrund der Regelung ist zu weiten Teilen die umfangreiche Lobbyarbeit der Musik- und Film-Verwertungsgesellschaften. Wenn sie früher geltend machen wollten, bspw. durch Tauschbörsen in ihren Nutzungsrechten verletzt worden zu sein, so muss-ten sie Strafanzeige gegen Unbekannt stellen. Über protokollierte IP-Adressen konnten Polizei und Staatsanwaltschaft dann den Nutzer ermitteln und ihn strafrechtlich verfol-gen. Im Interesse der Verwertungsgesellschaften liegt aber nicht vordergründig ein Straf-prozess, sondern vielmehr die Durchsetzung von zivilrechtlichen Unterlassungs- und Schadensersatzansprüchen vor. Kamen Musik- und Filmindustrie bisher nur an die Daten eines Nutzers, wenn dieser im Rahmen der Strafverfolgung aktenkundig war – häufig ein langwieriger Prozess –, so steht ihnen der Auskunftsanspruch wegen der Verletzung ihrer Rechte am geistigen Eigentum nun direkt zu.

Allerdings bestehen diese Ansprüche nur gegenüber dem Schädiger selbst, diesen jedoch zu identifizieren, ist oft schwierig. Ein Kläger soll daher auch von Dritten, die nicht selbst Rechtsverletzer sind – zum Beispiel ein Internet-Provider, über dessen Dienste der Handel mit Plagiaten abgewickelt worden ist ebenso wie ein Spediteur, der im guten Glauben gefälschte Waren transportiert hat – Auskünfte verlangen können. Mit ihrer Hilfe kann der Geschädigte an die wirklichen Fälscher und Raubkopierer herankommen und ihnen dann durch Anordnungen der Zivilgerichte das Handwerk legen.

Gemäß § 14 Abs. 2 TMG darf der Diensteanbieter auf Anordnung der zuständigen Stellen im Einzelfall Auskunft über Bestandsdaten erteilen, soweit dies für Zwecke der Strafverfolgung, zur Gefahrenabwehr durch die Polizeibehörden der Länder, zur Erfüllung der gesetzlichen Aufgaben der Verfassungsschutzbehörden des Bundes und der Länder, des Bundesnachrichtendienstes oder des Militärischen Abschirmdienstes oder des Bundeskriminalamtes im Rahmen seiner Aufgabe zur Abwehr von Gefahren des internationalen Terrorismus oder zur Durchsetzung der Rechte am geistigen Eigentum erforderlich ist.

Allerdings bestehen diese Ansprüche nur gegenüber dem Schädiger selbst, diesen jedoch zu identifizieren ist oft schwierig. Ein Kläger soll daher auch von Dritten, die nicht selbst Rechtsverletzer sind – zum Beispiel ein Internet-Provider, über dessen Dienste der Handel mit Plagiaten abgewickelt worden ist ebenso wie ein Spediteur, der im guten Glauben gefälschte Waren transportiert hat – Auskünfte verlangen können. Mit ihrer Hilfe kann der Geschädigte an die wirklichen Fälscher und Raubkopierer herankommen und ihnen dann durch Anordnungen der Zivilgerichte das Handwerk legen.

2.5.3 Haftung des Diensteanbieters (Providers)

Haftung für eigene Informationen

Gemäß § 7 Abs. 1 TMG sind die Diensteanbieter („Provider") für eigene Informationen, die sie zur Nutzung bereitstellen, selbst verantwortlich und haftbar. In dieser Vorschrift geht es zunächst um die Haftung des sogenannten „Content-Providers" (also des „Inhalteanbieters"), also desjenigen, der eigene Inhalte auf einer Internetseite anbietet.

Es gelten für ihn die allgemeinen Gesetze, also bspw. das Strafgesetzbuch (StGB), das Gesetz gegen den unlauteren Wettbewerb (UWG) oder das Jugendschutzgesetz (JuSchG). Einen Content-Provider trifft also stets die volle Haftung nach den allgemeinen Vorschriften, wenn das veröffentlichte Webangebot fremde Rechte verletzt.

Wer auf seiner Internetseite einen Dritten in einer bestimmten Weise beleidigt, macht sich strafbar. Dabei muss sich ein Diensteanbieter auch solche Informationen von Dritten zurechnen lassen, die er sich zu eigen gemacht hat, bspw. indem er sie zitiert hat, ohne sich selbst erkennbar von den Informationen zu distanzieren. Erweckt der Provider also den Eindruck, es handele sich um eigene und nicht um fremde Aussagen, ist er straf- und zivilrechtlich haftbar.

Gemäß § 7 Abs. 2 TMG muss der Provider die von ihm übermittelten oder gespeicherten Informationen nicht überwachen und auch nicht erforschen, ob sie auf rechtswidrige Tätigkeiten hinweisen. Sofern dem Diensteanbieter die Rechtswidrigkeit einzelner Inhalte allerdings bekannt ist, muss er die Information aus seinem Angebot entfernen.

Zur Frage, ob der Einzelne peinliche Vorschläge in Suchmaschinen über seine Person dulden muss, hier die nachstehende Entscheidung zur Haftung eines „Content-Providers".

Beispiel

Der Fall:[22]

Die Klägerin, eine Aktiengesellschaft, die im Internet über ein „Network-Marketing-System" Nahrungsergänzungsmittel und Kosmetika vertreibt, sowie ihr Gründer und Vorstandsvorsitzender machen gegen die Beklagte, die unter der Internetadresse „www.google.de" eine Internet-Suchmaschine betreibt, Unterlassungs- und Geldentschädigungsansprüche geltend. Durch Eingabe von Suchbegriffen in die Suchmaschine der Beklagten können Nutzer über eine angezeigte Trefferliste auf von Dritten ins Internet eingestellte Inhalte Zugriff nehmen.

Seit April 2009 hat google eine „Autocomplete"-Funktion in die Suchmaschine integriert, mit deren Hilfe dem Internetnutzer während der Eingabe seiner Suchbegriffe variierend mit der Reihenfolge der eingegebenen Buchstaben in einem sich daraufhin öffnenden Fenster automatisch verschiedene Suchvorschläge („predictions") in Form von Wortkombinationen angezeigt werden. Die im Rahmen dieser Suchergänzungsfunktion angezeigten Suchvorschläge werden auf der Basis eines Algorithmus ermittelt, der u. a. die Anzahl der von anderen Nutzern eingegebenen Suchanfragen einbezieht.

Bei Eingabe des Namens R.S. erschienen in dem sich im Rahmen der „Autocomplete"-Funktion öffnenden Fenster als Suchvorschläge die Wortkombinationen „R.S. (voller Name) Scientology" und „R.S. (voller Name) Betrug". Dadurch sehen sich die Kläger in ihrem Persönlichkeitsrecht und geschäftlichen Ansehen verletzt.

In einem ersten Schritt stellte der BGH fest, dass es sich bei den Autocomplete-Begriffen um eigene Informationen von Google handelt: Google wurde vom BGH ausdrücklich als Diensteanbieter (§ 2 S. 1 Nr. 1 TMG) qualifiziert, der eigene Informationen zur Nutzung bereithält und deshalb gemäß § 7 Abs. 1 TMG nach den allgemeinen Gesetzen – mithin auch nach §§ 823 Abs. 1, 1004 BGB – verantwortlich ist (Anm.: „Content-Provider"). Es geht mithin um einen von der Suchmaschine angebotenen „eigenen" Inhalt und nicht um das Zugänglichmachen und/oder Präsentieren von Fremdinhalten, für die der Diensteanbieter gemäß §§ 8 bis 10 TMG nur eingeschränkt verantwortlich ist. (Anm.: Google haftet nicht etwa für Inhalte seiner Nutzer, sondern als Täter unmittelbar selbst).

---

[22]BGH, Urt. v. 14.05.2013 – VI ZR 269/12 – Autocomplete.

Es sind jedoch einerseits das Interesse der Kläger am Schutz ihrer Persönlichkeits-rechte und die durch Art. 2, 5 Abs. 1 und 14 GG geschützten Interessen von Google auf Meinungs- und wirtschaftliche Handlungsfreiheit andererseits abzuwägen. Vor-aussetzung einer Haftung des Betreibers einer Suchmaschine mit entsprechender Hilfsfunktion ist daher wegen der Verbreitung einer in einem Blog enthaltenen Äuße-rung eines Dritten eine Verletzung von Prüfungspflichten. Deren Bestehen wie deren Umfang richtet sich im Einzelfall nach einer Abwägung aller betroffenen Interessen und relevanten rechtlichen Wertungen. Überspannte Anforderungen dürfen im Hin-blick darauf, dass es sich um eine erlaubte Teilnahme am geschäftlichen Verkehr han-delt, nicht gestellt werden. Es kommt entscheidend darauf an, ob und inwieweit dem in Anspruch Genommenen nach den Umständen eine Prüfung zuzumuten ist.

Der Betreiber einer Suchmaschine ist grundsätzlich nicht verpflichtet, die durch eine Software generierten Suchergänzungsvorschläge generell vorab auf etwaige Rechts-verletzungen zu überprüfen. Dies würde den Betrieb einer Suchmaschine mit einer der schnellen Recherche der Nutzer dienenden Suchergänzungsfunktion, wenn nicht gar unmöglich machen, so doch unzumutbar erschweren. Eine entsprechende präventive Filterfunktion kann zwar für bestimmte Bereiche, wie etwa Kinderpornografie, erforder-lich und realisierbar sein, sie vermag jedoch nicht allen denkbaren Fällen einer Persön-lichkeitsrechtsverletzung vorzubeugen. Den Betreiber einer Internet-Suchmaschine trifft deshalb grundsätzlich erst dann eine Prüfungspflicht, wenn er Kenntnis von der Rechts-verletzung erlangt. Weist ein Betroffener den Betreiber einer Internet-Suchmaschine auf eine rechtswidrige Verletzung seines Persönlichkeitsrechts hin, ist der Betreiber der Suchmaschine verpflichtet, zukünftig derartige Verletzungen zu verhindern.

Haftung für Informationsdurchleitung

Diensteanbieter im Sinne der §§ 8 bis 10 TMG sind nach § 7 Abs. 2 TMG nicht ver-pflichtet, die von ihnen übermittelten oder gespeicherten Informationen zu überwachen oder nach Umständen zu forschen, die auf eine rechtswidrige Tätigkeit hinweisen. In den Tatbeständen der §§ 8 bis 10 TMG finden sich damit sogenannte „Haftungsprivile-gien", die sich daraus rechtfertigen, dass es sich regelmäßig um automatisierte Vorgänge handelt, bei denen der Diensteanbieter keine Kontrolle der Inhalte vornimmt bzw. unter normalen Umständen ohne Hinweise auf konkrete Rechtsverletzungen auch nicht vor-nehmen kann. Insbesondere kann von den Diensteanbietern grundsätzlich keine gene-relle Überwachung der Inhalte gefordert werden.

Gemäß § 8 Abs. 1 TMG ist ein Provider nicht verantwortlich und haftbar zu machen für solche Informationen, die er in einem Kommunikationsnetz übermittelt oder zu denen er den Zugang vermittelt. Angesprochen sind in dieser Gesetzesbestimmung Access-Provider oder die Anbieter von E-Mail-Diensten.

Access-Provider und Anbieter von E-Mail-Diensten haften gemäß § 8 Abs. 1 TMG grundsätzlich nicht für die Durchleitung von fremden Informationen, sofern sie die Über-mittlung nicht veranlasst haben, den Adressaten der übermittelten Informationen nicht ausgewählt haben und die übermittelten Informationen nicht ausgewählt oder verändert haben. Von der Haftung befreit ist also, wer fremde Informationen im Internet oder anderen Netzen lediglich vermittelt bzw. durchleitet oder den Zugang zum Internet ermöglicht.

Der Haftungsschutz ist gemäß § 8 Abs. 2 TMG auch gegeben, wenn Informationen nur automatisch kurzzeitig zwischengespeichert werden, soweit dies zur Übermittlung notwendig ist. Die Informationen dürfen also nicht länger gespeichert werden, als der technische Vorgang der Datenübermittlung dies erfordert.

Den Anbieter trifft keine Verantwortung für rechtswidrige Inhalte, die von Nutzern über die von ihm bereitgestellten Server übertragen oder zugänglich gemacht werden oder die von anderen Servern über ihn abgerufen werden. Kein Haftungsschutz für den Diensteanbieter besteht gemäß § 8 Abs. 1 S. 2 TMG allerdings dann, wenn dieser absichtlich mit einem Nutzer zusammenarbeitet, um rechtswidrige Handlungen zu begehen. Inwieweit der Access-Provider im konkreten Einzelfall Kenntnis von den rechtswidrigen Inhalten besitzt, ist – im Gegensatz zum Host-Provider – unerheblich.

Eine Pflicht zur Nachforschung und Überwachung der vermittelten Informationen ist nach § 7 Abs. 2 TMG, der auch für den Access-Provider oder den Anbieter von E-Mail-Diensten gilt, ausdrücklich ausgeschlossen.

Access-Provider können aber verpflichtet werden, illegale Webseiten zu sperren Webseiten, die – wie ehemals kino.to – illegale Kopien von urheberrechtlich geschütztem Material verbreiten, dürfen nach einem Urteil des Europäischen Gerichtshofs gesperrt werden.

Beispiel

Der Fall:[23]

Das deutsche Filmstudio Constantin Film und die Filmproduktionsgesellschaft Wega hatten geklagt, weil auf der Webseite illegale Kopien ihrer Filme verbreitet wurden und die Sperrung der Seite verlangt.

Constantin Film und Wega, zwei Filmproduktionsgesellschaften, stellten fest, dass auf einer Website bestimmte von ihnen produzierte Filme ohne ihre Zustimmung heruntergeladen oder per Streaming angesehen werden konnten. Sie riefen deshalb den für die Gewährung vorläufigen Rechtsschutzes zuständigen Richter an, um einen Beschluss zu erwirken, mit dem der Access-Provider verpflichtet werden sollte, den Zugang seiner Kunden zu der in Rede stehenden Website zu sperren, da ohne ihre Zustimmung Filmwerke, an denen sie ein dem Urheberrecht verwandtes Schutzrecht innehätten, der Öffentlichkeit zugänglich gemacht würden. In dem Rechtsstreit ging es vor allem um die Frage, ob Netzsperren zulässig sind.

Die Entscheidung:

Verstöße gegen das Urheberrecht oder verwandte Schutzrechte können nicht nur abgestellt werden, sondern auch vorbeugende Eingriffe müssen möglich sein. Dafür

---

[23]EuGH, Urt. v. 27.03.2014 – C–314/12.

müssen die Inhaber eines Urheberrechts tätig werden können, ohne nachweisen zu müssen, dass die Kunden eines Anbieters von Internetzugangsdiensten tatsächlich auf zugänglich gemachte Werke zugreifen. Dabei sei es nicht erforderlich, dass der Zugangsanbieter mit dem eigentlichen Urheberrechtsverletzer eine direkte vertragliche Beziehung eingehe. Wenn ein Zugangsanbieter Webseiten sperrt, müsse er dafür sorgen, dass dies „den Internetnutzern nicht unnötig die Möglichkeit vorenthält, in rechtmäßiger Weise Zugang zu den verfügbaren Informationen zu erlangen". Auch müsse er „bewirken, dass unerlaubte Zugriffe auf die Schutzgegenstände verhindert oder zumindest erschwert werden und dass die Internetnutzer [...] zuverlässig davon abgehalten werden, auf die ihnen unter Verletzung des Rechts des geistigen Eigentums zugänglich gemachten Schutzgegenstände zuzugreifen, was die nationalen Behörden und Gerichte zu prüfen haben".

Der Europäische Gerichtshof hat also im Ergebnis entschieden, dass Internetprovider zur Sperrung einzelner Websites verpflichtet werden können. Das Urteil erlaubt einerseits Sperrungen aus urheber- oder anderen -rechtlichen Gründen, fordert andererseits aber den Schutz der unternehmerischen Freiheiten sowie der Meinungs- und Pressefreiheit. Die Sperrmaßnahmen müssen jedoch ausgewogen sein.

Sperren beim Access-Provider sind damit der letzte Ausweg der Rechteinhaber. Vertreter der Internetprovider haben hiergegen schwerwiegende Einwände: Man möchte nicht zur Internet-Hilfspolizei werden und bringt vor allem technische Argumente gegen die Netzsperren vor, die „zumutbar, angemessen und präzise" sein müssten. Das aber sei hingegen nur schwer zu realisieren.

Die relativ leicht durchzuführenden DNS-Sperren, die normalerweise den Zugriff auf die angeforderten Seiten über den DNS-Server des Providers ins Leere laufen lassen, seien zwar leicht einzurichten, aber auch leicht zu umgehen. Bei einer Sperrung auf IP-Basis – die wirksam sei – bestünde die Gefahr des „Overblockings". Neben den inkriminierten Seiten könnten viele andere Seiten mitgeblockt werden, die zufälligerweise im gleichen IP-Bereich bzw. auf den gleichen Servern liegen. Dies sei weder angemessen noch so präzise, wie es das Urteil fordere. Technisch möglich und wirksam sei die sogenannte „Deep Packet Inspection": Hier müssten die Internet-Datenpakete im Datenstrom während ihrer Durchleitung „ausgepackt", nach ihren Inhalten untersucht und gegebenenfalls gesperrt werden. Es verstehe sich von selbst, dass dieses einen erheblichen und teuren technischen Aufwand bedeute, der für die Provider unzumutbar sei. Der Europäische Gerichtshof führe mit seiner Entscheidung eine „Zensur im europäischen Internet" ein. Die Verwertungsgesellschaften hätten die Meinungsfreiheit im Internet niedergerungen, was als Rückschritt und große Gefahr für die weitere Entwicklung des Internets gesehen wird. Mit diesem Urteil würden zum Beispiel die Deutsche Telekom und die Kabelbetreiber zu reinen Exekutoren jedweder Denunziation im Internet und so zu Sittenwächtern werden, was das Ende der Netzneutralität bedeuten würde.

Haftung für Caching

Gemäß § 9 TMG ist der Diensteanbieter nicht verantwortlich für eine automatische, zeitlich begrenzte Zwischenspeicherung, wenn diese lediglich dazu dient, die Übermittlung fremder Informationen an andere Nutzer auf deren Anfrage effizienter zu gestalten. Dies trifft auf sogenannte „Puffer-Speicher" („Cache") zu. Als Cache wird in der IT-Branche ein schneller Puffer-Speicher, der (erneute) Zugriffe auf ein langsames Hintergrundmedium oder aufwendige Neuberechnungen zu vermeiden hilft, bezeichnet. Inhalte und Daten, die bereits einmal beschafft oder berechnet wurden, verbleiben im Cache, sodass sie bei späterem Bedarf schneller zur Verfügung stehen. Auch können Daten, die wahrscheinlich bald benötigt werden, vorab vom Hintergrundmedium abgerufen und vorerst im Cache bereitgestellt werden.

Bezüglich fremder Nachrichten, also solcher, die von Nutzern des Usenet, nicht aber Kunden des konkreten Diensteanbieters stammen, ist dieser als sogenannter „Cache-Provider" zu qualifizieren.[24]

Hier werden insbesondere auch die Betreiber eines Netzwerkes von Newsgroups im Usenet sowie von Webforen und Diskussions- bzw. Internetforen eingeordnet.

Wenn Inhalte – wie im Usenet bei auf anderen Servern gehosteten Dateien der Fall – automatisch und nur für eine begrenzte Zeit auf den Servern des Betreibers zwischengespeichert werden, ist der Cache-Provider gemäß § 9 TMG grundsätzlich für den Inhalt der Daten nicht verantwortlich.

Dem Betreiber eines Usenet-Servers ist es nämlich aufgrund des in der Regel außerordentlich hohen Datenvolumens, der Textcodierung von binären Inhalten, und der Tatsache, dass der Provider keinen Einfluss auf das Einstellen und Verbreiten von Inhalten im Usenet hat, nicht zumutbar, sämtliches urheberrechtlich geschütztes Material von legalen Inhalten zu unterscheiden und den Zugang dazu zu unterbinden.[25]

Bei den von Nutzern an die Nachricht angefügten Dateien handelt es sich sehr oft um urheberrechtlich geschützte Inhalte, deren Bereitstellung gemäß § 19a UrhG ausschließlich dem jeweiligem Urheber zusteht. Die Rechtsprechung ist in der Beurteilung der Frage, ob der Cache-Provider als Betreiber eines Usenet-Servers wegen insoweit illegaler Inhalte in Anspruch genommen werden kann, uneinheitlich. Hinsichtlich einer Inanspruchnahme als Störer kann sich ein Diensteanbieter nach der Sichtweise des Bundesgerichtshofs zwar nicht auf die Haftungsprivilegierungen des TMG berufen.[26] Um jedoch in Anspruch genommen werden zu können, ist neben der Kausalität der Zugangsvermittlung und der Rechtsverletzung auch noch notwendig, dass der Cache-Provider eine ihm obliegende Prüfungspflicht verletzt, deren Einhaltung ihm sowohl möglich als auch zumutbar wäre. Um die Haftung nicht über Gebühr auszudehnen, setzt diese zusätzlich auch die Verletzung von Prüfungspflichten voraus, deren Umfang sich

---

[24]OLG Düsseldorf, Urt. v. 15.01.2008 – I -20 U 95/07.

[25]OLG Düsseldorf, a. a. O.

[26]BGH, Urt. v. 11.03.2004 – I ZR 304/01.

danach bestimmt, ob und wieweit dem in Anspruch genommenen Usenet-Provider nach den Umständen des Einzelfalls eine Prüfung zuzumuten ist.[27]

Im Hinblick auf das Ausmaß der aufzuerlegenden Kontroll- und Prüfungspflichten ist zu berücksichtigen, dass das System Urheberrechtsverletzungen leicht macht, wenn Dateien teilweise gepackt, verschlüsselt oder in verteilten Dateiarchiven und – bei Umbenennung der Datei – mehrfach abgelegt werden können. Weiterhin ist zu berücksichtigen, dass das Geschäftsmodell des Dienstes regelmäßig so angelegt ist, dass der Betreiber mittelbar von der Vielzahl illegaler Downloads profitiert, wenn er Bannerwerbung schaltet und Anreize für kostenpflichtige Accounts schafft, indem er deren Inhaber bei hohen Downloadzahlen ihrer Dateien belohnt. Ein Usenet-Provider kann nicht auf Unterlassung in Anspruch genommen werden, soweit er lediglich Abfragen seiner Kunden in das Usenet weiterleitet. Zwar basiert das Geschäftsmodell in gewissem Maße auch darauf, dass über seinen Dienst rechtswidrige Handlungen vorgenommen werden. Die Grenze des Zumutbaren wäre jedoch dann überschritten, wenn dem Usenet-Provider deshalb eine vollständige Überprüfung sämtlichen Datenverkehrs auferlegt werden würde.[28] Ein Cache-Provider haftet mithin generell nicht für fremde Rechtsverletzungen, weil eine solche Haftung auf eine unzumutbare allgemeine Überwachungspflicht hinaus liefe.[29] Sofern die vom Nutzer abgerufenen Daten auf Servern Dritter vorgehalten und nur zur Beschleunigung der Übermittlung für eine begrenzte Zeit auf eigenen Servern gespeichert werden und der Diensteanbieter deshalb nur eingeschränkt Maßnahmen zur Verhinderung der Abrufbarkeit rechtswidriger Inhalte ergreifen kann, dürfen an den Cache-Provider keine unzumutbaren Anforderungen hinsichtlich des Umfangs seiner Prüfungspflicht gestellt werden.[30]

Aufgrund der besonderen Konstellation des Usenet ist dem Usenet-Provider daher eine ständige Überprüfung von Postings (Einträgen) auf Rechtsverletzungen – auch nach Kenntnis konkreter Fälle – nicht zuzumuten. Der Betreiber eines Usenet-Newsservers kann fremde rechtsverletzende Inhalte kaum aus dem Usenet löschen, da die Daten dort aufgrund des „Mirrorings"[31] redundant gespeichert werden. Der Usenet-Betreiber kann lediglich die auf seinem Server hinterlegten „Header"-Informationen (vergleichbar mit einem Link) löschen, die allerdings durch eine erneute Useranfrage wieder auf den Server übertragen werden, solange die betreffende Nachricht bzw. deren Inhalt („Body") noch im Usenet abrufbar ist. Bei Cache-Providern nach § 9 TMG bestehen insoweit wesentlich geringere Möglichkeiten, eine Störung abzustellen, als bei Host-Providern im Sinne von § 10 TMG, dazu gleich.

---

[27]LG Düsseldorf, Urt. v. 01.09.2010 – 12 O 319/08.

[28]OLG Hamburg, Urt. v. 14.01.2009 – 5 U 113/07.

[29]OLG Hamburg, a. a. O.

[30]OLG Hamburg, a. a. O.

[31]Bezeichnung für das Spiegeln bei RAID-Löschungen. Dabei wird automatisch der Inhalt einer Festplatte auch noch auf eine weitere Platte geschrieben, sodass immer eine aktuelle Sicherheitskopie zur Verfügung steht.

Die Cache- bzw. Usenet-Provider dürfen aber, wenn sie von dem genannten Haftungsprivileg profitieren wollen, die Informationen nicht verändern. Sie müssen ferner auch die Bedingungen für den Zugang zu den Informationen und die Regeln für deren Aktualisierung nach den anerkannten Industriestandards beachten. Weiterhin dürfen sie anerkannte Technologien zur Datensammlung nicht beeinträchtigen und müssen Informationen, die an ihrem Ursprung gelöscht oder gesperrt wurden, unverzüglich auch aus den eigenen Speichern entfernen, sobald sie von der ursprünglichen Entfernung bzw. Sperrung Kenntnis erhalten.

Kein Haftungsschutz für den Diensteanbieter besteht – wie bei § 8 Abs. 1 S. 2 TMG – allerdings dann, wenn der Provider absichtlich mit einem Nutzer zusammenarbeitet, um rechtswidrige Handlungen zu begehen.

Für die §§ 8, 9 TMG gilt gleichermaßen – obwohl im Gesetz nicht ausdrücklich erwähnt – dass es dem Diensteanbieter technisch möglich und zumutbar sein muss, rechtswidrige fremde Inhalte in seinem Angebot zu unterbinden. Dabei kommt es auf objektive Kriterien an. In der Regel wird man davon ausgehen müssen, dass dem Diensteanbieter dieser Aufwand zuzumuten ist.

Haftung für Hosting
Hosting (auch: Webhosting) bedeutet die Speicherung von Informationen im Auftrag eines Nutzers, der diese Informationen selbst eingegeben hat. Hier treten verschiedene Gestaltungsformen auf, die von der Bereitstellung von Webspeicher oder Webdatenbanken über E-Mail-Hostings und Newsgroups bis hin zur Bereitstellung vollständiger Online-Shopping-Systeme reichen.

Ein Host-Provider ist gemäß § 10 TMG grundsätzlich nicht für fremde Inhalte bzw. Rechtsverletzungen verantwortlich. Den Host-Provider trifft auch keine Überwachungspflicht bezüglich fremder Inhalte.

Die Entfernungs- und Sperrungspflicht setzt erst dann ein, wenn der Anbieter Kenntnis von den rechtswidrigen Inhalten erhält. Der Diensteanbieter ist haftbar, wenn er positive Kenntnis hat, d. h. wenn nachweisbar ist, dass er von der Rechtswidrigkeit der Inhalte wusste. Besteht also der Verdacht, dass die gehostete fremde Seite einen rechtswidrigen Inhalt hat, muss entweder sofort der Zugang zu der Seite gesperrt werden, oder die jeweiligen Informationen müssen unverzüglich entfernt werden. Auch wenn nachgewiesen werden kann, dass der Host-Provider starke Verdachtsmomente hegte, jedoch keine Klärungsbemühungen unternommen hat, kann eine Haftung in Betracht kommen.

Bei der Haftungsbeschränkung für das Hosting unterscheidet § 10 TMG zwischen straf- und zivilrechtlichen Zusammenhängen:

Strafrechtlich ist der Diensteanbieter von der Haftung befreit, wenn er keine positive Kenntnis von der Rechtswidrigkeit der Informationen hat. Hat er dagegen mit Vorsatz gehandelt, macht er sich strafbar.

Bei zivilrechtlichen Schadensersatzansprüchen ist er nur dann von der Haftung befreit, wenn ihm auch keine Umstände bekannt sind, aus denen die Rechtswidrigkeit offensichtlich wird. Das bedeutet: Der Provider haftet zivilrechtlich auch, wenn er nur grob fahrlässig keine Kenntnis hatte. Die Norm verlangt außerdem, dass der

Diensteanbieter die rechtswidrige Information unverzüglich entfernt oder sperrt, sobald er von ihr Kenntnis erlangt hat.

In diesem Zusammenhang ist zunächst auf die sogenannte Störerhaftung und den daraus entstehenden Unterlassungsanspruch einzugehen: Die Störerhaftung ist durch allgemeine Vorschriften im Bereich des Sachenrechts (§ 1004 BGB) sowie des Verwaltungsrechts geregelt. Besondere Bedeutung kommt der Störerhaftung im Internetrecht zu.

Nach den Regeln der Störerhaftung kann derjenige, der – ohne Täter oder Teilnehmer zu sein – in irgendeiner Weise willentlich und adäquat kausal zur Verletzung eines geschützten Gutes beiträgt, als Störer im Hinblick auf eine Schutzrechtsverletzung auf Unterlassung in Anspruch genommen werden. Als Störer im Sinne von § 1004 BGB ist – ohne Rücksicht darauf, ob ihn ein Verschulden trifft – jeder anzusehen, der eine Störung herbeigeführt hat oder dessen Verhalten eine Beeinträchtigung befürchten lässt. Störer ist jemand, der auf beliebige Weise mit der Verbreitung rechtlich zu beanstandender Inhalte zu tun hat.

Sind bei einer Beeinträchtigung mehrere Personen beteiligt, so kommt es für die Frage, ob ein Unterlassungsanspruch gegeben ist, grundsätzlich nicht auf Art und Umfang des Tatbeitrags oder auf das Interesse des einzelnen Beteiligten an der Verwirklichung der Störung an. Im Allgemeinen ist ohne Belang, ob er sonst nach der Art seines Tatbeitrags als Täter oder Gehilfe anzusehen wäre. Als (Mit-)Störer kann auch jeder haften, der in irgendeiner Weise willentlich und adäquat kausal an der Herbeiführung der rechtswidrigen Beeinträchtigung mitgewirkt hat, sofern der in Anspruch Genommene die rechtliche Möglichkeit zur Verhinderung dieser Handlung hatte. Einem Unterlassungsbegehren steht nicht entgegen, dass dem in Anspruch Genommenen die Kenntnis der die Tatbestandsmäßigkeit und die Rechtswidrigkeit begründenden Umstände fehlt. Ebenso ist ein Verschulden nicht erforderlich.

Bei der Störerhaftung handelt es sich um die Verantwortlichkeit eines Störers entweder als

- Handlungsstörer,
- Zustandsstörer,
- oder Mitstörer.

Dazu hier ein besonders wichtiger Fall zur Störerhaftung bei Betreibern von öffentlichen Funknetzen (WLAN) und deren Haftung für Rechtsverstöße Dritter gegen das Urheberecht.

Beispiel

Der Fall:[32]

Das Plattenlabel 3p hatte gegen einen Internetnutzer auf Unterlassung, Schadensersatz und Erstattung von Abmahnkosten geklagt, da über seinen Anschluss der Titel „Sommer unseres Lebens" von Sebastian Hämer in einer Tauschbörse zum Download angeboten wurde. Der Beklagte war allerdings in der fraglichen Zeit im Urlaub.

---

[32]BGH, Urt. v. 12.05.2010 – I ZR 121/08 – Sommer unseres Lebens.

Der BGH stellte fest, auch privaten Anschlussinhabern obliege eine Pflicht, zu prüfen, ob ihr WLAN durch angemessene Sicherungsmaßnahmen vor der Gefahr geschützt ist, von unberechtigten Dritten zur Begehung von Urheberrechtsverletzungen missbraucht zu werden.

Dem privaten Betreiber eines WLAN-Netzes könne aber nicht zugemutet werden, die Netzwerksicherheit fortlaufend dem neuesten Stand der Technik anzupassen und dafür entsprechende finanzielle Mittel aufzuwenden. Die Prüfpflicht von Privatpersonen beziehe sich daher auf die Einhaltung der zum Zeitpunkt der Installation des Routers für den privaten Bereich marktüblichen Sicherungen.

Diese Pflicht hat der Beklagte nach Auffassung des BGH verletzt. Er hatte es bei den werkseitigen Standardsicherheitseinstellungen des WLAN-Routers belassen und das Passwort nicht durch ein persönliches, ausreichend langes und sicheres Passwort ersetzt. Ein solcher Passwortschutz sei auch für private WLAN-Nutzer bereits im Jahre 2006 üblich und zumutbar gewesen. Eine solche Sicherung liege im vitalen Eigeninteresse aller berechtigten Nutzer und sei mit keinen Mehrkosten verbunden.

Störer könne auch sein, wer die Möglichkeit einer Rechtsverletzung, zu der er einen kausalen Beitrag geleistet habe, nicht erkannt hat, sie aber hätte erkennen und mit zumutbaren Mitteln verhindern können. Daher greife in diesem Fall die Störerhaftung auf Unterlassung und auf Erstattung der Abmahnkosten ein.

Zum Schadensersatz war der Beklagte nach Ansicht des BGH hingegen nicht verpflichtet. Eine Haftung als Täter einer Urheberrechtsverletzung hat der Bundesgerichtshof deswegen verneint, weil nicht der Beklagte den fraglichen Musiktitel im Internet zugänglich gemacht habe. Eine Haftung als Gehilfe bei der fremden Urheberrechtsverletzung hätte Vorsatz vorausgesetzt, an dem es im Streitfall fehlte.

Für WLAN-Betreiber bedeutet das Urteil, dass sie ihr WLAN nach aktuellem Stand der Technik absichern sollten, also mit WPA2.

Welche Folgen das Urteil für Hotspot-Betreiber etwa in Hotels, Cafés und Restaurants hat, ist schwer zu sagen. Nach dem Urteil droht das Modell jedenfalls kompliziert zu werden: Zur Nutzung müsste der Gast nicht nur das Sicherheitskennwort vom Betreiber erhalten, sondern womöglich auch seine Identität preisgeben – eine Versicherung des Betreibers gegen eine mögliche illegale Nutzung des WLAN-Netzes.

Ein werkseitig individuell vergebener 16-stelliger Zugangscode einer WPA2-Verschlüsselung ist nach Auffassung des BGH regelmäßig als sicher anzusehen, wodurch den Sicherungspflichten des Anschlussinhabers Genüge getan, keine Prüfungspflichten verletzt und eine Störerhaftung zu verneinen ist.[33] Eine rein vorsorgliche Änderung dieses individuell seitens des Herstellers vergebenen Zugangscodes durch den Anschlussinhaber ist grundsätzlich bei der Einrichtung des Internetanschlusses mit WLAN-Funktion nicht nötig, sondern nur in den Fällen, in denen dem Anschlussinhaber konkrete Anhaltspunkte für eine Sicherheitslücke bekannt wurden. Der Inhaber eines Internetanschlusses

---

[33]BGH, Urt. v. 24.11.2016 – I ZR 220/15 – WLAN-Schlüssel.

mit WLAN-Funktion ist zur Prüfung verpflichtet, ob der eingesetzte Router über die im Zeitpunkt seines Kaufs für den privaten Bereich marktüblichen Sicherungen, also einen aktuellen Verschlüsselungsstandard sowie ein individuelles, ausreichend langes und sicheres Passwort, verfügt. Die Beibehaltung eines vom Hersteller voreingestellten WLAN-Passworts kann jedoch dann eine Verletzung der Prüfungspflicht darstellen, wenn es sich nicht um ein für jedes Gerät individuell, sondern für eine Mehrzahl von Geräten verwendetes Passwort handelt.

Aktuelle Gesetzeslage

Mit dem Zweiten Gesetz zur Änderung des Telemediengesetzes[34] (TMG) wurde die Haftung der WLAN-Betreiber für Rechtsverletzungen ihrer Nutzer im TMG präzisiert. Mit einem Zusatz in § 8 Ab. 3 TMG hat der Gesetzgeber die Störerhaftung für WLAN-Anbieter und damit deren Haftungsrisiko abgeschafft. Zu diesem Zweck wurde zum einen definiert, dass solche Betreiber Zugangsanbieter im Sinne des § 8 Abs. 1 TMG sind. Zum anderen wurde klargestellt, dass für WLAN-Betreiber eine Haftung als Störer nicht in Betracht kommt, wenn sie die in § 8 Abs. 1 TMG genannten Sorgfaltspflichten erfüllt haben. Damit sind sie für Rechtsverletzungen anderer weder schadensersatzpflichtig noch machen sie sich strafbar.

Begründung: Bisher sei das Angebot von WLAN in Deutschland weniger ausgeprägt als in anderen Ländern. Grund hierfür sei das Haftungsrisiko, dem Betriebe, Cafés, Restaurants, Hotels, Einzelhändler, aber auch öffentliche Einrichtungen ausgesetzt seien. Denn die Kunden könnten über den Hotspot zum Beispiel Rechtsverletzungen (Verstöße gegen Urheberrecht durch zum Beispiel illegale Downloads) begehen. WLAN-Betreiber würden Gefahr laufen, insbesondere mit Abmahnungen von Urheberrechteinhabern konfrontiert zu werden. Die Rechteinhaber würden sich besonders auf die Rechtsprechung des BGH[35] stützen, aufgrund dessen der Endnutzer für Rechtsverletzungen Dritter als Störer verantwortlich ist, wenn er seinen WLAN-Zugang nicht gegen Nutzung durch Dritte sichert. Dieses Urteil habe zu einer starken Verunsicherung und in vielen Fällen zum Verzicht auf WLAN-Angebote geführt. Mit der Gesetzesänderung wurde klargestellt, dass Betreiber von öffentlichen Funknetzen (WLAN) ebenso von der Haftung für Rechtsverstöße freigestellt sind wie Festnetzanbieter.

Das bedeutet, dass jemand, der sein WLAN für Andere zur Nutzung freigibt, den gleichen Haftungsprivilegien unterliegt wie zum Beispiel die Deutsche Telekom. Zudem gilt die Regelung für alle gleichermaßen, es gibt also keine Unterscheidung zwischen großen oder kleinen, gewerblichen oder privaten Anbietern. Die Beschränkung der Haftung umfasst horizontal jede Form der Haftung für rechtswidriges Verhalten jeder Art. Das gilt für die straf-, verwaltungs- und zivilrechtliche Haftung sowie für die unmittelbare und mittelbare Haftung für Handlungen Dritter. Die Haftungsprivilegierung des Diensteanbieters nach § 8 Abs. 1 und 2 TMG umfasst zum Beispiel uneingeschränkt auch die

---

[34]BGBl. I Nr. 36 v. 26.07.2016.
[35]BGH, Urt. v. 12.05.2010 – I ZR 121/08 – Sommer unseres Lebens.

verschuldensunabhängige Haftung im Zivilrecht nach der Störerhaftung und steht daher nicht nur einer Verurteilung des Vermittlers zur Zahlung von Schadensersatz, sondern auch seiner Verurteilung zur Tragung der Abmahnkosten und der gerichtlichen Kosten im Zusammenhang mit der von einem Dritten begangenen Rechtsverletzung entgegen.

Der Europäische Gerichtshof (EuGH) hat entschieden, dass Anbieter eines kostenlosen WLAN-Netzes nicht für die Verletzung von Urheberrechten durch Nutzer durch deren illegale Downloads haften.[36] Allerdings kann vom Hotspot-Betreiber verlangt werden, dass er den Anschluss bei Missbrauch durch ein Passwort sichert, wenn Verstöße festgestellt werden. Für einen „Abschreckungseffekt" müssten Nutzer zudem ihre Identität offenbaren, um das Passwort zu bekommen.

Rechtsinhaber können bei einer Behörde oder einem Gericht eine Anordnung beantragen, mit der vom Anbieter verlangt wird, den Missbrauch zu stoppen. Anlass für das Urteil war der Rechtsstreit des bayerischen Piraten-Politikers und Netzaktivisten Tobias McFadden. Der Betreiber eines Geschäfts für Licht- und Tontechnik aus München bot einen ungesicherten WLAN-Hotspot an. Der Musikkonzern Sony mahnte McFadden ab, weil über dessen Hotspot ein Album der Gruppe „Wir sind Helden" heruntergeladen worden sein soll.

Es darf europaweit keinen Anspruch auf Schadensersatz gegen WLAN-Betreiber wegen angeblicher Urheberrechtsverstöße mehr geben, was meist den Hauptteil der betreffenden Forderung ausmacht. Auch die Anwaltskosten für Abmahnungen müssen nicht mehr die WLAN-Betreiber tragen. Die Haftung auf Unterlassung wurde jedoch nicht generell ausgeschlossen.

In den Bereich der Störerhaftung wird auch die Haftung eines Hostproviders für Hyperlinks (kurz: Links) eingeordnet, die gesetzlich nicht geregelt ist.

„Links" sind Verweise auf andere Angebote im Internet, die der Nutzer durch Anklicken erreichen kann. Dabei ist zu unterscheiden zwischen verschiedenen Formen einer Verlinkung:

- Surface-Links verweisen auf die Startseite eines Web-Angebots. Für den Nutzer ist also unproblematisch zu erkennen, dass er sich auf einer neuen Seite befindet.
- Deep-Links verweisen auf eine spezielle, tiefer gelegene Datei innerhalb eines Web-Angebots. Der Nutzer sollte hier ebenfalls unproblematisch erkennen können, dass es sich um eine neue Seite handelt.
- Inline-Links integrieren eigene oder externe Inhalte direkt in die eigene Website. Hier kommt es nicht zu einem Adressenwechsel, die Herkunft der externen Daten ist für den Benutzer also nicht offensichtlich. Damit besteht die Gefahr, dass der Nutzer externe Inhalte als Aussage des Anbieters identifiziert.
- Das Framing ermöglicht, größere Teile eines externen Angebots in bestimmte Bereiche einer eigenen Website zu integrieren. Für den Benutzer ist die Herkunft der Informationen wiederum nicht unmittelbar ersichtlich.

---

[36]EuGH, Urt. v. 15.09.2016 – C-484/14.

Die Gerichte haben sich in der Vergangenheit häufig mit Haftungsfragen zu Hyperlinks beschäftigt.

Beispiel

Haftung von eBay bei „Namensklau" im Internet

Der Bundesgerichtshof hatte zu entscheiden, unter welchen Voraussetzungen ein Internet-Aktionshaus auf Unterlassung in Anspruch genommen werden kann, wenn auf seiner Plattform Namensrechte verletzt werden.

Der Fall:[37]

Die Beklagte betreibt die Internet-Auktionsplattform eBay. Der Kläger, der selbst bei eBay registriert war, dort aber keinen Handel trieb, wurde im November 2003 von unzufriedenen Käufern angerufen, die der Meinung waren, sie hätten bei ihm in einer eBay Auktion einen Pullover erworben. Wie sich herausstellte, hatte sich der Anbieter der Pullover – es handelte sich offenbar um ein Plagiat eines Markenpullovers – unter dem Decknamen universum3333 bei eBay mit dem bürgerlichen Namen des Klägers registrieren lassen; auch der Wohnort und das Geburtsdatum des Klägers waren angegeben. Nachdem der Kläger dies eBay mitgeteilt und eBay diesen Anbieter sofort gesperrt hatte, kam es in der Folge zu weiteren Anmeldungen, die sich unter Verwendung anderer Decknamen wiederum mit Name, Adresse, Anschrift, Geburtsdatum und E-Mail-Adresse des Klägers registrieren ließen. Einzelne Käufer sandten dem Kläger als dem vermeintlichen Verkäufer die erworbenen Pullover zurück. Der Kläger hat daraufhin eBay wegen der Verletzung seines Namensrechts als Störerin auf Unterlassung in Anspruch genommen.

Der Bundesgerichtshof hat erkannt, dass eBay aufgrund der erfolgten Hinweise eine Pflicht treffe, derartige Verletzungen des Namensrechts des Klägers im Rahmen des Zumutbaren zu verhindern. Eine solche Verpflichtung bestehe schon aufgrund der ersten Meldung im November 2003. Allerdings dürfe dem Betreiber einer Internet-Plattform (Host-Provider) nach dem Gesetz keine allgemeine Überwachungspflicht auferlegt werden, die gespeicherten und ins Internet gestellten Informationen auf Rechtsverletzungen hin zu überprüfen. Ist der Host- Provider aber einmal auf einen klaren Rechtsverstoß hingewiesen worden, müsse er diesen Anbieter nicht nur sperren, sondern im Rahmen des Zumutbaren auch entsprechende Verstöße in der Zukunft verhindern.

Die Haftungserleichterung greife gemäß § 10 S. 2 TMG im Übrigen nicht, wenn der Nutzer dem Diensteanbieter untersteht oder von ihm beaufsichtigt wird. Das ist bspw. der Fall, wenn ein Diensteanbieter Inhalte vertragsgemäß von einem anderen Unternehmen erstellen lasse.

---

[37]BGH, Urt. v. 10.04.2008 – I ZR 227/05 – Namensklau im Internet.

Beispiel

Software „AnyDVD"

Der Bundesgerichtshof hat im Fall der Software „AnyDVD" entschieden:[38] „Sind in einem im Internet veröffentlichten, seinem übrigen Inhalt nach dem Schutz der Presse- und Meinungsfreiheit unterfallenden Beitrag elektronische Verweise (Links) auf fremde Internetseiten in der Weise eingebettet, dass sie einzelne Angaben des Beitrags belegen oder diese durch zusätzliche Informationen ergänzen sollen, so werden auch diese Verweise von der Presse- und Meinungsfreiheit umfasst".

Der Schutz der Meinungs- und Pressefreiheit umfasse auch Informationen, die Dritte beleidigen, aus der Fassung bringen oder sonst stören können. Grundsätzlich dürfe daher auch über Äußerungen, durch die in rechtswidriger Weise Persönlichkeitsrechte Dritter beeinträchtigt worden sind, trotz der in der Weiterverbreitung liegenden Perpetuierung oder sogar Vertiefung des Ersteingriffs berichtet werden, wenn ein überwiegendes Informationsinteresse besteht und der Verbreiter sich die berichtete Äußerung nicht zu eigen macht. Ein solches überwiegendes Informationsinteresse könne auch gegeben sein, wenn die Berichterstattung eine unzweifelhaft rechtswidrige Äußerung zum Gegenstand hat, also gegebenenfalls selbst dann, wenn dem Verbreiter die Rechtswidrigkeit des Vorgangs bekannt ist, über den er berichtet. Gerade die Schwere des infrage stehenden Verstoßes könne ein besonderes Informationsinteresse begründen.

Eine isolierte, allein auf die technische Funktion des Links abstellende Beurteilung lasse ferner außer Acht, dass in den Beiträgen des Beklagten deutlich auf die Rechtswidrigkeit des Angebots von SlySoft hingewiesen worden ist.

Gegen dieses Urteil wurde beim Bundesverfassungsgericht Verfassungsbeschwerde eingelegt. Das BVerfG hat die Entscheidung des BGH daraufhin inhaltlich mit folgendem Leitsatz bestätigt:[39]

„Die Verlinkung auf die Software „AnyDVD" in einem Artikel von Heise online begründet keinen Unterlassungsanspruch. Die Meinungs- und Pressefreiheit überwiegt wegen des informationsverschaffenden Charakters der Linksetzung".

Das Setzen eines Links in einem Online-Artikel sei wegen seiner Einbettung in eine pressetypische Stellungnahme neben der Pressefreiheit auch der Meinungsfreiheit zu unterstellen. Es sei Teil des meinungsbildenden Diskussionsprozesses, sich und andere auch über Stellungnahmen Dritter zu informieren. Die Pressefreiheit schütze auch die bloß technische Verbreitung von Äußerungen Dritter selbst, soweit damit keine eigene Meinungsäußerung des Verbreiters verbunden sei.

Die Meinungs- und Pressefreiheit des Beklagten überwiege insbesondere deswegen, weil die Linksetzung nicht auf eine technische Dienstleistung zu reduzieren und dadurch isoliert zu betrachten sei, sondern wegen ihres informationsverschaffenden Charakters am grundrechtlichen Schutz teilhabe.

---

[38] BGH, Urt. v. 14.10.2010 – I ZR 191/08 – Any-DVD.
[39] BVerfG, Beschl. v. 15.12.2011 – 1 BvR 1248/11.

Grundsätzlich dürfe auch über Äußerungen, die in rechtswidriger Weise Persönlichkeitsrechte Dritter beeinträchtigten, berichtet werden, wenn ein überwiegendes Informationsinteresse bestehe. Ein solches könne auch gegeben sein, wenn die Berichterstattung unzweifelhaft rechtswidrige Äußerungen zum Gegenstand habe. Gerade die Schwere des infrage stehenden Verstoßes könne ein besonderes Informationsinteresse begründen.

Demgegenüber sei nicht ersichtlich, dass der Eingriff in die urheberrechtlichen Befugnisse der Klägerinnen durch die Setzung des Links vertieft worden sei. Denn für den durchschnittlichen Internetnutzer sei es bereits aufgrund der Angabe des Namens des Herstellerunternehmens mit Hilfe von Suchmaschinen ohne weiteres möglich gewesen, dessen Internetauftritt aufzufinden.

Beispiel

Ein Anbieter haftet für einen von ihm gesetzten Link, wenn der rechtswidrige Inhalt auf der verlinkten Seite deutlich erkennbar ist oder er auf die Rechtswidrigkeit hingewiesen wurde.

Der Fall:[40]

Beklagter war ein Facharzt für Orthopädie, der auf seiner Internetseite unter der Überschrift „Implantat-Akupunktur" für eine Behandlung warb, bei der dem Patienten im Bereich der Ohrmuschel winzige Nadeln subkutan implantiert werden.

Am Ende des Textes befand sich für „weitere Informationen auch über die Studienlage finden Sie unter ..." ein elektronischer Verweis (Link) zur Startseite der Internetpräsenz eines Forschungsverbandes zur Implantat-Akupunktur. Auf den über diese Startseite erreichbaren Unterseiten waren Aussagen zum Anwendungsgebiet und zur Wirkung der Implantat-Akupunktur abrufbar.

Die Entscheidung:

Wer sich fremde Informationen zu Eigen macht, auf die er mit Hilfe eines Hyperlinks verweist, haftet dafür wie für eigene Informationen. Darüber hinaus kann, wer seinen Internetauftritt durch einen elektronischen Verweis mit wettbewerbswidrigen Inhalten auf den Internetseiten eines Dritten verknüpft, im Fall der Verletzung absoluter Rechte als Störer und im Fall der Verletzung sonstiger wettbewerbsrechtlich geschützter Interessen aufgrund der Verletzung einer wettbewerbsrechtlichen Verkehrspflicht in Anspruch genommen werden, wenn er zumutbare Prüfungspflichten verletzt hat.

Ist ein rechtsverletzender Inhalt der verlinkten Internetseite nicht deutlich erkennbar, haftet derjenige, der den Link setzt, für solche Inhalte grundsätzlich erst, wenn er von der Rechtswidrigkeit der Inhalte selbst oder durch Dritte Kenntnis erlangt, sofern er sich den Inhalt nicht zu eigen gemacht hat.

---

[40]BGH, Urt. v. 18.06.2015 - I ZR 74/14.

Der Unternehmer, der den Hyperlink setzt, ist bei einem Hinweis auf Rechtsverletzungen auf der verlinkten Internetseite zur Prüfung verpflichtet, ohne dass es darauf ankommt, ob es sich um eine klare Rechtsverletzung handelt. Eine Rechtspflicht zur Prüfung und zur Abwendung einer Rechtsverletzung kann sich aus dem Gesichtspunkt eines gefahrerhöhenden Verhaltens ergeben, insbesondere aus der Verletzung von Verkehrspflichten. Ein solches gefahrerhöhendes Verhalten kann sich aus dem Setzen eines Hyperlinks auf die Internetseite eines Dritten ergeben, wodurch die Gefahr der Verbreitung etwaiger rechtswidriger Inhalte, die sich auf den Internetseiten Dritter befinden, erhöht wird. Aus dieser Gefahrerhöhung folgt die Verpflichtung desjenigen, der den Link setzt, diese Gefahr im Rahmen des Möglichen und Zumutbaren zu begrenzen.

Beispiel

Der EuGH hat entschieden, dass das Setzen eines Hyperlinks auf eine Website zu urheberrechtlich geschützten Werken, die ohne Erlaubnis des Urhebers auf einer anderen Website veröffentlicht wurden, keine „öffentliche Wiedergabe" darstellt, wenn dies ohne Gewinnerzielungsabsicht und ohne Kenntnis der Rechtswidrigkeit der Veröffentlichung der Werke geschieht.[41] Werden diese Hyperlinks dagegen mit Gewinnerzielungsabsicht bereitgestellt, sei die Kenntnis der Rechtswidrigkeit der Veröffentlichung auf der anderen Website zu vermuten. Dann sei mit dem Setzen der Links eine „öffentliche Wiedergabe" vorgenommen und daher eine Urheberrechtsverletzung begangen worden. Die bisherige Rechtsprechung habe nur das Setzen von Hyperlinks zu Werken, die auf einer anderen Website mit Erlaubnis des Inhabers frei zugänglich waren, betroffen. Aus dieser Rechtsprechung könne daher nicht abgeleitet werden, dass das Setzen solcher Hyperlinks grundsätzlich nicht unter den Begriff „öffentliche Wiedergabe" falle, selbst wenn die fraglichen Werke auf einer anderen Website ohne Erlaubnis des Inhabers veröffentlicht wurden. Hinsichtlich des letzteren Falls sei zu beachten, dass das Internet für die Freiheit der Meinungsäußerung und die Informationsfreiheit von besonderer Bedeutung sei und dass Hyperlinks zu seinem guten Funktionieren und dem Meinungs- und Informationsaustausch beitragen. Überdies könne es sich insbesondere für Einzelpersonen, die solche Links setzen wollen, tatsächlich als schwierig erweisen, zu überprüfen, ob es sich um geschützte Werke handele, und gegebenenfalls, ob die Inhaber der Urheberrechte an diesen Werken deren Veröffentlichung im Internet erlaubt hätten.

Zum Zweck der individuellen Beurteilung, ob eine „öffentliche Wiedergabe" vorliege, müsse daher, wenn das Setzen eines Hyperlinks zu einem auf einer anderen Website frei zugänglichen Werk von jemandem vorgenommen werde, der dabei keine Gewinnerzielungsabsicht verfolge, berücksichtigt werden, dass der Betreffende nicht wisse und vernünftigerweise nicht wissen könne, dass dieses Werk im Internet ohne

---

[41]EuGH, Urt. v. 08.09.2016 – C-160/15.

Erlaubnis des Urheberrechtsinhabers veröffentlicht wurde. Der Betreffende handele nämlich im Allgemeinen nicht in voller Kenntnis der Folgen seines Tuns, um Kunden Zugang zu einem rechtswidrig im Internet veröffentlichten Werk zu verschaffen. Sei dagegen erwiesen, dass der Betreffende wusste oder hätte wissen müssen, dass der von ihm gesetzte Hyperlink Zugang zu einem unbefugt im Internet veröffentlichten Werk verschaffe – weil er beispielsweise von dem Urheberrechtsinhaber darauf hingewiesen wurde –, so stelle die Bereitstellung dieses Links eine „öffentliche Wiedergabe" dar. Ebenso verhalte es sich, wenn es der Link den Nutzern ermögliche, beschränkende Maßnahmen zu umgehen, die auf der das geschützte Werk enthaltenden Website getroffen wurden, um den Zugang der Öffentlichkeit allein auf ihre Abonnenten zu beschränken.

Des Weiteren könne, wenn Hyperlinks mit Gewinnerzielungsabsicht gesetzt werden, von demjenigen, der sie gesetzt habe, erwartet werden, dass er die erforderlichen Nachprüfungen vornehme, um sich zu vergewissern, dass das betroffene Werk nicht unbefugt veröffentlicht wurde. Deshalb sei zu vermuten, dass ein Setzen von Hyperlinks, das mit Gewinnerzielungsabsicht erfolge, in voller Kenntnis der Geschütztheit des Werks und der etwaig fehlenden Erlaubnis des Urheberrechtsinhabers zu seiner Veröffentlichung im Internet vorgenommen wurde. Unter solchen Umständen stelle daher, sofern diese Vermutung nicht entkräftet werde, die Handlung, die im Setzen eines Hyperlinks zu einem unbefugt im Internet veröffentlichten Werk bestehe, eine „öffentliche Wiedergabe" dar.

Beispiel

Das Landgericht Hamburg hat geurteilt, dass Website-Betreiber zu Recht abgemahnt werden können, wenn sie auf Internetseiten mit unerlaubt genutzten Bildern verlinken.[42] Das Gericht verbot einem Online-Anbieter von Lehrmaterial unter Androhung eines Ordnungsgeldes, weiter auf eine Seite mit einem unrechtmäßig verwendeten Bild zu verlinken.

Der Bundesgerichtshof hat ferner zur Verantwortlichkeit eines Hostproviders als Störer für einen das Persönlichkeitsrecht verletzenden Blog-Eintrag entschieden.

Beispiel

Der Kläger nahm die Beklagte wegen der Verbreitung einer ehrenrührigen Tatsachenbehauptung im Internet auf Unterlassung in Anspruch.

Die Beklagte mit Sitz in Kalifornien stellt die technische Infrastruktur und den Speicherplatz für eine Website und für die unter einer Webadresse eingerichteten Weblogs (Blogs) zur Verfügung. Hinsichtlich der Blogs, journal- oder tagebuchartig angelegten Webseiten, fungiert die Beklagte als Hostprovider. Ein von einem Dritten eingerichteter Blog enthält unter anderem eine Tatsachenbehauptung, die der Kläger als unwahr und ehrenrührig beanstandet hat.

---

[42]LG Hamburg, Beschl. v. 16.11.2016 – 310 O 402/16.

Der Bundesgerichtshof hat die Voraussetzungen konkretisiert, unter denen ein Hostprovider als Störer für von ihm nicht verfasste oder gebilligte Äußerungen eines Dritten in einem Blog auf Unterlassung in Anspruch genommen werden kann. Dies setzt voraus, dass der Hostprovider die im Folgenden dargelegten Pflichten verletzt hat:

Ein Tätigwerden des Hostproviders sei nur veranlasst, wenn der Hinweis so konkret gefasst sei, dass der Rechtsverstoß auf der Grundlage der Behauptungen des Betroffenen unschwer – d. h. ohne eingehende rechtliche und tatsächliche Überprüfung – bejaht werden kann.

Regelmäßig sei zunächst die Beanstandung des Betroffenen an den für den Blog Verantwortlichen zur Stellungnahme weiterzuleiten. Bleibe eine Stellungnahme innerhalb einer nach den Umständen angemessenen Frist aus, sei von der Berechtigung der Beanstandung auszugehen und der beanstandete Eintrag zu löschen. Stelle der für den Blog Verantwortliche die Berechtigung der Beanstandung substanziiert in Abrede und ergäben sich deshalb berechtigte Zweifel, sei der Provider grundsätzlich gehalten, dem Betroffenen dies mitzuteilen und gegebenenfalls Nachweise zu verlangen, aus denen sich die behauptete Rechtsverletzung ergäbe. Bleibe eine Stellungnahme des Betroffenen aus oder läge er gegebenenfalls erforderliche Nachweise nicht vor, sei eine weitere Prüfung nicht veranlasst. Ergäbe sich aus der Stellungnahme des Betroffenen oder den vorgelegten Belegen auch unter Berücksichtigung einer etwaigen Äußerung des für den Blog Verantwortlichen eine rechtswidrige Verletzung des Persönlichkeitsrechts, sei der beanstandete Eintrag zu löschen.

Die beschriebene Rechtslage für die Haftung bei Hyperlinks gilt auch für Hashtags, zusammengesetzt aus engl. „hash" für das Schriftzeichen Doppelkreuz [„#"] und engl. „tag" für Markierung. Dies sind also Schlagworte, die mit einer Raute „#" eingeleitet werden. Sie werden von sozialen Netzwerke wie Twitter, Facebook oder Google+ automatisch verlinkt, um so die Suche nach thematisch ähnlichen Beiträgen zu erleichtern. Ein Beispiel: #Wikipedia ist eine #Enzyklopädie. Beim Anklicken von „#Wikipedia oder #Enzyklopädie" werden alle Beiträge sichtbar, die dasselbe Hashtag verwendet haben. Das jeweilige Netzwerk wird das Stichwort anhand der Raute erkennen und es beim veröffentlichten Beitrag als Verlinkung aktivieren.

Beispiel

Der Fall:[43]

Der Bundesgerichtshof hat darüber hinaus zur Haftung von File-Hosting-Diensten für Urheberrechtsverletzungen wie folgt entschieden: File-Hosting-Dienste können für Urheberrechtsverletzungen ihrer Nutzer erst in Anspruch genommen werden, wenn sie auf eine klare gleichartige Rechtsverletzung hingewiesen worden sind.

---

[43]BGH, Urt. v. 25.10.2011 – VI ZR 93/10.

Beispiel

Der Fall:[44]

Die Klägerin („Atari Europe") vertreibt das erfolgreiche Computerspiel „Alone in the dark". Die Beklagte („Rapidshare") stellt unter der Internetadresse www.rapidshare.com Speicherplatz im Internet zur Verfügung (File-Hosting-Dienst). Die Nutzer des Dienstes können eigene Dateien auf der Internetseite der Beklagten hochladen, die dann auf deren Servern abgespeichert werden. Dem Nutzer wird ein Link übermittelt, mit dem die abgelegte Datei aufgerufen werden kann. Die Beklagte kennt weder den Inhalt der hochgeladenen Dateien noch hält sie ein Inhaltsverzeichnis der Dateien vor. Gewisse Suchmaschinen (sog. „Link-Sammlungen") gestatten aber, nach bestimmten Dateien auf den Servern der Beklagten zu suchen.

Das Computerspiel „Alone in the dark" wurde auf Servern der Beklagten öffentlich zugänglich gemacht und konnte heruntergeladen werden. Die Klägerin sieht darin eine Urheberrechtsverletzung und verlangt von der Beklagten Unterlassung.

Zur Begründung führt der Bundesgerichtshof an:

Da die Nutzer des Dienstes ohne vorherige Kenntnis der Beklagten ihre Dateien hochladen, sei die Beklagte bei dabei begangenen Urheberrechtsverletzungen weder Täter noch Gehilfe. Sie könne allerdings als Störer auf Unterlassung haften, wenn sie Prüfpflichten verletzt hat. Als Diensteanbieter im Sinne des Telemediengesetzes („Host-Provider") müsse die Beklagte die bei ihr gespeicherten Informationen nicht allgemein auf Rechtsverletzungen überprüfen. Eine solche umfassende Prüfungspflicht sei auch nicht etwa deswegen geboten, weil der Dienst der Beklagten für Urheberrechtsverletzungen besonders anfällig wäre. Denn legale Nutzungsmöglichkeiten dieses Dienstes, für die ein beträchtliches Bedürfnis bestehe, seien in großer Zahl vorhanden und üblich. Eine Prüfungspflicht der Beklagten im Hinblick auf das Computerspiel „Alone in the Dark" entstehe daher erst, wenn die Beklagte auf eine klare Rechtsverletzung in Bezug auf dieses Spiel hingewiesen worden sei.

Die Klägerin hatte der Beklagten am 19. August 2008 einen entsprechenden Hinweis auf das Spiel „Alone in the Dark" gegeben, das bei Rapidshare heruntergeladen werden konnte. Die Beklagte hatte daraufhin die konkrete Datei mit dem fraglichen Spiel gelöscht, es aber versäumt, zu prüfen, ob das Spiel „Alone in the Dark" von anderen Nutzern ebenfalls auf ihren Servern gespeichert worden war und dort nach wie vor abgerufen werden konnte.

Im Streitfall war es nach Ansicht des Bundesgerichtshofs grundsätzlich nicht ausreichend, dass die Beklagte die ihr konkret benannte rechtsverletzende Datei gesperrt hatte. Vielmehr musste sie nach Auffassung des Gerichts auch das technisch und wirtschaftlich Zumutbare tun, um – ohne Gefährdung ihres Geschäftsmodells – zu verhindern, dass das Spiel von anderen Nutzern erneut über ihre Server Dritten angeboten wurde. Diese Pflicht habe die Beklagte möglicherweise verletzt, weil sie

---

[44]BGH, Urt. v. 12.07 2012 – I ZR 18/11 – Alone in the dark.

keinen Wortfilter für den zusammenhängenden Begriff „Alone in the Dark" zur Überprüfung der bei ihr gespeicherten Dateinamen eingesetzt hatte.

Die Klägerin wollte es der Beklagten mit einem zweiten Unterlassungsantrag verbieten, Hyperlinks von bestimmten Link-Sammlungen auf bei ihr gespeicherte Dateien mit dem Computerspiel „Alone in the Dark" zuzulassen. Die Prüfungspflichten der Beklagten könnten sich nach Meinung des Bundesgerichtshofs grundsätzlich auch auf solche Verstöße erstrecken. Dafür sei aber erforderlich, dass die Hyperlinks im für die Linksammlung üblichen Suchvorgang bei Eingabe des Spielnamens angezeigt werden und die Trefferliste Dateien auf Servern der Beklagten enthalte, die dort nicht schon durch einen Wortfilter nach Dateinamen mit der Wortfolge „Alone in the Dark" gefunden werden könnten. Zwar sei die Beklagte nicht Betreiber der Link-Sammlungen. Sie könne aber Dateien mit dem Computerspiel „Alone in the Dark" auf ihren eigenen Servern löschen. Dem Diensteanbieter sei es grundsätzlich zuzumuten, eine überschaubare Anzahl einschlägiger Link-Sammlungen auf bestimmt bezeichnete Inhalte zu überprüfen.

Die zur Zumutbarkeit von Überprüfungsmaßnahmen vom Berufungsgericht getroffenen Feststellungen reichten dem Bundesgerichtshof allerdings nicht aus, um über die Frage der Pflichtverletzung der Beklagten abschließend zu entscheiden. Er hat die Sache deshalb zur neuen Verhandlung und Entscheidung an das Berufungsgericht zurückverwiesen. Die Klägerin hat dann Gelegenheit, ihre Anträge der allein in Betracht kommenden Störerhaftung der Beklagten anzupassen.

Der Bundesgerichtshof konkretisierte zwischenzeitlich die Regeln über die Haftung von File-Hosting-Diensten für Urheberrechtsverletzungen:

Ein File-Hosting-Dienst ist zu einer umfassenden regelmäßigen Kontrolle der Linksammlungen verpflichtet, die auf seinen Dienst verweisen, wenn er durch sein Geschäftsmodell Urheberrechtsverletzungen in erheblichem Umfang Vorschub leistet.

Beispiel

Der Fall:[45]

Die Klägerin ist die GEMA, die als Verwertungsgesellschaft die Verwertungsrechte von Musikurhebern (Komponisten und Textdichtern) wahrnimmt. Die Beklagte betreibt einen File-Hosting-Dienst; sie stellt unter der Internetadresse www.rapidshare.com Speicherplatz im Internet zur Verfügung. Die Nutzer des Dienstes können eigene Dateien auf der Internetseite der Beklagten hochladen, die dann auf deren Servern abgespeichert werden. Dem Nutzer wird ein Link übermittelt, mit dem die abgelegte Datei aufgerufen werden kann. Die Beklagte kennt weder den Inhalt der hochgeladenen Dateien, noch hält sie ein Inhaltsverzeichnis der Dateien vor. Spezielle Suchmaschinen (sog. „Linksammlungen") gestatten aber, nach bestimmten Dateien auf den Servern der Beklagten zu suchen.

---

[45]BGH, Urt. v. 15.08.2013 – I ZR 80/12 – File-Hosting-Dienst.

Die Klägerin macht geltend, 4815 im Einzelnen bezeichnete Musikwerke seien ohne ihre Zustimmung über den Dienst der Beklagten öffentlich zugänglich gemacht worden und könnten dort heruntergeladen werden. Die Klägerin sieht darin eine Urheberrechtsverletzung und verlangt von der Beklagten Unterlassung.

Begründung:

Der Bundesgerichtshof hatte bereits zuvor entschieden, dass File-Hosting-Dienste für Urheberrechtsverletzungen ihrer Nutzer als Störer auf Unterlassung haften, wenn sie nach einem Hinweis auf eine klare Urheberrechtsverletzung die ihnen obliegenden Prüfungspflichten nicht einhalten und es deswegen zu weiteren gleichartigen Rechtsverletzungen kommt – „Alone in the Dark". Bei der Konkretisierung dieser Prüfungspflichten ist davon auszugehen, dass das Geschäftsmodell der Beklagten nicht von vornherein auf Rechtsverletzungen angelegt ist. Denn es gibt für ihren Dienst zahlreiche legale und übliche Nutzungsmöglichkeiten. Im vorliegenden Fall hat indessen das Berufungsgericht festgestellt, dass die Beklagte die Gefahr einer urheberrechtsverletzenden Nutzung ihres Dienstes durch eigene Maßnahmen gefördert hat. Daraus hat der Bundesgerichtshof eine gegenüber der Entscheidung „Alone in the Dark" verschärfte Haftung der Beklagten abgeleitet.

Anders als andere Dienste etwa im Bereich des „Cloud-Computing" verlangt die Beklagte kein Entgelt für die Bereitstellung von Speicherplatz. Sie erzielt ihre Umsätze nur durch den Verkauf sog. Premium-Konten. Die damit verbundenen Komfortmerkmale führen dazu, dass die Beklagte ihre Umsätze gerade durch massenhafte Downloads erhöht, für die vor allem zum rechtswidrigen Herunterladen bereitstehende Dateien mit geschützten Inhalten attraktiv sind. Diese Attraktivität für illegale Nutzungen wird durch die Möglichkeit gesteigert, den Dienst der Beklagten anonym in Anspruch zu nehmen. Die Beklagte geht selbst von einer Missbrauchsquote von 5 bis 6 % aus, was bei einem täglichen Upload-Volumen von 500.000 Dateien ca. 30.000 urheberrechtsverletzenden Nutzungshandlungen entspricht.

Bei der Bestimmung des Umfangs der Prüfpflichten ist zu berücksichtigen, dass die Beklagte die Gefahr einer rechtsverletzenden Nutzung ihres Dienstes durch eigene Maßnahmen fördert. Ist die Beklagte auf konkrete Urheberrechtsverletzungen ihrer Nutzer hinsichtlich bestimmter Werke hingewiesen worden, so ist sie deshalb nicht nur verpflichtet, das konkrete Angebot unverzüglich zu sperren; sie muss darüber hinaus fortlaufend alle einschlägigen Linksammlungen darauf überprüfen, ob sie Links auf Dateien mit den entsprechenden Musikwerken enthalten, die auf den Servern der Beklagten gespeichert sind. Die Beklagte hat über allgemeine Suchmaschinen wie Google, Facebook oder Twitter mit geeigneten Suchanfragen und ggf. auch unter Einsatz von sogenannten „Webcrawlern" zu ermitteln, ob sich für die konkret zu überprüfenden Werke Hinweise auf weitere rechtsverletzende Links zu ihrem Dienst finden. Diese Prüfpflichten bestehen im selben Umfang für jedes Werk, hinsichtlich dessen die Beklagte auf eine klare Verletzung hingewiesen worden ist. Die Prüfpflichten werden nicht dadurch geringer, dass die Beklagte auf eine große Zahl von Rechtsverletzungen – im Streitfall auf die Verletzung der Rechte an mehr als 4800 Musikwerken – hingewiesen worden ist. Denn der urheberrechtliche Schutz darf nicht dadurch geschwächt werden, dass es im Rahmen eines an sich zulässigen Geschäftsmodells zu einer großen Zahl von Rechtsverletzungen kommt.

Bewertung: Speicherplattformen können nach der Rechtsauffassung des Bundesgerichtshofs generell für Urheberrechtsverletzungen beim Abruf gespeicherter Dateien mitverantwortlich gemacht werden. Dies dürfte damit weitreichende Folgen auch für andere Anbieter von Online-Speicherplatz wie „Dropbox" oder auch „Google" haben. Die Rechtsprechung folgt einem seit Jahren zu beobachtenden Trend zur Haftung von Online-Plattformen: Sie gelten zwar als „Host-Provider" und genießen entsprechende Haftungsprivilegien, sind zum Beispiel erst ab Kenntnis konkreter Rechtsverstöße dafür verantwortlich, diese abzustellen. Doch zugleich erweitern Gerichte bei Plattformen, die über reines Webhosting hinausgehen, regelmäßig die Prüfpflichten.

Der Bundesgerichtshof hat auch zur Haftung von Eltern für illegales Filesharing ihrer minderjährigen Kinder Stellung genommen.

Beispiel

Der Fall:[46]

Die Klägerinnen sind Tonträgerhersteller. Sie sind Inhaber ausschließlicher urheberrechtlicher Nutzungsrechte an zahlreichen Musikaufnahmen.

Bei den Beklagten handelt es sich um ein Ehepaar. Sie hatten den Internetanschluss auch ihrem damals 13 Jahre alten Sohn zur Verfügung gestellt, dem sie zu seinem 12. Geburtstag einen gebrauchten PC überlassen hatten. Bei einer Durchsuchung der Wohnung der Beklagten wurde der PC des Sohnes der Beklagten beschlagnahmt. Auf dem Computer waren die Tauschbörsenprogramme „Morpheus" und „BearShare" installiert; das Symbol des Programms „BearShare" war auf dem Desktop des PC zu sehen. Die Klägerinnen sind der Ansicht, die Beklagten seien wegen einer Verletzung ihrer elterlichen Aufsichtspflicht zum Ersatz des Schadens verpflichtet, der durch das unbefugte öffentliche Zugänglichmachen der Musikstücke entstanden sei. Sie nehmen die Beklagten wegen des öffentlichen Zugänglichmachens von 15 Musikaufnahmen auf Zahlung von Schadensersatz in Höhe von 200 EUR je Titel, insgesamt also 3000 EUR nebst Zinsen sowie auf Erstattung von Abmahnkosten in Höhe von 2380,80 EUR in Anspruch.

Nach Ansicht des BGH genügen Eltern ihrer Aufsichtspflicht über ein normal entwickeltes 13-jähriges Kindes, das ihre grundlegenden Gebote und Verbote befolgt, regelmäßig bereits dadurch, dass sie das Kind über das Verbot einer rechtswidrigen Teilnahme an Internettauschbörsen belehren. Eine Verpflichtung der Eltern, die Nutzung des Internet durch das Kind zu überwachen, den Computer des Kindes zu überprüfen oder dem Kind den Zugang zum Internet (teilweise) zu versperren, besteht grundsätzlich nicht. Zu derartigen Maßnahmen sind Eltern erst verpflichtet, wenn sie konkrete Anhaltspunkte für eine rechtsverletzende Nutzung des Internetanschlusses

---

[46]BGH, Urt. v. 15.11.2012 – I ZR 74/12 – Morpheus.

durch das Kind haben. Eltern haften danach also grundsätzlich nicht für das illegale Filesharing eines 13-jährigen Kindes, wenn sie das Kind über das Verbot einer rechtswidrigen Teilnahme an Internettauschbörsen belehrt hatten und keine Anhaltspunkte dafür hatten, dass ihr Kind diesem Verbot zuwiderhandelt.

Demgegenüber hat der Bundesgerichtshof zur Haftung für illegales Filesharing volljähriger Familienangehöriger entschieden, dass der Inhaber eines Internetanschlusses für das Verhalten eines volljährigen Familienangehörigen nicht haftet, wenn er keine Anhaltspunkte dafür hatte, dass dieser den Internetanschluss für illegales Filesharing missbraucht.

Der BGH hat in drei Filesharing-Urteilen diese Rechtsauffassung zur Eltern-Haftung bei Urheberrechtsverstößen ihrer Kinder bestätigt: Grundsätzlich haften Eltern nicht, wenn sie ihre Kinder darüber aufgeklärt haben, dass die Verbreitung von urheberrechtlich geschütztem Material über Filesharing-Anwendungen gesetzeswidrig ist, und ihnen die Teilnahme an Filesharing verboten haben.

In den verhandelten Fällen hatten die beklagten Anschlussinhaber dies jedoch nicht glaubhaft machen können bzw. unterlassen.

Der BGH hält das übliche Verfahren, in dem ein Dienstleister der Musikindustrie die IP-Adressen von mutmaßlichen Filesharern ermitteln, nach wie vor für grundsätzlich geeignet, die Täterschaft des Anschlussinhabers nachzuweisen, der ist dann in der Pflicht ist, das Gegenteil zu beweisen.

Dies gelang in einem der Fälle einer Familie nicht, die angegeben hatte, zum Zeitpunkt der Tauschbörsennutzung im Urlaub in Spanien gewesen zu sein und alle technischen Geräte einschließlich Router abgeschaltet zu haben.

Die Aussagen seiner Tochter bei der Polizei und in den Instanzgerichten wurden einem anderen Anschlussinhaber zum Verhängnis. Die 14-Jährige hatte angegeben, nicht gewusst zu haben, dass solche Tauschbörsen illegal seien, sie sei ahnungslos gewesen. Damit hatte der Vater seine Aufsichtspflicht missachtet und muss dafür nun tief in die Tasche greifen.

Eltern müssen die Nutzung des Internets durch das Kind nicht dauernd überwachen, zu derartigen Maßnahmen sind Eltern erst dann verpflichtet, wenn sie konkrete Anhaltspunkte dafür haben, dass das Kind dem Verbot zuwiderhandelt.

Beispiel

Der Fall:[47]

Die Klägerinnen sind vier führende deutsche Tonträgerhersteller. Der Beklagte ist Inhaber eines Internetzugangs. In seinem Haushalt leben auch seine Ehefrau und deren volljähriger Sohn.

Die Klägerinnen ließen den Beklagten durch Anwaltsschreiben abmahnen; sie behaupteten, am 12. Juni 2006 seien über seinen Internetanschluss 3749 Musikaufnah-

---

[47]BGH, Urt. v. 08.01.2014 – I ZR 169/12 – BearShare.

men, an denen sie die ausschließlichen urheberrechtlichen Nutzungsrechte besäßen, in einer Internettauschbörse zum Herunterladen verfügbar gemacht worden. Der Beklagte gab ohne Anerkennung einer Rechtspflicht eine strafbewehrte Unterlassungserklärung ab. Er weigerte sich jedoch, die geltend gemachten Abmahnkosten zu bezahlen.

Die Klägerinnen nehmen den Beklagten auf Erstattung von Abmahnkosten in Höhe von 3454,60 EUR in Anspruch.

Der Beklagte macht geltend, er sei für die behaupteten Rechtsverletzungen nicht verantwortlich. Sein damals 20-jähriger Stiefsohn habe die Musikdateien über den Internetanschluss zugänglich gemacht. Der Stiefsohn des Beklagten hat im Rahmen seiner Beschuldigtenvernehmung gegenüber der Polizei eingeräumt, er habe mit dem Tauschbörsenprogramm „BearShare" Musik auf seinen Computer heruntergeladen.

Der Bundesgerichtshof hat die Klage abgewiesen und zur Begründung ausgeführt:

Bei der Überlassung eines Internetanschlusses an volljährige Familienangehörige ist zu berücksichtigen, dass die Überlassung durch den Anschlussinhaber auf familiärer Verbundenheit beruht und Volljährige für ihre Handlungen selbst verantwortlich sind. Im Blick auf das besondere Vertrauensverhältnis zwischen Familienangehörigen und die Eigenverantwortung von Volljährigen darf der Anschlussinhaber einem volljährigen Familienangehörigen seinen Internetanschluss überlassen, ohne diesen belehren oder überwachen zu müssen; erst wenn der Anschlussinhaber – etwa aufgrund einer Abmahnung – konkreten Anlass für die Befürchtung hat, dass der volljährige Familienangehörige den Internetanschluss für Rechtsverletzungen missbraucht, hat er die zur Verhinderung von Rechtsverletzungen erforderlichen Maßnahmen zu ergreifen. Da der Beklagte nach den vom Berufungsgericht getroffenen Feststellungen keine Anhaltspunkte dafür hatte, dass sein volljähriger Stiefsohn den Internetanschluss zur rechtswidrigen Teilnahme an Tauschbörsen missbraucht, haftet er auch dann nicht als Störer für Urheberrechtsverletzungen seines Stiefsohnes auf Unterlassung, wenn er ihn nicht oder nicht hinreichend über die Rechtswidrigkeit einer Teilnahme an Tauschbörsen belehrt haben sollte.

Der Bundesgerichtshof hat sich in mehreren Fällen detailliert mit weiteren Haftungsfragen bei Urheberrechtsverletzungen durch Filesharing beschäftigt.

Wer seinen Gästen oder Mitbewohnern Zugang zu seinem Internetanschluss ermöglicht, muss diese nicht vorsichtshalber belehren. Ohne konkrete Anhaltspunkte für eine rechtswidrige Nutzung ist eine solche Belehrung für volljährige Nutzer für „nicht zumutbar". Im dem vom Gericht zu entscheidenden Fall hatte eine Frau ihrer Nichte und deren Freund Zugang zum PC erlaubt, woraufhin diese vom Internetanschluss der Tante einen Film öffentlich zugänglich gemacht hatten.[48]

Demgegenüber kann ein Familienvater, von dessen PC 809 Audiodateien öffentlich zugänglich gemacht wurden, nicht einwenden, dass auch seine Frau und Kinder Zugriff

---

[48]BGH, Urt. v. 12.05.2016 – I ZR 86/15.

zum Computer hatten, wenn weder die Mutter noch die Kinder ernsthaft dafür in Betracht kommen.[49]

In weiteren Fällen ging es um die Ansetzung des Streitwerts, nach dem Abmahnkosten bemessen werden dürfen. Deren Höhe muss sich nach dem wirtschaftlichen Wert des verletzten Urheberrechts, nach dem Interesse an der Unterbindung künftiger Rechtsverletzungen unter Berücksichtigung aller relevanten Umstände des Einzelfalls, nach Aktualität, Popularität, Intensität und Dauer der Rechtsverletzung sowie nach den subjektiven Umständen auf Seiten des Verletzers richten.[50]

Zur Frage, ob ein Chef für Filesharing am Arbeitsplatz haftet, gilt, dass ihn in Bezug auf volljährige Mitarbeiter weder anlasslose Prüf- und Kontrollpflichten noch Belehrungspflichten hinsichtlich des Internetanschlusses treffen, denn bei der Überlassung eines Internetanschlusses an volljährige Mitarbeiter/-innen ist insbesondere zu berücksichtigen, dass Volljährige für ihre Handlungen selbst verantwortlich sind.[51] Erst wenn der Anschlussinhaber – etwa aufgrund einer Abmahnung – konkreten Anlass für die Befürchtung haben muss, dass die anderen Nutzer den Internetanschluss für Rechtsverletzungen missbrauchen, hat er die zur Verhinderung von Rechtsverletzungen erforderlichen Maßnahmen zu ergreifen.[52]

Beispiel

In einem Rechtsstreit der GEMA gegen YouTube hat das Landgericht Hamburg zu den urheberrechtlichen Pflichten eines Videoportalbetreibers („YouTube") entschieden.

Der Fall:[53]

Die GEMA wollte mit ihrer Klage erreichen, dass der beklagten Betreiberin des Internet-Videoportals „YouTube" verboten wird, weiterhin zwölf Musikwerke, an denen die GEMA die Rechte wahrnimmt, via „YouTube" in Deutschland zugänglich zu machen. Die Beklagte lehnte eine Unterlassungsverpflichtung ab, da sie für etwaige Urheberrechtsverletzungen nicht hafte. Zum einen stelle sie ihre Videoplattform lediglich den Nutzern zur Verfügung und habe die fraglichen Videos weder selbst erstellt noch hochgeladen. Zum anderen habe sie alle ihr zumutbaren Maßnahmen ergriffen, um Urheberrechtsverletzungen zu begegnen.

Das Gericht hat die Beklagte hinsichtlich sieben der zwölf streitbefangenen Musikwerke zur Unterlassung verurteilt und die Klage im Übrigen abgewiesen. Entgegen der Argumentation der Klägerin hat das Gericht eine Täterhaftung der Beklagten hinsichtlich der Urheberrechtsverletzungen verneint und lediglich eine Störerhaftung angenommen.

---

[49]BGH, Urt. v. 12.05.2016 – I ZR 48/15.

[50]BGH, Urt. v. 12.05.2016 – I ZR 272/14, I ZR 1/15, I ZR 43/15 u. I ZR 44/15.

[51]AG Charlottenburg, Urt. v. 08.06.2016 – 231 C 65/16.

[52]BGH, Urt. v. 12.05.2016 – I ZR 86/15.

[53]LG Hamburg, Urt. v. 20.04.2012 – 310 O 461/10.

Da die Beklagte die urheberrechtsverletzenden Videos weder selbst hochgeladen habe, noch sich deren Inhalte zu eigen gemacht habe, hafte sie nicht als Täterin. Allerdings habe sie durch das Bereitstellen und den Betrieb der Videoplattform einen Beitrag zu den Rechtsverletzungen geleistet. Aufgrund dieses Beitrags träfen die Beklagte Verhaltens- und Kontrollpflichten. Diese habe sie verletzt und sei deshalb der Klägerin als Störerin zur Unterlassung verpflichtet.

Der Betreiber eines Videoportals wie „YouTube" hafte für Urheberrechtsverletzungen durch von Nutzern hochgeladene Videos aber nur dann, wenn er in Kenntnis der Rechtsverletzung gegen bestimmte Verhaltens- und Kontrollpflichten verstößt. Erst nach einem Hinweis auf eine Urheberrechtsverletzung treffe den Portalbetreiber die Pflicht, das betroffene Video unverzüglich zu sperren und im zumutbaren Rahmen geeignete Maßnahmen zu ergreifen, um erneuten Rechtsverletzungen vorzubeugen. Eine Verpflichtung zur Kontrolle sämtlicher auf die Plattform bereits hochgeladenen Videoclips bestehe dagegen nicht.

So habe die Beklagte im Umfang der Verurteilung gegen die Pflicht verstoßen, die betroffenen Videoclips unverzüglich zu sperren, nachdem sie von der Klägerin über die Urheberrechtsverletzungen informiert worden war. Hinsichtlich der fraglichen sieben Videos sei eine Sperre erst gut eineinhalb Monate nach der Benachrichtigung durch die Klägerin erfolgt. Bei einem solchen Zeitraum könne von einem unverzüglichen Handeln nicht mehr gesprochen werden.

Zu der Frage, welche weiteren Prüfungs- und Kontrollpflichten die Beklagte treffen, hat das Gericht auf die Notwendigkeit einer Verhältnismäßigkeitsprüfung hingewiesen, bei der die betroffenen Interessen und rechtlichen Wertungen gegeneinander abzuwägen seien. Der Beklagten dürften danach keine Anforderungen auferlegt werden, die ihre grundsätzlich zulässige Tätigkeit unverhältnismäßig erschwerten. Zuzumuten sei ihr jedoch, nach Erhalt eines Hinweises auf eine Urheberrechtsverletzung durch den Einsatz einer Software künftige Uploads zu verhindern, die eine mit der gemeldeten Musikaufnahme übereinstimmende Aufnahme enthielten. Eine dazu geeignete Software stehe der Beklagten in Form des von ihr entwickelten Content-ID-Programms zur Verfügung. Die Beklagte müsse besagtes Programm aber selbst anwenden und könne die Anwendung nicht, wie von ihr vertreten, den Rechteinhabern überlassen. Dagegen sei die Beklagte nicht verpflichtet, ihren gesamten Datenbestand mittels des Content-ID-Programms auf Urheberrechtsverletzungen zu durchsuchen. Die Prüfungs- und Kontrollpflichten einer als Störer in Anspruch genommenen Person begönnen immer erst ab Kenntnis von einer konkreten Rechtsverletzung. Eine Verpflichtung zur Vorsorge gelte daher nur für die Zukunft.

Um die Anzahl der von der Software der Beklagten nicht erfassten Rechtsverletzungen zu reduzieren, sei die Beklagte außerdem verpflichtet, einen Wortfilter zu installieren. Der Wortfilter solle neu eingestellte Videos herausfiltern, deren Titel sowohl den Titel als auch den Interpreten der in einem Video beanstandeten Musikaufnahme enthält. Dies sei notwendig, weil mit dem Content-ID-Programm nur Tonaufnahmen identifiziert würden, die mit der gespeicherten Referenzaufnahme identisch seien. Abweichende Aufnahmen (zum Beispiel Live-Darbietung statt Studioaufnahme) erkenne die Software nicht.

Hinsichtlich fünf der zwölf von der Klägerin benannten Musikwerke war nicht ersichtlich, dass es nach dem Hinweis der Klägerin an die Beklagte auf die Rechtsverletzungen noch zu weiteren Uploads gekommen war. Damit konnte nicht festgestellt werden, dass die Pflichtverletzung der Beklagten für weitere Rechtsverletzungen ursächlich geworden ist, und entsprechend war die Klage hinsichtlich dieser Musikwerke abzuweisen.

Kommentar: Mit diesem Urteil wurde bestätigt, dass YouTube nicht als Content-Provider (Inhalteanbieter), sondern vielmehr als Hostprovider einzustufen ist. Als Hosting-Plattform ist YouTube damit nicht zur Kontrolle sämtlicher auf der Plattform hochgeladenen Videos verpflichtet. Das Urteil wirft aber auch Fragen zu den Verhaltens- und Kontrollpflichten von Hosting-Plattformen für nutzergenerierte Inhalte auf, konkret zum Einsatz von Content-ID und Wortfiltern. Das Urteil gewährt nämlich insoweit einen weitreichenden Urheberrechtsschutz, weil sich die Haftung des Providers nicht nur auf einen konkret gerügten Verstoß bezieht. Sobald der Provider Kenntnis von einem Rechtsverstoß besitzt, treffen ihn erhöhte Prüfungspflichten. Einem kommerziellen Provider, der erhebliche Werbeumsätze erzielt, ist nach dieser Sichtweise der Einsatz entsprechender geeigneter technischer Schutzmaßnahmen durchaus zumutbar.

Beispiel

Zur Haftung des Inhabers eines eBay-Mitgliedskontos für durch Dritte über sein Mitgliedskonto begangene Schutzrechtverletzungen und Wettbewerbsverstöße:

Der Fall:[54]

Der Bundesgerichtshof hatte darüber zu entscheiden, unter welchen Voraussetzungen der Inhaber eines Mitgliedskontos (Accounts) bei der Internet-Auktionsplattform eBay dafür haftet, dass andere Personen unter Nutzung seines Accounts Waren anbieten und dabei Rechte Dritter verletzen.

Der Beklagte ist bei eBay unter dem Mitgliedsnamen „sound-max" registriert. Im Juni 2003 wurde unter diesem Mitgliedsnamen unter der Überschrift „SSSuper … Tolle … Halzband (Cartier Art)" ein Halsband zum Mindestgebot von 30 EUR angeboten. In der Beschreibung des angebotenen Artikels hieß es unter anderem: „… Halzband, Art Cartier … Mit kl. Pantere, tupische simwol fon Cartier Haus …". Die Klägerinnen haben hierin eine Verletzung ihrer Marke „Cartier", eine Urheberrechtsverletzung sowie einen Verstoß gegen das Gesetz gegen den unlauteren Wettbewerb gesehen und den Beklagten auf Unterlassung, Auskunftserteilung und Feststellung der Schadensersatzpflicht in Anspruch genommen. Der Beklagte hat die Auffassung vertreten, er sei für das beanstandete Angebot nicht verantwortlich, weil seine aus Lettland stammende Ehefrau sein Mitgliedskonto bei eBay ohne sein Wissen zum Verkauf persönlicher Gegenstände benutzt und dabei das Schmuckstück versteigert habe.

---

[54]BGH, Urt. v. 11.03.2009 – I ZR 114/06 – Halzband.

Der BGH hat geurteilt, der Beklagte hafte mangels Vorsatzes für die von seiner Ehefrau möglicherweise begangenen Rechtsverletzungen zwar nicht als Mittäter oder Teilnehmer. Es komme jedoch eine Haftung des Beklagten als Täter einer Schutzrechtsverletzung sowie eines Wettbewerbsverstoßes in Betracht, weil er nicht hinreichend dafür gesorgt habe, dass seine Ehefrau keinen Zugriff auf die Kontrolldaten des Mitgliedskontos erlangte. Benutze ein Dritter ein fremdes Mitgliedskonto bei eBay, nachdem er an die Zugangsdaten dieses Mitgliedskonto gelangt sei, weil der Inhaber diese nicht hinreichend vor dem Zugriff Dritter gesichert habe, müsse der Inhaber des Mitgliedskontos sich so behandeln lassen, wie wenn er selbst gehandelt hätte. Der selbstständige Zurechnungsgrund für diese Haftung bestehe in der von dem Inhaber des Mitgliedskontos geschaffenen Gefahr einer Unklarheit darüber, wer unter dem betreffenden Mitgliedskonto bei eBay gehandelt habe und im Falle einer Vertrags- oder Schutzrechtsverletzung in Anspruch genommen werden könne.

Haftungsausschluss durch „Disclaimer"

Der Begriff „Disclaimer" wird im IT-Recht als Fachausdruck für einen Haftungsausschluss verwendet. Disclaimer kommen vorwiegend in E-Mails und auf Webseiten vor. Der Begriff bedeutet „abstreiten" oder „in Abrede stellen".

Ein „E-Mail-Disclaimer" hat oft zum Inhalt, dass der Lesende, wenn er die E-Mail versehentlich erhalten haben und nicht der gemeinte Empfänger sein sollte, den Inhalt der E-Mail sofort wieder vergessen möge und die E-Mail wahlweise an den Absender zurück oder an den gewünschten Empfänger senden solle.

Beispiel

„HINWEIS: Dies ist eine vertrauliche Nachricht und nur für den Adressaten bestimmt. Es ist nicht erlaubt, diese Nachricht zu kopieren oder Dritten zugänglich zu machen. Beachten sie bitte, dass jede Form der mündlichen oder schriftlichen Weitergabe des Inhalts dieses elektronischen Schreibens unzulässig und rechtswidrig ist. Sollten Sie der falsche Adressat sein und diese Nachricht daher irrtümlich erhalten haben, bitten wir um Ihre unverzügliche Kontaktaufnahme mit dem Absender dieses elektronischen Schreibens per E-Mail oder unter der oben angegebenen Telefonnummer."

Derartige E-Mail-Disclaimer sind nach allgemeiner Rechtsauffassung bedeutungslos. Diese Unwirksamkeit begründet sich aus zwei Umständen: Zum einen ist es rein faktisch sehr schwer, einen Dritten zu veranlassen, bereits Gelesenes zu vergessen. Zum anderen kann dem Empfänger eine derartige Verpflichtung nicht einseitig auferlegt werden. Auch ein Vertrag kommt nicht zustande, da hierfür zwei sich entsprechende Willenserklärungen erforderlich wären. Es handelt sich bei derartigen Disclaimern im Ergebnis um sogenannte „Allgemeine Geschäftsbedingungen" (AGB) – vgl. dazu unten Abschn. 3.5. AGB werden gemäß § 305 Abs. 2 BGB nur dann Vertragsbestandteil, wenn der Verwender bei Vertragsschluss die andere Vertragspartei ausdrücklich auf sie hinweist und ihr die Möglichkeit verschafft, in zumutbarer Weise vom Inhalt Kenntnis zu nehmen. Als solche müssten daher E-Mail-Disclaimer vor dem Öffnen der E-Mail dem Adressaten zugänglich gemacht worden sein, ansonsten werden sie kein Vertragsbestandteil. Meistens befinden sich solche Textabschnitte in der Praxis jedoch erst unterhalb des Inhaltes einer Nachricht, wodurch auch unter dieser Betrachtung eine rechtliche Bedeutung ausgeschlossen ist.

Das Landgericht Hamburg hatte in diesem Zusammenhang in einem Urteil[55] entschieden, dass Diensteanbieter, die Links auf fremde Seiten setzen, für deren Inhalte mitverantwortlich seien. Damit würden sie grundsätzlich für strafrechtlich relevante Ehrverletzungen (Beleidigungen) haften. Die Haftung für denjenigen, der den Link setzt, scheide aus, wenn er sich ausdrücklich vom Inhalt der fremden Seite distanziere.

Seit diesem Hamburger Urteilsspruch findet sich daher auf zahlreichen Internetseiten mit Links folgender Disclaimer:

„Für alle Links auf dieser Homepage gilt: Ich distanziere mich hiermit ausdrücklich von allen Inhalten aller gelinkten Seiten auf meiner Homepage und mache mir diese Inhalte nicht zu Eigen."

Damit dürfte das Hamburger Urteil jedoch missverstanden worden sein, denn dort ist von einer „ausdrücklichen Distanzierung" die Rede und nicht von einer pauschalen. In der Literatur wird deshalb häufig die Meinung vertreten, dass Anbieter von Internetseiten mit derart pauschalen Erklärungen nicht auf der sicheren Seite vor Haftungsansprüchen seien. Wer Links so setze, dass sie vom Nutzer doch als zu eigen gemachte Information verstanden werden könnten, könne sich nicht auf die Schutzfunktion des Disclaimers berufen. Wer andererseits für den Nutzer deutlich herausstelle, dass er als Anbieter den Link zu einer externen Information nur gesetzt habe, um sich mit dieser fremden Meinung kritisch auseinanderzusetzen, benötige auf seiner Homepage eigentlich keinen Disclaimer.

Als mögliche Gründe, sich einerseits von einem Link zu distanzieren, ihn jedoch andererseits zu belassen, kommen insbesondere in Betracht.

- Auf der verlinkten Seite gibt es interessante und wichtige Informationen.
- Es besteht Unsicherheit darüber, ob die verlinkten Informationen straf- bzw. zivilrechtlich zu beanstanden sind.
- Es wurde eine Verlinkung vorgenommen ohne vorherige sorgfältige Durchsicht aller verlinkten Seiten.
- Es sind möglicherweise zwischenzeitlich Änderungen auf der verlinkten Seite erfolgt.

Der letzte Punkt dieser Aufzählung dürfte dabei zugleich der wichtigste sein: Da die verlinkte Seite nicht unter der eigenen Verwaltung steht, besteht keine Kontrollmöglichkeit darüber, ob der entsprechende Inhalt möglicherweise später rechtlich bedenkliche Textpassagen enthalten könnte.

Disclaimer können auch in der in der Werbung bedeutsam sein. Der Werbende kann das Verbreitungsgebiet der Werbung im Internet nämlich zum Beispiel durch einen Disc-

---

[55]LG Hamburg, Urt. v. 12.05.1998 – 312 O 85/98.

laimer einschränken, in dem er ankündigt, Adressaten in einem bestimmten Land nicht zu beliefern. Um wirksam zu sein, muss ein Disclaimer allerdings eindeutig gestaltet und aufgrund seiner Aufmachung als ernst gemeint aufzufassen sein und vom Werbenden auch tatsächlich beachtet werden.[56]

2.5.4 Herkunftslandprinzip

Neben den bis hierher erläuterten Bestimmungen des Telemediengesetzes, die wegen ihrer Praxisrelevanz auch von Nicht-Juristen verhältnismäßig gut nachzuvollziehen sein sollten, enthält das Gesetz auch eine sehr abstrakte, aus dem Europarecht herrührende Regelung, die erklärt werden muss. Es handelt sich um das in § 3 TMG verankerte Herkunftslandprinzip.

Das Herkunftslandprinzip ist ein im Europarecht bekannter Grundsatz. Im Zusammenhang mit den neuen Medien besteht die Notwendigkeit zu klären, welches nationale Recht gelten soll, wenn rechtswidrige Inhalte über die Dienste verbreitet werden. Problematisch ist das wegen der Grenzenlosigkeit der Telemedien, insbesondere des Internets.

Die Regelung des § 3 TMG beruht auf der sogenannten E-Commerce-Richtlinie (Richtlinie 2000/31/EG) der EU. Danach haben die Mitgliedstaaten der Europäischen Union dafür Sorge zu tragen, dass die in ihrem Hoheitsgebiet niedergelassenen Diensteanbieter sich an die in diesem Mitgliedstaat geltenden innerstaatlichen Vorschriften halten und dass der freie Dienstleistungsverkehr nicht eingeschränkt wird. Mit diesen Vorgaben soll der elektronische Geschäftsverkehr innerhalb der Europäischen Union harmonisiert und vereinfacht werden.

Der Gesetzgeber ist den europarechtlichen Bestimmungen mit der Regelung in § 3 TMG begegnet. Darin heißt es nämlich unter § 3 Abs. 1 TMG, dass in der Bundesrepublik Deutschland niedergelassene Diensteanbieter auch dann dem deutschen Recht unterliegen, wenn sie ihre Dienste in anderen Staaten der Europäischen Union oder des Europäischen Wirtschaftsraumes geschäftsmäßig anbieten.

Im Einzelnen:

In Deutschland niedergelassene Diensteanbieter und ihre Telemedien unterliegen nach § 3 Abs. 1 TMG dem deutschen Recht auch dann, wenn sie ihre Dienste in einem anderen EU-Mitgliedstaat anbieten oder erbringen. Dieses sogenannte „Herkunftslandprinzip" des § 3 Abs. 1 TMG bedeutet, dass ein ausländischer Diensteanbieter sich nur nach seinem Heimatrecht – nicht auch nach deutschem Recht – richten muss, wenn und weil er seine Dienste in Deutschland anbietet oder die Dienste in Deutschland entgegengenommen werden. Umgekehrt bedeutet dies für einen deutschen Diensteanbieter, dass er sich nur nach deutschem Recht richten muss, hingegen nicht ausländische Rechtsordnungen zu beachten hat, die seine Dienste betreffen würden. Mit anderen Worten: Für alle in Deutschland niedergelassenen Diensteanbieter gilt deutsches Recht auch dann, wenn sie

---

[56]BGH, Urt. v. 30.03.2006 – I ZR 24/03.

ihre Telemediendienste geschäftsmäßig innerhalb des Gebiets der Europäischen Union erbringen bzw. anbieten.

Für Diensteanbieter, die Telemediendienste in Deutschland geschäftsmäßig erbringen oder anbieten und in einem anderen Mitgliedsstaat der Europäischen Union niedergelassen sind, bestimmt § 3 Abs. 2 TMG hingegen, dass der freie Dienstleistungsverkehr – mit Ausnahme der nachstehend beschriebenen Regelungen in § 3 Abs. 3 bis 5 – nicht eingeschränkt wird; für sie gilt also das Recht des Staates ihrer Niederlassung.

Für das Herkunftslandprinzip sind unter § 3 Abs. 3 bis 5 TMG wichtige Ausnahmen bestimmt:

- Die Vertragsparteien – Diensteanbieter und Nutzer – haben zunächst die Freiheit der Rechtswahl. Sofern sie vertraglich also vereinbaren, dass ein bestimmtes nationales Recht ihrem Vertrag zugrunde liegen soll, geht dies dem Herkunftslandprinzip vor.
- Bei Verträgen, die im Internet mit Verbrauchern geschlossen werden, gilt ebenfalls nicht das Herkunftslandprinzip, sondern zum Schutz der Verbraucher das Bestimmungslandprinzip. Danach sollen sich Verbraucher auf das Recht ihres eigenen Landes verlassen können.
- Unberührt bleiben ferner gesetzliche Vorschriften über die Form des Erwerbs von Grundstücken und grundstücksgleichen Rechten sowie der Begründung, Übertragung, Änderung oder Aufhebung von dinglichen Rechten an Grundstücken und grundstücksgleichen Rechten.
- Nicht betroffen ist auch das für den Schutz personenbezogener Daten geltende Recht. Der Datenschutz im Telemedienrecht ist damit ebenfalls vom Herkunftslandprinzip ausgenommen. Diensteanbieter, die Telemedien über nationale Grenzen hinaus anbieten, müssen mithin die Datenschutzbestimmungen aller Staaten beachten, in denen ihr Angebot genutzt werden kann. Der Gesetzgeber schließt mithin in § 3 Abs. 3 Nr. 4 TMG das Herkunftslandprinzip für den Datenschutz explizit aus – es bleibt insofern bei den allgemeinen Vorschriften des Bundesdatenschutzgesetzes zur internationalen Anwendbarkeit deutschen Datenschutzrechts (siehe dort der Abschnitt „Internationale Anwendbarkeit").
- § 3 Abs. 5 TMG bestimmt darüber hinaus, dass das Angebot und die Erbringung von Telemedien durch einen Diensteanbieter, der in einem anderen EU-Staat niedergelassen ist, den Einschränkungen des innerstaatlichen Rechts unterliegen, soweit dieses dem Schutz der öffentlichen Sicherheit und Ordnung, der öffentlichen Gesundheit, der Interessen der Verbraucher, einschließlich des Schutzes von Anlegern, vor Beeinträchtigungen oder ernsthaften und schwerwiegenden Gefahren dient und die auf der Grundlage des innerstaatlichen Rechts in Betracht kommenden Maßnahmen in einem angemessenen Verhältnis zu diesen Schutzzielen stehen.
- Ebenfalls ausgenommen vom Herkunftslandprinzip ist die Zulässigkeit nicht angeforderter kommerzieller Kommunikationen durch elektronische Post. Gemeint ist damit der Versand von Spammails. Sofern deutsche Diensteanbieter derartige kommerzi-

elle Mails an Empfänger in anderen EU-Mitgliedstaatenverschicken, müssen sie die
hierzu bestehenden Regelungen des Bestimmungslandes beachten. Diensteanbieter,
die in anderen EU-Staaten niedergelassen sind und Spammails an deutsche Empfänger senden, müssen sich umgekehrt an die dort geltenden Bestimmungen halten.

- Gleiches gilt für Gewinnspiele mit geldwertem Einsatz, also bspw. Lotterien oder
  Wettspiele.
- Beim Urheberrecht gilt gemäß § 3 Abs. 4 Nr. 6 TMG statt des Herkunftslandprinzips
  das sogenannte Schutzlandprinzip. Das Urheberrecht wird demnach so anerkannt, wie
  es im jeweiligen Schutzland entstanden ist.
- Beim gewerblichen Rechtsschutz – also für die Anmeldung von Marken und Patenten –
  gilt demgegenüber das Bestimmungslandprinzip.

§ 3 TMG ist ausschließlich auf Online-Aktivitäten anwendbar. Der Bereich des Versandhandels insgesamt unterfällt daher nicht dem Herkunftslandprinzip. Nur für denjenigen
Teil, bei dem die Geschäftsabschlüsse online erfolgen – wie bspw. Werbung oder Vertragsabschluss – gilt das Herkunftslandsprinzip. Die Auslieferung der Waren selbst oder die
Erbringung der Dienstleistungen unterliegen hingegen dem dafür anzuwendenden Recht.

Beispiel

Der Bundesgerichtshof verneinte die internationale Zuständigkeit deutscher Gerichte
für eine Klage gegen eine Internetveröffentlichung ohne deutlichen Inlandsbezug.
Der Fall:[57]
Der Kläger ist russischer Geschäftsmann. Er hat neben einer Wohnung in Moskau
auch einen Wohnsitz in Deutschland. Die Beklagte, die zusammen mit dem Kläger
die Schule in Moskau besucht hat, lebt inzwischen in den USA. Die Parteien trafen
bei einem Klassentreffen mit weiteren in Russland verbliebenen Mitschülern in der
Wohnung des Klägers in Moskau zusammen. Danach veröffentlichte die Beklagte von
den USA aus einen in russischer Sprache und kyrillischer Schrift abgefassten Bericht
über das Internetportal www.womanineurope.com, das von einem Anbieter mit Sitz
in Deutschland betrieben wird. In dem Bericht äußert sie sich u. a. auch über die
Lebensumstände und das äußere Erscheinungsbild des Klägers. Der Kläger begehrt
die Unterlassung mehrerer Äußerungen, Geldentschädigung und Auskunft über den
Zeitraum und die Internetadressen, über welche die zu unterlassenden Äußerungen
abrufbar waren. Beide Vorinstanzen haben die internationale Zuständigkeit der deutschen Gerichte verneint und die Klage als unzulässig abgewiesen. Der Bundesgerichtshof hat die Revision des Klägers zurückgewiesen.
Zur Begründung führte der BGH aus:
Die deutschen Gerichte seien zur Entscheidung über Klagen wegen Persönlich-
keitsbeeinträchtigungen durch im Internet abrufbare Veröffentlichungen international

---

[57]BGH, Urt. v. 29.03.2011 – VI ZR 111/10.

zuständig, wenn die als rechtsverletzend beanstandeten Inhalte objektiv einen deutlichen Bezug zum Inland in dem Sinn aufweisen, dass eine Kollision der widerstreitenden Interessen – Interesse des Klägers an der Achtung seines Persönlichkeitsrechts
einerseits, Interesse der Beklagten an der Gestaltung ihres Internetauftritts und an einer
Berichterstattung andererseits – nach den Umständen des konkreten Falls, insbesondere aufgrund des Inhalts der konkreten Meldung, im Inland tatsächlich eingetreten
sei oder eintreten könne. Aus dem Inhalt der angegriffenen Äußerung lasse sich ein
solcher deutlicher Inlandsbezug nicht herleiten. Die in russischer Sprache und kyrillischer Schrift abgefasste Reisebeschreibung schildere ein privates Zusammentreffen
der Parteien in Russland. Die beschriebenen Umstände aus dem privaten Bereich des
Klägers seien in erster Linie für die an dem Treffen Beteiligten von Interesse. Diese
hätten, bis auf den Kläger, ihren gewöhnlichen Aufenthalt nicht in Deutschland. Allein
dadurch, dass der Kläger an seinem Wohnsitz im Inland den Bericht abgerufen habe,
werde noch nicht ein deutlicher Inlandsbezug hergestellt, selbst wenn vereinzelt
Geschäftspartner Kenntnis von den angegriffenen Äußerungen erhalten haben sollten.
Aus dem Standort des Servers in Deutschland lasse sich eine die Zuständigkeit deutscher Gerichte begründende Handlung der Beklagten ebenfalls nicht herleiten.

2.6 Telekommunikationsrecht

Nachdem die gesetzlichen Vorschriften zu den Inhalten und Nutzungsformen der Medien
nun ausführlich besprochen wurden, soll hier das Regelungswerk für den technischen
Vorgang der Telekommunikation erläutert werden: das Telekommunikationsgesetz
(TKG). Es erfasst lediglich den technischen Vorgang der Datenübermittlung und igno-
riert die Inhalte. In zahlreichen Publikationen zum Medienrecht spielt das Telekommunikationsrecht deshalb keine Rolle. Hier soll es dennoch betrachtet werden, denn gerade
wegen der rasanten Entwicklung im Bereich der neuen Medien sind die Möglichkeiten
von Technik und Inhalt eng miteinander verflochten.

Der Begriff Telekommunikation bezeichnet allgemein jeden Austausch von Informationen über eine bestimmte Distanz. Heute wird er vor allem als Datenaustausch unter
Verwendung von Elektrotechnik, Elektronik und anderen Technologien definiert.

Ursprünglich hatte der Bund im Bereich Telekommunikation ein Monopol. Nur er
war berechtigt, Fernmeldeanlagen zu errichten und zu betreiben. Ausgeführt wurden
diese Dienstleistungen von der früheren Deutschen Bundespost. Seit der Liberalisierung durch das Europarecht 1998 werden Telekommunikationsdienste im freien Wettbewerb erbracht. Begonnen hat diese Liberalisierung mit dem Endgerätemarkt und
dem Mobilfunk. Die Bundespost wurde in ein privates Unternehmen umgewandelt: die
Deutsche Telekom. Es bleibt allerdings weiterhin Angelegenheit des Staates, flächen-
deckend angemessene Telekommunikationsdienstleistungen zu gewährleisten. Zu diesem
Zweck wurde das Telekommunikationsgesetz verabschiedet. Es ist stark europarechtlich
geprägt, denn Ziel der EU ist es, den Binnenmarkt für Telekommunikationsleistungen

weiter zu entwickeln und den Wettbewerb zu fördern. Entsprechend gilt das TKG als Ordnungsrahmen für einen funktionsfähigen Wettbewerb in der Telekommunikation. Wichtig ist die Regelung vor allem, weil die Deutsche Telekom nach wie vor über strukturelle Vorteile verfügt.

Die Deutsche Telekom wird noch immer als dominanter Anbieter betrachtet. Damit neue Anbieter die gleichen Chancen auf dem Telekommunikationsmarkt wahrnehmen können, sind Kontrolle und Regulierung notwendig. Diese Aufgaben übernimmt die Bundesnetzagentur. Ihr obliegen die Aufsicht über die Meldepflicht, die Missbrauchsaufsicht und die Aufsicht über die Preisgestaltung. Sie ist eine Bundesoberbehörde im Geschäftsbereich des Bundeswirtschaftsministeriums. Auch wichtige Gerichtsentscheidungen im Bereich der Telekommunikation lassen sich finden.

Beispiel

Der Bundesgerichtshof hatte über Einzelheiten der in Mobilfunkverträgen verwendeten Allgemeinen Geschäftsbedingungen zu entscheiden.

Der Fall:[58]

Der Bundesverband der Verbraucherzentralen und Verbraucherverbände e. V. beanstandete u. a. drei Klauseln der von der Beklagten (einem Telekommunikationsunternehmen) in Verträgen mit Verbrauchern über Mobilfunkleistungen verwendeten Allgemeinen Geschäftsbedingungen.

Zu den beanstandeten Klauseln gehören die folgenden drei Klauseln:

7. Nutzung durch Dritte

- 7.2 Der Kunde hat auch die Preise zu zahlen, die durch …. Unbefugte Nutzung der überlassenen Leistungen durch Dritte entstanden sind, wenn und soweit er diese Nutzung zu vertreten hat.
- 7.3 Nach Verlust der … Karte hat der Kunde nur die Verbindungspreise zu zahlen, die bis zum Eingang der Meldung über den Verlust der Karte bei … angefallen sind. Das gleiche gilt für Preise über Dienste, zu denen … den Zugang vermittelt.

11. Verzug

- 11.2 Ist der Kunde mit Zahlungsverpflichtungen in Höhe von mindestens 15,50 EUR in Verzug, kann … den Mobilfunkanschluss auf Kosten des Kunden sperren.

Der Bundesgerichtshof war der Rechtsauffassung, dass die Klauseln Nr. 7.2. und 7.3. der von der Beklagten verwendeten Allgemeinen Geschäftsbedingungen einer Inhaltskontrolle standhalten. Er hat sie als Vergütungsregelungen angesehen und hiervon ausgehend keine unangemessene Benachteiligung der Kunden der Beklagten festgestellt.

Begründung: Bei der Erbringung von Mobilfunkdienstleistungen handelt es sich um ein praktisch vollständig technisiertes, anonymes Massengeschäft. Die Beklagte nimmt von der konkreten Person des die Mobilfunkdienstleistung Abrufenden keine

---

[58]BGH, Urt. v. 17.02.2011 – III ZR 35/10.

Kenntnis. Sie kann deshalb nicht beurteilen, ob das Abrufen der Mobilfunkdienstleistung mit Billigung des Kunden erfolgt. Sie muss sich darauf verlassen können, dass dieser beim Gebrauch seines Mobiltelefons die erforderlichen Vorkehrungen trifft, damit Unbefugte keinen Zugriff auf Mobilfunkdienstleistungen erhalten. Vom Mobilfunkkunden zu verlangen, nach seinen Möglichkeiten eine unbefugte Nutzung Dritter zu unterbinden, benachteiligt diesen nicht unangemessen. Eine andere Frage ist, wie die Sorgfaltspflichten, die dem Kunden in seiner Risikosphäre obliegen, im Einzelnen beschaffen sind. Den besonderen Gefährdungen, etwa hinsichtlich des Verlusts der SIM-Karte, gegebenenfalls einschließlich des Mobiltelefons, die sich gerade aus dem Umstand ergeben, dass die Mobilfunkdienstleistung an jedem Ort und damit auch außerhalb der geschützten Sphäre der Wohnung des Anschlussinhabers zur Verfügung steht, kann dadurch Rechnung getragen werden, dass die Anforderungen an die Sorgfaltspflichten des Kunden nicht überspannt werden. Dies stellt jedoch die Wirksamkeit der hier fraglichen Allgemeinen Geschäftsbedingungen unter dem Blickwinkel einer unangemessenen Benachteiligung der Kunden des Beklagten nicht infrage. Der Klausel Nr. 7.3. hat der Bundesgerichtshof nur eine zeitliche Begrenzung der vom Kunden zu zahlenden Entgelte im Fall des Verlustes der Sym.-Karte entnommen, was diesen deshalb nicht benachteiligt, sondern seine Zahlungspflichten begrenzt.

Die Klausel Nr. 11.2 hält dagegen nach der Rechtsauffassung des BGH einer Inhaltskontrolle nicht stand, sie ist nach § 307 Abs. 1 S. 1, Abs. 2 Nr. 1 BGB unwirksam.

Begründung: Sie benachteiligt die jeweiligen Mobilfunkkunden der Beklagten entgegen Treu und Glauben unangemessen. Die Sperre des Mobilfunkanschlusses stellt der Sache nach die Ausübung eines Zurückbehaltungsrechts dar. Insbesondere von § 320 Abs. 2 BGB weicht die Klausel Nr. 11.2. zum Nachteil des Kunden ab. Ein Zurückbehaltungsrecht hinsichtlich der noch zu erbringenden Mobilfunkdienstleistungen steht der Beklagten danach nicht zu, wenn nur ein verhältnismäßig geringfügiger Teil der Gegenleistung noch offensteht. Dies kann bei einem Verzug mit einem Betrag von 15,50 EUR, der nach der Klausel die Sperre rechtfertigt, nicht ausgeschlossen werden. Dabei hat der Senat insbesondere in Betrachtung gezogen, dass der Gesetzgeber in § 45k Abs. 2 S. 1 TKG für die Telefondienstleistungsunternehmen im Festnetzbereich als Voraussetzung für eine Sperre den Betrag von 75 EUR festgelegt hat. Der Bundesgerichtshof hat diese gesetzgeberische Wertung im Rahmen der Kontrolle der Allgemeinen Geschäftsbedingungen auf Verträge über Mobilfunkdienstleistungen für übertragbar gehalten.

Beispiel

Eine Klage auf „Telekommunikationsrechtliche Regulierung" wurde abgewiesen – keine Regulierungsentscheidung für einen Zugang zum Teilnehmeranschluss in Form der reinen Glasfaserleitung.[59]

---

[59]BVerwG, Urt. v. 28.11.2007 – 6 C 42.06.

Im ersten Teil des Telekommunikationsgesetzes sind die allgemeinen Vorschriften geregelt. Wer Telekommunikationsleistungen erbringen will, ist darin frei und muss die Dienstleistung lediglich anmelden. Eine Genehmigung ist gemäß § 6 TKG nicht erforderlich, allerdings verpflichtet sich der Anbieter, auf Verlangen der Bundesnetzagentur Berichte vorzulegen.

Der zweite Teil des Gesetzes beschäftigt sich in seinem ersten Abschnitt mit dem Verfahren der Marktregulierung (§§ 9 ff. TKG), im zweiten mit der Zugangsregulierung (§§ 16 ff. TKG). Hier ist geregelt, dass jeder Betreiber eines öffentlichen Telekommunikationsnetzes verpflichtet ist, anderen Betreibern, sofern diese es verlangen, ein Angebot zur Zusammenschaltung zu unterbreiten. Die Bereitstellung von Telekommunikationsdiensten soll so gemeinschaftsweit gewährleistet werden. Außerdem ist in diesem Abschnitt geregelt, dass auch Entgelte für Zugangsleistungen der Regulierung unterliegen.

Der dritte Teil des TKG befasst sich umfassend mit Regelungen zum Kundenschutz. Hier ist bspw. der Anspruch auf einen Einzelverbindungsnachweis (§ 45e TKG) geregelt. Außerdem haben Kunden gemäß § 46 TKG unter festgelegten Voraussetzungen einen Anspruch darauf, ihre Rufnummer zu behalten, wenn sie zu einem neuen Anbieter wechseln.

Das Telekommunikationsgesetz regelt zudem die Zuteilung von Frequenzen (§§ 52 ff. TKG) und legt fest, dass die Bundesnetzagentur die Strukturierung und Ausgestaltung der Nummernvergabe vornimmt (§§ 66 f. TKG; Abb. 2.2).

Auch das „Fernmeldegeheimnis" (in neuerer Terminologie auch „Telekommunikationsgeheimnis") ist im Telekommunikationsgesetz verankert. Das Fernmeldegeheimnis ist ein Verbot des unbefugten Abhörens, Unterdrückens, Verwertens oder Entstellens von Fernmelde- (Fernschreib-, Fernsprech-, Funk- und Telegrafen-) Botschaften. Gemäß § 88 TKG unterliegen der Inhalt der Telekommunikation und ihre näheren Umstände, insbesondere die Tatsache, ob jemand an einem Telekommunikationsvorgang beteiligt ist oder war,

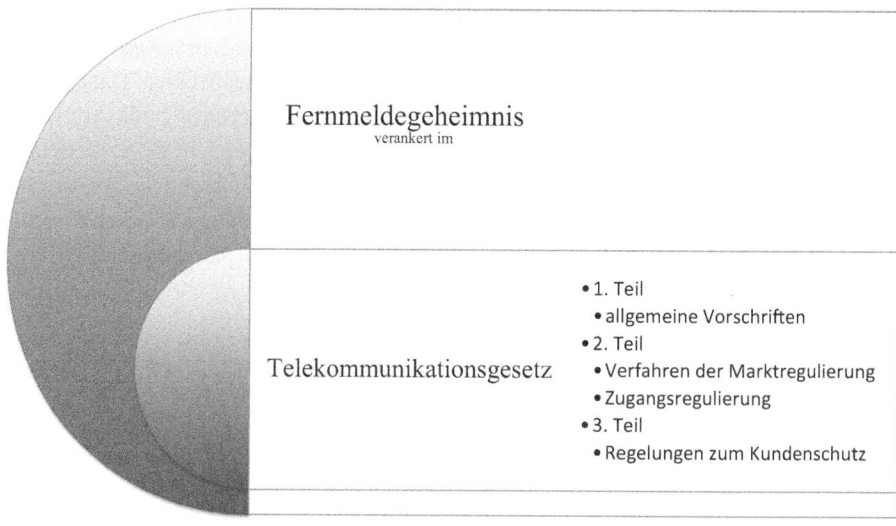

Abb. 2.2 Fernmeldegeheimnis. (Quelle: eigene Darstellung)

diesem Fernmeldegeheimnis. Das Fernmeldegeheimnis erstreckt sich ausdrücklich auch auf die näheren Umstände erfolgloser Verbindungsversuche. Zur Wahrung des Fernmeldegeheimnisses ist jeder Diensteanbieter verpflichtet, wobei die Pflicht zur Geheimhaltung auch nach dem Ende derjenigen Tätigkeit fortbesteht, durch die sie begründet worden ist.

In den §§ 91 bis 107 TKG sind die personenbezogenen Daten der Teilnehmer und Nutzer von Telekommunikationsdiensten gesetzlich geschützt.

Gemäß § 95 Abs. 2 TKG gilt hinsichtlich der Verwendung von Kundendaten, die für das Vertragsverhältnis über Telekommunikationsdienste erhoben worden sind (sogenannte Bestandsdaten), Folgendes:

Grundsätzlich darf der Diensteanbieter Bestandsdaten zur Kundenberatung und Werbung nur verwenden, wenn der Kunde eingewilligt hat. Er darf aber im Rahmen einer bestehenden Kundenbeziehung die Rufnummer sowie die Postadresse (einschließlich der elektronischen Adresse) für die Versendung von Text- und Bildmitteilungen zu Kundenberatungs- und Werbezwecken verwenden, es sei denn, dass der Kunde dem widersprochen hat. Allerdings muss der Kunde sowohl bei der Erhebung dieser Daten als auch bei jeder Versendung einer Werbenachricht deutlich sichtbar und gut lesbar darauf hingewiesen werden, dass er der Versendung weiterer Nachrichten jederzeit schriftlich oder elektronisch widersprechen kann.

Hinsichtlich der bereits bestehenden Kundenverhältnisse bedeutet dies, dass der Diensteanbieter seine Altkunden rechtzeitig vor einer geplanten Werbeaktion auf die neue Nutzungsmöglichkeit hinweisen sowie eine Frist zur Einlegung des Widerspruchs setzen und beachten muss. Erst wenn bei Fristablauf kein Widerspruch des Kunden vorliegt, können die Daten in oben beschriebener Weise genutzt werden.

Nach § 97 Abs. 4 TKG gilt für neue Kundenverhältnisse der Grundsatz der unverkürzten, vollständigen Speicherung, sofern der Kunde nichts anderes gewählt hat. Damit soll gewährleistet werden, dass im Falle von Reklamationen der Rechnung noch auf die vollständige angerufene Rufnummer zurückgegriffen werden kann. Der Kunde kann aber auch künftig eine um die letzten drei Ziffern verkürzte Speicherung oder gar die sofortige Löschung seiner Verkehrsdaten mit Versendung der Rechnung wählen. Auf dieses Wahlrecht hat der Diensteanbieter seine Kunden bei Vertragsabschluss hinzuweisen. Die Gesetzesänderung hat jedoch keine Auswirkung auf die vom Kunden gewählte Form des Einzelverbindungsnachweises, sondern betrifft nur die interne Speicherung der Verkehrsdaten beim rechnungsstellenden Diensteanbieter.

In § 98 TKG ist eine Regelung zur Nutzung von Standortdaten für die Bereitstellung von sogenannten Diensten mit Zusatznutzen aufgeführt. Für diese ortsabhängigen Dienste ist grundsätzlich die Einwilligung des Kunden in die Lokalisierung notwendig. Dabei muss dieser die Möglichkeit haben, die Einwilligung jederzeit zu widerrufen oder die Ortung zeitweise zu untersagen. Im Falle eines Notrufes müssen die Standortdaten allerdings auch ohne Einwilligung übertragen werden können, damit eine Lokalisierung des Hilfesuchenden erfolgen kann.

Regelungen hinsichtlich der Nichterkennbarkeit von Rufnummern im Einzelverbindungsnachweis sind in § 99 Abs. 2 TKG festgelegt.

In der Telefonauskunft ist unter bestimmten Voraussetzungen die sogenannte Inverssuche möglich: Das TKG bestimmt in § 105 Abs. 3, dass auch anhand einer Rufnummer der Name und die Anschrift des Teilnehmers erfragt werden können. Voraussetzung dafür ist, dass der betroffene Kunde mit seinen Daten im Telefonbuch oder einem öffentlichen elektronischen Kundenverzeichnis eingetragen ist und gegen diese Art der Auskunft keinen Widerspruch eingelegt hat. Auf dieses Widerspruchsrecht muss der Diensteanbieter seine Kunden hinweisen, wenn er die Inverssuche anbieten möchte.

Die Vorschriften über den Notruf finden sich in § 108 TKG.

In § 111 TKG ist geregelt, dass die Diensteanbieter auch beim Abschluss von Prepaid-Verträgen im Mobilfunk Name und Anschrift sowie das Geburtsdatum ihrer Kunden erheben müssen.

Wer Nachrichten abhört oder Inhalte von Nachrichten an Dritte weitergibt, macht sich gemäß § 148 TKG strafbar. Das Gesetz sieht Geldstrafen oder eine Freiheitsstrafe bis zu zwei Jahren vor. Für Ordnungswidrigkeiten bestimmt § 149 TKG umfangreiche Bußgeldvorschriften.

Im Zusammenhang mit der Telekommunikation ist der Begriff „Dialer" (Einwahlprogramme) zu behandeln. Dies sind im engeren Sinne Computerprogramme, mit deren Hilfe über das analoge Telefon- oder das ISDN-Netz eine Wählverbindung zum Internet oder anderen Computernetzwerken aufgebaut werden kann. Zudem existieren auch Dialer für Mobiltelefone. Häufig wird im weiteren Sinne aber nicht nur das Einwahlprogramm selbst, sondern auch dessen Installationsprogramm als „Dialer" bezeichnet. Bei den Internet-by-Call-Software Least Cost Routern handelt es sich ebenfalls um Einwahlprogramme, der Begriff Dialer wird hierfür jedoch in der Regel nicht verwendet.

Besondere Bekanntheit erreichten Dialer durch zahlreiche Missbrauchsfälle im Bereich der sogenannten „Premium-Rate-Dialer", bei denen Betroffene oft ungewollt und unbemerkt teure 0190- bzw. 0900-9-Datenmehrwertdiensten anwählten, was zu hohen Kosten bei den Geschädigten führte.

In § 66f Abs. 1 TKG sind daher verpflichtende Regeln für Dialer-Anbieter und deren Registrierungspflicht statuiert: Anwählprogramme, die Verbindungen zu einer Nummer herstellen, bei denen neben der Telekommunikationsdienstleistung Inhalte abgerechnet werden (Dialer), dürfen nur eingesetzt werden, wenn sie vor Inbetriebnahme bei der Bundesnetzagentur registriert wurden, von ihr vorgegebene Mindestvoraussetzungen erfüllen und ihr gegenüber schriftlich versichert wurde, dass eine rechtswidrige Nutzung ausgeschlossen ist. Dialer dürfen nur über Rufnummern aus einem von der Bundesnetzagentur hierzu zur Verfügung gestellten Nummernbereich angeboten werden. Das Betreiben eines nicht registrierten Dialers neben einem registrierten Dialer unter einer Nummer ist unzulässig.

Für den Anbieter folgt dies also zu folgenden Pflichten:

- Preisangabepflicht
- Preisobergrenzen, Legitimationsverfahren und automatische Trennung
- Registrierung von Anwählprogrammen (Dialer)
- Auskunftsanspruch des Verbrauchers gegenüber der Bundesnetzagentur

Das Telekommunikationsgesetz ist vor allem wegen einzelner datenschutzrechtlicher Vorschriften heftig umstritten. In diesem Zusammenhang versteht man unter dem Begriff „Vorratsdatenspeicherung" die Speicherung personenbezogener Telekommunikationsverbindungsdaten durch oder für öffentliche Stellen, ohne dass die Daten aktuell benötigt werden, sie werden also „auf Vorrat" gespeichert. Das Thema Vorratsdatenspeicherung wird in Abschn. 7.2.10 gesondert behandelt.

Die Daten sammelnde Tätigkeit des Bundeszentralamts für Steuern ist mit dem Grundgesetz vereinbar. Die Speicherung von Informationen in der Datensammlung kann zwar in das Grundrecht des Betroffenen auf informationelle Selbstbestimmung eingreifen. Für derartige Eingriffe enthält jedoch § 88a AO eine hinreichende verfassungsgemäße gesetzliche Grundlage. Insbesondere ist die Norm angesichts des von ihr verfolgten Ziels der gleichmäßigen Festsetzung und Erhebung von Steuern mit dem Grundsatz der Verhältnismäßigkeit vereinbar. Soweit es zur Sicherstellung einer gleichmäßigen Festsetzung und Erhebung der Steuern erforderlich ist, dürfen die Finanzbehörden geschützte Daten auch für Zwecke künftiger Verfahren, insbesondere zur Gewinnung von Vergleichswerten, in Dateien oder Akten sammeln und verwenden.

Die praktische Bedeutung einer funktionsfähigen Internetverbindung für die Allgemeinheit wird aus folgender Gerichtsentscheidung deutlich: Der Bundesgerichtshof hat dem Kunden eines Telekommunikationsunternehmens Schadensersatz für den mehrwöchigen Ausfall seines DSL-Anschlusses zuerkannt.

Beispiel

Der Fall:[60]

Infolge eines Fehlers des beklagten Telekommunikationsunternehmens bei einer Tarifumstellung konnte der Kläger seinen DSL-Internetanschluss in der Zeit vom 15. Dezember 2008 bis zum 16. Februar 2009 nicht nutzen. Über diesen Anschluss wickelte er auch seinen Telefon- und Telefaxverkehr ab (Voice und Fax over IP, VoIP). Neben Mehrkosten, die infolge des Wechsels zu einem anderen Anbieter und für die Nutzung eines Mobiltelefons anfielen, verlangt der Kläger Schadensersatz für den Fortfall der Möglichkeit, seinen DSL-Anschluss während des genannten Zeitraums für die Festnetztelefonie sowie für den Telefax- und Internetverkehr zu nutzen, in Höhe von 50 EUR täglich. In den Vorinstanzen sind dem Kläger 457,50 EUR für das höhere, bei dem anderen Anbieter anfallende Entgelt sowie für die Kosten der Mobilfunknutzung zuerkannt worden. Mit seiner vom Berufungsgericht zugelassenen Revision hat der Kläger seinen Schadensersatzanspruch für die entgangenen Nutzungsmöglichkeiten seines DSL-Anschlusses weiterverfolgt.

Nach der Rechtsprechung des Bundesgerichtshofs muss der Ersatz für den Ausfall der Nutzungsmöglichkeit eines Wirtschaftsguts grundsätzlich Fällen vorbehalten bleiben, in denen sich die Funktionsstörung typischerweise als solche auf die materiale Grundlage der Lebenshaltung signifikant auswirkt.

---

[60]BGH, Urt. v. 24.01. 2013 – III ZR 98/12.

In Anwendung dieses Maßstabs hat der BGH einen Schadensersatzanspruch wegen des Ausfalls des Telefax verneint. Dieses vermittelt lediglich die Möglichkeit, Texte oder Abbildungen bequemer und schneller als auf dem herkömmlichen Postweg zu versenden. Der Fortfall des Telefax wirkt sich zumindest in dem hier in Rede stehenden privaten Bereich nicht signifikant aus, zumal diese Art der Telekommunikation zunehmend durch die Versendung von Text- und Bilddateien mit elektronischer Post verdrängt wird.

Im Ergebnis hat der BGH einen Schadensersatzanspruch auch für den Ausfall des Festnetztelefons abgelehnt. Allerdings stellt die Nutzungsmöglichkeit des Telefons ein Wirtschaftsgut dar, dessen ständige Verfügbarkeit für die Lebensgestaltung von zentraler Wichtigkeit ist. Die Ersatzpflicht des Schädigers für die entgangene Möglichkeit, Nutzungsvorteile aus einem Wirtschaftsgut zu ziehen, entfällt jedoch, wenn dem Geschädigten ein gleichwertiger Ersatz zur Verfügung steht und ihm der hierfür anfallende Mehraufwand ersetzt wird. Dies war vorliegend der Fall, weil der Kläger im maßgeblichen Zeitraum ein Mobiltelefon nutzte und er die dafür angefallenen zusätzlichen Kosten ersetzt verlangen konnte.

Demgegenüber hat der Senat dem Kläger dem Grunde nach Schadensersatz für den Fortfall der Möglichkeit zuerkannt, seinen Internetzugang für weitere Zwecke als für den Telefon- und Telefaxverkehr zu nutzen. Die Nutzbarkeit des Internets ist ein Wirtschaftsgut, dessen ständige Verfügbarkeit seit längerer Zeit auch im privaten Bereich für die eigenwirtschaftliche Lebenshaltung typischerweise von zentraler Bedeutung ist. Das Internet stellt weltweit umfassende Informationen in Form von Text-, Bild-, Video- und Audiodateien zur Verfügung. Dabei werden thematisch nahezu alle Bereiche abgedeckt und verschiedenste qualitative Ansprüche befriedigt. So sind etwa Dateien mit leichter Unterhaltung ebenso abrufbar wie Informationen zu Alltagsfragen bis hin zu hochwissenschaftlichen Themen. Dabei ersetzt das Internet wegen der leichten Verfügbarkeit der Informationen immer mehr andere Medien, wie zum Beispiel Lexika, Zeitschriften oder Fernsehen. Darüber hinaus ermöglicht es den weltweiten Austausch zwischen seinen Nutzern, etwa über E-Mails, Foren, Blogs und soziale Netzwerke. Zudem wird es zunehmend zur Anbahnung und zum Abschluss von Verträgen, zur Abwicklung von Rechtsgeschäften und zur Erfüllung öffentlichrechtlicher Pflichten genutzt. Der überwiegende Teil der Einwohner Deutschlands bedient sich täglich des Internets. Damit hat es sich zu einem die Lebensgestaltung eines Großteils der Bevölkerung entscheidend mitprägenden Medium entwickelt, dessen Ausfall sich signifikant im Alltag bemerkbar macht.

Zur Höhe des Schadensersatzes hat der Senat ausgeführt, dass der Kläger in Übertragung der insoweit von der Rechtsprechung entwickelten Grundsätze auf die vorliegende Fallgestaltung einen Betrag verlangen kann, der sich nach den marktüblichen, durchschnittlichen Kosten richtet, die in dem betreffenden Zeitraum für die Bereitstellung eines DSL-Anschlusses mit der vereinbarten Kapazität ohne Telefon- und Faxnutzung angefallen wären, bereinigt um die auf Gewinnerzielung gerichteten und sonstigen, eine erwerbwirtschaftliche Nutzung betreffenden Wertfaktoren.

Recht des elektronischen Geschäftsverkehrs

3

3.1 E-Commerce-Richtlinie der EU (Richtlinie-2000/31/EG)

Diese Richtlinie dient der rechtlichen Vereinfachung des grenzüberschreitenden elektronischen Handels und dem Schutz der Verbraucher. Sie soll für die Mitgliedsstaaten einheitliche Grundlagen und Mindeststandards schaffen. Mit der Richtlinie über den elektronischen Geschäftsverkehr wurde ein Rechtsrahmen für den E-Commerce auf dem Binnenmarkt geschaffen, der sowohl Unternehmen als auch Verbrauchern Rechtssicherheit bietet. Er beinhaltet nämlich einheitliche Regeln u. a. für die Transparenz und Informationspflichten von Online-Service-Providern, für die kommerzielle Kommunikation, für elektronische Verträge und für die Haftungsbegrenzung für Vermittler.

Das reibungslose Funktionieren des elektronischen Geschäftsverkehrs auf dem Binnenmarkt wird durch die sogenannte Binnenmarktklausel gewährleistet, die besagt, dass Dienste der Informationsgesellschaft im Prinzip dem Recht des Mitgliedstaats unterliegen, in dem der Dienstanbieter niedergelassen ist. Hingegen dürfen die Mitgliedstaaten Dienste, die von anderen EU-Staaten aus angeboten und auf ihrem Hoheitsgebiet in Anspruch genommen werden, nicht beschränken.

Die Richtlinie sieht außerdem eine engere Verwaltungszusammenarbeit zwischen den Mitgliedstaaten und eine Stärkung der Selbstkontrolle vor.

In den Geltungsbereich der E-Commerce-Richtlinie fallen u. a. Online-Informationsdienste (beispielsweise Online-Zeitungen), der Online-Verkauf von Waren und Dienstleistungen (Bücher, Finanzdienstleistungen, Reisen), Online-Werbung, freiberufliche Online-Dienste (Anwälte, Ärzte, Immobilienmakler), Unterhaltung und grundlegende Vermittlerdienste (Internetzugang sowie Übermittlung und Hosten von Informationen), und zwar auch dann, wenn sie für die Empfänger kostenlos sind und beispielsweise durch Werbung oder Sponsoring finanziert werden.

© Springer Fachmedien Wiesbaden GmbH 2017   111
K.W. Nitsch, *Informatikrecht*, DOI 10.1007/978-3-658-16426-3_3

Zum Verständnis: EU-Richtlinien gelten nicht unmittelbar. Sie stellen vielmehr inhaltliche Vorgaben an die Mitgliedstaaten der EU und richten Arbeitsaufträge an die nationalen Gesetzgeber. Diese müssen binnen einer bestimmten Frist richtliniengemäßes Recht in ihren Staaten schaffen. Dieses gilt dann unmittelbar. (Anders bei Verordnungen: Diese gelten von Anfang an unmittelbar und müssen nicht erst in nationales Recht „übersetzt" werden.)

Wesentlich für den elektronischen Geschäftsverkehr sind neben den Bestimmungen der E-Commerce-Richtlinie aber auch weitere EU-Bestimmungen bspw. zum Verbraucherschutz bei Fernabsatzverträgen und zur Rechtswahl.

3.2   Schuldrecht

Zunächst soll ein Überblick über die bedeutendsten Normen des deutschen Schuldrechts den Einstieg in die Materie erleichtern.

Das Bürgerliche Recht der Bundesrepublik Deutschland unterliegt gemäß § 311 Abs. 1 des Bürgerlichen Gesetzbuchs (BGB) dem „Prinzip der Privatautonomie" bzw. dem „Grundsatz der Vertragsfreiheit". Der Abschluss eines Vertrages liegt demnach in der freien Bestimmung durch die beteiligten Parteien. Sie können Art und Inhalt des Vertrages frei wählen.

Das BGB ist in fünf Bücher gegliedert. Diese enthalten einen allgemeinen Teil, das Recht der Schuldverhältnisse, das Sachenrecht sowie das Familien- und das Erbrecht. Die allgemeinen Bestimmungen gelten für alle geregelten Bereiche. Sofern es zu einer Problematik in den weiteren Vorschriften speziellere Regelungen gibt, gehen diese den allgemeinen vor (Abb. 3.1).

Im Zusammenhang mit dem elektronischen Geschäftsverkehr sind in erster Linie Vorschriften aus dem allgemeinen Teil und dem Schuldrecht des BGB von Bedeutung. Das Buch über das Recht der Schuldverhältnisse ist selbst noch einmal unterteilt: in einen allgemeinen und einen besonderen Teil. Hier sind bestimmte Vertragstypen mit ihren Rechten und Pflichten normiert, bspw. Kauf- oder Mietverträge. Diese gelten als typische Vertragsgestaltungsmöglichkeiten, die Parteien können davon aber abweichen und auch neue Vertragsformen, die im BGB nicht enthalten sind, entwerfen (zum Beispiel Leasing- oder Lizenzverträge).

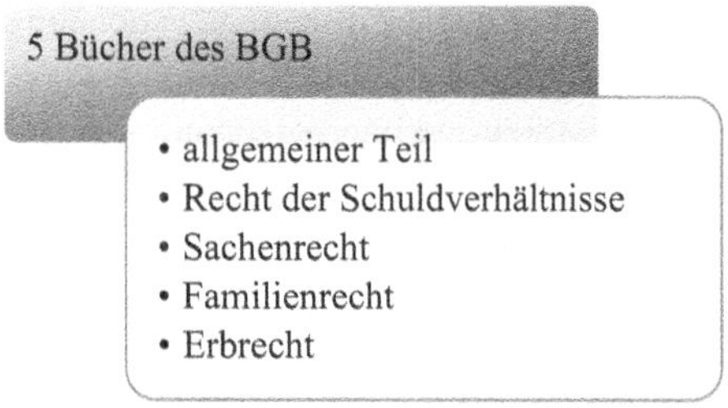

Abb. 3.1 Bücher des BGB.
(Quelle: Eigene Darstellung)

5 Bücher des BGB

• allgemeiner Teil
• Recht der Schuldverhältnisse
• Sachenrecht
• Familienrecht
• Erbrecht

Die allgemeinen BGB-Regeln über den Vertragsschluss und Pflichtverletzungen gelten für alle BGB-Vertragstypen. Die Gewährleistungspflichten bei Mängeln sind dagegen in den spezielleren Vorschriften unterschiedlich geregelt.

3.2.1 Vertragstypen nach dem Bürgerlichen Recht

Das Bürgerliche Recht kennt Kauf-, Darlehens- und Mietverträge, darüber hinaus Dienst-, Werk- und Maklerverträge. Eine umfassende Erläuterung aller Typen mit Rechten und Pflichten der Parteien würde an dieser Stelle zu weit führen. Vielmehr soll ein Überblick zu den Vertragsarten genügen, die im elektronischen Geschäftsverkehr eine bedeutende Rolle spielen.

Kaufvertrag
Ein Kaufvertrag hat gemäß § 433 BGB die schuldrechtliche Verpflichtung zu einer – gleichzeitigen oder auch späteren – sachenrechtlichen Übereignung einer Sache gegen die Verpflichtung zur Zahlung des Kaufpreises zum Inhalt. Allerdings können nicht nur Sachen Gegenstand eines Kaufvertrages sein, sondern gemäß § 453 BGB auch Rechte (zum Beispiel Patente).

Aus juristischer Sicht handelt es sich bei einem Kaufvertrag gemäß § 433 BGB um ein schuldrechtliches Verpflichtungsgeschäft mit beiderseitigen Verpflichtungen – nämlich zum einen der Verpflichtung zur Übergabe der Sache und zur Eigentumsverschaffung (§ 433 Abs. 1 BGB) – und zum anderen der Verpflichtung zur Zahlung des Kaufpreises (§ 433 Abs. 2 BGB).

Zusätzlich zum Kaufvertrag werden zwei sachenrechtliche Verfügungsgeschäfte nach § 929 S. 1 BGB abgeschlossen: Übereignung des Kaufgegenstandes und Übereignung des Kaufpreises, also des Geldes.

Die schuldrechtlichen Pflichten der Vertragsparteien gemäß § 433 BGB sind in § 241 BGB näher geregelt: Der Gläubiger ist berechtigt, vom Schuldner eine Leistung zu verlangen. Bei der Übereignung des Kaufgegenstandes ist der Gläubiger der Käufer, der Schuldner der Verkäufer. Bei der Zahlung des Kaufpreises ist das Verhältnis umgekehrt: Der Käufer ist der Schuldner, der Verkäufer der Gläubiger. Die Übertragung des Eigentums an beweglichen Sachen erfolgt nach dem Sachenrecht gemäß § 929 S. 1 BGB durch Einigung und Übergabe. Unbewegliche Sachen (Grundstücke und Bestandteile von Grundstücken, zum Beispiel Gebäude) werden gemäß §§ 873, 925 BGB durch Einigung (Auflassung) und Eintragung ins Grundbuch übereignet. Bei Handelsverkäufen, wenn also ein Kaufmann beteiligt ist, sind zusätzlich zu den Vorschriften des Bürgerlichen Rechts diejenigen des Handelsrechts zu beachten (§§ 343 ff. HGB).

Gemäß § 433 Abs. 1 S. 1 BGB ist der Verkäufer einer Sache verpflichtet, diese dem Käufer frei von Sach- und Rechtsmängeln zu verschaffen. Was ein Sachmangel ist, hat der Gesetzgeber in § 434 BGB geregelt. Hiernach liegt ein Sachmangel vor, wenn eine Sache nicht die beim Gefahrübergang (dies ist in der Regel die Übergabe der Sache) vereinbarte Beschaffenheit hat. Wurde keine bestimmte Beschaffenheit vereinbart, was beim Gebrauchsgüterkauf im täglichen Verkehr meist der Fall ist, so muss sich die Sache zur vertragsgemäßen Verwendung oder doch jedenfalls zur gewöhnlichen Verwendung eignen.

Im Hinblick auf das Vorliegen von Mängeln gilt, dass es auf den Zustand der Kaufsache beim Gefahrübergang ankommt. Nur für hier bereits vorliegende Mängel haftet der Verkäufer. Der Käufer muss im Zweifel beweisen, dass der Mangel schon zu diesem Zeitpunkt bestand und nicht erst später entstanden ist.

Ist eine Sache im Zeitpunkt des Gefahrübergangs mangelhaft, schuldet der Verkäufer nach §§ 437 Abs. 1, 439 Abs. 1 BGB eine Nacherfüllung. Hierunter versteht das Gesetz die Beseitigung des Mangels oder die Lieferung einer neuen mangelfreien Sache. Die Wahl zwischen beiden Möglichkeiten liegt beim Käufer.

Ferner hat der Verkäufer nach § 439 Abs. 2 BGB alle zur Nachlieferung erforderlichen Aufwendungen zu tragen. Hierzu gehören insbesondere Wege-, Transport und Materialkosten.

Hat der Käufer dem Verkäufer eine angemessene Frist zur Nacherfüllung gesetzt, kann er nach erfolglosem Ablauf der Frist auch vom Vertrag zurücktreten. In diesem Fall sind die empfangenen Leistungen gegenseitig zurückzugewähren. Der Verkäufer muss dem Käufer also einen bereits bezahlten Kaufpreis erstatten. Der Käufer hat die Sache dem Verkäufer zurückzugeben. Nach § 346 Abs. 2 Nr. 3 BGB muss der Käufer für eine durch einen bestimmungsgemäßen Gebrauch bis zum Rücktritt eingetretene Verschlechterung der Sache keinen Wertersatz leisten.

Wenn der Käufer die Sache aber trotz eines Mangels behalten möchte – zum Beispiel, wenn ihn der Mangel nicht allzu sehr stört oder er in der Lage ist, den Mangel selbst kostengünstig zu beseitigen – kann der Käufer gemäß § 441 BGB statt des Rücktritts den Kaufpreis mindern. Regelmäßig ist daher auch vor der Minderung eine angemessene Fristsetzung zur Nacherfüllung erforderlich. Der Käufer hat das Recht, den Kaufpreis in dem Maße herabzusetzen, um den der Verkehrswert einer mangelfreien Sache im Vergleich zu der mangelhaften Sache gemindert ist.

Daneben kann ein Mangel auch zu einem Schadensersatzanspruch des Käufers führen. Voraussetzung ist, dass ein Schaden entstanden ist. Wird zum Beispiel der gekaufte PKW infolge anfänglich mangelhafter Bremsen bei einem Unfall schwer beschädigt, sodass der Käufer für die Zeit der Reparatur die Kosten für einen Mietwagen zahlen muss, ist ihm ein Schaden in Höhe der Kosten des Mietwagens entstanden. Zudem muss der Verkäufer gemäß § 280 Abs. 1 S. 1 BGB eine Pflicht verletzt haben. Da der Verkäufer die Übergabe einer mangelfreien Sache schuldet, verletzt er mit der Übergabe einer mangelhaften Sache immer seine vertraglichen Pflichten. Häufig scheitert ein Schadensersatzanspruch allerdings daran, dass der Verkäufer gemäß § 280 Abs. 1 S. 2 BGB nachweisen kann, dass er die Pflichtverletzung nicht zu vertreten hat. Dies ist zum Beispiel dann der Fall, wenn der Verkäufer den Mangel der Sache nicht kannte und auch nicht kennen musste.

Besonderheiten gelten bei einem sogenannten Verbrauchsgüterkauf. Nach § 474 BGB ist dies der Kauf einer beweglichen Sache durch einen Verbraucher (§ 13 BGB) als Käufer von einem Unternehmer (§ 14 BGB) als Verkäufer.

Verbraucher ist gemäß § 13 BGB jede natürliche Person, die ein Rechtsgeschäft zu Zwecken abschließt, die überwiegend weder ihrer gewerblichen noch ihrer selbstständigen beruflichen Tätigkeit zugerechnet werden können.

Unternehmer ist § 14 BGB zufolge ist eine natürliche oder juristische Person oder eine rechtsfähige Personengesellschaft, die bei Abschluss eines Rechtsgeschäfts in Ausübung ihrer gewerblichen oder selbstständigen beruflichen Tätigkeit handelt. Eine rechtsfähige Personengesellschaft ist eine Personengesellschaft, die mit der Fähigkeit ausgestattet ist, Rechte zu erwerben und Verbindlichkeiten einzugehen (zum Beispiel GbR, OHG, KG).

Bei einer rechtsfähigen Personengesellschaft haftet neben der Gesellschaft mindestens ein Gesellschafter für die Verbindlichkeiten der Gesellschaft persönlich und unbeschränkt. Daher hat der Gläubiger einer rechtsfähigen Personengesellschaft immer zwei Schuldner, nämlich die Personengesellschaft (Vertragspartner) und mindestens ein persönlich haftender Gesellschafter. Im Gegensatz zu einer rechtsfähigen Personengesellschaft haften die Gesellschafter einer juristischen Person nicht persönlich, d. h. der Gesellschafter kann nicht persönlich verklagt werden. Auch haftet der Gesellschafter nicht unbeschränkt, sondern lediglich über die Beteiligung am Gesellschaftsvermögen mit seiner Einlage (zum Beispiel GmbH- oder Aktienanteil).

Die Rechtsfolgen des Verbrauchsgüterkaufs bestehen zunächst darin, dass bestimmte allgemeine Regelungen des Kaufrechts keine Anwendung finden. Es sind dies:

- die Haftungsbeschränkung bei öffentlicher Versteigerung (§ 445 BGB) und
- der Gefahrübergang auf den Käufer bereits durch Absendung beim Versendungskauf (§ 447 BGB).

Eine weitere Einschränkung betrifft die Haftung des Verkäufers bei Mängeln:

Beim Verbrauchsgüterkauf ist ein vertraglicher Haftungsausschluss sowohl bei gebrauchten als auch bei neuen Sachen generell unzulässig, § 475 Abs. 1 BGB. Lediglich die Schadensersatzansprüche des Käufers gegenüber dem Verkäufer lassen sich ausschließen oder beschränken, § 475 Abs. 3 BGB. In der Praxis hat dies besondere Bedeutung beim privaten Gebrauchtwagenkauf von einem gewerblichen Autohändler.

Beim Verbrauchsgüterkauf kann ferner die Verjährung der Gewährleistungsansprüche vertraglich nicht zum Nachteil des Käufers auf unter zwei Jahre bei neuen Sachen und nicht auf unter ein Jahr bei gebrauchten Sachen reduziert werden (§ 475 Abs. 2 BGB).

Schließlich wird der Verbraucher dadurch rechtlich gegenüber dem gewerblichen Käufer bessergestellt, dass er grundsätzlich gemäß § 476 BGB bei einem binnen sechs Monaten nach Übergabe der Kaufsache aufgetretenen Mangel nicht beweisen muss, dass der Mangel bereits bei Gefahrübergang vorhanden oder angelegt gewesen ist. Vielmehr wird das Vorhandensein des Mangels im entscheidenden Zeitpunkt gesetzlich vermutet.

Der Verkäufer kann diese Vermutung durch den Gegenbeweis zu erschüttern versuchen. Beim Verbrauchsgüterkauf gilt also während der ersten sechs Monate ab Gefahrübergang eine sogenannte „Beweislastumkehr". Tritt in dieser Zeit ein Mangel auf, so wird vermutet, dass der Mangel bereits beim Gefahrübergang bestand. Es ist für den Käufer daher von großem Vorteil, wenn er einen sich zeigenden Mangel der Kaufsache bereits innerhalb der ersten sechs Monate beim Verkäuferreklamiert.

Der Bundesgerichtshof hat zur Mängelgewährleistung im Kaufrecht bei Verbrauchsgüterverträgen gemäß § 439 Abs. 1 BGB entschieden:

Die Nacherfüllung durch „Lieferung einer mangelfreien Sache" erfasst auch den Ausbau und den Abtransport der mangelhaften Kaufsache.

Beispiel

Der Fall:[1]

Der Kläger erwarb von der Beklagten, die einen Baustoffhandel betreibt, Bodenfliesen zum Preis von 1191,61 EUR netto. Nachdem er die Fliesen in seinem Wohnhaus hatte verlegen lassen, zeigten sich Mängel, deren Beseitigung nicht möglich ist. Der Kläger hat deswegen von der Beklagten die Lieferung neuer Fliesen sowie die Zahlung der Kosten für den Ausbau der mangelhaften Fliesen und den Einbau neuer Fliesen in Höhe von 5830,57 EUR begehrt.

Der Bundesgerichtshof hat entschieden, dass § 439 Abs. 1 Alt. 2 BGB dahin auszulegen sei, dass die dort genannte Nacherfüllungsvariante „Lieferung einer mangelfreien Sache" auch den Ausbau und den Abtransport der mangelhaften Kaufsache erfasse.

Das dem Verkäufer in § 439 Abs. 3 S. 3 BGB eingeräumte Recht, die Nacherfüllung wegen (absolut) unverhältnismäßiger Kosten zu verweigern, sei beim Verbrauchsgüterkauf (§ 474 Abs. 1 S. 1 BGB) im Wege der richtlinienkonformen Rechtsfortbildung dahin gehend einzuschränken, dass ein Verweigerungsrecht des Verkäufers nicht bestehe, wenn nur eine Art der Nacherfüllung möglich ist oder der Verkäufer die andere Art der Nacherfüllung zu Recht verweigert. In diesen Fällen beschränke sich das Recht des Verkäufers, die Nacherfüllung in Gestalt der Ersatzlieferung wegen unverhältnismäßiger Kosten zu verweigern, auf das Recht, den Käufer bezüglich des Ausbaus der mangelhaften Kaufsache und des Einbaus der als Ersatz gelieferten Kaufsache auf die Kostenerstattung in Höhe eines angemessenen Betrages zu verweisen. Bei der Bemessung dieses Betrags seien der Wert der Sache in mangelfreiem Zustand und die Bedeutung des Mangels zu berücksichtigen. Die Beschränkung auf eine Kostenbeteiligung des Verkäufers dürfe allerdings nicht dazu führen, dass das Recht des Käufers auf Erstattung der Aus- und Einbaukosten ausgehöhlt werde.

---

[1]BGH, Urt. v. 21.12.2011 – VIII ZR 70/08.

Der Bundesgerichtshof hat zur Werbung mit Garantien beim Verbrauchsgüterkauf entschieden, dass die näheren Angaben, die bei einem Verbrauchsgüterkauf in der Garantieerklärung enthalten sein müssen, nicht notwendig schon in der Werbung mit der Garantie aufgeführt werden müssen.

Beispiel

Der Fall:[2]

Die Parteien handeln mit Tintenpatronen und Tonerkartuschen für Computerdrucker, die sie über das Internet im Wege des Versandhandels vertreiben. Der Beklagte bot auf seiner Internetseite Druckerpatronen mit dem Versprechen an, „3 Jahre Garantie" zu gewähren. Die Klägerin hat es als wettbewerbswidrig beanstandet, dass der Beklagte in der Werbung nicht angegeben hat, wie sich die Bedingungen des Eintritts des Garantiefalls darstellen und unter welchen Umständen der Verbraucher die Garantie in Anspruch nehmen kann.

Der Bundesgerichtshof hat hierzu ausgeführt: Gemäß § 477 Abs. 1 S. 2 BGB muss eine Garantieerklärung den Hinweis auf die gesetzlichen Rechte des Verbrauchers sowie darauf enthalten, dass diese Rechte durch die Garantie nicht eingeschränkt werden. Ferner muss die Erklärung den Inhalt der Garantie und alle wesentlichen Angaben nennen, die für deren Geltendmachung erforderlich sind. Unter eine Garantieerklärung fällt nur eine Willenserklärung, die zum Abschluss eines Kaufvertrages oder eines eigenständigen Garantievertrages führt, nicht dagegen die Werbung, die den Verbraucher lediglich zur Warenbestellung auffordert und in diesem Zusammenhang eine Garantie ankündigt, ohne sie bereits rechtsverbindlich zu versprechen. Die insoweit eindeutige Bestimmung des deutschen Rechts setzt freilich nur die europäische Richtlinie 1999/44/EG über den Verbrauchsgüterkauf um, die in diesem Zusammenhang (im Wortlaut mehrdeutig) davon spricht, dass „die Garantie" die fraglichen Informationen enthalten müsse. Der Bundesgerichtshof hat es indessen als unzweifelhaft angesehen, dass auch damit lediglich die Garantieerklärung und nicht die Werbung mit der Garantie gemeint ist.

Werkvertrag

Beim Werkvertrag wird der Unternehmer gemäß § 631 Abs. 1 BGB zu einer Tätigkeit verpflichtet und schuldet dem Besteller als Erfolg dieser Tätigkeit das Werk. (Entgegen dem Wortlaut des Gesetzes muss es sich nicht zwingend um einen Unternehmer im Sinne des Verbraucherrechts handeln.) Der Besteller muss als Gegenleistung die vereinbarte Vergütung bezahlen.

Gegenstand eines Werkvertrages kann die Herstellung einer Sache sein, aber auch ein durch die Tätigkeit des Unternehmers herbeigeführter Erfolg. Die Arten von Werkleistungen sind damit vielfältig: zum Beispiel Installation bestimmter

---

[2]BGH, Urt. v. 14.04.2011 – I ZR 133/09.

Softwarekomponenten im Computer-Netzwerk eines Unternehmens, Reparatur eines einzelnen Computers, die Entwicklung eines individuellen Softwareprogramms oder die Erstellung einer Internetseite.

Der Besteller hat die Pflicht, das Werk abzunehmen. Abnahme bedeutet die körperliche Entgegennahme – soweit dies bei dem geschuldeten Werk technisch möglich ist – und eine ausdrückliche oder stillschweigende Erklärung des Bestellers, dass er das Werk als in der Hauptsache vertragsgemäß anerkennt. An die Abnahme sind wichtige Rechtsfolgen geknüpft. So wird mit ihr gemäß § 641 BGB die Vergütung fällig, und die Verjährungsfristen für Mängelansprüche beginnen zu laufen (§ 634a Abs. 2 BGB). Der Besteller muss beachten, dass er die Abnahme nicht wegen geringfügiger Mängel an dem Werk verweigern darf.

Sofern der Unternehmer für die Herstellung eines beweglichen Werkes selbst beschaffte Materialien verwendet, liegt ein Werklieferungsvertrag gemäß § 651 BGB vor. Handelt es sich bei dem hergestellten Werk um eine vertretbare Sache im Sinne von § 91 BGB (zum Beispiel Herstellung eines Serienprodukts), wird das Kaufrecht angewendet. Soll dagegen eine unvertretbare Sache hergestellt werden (zum Beispiel eine individuelle Lösung für Unternehmens-EDV), kommt das Werkvertragsrecht zur Anwendung.

Dienstvertrag

Gegenstand des Dienstvertrages können gemäß § 611 Abs. 2 BGB Dienste aller Art sein, wobei es gleichgültig ist, ob es sich um einmalige oder dauerhafte Tätigkeiten handelt. Ganz grob wird unterschieden in freie Dienstverträge (zum Beispiel Tätigkeit eines Arztes oder Rechtsanwaltes) und Arbeitsverträge. Dem zu einem Dienst Verpflichteten steht als Gegenleistung für seine erbrachten Dienste eine Vergütung zu.

Die Abgrenzung zwischen Dienst- und Werkvertrag gestaltet sich häufig schwierig. In der Praxis treten hier oft Probleme bei der Einordnung des Vertragstyps auf. Grundsätzlich gilt: Beim Dienstvertrag wird eine Dienstleistung (Bemühen) als solche versprochen, beim Werkvertrag dagegen ein ganz bestimmter Erfolg. Selbstverständlich wird ein Kunde auch eine Dienstleistung immer nur im Hinblick auf einen bestimmten Erfolg in Anspruch nehmen. Dennoch gilt: Auch, wenn dieser gewünschte Erfolg nicht eintritt, muss der Kunde die Tätigkeit des Dienstverpflichteten vergüten.

Geschäftsbesorgungsvertrag

Der Geschäftsbesorgungsvertrag ist ein Dienst- oder Werkvertrag, der eine Geschäftsbesorgung zum Inhalt hat (§ 675 Abs. 1 BGB). Geschuldet wird eine selbstständige Tätigkeit wirtschaftlicher Art für einen anderen oder in dessen Interesse gegen Entgelt.

Von Bedeutung ist der Geschäftsbesorgungsvertrag bspw. in den Bereichen Vermögensverwaltung, Bankverkehr, Rechtsberatung und Steuerberatung. Auch Geschäftsführerverträge oder Vereinbarungen mit Werbeagenturen gelten als Geschäftsbesorgungsverträge. Maßgeblich für den Geschäftsbesorgungsvertrag sind gemäß § 675 Abs. 1 BGB Normen, die auch den unentgeltlichen Auftrag (§ 662 BGB) regeln, außerdem je nach Art der Geschäftsbesorgung Bestimmungen aus dem Werk- oder Dienstvertragsrecht.

Für Bankverträge kennt die deutsche Rechtsordnung unter dem Begriff „Zahlungs-dienste" Sonderbestimmungen (§§ 675c ff. BGB).

Mietvertrag

Die Miete ist ein Vertrag, bei dem sich der Vermieter gemäß § 535 BGB verpflichtet, dem Mieter den Gebrauch einer Sache gegen Entgelt zu überlassen. Man spricht des-halb von einem Gebrauchsüberlassungsvertrag. Der Vermieter räumt also dem Mieter die tatsächliche Verfügungsgewalt über die Mietsache ein und duldet deren vertragsgemä-ßen Gebrauch durch den Mieter. Dieser zahlt für den Gebrauch einen Mietzins und ist verpflichtet, die Mietsache in einem zum vereinbarten Gebrauch geeigneten Zustand zu erhalten.

Von Bedeutung ist der Mietvertrag vor allem bei Wohnraum oder Grundstücken; in der Wirtschaftspraxis auch da, wo die Nutzungsdauer der Sache im Verhältnis zu ihrer Lebensdauer relativ kurz ist. Bei beweglichen Sachen nimmt ansonsten der Leasingver-trag einen immer höheren Stellenwert ein.

Beispiel

Der Bundesgerichtshof hat entschieden, dass der Inhaber eines DSL-Anschlusses den Vertrag mit seinem Telekommunikationsunternehmen vor Ablauf der vereinbarten Frist nicht kündigen kann, wenn er an einen Ort umzieht, an dem noch keine DSL-fähigen Leitungen verlegt sind.

Der Fall:[3]

Der Kläger hatte mit dem beklagten Unternehmen im Mai 2007 einen Vertrag über die Bereitstellung eines DSL-Anschlusses geschlossen, mit dem er an seinem seiner-zeitigen Wohnsitz Zugang zum Internet einschließlich Internettelefonie erhielt. Der Vertrag war auf die Dauer von zwei Jahren geschlossen. Im November 2007 verzog der Kläger in eine im selben Landkreis gelegene andere Gemeinde. Dort liegen keine DSL-fähigen Leitungen, sodass die Beklagte nicht in der Lage war, am neuen Wohn-ort einen DSL-Anschluss zu installieren. Nachdem sie dem Kläger dies schriftlich mitgeteilt hatte, erklärte dieser die „Sonderkündigung" des Vertrags. Dessen unge-achtet beanspruchte die Beklagte die vereinbarte monatliche Grundgebühr weiter. Mit seiner Klage verlangte der Kläger die Feststellung, dass der zwischen den Parteien geschlossene Vertrag durch die Kündigung wirksam beendet wurde und er nicht ver-pflichtet ist, die geltend gemachten Monatsbeträge zu zahlen.

Der Kläger hatte keinen wichtigen Grund zur Kündigung gemäß § 626 Abs. 1 oder § 314 Abs. 1 S. 2 BGB. Ein solcher Grund besteht grundsätzlich nicht, wenn er aus Vorgängen hergeleitet wird, die dem Einfluss des anderen Vertragspartners entzogen

---

[3]BGH, Urt. v. 11.11. 2010 – III ZR 57/10.

sind und der Interessensphäre des Kündigenden entstammen. Der Kunde, der einen längerfristigen Vertrag über die Erbringung einer Dienstleistung abschließt, trägt grundsätzlich das Risiko, diese aufgrund einer Veränderung seiner persönlichen Verhältnisse nicht mehr nutzen zu können. Dementsprechend stellt ein Umzug, etwa aus beruflichen oder familiären Gründen, prinzipiell keinen wichtigen Grund für eine Kündigung dar. Hinzu trat im Streitfall, dass die vergleichsweise lange Laufzeit des DSL-Anschlussvertrags die wirtschaftliche „Gegenleistung" des Klägers für einen niedrigen monatlichen Grundpreis war und auch ein Vertragsschluss mit kürzerer Laufzeit oder monatlicher Kündbarkeit zu höheren Kosten möglich gewesen wäre. Zudem amortisierten sich die Investitionen des Unternehmens, das dem Kunden insbesondere die notwendige technische Ausrüstung (Router, WLAN-Stick) zur Verfügung stellte, erst innerhalb des zweiten Vertragsjahrs.

3.2.2 Andere Vertragstypen

Aufgrund der flexiblen Entwicklung der Wirtschaft hat sich in den vergangenen Jahren die Notwendigkeit gezeigt, neue Vertragstypen zu entwerfen, die den Bedürfnissen der Parteien in einem komplexen Wirtschaftssystem besser entsprechen als die Vertragstypen des BGB. Dazu zählen der Leasing- und der Lizenzvertrag. Da beide auch im IT-Bereich eine Rolle spielen können, sollen sie im Folgenden kurz erläutert werden.

Leasingvertrag
Das Leasing ist nach der Rechtsprechung des Bundesgerichtshofes eine Sonderform der Miete und mittlerweile von großer wirtschaftlicher Bedeutung. Der Leasinggeber („Vermieter") überlässt dem Leasingnehmer („Mieter") gegen Entgelt (Leasingraten) ein Wirtschaftsgut zur Nutzung. Dabei trägt der Leasingnehmer die Haftung für Beschädigung, Instandhaltung und Untergang des Leasingguts. Im Gegenzug überträgt der Leasinggeber seine Ansprüche, die er wegen des Leasingguts gegen Dritte hat, an den Leasingnehmer. Es wird grob unterschieden nach drei Leasingarten.

Beim Operating-Leasing kauft der Leasinggeber eine Sache, um sie mehrmals weiter zu vermieten. Die Sache wird einem Leasingnehmer also meist nur relativ kurzfristig überlassen. Bei einer solchen Gestaltung handelt es sich im Wesentlichen um einen Mietvertrag. In manchen Verträgen ist für den Leasingnehmer eine Kaufoption nach Ablauf einer bestimmten Zeit enthalten.

Beim Hersteller-Leasing sind der Hersteller und der Leasinggeber der Leasingsache identisch. Ansonsten gelten die gleichen grundsätzlichen Aussagen wie beim Operating-Leasing.

Weit verbreitet und wirtschaftlich von großer Bedeutung ist das Financial-Leasing, vergleichbar mit dem finanzierten Abzahlungskauf. Hier besteht ein Dreiecksverhältnis zwischen Hersteller, Leasinggeber und Leasingnehmer. Der Leasinggeber finanziert lediglich den Erwerb einer Sache, die der Leasingnehmer beim Hersteller ausgesucht hat. Die Leasingrate zahlt der Leasingnehmer meist in monatlichen Raten an den Leasinggeber.

Üblicherweise tritt der Leasinggeber alle Gewährleistungsansprüche, die er gegenüber dem Hersteller hat, an den Leasingnehmer ab. Dies geschieht in der Praxis häufig durch die Einbeziehung Allgemeiner Geschäftsbedingungen (AGB). Im Gegenzug wird der Leasinggeber von der Mangelhaftung entlastet. Das bedeutet:

Der Leasingnehmer allein trägt die Gefahr der Beschädigung oder des Untergangs des Leasinggegenstandes, und er ist mit den Kosten für Wartung oder Instandhaltung belastet.

Auf den ersten Blick ähnelt diese Konstruktion einem Kreditgeschäft. Der Unterschied zu einem Darlehen besteht allerdings darin, dass sich der Leasinggeber vom Hersteller die Eigentümerstellung übertragen lässt. Ein reiner Kreditgeber würde nur eine sogenannte Sicherungsübereignung fordern. In dem Fall, dass der Kreditnehmer seine Raten nicht mehr zahlte, fiele das Eigentum an der Sache dann an den Kreditgeber. Beim Financial-Leasing dagegen finanziert der Leasinggeber eine Sache, die der Leasingnehmer erwerben möchte, vor und ist von Anfang an Eigentümer dieser Sache.

Der Leasinggeber hat – anders als ein Vermieter – kein Interesse an der Nutzung der Leasingsache nach Vertragsende. Diese Konstruktion ähnelt der eines Kaufvertrages. Der Leasingnehmer dagegen will die Sache nur nutzen, nicht aber das Eigentum an ihr erlangen. Das entspricht der Konstruktion eines Mietvertrages. Man spricht hier von einer Ambivalenz zweier im Leasingvertrag angelegter Vertragstypen. Die Rechtsprechung orientiert sich in Streitfällen daher immer nach der im Einzelfall zu lösenden Problematik und wendet das entsprechende spezielle Recht (Kauf oder Miete) an.

Lizenzvertrag

Mit einem Lizenzvertrag überträgt der Inhaber eines Urheber-, Patent- oder Gebrauchsmusterrechts sein Recht ganz oder teilweise auf andere Personen. Der Lizenzgeber gestattet also dem Lizenznehmer, bestimmte Rechte mitzunutzen.

Eine Lizenz wird auch als Rechtspacht bezeichnet. Bei der Pacht handelt es sich – wie bei der Miete – um einen entgeltlichen, gegenseitigen Vertrag zur Überlassung einer Sache oder eines Rechts auf Zeit. Die Pacht geht allerdings insofern über die Miete hinaus, als sie gemäß § 581 Abs. 1 BGB nicht nur zur Nutzung berechtigt, sondern auch zum Genuss derjenigen Früchte, die als Ertrag aus der Nutzung angesehen werden können.

Generell wird in einfache und ausschließliche Lizenzen unterschieden. Bei der einfachen Lizenz hat der Lizenzgeber das Recht, die Lizenz an mehrere Lizenznehmer zu vergeben. Dies ist regelmäßig der Fall bei Lizenzen für Urheberrechte an handelsüblichen Software-Programmen. Die Nutzung kann vertraglich beschränkt werden auf bestimmte Nutzungsarten, zum Beispiel auf einzelne Nutzer, die Nutzung innerhalb eines bestimmten Netzwerkes oder auch in allen Betrieben eines Unternehmensverbundes. Eine ausschließliche Lizenz muss ausdrücklich vereinbart werden. Hier erhält der Lizenznehmer die ausschließliche Nutzungsberechtigung. Sogar der Lizenzgeber ist dann von der Nutzung seines Rechts ausgeschlossen (vgl. hierzu auch die Ausführungen in Abschn. 5.2).

3.2.3 Verbraucherschutz, Fernabsatzverträge

In den §§ 312b ff. BGB finden sich besondere Bestimmungen zu sogenannten Fernabsatzverträgen. Charakteristisch für Fernabsatzverträge ist, dass zwischen Verbraucher (Kunde) und Unternehmer (Anbieter) keine physische Begegnung stattfindet; typisches Beispiel: der Versandhandel. Der Verbraucher hat bei Kaufgeschäften bspw. keine Gelegenheit, die Ware anzusehen und zu prüfen, bevor er den Kaufvertrag schließt. Er kann sich lediglich aufgrund der vom Unternehmer bereitgestellten Informationen für oder gegen den Kauf entscheiden. Der Verbraucher wird deshalb als schutzbedürftig angesehen. Die Beteiligung eines Verbrauchers und eines Unternehmers ist Voraussetzung für die Einordnung eines Vertrages als Fernabsatzvertrag.

Fernabsatzverträge sind nach § 312c Abs. 1 S. 1 BGB Verträge, bei denen der Unternehmer oder eine in seinem Namen oder Auftrag handelnde Person und der Verbraucher bis einschließlich des Vertragsschlusses ausschließlich Fernkommunikationsmittel verwenden, es sei denn, dass der Vertragsschluss nicht im Rahmen eines für den Fernabsatz organisierten Vertriebs- oder Dienstleistungssystems erfolgt.

Im Zuge der Umsetzung der Europäischen Verbraucherrichtlinie (VRRL) ist am 13.06.2014 eine Neuregelung des Verbraucherrechts/der Fernabsatzverträge in Kraft getreten. Der Schwerpunkt ist in den §§ 312 ff. und § 357 ff. BGB sowie Art. 246 EGBGB zu finden. Dabei wurden zum Teil auch Präzisierungen und Änderungen bei der Definition einiger zentraler Begriffe des Verbrauchervertragsrechts vorgenommen:

Verbraucher ist gemäß § 13 jede natürliche Person, die ein Rechtsgeschäft zu Zwecken abschließt, die überwiegend weder ihrer gewerblichen noch ihrer selbständigen beruflichen Tätigkeit zugerechnet werden können.

Unternehmer ist § 14 BGB zufolge eine natürliche oder juristische Person oder eine rechtsfähige Personengesellschaft (zum Beispiel eine Gesellschaft bürgerlichen Rechts), die bei Abschluss eines Rechtsgeschäftes in Ausübung ihrer gewerblichen oder selbstständigen beruflichen Tätigkeit handelt.

Bei Fernabsatzverträgen muss der Vertragsschluss gemäß § 312c Abs. 1 BGB im Rahmen eines für den Fernabsatz organisierten Vertriebs- oder Dienstleistungssystems erfolgen. Dies ist regelmäßig im Internet der Fall, wenn aus elektronisch abrufbaren Datenbanken durch Interaktion eine Bestellung aufgegeben werden kann. Kommt ein Vertrag eher zufällig durch den Einsatz von Fernkommunikationsmitteln zustande (zum Beispiel durch E-Mail-Kontakt), handelt es sich nicht zwangsläufig um einen Fernabsatzvertrag. Der Unternehmer muss personell und technisch so ausgestattet sein, dass er regelmäßig Fernabsatzgeschäfte bewältigen kann.

Fernkommunikationsmittel sind nach § 312c Abs. 2 BGB alle Kommunikationsmittel, die zur Anbahnung oder zum Abschluss eines Vertrags eingesetzt werden können, ohne dass die Vertragsparteien gleichzeitig körperlich anwesend sind, wie Briefe, Kataloge, Telefonanrufe, Telekopien, E-Mails, über den Mobilfunkdienst versendete Nachrichten (SMS) sowie Rundfunk und Telemedien.

Gewährleistet wird der Verbraucherschutz dadurch, dass §§ 312c ff. BGB dem Unternehmer einerseits umfassende Informationspflichten auferlegen sowie andererseits dem Verbraucher ein Widerrufsrecht einräumen.

§ 312a BGB regelt zunächst allgemeine Pflichten und Grundsätze bei Verbraucherverträgen:

Bei Anrufen eines Unternehmers oder einer Person, die in seinem Namen oder Auftrag handelt, bei einem Verbraucher, um mit diesem einen Vertrag zu schließen, muss der Anrufer zu Beginn des Gesprächs seine Identität und gegebenen falls die Identität der Person, für die er anruft, sowie den geschäftlichen Zweck des Anrufs offenzulegen.

Der Unternehmer ist verpflichtet, den Verbraucher nach Maßgabe des Art. 246 EGBGB zu informieren.

Art. 246 EGBGB regelt die Informationspflichten beim Verbrauchervertrag im Allgemeinen. Nach § 312a Abs. 2 BGB gilt der Katalog an vorvertraglichen Informationspflichten prinzipiell für alle Verbraucherverträge, sofern diese nicht einem spezielleren Informationsregime unterliegen (zum Beispiel außerhalb von Geschäftsräumen geschlossene Verträge, Fernabsatzverträge).

(1) Der Unternehmer ist, sofern sich diese Informationen nicht aus den Umständen ergeben, nach § 312a Abs. 2 des Bürgerlichen Gesetzbuchs verpflichtet, dem Verbraucher vor Abgabe von dessen Vertragserklärung folgende Informationen in klarer und verständlicher Weise zur Verfügung zu stellen:

1. die wesentlichen Eigenschaften der Waren oder Dienstleistungen in dem für den Datenträger und die Waren oder Dienstleistungen angemessenen Umfang,

2. seine Identität, beispielsweise seinen Handelsnamen und die Anschrift des Ortes, an dem er niedergelassen ist, sowie seine Telefonnummer,

3. den Gesamtpreis der Waren und Dienstleistungen einschließlich aller Steuern und Abgaben oder in den Fällen, in denen der Preis aufgrund der Beschaffenheit der Ware oder Dienstleistung vernünftigerweise nicht im Voraus berechnet werden kann, die Art der Preisberechnung sowie gegebenenfalls alle zusätzlichen Fracht-, Liefer- oder Versandkosten oder in den Fällen, in denen diese Kosten vernünftigerweise nicht im Voraus berechnet werden können, die Tatsache, dass solche zusätzlichen Kosten anfallen können,

4. gegebenenfalls die Zahlungs-, Liefer- und Leistungsbedingungen, den Termin, bis zu dem sich der Unternehmer verpflichtet hat, die Waren zu liefern oder die Dienstleistungen zu erbringen, sowie das Verfahren des Unternehmers zum Umgang mit Beschwerden,

5. das Bestehen eines gesetzlichen Mängelhaftungsrechts für die Waren und gegebenenfalls das Bestehen und die Bedingungen von Kundendienstleistungen und Garantien,

6. gegebenenfalls die Laufzeit des Vertrags oder die Bedingungen der Kündigung unbefristeter Verträge oder sich automatisch verlängernder Verträge,

7. gegebenenfalls die Funktionsweise digitaler Inhalte, einschließlich anwendbarer technischer Schutzmaßnahmen für solche Inhalte, und

8. gegebenenfalls, soweit wesentlich, Beschränkungen der Interoperabilität und der Kompatibilität digitaler Inhalte mit Hard- und Software, soweit diese Beschränkungen dem Unternehmer bekannt sind oder bekannt sein müssen.

(2) Absatz 1 ist nicht anzuwenden auf Verträge, die Geschäfte des täglichen Lebens zum Gegenstand haben und bei Vertragsschluss sofort erfüllt werden.

(3) Steht dem Verbraucher ein Widerrufsrecht zu, ist der Unternehmer verpflichtet, den Verbraucher in Textform (dazu sogleich) über sein Widerrufsrecht zu belehren. Die Widerrufsbelehrung muss deutlich gestaltet sein und dem Verbraucher seine wesentlichen Rechte in einer dem benutzten Kommunikationsmittel angepassten Weise deutlich machen. Sie muss Folgendes enthalten:

1. einen Hinweis auf das Recht zum Widerruf,

2. einen Hinweis darauf, dass der Widerruf durch Erklärung gegenüber dem Unternehmer erfolgt und keiner Begründung bedarf,

3. den Namen und die ladungsfähige Anschrift desjenigen, gegenüber dem der Widerruf zu erklären ist, und

4. einen Hinweis auf Dauer und Beginn der Widerrufsfrist sowie darauf, dass zur Fristwahrung die rechtzeitige Absendung der Widerrufserklärung genügt.

§ 126b BGB bestimmt die Textform wie folgt:

„Ist durch Gesetz Textform vorgeschrieben, so muss eine lesbare Erklärung, in der die Person des Erklärenden genannt ist, auf einem dauerhaften Datenträger abgegeben werden. Ein dauerhafter Datenträger ist jedes Medium, das

1. es dem Empfänger ermöglicht, eine auf dem Datenträger befindliche, an ihn persönlich gerichtete Erklärung so aufzubewahren oder zu speichern, dass sie ihm während eines für ihren Zweck angemessenen Zeitraums zugänglich ist, und

2. geeignet ist, die Erklärung unverändert wiederzugeben."

Hinweis: Der Unternehmer kann vom Verbraucher Fracht-, Liefer- oder Versandkosten und sonstige Kosten also nur verlangen, soweit er den Verbraucher über diese Kosten entsprechend den Anforderungen aus Art. 246 Abs. 1 Nr. 3 EGBGB informiert hat.

Eine Vereinbarung, durch die ein Verbraucher verpflichtet wird ein Entgelt für die Nutzung eines bestimmten Zahlungsmittels (zum Beispiel Kreditkarte) schuldet (sogenanntes Surchaging), ist gemäß § 312a Abs. 4 BGB unwirksam, wenn

- für den Verbraucher keine gängige und zumutbare unentgeltliche Zahlungsmöglichkeit besteht oder
- das vereinbarte Entgelt über die Kosten hinausgeht, die dem Unternehmer durch die Nutzung des Zahlungsmittels entstehen.

Hiermit soll der missbräuchlichen Praxis vorgebeugt werden, dass sich Unternehmer mittels überhöhter Zusatzgebühren auf Kosten der Verbraucher bereichern.

Nach § 312a Abs. 5 BGB darf kein gesondertes Entgelt für die Beantwortung von Fragen usw. vereinbart werden, wenn der Verbraucher den Unternehmer über eine dafür bereitgestellte Rufnummer anruft. Ein etwaiges Entgelt darf das Entgelt für die bloße Nutzung („Grundtarif") des Telekommunikationsdienstes nicht übersteigen.

Die Kosten für einen Anruf beim Kundendienst über eine 0180-Service-Nummer dürfen keine Extrakosten mit sich bringen und damit also nicht höher sein als bei Telefonaten unter gewöhnlichen Festnetz- oder Mobilfunknummern.[4]

Ist eine Vereinbarung im genannten Sinne unwirksam, ist der Verbraucher auch gegenüber dem Anbieter des Telekommunikationsdienstes nicht verpflichtet, ein Entgelt für den Anruf zu zahlen.

Durch diese Regelung soll verhindert werden, dass der Unternehmer durch Kunden-Hotlines dem Verbraucher überhöhte Zahlungen abverlangt, von denen Teile unmittelbar/mittelbar an den Unternehmer fließen.

Der Anbieter des Telekommunikationsdienstes ist jedoch berechtigt, das Entgelt für die bloße Nutzung des Telekommunikationsdienstes von dem Unternehmer zu verlangen, der die unwirksame Vereinbarung mit dem Verbraucher geschlossen hat.

Ist eine Vereinbarung aufgrund der vorgenannten Umstände nicht Vertragsbestandteil geworden oder unwirksam, bleibt der Vertrag im Übrigen wirksam (§ 312a Abs. 6 BGB).

Für Verträge außerhalb von Geschäftsräumen sowie bei Fernabsatzverträgen existieren abweichende Informationspflichten.

Im Zuge der Reform des Verbraucherrechts wurde der Begriff des Haustürgeschäfts aufgegeben (§ 312 Abs. 1 BGB a. F.) und durch den Begriff der „außerhalb von Geschäftsräumen geschlossene Verträge" (AGV) ersetzt. Nunmehr werden auch Vertragsschlüsse erfasst, welche durch den Verbraucher selbst angebahnt wurden (§ 312b Abs. 1 Nr. 2 BGB). Zudem zählt als „Ort" jeder Ort, der kein Geschäftsraum des Unternehmers ist (§ 312b Abs. 1 Nr. 1 BGB). Durch diese Veränderung werden fortan auch Vertragsabschlüsse in einer Kanzlei oder bei einem Notar erfasst. Beibehalten wurde allerdings die Bagatellgrenze i. H. v. 40 EUR bei Bargeschäften (§ 312 Abs. 2 Nr. 12 BGB).

Die Definition des Fernabsatzvertrages (§ 312c BGB) ist demgegenüber weitgehend unverändert geblieben.

---

[4]EuGH, Urt. v. 02.03.2017 – C-568/15.

§ 312d BGB regelt die Informationspflichten wie folgt:

1. Bei außerhalb von Geschäftsräumen geschlossenen Verträgen und bei Fernabsatzverträgen ist der Unternehmer verpflichtet, den Verbraucher nach Maßgabe des Art.
   246a EGBGB zu informieren. Die in Erfüllung dieser Pflicht gemachten Angaben
   des Unternehmers werden Inhalt des Vertrags, es sei denn, die Vertragsparteien
   haben ausdrücklich etwas anderes vereinbart.
2. Bei außerhalb von Geschäftsräumen geschlossenen Verträgen und bei Fernabsatzverträgen über Finanzdienstleistungen ist der Unternehmer abweichend hiervon
   verpflichtet, den Verbraucher nach Maßgabe des Art. 246b EGBGB zu informieren.

Nach Art. 246a § 1 EGBGB sind dies u. a. Informationen des Unternehmers über:

- die wesentlichen Eigenschaften der Waren oder Dienstleistungen in dem für das Kommunikationsmittel und für die Waren und Dienstleistungen angemessenen Umfang,
- seine Identität, beispielsweise seinen Handelsnamen sowie die Anschrift des Ortes,
  an dem er niedergelassen ist, seine Telefonnummer und gegebenenfalls seine Tele-
  faxnummer und E-Mail-Adresse sowie gegebenenfalls die Anschrift und die Identität des Unternehmers, in dessen Auftrag er handelt,
- die Geschäftsanschrift des Unternehmers und gegebenenfalls die Anschrift des
  Unternehmers, in dessen Auftrag er handelt, an die sich der Verbraucher mit jeder
  Beschwerde wenden kann, falls diese Anschrift von der Anschrift unter Nummer 2
  abweicht,
- den Gesamtpreis der Waren oder Dienstleistungen einschließlich aller Steuern und
  Abgaben, oder in den Fällen, in denen der Preis auf Grund der Beschaffenheit der
  Waren oder Dienstleistungen vernünftigerweise nicht im Voraus berechnet werden
  kann, die Art der Preisberechnung sowie gegebenenfalls alle zusätzlichen Fracht-,
  Liefer- oder Versandkosten und alle sonstigen Kosten, oder in den Fällen, in denen
  diese Kosten vernünftigerweise nicht im Voraus berechnet werden können, die Tatsache, dass solche zusätzlichen Kosten anfallen können,
- im Falle eines unbefristeten Vertrags oder eines Abonnementvertrags den Gesamtpreis;
- die Kosten für den Einsatz des für den Vertragsabschluss genutzten Fernkommunikationsmittels, sofern dem Verbraucher Kosten berechnet werden, die über die
  Kosten für die bloße Nutzung des Fernkommunikationsmittels hinausgehen,
- die Zahlungs-, Liefer- und Leistungsbedingungen, den Termin, bis zu dem der
  Unternehmer die Waren liefern oder die Dienstleistung erbringen muss, und gegebenenfalls das Verfahren des Unternehmers zum Umgang mit Beschwerden,
- das Bestehen eines gesetzlichen Mängelhaftungsrechts für die Waren,
- das Bestehen und die Bedingungen von Kundendienst, Kundendienstleistungen
  und Garantien,
- das Bestehen einschlägiger Verhaltenskodizes

- die Laufzeit des Vertrags oder die Bedingungen der Kündigung unbefristeter Verträge oder sich automatisch verlängernder Verträge,
- die Mindestdauer der Verpflichtungen, die der Verbraucher mit dem Vertrag eingeht.
- gegebenenfalls die Tatsache, dass der Unternehmer vom Verbraucher die Stellung einer Kaution oder die Leistung anderer finanzieller Sicherheiten verlangen kann, sowie deren Bedingungen,
- neu: Informationen über die Funktionsweise sowie
- Interoperabilität digitaler Inhalte,
- neu: Verfügbare außergerichtliche Beschwerde- und Rechtsbehelfsverfahren.

Nach Art. 246a §§ 2, 3 EGBGB bestehen erleichterte Informationspflichten bei Reparatur- und Instandhaltungsarbeiten und bei begrenzter Darstellungsmöglichkeit. Der Anwendungsbereich des § 2 ist allerdings recht schmal, da es sich ausdrücklich um angeforderte Reparatur- oder Instandhaltungsmaßnahmen handeln muss, wobei die Vergütung 200 EUR nicht übersteigen darf. Zudem müssen die beiderseitigen Leistungen sofort erfüllt werden.

Nach Art. 246a § 4 EGBGB muss der Unternehmer dem Verbraucher diese Informationen vor Abgabe von dessen Vertragserklärung in klarer und verständlicher Weise zur Verfügung stellen.

Für Finanzdienstleistungen gilt ein abweichendes Informationsregime. Dabei sind nach Art. 246b § 1 EGBGB u. a. folgende Informationen des Unternehmers erforderlich:

- seine Identität, anzugeben ist auch das öffentliche Unternehmensregister, bei dem der Rechtsträger eingetragen ist, und die zugehörige Registernummer oder gleichwertige Kennung,
- die Hauptgeschäftstätigkeit des Unternehmers und die für seine Zulassung zuständige Aufsichtsbehörde,
- die Identität des Vertreters des Unternehmers in dem Mitgliedstaat, in dem der Verbraucher seinen Wohnsitz hat, wenn es einen solchen Vertreter gibt, oder die Identität einer anderen gewerblich tätigen Person als dem Anbieter, wenn der Verbraucher mit dieser Person geschäftlich zu tun hat, und die Eigenschaft, in der diese Person gegenüber dem Verbraucher tätig wird,
- die ladungsfähige Anschrift des Unternehmers und jede andere Anschrift, die für die Geschäftsbeziehung zwischen diesem, seinem Vertreter oder einer anderen gewerblich tätigen Person nach Nummer 3 und dem Verbraucher maßgeblich ist, bei juristischen Personen, Personenvereinigungen oder Personengruppen auch den Namen des Vertretungsberechtigten,
- die wesentlichen Merkmale der Finanzdienstleistung sowie Informationen darüber, wie der Vertrag zustande kommt,
- den Gesamtpreis der Finanzdienstleistung einschließlich aller damit verbundenen Preisbestandteile sowie alle über den Unternehmer abgeführten Steuern oder, wenn

kein genauer Preis angegeben werden kann, seine Berechnungsgrundlage, die dem Verbraucher eine Überprüfung des Preises ermöglicht,

- gegebenenfalls zusätzlich anfallende Kosten sowie einen Hinweis auf mögliche weitere Steuern oder Kosten, die nicht über den Unternehmer abgeführt oder von ihm in Rechnung gestellt werden,
- gegebenenfalls den Hinweis, dass sich die Finanzdienstleistung auf Finanzinstrumente bezieht, die wegen ihrer spezifischen Merkmale oder der durchzuführenden Vorgänge mit speziellen Risiken behaftet sind oder deren Preis Schwankungen auf dem Finanzmarkt unterliegt, auf die der Unternehmer keinen Einfluss hat, und dass in der Vergangenheit erwirtschaftete Erträge kein Indikator für künftige Erträge sind,
- eine Befristung der Gültigkeitsdauer der zur Verfügung gestellten Informationen, beispielsweise die Gültigkeitsdauer befristeter Angebote, insbesondere hinsichtlich des Preises,
- Einzelheiten hinsichtlich der Zahlung und der Erfüllung,
- alle spezifischen zusätzlichen Kosten, die der Verbraucher für die Benutzung des Fernkommunikationsmittels zu tragen hat, wenn solche zusätzlichen Kosten durch den Unternehmer in Rechnung gestellt werden,
- das Bestehen oder Nichtbestehen eines Widerrufsrechts sowie die Bedingungen, Einzelheiten der Ausübung, insbesondere Name und Anschrift desjenigen, gegenüber dem der Widerruf zu erklären ist, und die Rechtsfolgen des Widerrufs einschließlich Informationen über den Betrag, den der Verbraucher im Falle des Widerrufs nach § 357a BGB für die erbrachte Leistung zu zahlen hat,
- die Mindestlaufzeit des Vertrags, wenn dieser eine dauernde oder regelmäßig wiederkehrende Leistung zum Inhalt hat,
- die vertraglichen Kündigungsbedingungen einschließlich etwaiger Vertragsstrafen.

Bei Telefongesprächen hat der Unternehmer nur folgende Informationen zur Verfügung zu stellen:

- die Identität der Kontaktperson des Verbrauchers und deren Verbindung zum Unternehmer,
- die Beschreibung der Hauptmerkmale der Finanzdienstleistung,
- den Gesamtpreis, den der Verbraucher dem Unternehmer für die Finanzdienstleistung schuldet, einschließlich aller über den Unternehmer abgeführten Steuern, oder, wenn kein genauer Preis angegeben werden kann, die Grundlage für die Berechnung des Preises, die dem Verbraucher eine Überprüfung des Preises ermöglicht,
- mögliche weitere Steuern und Kosten, die nicht über den Unternehmer abgeführt oder von ihm in Rechnung gestellt werden, und
- das Bestehen oder Nichtbestehen eines Widerrufsrechts sowie für den Fall, dass ein Widerrufsrecht besteht, auch die Widerrufsfrist und die Bedingungen, Einzelheiten der Ausübung und die Rechtsfolgen des Widerrufs einschließlich Informationen über den Betrag, den der Verbraucher im Falle des Widerrufs nach § 357a BGB für die erbrachte Leistung zu zahlen hat.

Der Unternehmer kann nach § 312e BGB bei einer Verletzung von Informationspflichten über Kosten vom Verbraucher Fracht-, Liefer- oder Versandkosten und sonstige Kosten nur verlangen, soweit er den Verbraucher über diese Kosten informiert hat.

§ 312i BGB bestimmt allgemeine Pflichten im elektronischen Geschäftsverkehr. Hierbei muss der Unternehmer dem Kunden

- angemessene, wirksame und zugängliche technische Mittel zur Verfügung zu stellen, mit deren Hilfe der Kunde Eingabefehler vor Abgabe seiner Bestellung erkennen und berichtigen kann,
- die in Art. 246c EGBGB bestimmten Informationen rechtzeitig vor Abgabe von dessen Bestellung klar und verständlich mitteilen,
- den Zugang von dessen Bestellung unverzüglich auf elektronischem Wege zu bestätigen und
- die Möglichkeit zu verschaffen, die Vertragsbestimmungen einschließlich der Allgemeinen Geschäftsbedingungen bei Vertragsschluss abzurufen und in wiedergabefähiger Form zu speichern.

Nach Art. 246c EGBGB bestehen bei Verträgen im elektronischen Geschäftsverkehr folgende Informationspflichten des Unternehmers gegenüber dem Kunden:

- über die einzelnen technischen Schritte, die zu einem Vertragsschluss führen,
- darüber, ob der Vertragstext nach dem Vertragsschluss von dem Unternehmer gespeichert wird und ob er dem Kunden zugänglich ist,
- darüber, wie er mit den nach § 312i Abs. 1 S. 1 Nr. 1 BGB zur Verfügung gestellten technischen Mitteln Eingabefehler vor Abgabe der Vertragserklärung erkennen und berichtigen kann,
- über die für den Vertragsschluss zur Verfügung stehenden Sprachen und
- über sämtliche einschlägigen Verhaltenskodizes, denen sich der Unternehmer unterwirft, sowie über die Möglichkeit eines elektronischen Zugangs zu diesen Regelwerken. Bestellung und Empfangsbestätigung gelten als zugegangen, wenn die Parteien, für die sie bestimmt sind, sie unter gewöhnlichen Umständen abrufen können.

Besondere Pflichten bestehen nach § 312j BGB im elektronischen Geschäftsverkehr gegenüber Verbrauchern:

Auf Webseiten für den elektronischen Geschäftsverkehr mit Verbrauchern hat der Unternehmer zusätzlich zu den Angaben gemäß § 312i Abs. 1 BGB spätestens bei Beginn des Bestellvorgangs klar und deutlich anzugeben, ob Lieferbeschränkungen bestehen und welche Zahlungsmittel akzeptiert werden.

Bei einem Verbrauchervertrag im elektronischen Geschäftsverkehr, der eine entgeltliche Leistung des Unternehmers zum Gegenstand hat, muss der Unternehmer dem

Verbraucher die Informationen gemäß Art. 246a § 1 Abs. 1 S. 1 Nummer 1, 4, 5, 11 und 12 EGBGB unmittelbar bevor der Verbraucher seine Bestellung abgibt, klar und verständlich in hervorgehobener Weise zur Verfügung stellen.

Der Unternehmer hat die Bestellsituation so zu gestalten, dass der Verbraucher mit seiner Bestellung ausdrücklich bestätigt, dass er sich zu einer Zahlung verpflichtet. Erfolgt die Bestellung über eine Schaltfläche, ist die Pflicht des Unternehmers nur erfüllt, wenn diese Schaltfläche gut lesbar mit nichts anderem als den Wörtern „zahlungspflichtig bestellen" oder mit einer entsprechenden eindeutigen Formulierung beschriftet ist.

Ein Vertrag kommt nur zustande, wenn der Unternehmer diese Pflichten erfüllt.

Diese Bestimmungen sind nicht anzuwenden, wenn der Vertrag ausschließlich durch individuelle Kommunikation geschlossen wird und gelten weder für Webseiten, die Finanzdienstleistungen betreffen, noch für Verträge über Finanzdienstleistungen.

Vereinbarungen, die zum Nachteil des Verbrauchers von den gesetzlichen Bestimmungen abweichen, sind gemäß § 312k Abs. 1 BGB unzulässig.

Der Unternehmer trägt nach § 312k Abs. 2 BGB gegenüber dem Verbraucher die Beweislast für die Erfüllung der in diesem Untertitel geregelten Informationspflichten.

Dem Verbraucher steht bei außerhalb von Geschäftsräumen geschlossenen Verträgen und bei Fernabsatzverträgen aufgrund von § 312 g Abs. 1 BGB ein Widerrufsrecht gemäß § 355 BGB zu.

Kein Widerrufsrecht besteht bei Verträgen

- zur Lieferung von Waren, die nicht vorgefertigt sind und für deren Herstellung eine individuelle Auswahl oder Bestimmung durch den Verbraucher maßgeblich ist oder die eindeutig auf die persönlichen Bedürfnisse des Verbrauchers zugeschnitten sind,
- zur Lieferung von Waren, die schnell verderben können oder deren Verfallsdatum schnell überschritten würde,
- zur Lieferung versiegelter Waren, die aus Gründen des Gesundheitsschutzes oder der Hygiene nicht zur Rückgabe geeignet sind, wenn ihre Versiegelung nach der Lieferung entfernt wurde,
- zur Lieferung von Waren, wenn diese nach der Lieferung aufgrund ihrer Beschaffenheit untrennbar mit anderen Gütern vermischt wurden,
- zur Lieferung alkoholischer Getränke, deren Preis bei Vertragsschluss vereinbart wurde, die aber frühestens 30 Tage nach Vertragsschluss geliefert werden können und deren aktueller Wert von Schwankungen auf dem Markt abhängt, auf die der Unternehmer keinen Einfluss hat,
- zur Lieferung von Ton- oder Videoaufnahmen oder Computersoftware in einer versiegelten Packung, wenn die Versiegelung nach der Lieferung entfernt wurde,
- zur Lieferung von Zeitungen, Zeitschriften oder Illustrierten mit Ausnahme von Abonnement-Verträgen,
- zur Lieferung von Waren oder zur Erbringung von Dienstleistungen, einschließlich Finanzdienstleistungen, deren Preis von Schwankungen auf dem Finanzmarkt

abhängt, auf die der Unternehmer keinen Einfluss hat und die innerhalb der Widerrufsfrist auftreten können, insbesondere Dienstleistungen im Zusammenhang mit Aktien, mit Anteilsscheinen, die von einer Kapitalanlagegesellschaft oder einer ausländischen Investmentgesellschaft ausgegeben werden, und mit anderen handelbaren Wert papieren, Devisen, Derivaten oder Geldmarktinstrumenten,

- zur Erbringung von Dienstleistungen in den Bereichen Beherbergung zu anderen Zwecken als zu Wohnzwecken, Beförderung von Waren, Kraftfahrzeugvermietung, Lieferung von Speisen und Getränken sowie zur Erbringung weiterer Dienstleistungen im Zusammenhang mit Freizeitbetätigungen, wenn der Vertrag für die Erbringung einen spezifischen Termin oder Zeitraum vorsieht,
- die im Rahmen einer Vermarktungsform geschlossen werden, bei der der Unternehmer Verbrauchern, die persönlich anwesend sind oder denen diese Möglichkeit gewährt wird, Waren oder Dienstleistungen anbietet, und zwar in einem vom Versteigerer durchgeführten, auf konkurrierenden Geboten basierenden transparenten Verfahren, bei dem der Bieter, der den Zuschlag erhalten hat, zum Erwerb der Waren oder Dienstleistungen verpflichtet ist (öffentlich zugängliche Versteigerung),
- bei denen der Verbraucher den Unternehmer ausdrücklich aufgefordert hat, ihn aufzusuchen, um dringende Reparatur- oder Instandhaltungsarbeiten vorzunehmen; dies gilt nicht hinsichtlich weiterer Dienstleistungen, die der Verbraucher nicht ausdrücklich verlangt hat, oder hinsichtlich solcher Waren, die bei der Instandhaltung oder Reparatur nicht unbedingt als Ersatzteile benötigt werden, die der Unternehmer bei einem solchen Besuch erbringt,
- zur Erbringung von Wett- und Lotteriedienstleistungen, es sei denn, dass der Verbraucher seine Vertragserklärung telefonisch abgegeben hat oder der Vertrag außerhalb von Geschäftsräumen geschlossen wurde, und
- bei notariell beurkundeten Verträge; dies gilt für Finanzdienstleistungen nur, wenn das Gesetz notarielle Beurkundung des Vertrags vorschreibt und der Notar bestätigt, dass die für den Vertrag geltenden Informationspflichten eingehalten sind.

Das Widerrufsrecht besteht u. a. ferner nicht bei Verträgen, bei denen dem Verbraucher bereits aufgrund anderer gesetzlicher Bestimmungen, zum Beispiel bei Verbraucherdarlehen, bei Finanzierungshilfen oder als Existenzgründer (vgl. §§ 495, 506 bis 512 BGB), ein Widerrufsrecht zusteht.

Der Verbraucher und der Unternehmer sind gemäß § 355 Abs. 1 BGB an ihre auf den Abschluss des Vertrags gerichteten Willenserklärungen nicht mehr gebunden, wenn der Verbraucher seine Willenserklärung fristgerecht widerrufen hat.

- Der Widerruf erfolgt durch Erklärung gegenüber dem Unternehmer.
- Aus der Erklärung muss der Entschluss des Verbrauchers zum Widerruf des Vertrags eindeutig hervorgehen.

- Der Widerruf muss keine Begründung enthalten.
- Zur Fristwahrung genügt die rechtzeitige Absendung des Widerrufs.

Nach dem 01.10.2016 online abgeschlossene Verträge können auch online gekündigt werden. Bei ihnen gilt für Kündigungen oder vergleichbare Erklärungen von Verbrauchern nur noch die Textform gemäß § 125b BGB. Beispiel: Der Handyvertrag kann per E-Mail, Fax, SMS oder eingescanntem PDF gekündigt werden, die Kündigung erfordert keine Unterschrift. Der Grund hierfür ist, dass die Schriftform, bestehend aus Text und eigenhändiger Unterschrift, nicht mehr in Allgemeinen Geschäftsbedingungen (AGB) vereinbart werden darf. Eine Ausnahme gilt jedoch für notariell beurkundete Verträge. Wichtig ist aber, dass der Vertragsinhaber und sein Wunsch zur Kündigung deutlich erkennbar sind.

Der Bundesgerichtshof hat sich mit der Frage befasst, unter welchen Voraussetzungen ein Verbraucher unter dem Gesichtspunkt rechtsmissbräuchlichen Verhaltens am Widerruf eines Fernabsatzvertrages gehindert ist.

Beispiel

Der Fall:[5]

Der Kläger hatte bei der Beklagten über das Internet zwei Matratzen bestellt, die im Januar 2014 ausgeliefert und vom Kläger zunächst auch bezahlt worden waren. Unter Hinweis auf ein günstigeres Angebot eines anderen Anbieters und eine „Tiefpreisgarantie" des Verkäufers bat der Kläger um Erstattung des Differenzbetrags von 32,98 EUR, damit er von dem ihm als Verbraucher zustehenden Widerrufsrecht absehe. Zu einer entsprechenden Einigung kam es nicht. Der Kläger widerrief den Kaufvertrag daraufhin fristgerecht und sandte die Matratzen zurück.

Die Beklagte ist der Auffassung, dass der Kläger sich rechtsmissbräuchlich verhalten habe und der Widerruf deshalb unwirksam sei. Denn das Widerrufsrecht beim Fernabsatzgeschäft bestehe, damit der Verbraucher die Ware prüfen könne. Aus diesem Grund habe der Kläger aber nicht widerrufen, sondern vielmehr um (unberechtigt) Forderungen aus der „Tiefpreisgarantie" durchzusetzen.

Die Entscheidung:

Die auf Rückzahlung des Kaufpreises gerichtete Klage hatte in allen Instanzen Erfolg. Der Bundesgerichtshof hat entschieden, dass dem Kläger ein Anspruch auf Rückzahlung des Kaufpreises zusteht, da er den Kaufvertrag wirksam widerrufen hat.

Dem steht nicht entgegen, dass es dem Kläger darum ging, einen günstigeren Preis für die Matratzen zu erzielen. Für die Wirksamkeit des Widerrufs eines im Internet geschlossenen Kaufvertrags genügt allein, dass der Widerruf fristgerecht erklärt wird. Die Vorschriften über den Widerruf sollen dem Verbraucher ein effektives und einfach zu handhabendes Recht zur Lösung vom Vertrag geben. Einer Begründung des

[5]BGH, Urt. v. 16.03.2016 – VIII ZR 146/15.

Widerrufs bedarf es nach der ausdrücklichen gesetzlichen Regelung nicht. Deshalb ist es grundsätzlich ohne Belang, aus welchen Gründen der Verbraucher von seinem Widerrufsrecht Gebrauch macht.

Ein Ausschluss dieses von keinen weiteren Voraussetzungen abhängenden Widerrufsrechts wegen eines rechtsmissbräuchlichen Verhaltens des Verbrauchers kommt nur in Ausnahmefällen in Betracht, in denen der Unternehmer besonders schutzbedürftig ist. Das kann beispielsweise der Fall sein, wenn ein Verbraucher arglistig handelt, etwa indem er eine Schädigung des Verkäufers beabsichtigt oder schikanös handelt. Damit ist der vorliegende Fall jedoch nicht vergleichbar. Dass der Kläger Preise verglichen und der Beklagten angeboten hat, den Vertrag bei Zahlung der Preisdifferenz nicht zu widerrufen, stellt kein rechtsmissbräuchliches Verhalten dar. Das ist vielmehr Folge der sich aus dem grundsätzlich einschränkungslos gewährten Widerrufsrecht ergebenden Wettbewerbssituation, die der Verbraucher zu seinem Vorteil nutzen darf.

Die Widerrufsfrist beträgt gemäß § 355 Abs. 2 BGB 14 Tage und beginnt mit Vertragsschluss, soweit nichts anderes bestimmt ist.

Allgemein gilt: Zugunsten des Verbrauchers kann die Widerrufsfrist verlängert werden; eine Verkürzung der Frist ist dagegen gesetzlich verboten.

Im Fall des Widerrufs sind die empfangenen Leistungen unverzüglich zurückzugewähren (§ 355 Abs. 3 BGB).

Ein Verbraucher wahrt diese Frist durch die rechtzeitige Absendung der Waren. Der Unternehmer trägt bei Widerruf die Gefahr der Rücksendung der Waren.

Der Unternehmer kann nach der Regelung in § 356 Abs. 1 BGB dem Verbraucher die Möglichkeit einräumen, ein Muster-Widerrufsformular nach der Anlage 2 zu Art. 246a § 1 Abs. 2 S. 1 Nummer 1 EGBGB oder eine andere eindeutige Widerrufserklärung auf der Webseite des Unternehmers auszufüllen und zu übermitteln. Macht der Verbraucher von dieser Möglichkeit Gebrauch, muss der Unternehmer dem Verbraucher den Zugang des Widerrufs unverzüglich auf einem dauerhaften Datenträger bestätigen.

Die Widerrufsfrist beginnt abweichend von § 355 Abs. 2 BGB bei außerhalb von Geschäftsräumen geschlossenen Verträgen und Fernabsatzverträgen nach § 356 Abs. 2 BGB

- bei einem „normalen" Verbrauchsgüterkauf, sobald der Verbraucher die Waren erhalten hat,
- bei einem Verbrauchsgüterkauf, bei dem der Verbraucher mehrere Waren im Rahmen einer einheitlichen Bestellung bestellt hat und die Waren getrennt geliefert werden, sobald der Verbraucher die letzte Ware erhalten hat,
- bei einem Verbrauchsgüterkauf, bei dem die Ware in mehreren Teilsendungen oder Stücken geliefert wird, sobald der Verbraucher die letzte Teilsendung oder das letzte Stück erhalten hat,

- bei einem Verbrauchsgüterkauf, der auf die regelmäßige Lieferung von Waren über einen festgelegten Zeitraum gerichtet ist, sobald der Verbraucher die erste Ware erhalten hat,
- bei einem Vertrag, der die nicht in einem begrenzten Volumen oder in einer bestimmten Menge angebotene Lieferung von Wasser, Gas oder Strom, die Lieferung von Fernwärme oder die Lieferung von nicht auf einem körperlichen Datenträger befindlichen digitalen Inhalten zum Gegenstand hat, mit Vertragsschluss.

Die Widerrufsfrist beginnt nicht, bevor der Unternehmer den Verbraucher gemäß Art. 246a § 1 Abs. 2 S. 1 Nummer 1 oder Art. 246b § 2 Abs. 1 EGBGB unterrichtet hat.

Das Widerrufsrecht erlischt gemäß § 356 Abs. 4 BGB bei einem Vertrag zur Erbringung von Dienstleistungen auch dann, wenn der Unternehmer die Dienstleistung vollständig erbracht hat und mit der Ausführung der Dienstleistung erst begonnen hat, nachdem der Verbraucher dazu seine ausdrückliche Zustimmung gegeben hat und gleichzeitig seine Kenntnis davon bestätigt hat, dass er sein Widerrufsrecht bei vollständiger Vertragserfüllung durch den Unternehmer verliert.

Das Widerrufsrecht erlischt aufgrund von § 356 Abs. 5 BGB bei einem Vertrag über die Lieferung von nicht auf einem körperlichen Datenträger befindlichen digitalen Inhalten auch dann, wenn der Unternehmer mit der Ausführung des Vertrags begonnen hat, nachdem der Verbraucher dazu seine ausdrückliche Zustimmung gegeben hat und gleichzeitig seine Kenntnis davon bestätigt hat, dass er sein Widerrufsrecht mit Beginn der Vertragsausführung verliert.

Das Widerrufsrecht erlischt gemäß § 356 Abs. 3 S. 2 BGB spätestens zwölf Monate und 14 Tage nach dem Vorliegen der vorgenannten Voraussetzungen für den Fristbeginn.

Die Rechtsfolgen des Widerrufs von Fernabsatzverträgen regelt § 357 BGB:

- Die empfangenen Leistungen sind spätestens nach 14 Tagen zurückzugewähren.
- Der Unternehmer muss auch etwaige Zahlungen des Verbrauchers für die Lieferung zurückgewähren. Dies gilt nicht, soweit dem Verbraucher zusätzliche Kosten entstanden sind, weil er sich für eine andere Art der Lieferung als die vom Unternehmer angebotene günstigste Standardlieferung entschieden hat.
- Für die Rückzahlung muss der Unternehmer dasselbe Zahlungsmittel verwenden, das der Verbraucher bei der Zahlung verwendet hat. Dies gilt nicht, wenn ausdrücklich etwas anderes vereinbart worden ist und dem Verbraucher dadurch keine Kosten entstehen.
- Bei einem Verbrauchsgüterkauf kann der Unternehmer die Rückzahlung verweigern, bis er die Waren zurückerhalten hat oder der Verbraucher den Nachweis erbracht hat, dass er die Waren abgesandt hat. Dies gilt nicht, wenn der Unternehmer angeboten hat, die Waren abzuholen.
- Der Verbraucher ist nicht verpflichtet, die empfangenen Waren zurückzusenden, wenn der Unternehmer angeboten hat, die Waren abzuholen.
- Der Verbraucher trägt die unmittelbaren Kosten der Rücksendung der Waren.
- Dies gilt nicht, wenn der Unternehmer sich bereit erklärt hat, diese Kosten zu tragen oder es unterlassen hat, den Verbraucher gemäß Art. 246a § 1 Abs. 2 S. 1 Nr. 2 EGBGB von dieser Pflicht zu unterrichten.

- Bei außerhalb von Geschäftsräumen geschlossenen Verträgen, bei denen die Waren zum Zeitpunkt des Vertragsschlusses zur Wohnung des Verbrauchers geliefert worden sind, ist der Unternehmer verpflichtet, die Waren auf eigene Kosten abzuholen, wenn die Waren so beschaffen sind, dass sie nicht per Post zurückgesandt werden können.

Der Verbraucher hat Wertersatz für einen Wertverlust der Ware zu leisten, wenn der Wertverlust auf einen Umgang mit den Waren zurückzuführen ist, der zur Prüfung der Beschaffenheit, der Eigenschaften und der Funktionsweise der Waren nicht notwendig war, und der Unternehmer den Verbraucher nach Art. 246a § 1 Abs. 2 S. 1 Nr. 1 EGBGB über sein Widerrufsrecht unterrichtet hat (§ 357 Abs. 7 BGB).

Nach Auffassung des BGH ist dem Verbraucher beim Fernabsatz vor der Ausübung seines Widerrufsrechts kein wertersatzfreier Umgang mit der Kaufsache gestattet, der nicht nur zu Verschlechterung der Ware führe, sondern auch über die Maßnahmen hinausgehe, die zum Ausgleich ihm entgangener Erkenntnismöglichkeiten im stationären Handel erforderlich seien.[6] Der Verbraucher darf bei Fernabsatzgeschäften die Kaufsache vor Entscheidung über die Ausübung seines Widerrufsrechts nicht nur in Augenschein nehmen, sondern diese darüber hinaus auch einer Prüfung auf ihre Eigenschaften und ihre Funktionsweise unterziehen, ohne eine Inanspruchnahme für einen hieraus resultierenden Wertverlust befürchten zu müssen. Dies diene der Kompensation von Nachteilen aufgrund der dem Verbraucher im Fernabsatz entgehenden Prüfungs- und sonstigen Erkenntnismöglichkeiten, die im stationären Handel gegeben wären. Auch wenn der Kunde im Ladengeschäft die Ware häufig nicht auspacken, aufbauen und ausprobieren könne, stünden ihm dort doch typischerweise Musterstücke sowie Vorführ- und Beratungsmöglichkeiten zur Verfügung, um sich einen unmittelbaren Eindruck von der Ware und ihren Eigenschaften zu verschaffen.

Sonderregelungen gelten für Verträge über die Erbringung von Dienstleistungen oder die Lieferung von Wasser, Gas, Strom und Fernwärme (§ 357 Abs. 8 BGB).

Widerruft der Verbraucher einen Vertrag über die Lieferung von nicht auf einem körperlichen Datenträger befindlichen digitalen Inhalten, so hat er keinen Wertersatz zu leisten (§ 357 Abs. 9 BGB).

3.3   Rechtswahlfreiheit

Der grenzüberschreitende Internethandel hat für die Wirtschaft, aber auch für Privatkunden eine Reihe neuer, bedeutender Möglichkeiten eröffnet. So können Kunden weltweit nach bestimmten Produkten suchen und die Angebote der Händler in verschiedenen Ländern vergleichen. Besonders interessant kann dies sein, wenn sich bspw. Steuersätze

---

[6]BGH, Urt. v. 12.10.2016 – VIII ZR 55/15.

deutlich voneinander unterscheiden und die Versandkosten unter der Differenz liegen. So erweisen sich länderübergreifende Geschäfte häufig als wirtschaftlich lohnenswert.

Wenn Verträge mithilfe von Telemedien über Ländergrenzen hinweg abgeschlossen werden, ist allerdings oft nicht zu erkennen, welches Recht im Streitfall anwendbar sein soll. Bei einem Kaufgeschäft über das Internet könnte bspw. das Recht des Landes gelten, in dem der Verkäufer seinen Sitz hat. Es könnte aber auch das Recht des Landes, in dem der Käufer seinen Sitz hat, zur Anwendung kommen. Schließlich besteht noch die Möglichkeit das Recht des Landes zu wählen, in dem der Server steht.

Um Transaktionen zu vereinfachen, herrscht innerhalb der Europäischen Union grundsätzlich Rechtswahlfreiheit der Parteien. Dies bedeutet, die Parteien können wählen, welches nationale Recht auf ihr Geschäft angewendet werden soll. Der Vertrag unterliegt also generell dem von den Parteien gewählten Recht. Die Rechtswahl muss hierbei ausdrücklich erfolgen oder sich eindeutig aus den Bestimmungen des Vertrags bzw. den Umständen des Falles ergeben. Die Frage, wonach sich das auf einen Vertrag anwendbare Recht bestimmt, ist durch die Verordnung (EG) Nr. 593/2008 des Europäischen Parlaments und des Rates, die sogenannte „Rom-I-VO", im Bereich der EU – mit Ausnahme von Dänemark – einheitlich geregelt.

Im unternehmerischen Verkehr wird meist das Recht des Landes vereinbart, in dem der Verkäufer seinen Sitz hat (vgl. dazu die obigen Ausführungen zum Herkunftslandprinzip). Für den Verkäufer hat das den Vorteil, dass er sich nicht mit sämtlichen gesetzlichen Vorschriften und der Rechtsprechung der einzelnen EU-Mitgliedstaaten, in denen seine Kunden leben können, befassen muss. Er kann sich stattdessen auf die ihm bekannten Bestimmungen seines Landes verlassen. Umgekehrt ist das für den Kunden von Nachteil, denn auch er wird das Recht des Verkäufer-Landes im Zweifel nicht kennen und seine Interessen dort nicht ohne weiteres durchsetzen können. Durch derartige Unsicherheiten wird der grenzüberschreitende elektronische Geschäftsverkehr nach wie vor behindert.

Soweit die Parteien keine Rechtswahl getroffen haben, bestimmt sich in der Europäischen Union das auf den Vertrag anzuwendende Recht wie folgt:

- Kaufverträge über bewegliche Sachen unterliegen dem Recht des Staates, in dem der Verkäufer seinen gewöhnlichen Aufenthalt hat.
- Dienstleistungsverträge unterliegen dem Recht des Staates, in dem der Dienstleister seinen gewöhnlichen Aufenthalt hat.
- Verträge, die ein dingliches Recht an unbeweglichen Sachen sowie Miete oder Pacht unbeweglicher Sachen zum Gegenstand haben, unterliegen dem Recht des Staates, in dem die unbewegliche Sache belegen ist.
- Franchiseverträge unterliegen dem Recht des Staates, in dem der Franchisenehmer seinen gewöhnlichen Aufenthalt hat.
- Vertriebsverträge unterliegen dem Recht des Staates, in dem der Vertriebshändler seinen gewöhnlichen Aufenthalt hat.

Beispiel

Verträge zwischen Gewerbetreibenden

Wenn ein deutscher Gemüseimporteur über eine interaktive Website im Internet bei einem spanischen Großhändler Tomaten kauft, stellt sich die Frage, ob auf den Kaufvertrag deutsches oder spanisches Recht anzuwenden ist. Die Rom-I-Verordnung erlaubt den Vertragspartnern, das anzuwendende Recht selbst zu wählen. Machen sie davon keinen Gebrauch, findet das Recht am Ort der Partei Anwendung, die die geschäftstypische Leistung erbringt (im vorliegenden Fall die Lieferung der Oliven durch den spanischen Händler, die also zu spanischem Recht führt).

Eine Ausnahme stellen Verbraucherverträge dar. Hier sieht die Verordnung Sondervorschriften für die tendenziell „schwächere" Partei vor: Es hat stets das Recht des Landes zu gelten, in dem der Verbraucher seinen gewöhnlichen Aufenthalt hat. Ein Vertrag, den eine natürliche Person zu einem Zweck, der nicht ihrer beruflichen oder gewerblichen Tätigkeit zugerechnet werden kann („Verbraucher"), mit einer anderen Person geschlossen hat, die in Ausübung ihrer beruflichen oder gewerblichen Tätigkeit handelt („Unternehmer"), unterliegt dem Recht des Staates, in dem der Verbraucher seinen gewöhnlichen Aufenthalt hat, sofern der Unternehmer seine berufliche oder gewerbliche Tätigkeit in dem Staat ausübt, in dem der Verbraucher seinen gewöhnlichen Aufenthalt hat, oder eine solche Tätigkeit auf irgendeiner Weise auf diesen Staat oder auf mehrere Staaten, einschließlich dieses Staates, ausrichtet und der Vertrag in den Bereich dieser Tätigkeit fällt.

Beispiel

Verbraucherverträge

Wäre im vorgenannten Fall der Käufer statt eines deutschen Gemüseimporteurs ein deutscher Verbraucher gewesen, hätten die Parteien das anzuwendende Recht zwar auch wählen können. Doch der spanische Großhändler hätte gleichwohl die zwingenden Vorschriften des Rechts des Verbrauchers (hier also des deutschen Rechts) berücksichtigen müssen – bspw. Gewährleistungsfristen. Bei Fehlen einer Rechtswahl kommt in diesem Fall also nicht das Recht des Unternehmers, sondern immer das Recht des Landes Verbrauchers zur Anwendung.

Bei der Gestaltung internationaler Warenkaufverträge stellt sich regelmäßig die Frage, welches Recht dem Vertrag zugrunde liegt bzw. liegen soll: In Betracht kommt entweder das Recht des Staates des Exporteurs oder das Recht des Staates des Importeurs. Sinn und Zweck des UN-Kaufrechts ist die Schaffung einer einheitlichen Rechtsgrundlage für Kaufverträge im internationalen Warenverkehr. Als Übereinkommen der Vereinten Nationen über Verträge über den internationalen Warenkauf – United Nations Convention on Contracts for the International Sale of Goods (CISG) – wurde das UN-Kaufrecht 1980 verabschiedet und gilt inzwischen in über 70 Staaten. In Deutschland trat das UN-Kaufrecht am 1. Januar 1991 in Kraft.

Damit kommt es nicht darauf an, ob UN-Kaufrecht ausdrücklich zwischen den Vertragsparteien vereinbart wird. Das UN-Kaufrecht gilt als Bestandteil des nationalen Rechts automatisch für internationale Warenkaufverträge, solange keine abweichende Parteivereinbarung getroffen wird. Ein internationaler Kaufvertrag liegt vor, wenn die Vertragsparteien ihre Niederlassungen in verschiedenen Staaten haben.

Allerdings erstreckt sich der Regelungsgehalt des UN-Kaufrechts nicht auf sämtliche Aspekte der Vertragsbeziehung, sondern setzt den Schwerpunkt auf das Zustandekommen des Vertrages und die Rechte und Pflichten von Käufer und Verkäufer.

Global tätige Unternehmen vereinbaren bei Kaufverträgen daher häufig das UN-Kaufrecht. Es handelt sich um eine Rechtsordnung, die die Interessen beider Seiten berücksichtigt. Sie kann von den Parteien als anwendbares Recht frei gewählt werden. Das UN-Kaufrecht regelt zentrale Aspekte internationaler Warenkaufverträge einheitlich.

UN-Kaufrecht ist immer dann anwendbar, wenn für einen internationalen Kaufvertrag das Recht eines Abkommensstaates Anwendung findet oder die Staaten, in denen Käufer und Verkäufer ihren Sitz haben, beide Vertragsstaaten des UN-Kaufrechts sind. Da für Kaufverträge nach den deutschen Vorschriften des Internationalen Privatrechts im Zweifel das Recht des Staates Anwendung findet, in dem der Verkäufer seinen Sitz hat, bedeutet dies, dass für den deutschen Exporteur auch für Lieferungen in Nichtvertragsstaaten das UN-Kaufrecht in der Regel Anwendung findet. Dies ist nur dann nicht der Fall, wenn das UN-Kaufrecht zuvor wirksam ausgeschlossen wurde. Der Ausschluss sollte dabei ausdrücklich im Vertrag vereinbart werden.

Die Bedeutung des UN-Kaufrechts für deutsche Exporteure und Importeure wird ferner durch den Umstand belegt, dass bereits heute der weitaus größte Teil der deutschen Importe und Exporte mit Geschäftspartnern abgewickelt wird, die in Vertragsstaaten des UN-Kaufrechts ansässig sind.

Neben dem Vorliegen eines Warenkaufvertrages und dem Sitz der Vertragsparteien in verschiedenen Staaten muss es sich weiterhin um ein Geschäft handeln, das der geschäftlichen Sphäre zuzurechnen ist. Auf einen ausschließlich privaten Zwecken dienenden Kaufvertrag findet das UN-Kaufrecht keine Anwendung.

3.4   Vertragsschluss bei Online-Geschäften

Verträge im Internet oder über andere Telemediendienste können prinzipiell genauso abgeschlossen werden wie alle Verträge im „normalen" Leben. Um die juristische Systematik nachvollziehen zu können, sind an dieser Stelle einige grundsätzliche Ausführungen zur Rechtsgeschäftslehre unausweichlich.

Unter einem Rechtsgeschäft versteht man jede auf Herbeiführung einer bestimmten, von der Rechtsordnung gebilligten Privatrechtsfolge gerichtete Willenserklärung. Ein Rechtsgeschäft kann aus einer oder mehreren Willenserklärungen bestehen.

Eine Willenserklärung ist die private Äußerung eines auf einen Rechtserfolg gerichteten Willens. Ihr wesentlichstes Merkmal ist also der Geschäftswille. Sie kann ausdrücklich formuliert oder durch schlüssiges (konkludentes) Verhalten geäußert werden.

Abgegeben werden können Willenserklärungen grundsätzlich nur von unbeschränkt Geschäftsfähigen (§§ 104 ff. BGB). Es wird unterschieden in nicht empfangsbedürftige (zum Beispiel Testament) und empfangsbedürftige Willenserklärungen (zum Beispiel Kündigung). Eine empfangsbedürftige Willenserklärung wird gemäß § 130 Abs. 1 S. 1 BGB erst wirksam, wenn sie dem Erklärungsempfänger zugegangen ist. Für den Zugang ist erforderlich, dass die Erklärung in den Bereich des Empfängers gelangt. Dabei kommt es darauf an, dass der Empfänger in der Lage sein muss, von der Erklärung Kenntnis zu erlangen (zum Beispiel Briefkasten, elektronisches Postfach mit regelmäßig genutzter E-Mail-Adresse).

Ein Vertrag bedarf zu seiner Wirksamkeit immer mindestens zweier Willenserklärungen, die einander entsprechen. Man spricht auch von zwei kongruenten Willenserklärungen, die für den Vertragsschluss Voraussetzung sind. Die zuerst abgegebene Willenserklärung wird als Angebot zum Vertragsschluss bezeichnet, die spätere als Annahme.

Das Angebot muss inhaltlich so bestimmt sein, dass die Annahme durch eine bloße Zustimmung der anderen Partei erfolgen kann. Bei Verlautbarungen an die Allgemeinheit zum Beispiel durch Schaufensterdekorationen oder Werbeanzeigen handelt es sich nicht um Angebote im Sinne von Willenserklärungen. Gleiches gilt für Homepages.

3.4.1 Willenserklärung per E-Mail

Bei Willenserklärungen über E-Mail handelt es sich in der Regel um Willenserklärungen unter Abwesenden. In den Machtbereich des Empfängers ist eine E-Mail technisch dann gelangt, wenn sie in der Mailbox des Empfängers abrufbereit ist. Maßgeblich ist, wann üblicherweise damit gerechnet werden kann, dass der Empfänger die E-Mail abruft. Dabei ist zu unterscheiden in geschäftliche Empfänger, von denen ein regelmäßiger Abruf erwartet werden darf, und private Empfänger. Bei Letzteren geht man davon aus, dass sie mindestens einmal täglich ihre elektronische Post abrufen.

Eine Willenserklärung an private Empfänger gilt deshalb einen Tag nach der Abrufbereitschaft als zugegangen.

Auch automatisch generierte elektronische Erklärungen werden nach der herrschenden Meinung als Willenserklärungen im Sinne des BGB anerkannt. Das Vertragsangebot kann also bspw. auch durch den Versand eines Online-Bestellformulars wirksam werden. Schon in der Einrichtung eines entsprechenden Agenten wird eine willentliche Vorbereitungshandlung gesehen, aufgrund derer Erklärungen des Agenten dem Anwender zugerechnet werden können.

E-Mails, die mitteilen, dass eine eingegangene Bestellung bearbeitet wird, sind dagegen keine Willenserklärungen, sondern Bestätigungsmails im Sinne von § 312i Abs. 1

Nr. 3 BGB. Bestellung und Empfangsbestätigung in diesem Sinne gelten als zugegangen, wenn die Parteien, für die sie bestimmt sind, sie unter gewöhnlichen Umständen abrufen können.

Die Mehrzahl der alltäglichen Verträge bedarf keiner besonderen Form, auch nicht der Schriftform. E-Mails genügen dem Schriftformerfordernis des § 126 BGB ohnehin nicht: Ihnen fehlt es an der eigenhändigen Unterschrift. Willenserklärungen via E-Mail werden deshalb als konkludente Willenserklärungen angesehen. Nachteil: Im Streitfall fehlt es an gerichtlich verwertbaren Beweisdokumenten.

Beispiel

Der Bundesgerichtshof hat eine Entscheidung zu der Frage getroffen, unter welchen Voraussetzungen der Inhaber eines eBay-Mitgliedskontos vertraglich für Erklärungen haftet, die ein Dritter unter unbefugter Verwendung dieses Mitgliedskontos abgegeben hat.

Der Fall:[7]

Die Beklagte unterhielt beim Internetauktionshaus eBay ein passwortgeschütztes Mitgliedskonto. Am 3. März 2008 wurde unter Nutzung dieses Kontos eine komplette Gastronomieeinrichtung mit einem Eingangsgebot von 1 EUR zum Verkauf angeboten, worauf der Kläger ein Maximalgebot von 1000 EUR abgab. Einen Tag danach wurde die Auktion vorzeitig durch Rücknahme des Angebots beendet. Der Kläger war zu diesem Zeitpunkt der Höchstbietende. Er forderte die Beklagte mit Schreiben vom 25. Mai 2008 zur Eigentumsverschaffung an der Gastronomieeinrichtung, deren Wert er mit 33.820 EUR beziffert, Zug um Zug gegen Zahlung von 1000 EUR auf. Nach erfolglosem Ablauf der hierfür gesetzten Frist verlangt er Schadensersatz wegen Nichterfüllung in Höhe von 32.820 EUR.

Zwischen den Parteien steht im Streit, ob das Angebot über eine Gastronomieeinrichtung von der Beklagten oder ohne deren Beteiligung und Wissen von ihrem Ehemann auf der Internetplattform von eBay eingestellt worden ist. In den Allgemeinen Geschäftsbedingungen von eBay heißt es in § 2 Ziffer 9:

„Mitglieder haften grundsätzlich für sämtliche Aktivitäten, die unter Verwendung ihres Mitgliedskontos vorgenommen werden." ...

Der Bundesgerichtshof hat entschieden, dass auch bei Internet-Geschäften die Regeln des Stellvertretungsrechts anwendbar sind, wenn durch die Nutzung eines fremden Namens beim Geschäftspartner der Anschein erweckt wird, es solle mit dem Namensträger ein Geschäft abgeschlossen werden. Erklärungen, die unter dem Namen eines anderen abgegeben worden sind, verpflichten den Namensträger daher nur, wenn sie in Ausübung einer bestehenden Vertretungsmacht erfolgen oder vom Namensträger nachträglich genehmigt worden sind oder wenn die Grundsätze über die Duldungs- oder die Anscheinsvollmacht eingreifen. Hingegen hat allein die

---

[7]BGH, Urt. v. 11.05.2011 – VIII ZR 289/09.

unsorgfältige Verwahrung der Kontaktdaten eines eBay-Mitgliedskontos noch nicht zur Folge, dass der Inhaber des Kontos sich die von einem Dritten unter unbefugter Verwendung dieses Kontos abgegebenen Erklärungen zurechnen lassen muss. Eine Zurechnung fremder Erklärungen an den Kontoinhaber ergibt sich auch nicht aus § 2 Ziffer 9 der Allgemeinen Geschäftsbedingungen von eBay. Da diese Allgemeinen Geschäftsbedingungen jeweils nur zwischen eBay und dem Inhaber des Mitgliedskontos vereinbart sind, haben sie keine unmittelbare Geltung zwischen dem Anbieter und dem Bieter. Ausgehend hiervon war vorliegend zwischen den Parteien kein Kaufvertrag über die Gastronomieeinrichtung zustande gekommen.

3.4.2 Elektronische Signatur

In der deutschen Zivilrechtsordnung ist die Einhaltung besonderer Formvorschriften zum Beispiel vorgesehen für Grundstückskaufverträge (§ 311b BGB), für Kündigungen von Arbeitsverträgen (§ 623 BGB) und für Verbraucherdarlehensverträge (§ 492 BGB).

Für Internetgeschäfte existiert eine Reihe von Sonderregelungen. Die Hintergründe sind hier wiederum auf europäischer Ebene zu finden. Der wirksame Abschluss von Verträgen über das Internet sollte nicht an Formvorschriften der unterschiedlichen nationalen Rechtsordnungen der Mitgliedstaaten scheitern. Deshalb bestimmt die Richtlinie für elektronische Signaturen (Richtlinie 1999/93/EG), dass die grenzüberschreitende rechtliche Anerkennung elektronischer Signaturen sicherzustellen und dafür ein angemessener und harmonisierter rechtlicher Rahmen zu schaffen ist. Elektronische Signaturen sollen demnach die gleichen Rechtswirkungen entfalten wie handschriftliche Unterschriften, und sie sollen bei Gerichtsverfahren als Beweismittel zugelassen werden. Auch die E-Commerce-Richtlinie bestimmt, dass innerstaatliche Rechtsvorschriften die Verwendung elektronischer Verträge nicht behindern dürfen.

Das deutsche Signaturgesetz (SigG) basiert auf den europarechtlichen Vorgaben und definiert in § 2 Nr. 1 SigG einfache elektronische Signaturen als Daten in elektronischer Form, die anderen elektronischen Daten beigefügt oder logisch mit ihnen verknüpft sind und die zur Authentifizierung dienen.

Das Gesetz kennt außerdem fortgeschrittene und qualifizierte elektronische Signaturen. Je höher die Qualität der elektronischen Signatur, desto größer ihre Funktionalität und desto größer entsprechend auch ihre Bedeutung für den Rechtsverkehr. Mithilfe elektronischer Signaturen soll sichergestellt werden, dass die verwendete elektronische Unterschrift echt ist, dass der Absender also identifiziert werden kann und dass das Dokument unverfälscht übertragen wurde.

Fortgeschrittene elektronische Signaturen gemäß § 2 Nr. 2 SigG müssen den Beweiswert einer einfachen Signatur erhöhen und deshalb technisch mit Signaturschlüsseln erstellt werden und mit Signaturprüfschlüsseln überprüfbar sein.

Qualifizierte elektronische Signaturen müssen gemäß § 2 Nr. 3 SigG auf einem zum Zeitpunkt ihrer Erstellung gültigen Zertifikat beruhen und mit einer sicheren

Signaturerstellungseinheit (SSEE) erzeugt worden sein. Qualifizierte elektronische Signaturen ersetzen gemäß § 126a Abs. 1 BGB das gesetzliche Schriftformerfordernis. Soll ein die Schriftform verlangender Vertrag zustande kommen, müssten also beide Parteien einen gleichlautenden Vertragstext mit qualifizierten elektronischen Signaturen versehen.

Die digitale Signatur beruht auf der Anwendung der asymmetrischen Kryptografie, einem mathematischen Verfahren für die Verschlüsselung und Entschlüsselung mittels zweier unterschiedlicher Schlüssel, die miteinander in Beziehung stehen: Ein privater Schlüssel („Private Key") und ein öffentlicher Schlüssel („Public Key"). Beide Schlüssel sind so konzipiert, dass es nahezu unmöglich ist, einen Schlüssel aus dem anderen herzuleiten.

Der Private Key befindet sich regelmäßig auf einer Chipkarte und kann nur in Verbindung mit einer geheimen PIN oder einem biometrischen Merkmal eingesetzt werden. Der Public Key wird dagegen allen Kommunikationspartnern, also allen Kreditinstituten, bekannt gemacht. Er wird dem Signaturschlüsselinhaber durch ein qualifiziertes Zertifikat zugeordnet und in ein öffentliches Verzeichnis eingestellt. Dieses qualifizierte Zertifikat wird von einer zu diesem Zweck vorgesehenen vertrauenswürdigen Person, dem Zertifizierungsdiensteanbieter, ausgestellt. Dieser Anbieter führt ein über die öffentlichen Netze zugängliches Verzeichnis der öffentlichen Schlüssel und bestätigt, dass ein bestimmter öffentlicher Schlüssel einer bestimmten Person, dem Signaturschlüsselinhaber, zugeteilt ist (qualifiziertes Zertifikat).

Mittels des Private Key wird aus dem zu signierenden Text, einer elektronischen Zeichenfolge beliebiger Länge, eine Art Quersumme (Hash-Wert) errechnet. Dieser Wert wird mit dem Private Key verschlüsselt und zusammen mit dem qualifizierten Zertifikat dem elektronischen Text beigefügt. Beide zusammen bilden die sogenannte digitale Signatur, die mithin unmittelbar vom signierten Text abgeleitet ist und damit Rückschlüsse auf die Identität des Absenders und die Authentizität des Textes zulässt. Die Überprüfung der Authentizität des übermittelten Textes erfolgt mithilfe des Public Key. Mit dem Public Key entschlüsselt der Empfänger den angefügten Hash-Wert und vollzieht den Rechenvorgang anhand des übermittelten Textes noch einmal nach. Stimmen beide Hash-Werte überein, folgt daraus, dass die digitale Signatur mit dem dazugehörigen Private Key erzeugt wurde und der übermittelte Text zwischenzeitlich nicht verändert wurde. Die Identität des Absenders wird über das öffentliche Verzeichnis in Verbindung mit dem der übermittelten Nachricht angefügten qualifizierten Zertifikat festgestellt.

Der Kunde des Kreditinstituts hat dafür Sorge zu tragen, dass keine andere Person Kenntnis von seinen persönlichen Legitimationsdaten erhält. Bei Verletzung dieser Pflicht kommt eine Haftung des Kunden für die hierdurch entstandenen Schäden in Betracht.

Elektronische Signaturen haben sich wegen des oftmals hohen organisatorischen und technischen Aufwands in der Breite bis heute nicht durchsetzen können. Wichtigste Neuerung der eIDAS-Verordnung (electronic Identification and Signature) ist daher innerhalb der EU der Einsatz einer sicheren, aber zugleich auch benutzerfreundlichen Online-Signatur über Smartphones und Tablets – der sogenannten „Fernsignatur".

Erstmals ist dank eIDAS eine elektronische Unterschrift (Online-Unterschrift) nun auch ohne Signaturkarte und Lesegerät möglich. Dabei wird der private Signaturschlüssel zentral bei einem Vertrauensdiensteanbieter in einer sicheren Signaturerstellungseinheit in Form eines nach Common Criteria zertifizierten Hardware Security Modules (HSM) gespeichert und kann dann von einem Smartphone oder Tablet aus genutzt werden. Die eIDAS-Verordnung regelt die Erstellung, Überprüfung und Aufbewahrung von qualifizierten elektronischen Signaturen, Zeitstempeln, Siegeln und Website-Authentifizierung sowie die Zustellung elektronischer Einschreiben im öffentlichen Sektor und ersetzt auf der ersten Stufe das deutsche Signaturgesetz, weil die Verordnung das höhere Gesetz ist und „Anwendungsvorrang" besitzt.

Fast alle technischen Bestimmungen zu eIDAS sind in ETSI-Normen wie ETSI EN 319 401, ETSI EN 319 411–2 oder ETSI TS 319 411–3 festgelegt. Das führt dazu, dass Anbieter von Vertrauensdiensten, Zeitstempeln und Siegeln relativ schnell zertifiziert werden können. 1&1, GMX und Web.de gehören zu den ersten Unternehmen, die – ebenso wie die Bundesdruckerei – nach eIDAS zertifiziert wurden.

Die Webseiten-Authentifizierung erfolgt nach gängigen Standards. Für sie ist in Deutschland das Bundesamt für Sicherheit in der Informationstechnik (BSI) zuständig, das die eng an die Extended Validation Zertifikate angelehnte Prüfung durchführt und das Europa-Logo vergibt.

Für die Prüfung sogenannter „Trustcenter" mit den von ihnen angebotenen Signaturen, Zeitstempel und Siegel – also einer vertrauenswürdigen Instanz, welche in elektronischen Kommunikationsprozessen die jeweilige Identität des Kommunikationspartners bescheinigt – ist die Bundesnetzagentur zuständig. Sie führt als oberste deutsche Behörde die nationale „Trusted List" der zugelassenen Anbieter.

3.4.3   Homepage als „invitatio ad offerendum"

Zum wirksamen Vertragsschluss bedarf es eines Angebots und einer Annahme. Es wurde bereits darauf verwiesen, dass Verlautbarungen an die Allgemeinheit nicht als Angebote im Sinne der Rechtsgeschäftslehre betrachtet werden. Sie werden vielmehr als sogenannte „invitatio ad offerendum" bezeichnet, also als eine Aufforderung bzw. Einladung zur Offerte, d. h. zum Angebot. Es handelt sich konkret um eine Aufforderung bzw. Einladung an andere, ihrerseits ein Angebot zum Vertragsschluss abzugeben. Derjenige, der die „invitatio ad offerendum" abgegeben hat, kann seinerseits dieses Angebot annehmen oder ablehnen.

Bei der „invitatio ad offerendum" fehlt es am Geschäftswillen. Deshalb liegt hier keine Willenserklärung im Sinne von § 145 BGB vor. Es handelt sich vielmehr nur um eine vertragsvorbereitende, rechtlich unverbindliche Maßnahme.

Homepages im Internet werden regelmäßig als „invitatio ad offerendum" betrachtet. Produktpräsentationen in Online-Shops werden deshalb wie Auslagen in Schaufenstern oder Werbeanzeigen behandelt. Wer Agenten zur Abwicklung des Bestellvorgangs einrichtet, handelt vertragsvorbereitend. Der Vertrag kommt aber erst zustande, wenn der Kunde seine Bestellung bspw. durch Mausklick bestätigt und wenn der Anbieter die Ware oder Dienstleistung liefert bzw. zuvor in anderer Weise das Angebot des Kunden annimmt.

Beispiel

Der Fall:[8]

Die Klägerin veräußert Computer nebst Zubehör über eine Website im Internet. Im Januar 2003 legte der zuständige Mitarbeiter der Klägerin für das Notebook der Firma S., Typ V. S., einen Verkaufspreis von 2650 EUR fest und gab diesen in das EDV-gesteuerte Warenwirtschaftssystem der Klägerin ein. Mittels einer von der Klägerin verwendeten Software wurden diese Daten anschließend automatisch in die Produktdatenbank ihrer Internetseite übertragen. Als Ergebnis dieses Vorgangs enthielt die Datenbank jedoch nicht den eingegebenen Betrag von 2650 EUR, sondern einen Verkaufspreis von 245 EUR.

Der Klägerin wurden im Februar 2003 mehrere Fälle bekannt, in denen es zu einem Fehler im Datentransfer durch die im übrigen beanstandungsfrei laufende Software gekommen war; die Ursache konnte nicht festgestellt werden.

Der Beklagte bestellte am 1. Februar 2003 ein Notebook des vorgenannten Typs zu dem auf der Internetseite der Klägerin angegebenen Verkaufspreis von 245 EUR. Die Klägerin bestätigte dem Beklagten mittels einer automatisch verfassten E-Mail vom gleichen Tage den Eingang seiner Bestellung zu diesem Preis. Eine weitere automatisch verfasste E-Mail der Klägerin vom gleichen Tage (15.36 Uhr) hatte folgenden Inhalt:

„Sehr geehrter Kunde, Ihr Auftrag wird jetzt unter der Kundennummer … von unserer Versandabteilung bearbeitet … Wir bedanken uns für den Auftrag …".

Das Notebook wurde mit Rechnung/Lieferschein der Klägerin vom 5. Februar 2003 zum Verkaufspreis von 245 EUR zuzüglich Versandkosten von 12,80 EUR an den Beklagten ausgeliefert. Mit Schreiben vom 11. Februar 2003 erklärte die Klägerin die Anfechtung des Kaufvertrags mit der Begründung, das Notebook sei aufgrund eines Systemfehlers irrtümlich mit dem Preis von 245 EUR versehen worden. Der Beklagte lehnte mit Schreiben seiner Prozessbevollmächtigten vom 18. Februar 2003 die Herausgabe des Notebooks ab. Die Klägerin setzte dem Beklagten hierzu mit Schreiben vom 28. Februar 2003 vergeblich eine Frist bis zum 8. März 2003. Die Klägerin begehrt die Herausgabe und Rückübereignung des Notebooks Zug um Zug gegen Rückzahlung des Kaufpreises sowie die Feststellung, dass der Beklagte verpflichtet ist, den aus der Verweigerung der Herausgabe entstandenen und noch entstehenden Schaden zu ersetzen.

---

[8]BGH, Urt. v. 26.01.2005 – VIII ZR 79/04.

Der BGH hat wie folgt entschieden:

Zwischen den Parteien ist ein Vertrag über den Kauf des Notebooks zu dem auf der Internetseite der Klägerin angegebenen Preis von 245 EUR zustande gekommen. Die Klägerin hat nicht bereits mit der Präsentation des Notebooks auf ihrer Internetseite ein gemäß § 145 BGB verbindliches Angebot abgegeben, sondern sie hat insoweit lediglich zur Abgabe von Angeboten aufgefordert hat ("invitatio ad offerendum"). Daraus folgt, dass ein Angebot erst in der Bestellung des Beklagten vom 1. Februar 2003 zu dem auf der Internetseite der Klägerin angegebenen Verkaufspreis von 245 EUR zu sehen ist, das die Klägerin angenommen hat.

Die Klägerin befand sich im Zeitpunkt der Abgabe ihrer Annahmeerklärung jedoch in einem zur Anfechtung berechtigenden Irrtum gemäß § 119 Abs. 1 BGB. Nach § 119 Abs. 1 BGB kann, wer bei der Abgabe einer Willenserklärung über deren Inhalt im Irrtum war (1. Alternative; Inhaltsirrtum) oder eine Erklärung dieses Inhalts überhaupt nicht abgeben wollte (2. Alternative; Erklärungsirrtum), die Erklärung anfechten, wenn anzunehmen ist, dass er sie bei Kenntnis der Sachlage und bei verständiger Würdigung des Falles nicht abgegeben haben würde. Die Klägerin wollte auf ihrer Internetseite für das Notebook den Verkaufspreis von 2650 EUR angeben, den ihr zuständiger Mitarbeiter festgelegt hatte.

Die tatsächlich auf der Internetseite erschienene Preisangabe von 245 EUR entsprach daher nicht ihrem Erklärungswillen. Zwar ist der Irrtum in der Erklärungshandlung nicht dem Mitarbeiter der Klägerin selbst unterlaufen, da er den von ihm festgelegten Verkaufspreis zutreffend in ihr Warenwirtschaftssystem eingegeben hat. Vielmehr beruhte die Änderung des eingegebenen Verkaufspreises auf einem Fehler im Datentransfer durch die im Übrigen beanstandungsfrei laufende Software.

Die Verfälschung des ursprünglich richtig Erklärten auf dem Weg zum Empfänger durch eine unerkannt fehlerhafte Software ist als Irrtum in der Erklärungshandlung anzusehen. Denn es besteht kein Unterschied, ob sich der Erklärende selbst verschreibt beziehungsweise vertippt oder ob die Abweichung vom gewollten Erklärungstatbestand auf dem weiteren Weg zum Empfänger eintritt.

Dies ergibt sich auch aus § 120 BGB, wonach eine Willenserklärung, welche durch die zur Übermittlung verwendete Person oder Einrichtung unrichtig übermittelt worden ist, unter der gleichen Voraussetzung angefochten werden kann wie nach § 119 BGB eine irrtümlich abgegebene Willenserklärung. Keine andere Beurteilung ist gerechtfertigt, wenn – wie im vorliegenden Fall – aufgrund fehlerhaften Datentransfers ein Übermittlungsfehler geschieht, bevor die Willenserklärung den Bereich des Erklärenden verlassen hat.

Diese Erklärung – Annahme der Bestellung zu einem Preis von 245 EUR – entsprach nicht ihrem Erklärungswillen. Die Klägerin wollte das Notebook, wie ausgeführt, zu einem Preis von 2650 EUR verkaufen. Sie hatte den Programmablauf ihres Bestellungssystems so vorgesehen, dass der in ihr Warenwirtschaftssystem eingegebene Betrag in die Produktdatenbank übernommen und als Verkaufspreis für nachfolgende Bestellungen verbindlich sein sollte.

Es handelt es sich nicht um einen Irrtum in der Willensbildung bzw. in der Erklärungsvorbereitung. Die Klägerin hat ihren Erklärungswillen fehlerfrei gebildet, indem ihr zuständiger Mitarbeiter den Verkaufspreis für das Notebook auf 2650 EUR festlegte und dieser Betrag nach ihrer Vorstellung vom Ablauf des verwendeten Computerprogramms in die Produktdatenbank der Internetseite übernommen werden sollte.

Der vorliegende Fall ist daher auch nicht mit einem (verdeckten) Kalkulationsirrtum vergleichbar, bei dem der bereits im Stadium der Willensbildung unterlaufene Fehler als Irrtum im Beweggrund (Motivirrtum) grundsätzlich nicht zur Anfechtung berechtigt, auch wenn die falsche Berechnung auf Fehlern einer vom Erklärenden verwendeten Software beruht. Denn die Angabe des falschen Betrags von 245 EUR beruhte nicht auf einer fehlerhaften Berechnung des Preises im Stadium der Willensbildung der Klägerin, sondern auf einem nachfolgenden Fehler bei der Übertragung der Daten.

3.4.4   Online-Auktionen, Power- und Communityshopping

Im Rahmen von Online-Auktionen gestaltet sich die Auslegung von Willenserklärungen häufig schwierig. Die Gerichte sehen sich immer wieder mit derartigen Streitfällen konfrontiert.

Entgegen dem gängigen Sprachgebrauch handelt es sich bei dem Verkauf von Waren auf der „Auktionsplattform" eBay nicht um Auktionen im klassischen Sinne. Der Vertragsschluss bei eBay-Auktionen beurteilt sich nicht nach § 156 BGB (Versteigerung), sondern nach den allgemeinen Regeln des Vertragsschlusses (Angebot und Annahme, §§ 145 ff. BGB).[9] Ein Vertragsschluss wie bei einer Versteigerung scheidet aus, auf das Höchstgebot erfolgt kein Zuschlag im Rechtssinn. Vielmehr kommt durch Angebot und Annahme zwischen den Parteien ein Kaufvertrag zustande. Bei einer Internetauktion bei eBay stellt nämlich schon das Einstellen des Verkaufsobjektes zu „Auktionszwecken" ein Angebot zum Abschluss eines Kaufvertrags dar. Das Gebot ist dann eine Annahme, die unter der Bedingung erfolgt, dass der Erklärende am Ende der Auktion der Höchstbietende ist.

Mit Zugang der Willenserklärungen bei eBay als jeweiligem Empfangsvertreter kommt der Kaufvertrag letztlich zwischen dem anbietenden Verkäufer und dem Höchstbietenden zum Endzeitpunkt der Auktion zustande.

Der BGH[10] stellte fest, dass bei einer Internetauktion ein Vertrag mit der Abgabe des Höchstgebotes zustande kommt, wenn der anbietende Verkäufer bei Freischaltung der Angebotsseite eine entsprechende Erklärung abgegeben hat. Der anbietende Verkäufer

---

[9]BGH, Urt. v. 24.08.2016 – VIII ZR 100/15 – Shill Bidding.
[10]BGH, Urt. v. 07.11.2001 – VIII ZR 13/01.

nimmt also schon zu diesem Zeitpunkt – bei Freischaltung der Seite, bevor überhaupt ein Angebot vorliegt – das später höchste, wirksam abgegebene Angebot eines Bieters an.

Der Anbieter der Website tritt hierbei sowohl für den anbietenden Verkäufer als auch für den Bieter jeweils als Empfangsvertreter für die Erklärungen auf.

Sofern Bietagenten bei Online-Versteigerungen eingesetzt werden, ändert dies nach herrschender Auffassung nichts daran, dass ein rechtlich bindender Vertragsschluss vorliegt. Dem Verwender der Software sind solche über Agenten abgegebene Willenserklärungen nach allgemeinen Grundsätzen als eigene Willenserklärung zuzurechnen.

Es begründet keine Sittenwidrigkeit des Kaufvertrages, wenn dieser zu einem weit unter dem Verkehrswert liegenden Betrag zustande kommt, da es gerade den Reiz einer Internetauktion ausmacht, den Auktionsgegenstand zu einem „Schnäppchenpreis" erwerben zu können.[11]

Die Rechtsprechung musste klären, unter welchen Voraussetzungen derjenige, der ein Angebot einstellt, berechtigt ist, die Auktion abzubrechen, welche Folgen an einen solchen Abbruch geknüpft werden und welche Rechte der zu diesem Zeitpunkt Höchstbietende besitzt.

Der Abbruch einer Auktion durch den Verkäufer verlagert lediglich den vorerwähnten Endzeitpunkt: Bricht der Verkäufer die Auktion ab, weil er nicht mehr liefern kann, kann der Höchstbietende von ihm Schadensersatz fordern. Der Bieter ist dann so zu stellen, als wäre der Kaufvertrag ordnungsgemäß erfüllt worden, er kann also die Differenz zwischen Gebot und Verkehrswert des Artikels als Schaden verlangen. Je früher der Anbietende also abbricht, umso größer ist möglicherweise diese Differenz. Etwas anderes gilt nach den Allgemeinen Geschäftsbedingungen (AGB) von eBay nur, wenn der Verkäufer gesetzlich dazu berechtigt gewesen ist, die Auktion abzubrechen, etwa, wenn er sich bei der Artikelbeschreibung oder dem Preis verschreibt oder er die Kaufsache unverschuldet nicht übergeben kann, weil sie ihm zum Beispiel gestohlen wurde. Kein Grund für einen Abbruch liegt darin, dass der Verkäufer den Artikel anderweitig verkauft oder verschenkt hat, wenn seine Preisvorstellung nicht erreicht wird oder, wenn er sich plötzlich doch nicht mehr von dem Artikel trennen möchte. Bricht der Anbietende die Auktion aus derartigen Gründen ab, kommt der Kaufvertrag mit dem zum Zeitpunkt des Abbruches Höchstbietenden zustande, auch wenn das Höchstgebot zu diesem Zeitpunkt noch so gering gewesen sein mag.

Der BGH hat seine Rechtsprechung zu den Voraussetzungen eines berechtigten Auktions-Abbruchs konkretisiert.

---

[11]BGH, Urt. v. 24.08.2016 – VIII ZR 100/15 – Shill Bidding.

Der Fall:[12]

Der beklagte Verkäufer bot auf der Internetplattform eBay einen Jugendstil-Guss-heizkörper zu einem Startpreis von einem Euro an. Drei Tage nach Beginn der Auktion beendete er diese unter Streichung aller Angebote vorzeitig. Zu diesem Zeitpunkt war der Kläger mit einem Gebot von 112 EUR der Höchstbietende. Er behauptet, er hätte den Heizkörper zum Verkehrswert von 4000 EUR weiterverkaufen können und verlangt mit seiner Klage diesen Betrag abzüglich des von ihm gebotenen Kaufpreises.

Der Beklagte verweigerte die Übergabe des Heizkörpers an den Kläger und begründete dies ihm gegenüber mit der Behauptung, er habe die Auktion abbrechen müssen, weil der Heizkörper nach Auktionsbeginn zerstört worden sei. Später hat der Beklagte geltend gemacht, er habe inzwischen erfahren, dass der Kläger zusammen mit seinem Bruder in letzter Zeit 370 auf eBay abgegebene Kaufgebote zurückge-nommen habe. Daher sei er berechtigt gewesen, das Gebot des Klägers zu streichen.

Der BGH hat entschieden, dass das Angebot eines eBay-Verkäufers (auch) unter dem Vorbehalt stehe, unter bestimmten Voraussetzungen Gebote einzelner potenzieller Käufer zu streichen und so einen Vertragsschluss mit diesen zu verhindern Eine Rücknahme bzw. Streichung des Verkaufsangebots solle neben den in den allgemei-nen Geschäftsbedingungen der Auktionsplattform aufgelisteten Gründen aber nur dann möglich sein, wenn Umstände (beispielsweise in der Person des Bieters) vor-lägen, die den Verkäufer nach den gesetzlichen Vorschriften des Anfechtungs- oder Rücktrittsrechts berechtigen würden, sich im Nachhinein von seinem Verkaufsangebot zu lösen. Eine angebliche Unseriosität des Klägers rechtfertige jedoch keine Strei-chung des Angebots.

Bei einer Internetauktion bei eBay stelle schon das Einstellen des Verkaufsob-jektes zu „Auktionszwecken" ein Angebot zum Abschluss eines Kaufvertrags dar. Der komme dann zum Endzeitpunkt der Auktion zwischen dem Anbietenden und dem Höchstbietenden zustande. Auch ein grobes Missverhältnis zwischen dem Maximalgebot des Käufers und dem Wert des Versteigerungsobjekts mache den Kaufvertrag nicht ohne Weiteres wegen Sittenwidrigkeit nichtig.[13] Es mache aus Käu-fersicht gerade den Reiz einer Internetauktion aus, den Auktionsgegenstand zu einem Schnäppchenpreis zu erwerben. Der Verkäufer wiederum habe die Chance, durch das Überbieten einen für ihn vorteilhaften Preis zu erzielen.

Doch nicht nur auf der Seite der Verkäufer finden sich teils unseriöse, rechtswidrige Praktiken. Der BGH hat zwar aus formalen Gründen nicht abschließend über den Fall

---

[12]BGH, Urt. v. 23.09.2015 – VIII ZR 284/14.
[13]BGH, Urt. v. 12.11.2014 – VIII ZR 41/14.

eines „eBay-Abbruchjägers" entschieden, deutete aber an, dass in derartigen Fallkonstellationen von einem Rechtsmissbrauch auszugehen sei.[14] Hierbei handelt es sich um Bieter, die systematisch daraus Profit schlagen, dass Verkäufer eine Online-Auktion nur im Ausnahmefall abbrechen dürfen. Sie beteiligen sich mit kleinem Einsatz, um auf Schadenersatz zu klagen, falls der Anbieter „kalte Füße" bekommt.

In der Vergangenheit haben im Internet auch sogenannte Power- oder Communityshopping-Angebote an Bedeutung gewonnen. Das Prinzip dieser Modelle: Mehrere Käufer schließen sich zu einer Käufergruppe zusammen und bekommen von den Anbietern Mengenrabatte. Je mehr Käufer sich beteiligen, desto billiger wird das Produkt. Nach dem bürgerlichen Recht handelt es sich jeweils um Kaufverträge mit aufschiebender Bedingung gemäß §§ 433, 158 Abs. 1 BGB. Bei den Konkurrenten der Power- oder Communityshopping-Anbieter (zum Beispiel Markenhersteller) und bei den Kontrollbehörden ist dieser internetspezifische Handel in den vergangenen Jahren auf Widerstand gestoßen. Er ist ihrer Ansicht nach nicht mit dem deutschen Wettbewerbsrecht vereinbar (§ 1 UWG). Dieser Auffassung haben sich mehrere Gerichte angeschlossen, die herrschende Meinung verneint allerdings einen Wettbewerbsverstoß bei derartigen Angeboten im Internethandel. Eine höchstrichterliche Entscheidung gibt es zu dieser Thematik bisher nicht.

Eine unwissentliche „Hehlerei" bei eBay ist nicht strafbar, wenn bei einer Internet-Auktion gestohlene Ware „ersteigert" wird.

Beispiel

Der Fall:[15]

Das Landgericht Karlsruhe sprach einen Softwareingenieur vom Vorwurf der Hehlerei frei und hob damit eine 1200-EUR- Geldstrafe des Amtsgerichts Pforzheim auf. Der 47-Jährige hatte über das Internetauktionshaus für 670 EUR ein Navigationsgerät ersteigert, das im Handel mehr als 2000 EUR kostet. Dem Landgericht zufolge war dem Angeklagten kein Vorsatz nachweisbar. Die Richterin des erstinstanzlichen Urteils hatte dagegen noch erklärt, dass der extrem günstige Preis des Gerätes den Käufer hätte stutzig machen müssen und hatte ihn wegen Hehlerei verurteilt. Dem widersprach das Landgericht: Auch bei auffallend günstigen Angeboten müsse der Käufer nicht unbedingt damit rechnen, Diebesgut zu kaufen. In der Verhandlung in Pforzheim hatte der bisher völlig unbescholtene Mann ausgesagt, auf die Seriosität des angeblich „top legalen" Angebots vertraut zu haben. Der Verkäufer des Geräts war bei eBay als „Powerseller" – also als Verkäufer mit hohem Umsatz – eingestuft und hatte nach dem eBay-Einstufungssystem mehr als 99 % positive Bewertungen vonseiten der Käufer. Später stellte sich heraus, dass das Gerät gestohlen war. Nach den

---

[14]BGH, Urt. v. 24.08.2016 – VIII ZR 182/15 – Abbruchjäger.
[15]LG Karlsruhe, Urt. v. 28.09.2007 – Ns 84 Js 5040/07 – 18 AK 136/07.

Worten des Gerichts war jedenfalls in diesem Fall nicht nachweisbar, dass der Käufer tatsächlich damit gerechnet hat, Diebesgut zu erwerben.

Zurückgeben muss der Käufer die Ware aber in jedem Fall, denn an gestohlenen Sachen kann er kein Eigentum erwerben. Sein Geld muss er sich dann von dem unehrlichen Verkäufer zurückholen, was in der Regel schwierig sein wird.

Ergebnis also: Wer unwissentlich gestohlene Ware bei eBay ersteigert, macht sich nicht strafbar.

3.5   Allgemeine Geschäftsbedingungen

Unter Allgemeinen Geschäftsbedingungen (AGB) versteht die deutsche Rechtsordnung gemäß § 305 Abs. 1 S. 1 BGB Vertragsbedingungen, die für eine Vielzahl von Verträgen vorformuliert sind und die die eine Partei der anderen bei Vertragsabschluss stellt. Die wirksame Einbeziehung von Allgemeinen Geschäftsbedingungen in Verträge bereitet schon im „normalen" Geschäftsleben sehr häufig Schwierigkeiten; für den elektronischen Geschäftsverkehr gilt daher nichts anderes.

Wie Allgemeine Geschäftsbedingungen Bestandteile des Vertrages werden, richtet sich danach, ob der Empfänger ein Verbraucher gemäß § 13 BGB oder ein Unternehmer nach § 14 BGB ist.

Gegenüber Verbrauchern gilt: Allgemeine Geschäftsbedingungen werden nur dann Bestandteil des Vertrags, wenn der Verwender bei Vertragsschluss ausdrücklich oder – wenn dieser Hinweis nur unter unverhältnismäßigen Schwierigkeiten möglich ist – durch deutlichen sichtbaren Aushang am Ort des Vertragsschlusses darauf hinweist (§ 305 Abs. 2 Nr. 1 BGB) und der anderen Vertragspartei die Möglichkeit verschafft, in zumutbarer Weise, die auch eine für den Verwender erkennbare körperliche Behinderung berücksichtigt, vom Inhalt Kenntnis zu nehmen (§ 305 Abs. 2 Nr. 2 BGB) und der andere Teil sich mit den Allgemeinen Geschäftsbedingungen einverstanden erklärt.

Problematisch wird die Umsetzung dieser Voraussetzung, wenn der Nutzer die Allgemeinen Geschäftsbedingungen nur elektronisch abrufen kann. In der Literatur wird zum Teil die Auffassung vertreten, dass Allgemeine Geschäftsbedingungen bei elektronisch abgeschlossenen Verträgen grundsätzlich nicht wirksam einbezogen werden können.

Anders sieht das die überwiegende Meinung: Hiernach ist die Einbeziehung von Allgemeinen Geschäftsbedingungen unproblematisch, wenn der Kunde sie lesen und durch Klicken auf eine bestimmte Schaltfläche nicht nur die Kenntnisnahme, sondern vielmehr seine Zustimmung erklären kann. Der Unternehmer sollte sein Internetangebot also so gestalten, dass der Nutzer die Allgemeinen Geschäftsbedingungen lesen und seine Zustimmung bestätigen muss, bevor er den Vertrag schließt. Meist wird ein Link auf dem Bestellformular zum vollständigen AGB-Text verweisen. Die AGB-Texte sollten übersichtlich gegliedert und deutlich formuliert sein, damit dem Nutzer die Lektüre zugemutet werden kann. Der Anbieter sollte außerdem eine Druckoption einrichten. Der Nutzer soll nicht mit zusätzlichen Kosten für das Einsehen der Allgemeinen

Geschäftsbedingungen belastet werden, und er muss ohne Umwege zu den Bedingungen gelangen können. Es wird weithin die Meinung vertreten, dass der Nutzer sich zum Vertragsschluss freiwillig des Internet bedient und also auch die hier gegebenen Informationsmöglichkeiten akzeptieren muss.

Für Allgemeine Geschäftsbedingungen zwischen zwei Unternehmern gilt dies jedoch gemäß § 310 BGB nicht. Es bedarf hier lediglich einer rechtsgeschäftlichen Einbeziehung, d. h. es gelten die üblichen Voraussetzungen für das Zustandekommen von Verträgen. Zur wirksamen Einbeziehung reicht hier jede – auch nur stillschweigende – Willensübereinstimmung aus.

Folgende Grundsätze gelten für den Umgang mit Allgemeinen Geschäftsbedingungen:

- Individuelle Vertragsabreden haben Vorrang vor Allgemeinen Geschäftsbedingungen, § 305b BGB.
- Überraschende Allgemeine Geschäftsbedingungen, also Klauseln, mit denen der andere Vertragsteil nach den Umständen nicht zu rechnen braucht, werden nicht Vertragsbestandteil, § 305c Abs. 1 BGB.
- Zweifel bei der Auslegung Allgemeiner Geschäftsbedingungen gehen stets zulasten des Verwenders, § 305c Abs. 2 BGB.
- Allgemeine Geschäftsbedingungen unterliegen ferner nach §§ 307 bis 309 BGB einer sogenannten „Inhaltskontrolle". Diese Inhaltskontrolle ist grundsätzlich mit § 309 BGB zu beginnen. Hier werden Klauselverbote aufgezählt, die auf jeden Fall, also ohne Wertungsmöglichkeiten, unwirksam sind. Beispiel: Ein genereller Ausschluss einer Aufrechnung gemäß § 387 BGB in den AGB.
- Danach muss § 308 BGB geprüft werden, wo einige Klauselverbote aufgezählt sind, die nur mit einer bestimmten Abwägung, also mit Wertungsmöglichkeiten, unwirksam sind. Die Umstände des Einzelfalls sind entscheidend. Beispiel: Bei Alltagsgeschäften ist eine Frist in den AGB zur Annahme eines Angebots von nur einem Tag in der Regel unangemessen kurz.

Als Generalnorm sieht § 307 BGB vor, dass Bestimmungen in Allgemeinen Geschäftsbedingungen unwirksam sind, wenn sie den Vertragspartner des Verwenders entgegen den Geboten von Treu und Glauben unangemessen benachteiligen. Eine solche Benachteiligung kann sich bereits daraus ergeben, dass eine Bestimmung nicht klar und verständlich ist (Verstoß gegen das Transparenzprinzip). Eine unangemessene Benachteiligung ist im Zweifel auch dann anzunehmen, wenn eine Bestimmung mit wesentlichen Grundgedanken der gesetzlichen Regelung, von der abgewichen wird, nicht zu vereinbaren ist oder, wenn sie wesentliche Rechte oder Pflichten, die sich aus der Natur des Vertrags ergeben, so einschränkt, dass die Erreichung des Vertragszwecks gefährdet ist.

Eine Reihe von Branchen (zum Beispiel Banken, Versicherungen, Spediteure u. a. m.) haben einheitliche AGB. Diese werden von den jeweiligen Verbänden entwickelt und von den Mitgliedsunternehmen verwendet.

Ist in AGB die Übermittlung von Rechnungen per E-Mail vereinbart, muss auf elektronischem Weg eine qualifiziert signierte elektronische Rechnung übermittelt werden. Ein einseitiger Wechsel zurück auf die Papierrechnung ist ausgeschlossen.

Beispiel

Der Fall:[16]

Die Parteien haben die Abrechnung per E-Mail vereinbart. In der Folge streiten sie um die Frage, ob die Beklagte trotz nachträglicher Übermittlung von Rechnungen auf Papier immer noch zur Übermittlung elektronischer Rechnungen mit qualifizierter elektronischer Signatur verpflichtet bleibt.

Die Beklagte verwendete folgende AGB:

„§ 3 Leistungen des Kunden

a) (…)

b) (…)

c) Der Provider stellt seine Leistungen halbjährlich im Voraus in Rechnung. Die in der Rechnung aufgeführten Beträge sind sofort nach Erhalt ohne Abzug zur Zahlung fällig.

Die Rechnungsstellung erfolgt ausschließlich auf elektronischem Weg per E-Mail. Sollte der Kunde eine Rechnung per Briefpost benötigen, wird dafür eine Bearbeitungsgebühr in Höhe von Euro 7,50 je Rechnung fällig."

Die Beklagte versendete die Rechnungen als pdf-Dokumente im Anhang zu einer E-Mail. Eine qualifizierte elektronische Signatur trugen die Rechnungsdokumente jedoch unstreitig nicht.

Die Beklagte wurde vom Amtsgericht Brühl zur Übermittlung elektronischer Rechnungen mit qualifizierter Signatur verurteilt. Das Gericht führte hierzu aus, es bestehe grundsätzlich ein klagbarer Anspruch auf Ausstellung (auch elektronischer) Rechnungen vor den Zivilgerichten. Eine qualifizierte Signatur müsse nicht vereinbart werden. Es genüge vielmehr die Vereinbarung, dass die Rechnungen per E-Mail übermittelt werden. Die elektronisch übermittelten Rechnungen müssen dann eine qualifizierte elektronische Signatur gemäß § 14 Abs. 3 UStG tragen. Ein einseitiger Wechsel von der elektronischen Rechnung zurück auf die Papierrechnung könne auch ohne ausdrücklichen Ausschluss des Wahlrechts in den AGB des Verwenders aus Treu und Glauben ausgeschlossen sein, wenn die Mehrkosten, entweder durch Erhebung von Gebühren für eine Papierrechnung oder durch den erhöhten Aufwand für die Verarbeitung von Papierrechnungen, beim Rechnungseingang des Empfängers im Verhältnis zum Vorsteuerabzugsbetrag so hoch wären, dass der Vorsteuerabzug für den Rechnungsempfänger keinen Sinn mehr machen würde.

---

[16]AG Brühl, Urt. v. 12.04.2006 – 21 C 612/05.

3.6   Online-Banking, Electronic Banking, Internet Banking, Finanzportale

Das IT-Recht hat auch einen engen Bezug zum Recht des elektronischen Zahlungsverkehrs. Bedeutsam ist hier das sogenannte „Online-Banking", also die Möglichkeit der Erledigung von Bankgeschäften per Internet. Dies wird umgangssprachlich auch als „Homebanking" bezeichnet. Geprägt und zuerst eingeführt wurde dieser Begriff durch den Bildschirmtextdienst (BTX) der früheren Deutschen Bundespost und den Nachfolgedienst „T-Online". Eine gebräuchliche Bezeichnung für den elektronischen Zahlungsverkehr ist heute auch der Begriff „Electronic Banking".

Die Begriffe beschreiben alle elektronischen Bankdienstleistungen, die Schnittstellen zwischen Kunde und Bank abdecken. Hierzu gehören Systeme zur Erfassung, Übermittlung und Autorisierung von Transaktionen sowie zur Darstellung von Kontodaten und Informationen am Bildschirm. Diese Bankdienstleistungen werden mittels Datenfernübertragung unmittelbar abgewickelt und nicht mehr über den Bankschalter oder die Post vermittelt.

Der Funktionsumfang hat sich im Laufe der Zeit stetig erweitert. Theoretisch sind heutzutage alle wichtigen Bankgeschäfte per Online-Banking möglich, d. h. Abfragen des Kontostandes, Überweisungen, Daueraufträge, Lastschriftrückgaben, interne Umbuchungen, elektronische Kontoauszüge, Wertpapiergeschäfte und vieles mehr.

Das Online-Banking kann entweder mithilfe eines Programms (client) oder direkt über die Website (browserbasiert) der kontoführenden Bank abgewickelt werden. Bekannte Homebanking-Programme sind in Deutschland insbesondere „WISO Mein Geld", „FinanzManager", „StarMoney" oder „VR-Networld".

Das Internet eröffnet Kreditinstituten und Kunden durch elektronische Bezahlverfahren und die Anbindung an das eigene Konto vielfältige Geschäftsmöglichkeiten. Aus diesem Grunde bestehen sehr hohe Anforderungen an möglichst sichere elektronische Bankgeschäfte. Wichtig sind daher folgende Erfordernisse:

- Authentizität: Das Kreditinstitut muss sich über die Identität der Kunden sicher sein (vgl. § 154 AO).
- Vertraulichkeit: Die Transaktionsdaten dürfen nur von dem beauftragten Kreditinstitut gelesen und verarbeitet werden
- Integrität: Die Daten dürfen auf dem Weg zur Bank nicht verändert worden sein.
- Verlässlichkeit: Die Bank muss auf die Rechtsgültigkeit des Auftrages vertrauen dürfen.
- Ortsunabhängigkeit: Der Kunde muss von jedem Ort aus Zugriff auf sein Konto beziehungsweise auf seinem Konto Daten erhalten können.

Um diese Zwecke zu erreichen, wurden in der Praxis der Kreditwirtschaft unterschiedliche Legitimationsverfahren im „Electronic Banking" entwickelt:

Das PIN/TAN-Verfahren ist aufgrund seiner einfachen Handhabung noch immer das beliebteste Legitimationsverfahren. Beim diesem Verfahren wird dem Kunden durch das Kreditinstitut sowohl eine Persönliche Identifikationsnummer (PIN) als auch eine Liste mit Transaktionsnummern (TAN) zur Verfügung gestellt.

Die Persönliche Identifikationsnummer (PIN) dient dazu, dass der Bankkunde sich entweder browserbasiert oder auch durch ein entsprechendes Programm Zugriff auf seine Konten verschaffen kann. Für jede Maßnahme, die über ein bloßes Abfragen wie der Kontostände hinausgeht, ist eine Transaktionsnummer einzugeben, welche als zusätzliches Sicherheitskriterium anzusehen ist. Der Kunde erhält eine Liste mit Transaktionsnummern, eine TAN-Liste. Der Auftraggeber wird zur Eingabe einer TAN-Nummer aufgefordert. Dabei kann er selbst wählen, welche Nummer er verwendet. Eine mehrmalige Nutzung ist nicht möglich, sodass eine verwendete TAN vom Nutzer als nunmehr ungültig gekennzeichnet werden sollte.

Die TAN wird von den Kreditinstituten als „Quasi-Unterschrift" interpretiert. Sobald PIN und TAN korrekt eingegeben werden, geht das kontoführende Institut davon aus, dass nur ein Berechtigter gehandelt haben kann. Innerhalb des PIN/TAN Verfahrens muss zwischen dem ursprünglichen Verfahren und dem indizierten TAN-Verfahren unterschieden werden.

Beim sogenannten indizierten TAN-Verfahren (iTAN) wird der Auftraggeber hingegen dazu aufgefordert, eine ganz bestimmte TAN einzugeben, also zum Beispiel die Transaktionsnummer 17 von der TAN-Liste. Dadurch ist ein zeitlich unabhängiges Erschleichen einer TAN für einen Betrüger ohne Wert. Ein Nachteil dieses Verfahrens besteht darin, dass bspw. auf Reisen immer die komplette Liste mitgeführt werden muss.

Ab einer gewissen Restanzahl von verbleibenden Transaktionsnummern erhält der Kunde in der Regel automatisch – oder auch auf Anforderung – eine neue TAN-Liste, die durch PIN und eine Transaktionsnummer von der alten Liste freigeschaltet werden muss. Insgesamt ist das PIN/TAN Verfahren weit verbreitet, gilt jedoch als veraltet und im Gegensatz zu neueren Legitimationsmöglichkeiten, wie bspw. dem HBCI-Verfahren, als zu unsicher.

Ein weiteres gebräuchliches Legitimationsverfahren ist in die sogenannte mTAN (mobile TAN): Bei diesem Verfahren wird dem Kunden nach Übersendung der ausgeführten Überweisung im Internet durch die Bank per SMS eine nur für diesen Vorgang verwendbare TAN auf sein Mobiltelefon gesendet. Der Zahlungsauftrag wird anschließend mit dieser TAN bestätigt. Dadurch, dass die zeitliche Gültigkeitsdauer dieser TAN begrenzt ist und zusätzlich noch Teile der Empfänger-Kontonummer der Überweisung sowie des Überweisungsbetrages in der SMS stehen und die TAN nur dafür gültig ist, wird eine Umleitung auf ein anderes Konto verhindert. Ein Missbrauch ist nur dann möglich, wenn ein Betrüger sowohl das Handy an sich bringt als auch die Bankverbindung und PIN des Kontoinhabers kennt.

Als TAN-Generatoren kommen ferner das eTAN-Verfahren, das smartTAN-Verfahren und das chipTAN-Verfahren zum Einsatz. Im Unterschied zum TAN über das Mobiltelefon (mTAN) erzeugt hier der TAN-Generator die TANs im Gerät selbst. Die Geräte sehen entweder so aus wie ein größerer USB-Stick mit Anzeige oder auch wie ein kleiner Taschenrechner. Je nach Bank und Gerätetyp erhält der Kunde den Generator entweder kostenlos oder kauft ihn für einen nicht allzu hohen Betrag. Jeder TAN-Generator besitzt mindestens eine Anzeige für die TAN und eine Taste, mit der die TAN-Erzeugung gestartet wird. Weiterhin können diese Generatoren zusätzlich folgende technischen Merkmale besitzen:

Ziffernblock: Hierüber gibt der Benutzer zum Beispiel Kontonummer und Betrag eines Auftrags ein, der dann in die Erzeugung des TANs mit einfließt.

Bankkarte: Das Gerät hat einen Karteneinschub, in das eine Bankkarte (Chipkarte) eingeführt wird. Diese Karte trägt alle wichtigen Daten in sich und erzeugt die TANs. Der TAN-Generator ist nur noch Anzeige und Tastatur für die Bankkarte, in welcher der eigentliche „TAN-Generator" steckt. So muss nicht mehr das Gerät vor Diebstahl geschützt werden, sondern „nur" die Bankkarte.

Optische Eingabe: An einer Seite des Generators befinden sich Sensoren, mit denen ein Grafikbild vom Computerbildschirm eingelesen werden kann. Auf diesen Weg übermittelt das Kreditinstitut Daten für die TAN-Erzeugung an den Generator.

Der Sicherheitsvorteil eines TAN-Generators liegt darin, dass er als unabhängiges Gerät nicht über das Internet oder Mobilfunk angegriffen und manipuliert werden kann, sodass zusammen mit einer Bankkarte oder der optischen Eingabe dadurch die Sicherheit der TAN-Erzeugung erhöht wird. Die Sicherheit hängt allerdings davon ab, dass das Gerät bzw. die Bankkarte nicht gestohlen wird oder verloren geht. Falls dies geschieht, müssen Verlust oder Diebstahl sofort dem Kreditinstitut und gegebenenfalls der Polizei gemeldet und der Online-Banking-Zugang gesperrt werden.

Die Abwicklung von Bankgeschäften über die Internet-Seiten eines Kreditinstituts bezeichnet man als „Internet Banking". Der Zugriff auf das Konto basiert hier auf den vorstehend beschriebenen TAN-Verfahren. Zahlreiche Homebanking-Programme erlauben es, solche Seiten automatisch auszulesen und auszufüllen („Screen-Parsing") und so als Bankzugang zu verwenden. Die sukzessive Erweiterung eines Internet Banking-Angebots führt so allmählich zu einem Finanzportal. Finanzportale bieten damit durch die Bündelung und Erweiterung des Informations- und Leistungsspektrums – zum Beispiel im Wertpapiergeschäft – den Kunden die Möglichkeit eines Zugriffs auf nahezu alle relevanten Bankgeschäfte. Der Übergang vom Electronic Banking bzw. Internet Banking zum Finanzportal von Kreditinstituten ist fließend und nicht unbedingt erkennbar.

Als neuer multibankfähiger Standard für die für die Übertragung von Zahlungsverkehrsdaten über das Internet verbessert das Verfahren EBICS (Electronic Banking Internet Communication Standard) die Effizienz und Qualität des Electronic Banking mit Firmenkunden. EBICS bietet durch die Nutzung neuester Technologien wie XML, https oder ZIP entscheidende Vorteile in Bezug auf Netzwerkintegration und Performance insbesondere für Firmenkunden mit großen Datenvolumina. Mit einer EBICS-fähigen Software erreichen Firmenkunden jedes beliebige Kreditinstitut und können die Auftragsausführung (zum Beispiel Zahlungen, Kontoauszüge, Wertpapierorders usw.)

zeitversetzt und standortunabhängig durch eine verteilte elektronische Unterschrift autorisieren.

Im Firmenkundengeschäft der Banken hat sich im Electronic Banking das SEPA-Format für nationale und grenzüberschreitende Zahlungen als standardisiertes Datenaustauschformat etabliert. Mit dem SEPA-Clearer des EMZ bietet die Deutsche Bundesbank den Kreditinstituten ein wettbewerbsneutrales, leistungsfähiges und kostengünstiges Zahlungsverfahren zur Abwicklung von SEPA-Zahlungen an. Bei der Ausführung eingelieferter Zahlungen wird zwischen SEPA-Überweisungen und SEPA-Lastschriften sowie SCC-Karteneinzügen unterschieden. Die Kommunikation erfolgt eingangs- und ausgangsseitig ausschließlich per Datenfernübertragung via SWIFTNet FileAct oder EBICS (Electronic Banking Internet Communication Standard). Innerhalb eines Bearbeitungstages werden mehrere Verarbeitungszyklen angeboten. Für die Abwicklung von Zahlungen im SEPA-Clearer des EMZ gilt der TARGET2-Kalender. Die Gegenwerte von erfolgreich verarbeiteten Zahlungen werden nach dem Bruttoprinzip verrechnet und auf Konten im Zahlungsverkehrsmodul (Payments Module) von TARGET2 durchgeführt. Dabei ist auch die Benennung des Kontos eines Verrechnungsagenten möglich. Zur Abwicklung von SEPA-Zahlungen in und aus anderen SEPA-Ländern verfügt die Bundesbank über bilaterale Kooperationen mit anderen europäischen SEPA-Clearinghäusern und eine Anbindung an das STEP2-Clearing-System der EBA CLEARING. Die Deutsche Bundesbank stellt ihren Teilnehmern somit einen sicheren und europaweiten Zugang zur Abwicklung des SEPA-Zahlungsverkehrs zur Verfügung. Die Bundesbank wird von der Kreditwirtschaft als verlässlicher und neutraler Partner geschätzt.

Nationale, nicht SEPA-konforme Zahlungen von Kreditinstituten (insbesondere Schecks und kartenbasierte Transaktionen) werden bis zur Einführung entsprechender XML-Verfahren in Deutschland weiterhin im DTA-Abwicklungszweig des Elektronischen Massenzahlungsverkehrs (EMZ) abgewickelt. Auch hier werden die Kommunikationsverfahren SWIFTNet-FileAct und EBICS unterstützt. Innerhalb eines Bearbeitungstages werden mehrere Verarbeitungszyklen unterstützt. Die Verrechnung erfolgt nach dem Bruttoprinzip im Zahlungsverkehrsmodul (Payments Module) der TARGET2-Plattform. Mit dem Auslaufen des nationalen DTA-Formats wird der DTA-Abwicklungszweig des EMZ eingestellt werden.

3.7   Elektronisches Lastschriftverfahren – „SEPA-Lastschrift"

Das im Zahlungsverkehr heute übliche elektronische Lastschriftverfahren ist dadurch gekennzeichnet, dass die im Magnetstreifen einer ec-Karte befindlichen Daten (insbesondere Bankleitzahl und Kontonummer) beim Zahlungsvorgang gelesen werden und hieraus zum einen eine Lastschrift sowie zum anderen eine Einzugsermächtigung generiert werden, die vom Kunden unterschrieben wird. Die Kundendaten auf der ec-Karte werden also dazu verwendet, um eine Lastschrift zu erstellen. Eine Lastschrift ist ein vom Zahlungsempfänger ausgelöster Zahlungsvorgang zulasten des Kontos des Kunden, bei dem die Höhe des jeweiligen Zahlungsbetrages vom Zahlungsempfänger angegeben wird.

Das Rechtsverhältnis zwischen dem Schuldner und seiner Bank ist im Grundsatz ein Geschäftsbesorgungsvertrag im Sinne von § 675 BGB. Das Lastschriftverfahren ist in den 1960er Jahren von der Kreditwirtschaft zu einem einheitlichen Instrument des bargeldlosen Zahlungsverkehrs ausgestaltet worden. Mit der jetzt aktuellen „SEPA-Lastschrift" können Zahlungen in Euro innerhalb des Gebiets des einheitlichen Euro-Zahlungsverkehrsraums („Single Euro Payments Area", SEPA) bewirkt werden – dank einheitlicher Standards in der Abwicklung, im Datenformat und auf Basis einer gemeinsamen Rechtsgrundlage. Unterschieden wird zwischen dem „SEPA-Basis-Lastschriftverfahren" („SEPA Core Direct Debit") im Privatkundensegment und dem „SEPA-Firmen-Lastschriftverfahren" („SEPA Business to Business Direct Debit") im Unternehmenskundenbereich. Hierfür gelten bei Banken und Sparkassen die – in der gesamten Kreditwirtschaft insoweit einheitlichen – „Bedingungen für Zahlungen mittels Lastschrift im „SEPA-Basis-Lastschriftverfahren"" und die „Bedingungen für Zahlungen mittels Lastschrift im SEPA-Firmen-Lastschriftverfahren".

Nach Ziffer 1.1. der „Bedingungen für Zahlungen mittels Lastschrift im SEPA-Basis-Lastschriftverfahren" ist eine Lastschrift „ein vom Zahlungsempfänger ausgelöster Zahlungsvorgang zulasten des Kontos des Kunden, bei dem die Höhe des jeweiligen Zahlungsbetrages vom Zahlungsempfänger angegeben wird".

Für die Ausführung von Zahlungen mittels SEPA-Basis-Lastschriften müssen der Zahlungsempfänger und dessen Zahlungsdienstleister das SEPA-Basis-Lastschriftverfahren nutzen und der Kunde vor dem Zahlungsvorgang dem Zahlungsempfänger das „SEPA-Lastschriftmandat" erteilen. Der Zahlungsempfänger löst dann den jeweiligen Zahlungsvorgang aus, indem er über seinen Zahlungsdienstleister der Bank bzw. Sparkasse die Lastschriften vorlegt. Damit autorisiert er gegenüber seiner Bank bzw. Sparkasse die Einlösung von SEPA-Basis-Lastschriften des Zahlungsempfängers. Das Mandat ist schriftlich oder in der mit seiner Bank bzw. Sparkasse vereinbarten Art und Weise zu erteilen.

Für das Verfahren hat der Kunde die ihm mitgeteilte IBAN und den BIC der Bank bzw. Sparkasse als seine Kundenkennung gegenüber dem Zahlungsempfänger zu verwenden, da die Bank bzw. Sparkasse berechtigt ist, die Zahlung aufgrund der SEPA-Basis-Lastschrift ausschließlich auf der Grundlage der ihr übermittelten Kundenkennung auszuführen. Die Bank bzw. Sparkasse und die weiteren beteiligten Stellen führen die Zahlung an den Zahlungsempfänger anhand der im Lastschriftdatensatz vom Zahlungsempfänger als dessen Kundenkennung angegebenen IBAN und BIC des Zahlungsempfängers aus.

Das SEPA-Lastschriftmandat kann vom Kunden durch Erklärung gegenüber seiner Bank bzw. Sparkasse mit der Folge widerrufen werden, dass nachfolgende Zahlungsvorgänge nicht mehr autorisiert sind.

Eingehende SEPA-Basis-Lastschriften des Zahlungsempfängers werden am im Datensatz angegebenen Fälligkeitstag mit dem vom Zahlungsempfänger angegebenen

Lastschriftbetrag dem Konto des Kunden belastet. Die Bank bzw. Sparkasse ist verpflichtet, sicherzustellen, dass der von ihr dem Konto des Kunden aufgrund der SEPA-Basis-Lastschrift des Zahlungsempfängers belastete Lastschriftbetrag spätestens innerhalb der in ihrem „Preis-und Leistungsverzeichnis" angegebenen Ausführungsfrist beim Zahlungsdienstleister des Zahlungsempfängers eingeht.

Der Kunde kann bei einer autorisierten Zahlung aufgrund einer SEPA-Basis-Lastschrift binnen einer Frist von acht Wochen ab dem Zeitpunkt der Belastungsbuchung auf seinem Konto von der Bank bzw. Sparkasse ohne Angabe von Gründen die Erstattung des belasteten Lastschriftbetrags verlangen. Etwaige Zahlungsansprüche des Zahlungsempfängers gegen den Kunden bleiben hiervon unberührt.

Im Falle einer vom Kunden nicht autorisierten Zahlung hat die Bank bzw. Sparkasse gegen den Kunden keinen Anspruch auf Erstattung ihrer Aufwendungen. Sie ist verpflichtet, dem Kunden den von seinem Konto abgebuchten Lastschriftbetrag unverzüglich zu erstatten. Dabei bringt sie das Konto wieder auf den Stand, auf dem es sich ohne die Belastung durch die nicht autorisierte Zahlung befunden hätte.

Das „SEPA-Firmen-Lastschriftverfahren" im Unternehmenskundensegment kann nur von Kunden genutzt werden, die keine Verbraucher sind. Es ist speziell auf die Bedürfnisse von Firmenkunden zugeschnitten, um insbesondere eine frühe Finalität von Zahlungen – vergleichbar dem Abbuchungsauftragsverfahren – zu erreichen. Ein Erstattungsanspruch des zahlungspflichtigen Firmenkunden nach erfolgter Einlösung einer SEPA-Firmen-Lastschrift ist daher ausgeschlossen.

Beim SEPA-Firmen-Lastschriftverfahren muss der Zahlungspflichtige die Erteilung eines sogenannten „SEPA-Firmenlastschrift-Mandats" gegenüber seinem Kreditinstitut bestätigen. In den Bedingungen für Zahlungen mittels Lastschrift im SEPA-Firmen-Lastschriftverfahren heißt es hierzu:

3.7.1 Bestätigung der Erteilung eines SEPA-Firmenlastschrift-Mandats

Der Kunde hat seiner Bank (bzw. Sparkasse) die Autorisierung nach Nummer 2.2.1 unverzüglich zu bestätigen, indem er der Bank (Sparkasse) folgende Daten in der vereinbarten Art und Weise aus dem vom Zahlungsempfänger erteilten SEPA-Firmenlastschrift-Mandat übermittelt und diese Mitteilung unterzeichnet oder in der vereinbarten Art und Weise authentifiziert:

- Bezeichnung des Zahlungsempfängers,
- Gläubiger-Identifikationsnummer des Zahlungsempfängers,
- Mandatsreferenz,
- Kennzeichnung einer einmaligen Zahlung oder wiederkehrender Zahlungen und
- Datum und Unterschrift auf dem Mandat.

Hierzu kann der Kunde der Bank bzw. Sparkasse auch eine unterschriebene Kopie des SEPA-Firmenlastschrift-Mandats übermitteln.

Eingehende SEPA-Firmen-Lastschriften des Zahlungsempfängers werden am angegebenen Fälligkeitstag mit dem vom Zahlungsempfänger angegebenen Lastschriftbetrag dem Konto des Kunden belastet. Eine Kontobelastung erfolgt nicht oder wird spätestens am zweiten Geschäftstag gemäß dem „Preis- und Leistungsverzeichnis" nach ihrer Vornahme rückgängig gemacht, wenn

- der Bank bzw. Sparkasse keine Bestätigung des Kunden gemäß Nummer 2.2.2 vorliegt,
- der Bank bzw. Sparkasse ein Widerruf des Firmenlastschrift-Mandats zugegangen ist,
- der Bank bzw. Sparkasse eine Zurückweisung der Lastschrift des Kunden zugegangen ist,
- der Kunde über kein für die Einlösung der Lastschrift ausreichendes Guthaben auf seinem Konto oder über keinen ausreichenden Kreditverfügt,
- die im Lastschriftdatensatz angegebene IBAN des Zahlungspflichtigen keinem Konto des Kunden bei der Bank bzw. Sparkasse zuzuordnen ist oder
- die Lastschrift nicht von der Bank bzw. Sparkasse verarbeitbar ist, da im Lastschriftdatensatz die Gläubiger-Identifikationsnummer fehlt oder für die Bank bzw. Sparkasse erkennbar fehlerhaft ist, die Mandatsreferenz fehlt, das Ausstellungsdatum des Mandats fehlt oder kein Fälligkeitstag angegeben ist.

Der Kunde kann – wie bereits erwähnt – bei einer autorisierten Zahlung aufgrund einer SEPA-Firmen-Lastschrift von der Bank bzw. Sparkasse keine Erstattung des seinem Konto belasteten Lastschriftbetrags verlangen. Erstattungsansprüche bei einem vom oder über den Zahlungsempfängerausgelösten autorisierten Zahlungsvorgang aus § 675x BGB sind hier ausgeschlossen.

IT-Vertragsrecht

4

4.1 Einleitung

Informationstechnologie (IT) wird als Oberbegriff für die Informations- und Datenverarbeitung verstanden. IT-Recht ist die Kurzform für Informationstechnologierecht. Das IT-Vertragsrecht ist also das Vertragsrecht der Informationstechnologien und kann mithin als das Recht von Verträgen bezeichnet werden, deren Hauptgegenstand aus IT besteht oder zumindest eng damit zusammenhängt.

IT-Verträge sind begrifflich daher von verschiedener Rechtsnatur. Hierunter sind alle Verträge über Informationstechnologie, nämlich Software, Hardware sowie Dienstleistungen zu verstehen.

Softwareverträge sind Verträge zur Erstellung von Individualsoftware, Verkauf, Vermietung, Leasing, Vertrieb von Standardsoftware, Anpassung von Standardsoftware (Customizing, Parametrisierung), Verträge über IT-Projekte, Outsourcing usw.

4.2 Erwerb und Nutzung von Hardware

Unter dem Begriff „Hardware" versteht man alle körperlichen Teile eines Computers, somit alle mechanischen und elektronischen Bestandteile. Hierzu zählen insbesondere folgende Elemente:

- Zentraleinheit (Central Processing Unit), d. h. die Rechen, Steuer- und Speichereinheit,
- Eingabe- und Ausgabegeräte, wie zum Beispiel Tastatur, Maus, Bildschirm, Drucker,
- Geräte zur Datenspeicherung, wie Laufwerke und Festplatten.

© Springer Fachmedien Wiesbaden GmbH 2017
K.W. Nitsch, *Informatikrecht*, DOI 10.1007/978-3-658-16426-3_4

4.2.1   Verträge über den Kauf von Hardware

Hardware ist – im Gegensatz zur Software – eindeutig eine Sache im Sinne von § 90 des
Bürgerlichen Gesetzbuchs (BGB):
Sachen im Sinne des Gesetzes sind körperliche Gegenstände.
Verträge über die dauerhafte und endgültige Überlassung von Hardware unterliegen
daher dem Kaufrecht des BGB. Die Rechte und Pflichten der Vertragsparteien bestim-
men sich nach den §§ 433 ff. BGB.

§ 433 BGB regelt zunächst die vertragstypischen Pflichten beim Kaufvertrag über
Sachen:

(1)   Durch den Kaufvertrag wird der Verkäufer einer Sache verpflichtet, dem Käufer die
      Sache zu übergeben und das Eigentum an der Sache zu verschaffen. Der Verkäufer
      hat dem Käufer die Sache frei von Sach- und Rechtsmängeln zu verschaffen.
(2)   Der Käufer ist verpflichtet, dem Verkäufer den vereinbarten Kaufpreis zu zahlen
      und die gekaufte Sache abzunehmen.

Problematisch kann hierbei die Vereinbarung von Zusatzleistungen werden. Führt der
Anbieter zum Beispiel Installationsarbeiten oder Einweisungen durch, ist zu klären,
ob diese als bloße Nebenleistungen gelten. In der Regel ist hiervon auszugehen, daher
ändert sich nichts an dem grundsätzlichen kaufrechtlichen Charakter des Vertrags.
Anders hingegen kann dies beurteilt werden, wenn es dem Anwender nur nachrangig
um den Erwerb der Sache geht, sondern für ihn vielmehr in erster Linie die betriebsbe-
reite Installation der Hardware im Vordergrund steht. Insbesondere bei einem EDV-Kom-
plettsystem, welches auf die individuellen Bedürfnisse des Kunden angepasst ist, kann
daher das Werkvertragsrecht des Bürgerlichen Gesetzbuchs – also die Bestimmungen der
§§ 631 ff. BGB – anwendbar sein.

§ 631 BGB bestimmt die vertragstypischen Pflichten beim Werkvertrag:

(1)   Durch den Werkvertrag wird der Unternehmer zur Herstellung des versprochenen
      Werkes, der Besteller zur Entrichtung der vereinbarten Vergütung verpflichtet.
(2)   Gegenstand des Werkvertrags kann sowohl die Herstellung oder Veränderung
      einer Sache als auch ein anderer durch Arbeit oder Dienstleistung herbeizufüh-
      render Erfolg sein.

Bereits im vorvertraglichen Stadium ist die Beratungs- und Aufklärungspflicht des
Anbieters bedeutsam, da sie einen Anspruch wegen „culpa in contrahendo" – „Verschul-
dens bei Vertragsschluss" – gemäß §§ 280, 311 Abs. 2, 241 Abs. 2 BGB begründen kann.

Gemäß § 311 Abs. 2 BGB entsteht nämlich ein Schuldverhältnis mit Pflichten nach § 241 Abs. 2 BGB auch schon durch:

1. die Aufnahme von Vertragsverhandlungen,
2. die Anbahnung eines Vertrags, bei welcher der eine Teil im Hinblick auf eine etwaige rechtsgeschäftliche Beziehung dem anderen Teil die Möglichkeit zur Einwirkung auf seine Rechte, Rechtsgüter und Interessen gewährt oder ihm diese anvertraut, oder
3. ähnliche geschäftliche Kontakte.

Nach § 241 Abs. 2 BGB ist dann jeder Teil zur Rücksicht auf die Rechte, Rechtsgüter und Interessen des anderen Teils verpflichtet.

Maßgeblich hinsichtlich der Beratungs- und Aufklärungspflicht des Anbieters sind die jeweiligen Vorkenntnisse des Kunden. Handelt es sich um einen Laien, ist dieser im erforderlichen Umfang zu beraten. Insbesondere ein Kunde, der eine bestimmte Software „flüssig" abspielen möchte, ist hinsichtlich der funktionalen Anforderungen angemessen aufzuklären und zu beraten. Ist der Kunde jedoch ein Fachkunde, der keinen speziellen Beratungsbedarf erkennen lässt, ist das Bestehen dieser Pflichten oft sogar vollständig zu verneinen.

Wichtig ist stets die genaue Bezeichnung des Vertragsgegenstandes. Hier kommen einzelne Hardware-Komponenten, wie zum Beispiel eine Festplatte, ebenso in Betracht wie eine gesamte EDV-Anlage. Dies ist insbesondere im Hinblick auf etwaige vertragliche Pflichtverletzungen und Mängelrechte von Relevanz.

Neben der Hauptleistungspflicht des Anbieters – also der Übergabe und Übereignung der Hardware gemäß § 433 Abs. 1 BGB – muss der Anbieter der Lieferung ein Benutzerhandbuch bzw. eine Bedienungsanleitung beifügen. Das Benutzerhandbuch ist einem nicht gewerblichen Endkunden regelmäßig in deutscher Sprache und einem gewerblichen Endkunden zumindest in englischer Sprache auszuhändigen. Die elektronische Form ist dabei durchaus ausreichend.

Im Benutzerhandbuch bzw. der Bedienungsanleitung sind Informationen enthalten, die dem Benutzer helfen sollen, das Produkt sicher und bestimmungsgemäß zu verwenden. Der Hersteller eines technischen Produktes hat insoweit eine sogenannte „Instruktionspflicht" gegenüber dem Kunden, die er durch die Übergabe eines Benutzerhandbuches erfüllt; dieses ist daher dann auch ein Bestandteil des gesamten Produkts.

Eine fehlerhafte, unvollständige oder unverständliche Gebrauchsanleitung in einem Benutzerhandbuch ist ein Sachmangel im Sinne von § 434 BGB – genauso wie ein Fehler am Produkt selbst – und kann einen Käufer nach § 439 BGB zu Nacherfüllung, Rücktritt vom Kaufvertrag oder zur Kaufpreisminderung berechtigen.

Im Einzelnen: Eine Sache ist nach § 434 BGB frei von Sachmängeln, wenn sie beim sogenannten Gefahrübergang – gemäß § 446 BGB also bei der Übergabe der verkauften Sache – die vertraglich vereinbarte Beschaffenheit hat. Soweit die Beschaffenheit nicht vertraglich vereinbart ist, ist die Sache dann frei von Sachmängeln, wenn sie sich für die nach dem Vertrag vorausgesetzte Verwendung eignet, ansonsten, wenn sie sich für die gewöhnliche Verwendung eignet und eine Beschaffenheit aufweist, die bei Sachen der gleichen Art üblich ist und die der Käufer insoweit nach der Art der Sache erwarten kann.

Beispiel

Reicht die Speicherkapazität einer Festplatte für den vertragsgemäßen Gebrauch eines PC nicht aus, ist die Anlage mangelhaft im Sinne des § 434 BGB. Der Mangel unzureichender Speicherkapazität wird nicht dadurch behoben, dass der Verkäufer gegen zusätzliche Zahlung im Austausch eine Festplatte mit größerer Speicherkapazität einbaut, wenn der Käufer den zusätzlichen Kaufpreis nur deshalb akzeptiert, weil die Zweckbestimmung der Anlage erweitert wurde, die erweiterte Speicherkapazität dieser neuen Zweckbestimmung aber nicht gerecht wird.

Der Kauf eines PC, eines Druckers und der Software stellt jedenfalls dann einen einheitlichen Vertrag dar, wenn gleichzeitig mit dem Verkäufer ein langfristiger Betreuungsvertrag abgeschlossen wird.[1]

§ 437 BGB regelt die Rechte des Käufers bei Mängeln:

Ist die Kaufsache mangelhaft, kann der Käufer, wenn nichts anderes vereinbart wurde, nach § 439 BGB Nacherfüllung verlangen, nach den §§ 440, 323 und 326 Abs. 5 BGB vom Vertrag zurücktreten, nach § 441 BGB den Kaufpreis mindern, nach den §§ 440, 280, 281, 283 BGB und 311a BGB Schadensersatz oder nach § 284 BGB den Ersatz von ihm getätigter vergeblicher Aufwendungen verlangen.

§ 439 BGB bestimmt zur Nacherfüllung verschiedene Möglichkeiten nach Wahl des Käufers:

Der Käufer kann zunächst als Nacherfüllung entweder die Beseitigung des Mangels oder die Lieferung einer mangelfreien Sache verlangen.

Im Rahmen der Produkthaftung kann daher ein fehlerhaftes Benutzerhandbuch bei Sach- oder Personenschäden zu einem erheblichen finanziellen Haftungsrisiko für den Verkäufer werden.

Zu beachten sind in diesem Zusammenhang auch die Bestimmungen des Gesetzes über die Bereitstellung von Produkten auf dem Markt (Produktsicherheitsgesetz – ProdSG).

Die Installation der Hardware wird nicht geschuldet – es sei denn, diese war Vertragsbestandteil. Die Hardware muss jedoch stets dem aktuellsten Stand der Technik entsprechen. Zusätzlich ist dem Anwender (Treiber)-Software zu überlassen, zu deren Nutzung ihm hieran ein (einfaches) Nutzungsrecht eingeräumt werden muss.

Der Anbieter muss in Erfüllung der Verpflichtung aus § 433 Abs. 1 BGB dem Anwender die Hardware übergeben und das Eigentum daran verschaffen. Eine vollständige Übergabe ist erst dann gewährleistet, wenn dem Anwender auch das Handbuch übergeben wurde und Zusatzleistungen, wie etwa die Installation der Hardware, erbracht worden sind.

---

[1]OLG Köln, Urt. v. 26.10.1990 – 19 U 28/90.

Die Hauptleistungspflicht des Anwenders ist dann nach § 433 Abs. 2 BGB die Zahlung der vereinbarten Vergütung. Des Weiteren kann der Anwender aber auch zur Mitwirkung verpflichtet sein, etwa wenn eine Installation der Hardware vereinbart wurde. In derartigen Fällen muss der Anbieter den erforderlichen Zugang zu den Räumlichkeiten erhalten, und ein Anschluss zum Stromnetz muss gewährleistet sein. Gemäß § 377 HGB muss der Anwender, soweit ein Handelsgeschäft vorliegt, seine Untersuchungs- und Rügepflichten erfüllen. Handelsgeschäfte sind gemäß § 343 Abs. 1 HGB *alle Geschäfte eines Kaufmanns, die zum Betrieb seines Handelsgewerbes gehören.*

§ 377 HGB lautet wie folgt:

(1)   Ist der Kauf für beide Teile ein Handelsgeschäft, so hat der Käufer die Ware unverzüglich nach der Ablieferung durch den Verkäufer, soweit dies nach ordnungsmäßigem Geschäftsgang tunlich ist, zu untersuchen und, wenn sich ein Mangel zeigt, dem Verkäufer unverzüglich Anzeige zu machen.

(2)   Unterlässt der Käufer die Anzeige, so gilt die Ware als genehmigt, es sei denn, dass es sich um einen Mangel handelt, der bei der Untersuchung nicht erkennbar war.

(3)   Zeigt sich später ein solcher Mangel, so muss die Anzeige unverzüglich nach der Entdeckung gemacht werden; anderenfalls gilt die Ware auch in Ansehung dieses Mangels als genehmigt.

(4)   Zur Erhaltung der Rechte des Käufers genügt die rechtzeitige Absendung der Anzeige.

(5)   Hat der Verkäufer den Mangel arglistig verschwiegen, so kann er sich auf diese Vorschriften nicht berufen.

Hinsichtlich der Sach- und Rechtsmängelhaftung ist auf die bereits erwähnten allgemeinen Vorschriften des Kaufrechts gemäß §§ 437 ff. BGB – also Rücktritt vom Vertrag, Minderung des Kaufpreises sowie Schadens- bzw. Aufwendungsersatz – zu verweisen.

4.2.2   Verträge über die Miete von Hardware

Alternativ zum Kauf von Hardware, entscheiden sich IT-Anwender häufig für deren Anmietung. Zur Anwendung kommen dann die Regeln der §§ 535 ff. BGB über Mietverträge.

Nach § 535 BGB gilt:

1. Durch den Mietvertrag wird der Vermieter verpflichtet, dem Mieter den Gebrauch der Mietsache während der Mietzeit zu gewähren. Der Vermieter hat die Mietsache dem Mieter in einem zum vertragsgemäßen Gebrauch geeigneten Zustand zu überlassen und sie während der Mietzeit in diesem Zustand zu erhalten. Er hat die auf der Mietsache ruhenden Lasten zu tragen.

2. Der Mieter ist verpflichtet, dem Vermieter die vereinbarte Miete zu entrichten.

Vorteile der Miete sind eine geringe Kapitalbindung sowie die Möglichkeit, stets auf dem aktuellsten Stand zu bleiben. Häufig wird daher auf Mietkonzepte zurückgegriffen, bei denen die Hardware nach einer bestimmten Vertragslaufzeit regelmäßig vollständig ausgetauscht wird. Rechtlich ist die Nutzung von Hardware auf Zeit gegen regelmäßige Zahlungen damit als Mietvertrag im Sinne von § 535 BGB einzuordnen.

Sollte nicht nur einzelne Hardwareteile, sondern vielmehr eine komplette EDV-Anlage der Vertragsgegenstand sein, bezeichnet man die Miete als sogenannte „Systemmiete". Auch hier ändern weitere vertragliche Pflichten wie etwa die Pflicht zur Installation der Hardware aber nichts an der grundsätzlichen Annahme eines Mietvertrags. In der Praxis üblich ist hier die Verwendung eines sogenannten „Mietscheins". In diesem werden Angaben zum Modell (zum Beispiel Herstellertyp, Seriennummer, detaillierte technische Beschreibungen usw.) festgehalten sowie insbesondere auch die monatlich fällige Miete aufgeführt.

Im vorvertraglichen Stadium können den Vermieter – ebenso wie beim Hardwarekauf – Aufklärungs- und Beratungspflichten im Sinne von § 241 Abs. 2 BGB treffen. Das Schuldverhältnis kann nämlich auch dort nach seinem Inhalt jeden Teil zur Rücksicht auf die Rechte, Rechtsgüter und Interessen des anderen Teils verpflichten. Diese Pflichten beinhalten insbesondere Sorgfaltsanforderungen, die der Mieter im Umgang mit dem Mietgegenstand einhalten muss.

Neben der Hauptpflicht des Vermieters – der Überlassung der Hardware (und ggf. Software) gemäß § 535 BGB sowie der Lieferung des Bedienerhandbuches – ist der Vermieter verpflichtet, die Erhaltung der Betriebsfähigkeit zu gewährleisten. Dies bedeutet jedoch nicht, dass er auch zur Aktualisierung der Hardware verpflichtet wäre. Ist der Mieter an einer stetigen Aktualisierung interessiert, so müssten im Einzelfall entsprechende Anpassungsklauseln mit in den Vertrag aufgenommen werden.

Der Mieter ist gemäß § 535 Abs. 2 BGB verpflichtet, den vertraglich vereinbarten Mietzins – die Miete – zu zahlen. Neben dieser Pflicht treffen den Mieter aber auch sogenannte „Obhutspflichten", d. h. er muss mit der Mietsache sorgfältig umgehen. Dies bedeutet im Einzelfall zum Beispiel eine Bedienung mit qualifiziertem Personal strikt nach den Vorgaben des Benutzerhandbuches. Zudem muss er bspw. auch Instandsetzungs- und Instandhaltungsarbeiten dulden und dem Vermieter auf Anfrage ein Zugangsrecht zum Mietobjekt einräumen.

Aus den §§ 536 ff. BGB ergeben sich Ansprüche bei Mängeln der Hardware. Ein Mangel liegt immer dann vor, wenn der tatsächliche Zustand des Mietobjekts eine nachteilige Abweichung zum vertraglich vereinbarten Zustand aufweist. Für diesen Fall ist gemäß § 536 Abs. 1 BGB gesetzlich festgelegt, dass der Mieter während dieser Zeit *„nur eine angemessen herabgesetzte Miete zu entrichten"* hat. Obwohl sich in diesem Bereich noch keine differenzierten Minderungsquoten entwickelt haben, wird angenommen, dass diese insgesamt großzügiger – also höher – als die Quoten im sonstigen allgemeinen Mietrecht sind.

Individualvertraglich kann das Minderungsrecht jedoch auch ausgeschlossen werden. In Allgemeinen Geschäftsbedingungen (AGB) im Sinne der §§ 305 ff. BGB hingegen ist ein genereller Ausschluss des Minderungsrechts nicht möglich.

Nach Vertragsbeendigung ist der Mieter gemäß § 546 BGB verpflichtet, dem Vermieter die Mietsache wieder zurückzugeben. Für den Mieter wird dabei von Interesse sein, dass sich seine Daten bei Rückgabe an den Vermieter nicht mehr auf dem Datenträger befinden. Eine Lösung hierfür bietet die Möglichkeit, den Datenträger auszubauen und an den Vermieter eine entsprechende Kompensationszahlung zu leisten. Damit ist zudem gewährleistet, dass der Mieter seine Daten behält und diese auf einer Folgeanlage wieder installieren und weiterverarbeiten kann.

4.2.3 Verträge über das Leasing von Hardware

Das Leasing von Hardware ist eine häufige Form der Finanzierungsmöglichkeit im IT-Bereich. Vorteilhaft für den Leasingnehmer ist zum einen, dass – ebenso wie bei der Miete – wenig Kapital gebunden wird und zum anderen, dass die Leasingraten vollständig steuerlich absetzbar sind. Die vier hierzu vom Bundesministerium der Finanzen (BMF) im Wege der Verwaltungsanweisung veröffentlichten Leasingerlasse regeln die Zurechnung des wirtschaftlichen Eigentums von Leasingobjekten und die bilanzielle Abbildung von Leasingverhältnissen in den Jahresabschlüssen von Leasinggeber und Leasingnehmer und bilden damit die steuerrechtliche Grundlage für das Leasinggeschäft in Deutschland.[2]

Im Leasingvertrag verpflichtet sich der Leasinggeber, dem Leasingnehmer für eine bestimmte Zeit das Nutzungsrecht am Leasinggegenstand zu überlassen; er erhält dafür als Gegenleistung ein Entgelt (den „Leasingzins"), das in Form von Raten vom Leasingnehmer gezahlt wird (die „Leasingrate").

Nach Ablauf der Vertragszeit kann dem Leasingnehmer im Vertrag eine Kaufoption für den Gegenstand, der Abschluss eines Anschlussvertrags oder auch die Rückgabe der Sache eingeräumt sein.

Rechtlich ist der Leasingvertrag als sogenannter „atypischer Mietvertrag" einzuordnen.[3] Somit finden auf einen Leasingvertrag die für die Miete geltenden Vorschriften des BGB entsprechende Anwendung.

Die Hauptpflicht des Leasinggebers ist – ebenso wie bei der Miete – die Überlassung der Hardware (und ggf. Software) sowie der Aushändigung des Benutzerhandbuches. Der Leasingnehmer ist dagegen verpflichtet, die vereinbarten Leasingraten zu zahlen. Daneben muss er gegebenenfalls seinen Mitwirkungspflichten nachkommen, etwa indem er die notwendigen Installationsvoraussetzungen schafft.

Der Leasingvertrag zeichnet sich dadurch aus, dass die mietrechtlichen Gewährleistungsrechte zwischen Leasinggeber und dem Leasingnehmer ausgeschlossen sind und

---

[2]BMF-Schreiben v. 23.12.1991, v. 22.12.1975, v. 21.03.1972 u. v. 19.04.1971.
[3]BGH, Urt. v. 14.12.1989 – IX ZR 283/88.

dem Leasingnehmer stattdessen die Rechte des Leasinggebers gegenüber dem Hersteller aus dem Kaufvertrag abgetreten werden.

Bei Leasingverträgen entsteht also üblicherweise das in Abb. 4.1 dargestellte „Dreiecksverhältnis".

Bei der Abtretung der Mängel- bzw. Gewährleistungsrechte ist darauf zu achten, dass sämtliche dieser Rechte wirksam übertragen werden. Bei einem zu weiten Ausschluss der Ansprüche droht nämlich ansonsten die Unwirksamkeit des Gewährleistungsausschlusses als Ganzes.

Die häufigste Form des Leasings stellt das sogenannte „Finanzierungsleasing" (auch: „Finance-Leasing") dar. Hierbei erwirbt der Leasinggeber den Leasinggegenstand und überlässt diesen dem Leasingnehmer zur Nutzung. Die zu leistenden Leasingraten des Leasingnehmers ergeben entweder den vollständigen Kaufpreis des Leasinggegenstandes oder auch lediglich einen Teil davon. Bei letzterem kann der Leasingnehmer dann bei Vertragsende zu einer Abschlusszahlung verpflichtet sein. Er erhält dafür im Gegenzug oftmals das Eigentum an der geleasten Sache. In Verbindung mit Leasingverträgen bedeutet in diesem Zusammenhang der Begriff „Amortisation", dass der Leasingnehmer mit seinen Zahlungen – je nach Leasingvertragstyp – die Investitionskosten und -Risiken ganz, weitgehend oder teilweise abdeckt. Letztlich ist es nämlich das Ziel aller Leasingverträge, dass der Leasinggeber die Amortisation der gesamten Investitionskosten aus laufenden Leasingzahlungen, Restwertzahlungen, Abschlusszahlungen, Verlängerungsraten und Verwertungserlösen erreicht.

Der Vertrag, der zwischen Leasingnehmer und Leasinggeber geschlossen wird, weist in starkem Ausmaß mietvertragliche Elemente auf – und richtet sich daher – wie bereits erwähnt – nach den Vorschriften über die Miete.[4]

Eine andere Form des Leasings ist das „operative Leasing" (auch: „Operate-Leasing" oder „Operatingleasing"). Diese Leasingvariante ist durch eine kurze Leasingzeit gekennzeichnet sowie auch dadurch, dass die volle Amortisation des Investitionsguts nicht durch

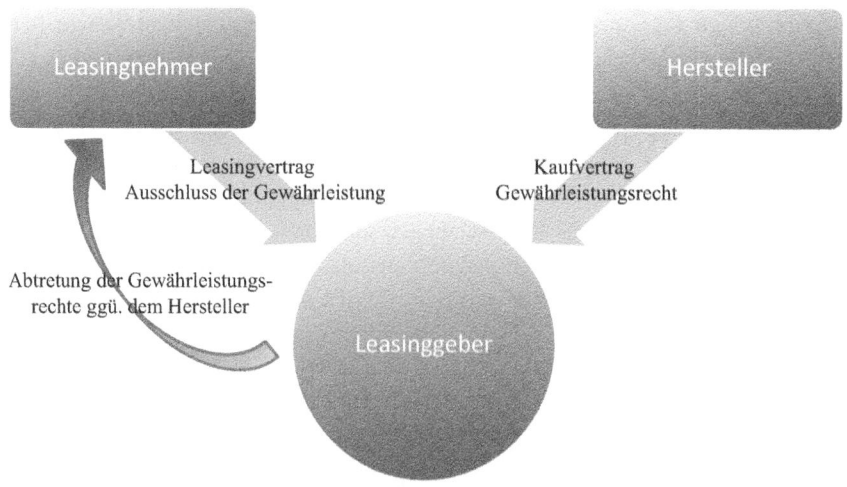

Abb. 4.1   Dreiecksverhältnis bei Leasingverträgen. (Quelle: eigene Darstellung)

den ersten Leasingnehmer, sondern durch weitere Leasingnehmer erreicht werden soll, die nach Beendigung des ersten Leasingvertrags das Leasinggut dann überlassen bekommen.

Der Leasinggeber ist beim Finanzierungsleasing generell nicht zur Instandsetzung der Mietsache verpflichtet. Regelmäßig werden in den Allgemeinen Geschäftsbedingungen zu einem Leasingvertrag demgemäß die mietrechtlichen Mängelgewährleistungsrechte zwischen Leasinggeber und Leasingnehmer ausgeschlossen. Im Gegenzug tritt dafür jedoch der Leasinggeber seine kaufrechtlichen Mangelgewährleistungsansprüche nach den §§ 437 ff. BGB gegenüber seinem Lieferanten – also dem Hersteller des Leasinggegenstands – an den Leasingnehmer ab. Alternativ kann dem Leasingnehmer aber durchaus auch das Recht eingeräumt werden, Gewährleistungsrechte selbst im eigenen Namen auszuüben. Durch diese Konstellation wird der Leasingnehmer nicht in unangemessener Weise benachteiligt. Er ist dann jedoch verpflichtet, die Hardware regelmäßig zu warten und zu pflegen bzw. einen entsprechenden Wartungsvertrag abzuschließen.

Darüber hinaus kann in einer derartigen Konstellation – auch in Allgemeinen Geschäftsbedingungen – die Gefahr des zufälligen Untergangs (zum Beispiel bei Verlust oder Diebstahl) auf den Leasingnehmer übertragen werden. Als Ausgleich für dieses zusätzliche Risiko müsste dem Leasingnehmer dann aber ein kurzfristiges Lösungsrecht vom Vertrag eingeräumt werden: Nach der Rechtsprechung des Bundesgerichtshofs (BGH) ist die Abwälzung dieser Gefahr in den Allgemeinen Geschäftsbedingungen eines Leasinggebers im Sinne von § 307 Abs. 1 S. 1 BGB unangemessen und daher unwirksam, wenn nicht für den Fall des völligen Verlustes oder einer nicht unerheblichen Beschädigung des Leasinggegenstands ein kurzfristiges Kündigungs- oder gleichwertiges Lösungsrecht des Leasingnehmers vorgesehen ist.[5]

Änderungen an der Hardware darf der Leasingnehmer nur im Rahmen der Wartung vornehmen bzw. mit vorheriger Absprache mit dem Leasinggeber. Selbst eine räumliche Verlagerung darf nicht ohne Zustimmung des Leasinggebers vorgenommen werden.

Ansprüche wegen Mängeln muss der Leasingnehmer gegenüber dem Lieferanten geltend machen. Der Leasinggeber ist darüber zu informieren.

Der Vertrag endet mit Zeitablauf oder durch ordentliche bzw. außerordentliche Kündigung. Regelmäßig wird bei Kündigung ein Ausgleichsanspruch festgelegt, dessen Höhe sich nach dem Restwert der EDV-Anlage bemisst.

4.2.4 Verträge über die Wartung von Hardware

Der Begriff „Wartung" hat sich für die Betreuung von Hardware herausgebildet und beinhaltet die Aufrechterhaltung der Betriebsbereitschaft des Wartungsgegenstands. Dies bedeutet einerseits, dass die laufende Betriebsbereitschaft sichergestellt wird und andererseits, dass eine zügige Beseitigung von Störungen gewährleistet wird.

---

[4]BGH, Urt. v. 30.09.1987 – VIII ZR 226/86.
[5]BGH, Urt. v. 15.10.1986 – VIII ZR 319/85; BGH, Urt. v. 15.07.1998 – VIII ZR 348/97.

Bei der bloßen Betreuung von Software wird hingegen in Abgrenzung hierzu von „Software-Wartung" bzw. „Software-Pflege" gesprochen (dazu weiter unten im Abschn. 4.5).

Der Umfang der geschuldeten Leistungen richtet sich nach dem konkreten Inhalt der jeweiligen Wartungsverträge. Unter einem „Vollwartungsvertrag" wird verstanden, dass sowohl präventive Instandhaltungsmaßnahmen als auch die Beseitigung von Fehlern Vertragsgegenstand sind. Dabei ist jedoch auch festzuhalten, wie hoch die Reaktionszeiten sind, d. h. wie schnell auf eine gemeldete Störung reagiert werden muss. Des Weiteren muss vereinbart werden, ob das Wartungsunternehmen auch bei jedem noch so kleinen Problem zur Verfügung steht oder ob es nur bei speziellen Fachfragen weiterhelfen soll. Um diese Leistungen einheitlich zu regeln, bieten viele Unternehmen am Markt abgestufte Leistungen an, d. h. der Kunde kann zwischen verschiedenen Leistungspaketen wählen.

Hinsichtlich der Vergütung muss hierbei vereinbart werden, welche Leistungen pauschal (also zum Beispiel monatlich) vergütet werden und welche Leistungen gesondert bezahlt werden.

Auch die Frage nach der Übernahme von Materialkosten bedarf einer vertraglichen Regelung.

Um die Anforderungen hinsichtlich Umfang und Qualität festzuhalten, werden meistens sogenannte „Service-Level-Agreements" („SLA's") abgeschlossen. Diese enthalten eine ausführliche Leistungsbeschreibung sowie Regelungen über die Rechtsfolgen bei mangelhafter Qualität.

Noch nicht abschließend geklärt ist die Frage, ob sie einer AGB-rechtlichen Kontrolle im Sinne der §§ 307 ff. BGB bedürfen; individualvertraglich sind sie jedoch jederzeit vereinbar.

Für den Anwender ergeben sich dort Mitwirkungspflichten. Soweit der Wartungsvertrag ein Werkvertrag ist, ergeben sich diese Mitwirkungspflichten aus der werkvertraglichen Bestimmung des § 642 BGB. Eine förmliche Abnahme im Sinne des § 640 Abs. 1 BGB erweist sich durch den Charakter des Dauerschuldverhältnisses oft als problematisch, da der Anwender nicht nach jeder Wartungsleistung einen Probelauf durchführen kann. Daher wird die Abnahme hierbei als entbehrlich angesehen.

Die Mängelrechte ergeben sich bei einem Werkvertrag aus den §§ 633 ff. BGB.

§ 633 BGB regelt die Handhabung von Sach- und Rechtsmängeln beim Werkvertrag:

(1) Der Unternehmer hat dem Besteller das Werk frei von Sach- und Rechtsmängeln zu verschaffen.

(2) Das Werk ist frei von Sachmängeln, wenn es die vereinbarte Beschaffenheit hat. Soweit die Beschaffenheit nicht vereinbart ist, ist das Werk frei von Sachmängeln,

1. wenn es sich für die nach dem Vertrag vorausgesetzte, sonst
2. für die gewöhnliche Verwendung eignet und eine Beschaffenheit aufweist, die bei Werken der gleichen Art üblich ist und die der Besteller nach der Art des Werkes erwarten kann.

Einem Sachmangel steht es gleich, wenn der Unternehmer ein anderes als das bestellte Werk oder das Werk in zu geringer Menge herstellt.

(3)   Das Werk ist frei von Rechtsmängeln, wenn Dritte in Bezug auf das Werk keine oder nur die im Vertrag übernommenen Rechte gegen den Besteller geltend machen können.

Nachbesserungsansprüche werden zumeist unproblematisch im Rahmen der Wartungsleistung (häufig auch kostenlos) vorgenommen.

Zusätzlich ist bei Wartungsverträgen darauf zu achten, dass eine „Datenschutz- und Geheimhaltungsverpflichtungserklärung" abgeschlossen wird, um eventuelle Kunden- und Unternehmensdaten zu schützen.

§ 634 BGB bestimmt für den Werkvertrag die Rechte des Bestellers bei Mängeln wie folgt:Ist das Werk mangelhaft, kann der Besteller, wenn die Voraussetzungen der folgenden Vorschriften vorliegen und soweit nicht ein anderes bestimmt ist,

1. nach § 635 BGB Nacherfüllung verlangen,
2. nach § 637 BGB den Mangel selbst beseitigen und Ersatz der erforderlichen Aufwendungen verlangen,
3. nach den §§ 636, 323 und 326 Abs. 5 BGB von dem Vertrag zurücktreten oder nach § 638 BGB die Vergütung mindern und
4. nach den §§ 636, 280, 281, 283 und 311a BGB Schadensersatz oder nach § 284 BGB Ersatz vergeblicher Aufwendungen verlangen.

4.3   Erwerb und Nutzung von Software

Im Gegensatz zur Hardware hat der Anwender häufig keine präzise Vorstellung, was unter dem Begriff „Software" zu verstehen ist. Umso problematischer ist es, dass auch keine Legaldefinition von „Software" existiert. Zudem ist es nicht einfach, den Begriff „Software" von dem häufig synonym verwendeten Begriff des „Computerprogramms" zu trennen. Ein „Programm" ist jedoch lediglich ein Bündel von Anweisungen, welche für eine bestimmte Aufgabe benötigt werden.

Der Gesetzgeber hat auf eine Definition des Begriffs „Computerprogramm" bewusst verzichtet, um späteren technischen Entwicklungen nicht vorzugreifen. Eine Begriffsbestimmung kann sich jedoch an folgender Definition orientieren: Gemäß § 1 der Mustervorschriften der WIPO[6] handelt es sich bei einem „Computerprogramm" um „eine Folge

---

[6]Die Weltorganisation für geistiges Eigentum (engl. für „World Intellectual Property Organization", „WIPO"; franz. für „Organisation mondiale de la propriété intellectuelle", „OMPI") wurde am 14. Juli 1967 mit dem Ziel gegründet, Rechte an immateriellen Gütern weltweit zu fördern. 1974 wurde die WIPO Teilorganisation der Vereinten Nationen.

von Befehlen, die nach Aufnahme in einem maschinenlesbaren Träger fähig sind, zu bewirken, dass eine Maschine mit informationsverarbeitenden Fähigkeiten eine bestimmte Funktion oder Aufgabe oder ein bestimmtes Ergebnis anzeigt, ausführt oder erzielt".

Der Begriff „Software" ist das „Gegenstück zu Hardware" und umfasst jede Art von digitalen Daten bzw. Steuerbefehlen, also auch die Programmbeschreibung und das Begleitmaterial. Software ist insoweit ein Sammelbegriff für ausführbare Programme und die zugehörigen Daten. Software dient dazu, Aufgaben zu erledigen, indem sie von einem Prozessor ausgewertet wird und so softwaregesteuerte Geräte in ihrer Arbeit beeinflusst. Es handelt sich mithin um eine zusammenfassende Bezeichnung für alle Programme, die auf einem Computer ausgeführt werden können. Ohne Software ist die Hardware nicht betriebsfähig. Software beinhaltet somit *auch* das Computerprogramm, darüber hinaus meint es jedoch die Gesamtheit *aller* Funktionsabläufe der Datenverarbeitung. Im allgemeinen Sprachgebrauch und in der Literatur zu Softwaretechnik wird die Definition von Software indessen eingeschränkt auf Computerprogramme und die mit ihnen eng verbundenen Ressourcen, wie zum Beispiel Konfigurationsdaten neben Icons und Schriftarten, die zum Betrieb notwendig sind.

Software verfügt über einen sogenannten „Quellcode". Bei diesem handelt es sich um eine Programmanweisung, die in einer Programmiersprache geschrieben ist. Den Quellcode kann der Computer nicht direkt lesen – er benötigt dafür ein Programm, das diesen für ihn übersetzt („kompiliert").

Software wird durch Programmierung hergestellt. Dabei ist zwischen der sogenannten „Standardsoftware" und der so bezeichneten „Individualsoftware" zu unterscheiden: Während Standardsoftware für einen breiten Nutzerkreis konzipiert ist und somit marktgängige Problemstellungen und Anwenderwünsche bedient, ist die Individualsoftware auf die speziellen Bedürfnisse eines einzelnen Kunden zugeschnitten.

4.3.1 Verträge über den Kauf von Software

Die vertragstypologische Einordnung der dauerhaften Überlassung von Software wirft noch immer Fragen auf. Software kann auf verschiedene Arten überlassen werden, denkbar ist zum Beispiel die Überlassung von Standardsoftware auf einem Datenträger oder die Zurverfügungstellung eines Downloads, bei welchem die Verkörperung erst auf dem Datenträger erfolgt. Beiden Beispielen ist jedoch gleich, dass es dem Anwender nicht auf das Trägermedium ankommt, sondern vielmehr auf die Software als „geistiges Gut". Diese Betrachtung führt zu der wichtigen Frage, ob es sich vertragstypologisch bei der Software um eine „Sache" i. S. d. § 90 BGB oder aber um ein sogenanntes „immaterielles Gut" handelt. Immaterielle Güter sind „nicht gegenständliche Vermögensgegenstände", sie werden in Dienstleistungen und Rechte unterschieden und gehören neben den materiellen Gütern zum Oberbegriff der „wirtschaftlichen Güter".

Nach h. M. in der Literatur wird Standardsoftware überwiegend als bewegliche Sache i. S. d. § 90 BGB angesehen bzw. als solche behandelt. Insbesondere vonseiten des BGH

wird diese Ansicht auch befürwortet.[7] Soweit Standardsoftware auf Dauer gegen Einma-
lentgelt überlassen wird, wird daher konsequenterweise von dem Vorliegen eines Kaufvertrags ausgegangen bzw. werden hierauf die kaufrechtlichen Vorschriften angewendet.[8]

Problematisch ist eine Einordnung nach Kaufrecht jedoch, sobald neben der bloßen
Überlassung der Standardsoftware noch weitere Leistungen wie Installationen, Einweisungen oder Schulungen vorgenommen werden. Insoweit wird richtiger Weise auf den
Schwerpunkt der Tätigkeit abzustellen sein. Je nach Fallgestaltung ist es möglich, dass
der Charakter dann von einem Kaufvertrag im Sinne des § 433 BGB mit Zusatzleistungen umschlägt auf einen Werkvertrag gemäß § 631 BGB.

Zusätzliche Leistungen wie die Einweisung in die IT-Umgebung oder Schulungen
sind ggf. darüber hinaus als zusätzlich zu vergütende Dienstleistungen zu qualifizieren.
Die rechtliche Qualifikation wird daher abhängig vom jeweiligen Einzelfall zu entscheiden sein.

Auch bereits im vorvertraglichen Stadium können Ansprüche aus „culpa in contrahendo" – „Verschulden bei Vertragsschluss" (s. o.) gegen den Verkäufer entstehen,
soweit dieser den Anwender unrichtig beraten oder aufgeklärt hat. Grundsätzlich besteht
gegenüber dem Anwender zwar keine Beratungspflicht. Soweit allerdings Umstände vorliegen, welche dem Kunden nicht bekannt sind, die jedoch für seine Kaufentscheidung
von wesentlicher Bedeutung sind, kann eine Pflicht zur unaufgeforderten Aufklärung
entstehen.[9] Dies ist dann abhängig vom jeweiligen Einzelfall zu entscheiden. Berät der
Verkäufer den Kunden auf dessen Wunsch hin, so muss diese Beratung indessen sowohl
fachlich als auch inhaltlich zutreffend sein.

Vertragsgegenstand bei einem Kauf von Standardsoftware ist deren Überlassung auf
Dauer gegen Zahlung eines (i. d. R. einmaligen) Entgelts. Die Hauptleistungspflicht des
Verkäufers richtet sich danach, ob die Standardsoftware auf einem Datenträger gespeichert ist oder nicht. Wenn sie auf einem Datenträger gespeichert ist, muss der Veräußerer
gemäß § 433 Abs. 1 BGB die Standardsoftware übergeben und dem Erwerber das Eigentum daran verschaffen. Anderenfalls muss dem Käufer die Möglichkeit eingeräumt werden, die Software aus dem Internet herunterzuladen („downzuloaden").

Neben der Übergabe der Standardsoftware ist der Verkäufer auch hier verpflichtet, ein
Handbuch bzw. eine Benutzerdokumentation zu überlassen, anhand derer sich der Käufer einarbeiten kann.[10] In Deutschland ist diese grundsätzlich an einen fachfremden Käufer in deutscher Sprache zu übergeben. Im unternehmerischen Bereich werden dagegen
auch englischsprachige Handbücher als Vertragserfüllung angesehen.

---

[7]BGH, Urt. v. 15.11.2006 – XII ZR 120/04.
[8]BGH, Urt. v. 18.10.1989 – VIII ZR 325/88; BGH, Urt. v. 22.12.1999 – VIII ZR 299/98.
[9]BGH, Urt. v. 16.01.1985 – VIII ZR 317/83.
[10]BGH, Urt. v. 04.11.1992 – VIII ZR 165/91.

Nicht zwingend notwendig ist dahingegen das Anbieten von Updates oder Upgrades. Vielfach werden diese im Rahmen eines Pflegevertrags oder von zusätzlichen „Service Packs" oder angeboten.

Eine Pflicht zur Installation von unkomplizierter Standardsoftware besteht nicht, es sei denn die Vertragsparteien haben hierüber eine vertragliche Vereinbarung getroffen. Unabhängig davon, ob es sich bei einer solchen Vereinbarung um eine gesonderte Vereinbarung handelt, die als Werkvertrag nach § 631 BGB zu klassifizieren wäre, oder um eine bloße Nebenpflicht, treffen auch den Kunden immer auch Obliegenheiten. Zu nennen sind hier insbesondere die Überprüfung des Installationsziels sowie die Erfüllung von Installationsvoraussetzungen. Der Kunde hat selbst für einen Datenverlust einzustehen, soweit er vor den Installationsarbeiten keine Sicherung seiner Daten vorgenommen hat.

Für den Erwerber der Software kann es wesentlich sein, dass er seine Altdatenbestände auch für die neue Software nutzen kann. In diesem Fall müssen die Altdatenbestände häufig sehr umfangreich in ein neues Dateiformat konvertiert werden. Daneben besteht auch das Risiko des Verlusts von Datenbeständen. Daher ist in der Literatur herrschende Meinung, dass eine Altdatenübernahme keine vertragliche Nebenpflicht eines Softwarekaufs darstellt.

Sollte jedoch im Vertrag ausdrücklich eine Altdatenübernahme vereinbart sein, so handelt es sich um einen unabhängigen Werkvertrag.

Neben der körperlichen Überlassung der Software ist der Verkäufer auch verpflichtet, dem Käufer die Nutzungsrechte für die Software einzuräumen. Diese sollten eindeutig und präzise formuliert sein, um eventuellen Streitigkeiten hierüber vorzubeugen.

Unproblematisch möglich ist es, die Übertragung von Nutzungsrechten aufschiebend bedingt im Sinne von § 158 Abs. 1 BGB von der Zahlung des Kaufpreises abhängig zu machen:

Wird ein Rechtsgeschäft unter einer aufschiebenden Bedingung vorgenommen, so tritt die von der Bedingung abhängig gemachte Wirkung mit dem Eintritt der Bedingung ein.

Der Verkäufer hat häufig ein Interesse daran, das Nutzungsrecht zu beschränken. Solche Beschränkungen dürfen jedoch nicht gegen urheberrechtliche Vorgaben verstoßen. Zudem ist insbesondere darauf zu achten, dass AGB-Klauseln hinsichtlich einer Beschränkung häufig unzulässig sind. Als praxisrelevante unzulässige Beschränkung ist hier insbesondere das Verbot des Erstellens einer notwendigen Sicherungskopie zu nennen (§ 69d Abs. 2 UrhG):

Die Erstellung einer Sicherungskopie durch eine Person, die zur Benutzung des Programms berechtigt ist, darf nicht vertraglich untersagt werden, wenn sie für die Sicherung künftiger Benutzung erforderlich ist.

Die Hauptleistungspflicht des Käufers ist die Zahlung des vereinbarten Kaufpreises. Daneben sind grundsätzlich keine Mitwirkungspflichten vorgesehen. Ggf. kann sich eine Mitwirkungspflicht aber derart ergeben, dass der Käufer die vom Hersteller bereitgestellten Updates regelmäßig zu installieren hat. Eine Pflicht zur regelmäßigen Überprüfung von solchen Updates ist AGB-rechtlich jedoch als unwirksam anzusehen.

Die Mängelansprüche des Käufers beim Softwarekauf ergeben sich aus den §§ 437 ff. BGB. Dies gilt selbst dann, wenn man eine Software nicht als bewegliche Sache ansieht. Wie bei jedem anderen Sachkauf im Sinne von § 433 BGB auch liegt gemäß § 434 BGB ein Sachmangel vor, wenn die „Ist-Beschaffenheit" negativ von der „Sollbeschaffenheit" abweicht. Bei Software ist hier primär an Sachmängel wie Virenbefall, Störungen im Programmablauf oder eingeschränkte Lauffähigkeit eines Programms zu denken.

Handelt es sich bei dem Softwarekauf um ein Handelsgeschäft im Sinne des § 343 HGB, besteht auch hier eine unverzügliche Untersuchungspflicht, § 377 HGB. In Abhängigkeit von der Komplexität der Software kann die Frist jedoch durchaus unterschiedlich bemessen werden.

Für die Beantwortung der Frage, wann die Untersuchungs- und Prüfpflicht des § 377 HGB beginnt, ist zu klären, wann die verkaufte Software als „abgeliefert" i. S. d. § 377 Abs. 1 S. 1 HGB bzw. § 438 Abs. 2 BGB gilt. Dies ist in Literatur und Rechtsprechung umstritten: Eine Ansicht vertritt die Auffassung, dass Software dann als „abgeliefert" gilt, wenn ein im Wesentlichen ungestörter Probelauf der Software erfolgt. Nach Meinung anderer erfolgt eine „Ablieferung" erst dann, wenn der Käufer die Software ausführlich und fehlerfrei erprobt hat. Der BGH jedoch sieht eine Software erst als „abgeliefert" an, wenn „sie in einer ihrer Untersuchung ermöglichenden Weise in den Machtbereich des Käufers gelangt ist".[11]

Garantien können bei dem Kauf einer Software von Relevanz sein (geregelt in § 443 BGB). Dem Käufer stehen in einem Garantiefall dann unbeschadet der gesetzlichen Ansprüche (vgl. §§ 437 ff. BGB) die Rechte aus der Garantie zu den in der Garantieerklärung und der einschlägigen Werbung angegebenen Bedingungen gegenüber demjenigen zu, der die Garantie eingeräumt hat.

Dies kann entweder der Verkäufer selbst (Verkäufergarantie) – eher selten – oder aber, was in der Praxis der Regelfall ist, der Hersteller des Produkts sein. Bei derartigen Drittgarantien (Herstellergarantien) erhält der Käufer durch den Garantievertrag also neben dem Verkäufer einen weiteren Anspruchsgegner.

4.3.2   Verträge über die Miete von Software

Für viele Kunden ist die Miete von Software eine gute Gelegenheit, stets mit der aktuellsten Version der Software arbeiten zu können. Denn zumeist beschränken sich die Verträge über die Miete von Software nicht auf eine spezielle Version, sondern auf die derzeit aktuellste Fassung.

Daneben wird die Miete von Software auch von Kunden zu Testzwecken oder zur Überbrückung von Zeiträumen bei der Einrichtung neuer Systeme genutzt.

Insbesondere für kleine und mittelständische Unternehmen bietet die Miete von Software Vorteile, da diese genutzt werden kann, ohne dass eine hohe Liquidität erforderlich ist.

---

[11]BGH, Urt. v. 22.12.1999 – VIII ZR 299/98.

Softwareüberlassung auf Zeit umfasst alle Fälle, bei denen bei Vertragsschluss vereinbart wird, dass die Software nur für bestimmte Zeit – zumeist gegen regelmäßige Zahlungen – überlassen wird.

Vertragstypologisch wird die Überlassung von Standardsoftware auf Zeit nach herrschender Meinung dem Mietvertragsrecht nach §§ 535 ff. BGB zugeordnet. Problematisch ist die Einordnung in das Mietvertragsrecht nur dann, wenn man Software nicht als eine Sache ansieht. Die Software wird dann in Literatur und Rechtsprechung überwiegend dennoch – zumindest analog – dem Mietvertragsrecht zugeordnet. Daneben gehen andere Autoren, welche die Sachqualität von Software verneinen, von einem Pachtvertrag aus. Da Miet- und Pachtverträge sich allerdings in den wesentlichen Fragen identisch sind, ist die Frage letztendlich jedoch im Ergebnis nicht wirklich umstritten.

Die Frage, nach welchem Recht die Überlassung von Individualsoftware zu beurteilen ist, gestaltet sich aufgrund der Konkurrenz von Mietrecht und Werkvertragsrecht dagegen problematisch. Ein Werkvertrag scheidet insofern aus, als dass dieser eine endgültige Überlassung der Software voraussetzt. Soweit also der Interessenschwerpunkt der Parteien auf der nur zeitweiligen Überlassung liegt, wäre dem Mietvertragsrecht Vorrang einzuräumen. Ansonsten wird man von einem Typenkombinationsvertrag aus Werkvertragsrecht und Mietvertragsrecht ausgehen müssen, wobei für die Mängelansprüche die §§ 633 ff. BGB heranzuziehen sind und für die Überlassung der Software das Mietrecht anzuwenden ist.

Die Hauptleistungspflicht des Vermieters bestimmt sich bei Vorliegen eines Mietvertrags nach § 535 Abs. 1 BGB. Hiernach ist er verpflichtet, dem Mieter den Gebrauch der Mietsache zu gewähren und die Mietsache in einem für den Gebrauch geeigneten Zustand zu erhalten.

Nicht zu den Pflichten des Vermieters zählt die Installation bzw. Einweisung in die Funktionsweise der Software. Hinsichtlich einer eventuellen Verpflichtung zur Beratung ist auf die Umstände des Einzelfalls abzustellen. Hierbei sind insbesondere die Komplexität der Software, die Höhe des Mietzinses sowie die Vorkenntnisse des Anwenders zu berücksichtigen.

Der Abschluss einer Wartungs- und Pflegevereinbarung ist nicht notwendig, da der Vermieter im Rahmen seiner Instandhaltungsmaßnahmen auch ohnehin gewisse Pflegeleistungen zu erbringen hat. Dies bedeutet jedoch nicht, dass er dazu verpflichtet ist, die Software stets auf dem aktuellsten Stand zu halten. Im Gegenteil – häufig wird eine ständige Aktualisierung nur gegen eine zusätzliche Vergütung vereinbart.

Im Rahmen seiner Obhuts-, Vorsorge-, Fürsorge- und Sicherungspflichten muss der Vermieter den Mieter auch vor Gefahren – wie etwa vor einem Virenbefall – warnen.

Die Hauptleistungspflicht des Mieters – gemäß § 535 Abs. 2 BGB die Zahlung der vereinbarten Miete – beginnt mit Überlassung der Software (entweder mittels Datenträgers oder auch Online).

Am Ende der Mietzeit ist der Mieter gemäß § 546 Abs. 1 BGB verpflichtet, dem Vermieter den Mietgegenstand zurückzugeben. Die Software darf dabei keine Sicherungskopien oder ähnliches mehr aufweisen. Eine Datennutzung von Daten, die mithilfe der

Software während der Mietzeit vom Anwender erstellt wurden, darf indessen auch weiterhin erfolgen.

Damit der Vermieter seinen Instandhaltungs- und Instandsetzungspflichten nachkommen kann, muss der Mieter entsprechende Maßnahmen dulden. Dem Vermieter muss somit auch zu zumutbaren Zeiten und in zumutbarem Umfang ein Zugang zu der Software gewährt werden.

Der Mieter ist zur Nutzung der Software nur im Rahmen der vertraglich getroffenen Vereinbarungen berechtigt. Eine Nutzung darüber hinaus – wie etwa eine Nutzung auf mehreren Computern obwohl nur eine Einzelplatzlizenz vereinbart war – verletzt vertragliche Nebenpflichten. Nach der Bestimmung von § 540 Abs. 1 S. 1 BGB ist der Mieter ohne die Erlaubnis des Vermieters nicht berechtigt, den Gebrauch der Mietsache einem Dritten zu überlassen, insbesondere sie weiter zu vermieten. Daher ist eine Überlassung der Software an Dritte – egal, ob unentgeltlich oder gegen Entgelt – verboten, wenn der Mieter nicht zuvor die Erlaubnis des Vermieters hierzu eingeholt hat.

Auch den Anwender treffen Obhuts- und Sorgfaltspflichten. So muss er die Mietsache pfleglich behandeln und darf die Software nur nach den Vorgaben des Benutzerhandbuchs bedienen.

Der Mangelbegriff im Mietrecht entspricht in etwa demjenigen des Werkvertrags- bzw. Kaufrechts. Es gilt auch hier der sogenannte „subjektive Mangelbegriff", wonach ein Mangel gegeben ist, wenn eine Abweichung der Ist- von der vertraglich vereinbarten Soll-Beschaffenheit (ggf. unter Heranziehung objektiver Kriterien) vorliegt. Falls die Mietsache also tatsächlich nachteilig von dem vertraglich vereinbarten Zustand abweicht, liegt ein Mangel vor. Bei Vorliegen eines solchen Mangels kann der Mieter dessen Beseitigung verlangen. Sollte der Mangel so gravierend sein, dass dadurch die Tauglichkeit der Software nicht mehr gegeben ist, ist der Mieter für die Zeit, in der die Tauglichkeit aufgehoben ist, von der Entrichtung der Miete befreit, § 536 Abs. 1 S. 1 BGB. Sofern die Tauglichkeit gemindert ist, muss der Mieter nur eine angemessen herabgesetzte Miete entrichten, wobei eine lediglich unerhebliche Minderung der Tauglichkeit außer Betracht bleibt, § 536 Abs. 1 S. 2 BGB.

Der Mieter kann nach § 536a Abs. 2 BGB einen Mangel selbst beseitigen und Ersatz der erforderlichen Aufwendungen verlangen, wenn der Vermieter mit der Beseitigung des Mangels in Verzug ist oder die umgehende Beseitigung des Mangels zur Erhaltung oder Wiederherstellung des Bestands der Mietsache notwendig ist. Dieses Recht spielt bei Software jedoch eine eher untergeordnete Rolle, denn häufig ist der Mieter nicht fachkundig genug, um einen Mangel selbst zu beheben.

Für den Mieter zu beachten ist stets, dass er den Mangel angezeigt haben muss (§ 536c Abs. 1 S. 1 BGB).

Der Mietvertrag kann mit Ablauf der Mietzeit, mittels einer ordentlichen oder außerordentlichen Kündigung oder durch Aufhebung beendet werden. Der Mieter muss dem Vermieter dann wieder den unmittelbaren Besitz (nach § 854 Abs. 1 BGB die Erlangung der tatsächlichen Gewalt über die Sache) an der Software verschaffen.

Alternativ kann auch eine Löschung der Software vereinbart werden, sodass die Software selbst nicht zurückgegeben werden muss. Eine Programmsperre stellt dabei sicher, dass nach Ablauf der Mietzeit ein Zugriff nicht mehr möglich ist.

4.3.3 Softwareleasing

Wie auch beim Hardwareleasing wird dem Leasingnehmer die Software auf Dauer zum Gebrauch überlassen.

Auch beim Leasing von Software kann es zu Verletzungen von Sorgfalts-, Aufklärungs- und Hinweispflichten durch den Hersteller bzw. dem Leasinggeber kommen, die diesem zugerechnet werden. Die Haftung richtet sich in derartigen Fällen auch hierbei nach den §§ 280, 241 Abs. 2, 311 Abs. 2 BGB wegen einer vorvertraglichen Pflichtverletzung.

Im allgemeinen Mietrecht trägt üblicherweise der Vermieter das Risiko der Verschlechterung und des Untergangs der Mietsache, denn der Vermieter hat die Sache während der Mietzeit in einem mangelfreien Zustand zu halten (vgl. § 535 Abs. 1 S. 2 BGB). Insofern obliegt dem Vermieter eine Gebrauchsüberlassungs- und Instandhaltungspflicht. Der Vermieter trägt also die Sach- und Preisgefahr (zu diesen Begriffen sogleich).

Im Leasingrecht hingegen trägt regelmäßig der Leasingnehmer die Gefahr des Untergangs und der Verschlechterung. Dies wird dadurch erreicht, dass im Leasingvertrag der Gefahrübergang nach den Vorschriften des Kaufrechts geregelt ist. Nach dem Kaufrecht geht mit Übergabe der Sache die Gefahr des Untergangs oder der Verschlechterung auf den Käufer – bzw. hier den Leasingnehmer – über (vgl. § 446 BGB). Entsprechend der vertraglich vereinbarten Regelungen übernimmt also regelmäßig der Leasingnehmer die Sachgefahr.

Unter Sachgefahr ist das Risiko des Leasinggebers, bei Untergang oder Verschlechterung des Leasinggegenstands dessen gebrauchsfähigen Zustand wiederherstellen zu müssen. Er muss folglich das Leasingobjekt auf seine Kosten wieder instand setzen oder ein gleichwertiges Objekt beschaffen. Eine derartige Regelung durch eine entsprechende Klausel in den AGB ist zulässig.

Mit Preisgefahr ist demgegenüber gemeint, dass der Leasingnehmer auch dann zur Entrichtung der Leasingraten verpflichtet bleibt, wenn der Leasinggegenstand untergegangen oder verschlechtert und damit für ihn ohne Interesse ist. In Leasingverträgen wird auch diese Gefahr üblicherweise auf den Leasingnehmer verlagert. Eine derartige Regelung kann durch eine entsprechende Klausel in den AGB erfolgen.

Eine Rückabwicklung des Kaufvertrags zwischen Leasinggeber und Hersteller hat ebenso Konsequenzen auch für den Leasingvertrag. Der Leasinggegenstand gelangt in derartigen Fällen wieder zurück an den Hersteller – daher steht dem Leasinggeber für die Zukunft der Leasinggegenstand dann nicht mehr zur Verfügung.

Der BGH hat entschieden, dass die Geschäftsgrundlage des Leasingvertrags dann „ex tunc" – also mit Wirkung von Anfang an – entfällt (Mindermeinungen gehen jedoch von

„ex nunc" – also mit Wirkung erst ab diesem Zeitpunkt – aus). Da der Leasinggeber den Gegenstand zumindest zeitweilig in Gebrauch genommen hat, muss er hierfür dem Hersteller eine Nutzungsentschädigung zahlen. Es bleibt ihm insoweit jedoch überlassen, Bereicherungsansprüche gegenüber dem Leasinggeber geltend zu machen.

4.3.4   Application Service Providing (ASP)

„ASP" („Anwendungsdienstleistung") ist eine bedeutende Möglichkeit der Fernnutzung von Softwareprogrammen über das Internet oder andere Netze. Der „Anwendungsdienstleister" („Application Service Provider") stellt als Systembetreiber dabei dem Anwender von ihm erarbeitete oder erworbene Programme zur Verfügung. Der Benutzer muss diese nur noch aufrufen und kann sie sodann für sich arbeiten lassen – ohne dabei den Programmtext auf den Rechner kopieren zu müssen. Der Anwender sieht daher auf seinem eigenen Bildschirm lediglich ein Browserabbild der Software, die auf dem Rechner des Providers installiert ist.

Das ASP ist als Outsourcing für kleine und mittelständische Unternehmen gedacht. Für diese ist die Nutzung des ASP vorteilhaft, da sie weder Kosten für die Anschaffung der Software aufwenden noch Pflege- und Wartungsverträge abschließen müssen. Den Dienstleister trifft demgegenüber die Pflicht zur ständigen Aktualisierung des Programms, sodass dem Anwender stets die neueste Version zur Verfügung steht. Für den Anwender hingegen birgt diese Form von Outsourcing auch Risiken: Hinsichtlich der technischen und wirtschaftlichen Qualität des Services ist er vollkommen vom Anbieter abhängig.

Die Software wird dabei zumeist mehreren Kunden zur Verfügung gestellt („one-to-many-Modell"). Dies hat zur Folge, dass der Anbieter sicherstellen muss, dass insoweit ein gegenseitiger Zugriff auf die Daten nicht möglich ist.

Gegenstand des „Application-Service-Providing (ASP)"-Vertrags ist damit die Bereitstellung von Softwareanwendungen für den Kunden zur Online-Nutzung über das Internet oder andere Netze. Im Vordergrund dieses Vertrags steht die (Online-) Nutzung fremder (Standard-) Software, die in aller Regel nicht nur einem, sondern einer Vielzahl von Kunden zur Verfügung gestellt wird, und somit der Gesichtspunkt der (entgeltlichen) Gebrauchsüberlassung, weshalb dieser Vertrag von der Rechtsprechung des Bundesgerichtshofs als Mietvertrag im Sinne der §§ 535 ff. BGB eingeordnet worden ist.[12] Der BGH betonte, dass der Mietgegenstand das auf dem Datenträger verkörperte Programm und damit eine bewegliche Sache sei. Selbst der Einwand, Software sei keine bewegliche Sache, sei hierbei nicht von Bedeutung. Entscheidend sei vielmehr lediglich, dass die Programme zu ihrer Nutzbarkeit in verkörperter Form vorhanden sein müssten.

---

[12]BGH, Urt. v. 15.11.2006 – XII ZR 120/04.

Die Hauptleistungspflicht des Providers ist die Zurverfügungstellung von Software auf seinem Server und die Einräumung der Möglichkeit, dass der Anwender auf diese für eine begrenzte Zeit zugreifen darf. Der Anwender muss die Software jederzeit in einem nutzungsfähigen Zustand bereithalten – § 535 Abs. 1 S. 2 BGB.

Neben dieser Leistung übernimmt der Anbieter häufig noch weitere Leistungen, wie zum Beispiel das Aufspielen von Updates oder die Zurverfügungstellung von Speicherplatz. Solche Leistungen unterfallen häufig dem Dienst- oder Werkvertragsrecht des BGB und führen damit zu einem typengemischten Vertrag.

Hauptregelungspunkt im ASP-Vertrag sollte die Vereinbarung über die Nutzungszeiten sein. Hierbei ist es üblich, dass das System zur Hauptnutzungszeit annähernd hundertprozentig verfügbar sein sollte, während diese Quote in Nebenzeiten durchaus auch niedriger ausfallen können, damit dem Anbieter zum Beispiel Zeit für Wartungsarbeiten gelassen wird.

Vertragliche Hauptpflicht des Anwenders ist die Zahlung der vereinbarten Vergütung gemäß § 535 Abs. 2 BGB. Denkbar ist dabei sowohl die Vereinbarung von Pauschalen als auch eine Vergütung in Abhängigkeit von der Dauer, der Anzahl der Zugriffe oder dem Datenvolumen. In der Praxis tritt häufig eine Mischung der beiden Vergütungsmodelle, d. h. sowohl eine pauschale Vergütung zur Absicherung der monatlichen Fixkosten des Anbieters als auch eine nutzungsabhängige Vergütung, auf. Daneben müssen dem Anwender die erforderlichen Nutzungsrechte eingeräumt werden.

Hinsichtlich der Mängel ist der Anbieter verpflichtet, die Mietsache in einem zum vertragsgemäßen Gebrauch geeigneten Zustand zu überlassen und diesen auch einzuhalten – § 535 Abs. 1 S. 1 BGB. Er muss daher etwaige Mängel an der Software beseitigen.

Zur Installation von Updates ist er jedoch nicht verpflichtet, es sei denn, dies ist im Vertrag so geregelt.

Das Dauerschuldverhältnis kann nach der Grundregel von § 314 Abs. 1 BGB aus wichtigem Grund gekündigt werden. Soweit keine feste Laufzeit vereinbart ist, kann die Kündigung des Vertrags auch ordentlich erfolgen.

Bei Beendigung des Vertrags sind die beim Anbieter gespeicherten Daten herauszugeben.

4.4   Softwareerstellung

Vereinbaren die Parteien, dass eine Partei für die andere Partei Software erstellt, wird von sogenannten „Softwareerstellungsverträgen" gesprochen. Diese können neben der bloßen Erstellung bzw. Herstellung von Software jedoch auch deren Veränderung, Ergänzung, Anpassung oder Umstellung zum Gegenstand haben. Regelmäßig wird es dabei um die Erstellung von Individualsoftware gehen.

Im Gegensatz zur heutigen Zeit bestand früher noch kein Markt für Standardsoftware. Erst später gewann der PC-Markt an Bedeutung; dadurch wuchs auch die Möglichkeit, Standardkomponenten im Rahmen von Standardsoftware anzubieten. Jedoch ist auch heute hier noch eher der Bereich der Individualsoftware von großer Bedeutung.

Die vertragstypologische Einordnung des Vertrags über die Erstellung von Software ist noch nicht abschließend geklärt. In der Rechtsprechung und Literatur wird zunehmend die Anwendung von Werkvertragsrecht (§§ 631 ff. BGB) befürwortet. Das Werkvertragsrecht lässt nämlich auch unkörperliche Arbeitsergebnisse als Leistungsgegenstand zu, daher kann Individualsoftware rechtlich unproblematisch dem Werkbegriff untergeordnet werden.

Zur klarstellenden Wiederholung: Durch einen Werkvertrag wird der Unternehmer zur Herstellung des versprochenen Werkes und der Besteller zur Zahlung der vereinbarten Vergütung verpflichtet. Gegenstand des Vertrags ist ein gewisser Erfolg, die Schaffung eines Werkes. Dies kann die Herstellung einer Sache („körperlicher Werkerfolg"), aber auch zum Beispiel die Erstellung eines Gutachtens („unkörperlicher Werkerfolg") sein. Kennzeichnend ist neben der Erstellung eines Werkes auch die wirtschaftliche Selbstständigkeit des Unternehmers. Dieser übt seine Tätigkeit nämlich in eigener Verantwortung und mit eigenen Arbeitsmitteln aus. Er trägt daher das Unternehmerrisiko für das Gelingen des geschuldeten Werkerfolges.

Problematisch ist hier die Annahme eines Werkvertrags jedoch seit der Einführung des § 651 BGB im Rahmen der Schuldrechtsmodernisierung im Jahre 2002. § 651 S. 1 BGB lautet: Auf einen Vertrag, der die Lieferung herzustellender oder zu erzeugender beweglicher Sachen zum Gegenstand hat, finden die Vorschriften über den Kauf Anwendung. Insoweit ist daher umstritten, ob für Individualsoftware nun die Regeln des Kaufrechts des BGB oder aber diejenigen des Werkvertragsrechts des BGB anzuwenden sind.

Ausschlaggebend für die Beantwortung dieser Frage dürfte die Entscheidung sein, inwieweit Software als eine Sache i. S. d. § 90 BGB einzuordnen ist. Da jedenfalls der BGH von der Sachqualität von Software ausgeht, muss über die Anwendung des § 651 BGB nachgedacht werden.[13] Lediglich diejenigen Literaturansichten, die bei Software nicht von einer Sache ausgehen, kommen zu dem Ergebnis, dass § 651 BGB aufgrund der fehlenden Sacheigenschaft nicht anzuwenden ist.

Eine Anwendung des § 651 BGB hat gravierende Konsequenzen zur Folge, da die kaufrechtlichen und werkvertraglichen Vorschriften durchaus voneinander abweichen. Sie unterscheiden sich nämlich zum Beispiel hinsichtlich der Verjährung und deren Beginns. Im Kaufrecht beginnt die Verjährung gemäß § 438 Abs. 2 BGB bereits mit der Ablieferung der gekauften Sache, im Werkvertragsrecht nach § 634a Abs. 2 BGB hingegen erst mit der Abnahme der bestellten Sache. Im Kaufrecht ist – anders als im Werkvertragsrecht – eine Abnahme überhaupt nicht vorgesehen. Bei einem Werkvertrag ist der Besteller nach § 640 Abs. 1 S. 1 BGB nämlich verpflichtet, das vertragsmäßig hergestellte Werk abzunehmen, sofern nicht nach der Beschaffenheit des Werkes die Abnahme ausgeschlossen ist.

Daneben sind im Kaufrecht entsprechend der Regelung in § 439 Abs. 1 BGB Wahlmöglichkeiten des Käufers im Hinblick auf die Art der Nacherfüllung – nach Wahl des

---

[13]BGH, Urt. v. 15.11.2006 – XII ZR 120/04.

Käufers entweder die Beseitigung des Mangels oder die Lieferung einer mangelfreien Sache – vorgesehen, während im Werkvertragsrecht dem Unternehmer diese Wahl zusteht: Verlangt der Besteller Nacherfüllung, so kann der Unternehmer gemäß § 635 Abs. 1 BGB nach seiner Wahl den Mangel beseitigen oder ein neues Werk herstellen. Auch besteht im Kaufrecht kein Recht, die Sache selbst nachzubessern. Bei einem Werkvertrag kann der Besteller hingegen gemäß § 637 Abs. 1 BGB wegen eines Mangels nach erfolglosem Ablauf einer von ihm zur Nacherfüllung bestimmten angemessenen Frist den Mangel selbst beseitigen und dann Ersatz der dafür erforderlichen Aufwendungen verlangen, wenn nicht der Unternehmer die Nacherfüllung zu Recht verweigert.

Teilweise wird daher versucht, die Anwendbarkeit des § 651 BGB im Wege einer sogenannten „teleologischen Reduktion" zu verneinen. Von einer teleologischen Reduktion spricht man, wenn der Anwendungsbereich einer Rechtsnorm von der Rechtsprechung oder der Wissenschaft so beschränkt wird, dass Sachverhalte, die nach dem Wortlaut der Norm an sich erfasst werden würden, von der Anwendung der Norm ausgeschlossen werden. Hauptargument hierfür ist, dass die Anwendung des Kaufrechts zu impraktikablen Ergebnissen führe – also eine Anwendung daher nicht sachgerecht sei. Manche Literaturansichten nehmen aber auch Differenzierungen – zum Beispiel abhängig vom jeweiligen Leistungsinhalt – vor. Hiernach wird § 651 BGB nur angewendet, sofern der Nutzer als Besteller auftritt und lediglich ein einfaches Nutzungsrecht erhält.

Der BGH hat im Zusammenhang mit einem Vertrag, der die Erstellung und Betreuung einer Internetpräsentation (Website) des Kunden sowie die Gewährleistung der Abrufbarkeit dieser Website im Internet für einen festgelegten Zeitraum zum Gegenstand hat, wie folgt entschieden:[14]

Die Qualifizierung des „Internet-System-Vertrags" als Werkvertrag im Sinne der §§ 631 ff. BGB steht im Einklang mit der Rechtsprechung des Bundesgerichtshofs zur Zuordnung von Internetverträgen zu den Vertragstypen des BGB. Sie findet ihre maßgebliche Grundlage in dem von den Parteien vereinbarten Vertragszweck, wie er in der vertraglichen Leistungsbeschreibung und dem hieran anknüpfenden Parteiwillen, insbesondere auch in der veräußerten Kundenerwartung, zum Ausdruck kommt, und rechtfertigt sich letztlich auch aus einem Vergleich mit Verträgen, die ähnliche Gegenstände betreffen und als Werkverträge anerkannt sind. Der „Internet-System-Vertrag" gehört damit zum Kreis der Internet-Provider-Verträge; unter diesem Oberbegriff wird eine Vielzahl unterschiedlicher Vertragstypen zusammengefasst, bei denen es sich zumeist um atypische oder gemischte Verträge handelt.

Unabhängig davon sind Arbeiten, die sich auf bereits hergestellte Sachen beziehen, wie etwa die Instandhaltung, Wartung, Reparatur oder sonstige Veränderungen, überdies nicht von § 651 BGB erfasst und unterliegen daher im Ergebnis nicht dem Kauf- sondern dem Werkvertragsrecht.

---

[14]BGH, Urt. v. 04. 03. 2010 – III ZR 79/09.

Auch hier können bereits im vorvertraglichen Stadium Aufklärungs- und Beratungspflichten des Softwareerstellers bestehen. Dies ist abhängig von den individuellen Fachkenntnissen des Anwenders. Unrichtige Angaben oder das Unterlassen von Beratung können auch in derartigen Fällen zu einem Schadensersatzanspruch nach den §§ 280 Abs. 1, 311 Abs. 2, 241 Abs. 2 BGB führen.

Im Rahmen eines sogenannten „Letter of Intent" („Absichtserklärung", auch „Grundsatzvereinbarung" genannt) sollten daher im Vorfeld Vertraulichkeitsvereinbarungen mit allen Beteiligten abgeschlossen werden, um sowohl Betriebsinterna des Herstellers als auch des Anwenders zu schützen.

Der Leistungsgegenstand ist im konkreten Einzelfall zu ermitteln. Daher erfordert jeder Vertrag eine Leistungsbeschreibung, deren Leistungsumfang bei Vertragsschluss vereinbart wird. In diesem Zusammenhang wird regelmäßig ein Pflichtenheft entwickelt, aus welchem die konkreten Anforderungen an das zu erstellende Programm hervorgehen. Üblicherweise ist es die Aufgabe des Anwenders, die gewünschten Leistungen zu beschreiben und ein Pflichtenheft zu erarbeiten.[15] Jedoch muss auch der Anbieter darauf drängen, dass der Anwender die innerbetrieblichen Bedürfnisse an die Software in einem Pflichtenheft niederlegt.[16] Keinesfalls darf auf Leistungsbeschreibungen verzichtet werden, da im Streitfall dann nur noch Sachverständige feststellen können, welchen Stand der Technik und welche Ausführungsform das Programm aufweisen muss.

Zur vertraglichen Hauptpflicht des Softwareerstellers gehört auch hier die Lieferung einer Benutzerdokumentation, d. h. einer Installations- und Gebrauchsanweisung für das Programm, die dem Anwender erläutern soll, wie das Programm genutzt werden kann und muss.

Nichtlieferung bedeutet daher lediglich Teilleistung der vertraglich geschuldeten Leistung.

Regelmäßig werden daneben auch Pflege- und Wartungsdokumentationen sowie Installationsanweisungen überlassen. Ob diesbezüglich eine Pflicht zur Überlassung besteht, ist anhand des Vertrags zu überprüfen. Häufig wird darüber diskutiert, ob auch eine Verpflichtung zur Überlassung des Quellcodes besteht. Unter dem Begriff „Quellcode", auch „Quelltext" („source code") oder „Programmcode" genannt, wird in der Informatik der für Menschen lesbare, in einer Programmiersprache geschriebene Text eines Computerprogramms verstanden. Der Quellcode eines Programms ist der Text, den der Programmautor entsprechend den Regeln der jeweiligen Programmiersprache anfertigt. Auch die Auszeichnungsansicht einer HTML-Seite wird Quellcode genannt. In der Regel ist der Quellcode im „ASCII-Format" („American Standard Code for Information Interchange") verfasst. Um aus dem Quellcode ein ausführbares Programm zu machen, muss er in vielen Fällen kompiliert werden, d. h., dass die Programmsprache in den ausführbaren Maschinencode übersetzt werden muss. Interpretierte Programmiersprachen

---

[15]OLG Köln, Urt. v. 18.06.1993 – 19 U 215/92.
[16]OLG Köln, Urt. v. 06.03.1998 – 19 U 228/97.

benötigen dagegen keine Kompilierung. Programme, bei denen der Quellcode eingesehen und bearbeitet werden kann, werden als Open Source-Produkte bezeichnet.

Zur Frage der Verpflichtung des Softwareerstellers zur Überlassung des Quellcodes an den Nutzer ist eine allgemein verbindliche Aussage nicht möglich. Entscheidend ist auch hier der Einzelfall. Bejaht wird dies jedoch insbesondere dann, wenn der Besteller das Programm zwecks Vermarktung nutzen möchte und bei dessen Wartung auf den Quellcode angewiesen ist.[17]

Hauptleistungspflicht des Anwenders ist die Vergütung. Im Bereich der Softwareerstellung sind verschiedene Vergütungsmodelle denkbar. Die Vergütung kann zum Beispiel als Pauschale vereinbart sein oder aber auch nach tatsächlichem Aufwand erfolgen. Bei Vorliegen eines Werkvertrags ist die Vergütung mit der Abnahme fällig (vgl. § 641 Abs. 1 S. 1 BGB). Bei Teilzahlungsvereinbarungen ist die Fälligkeit jeder Teilzahlung nach der Teilabnahme fällig (§ 641 Abs. 1 S. 2 BGB).

Daneben treffen den Anwender auch Mitwirkungspflichten gemäß § 642 BGB. Diese können zum Beispiel in der Zurverfügungstellung von Räumen oder Material bestehen. Zudem muss der Besteller häufig Informationen über den Betrieb und dessen Organisation weiterleiten. Im Vertrag sollten diese konkretisiert werden, um Streitigkeiten vorzubeugen und eine ordnungs- und zeitgemäße Erfüllung des Vertrags zu ermöglichen.

In vielen Fällen wird bei der Erstellung von Individualsoftware die Realisierung von der ursprünglich vorgesehenen Lösung abweichen. Dies hängt damit zusammen, dass Software oftmals nicht wie geplant programmierbar ist oder die technischen Umfeldbedingungen nicht mit dem geplanten Programm harmonieren. Daraus folgt dann häufig der Wunsch, die Software fachlich zu verändern. Aus diesem Grund sollten im Vertrag Änderungsverfahren (sog. „Change-Request-Verfahren") vorgesehen werden, nach denen die Aufgabenstellung nachkorrigiert werden kann. In der Praxis haben sich insbesondere Projektausschüsse, Projektlenkungsausschüsse u. a. m. bewährt, die in einem solchen Fall gemeinsam entscheiden. Ohne eine solche Regelung hat der Anwender keinen Rechtsanspruch auf die Durchführung von Änderungen.

Zum Bereich der Softwareerstellungsverträge gehören damit auch folgende Fälle:

Unter „Customizing" („kundenindividuelle Anpassung") werden alle Maßnahmen zusammengefasst, die im Rahmen der Einführung von Anwendungssystemen zur Anpassung einer standardisierten Software an die konkreten Anforderungen des Anwenders durchgeführt werden. Zweck des Customizing ist die Transformation der Standardsoftware aus dem Auslieferungszustand („Ist-Zustand") in den vom Anwenderunternehmen gewünschten „Soll-Zustand", ohne den Quellcode der Standardsoftware zu verändern. Unter Customizing versteht man mithin die Anpassung von Standardprogrammen an anwenderspezifische Gegebenheiten durch das Einstellen von Parametern („Parametrisierung" oder auch „Parametrizing") bezüglich betriebsspezifischer Vorgaben und Verarbeitungsregeln in Tabellen.

---

[17]BGH, Urt. v. 16.12.2003 – X ZR 129/01.

Für die Durchführung des Customizing im engeren Sinne werden zwei idealtypische Vorgehensweisen unterschieden:

- Konfiguration von Standardsoftware (auch Modularisierung), bei der die Standardsoftware durch die Auswahl benötigter Module und die Definition der Beziehungen dieser Module untereinander gebildet wird;
- Parametrisierung von Standardsoftware, bei der eine Standardsoftware mit großem Funktionsumfang durch das Setzen von Parametern auf den vom Anwender benötigten Funktionsumfang reduziert wird.

In welchem Umfang Nutzungs- und Verwertungsrechte übertragen werden, richtet sich nach den getroffenen Vereinbarungen. Soweit keine Vereinbarung darüber getroffen wurde, richtet sich die Einräumung der Rechte nach dem jeweiligen Vertrags- und Verwendungszweck. War vom Anwender eine Vermarktung der Software geplant, so müssen ihm umfassende Nutzungs- und Verwertungsrechte eingeräumt werden. Jedoch muss auch der Anbieter darauf achten, dass er sämtliche Rechte an der Software besitzt. Er muss daher zuvor etwaige Rechte von Vorlieferanten auf sich durch einen entsprechenden Vertrag übergeleitet haben.

Wesentlicher Unterschied zwischen dem Werkvertrag und dem Werklieferungsvertrag mit Anwendung des Kaufrechts ist – wie bereits erwähnt – die Abnahme – vgl. § 640 BGB. Im Werkvertragsrecht bedeutet die Abnahme die körperliche Entgegennahme des Werkes. Damit verbunden ist auch die Billigung des Bestellers. Der Besteller (Auftraggeber) bestätigt durch die Abnahme, dass die erbrachten Leistungen vertragsgemäß ausgeführt worden sind bzw., dass das von ihm bestellte Werk den vertraglichen Vereinbarungen entspricht. Sie ist maßgeblicher Zeitpunkt für Verjährungsfristen, die Fälligkeit der Vergütung, den Gefahrübergang und die Umkehr der Beweislast.

Zur Beweislast: Die Beweislast regelt die Frage, welche Partei, um zu obsiegen, den Beweis für vom Gegner bestrittene Tatsachen führen muss, die für die Entscheidung erheblich sind. Grundsätzlich muss jede Partei die Tatsachen beweisen, aus denen sie das Bestehen von Rechten (oder den Wegfall eines Rechts des Gegners) herleitet. Die objektive oder materielle Beweislast (Feststellungslast) legt fest, welche Partei das Risiko der Nichterweislichkeit einer Beweisbehauptung trägt. Die subjektive oder formelle Beweislast (auch: Beweisführungslast) bestimmt, welcher Partei es in einem bestimmten Stadium des Prozesses obliegt, Beweis für ihre Behauptung anzubieten. Von einer Beweislastumkehr spricht man, wenn nicht der Anspruchsinhaber die Voraussetzungen seines Anspruchs beweisen muss, sondern der Gegner deren Fehlen. Grundsätzlich gilt, dass der Softwareersteller bis zur Abnahme seiner Software die Mangelfreiheit des Werkes nachweisen muss. Nach Abnahme der Software muss der Besteller das Vorliegen von Mängeln beweisen. Mit der Abnahme erkennt der Besteller die Software als im Wesentlichen vertragsgemäß an.

Im Kaufrecht gibt es – wie ebenfalls bereits ausgeführt – eine Regelung zur Abnahme nicht. Dort ist nämlich lediglich die Ablieferung der Sache vorgesehen, die jedoch nicht zugleich – wie im Werkvertragsrecht – die Billigung des Kaufgegenstands seitens des Käufers bedeutet.

Im Kaufvertragsrecht gilt vielmehr: Hier spricht man zum einen von der Leistungsgefahr, also der Gefahr des Käufers einer Sache, den Anspruch auf Verschaffung der Sache zu verlieren, wenn diese zerstört wird. Die Preisgefahr (auch Gegenleistungsgefahr genannt) ist demgegenüber die Gefahr des Käufers, trotz Zerstörung oder Beschädigung der Kaufsache den vollen Kaufpreis an den Verkäufer zahlen zu müssen.

Bei einem Kaufvertrag trägt bis zur Übergabe des Kaufgegenstands sowohl die Leistungs- als auch die Preisgefahr prinzipiell der Verkäufer. § 446 BGB regelt hierbei den sogenannten Gefahrübergang: Dies ist der Zeitpunkt, in welchem die Leistungs- und die Preisgefahr vom Verkäufer auf den Käufer übergehen. Mit der Übergabe einer verkauften Sache geht im Kaufrecht die Gefahr des zufälligen Untergangs und der zufälligen Verschlechterung vom Verkäufer auf den Käufer über.

Bei einem Werkvertrag trägt der Unternehmer gemäß § 644 Abs. 1 BGB grundsätzlich die Leistungsgefahr bis zur Abnahme, es sei denn es handelt sich um einen zufälligen Untergang des Werkes oder eine zufällige Verschlechterung des vom Besteller gelieferten Stoffes. Leistungsgefahr ist das Risiko des Werkunternehmers, seine Werkleistung ohne Vergütung bis zum Eintritt des Leistungserfolges erneut erbringen zu müssen. Die Preisgefahr betrifft demgegenüber die Frage, wer die Kosten trägt, wenn der Schuldner wegen der Unmöglichkeit der Leistung oder einer Leistungserschwerung nicht mehr zu leisten braucht. Bei einem Werkvertrag trägt der Werkunternehmer grundsätzlich bis zur Abnahme auch die Preisgefahr. Dies bedeutet: Bei Unmöglichkeit der Werkleistung wird der Werkunternehmer von seiner Leistungspflicht befreit (§ 275 Abs. 1 BGB), im Gegenzug erhält er aber auch nicht die vereinbarte Gegenleistung (§ 326 Abs. 1 BGB).

Bei Softwareerstellungsverträgen, bei denen Werkvertragsrecht zur Anwendung kommt, sollten daher unbedingt Regelungen über die Dauer und Umfang der Prüfung bei Abnahme getroffen werden. Oft wird vereinbart, was im Einzelnen zur Abnahme gehört. Inhalt können zum Beispiel „freie" Testphasen oder Lasttests sein, in denen der Abnehmer das Abstürzen von Programmen provozieren kann. Erst nach Vornahme aller vereinbarten Tests und somit erteilter Abnahme kann die Software in den Real- bzw. Produktivbetrieb übernommen werden. Bei unwesentlichen Mängeln darf die Abnahme nicht verweigert werden. Daher werden in der Praxis häufig Kriterien definiert, anhand derer die Parteien einen unwesentlichen von einem wesentlichen Mangel abgrenzen können.

Sowohl im Kaufrecht als auch im Werkvertragsrecht gibt es umfassende Regelungen zur Mängelhaftung. Danach muss die Software dem Kunden gemäß §§ 433 Abs. 1, 633 Abs. 1 BGB sach- und rechtsmängelfrei übergeben werden. Die häufig verwendete AGB-Klausel, dass „Software nie mangelfrei sein könne" ändert daran nichts.

Ob das Werk die vereinbarte Beschaffenheit hat und somit mangelfrei ist, richtet sich insbesondere nach dem Pflichtenheft. Ein Pflichtenheft regelt gemäß DIN 69901 die „*vom Auftragnehmer erarbeiteten Realisierungsvorgaben aufgrund der Umsetzung des vom Auftraggeber vorgegebenen Lastenhefts"*. In der Praxis ist das Pflichtenheft bei der Erstellung von Software und auch anderen Werken sehr wichtig, weil Dritte dadurch einen Einblick in sonst nur schwer nachvollziehbare Sachverhalte erhalten, weil viele Einzelheiten oft nur mündlich vereinbart wurden. Somit können Außenstehende viel besser beurteilen, welche Beschaffenheit ein Werk nach den Vorstellungen der Vertragsparteien haben sollte.

Typische Mängel sind in diesem Zusammenhang Funktionsmängel, Inkompatibilitäten, unzureichende Geschwindigkeiten oder Viren, Würmer und Trojaner. Soweit sich das Programm wie vereinbart verwenden lässt, ist nicht von einem Mangel auszugehen. Die Mängelgewährleistungsrechte ergeben sich aus §§ 437 ff., 634 ff. BGB.

Neben der bereits geschilderten Vorgehensweise zur Entwicklung von Software hat sich eine weitere Art etabliert: Die sogenannte „agile Softwareentwicklung". Wesentlicher Unterschied ist, dass die Softwareentwicklung nicht von einem Pflichtenheft von vornherein gesteuert wird, sondern in einzelne Projektabschnitte unterteilt ist. Dies ist insbesondere dann von Vorteil, wenn die Parteien bei Vertragsbeginn noch keine konkrete Vorstellung von der fertigen Software haben. Bei der agilen Softwareerstellung wird daher auf die Entwicklung eines Pflichtenhefts verzichtet und zugleich der Auftraggeber verstärkt in die laufende Entwicklung einbezogen. Problematisch ist hierbei allerdings, dass der Leistungsgegenstand erst fortlaufend im Entwicklungsprozess bestimmt wird und daher nicht von vornherein klar definiert werden kann. Insofern ist auch die Abnahme schwierig, da es gerade kein Pflichtenheft gibt, anhand dessen die Software verglichen werden kann. Daher sollte im Rahmen der agilen Softwareentwicklung generell auch das Abnahmeverfahren weiterentwickelt werden.

4.5   Wartung und Pflege von Software

Die Wartung und Pflege von Software ist sowohl für den Softwareanbieter als auch für den Anwender von großer praktischer Bedeutung. Der Anwender ist darauf angewiesen, dass die Software durch den Anbieter oder einen Dritten gepflegt wird. Ein Ausfall der Software bedeutet für den Anwender zumeist erhebliche Kosten. Zudem wird der Anwender durch Gesetzesänderungen praktisch dazu gezwungen, regelmäßig Anpassungen der Software vorzunehmen (zum Beispiel hinsichtlich neuer Gesetze, die in Steuerprogrammen berücksichtigt werden müssen).

Daneben bildet die IT-Sicherheit einen weiteren wichtigen Aspekt. Im Zuge der ständigen Neuentwicklung von Computerviren u. ä. wird die ständige Pflege von IT-Systemen zu einem Muss.

Zunehmend übernehmen unabhängige Unternehmen die Wartung und Pflege der Software. Welche Leistungen im Einzelfall vereinbart werden sollen, richtet sich in der Regel danach, ob es sich um Standardsoftware oder Individualsoftware handelt. In jedem Fall treffen den Kunden Mitwirkungspflichten, die die Durchführung der erforderlichen Pflegemaßnahmen u. U. erst ermöglichen und zumeist erleichtern. Der Kunde muss insbesondere auftretende Fehler umgehend melden, dem Anbieter zeitlich und räumlich ausreichend Zugang zur Anlage und zum Programm ermöglichen und bei der Pflege selbst mitwirken, indem er Fehler vorführt oder Personal bereitstellt.

Die Softwarewartung und -pflege umfasst insoweit alle Dienstleistungen, die eine erworbene Software funktionsfähig erhalten bzw. die Funktionsfähigkeit wiederherstellen. Dies bedeutet jedoch nicht, dass in einem Softwarepflegevertrag das gesamte Spektrum dieser Dienstleistungen umfasst sein muss. Vielmehr bieten zahlreiche Anbieter Pflegeleistungen stufen- und modulartig an. Der Anwender kann sich dann aussuchen, welche Stufen bzw. Module er gegen eine entsprechende Vergütung in Anspruch nehmen möchte.

Die Wartung und die Pflege von Software sind Dauerschuldverhältnisse, es sei denn, die Leistung wird nur einmal erbracht. Ein Dauerschuldverhältnis ist ein Vertrag, der nicht durch einmaligen Austausch von Leistung und Gegenleistung (wie etwa beim Kauf- oder Werkvertrag) erfüllt wird, sondern durch ein dauerhaftes Verhalten oder wiederkehrende, sich über einen längeren Zeitraum erstreckende Einzelleistungen. Der Gesamtumfang der Leistungen, die durch den Schuldner erbracht werden, steht bei einem Dauerschuldverhältnis bei Vertragsschluss nicht fest. Ein Dauerschuldverhältnis kann befristet oder unbefristet sein.

Verträge über die „Wartung" oder „Pflege" von Software, EDV-Programmen oder Websites sind als Werkverträge einzuordnen, soweit sie auf die Aufrechterhaltung der Funktionsfähigkeit und die Beseitigung von Störungen (und somit: auf einen Tätigkeitserfolg) gerichtet sind, wohingegen ihre Qualifizierung als Dienstvertrag nahe liegt, wenn es an einer solchen Erfolgsausrichtung fehlt und die laufende Serviceleistung (Tätigkeit) als solche geschuldet ist.[18]

Softwarewartungs- und Softwarepflegeverträge können also entweder dem Werkvertrags- oder dem Dienstvertragsrecht des BGB unterliegen, der Softwarewartungs- bzw. Softwarepflegevertrag hat damit sowohl dienst- als auch werkvertraglichen Charakter. Einfache Kontrolltätigkeiten wie die Diagnose von Mängeln unterliegen in der Regel dem Dienstvertragsrecht. Werkvertragsrecht kommt hingegen zur Anwendung, wenn der Anbieter für den Eintritt eines Erfolges einstehen will. Dieser Erfolg kann in der Beseitigung eines Mangels, dem Einhalten bestimmter Funktionsvorgaben oder auch der Durchführung gezielter Programmänderungen bestehen.

In der Literatur wird häufig nach den jeweiligen einzelnen Wartungs- und Pflegeleistungen differenziert. Die Abgrenzung richtet sich dann danach, ob ein bloßes Tätig sein (also eine reine Dienstleistung) geschuldet wird (dann ein Dienstvertrag) oder eher ein damit verbundener Erfolg Vertragsschuld ist (dann ein Werkvertrag). Für eine vertragstypologische Einordnung kommt es daher auf die Umstände jedes einzelnen Vertrags an. Sollte der Anbieter viele unterschiedliche Leistungen übernehmen, handelt es sich um einen gemischten Vertrag. Dann ist hinsichtlich jeder einzelnen Leistung zu bestimmen, welchem Schuldverhältnis im Sinne des BGB dieser Vertrag zugeordnet wird.

---

[18]BGH, Urt. v. 04.03.2010 – III ZR 79/09.

Vereinzelt wird in der Literatur vertreten, dass der Anbieter von Software verpflichtet sein kann, einen Softwarepflegevertrag mit dem Anwender zu schließen. Dies resultiert daraus, dass der Anwender darauf angewiesen ist, dass die erworbene Software ständig funktioniert. Im BGB ist jedoch der Grundsatz der Vertragsautonomie verankert, sodass sich ein Kontrahierungszwang nur aus dem Softwareüberlassungsvertrag ergeben kann. Ohne eine solche Vereinbarung entsteht keine Verpflichtung zum Abschluss eines Pflegevertrags.

Der Anbieter ist dazu verpflichtet, die vereinbarten Leistungen zu erbringen. Hierbei wird es sich in erster Linie um Funktionsstörungen an der Software sowie um Maßnahmen handeln, die der Aufrechterhaltung des Betriebs der Software dienen. Beispiele dafür sind der Betrieb einer Hotline sowie das Bereitstellen von Updates. Typische Leistungen sind auch die Fehlerbehebungen, die Lieferung von Weiterentwicklungen (Releases) und die Erbringung von Supportleistungen.

Die Hauptleistungspflicht des Anwenders ist die Zahlung der vertraglich vereinbarten Vergütung. Diese Verpflichtung entfällt auch dann nicht, wenn im entsprechenden Zeitraum keine Pflegearbeiten erforderlich waren. Anders ist dies, soweit die Parteien neben Leistungsteilen, die pauschal vergütet werden, auch Leistungsteile nach individuellem Aufwand vereinbaren. Die pauschale Vergütung orientiert sich zumeist an dem Ursprungspreis der Software und wird durch einen Prozentsatz ermittelt.

Neben der Pflicht zur Zahlung der vereinbarten Vergütung treffen den Anwender Mitwirkungspflichten. Hierbei kommt zum Beispiel das Bereitstellen von Personal, Räumen und Systemen in Betracht. Zudem können sich auch Mitwirkungspflichten in Bezug auf das Melden von Mängeln bzw. Störungen ergeben.

Hinsichtlich der Mängelansprüche ist die Abgrenzung zwischen der entgeltlosen Mängelbeseitigung während der Gewährleistungszeit einerseits und den zu vergütenden Softwarepflegearbeiten andererseits problematisch. Anknüpfungspunkt für die Zuordnung ist dabei stets die Mängelursache. Resultiert der Mangel aus dem Softwareüberlassungsvertrag, darf für die Behebung nicht eine gesonderte Vergütung verlangt werden. Mängel, die aus einer unzureichenden Pflege resultieren, sind demgegenüber dem Softwarepflegevertrag zuzuordnen. Behoben wird dieser Mangel dann lediglich durch eine Neuvornahme der Pflegeleistung.

Aufgrund des Dauerschuldcharakters bei Verträgen über die Pflege von Software endet der Vertrag entweder mit Ablauf der vereinbarten Laufzeit, durch Kündigung oder durch Aufhebung.

Häufig werden die Verträge so konstruiert, dass sie eine Mindestlaufzeit aufweisen und sodann automatische Verlängerungsrhythmen angeschlossen werden.

Darüber hinaus kann der Vertrag aber auch aus wichtigem Grund gekündigt werden – vgl. § 314 BGB. Als wichtiger Grund kommt hier insbesondere die dauerhafte Schlechterfüllung des Vertrags in Betracht. Aber auch die stetige Überschreitung der vereinbarten Reaktionszeit kann ein Grund für eine solche außerordentliche Kündigung sein.

Sofern die Parteien keine feste Laufzeit bestimmt haben, kann der Vertrag auch ordentlich gekündigt werden.

4.6   Weitere Fallgestaltungen

4.6.1   Beraterverträge

Während der Planungsphase eines Projekts schließen die Anwender häufig Beraterverträge ab. Diese Beraterleistung erfolgt gegen Zahlung einer Vergütung.

Die Beraterverträge lassen sich vertragstypologisch sowohl dem Dienst- als auch dem Werkvertragsrecht des BGB zuordnen. Auch hier kommt es wieder darauf an, ob das Tätig sein selbst geschuldet wird oder aber der Erfolg. In der Literatur wird ein Dienstvertrag befürwortet, wenn der Berater lediglich unterstützend tätig ist bzw. nur innerhalb bestimmter Phasen verpflichtet ist, Leistungen zu erbringen. Wird jedoch die Erstellung des Grob- und anschließend Feinkonzepts oder eines ähnlichen Dokuments geschuldet, wird eher davon ausgegangen, dass diese Leistung ein Erfolgsmoment aufweisen soll und daher dann dem Werkvertragsrecht zuzuordnen ist.

Grundsätzlicher Inhalt des Beratungsvertrags ist die Erteilung von Informationen. Die Art der Leistung kann sehr unterschiedlich sein. So kann zum Beispiel die Lösung eines Anwenderproblems ebenso eine vertraglich geschuldete Leistung sein wie der Entwurf eines Pflichtenhefts. Der Vertragsgegenstand kann somit sehr vielseitig sein und ist daher vorab so detailliert wie möglich vertraglich festzulegen. Da sich viele Aufgaben oft jedoch erst im Laufe des Projekts ergeben, sollten diese dann unbedingt dokumentiert werden.

Die Hauptleistungspflicht des Kunden besteht in der Zahlung der vereinbarten Vergütung. Beratungsleistungen werden überwiegend nach dem angefallenen Zeitaufwand vergütet. Möglich ist aber ebenso die Festlegung einer Obergrenze für die Beratungsleistung, bei deren Erreichen der Vertrag enden oder neu verhandelt werden soll.

Bei Vorliegen eines Werkvertrags ergeben sich für den Kunden Mitwirkungspflichten gemäß § 642 BGB: Ist bei der Herstellung des Werkes eine Handlung des Bestellers erforderlich, so kann der Unternehmer, wenn der Besteller durch das Unterlassen der Handlung in Verzug der Annahme kommt, eine angemessene Entschädigung verlangen. Diese Mitwirkungspflichten sind bei einem Dienstvertrag hingegen gesetzlich nicht vorgesehen. Allerdings kann der Kunde aber auch hier zur Erbringung etwaiger Mitwirkungshandlungen verpflichtet sein.

Im Beratervertrag sollte darüber hinaus eindeutig geregelt werden, wem die Rechte an den Arbeitsergebnissen zustehen. Denn auch bereits das Entwurfsmaterial für ein Computerprogramm kann gemäß § 69a UrhG schutzfähig sein. Der gewährte Schutz gilt nämlich für alle Ausdrucksformen eines Computerprogramms. Nur Ideen und Grundsätze, die einem Element eines Computerprogramms zugrunde liegen, einschließlich der den Schnittstellen zugrunde liegenden Ideen und Grundsätze, wären nicht urheberrechtlich geschützt.

Sollte ein werkvertraglicher Erfolg geschuldet sein, bedarf es gemäß § 640 BGB der Abnahme des Werks. Dies kann sich jedoch in der Praxis als problematisch erweisen, da etwaige Mängel häufig erst in der konkreten Umsetzung des Projektes zum Vorschein kommen. Damit beide Interessen angemessen berücksichtigt werden können, also die des Kunden, dass er das Werk noch nicht abnehmen muss, und die des Beraters, dass das Werk gleichwohl irgendwann abgenommen wird, ist hierüber eine entsprechende vertragliche Regelung zu treffen.

Je nachdem, ob es sich in dem konkreten Fall um einen Dienst- oder Werkvertrag handelt, sind diese entweder nach §§ 621, 314 BGB oder aber §§ 649 und ggf. 314 BGB kündbar.

4.6.2   Generalunternehmer-/Subunternehmergestaltungen

Bei komplexen IT-Projekten kommt es häufig zur Beteiligung einer Vielzahl von Unternehmen bzw. Einzelpersonen. Dabei beauftragt meistens ein Generalunternehmen verschiedene Subunternehmer mit der Durchführung bestimmter Aufgaben (Abb. 4.2).

Häufig geschieht es, dass der Auftraggeber einen Generalunternehmer mit einem bestimmten Projekt beauftragt. Da dieser jedoch oft nicht über die erforderlichen Kapazitäten dafür verfügt, sämtliche dieser in Auftrag gegebenen Leistungen selbst durchzuführen, beauftragt dieser wiederum Subunternehmer. Insofern wird nun der Generalunternehmer seinerseits selbst zum Auftraggeber gegenüber dem Subunternehmer. Die Vertragsbeziehungen zwischen Auftraggeber und Generalunternehmer einerseits und die zwischen Generalunternehmer und Subunternehmer andererseits sind rechtlich vollkommen unabhängig voneinander. Die Rechtsnatur richtet sich dabei stets nach dem jeweiligen Vertragsgegenstand.

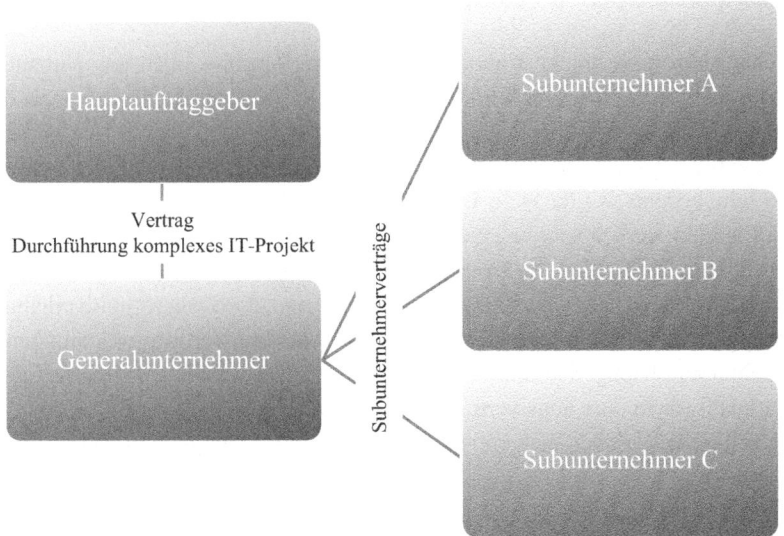

Abb. 4.2 General- und Subunternehmergestaltung. (Quelle: eigene Darstellung)

Für Leistungsstörungen ist insoweit der Generalunternehmer verantwortlich. Dies kann sogar so weit gehen, dass Leistungsstörungen aus dem Verhältnis des Generalunternehmers zum Subunternehmer das gesamte Projekt gefährden können.

Hinsichtlich des Vertrags ist genau zu bestimmen, welche Leistungen der Subunternehmer zu erbringen hat. Zudem muss geregelt werden, wie sich Änderungen oder Konkretisierungen, die im Hauptauftraggeber-/Generalunternehmerverhältnis auftreten, im Verhältnis des Generalunternehmers zum Subunternehmer auswirken.

Auch die Frage der erforderlichen Kommunikation sollte unbedingt vorab vertraglich festgehalten werden. So ist es wünschenswert, dass der Informationsfluss möglichst schnell ist – jedoch ist der Generalunternehmer häufig nicht daran interessiert, dass der Subunternehmer in eine unmittelbare Kommunikation mit dem Auftraggeber tritt.

Hinsichtlich der Zahlungstermine ist der Generalunternehmer meistens nur bereit, den Subunternehmer zu vergüten, wenn er selbst bereits aus seinem Vertrag mit dem Hauptauftraggeber bedient wurde. Der Subunternehmer hingegen wird häufig ein Interesse daran haben, die laufenden Kosten zu decken und wird daher eher darauf drängen, Vorschüsse zu erhalten.

Weiterhin muss darauf geachtet werden, dass der Subunternehmer dem Generalunternehmer alle nötigen Rechte einräumt, damit dieser die Rechte auf den Hauptauftraggeber übertragen kann.

Zudem wird häufig ein vertragliches Wettbewerbsverbot für den Subunternehmer vereinbart, damit dieser nicht für den Hauptauftraggeber sowie weitere Kunden des Generalunternehmers tätig wird.

4.6.3　Rechenzentrumsverträge

Bei Rechenzentrumsverträgen handelt es sich um Verträge über die Nutzung einer bereits vorhandenen Datenverarbeitungsanlage. Anders ausgedrückt geht es um die Zurverfügungstellung von Rechenkapazitäten. Dabei steht die Nutzung der vorhandenen Hardware einschließlich der Betriebssoftware im Vordergrund. In der Praxis sind diese Verträge sehr bedeutsam, da viele Unternehmen dazu tendieren, Teile ihres Unternehmens im Rahmen von Outsourcing auszulagern.

Die Leistungserbringung von Rechenzentrumsverträgen ist meistens auf einen langen Zeitraum ausgelegt. Daher handelt es sich hierbei um ein Dauerschuldverhältnis. Die Überlassung der Hardware zu bestimmten Zeiten ist als Mietvertrag zu qualifizieren.[19]

Bei weiteren Leistungen kommt es im Rahmen der Einzelbewertung darauf an, ob die bloße Tätigkeit (dann ein Dienstvertrag) oder ein Erfolg geschuldet wird (dann ein Werkvertrag). Häufig wird daher auch von typengemischten Verträgen auszugehen sein.

---

[19]BGH, Urt. v. 23.06.1992 – X ZR 92/90.

Als Gegenleistung für die Zurverfügungstellung von Rechenkapazitäten ist der Kunde zur Zahlung der Vergütung verpflichtet. Meistens wird diese in Form von Pauschalen als monatliche Festvergütung vereinbart.

Die Leistungspflicht des Rechenzentrumsbetreibers muss hinreichend genau definiert werden. So muss insbesondere festgelegt werden, zu welchen Zeiten die Nutzung der Rechnerkapazitäten möglich sein soll. Zudem müssen dem Anwender auch die benötigten Nutzungsrechte eingeräumt werden. Sollten auch Unternehmensinterna ausgelagert werden, so ist genau festzulegen, welche Schutzmaßnahmen dann für den Datenschutz im Sinne des BDSG vorzunehmen sind.

Im Hinblick auf die Gewährleistung richtet sich die Behandlung von Mängeln nach der jeweiligen vertragstypologischen Zuordnung. Handelt es sich um einen Mietvertrag, finden die Vorschriften der §§ 536 ff. BGB Anwendung. Bei einem Werkvertrag kommen hingegen die Bestimmungen der §§ 634 ff. BGB in Betracht.

4.6.4 Cloud-Computing

Bisher gibt es noch keine einheitliche Definition für den Begriff des „Cloud-Computing", doch allgemein lässt sich hiermit ein Netzwerk bezeichnen, welches sich dynamisch an die Bedürfnisse des Nutzers anpasst. Der Anwender greift dabei auf Systeme des Anbieters zu. Er verlagert somit fast vollständig die Infrastruktur in die „Wolke" und kann somit flexibel vom ihm benötigte Kapazitäten auswählen und nicht mehr benötigte Kapazitäten abwählen.

Das Cloud-Computing kommt in verschiedenen Ausprägungen und Modellen zum Einsatz. In der Praxis bedeutsam sind dabei drei Erscheinungsformen:

- Software as a Service (SaaS); hierbei können entweder selbst erworbene Software-Applikationen ausgelagert oder Anwendungen des Cloud-Service-Providers genutzt werden.
- Platform as a Service (PaaS); bei diesem Service erhält der Kunde die Möglichkeit, in der „Wolke" eigene Software zu entwickeln.
- Infrastructure as a Service (IaaS); hier wird dem Kunden bedarfsabhängig Speicherplatz und Rechenleistung angeboten, sodass dieser auf die Vorhaltung eigener Kapazitäten verzichten kann.

Die Unterscheidung zum herkömmlichen Outsourcing sowie vom sogenannten „Application Service Prodiving" (ASP) ist fließend und nur schwer trennscharf abzugrenzen. Das Outsourcing unterscheidet sich insofern, als dass dort die IT-Infrastrukturen in ein bestimmtes Rechenzentrum ausgelagert werden. Die Hardware wird vom Anbieter bereitgestellt und die benötigte Software darauf installiert. Beim Application Service Providing wird dem Anwender darüber hinaus noch eine Anwendersoftware zur Nutzung überlassen, die auf seine speziellen Bedürfnisse angepasst ist. Das Cloud-Computing unterscheidet sich von diesen beiden Formen vor allem dadurch, dass dem Kunden keine bestimmte Hardware zur Verfügung gestellt, sondern vielmehr ein virtueller Server auf einer Plattform überlassen wird.

Der Anwender erhält daher Zugriff auf dieselben Dienste, die auch von weiteren Kunden genutzt werden.

Da die Vertragsbeziehungen zwischen dem Cloud-Anbieter und dem Cloud-Anwender aus verschiedenen Leistungspflichten bestehen, entsteht auch hier ein typengemischter Vertrag. Daher ist für jede einzelne Leistungspflicht gesondert festzustellen, welchem Vertragstypus des BGB sie zuzuordnen ist. Im Wesentlichen wird es sich jedoch um einen mietvertraglichen Charakter handeln.

Die Vergütung von Cloud-Diensten erfolgt in der Regel nutzungsabhängig, d. h. anhand des genutzten Speichervolumens bzw. des abgehenden und ankommenden Datenvolumens sowie bei SaaS für die Nutzung einzelner Softwaremodule evtl. in Verbindung mit dem genutzten Speicherplatz.

Problematisch ist, dass die Daten des Anwenders dynamisch, je nachdem, auf welchem Server des Cloud-Anbieters gerade Speicherplatz zur Verfügung steht, verschoben bzw. aufgeteilt werden. Hinsichtlich des hierfür in Betracht kommenden Rechts ist daher die internationale Anwendung zu ermitteln. Damit gehen auch Problematiken in Bezug auf Datenschutzbestimmungen einher, die je nach anwendbarem Recht stark voneinander abweichen können.

4.6.5 Outsourcing/Backsourcing

Beim Outsourcing werden bislang selbst erbrachte IT-Leistungen auf externe Dienstleister übertragen. Dabei kann es sich um „Full Outsourcing" handeln, bei dem die gesamte IT eines Unternehmens ausgelagert wird, oder aber auch nur um „Partielles Outsourcing" („Partial Outsourcing"), also die Auslagerung von Teilen.

Neben dem bereits bekannten Outsourcing in Rechenzentrumsleistungen ergeben sich noch weitere Möglichkeiten des Outsourcings:

- Auslagerung der gesamten IT-Infrastruktur/Auslagerung eines Rechenzentrums,
- Auslagerung einzelner IT-Prozesse, wie zum Beispiel die Pflege von Softwareanwendungen,
- Auslagerung von Geschäftsprozessen im Rahmen eines Business Process Outsourcing, wie zum Beispiel die Lohnbuchhaltung. IT ist dafür nur ein Hilfsmittel.

Die Gestaltung solcher Verträge ist zivilrechtlich komplex. Der Übertragungsteil unterliegt regelmäßig den kaufrechtlichen Vorschriften des BGB. Eine Zuordnung der eigentlichen Leistungserbringung ist im Einzelfall zu treffen. Vertragstypologisch kommen dabei die Vorschriften des Werkvertrags-, Dienstvertrags- oder Mietvertragsrechts des BGB in Betracht.

Bei dem Outsourcing-Vertrag handelt es sich um einen Rahmenvertrag mit Dauer-schuldcharakter. Hierbei muss geregelt werden, welche Leistungen der Anbieter wann, wie und in welcher Qualität zu erbringen hat. Daneben finden sich Klauseln, welche die Einräumung der Nutzungsrechte sowie die Rechte an den Arbeitsergebnissen regeln.

Beim „Backsourcing" werden Dienstleistungen, die bisher von einem externen Dienstleister erbracht wurden, wieder in das Unternehmen eingegliedert. Eine solche Zurückführung der Leistung sollte bereits im Outsourcing-Vertrag geregelt werden, da es sonst im Nachhinein häufig Schwierigkeiten bereitet. Dies hängt insbesondere damit zusammen, dass der Outsourcing-Anbieter dem Auftraggeber nicht ohne Weiteres entge-genkommen wird.

4.6.6 Quellcodehinterlegung/Escrow

Unter dem Begriff „Quellcodehinterlegung" bzw. „Escrow" (engl. für: Treuhand, Hinter-legung) oder auch „Software-Hinterlegung" wird die Verwahrung des Quellcodes durch einen Dritten verstanden. Der Begriff der „Software-Hinterlegung" ist insofern irreführ-rend, als gerade nicht die gesamte Software, sondern lediglich der Quellcode hinterlegt wird.

Hauptziel von Software Escrow ist der Investitionsschutz des Anwenders durch den Hinterlegungsvertrag. Dieser wird zwischen dem Hersteller der Software, dem Anwen-der der Software sowie einem unabhängigen Dritten geschlossen.

Beim Escrow Service handelt sich also um ein dreiseitiges Vertragsverhältnis, bei dem zwei Parteien, zum Beispiel ein Hersteller und ein Nutzer, vereinbaren, dass der Quell-code bei einem Dritten hinterlegt werden soll, mit der Maßgabe, dass der Nutzer auf den hinterlegten Quellcode nur bei Vorliegen bestimmter, vorher vereinbarter Kriterien Zugriff haben soll.

Unter welchen Voraussetzungen der Kunde den Quellcode einsehen kann, wird zuvor vertraglich festgelegt. In Betracht kommt dabei insbesondere die Insolvenz. Umso misslicher ist es daher, dass gerade die Insolvenzfestigkeit derartiger Vereinbarungen in Literatur und Rechtsprechung nicht abschließend geklärt ist. Dies ist für den Kun-den ungünstig, da er dieses Anliegen ja gerade durch die Hinterlegung gesichert sehen möchte.

Dabei ist es unbeachtlich, ob die Software bei einem Dritten oder bei dem Kunden selbst hinterlegt wird – denn bei beiden Hinterlegungsstellen ist die Insolvenzfestigkeit noch umstritten.

Bereits im Überlassungsvertrag sollten in jedem Fall die Kernpunkte der Hinterlegung geregelt werden. In dem Hinterlassungsvertrag hingegen werden Regelungen zu Art und Umfang der Hinterlegung festgelegt. Dabei muss genau beschrieben werden, was hinter-legt wird. Daneben wird vereinbart, inwiefern der Escrow-Agent das Material überprüft. Hierbei kommt zum Beispiel eine Untersuchung im Hinblick auf Viren o. ä. in Betracht und zudem, ob der Quellcode kompilierbar ist. Von großer Wichtigkeit ist darüber hinaus eine genaue Definition der Fälle, in denen das Material an den Kunden herausgegeben werden darf. Hierbei werden zusätzlich auch noch Vorgaben über das Herausgabeverfahren getroffen. Von Relevanz ist dabei insbesondere, wann ein Herausgabefall eintritt und wie er nachgewiesen werden muss. Leistungsstörungen richten sich dabei nach den gesetzlichen Vorgaben zum Geschäftsbesorgungsvertrag.

Der Hinterlegungsvertrag wird zumeist für eine unbestimmte Dauer bzw. mit einer bestimmten Mindestlaufzeit geschlossen. Daher können die Parteien jederzeit aus wichtigem Grund kündigen, je nach Vertragskonstellation aber auch ordentlich.

Schutz des geistigen Eigentums

5

5.1 Überblick

Der Schutz des geistigen Eigentums wird in der deutschen Rechtsordnung durch zwei Rechtsgebiete, die einander ergänzen, gewährleistet: Zum einen durch das Urheberrecht, das im weitesten Sinne für den kulturellen Bereich gilt und den Schutz von Werken der Literatur, Wissenschaft und Kunst erfasst, zum anderen durch die Bestimmungen des gewerblichen Rechtsschutzes, die technische Schutzrechte umfassen und – wie der Wortlaut sagt – dem Schutz des geistigen Eigentums im gewerblichen Bereich dienen.

Man spricht vom Immaterialgüterrecht, weil die zu schützenden Güter keine körperlichen Gegenstände im Sinne von § 90 BGB sind, keine Materie also. Sie sind vielmehr von unkörperlichem Charakter. Der technische Fortschritt und die voranschreitende Globalisierung haben in der Vergangenheit dafür gesorgt, dass die genannten Rechtsgebiete an Bedeutung gewonnen haben und zum Teil novelliert werden mussten.

Urheberrechte, Patente, Gebrauchs- und Geschmacksmuster sowie Marken (Kennzeichen) sind subjektive private Rechte. Sie werden als Ausschließlichkeitsrechte oder absolute Rechte bezeichnet, weil sie – wie auch das Eigentum – gegen jedermann wirken. Das bedeutet: Nur der Rechtsinhaber darf über sie verfügen und sie bspw. per Lizenzvertrag verpachten; unberechtigte Dritte dürfen diese Rechte nicht ausbeuten oder nachahmen. Tun sie es doch, kann der Rechtsinhaber Abwehransprüche geltend machen – zum Beispiel auf Unterlassung oder Schadensersatz. Auch strafrechtliche Sanktionen sind möglich.

In diesem Kapitel sollen zunächst Fragen des Urheber- und des Patentrechts erläutert, später auch relevante Regelungen zu Gebrauchs- und Geschmacksmustern sowie Kennzeichen erklärt werden. Der Schutz vor unlauterem Wettbewerb – in der Literatur häufig auch dem Schutz des geistigen Eigentums zugeordnet – wird separat behandelt.

© Springer Fachmedien Wiesbaden GmbH 2017
K.W. Nitsch, *Informatikrecht*, DOI 10.1007/978-3-658-16426-3_5

5.2   Urheberrecht

Das Urheberrecht ist grundsätzlich ein Privatrecht. Sein Gegenstand ist gemäß §§ 1, 2 Urheberrechtsgesetz (UrhG) das Werk. Das Urheberrecht besteht aus dem umfassenden Urheberpersönlichkeitsrecht und dem ebenfalls umfassenden Verwertungsrecht. Im Folgenden sollen die Begriffe erklärt und die wesentlichen Regelungen erläutert werden.

5.2.1   Urheber

Urheber ist der Schöpfer des Werkes (§ 7 UrhG). Damit verfolgt das Gesetz das sogenannte „Urheberschaftsprinzip". Schöpfer kann nur eine natürliche Person sein. Eine juristische Person ist selbst zu keiner Schöpfung fähig, sie bedient sich ihrer Organe (zum Beispiel bei einer GmbH: der Geschäftsführer).

Das Gesetz kennt auch den Begriff des Miturhebers (§ 8 Abs. 1 UrhG). Er wird verwendet, wenn mehrere Personen an einem Werk mitgewirkt haben, sich ihre Anteile aber nicht gesondert verwerten lassen. Hier besteht ein wesentlicher Unterschied zur Bearbeitung, die gemäß § 3 UrhG ein eigenes schutzwürdiges Werk darstellt (zum Beispiel Romanübersetzung). Wer nur eine Anregung zu einem bestimmten Werk gibt, eine Idee liefert oder eine bestimmte Richtung vorgibt, ist kein Urheber im Sinne des Gesetzes; gleiches gilt für Gehilfen, die bei der Schaffung des Werkes beteiligt sind.

5.2.2   Werk

Das Urhebergesetz schützt gemäß § 1 UrhG Werke der Literatur, Wissenschaft und Kunst. Als Werke erkennt das Gesetz bspw. Sprachwerke wie Schriften, Reden und Computerprogramme an, ebenso musikalische Werke, Tanzkunst, Werke der bildenden Kunst, Lichtbild- und Filmwerke und Darstellungen wissenschaftlicher oder technischer Art (§ 2 UrhG). Es handelt sich im Gesetz um eine beispielhafte und somit nicht abschließende Aufzählung. Der Gesetzgeber bezweckt damit, künftigen technischen Entwicklungen nicht im Wege zu stehen. Es sind ausschließlich persönliche geistige Schöpfungen von dem Schutz erfasst. Dieser bezieht sich gemäß §§ 3, 4 UrhG auch auf Übersetzungen, Sammel- und Datenbankwerke, die eigene geistige Schöpfungen ausmachen. Nicht erfasst werden laut § 5 UrhG amtliche Werke wie Gesetze oder Verordnungen, sie sind „gemeinfrei". Die Gemeinfreiheit bezeichnet alle Werke, die keinem Urheberrecht mehr unterliegen (vgl. § 64 UrhG: Das Urheberrecht erlischt siebzig Jahre nach dem Tode des Urhebers) oder ihm nie unterlegen haben (vgl. § 5 UrhG).

Das Übersetzen eines urheberrechtlich geschützten Werkes kompliziert die Zusammenhänge, weil die Urheberrechte des Autors und des Übersetzers nebeneinanderstehen: Das Übersetzen eines urheberrechtlich geschützten Werkes ist eine eigenständige geistige Schöpfung. Übersetzungen und andere Bearbeitungen eines Werkes, die persönliche geistige Schöpfungen des Bearbeiters sind, werden – wie in § 3 UrhG aufgeführt – unbeschadet des Urheberrechts am bearbeiteten Werk wie selbstständige Werke geschützt. Rechtlich betrachtet sind Übersetzungen Bearbeitungen des ursprünglichen Werkes. Bearbeitungen oder andere Umgestaltungen des Werkes dürfen nach § 23 UrhG nur mit Einwilligung des Urhebers des bearbeiteten oder umgestalteten Werkes veröffentlicht oder verwertet werden.

Handelt es sich um eine Verfilmung des Werkes, um die Ausführung von Plänen und Entwürfen eines Werkes der bildenden Künste, um den Nachbau eines Werkes der Baukunst oder um die Bearbeitung oder Umgestaltung eines Datenbankwerkes, so bedarf bereits das Herstellen der Bearbeitung oder Umgestaltung der Einwilligung des Urhebers.

Ein selbstständiges Werk, das in freier Benutzung des Werkes eines anderen geschaffen worden ist, darf jedoch nach § 24 Abs. 1 UrhG auch ohne Zustimmung des Urhebers des benutzten Werkes veröffentlicht und verwertet werden, sogenannte „Freie Benutzung". Eine freie Benutzung ist ein eigenständiges, von dem Benutzten zu unterscheidendes Werk. Es muss also eine persönliche geistige Schöpfung im Sinne von § 2 Abs. 2 UrhG vorliegen. Die freie Benutzung geht gegenüber dem verwendeten Werk völlig neue Wege und ist deshalb im Vergleich zu ihm als selbstständiges neues Werk anzusehen. Das fremde Werk dient nur als Inspiration. Die freie Benutzung weist gegenüber dem zuvor schon bestehenden Werk einen solchen Grad an Selbstständigkeit und Eigenart auf, dass dessen Züge in dem neuen Werk verblassen und in den Hintergrund treten. Bei der Bearbeitung dagegen bleiben die Züge des benutzten Werkes deutlich erkennbar und sind prägend für den Charakter der Bearbeitung.

Die Abgrenzung zur Bearbeitung ist nicht immer einfach. Nicht erforderlich ist, dass das benutzte Werk von der Neugestaltung völlig überspielt wird. Seine Charakterzüge dürfen noch erkennbar sein, aber sie müssen hinter der neuen Leistung deutlich zurücktreten und sich ihr unterordnen. Wie hoch die Anforderungen dabei an die Neugestaltung sind, richtet sich u. a. nach der Schöpfungshöhe des verwendeten Werkes. Je individueller und komplexer das benutzte Werk ist, desto umfangreicher und origineller muss die Neuschöpfung sein. Je geringeren Grad an Originalität das benutzte Werk aufweist, desto eher verblassen auch seine Charakterzüge.

Beispiel

Die Charakterzüge eines Gemäldes, das aus einem schlichten blauen Quadrat auf weißer Leinwand besteht, werden aufgrund der geringen Gestaltungshöhe sehr viel schneller verblassen, wenn ein anderer Künstler in seinem Werk darauf zurückgreift, als bspw. die Mona Lisa von Da Vinci, die einen sehr hohen Gestaltungsgrad aufweist. Bei der Mona Lisa besteht die Besonderheit, dass diese bereits gemeinfrei ist und somit frei verwendet werden kann, ohne dass es auf die Regelung des § 24 UrhG ankäme. Je komplexer und facettenreicher das benutzte Werk also ist, desto höher sind die Anforderungen, die sich aus § 24 UrhG ergeben.

Die Rechtsprechung setzt also ein besonderes Maß an Schöpfungshöhe voraus: Ein schützenswertes Werk im Sinne des Urheberrechts muss sich deutlich vom Alltäglichen abheben und etwas Besonderes hervorbringen. Ein Werk darf zudem nicht nur im Geist seines Schöpfers bestehen, sondern es muss für Dritte wahrnehmbar, zum Ausdruck gebracht sein. Die Besonderheiten ausgewählter Werkarten werden im Folgenden erläutert. Zu beachten ist, dass die Abgrenzung eines Werkes – also die Einordnung in eine der im Gesetz genannten Kategorien – im Einzelfall Schwierigkeiten bereiten kann.

Sprachwerke

Mit Sprachwerken sind alle Werke gemeint, die mittels Sprache ausgedrückt werden. Es kommt dabei nicht darauf an, ob es sich um eine in- oder ausländische, eine tote oder eine lebendige Sprache handelt. Als Oberbegriffe für die verschiedenen Arten von Sprachwerken nennt das Gesetz in § 2 Abs. 1 UrhG Schriftwerke, Reden und Computerprogramme. Der Begriff Schriftwerke bezieht sich dabei auf alle Werke, die durch Zeichenfolgen sprachliche Gedankenausdrücke erkennbar machen. Bsp.: Romane, Dramen, Gedichte, Drehbücher, wissenschaftliche Schriften (Abb. 5.1).

Tagebücher oder Briefe, sofern sie alltägliche Gedanken und keine besondere individuelle geistige Leistung zum Inhalt haben, sind nicht urheberrechtlich geschützt. Für den urheberrechtlichen Schutz von Werbeslogans gibt es keine Regel. Die Gerichte haben hier in der Vergangenheit sowohl zustimmend als auch ablehnend entschieden.

Beispiel

Urheberrechtlich geschütztes Sprachwerk i. S. d. § 2 Nr. 1 UrhG:[1]

Dem Ausdruck „Wenn das Haus nasse Füße hat" kommt kein urheberrechtlicher Schutz zu. Er weist keine besondere sprachliche Gestaltung auf, sondern ist eine schlichte, auch in der Alltagssprache mögliche Konstruktion. Er sei daher nicht mit dem Zitat von Karl Valentin „Mögen hätte ich schon wollen, aber dürfen habe ich mich nicht getraut" vergleichbar, das vom LG München im Jahr 2011 aufgrund seiner „Wortakrobatik" als schutzfähig angesehen worden war.[2] Der Ausdruck habe auch keinen besonders originellen gedanklichen Inhalt. Als Untertitel eines Buches, das sich mit Mauertrocknung und Kellersanierung befasse, handele es sich im Kern um eine beschreibende Inhaltsangabe. Titel, die sich auf den Inhalt des Werks beziehen, könnten aber grundsätzlich keinen Urheberrechtsschutz beanspruchen. Darüber hinaus lehne sich der Untertitel an das auf der Website „Wikiquote" veröffentlichte Sprichwort „Wer am Fluss baut, muss mit nassen Füßen rechnen" an, in dem ebenfalls ein Bezug zwischen Bauen und „nassen Füßen" hergestellt werde.

---

[1]OLG Köln, Urt. v. 20.04.2016 – 31 O 498/14 – 6 U 120/15.

[2]LG München, Urt. v. 08.09.2011 – 7 O 8226/11.

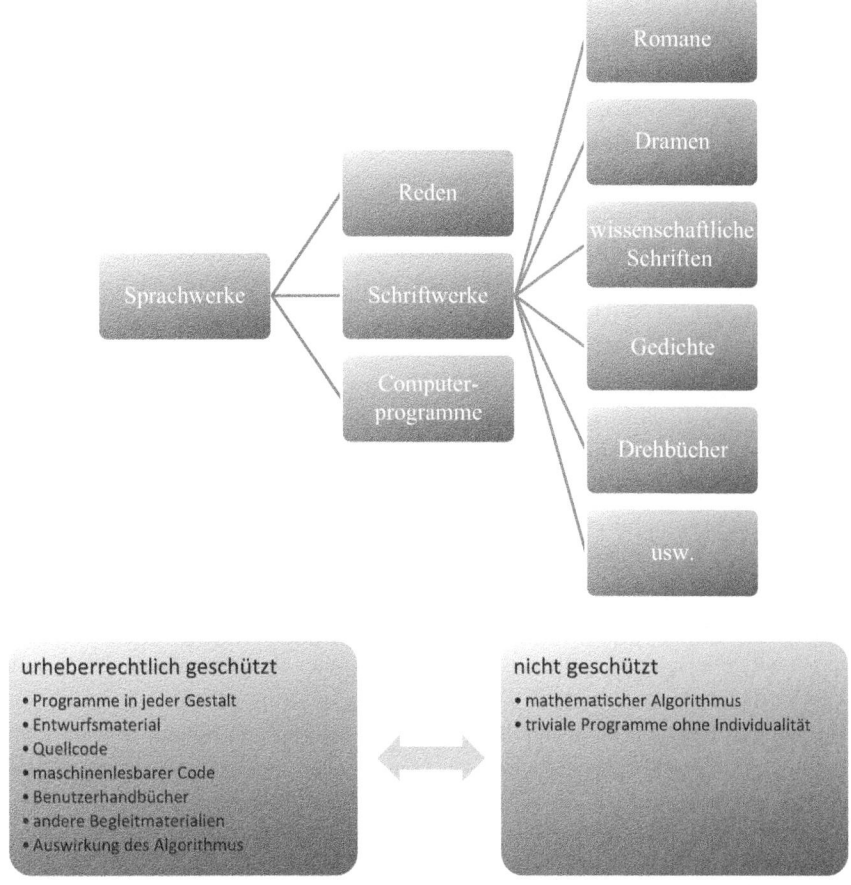

Abb. 5.1 Sprachwerke. (Quelle: eigene Darstellung)

Auch Allgemeine Geschäftsbedingungen (AGB) können als (wissenschaftliches Gebrauchs-) Sprachwerk eine persönliche geistige Schöpfung darstellen und damit urheberrechtsfähig sein, wenn sie sich wegen ihres gedanklichen Konzepts oder ihrer sprachlichen Fassung von gebräuchlichen juristischen Standardformulierungen abheben, wobei knappe und zutreffende rechtliche Formulierungen, die durch Rechtslage und sachliche Regelungsanforderungen geprägt sind, jedoch nicht monopolisiert werden dürfen.[3]

Computerprogramme, Websites
Computerprogramme sind als Unterart der Sprachwerke im Gesetz aufgeführt. Sie zählen zu den bedeutendsten immateriellen Wirtschaftsgütern; mit ihrer Entwicklung sind in

---

[3]OLG Köln, Urt. v. 27.02.2009 – 6 U 193/08.

aller Regel große wirtschaftliche Investitionen verbunden. Die Einordnung als Sprachwerk erscheint auf den ersten Blick unsinnig, weil es sich wohl eher um eine im Wesentlichen technische Problemlösung handelt. Begründet wird die Einordnung aber damit, dass Computerprogramme in einer Programmiersprache verfasst werden.

Computerprogramme werden allgemein als eine Befehlsfolge definiert, die nach Aufnahme in einen maschinenlesbaren Träger fähig ist zu bewirken, dass eine Maschine mit informationsverarbeitenden Fähigkeiten eine bestimmte Funktion, Aufgabe oder ein bestimmtes Ergebnis anzeigt, ausführt oder erzielt.

Das Gesetz enthält diese Definition nicht, weil der Gesetzgeber verhindern wollte, dass die Anwendbarkeit des Regelwerkes mit der technischen Weiterentwicklung womöglich entfällt.

Das Urhebergesetz enthält im achten Abschnitt (§§ 69a ff. UrhG) besondere Bestimmungen für Computerprogramme, die wiederum auf europarechtlichen Vorgaben basieren. Danach sind Schutzgegenstand des Gesetzes Programme in jeder Gestalt, einschließlich des Entwurfsmaterials. Es kommt damit nicht darauf an, auf welcher Art von Datenträger ein Programm vorliegt. Geschützt sind gemäß § 69a Abs. 2 UrhG insbesondere der Quellcode und der maschinenlesbare Objektcode. Auch Benutzerhandbücher und andere Begleitmaterialien von Computerprogrammen sind als Sprachwerke urheberrechtlich geschützt. Zu den nicht geschützten Ideen für ein Computerprogramm zählt der rein mathematische Algorithmus. Dieser fällt unter den Grundsatz der technisch-wissenschaftlichen Gemeinfreiheit. Die Auswirkung des Algorithmus in einem Computerprogramm ist dagegen nicht nur Idee, sondern Ausdruck und damit urheberrechtlich geschützt. Der urheberrechtliche Schutz für kommerzielle Computerprogramme ist weithin unstreitig, verneint wird er lediglich in Ausnahmefällen – bspw. bei sehr trivialen Programmen, denen es an der erforderlichen Individualität mangelt (Abb. 5.2).

Computerprogramme werden geschützt, wenn sie individuelle Werke in dem Sinne darstellen, dass sie das Ergebnis der eigenen geistigen Schöpfung ihres Urhebers sind. Zur Bestimmung ihrer Schutzfähigkeit sind keine anderen Kriterien, insbesondere nicht qualitative oder ästhetische, anzuwenden.

Auf Computerprogramme finden daher generell die für Sprachwerke im Sinne von § 2 Abs. 1 Ziffer 1 UrhG geltenden Bestimmungen Anwendung, soweit nicht Ausnahmen in den §§ 69a ff. UrhG bestehen (zu den Besonderheiten beim Urheberrechtsschutz für Computerprogramme weiter unten im Abschn. 5.2.9).

Das einem Computerspiel (Videospiel) zugrunde liegende Computerprogramm genießt in der Regel urheberrechtlichen Schutz im Sinne von § 2 Abs. 1 Nr. 1 UrhG.

Für den Nutzer bedeutsam ist hingegen nicht das zugrunde liegende Computerprogramm, sondern vielmehr der Inhalt des Computerspiels: Spiel bzw. Bedienungsanleitung, Spielregeln, grafische Umsetzung, Spielfiguren, die gesprochenen bzw. geschriebenen Texte und die Musik. Diese Komponenten können urheberrechtlichen Schutz besitzen, wobei die Schutzwürdigkeit einzelner Komponenten oder auch zusammenhängender Teile des Spiels stets festgestellt werden muss. Grundvoraussetzung ist zunächst auch hier, dass eine gewisse Individualität („Schöpfungshöhe") festzustellen ist.

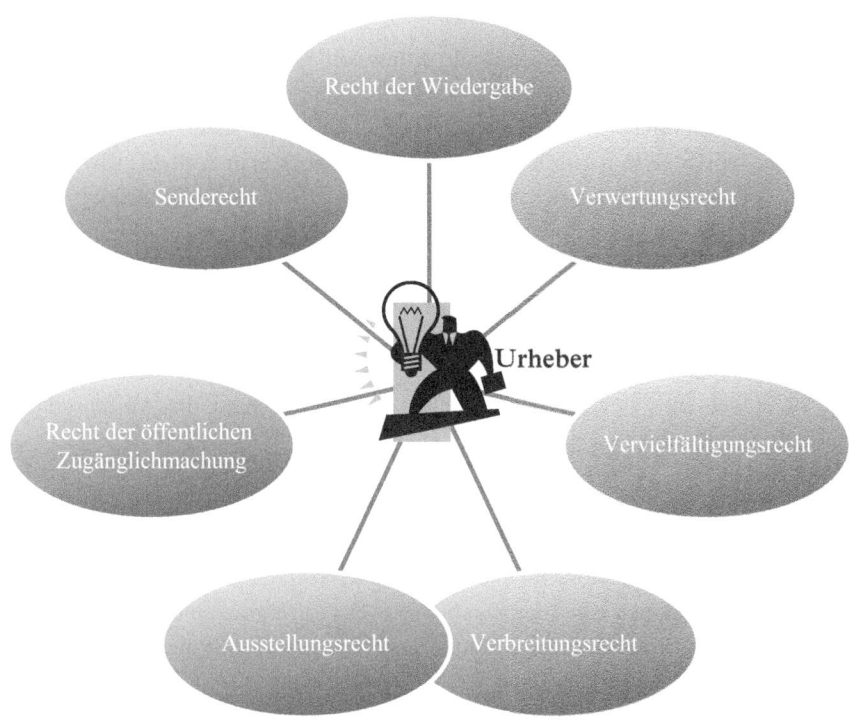

Abb. 5.2 Schutz des Urheberrechts bei Programmen, Websites. (Quelle: eigene Darstellung)

Video- und Computerspiele können wegen ihres oftmals vorhandenen Kurzfilmcharakters urheberrechtlichen Schutz als Filmwerke genießen, aber auch ein Schutz des Spiels an sich als Filmwerk kommt in Betracht, sofern man das Spiel als Gesamtwerk betrachtet. Computerspiele genießen daher gemäß § 2 Abs. 1 Nr. 6 UrhG wegen ihrer audiovisuellen Darstellung des Spielgeschehens auf dem PC Urheberrechtsschutz als Filmwerke (vgl. dazu die Seite: Filmwerke).

Aber auch das Logo eines Spiels kann sowohl nach dem Urheber- als auch nach dem Markenrecht (vgl. dazu weiter unten die Ausführungen zum Markenrecht) geschützt sein.

Websites werden – anders als Computerprogramme – nicht als Sprachwerke, sondern häufig als Datenbankwerke im Sinne von § 4 Abs. 2 UrhG betrachtet. Sie sind aber ebenfalls urheberrechtlich geschützt, wenn sie die in der Norm genannten Voraussetzungen erfüllen: Es muss sich um eine Sammlung von Werken oder Beiträgen handeln, was bei einer Website regelmäßig der Fall sein wird. Schwieriger zu klären ist die Frage, ob es sich um eine durch Auslese oder Anordnung persönliche geistige Schöpfung handelt. Die Rechtsprechung stellt darauf ab, dass das Material nach eigenständigen Kriterien ausgewählt oder unter individuellen Ordnungsgesichtspunkten zusammengestellt werden muss. Eine schematische, routinemäßige Auswahl oder Anordnung ist demnach nicht schutzfähig.

Musikwerke

Vom Schutz des Urhebergesetzes sind alle Arten von Kompositionen erfasst, egal welcher Stilrichtung sie zuzuordnen sind. Es ist dabei nicht notwendig, dass ein Musikwerk in Noten niedergeschrieben wird, auch Improvisationen sind schutzfähig. Entscheidend ist allein die individuelle Ausdruckskraft des Musikwerkes in Aufbau, Rhythmus und Melodie, wobei in erster Linie der melodische Verlauf einer Musik als schutzfähig anerkannt ist, nicht aber mögliche unterschiedliche Arrangements mit verschiedenen Instrumenteneinsätzen. Einfache Tonfolgen werden als nicht schutzfähig angesehen; für sie kommt allenfalls ein Rechtsschutz als Marke/Wiedererkennungszeichen in Betracht.

Beispiel

Der BGH hat entschieden, unter welchen Voraussetzungen die Aufführung eines Musicals als bühnenmäßige Aufführung anzusehen ist.

Der Fall:[4]

Die Klägerin, die Disney Enterprises Inc., ist Inhaberin der ausschließlichen Nutzungsrechte an den Musicals „Die Schöne und das Biest", „Der Glöckner von Notre Dame", „Der König der Löwen" und „Aida". Die Beklagte ist eine deutsche Konzertagentur, die im Rahmen von Tourneen bundesweit Aufführungen unter dem Titel „The Musical Starlights of Sir Andrew Lloyd Webber and The Disney Musical Productions" veranstaltet. Die Klägerin ist der Auffassung, die Beklagte führe bei diesen Veranstaltungen die Disney-Musicals bühnenmäßig auf, ohne hierzu berechtigt zu sein. Sie hat die Beklagte daher auf Unterlassung, Auskunftserteilung und Schadensersatz in Anspruch genommen.

Der BGH hat entschieden, dass eine bühnenmäßige Aufführung lediglich erfordert, dass nicht nur der Eindruck von zusammenhanglos aneinandergereihten Handlungselementen und Musikstücken entsteht, sondern ein sinnvoller Handlungsablauf erkennbar wird. Dabei kommt es für eine Aufführung des geschützten Werkes – so der BGH – nicht darauf an, ob einem Betrachter der Handlungsablauf des benutzten Werkes insgesamt oder zumindest großenteils vermittelt wird. Vielmehr reicht es aus, wenn das Publikum den gedanklichen Inhalt eines Bestandteils, also etwa einer Szene dieses Werkes, erkennen kann. Diese Voraussetzungen waren nach den Feststellungen des Berufungsgerichts im Streitfall erfüllt. Danach hatte die Beklagte in ihrer Show einige der wichtigsten Schlüsselszenen und die bekanntesten Songs der Disney-Musicals zusammengestellt und unter Verwendung von Kostümen und Bühnenbildern szenisch dargestellt. Dadurch hatte sich für das Publikum ein geschlossenes Bild des Gesamtwerks oder eines abgrenzbaren Bestandteils des Gesamtwerks ergeben.

---

[4]BGH, Urt. v. 27.11.2007 – VI ZR 210/06.

Beispiel

Im Streit um die Nutzung der McDonald's-Werbemelodie „Ich liebe es" hat das LG München I die Klage des Komponisten abgewiesen. Es handelt sich nicht um eine persönliche geistige Schöpfung i. S. von § 2 I Nr. 2 UrhG, weil der Melodiefolge die hierfür erforderliche Schöpfungshöhe fehlt.

Der Fall:[5]

Der Kläger war im April 2003 von einer Werbeagentur beauftragt worden, an der Erstellung eines Werbejingles für McDonald's mitzuwirken. Seine Komposition übergab der Kläger der Werbeagentur auf CD und erhielt dafür 1500 EUR und zwei Flaschen Champagner. Weil er die weltweit bekannte Werbemelodie „McDonald's – Ich liebe es", die auf ihn zurückgehe, nicht zur Veröffentlichung freigegeben habe, verklagte der Komponist McDonald's auf Auskunft über die Nutzung der Melodie und Feststellung eines Schadensersatzanspruches. Die Beklagte hingegen wollte von einer Urheberrechtsverletzung nichts wissen: Es sei für den durchschnittlichen Hörer nahezu unmöglich, aus dem vom Klägergeschaffenen Rap eine Tonfolge herauszuhören. Außerdem sei kein einziger Ton der Komposition des Klägers identisch mit ihrem Audio Logo. Die Klage müsse im Übrigen schon deshalb abgewiesen werden, weil die vom Kläger gegebenenfalls geschaffene „Melodiefolge" kein schutzfähiges Werk im Sinne des Urheberrechts darstelle.

Dem folgten die Richter: Das Gericht, das dies aufgrund seiner musikalischen Allgemeinbildung ohne Hinzuziehung eines Sachverständigen beurteilen konnte, war der Auffassung, dass die „Melodie", auf die in der Produktion des Klägers der Text „McDonald's – Ich liebe es" gerappt wird, keine persönliche geistige Schöpfung i. S. von § 2 Abs. 1 Nr. 2 UrhG darstelle, weil ihr die hierfür erforderliche Schöpfungshöhe fehle. Beide Melodiefolgen, auf die bei der Komposition des Klägers der Text „Ich liebe es" gerappt wird, seien so sehr von dem natürlichen Sprechduktus vorgegeben, dass sie nicht die erforderliche Schöpfungshöhe aufwiesen. Was die drei Töne angehe, auf die in der Komposition des Klägers der Textteil „McDonald's" gerappt werde, so sei diese, da sie lediglich aus einer Terz und einer Sekunde bestehe, zu simpel, um die erforderliche Gestaltungshöhe zu erreichen.

Lichtbilder und Lichtwerke

Das Gesetz unterscheidet im Hinblick auf Fotografien Lichtbilder (§ 72 UrhG) und Lichtbildwerke (§ 2 Abs. 1 Nr. 5 UrhG). Der volle urheberrechtliche Schutz soll nur für Lichtbildwerke gelten, die die künstlerische Auffassung und Gestaltungskraft des Urhebers/Fotografen erkennen lassen. Als einfache Lichtbilder, die einen sogenannten Leistungsschutz genießen, werden gewerbs- und routinemäßig hergestellte Fotografien angesehen. In der Praxis ist diese Unterscheidung quasi bedeutungslos: Sowohl

---

[5]LG München I., Urt. v. 18.08.2010 – 21 O 177/09.

Lichtbilder als auch Lichtbildwerke genießen Rechtsschutz, lediglich die Dauer des Schutzes ist unterschiedlich: für Lichtbildwerke beträgt sie gemäß § 64 UrhG 70 Jahre nach dem Tod des Urhebers, für Lichtbilder gemäß § 72 Abs. 3 UrhG 50 Jahre nach Ersterscheinung bzw. Herstellung des Lichtbildes.

Nach einem Urteil von 2007 wird das Urheberrecht eines Fotografen verletzt, wenn Bewerbungsfotos, die er aufgenommen hat, ohne seine Einwilligung auf der privaten Homepage des Fotografierten zu Werbezwecken allgemein zugänglich verbreitet werden. In dem Rechtsstreit gab das LG Köln der Betreiberin eines Fotogeschäfts Recht.[6] Sie hatte auf Unterlassung geklagt, weil eine andere Verbreitung des Fotos als die in Bewerbungsunterlagen – auch Online-Bewerbungen – mit ihr nicht vereinbart war. Das Gericht stellte klar, dass der abgelichtete Kunde die Fotografin darauf hätte hinweisen müssen, dass er das Bild auch auf seiner privaten Homepage zugänglich machen wollte. Der Beklagte musste das Lichtbild von der Website entfernen und darf es nicht weiter veröffentlichen.

Beispiel

Der Bundesgerichtshof hat entschieden, dass die Stiftung „Preußische Schlösser und Gärten" die ungenehmigte Herstellung und Verwertung von Foto- und Filmaufnahmen der von ihr verwalteten Gebäude und Gartenanlagen zu gewerblichen Zwecken untersagen darf, wenn sie Eigentümerin ist und die Aufnahmen von ihren Grundstücken aus hergestellt worden sind.

Die Fälle:[7]

Die Klägerin, die Stiftung Preußische Schlösser und Gärten, die durch Staatsvertrag der Länder Berlin und Brandenburg errichtet wurde, hat die Aufgabe, die ihr übergebenen Kulturgüter zu bewahren, unter Berücksichtigung historischer, kunst- und gartenhistorischer und denkmalpflegerischer Belange zu pflegen und der Öffentlichkeit zugänglich zu machen. Sie verwaltet über 150 historische Bauten und rund 800 ha Gartenanlagen in Berlin und Brandenburg, u. a. Sanssouci, Cecilienhof, Park und Schloss Rheinsberg, Schloss Charlottenburg, Jagdschloss Grunewald, Pfaueninsel. Diese Bauten und Gartenanlagen sind größtenteils in die Weltkulturerbe-Liste der UNESCO aufgenommen worden und gehören zu den beliebtesten touristischen Zielen in Deutschland. Die Klägerin wehrt sich dagegen, dass Foto- und Filmaufnahmen der von ihr verwalteten Kulturgüter ohne ihre – hier nicht erteilte – Genehmigung zu gewerblichen Zwecken angefertigt und vermarktet werden. Sie verlangt in drei Verfahren von den Beklagten, eine solche Vermarktung zu unterlassen, ihr Auskunft über die Zahl der Foto- und Filmaufnahmen und der damit erzielten Einnahmen zu erteilen und die Feststellung einer Verpflichtung der Beklagten zum Ersatz des der Klägerin entstandenen Schadens.

---

[6]LG Köln, Urt. v. 23.11.2011 – 28 O 977/11.
[7]BGH, Urt. v. 17.12.2010 – V ZR 44/10, 45/10, 46/10.

Eine der drei Beklagten war eine Fotoagentur, die teils eigene, teils fremde Fotos vermarktet. Die Beklagte des zweiten Verfahrens verarbeitete Filmaufnahmen von Gebäuden und Gartenanlagen auf den Anwesen der Stiftung ungenehmigt in einer DVD über Potsdam mit gewerblicher Verbreitung. Die Beklagte des dritten Verfahrens betreibt als Diensteanbieter eine Internetplattform, auf der gewerblich und freiberuflich tätige Fotografen Fotos zum entgeltlichen Herunterladen ins Internet stellen können. Sie hat ca. 4 Mio. Bilder in dem Bildportal gespeichert, darunter etwa 1000 Fotos von Kulturgütern, die die Klägerin verwaltet, so zum Beispiel Parkanlagen, Skulpturen, Außen-und Innenansichten historischer Gebäude.

Der BGH hat die erste Grundfrage aller drei Verfahren, nämlich, ob die Klägerin als Grundstückseigentümerin die Herstellung und Verwertung von Foto- oder Filmaufnahmen der von ihr verwalteten Kulturgüter zu gewerblichen Zwecken von ihrer – an ein Entgelt geknüpften – Zustimmung abhängig machen darf, bejaht. Er knüpft dabei an die bisherige Rechtsprechung des Bundesgerichtshofs an: Danach kann der Eigentümer die Herstellung und Verwertung von Fotos nicht untersagen, wenn sie von außerhalb seines Grundstücks aufgenommen worden sind. Er kann sie hingegen untersagen, wenn sie von seinem Grundstück aus aufgenommen worden sind. Das sei eine Folge des Eigentumsrechts. Der Eigentümer könne bestimmen, ob und wenn ja, unter welchen Voraussetzungen jemand sein Grundstück betritt. Ihm stehe das ausschließliche Recht zur Anfertigung und Verwertung von Fotografien zu, die von seinem Grundstück aus aufgenommen worden sind.

Die zweite Grundfrage, nämlich, ob die Klägerin als Stiftung des öffentlichen Rechts (anders als ein Privatmann) unter Berücksichtigung der Vorschriften über ihre Aufgaben den Interessenten die Gebäude und Parkanlagen unentgeltlich für gewerbliche Zwecke zugänglich machen muss, verneinte das Gericht. Der Staatsvertrag regele zwar, dass die Gärten und Parkanlagen als Erholungsgebiet zu gewährleisten seien und kein Eintrittsgeld erhoben werde. Aus ihr ergäbe sich aber auch, dass schon diese Verpflichtung nur gilt, soweit Erhaltung und Pflege des Kulturguts, denen im Zweifel der Vorrang einzuräumen ist, das erlauben. Außerdem gilt die Kostenfreiheit nicht für Foto- und Filmaufnahmen zu gewerblichen Zwecken. Vielmehr sei die Klägerin ermächtigt, hierfür Entgelte zu verlangen.

In einem der Verfahren lag die Besonderheit darin, dass die Beklagte selbst keine Foto- oder Filmaufnahmen von Gebäuden und Gartenanlagen der Klägerin angefertigt hatte und sie auch nicht selbst verwertet, sondern nur einen virtuellen Marktplatz zur eigenständigen Verwertung durch die Fotografen und Fotoagenturen bereitstellt. Auch hier folgt der Senat der Rechtsprechung des BGH, wonach der Betreiber eines virtuellen Marktplatzes die dort angebotenen Fotos nur überprüfen müsse, wenn er eine Verletzung von Immaterialgüterrechten und Eigentumsrechten oder andere Rechtsverletzungen erkennen könne. Daran fehle es hier, weil den Bildern von Gebäuden und Gartenanlagen der Klägerin nicht anzusehen ist, ob sie ohne Genehmigung aufgenommen wurden oder nicht.

Filmwerke

Als weitere Werke sind gemäß § 2 Abs. 1 Nr. 6 UrhG Filmwerke vom Schutz erfasst und solche Werke, die ähnlich wie Filmwerke geschaffen werden. Wesentliches Merkmal ist hier das bewegte Bild, das gegenüber dem einfachen Bild weitere Ausdrucksmöglichkeiten eröffnet. Der Film wird als einheitliches Gesamtkunstwerk betrachtet, das sich aus Sprachwerk, Musikwerk, Werken der bildenden Kunst (zum Beispiel Kulissen), Lichtbildwerken und den Leistungen der beteiligten Künstler zusammensetzt. Ähnlich wie bei Lichtbildern und Lichtbildwerken wird auch hier unterschieden, und zwar in Filmwerke und Laufbilder. Letztes trifft bspw. für Amateuraufnahmen aus dem Urlaub oder tagesaktuelle Berichte in Fernsehsendungen zu. Für solche Laufbilder besteht kein urheberrechtlicher Schutz wie bei Filmwerken, sondern der sogenannte „Leistungsschutz" gemäß § 95 UrhG. Urheberrechtlich geschützt sind als Filmwerke gemäß § 2 Abs. 1 Nr. 6 UrhG dagegen bestimmte Arten von Computerprogrammen, zum Beispiel Spiele.

Darstellungen wissenschaftlicher oder technischer Art

Das Gesetz kennt als schutzwürdige Werke gemäß § 2 Abs. 1 Nr. 7 UrhG schließlich Darstellungen wissenschaftlicher oder technischer Art. Dabei kann es sich sowohl um zwei- als auch um dreidimensionale Darstellungen handeln. So kommen bspw. geografische Karten, Konstruktionszeichnungen und medizinische oder mathematische Darstellungen ebenso in Betracht wie Reliefkarten und Modelle von Bauten oder technischen Anlagen. Die Begriffe Wissenschaft und Technik sind im Hinblick auf das Urheberrecht nach der herrschenden Meinung weit auszulegen.

Wichtig ist, dass nicht das wissenschaftliche oder technische Gedankengut selbst vom Urheberrecht erfasst wird, sondern deren schöpferische Darstellung.

Als Darstellungen wissenschaftlicher oder technischer Art werden auch die einzelnen Entwicklungsschritte eines Computerprogramms behandelt. Die Vorstufen eines Programmes (zum Beispiel Pflichtenheft, Flussdiagramme, Ablaufpläne) genießen demnach ebenfalls urheberrechtlichen Schutz und zwar gemäß § 2 Abs. 1 Nr. 7 UrhG.

Beispiel

Der Bundesgerichtshof hat entschieden, dass Lernspiele nach § 2 Abs. 1 Nr. 7 UrhG als Darstellungen wissenschaftlicher Art urheberrechtlich geschützt sein können.

Der Fall:[8]

Die Klägerin entwickelt und vertreibt Lernspiele, die aus mehreren Übungsheften und einem Kontrollgerät bestehen. Die Lernspiele werden in drei Varianten angeboten, denen dieselbe Spielidee zugrunde liegt. So besteht das Kontrollgerät eines der Lernspiele aus einem flachen Kunststoffkasten, in dem zwölf quadratische Plättchen in zwei Reihen zu je sechs Plättchen auf dafür vorgesehenen Feldern liegen. Die Plättchen sind auf der Vorderseite von eins bis zwölf durchnummeriert und auf der

---

[8]BGH, Urt. v. 01.06.2011 – I ZR 140/09.

Rückseite mit roten, blauen oder grünen Farbmustern versehen. Die Aufgabe des Anwenders besteht darin, die Plättchen nach der Aufgabenstellung des Übungsheftes einem bestimmten Feld zuzuordnen. Hat der Anwender die Aufgabe richtig gelöst, kann er dies, wenn er das Kontrollgerät umdreht, daran erkennen, dass die Rückseiten der Plättchen ein harmonisches, im Übungsheft zur Kontrolle abgebildetes Muster bilden.

Die Beklagte hat Lernspiele hergestellt und vertrieben, die weitgehend nach demselben Prinzip wie die Lernspiele der Klägerin funktionieren. Die Klägerin ist der Ansicht, die Beklagte habe dadurch das Urheberrecht an ihren Lernspielen verletzt. Sie nimmt die Beklagte auf Unterlassung und Schadensersatz in Anspruch.

Nach Ansicht des BGH können die Lernspiele der Klägerin als Darstellungen wissenschaftlicher Art nach § 2 Abs. 1 Nr. 7 UrhG urheberrechtlich geschützt sein.

Für Darstellungen wissenschaftlicher Art ist es begriffswesentlich, dass sie der Vermittlung von belehrenden oder unterrichtenden Informationen dienen. Die Kontrollgeräte vermitteln im Zusammenspiel mit den Übungsheften solche Informationen. Bereits der Darstellung einfachster „wissenschaftlicher" Erkenntnisse kann Urheberrechtsschutz zukommen. Das Berufungsgericht hat angenommen, eine Urheberrechtsverletzung sei ausgeschlossen, weil sich die Inhalte und Aufgaben der Übungshefte der Beklagten von denen der Klägerin unterscheiden. Nach Auffassung des BGH kann mit dieser Begründung eine Urheberrechtsverletzung nicht verneint werden. Für den Urheberrechtsschutz einer Darstellung wissenschaftlicher Art ist der dargestellte Inhalt ohne Bedeutung. Es kommt nicht darauf an, was, sondern wie etwas dargestellt wird. Nur die Form der Darstellung kann deren Urheberrechtsschutz begründen.

Es wird daher zu prüfen sein, ob die Lernspiele der Klägerin eine so eigentümliche Formgestaltung aufweisen, dass sie als Darstellungen wissenschaftlicher Art Urheberrechtsschutz genießen. Hierfür reicht es schon aus, dass sich die Gestaltung vom alltäglichen Schaffen im betroffenen Bereich der Lernspiele abhebt, auch wenn das Maß der geistigen Leistung und individuellen Prägung gering ist. Sollten die Lernspiele der Klägerin allerdings nur ein geringes Maß an Eigentümlichkeit haben, könnten bereits verhältnismäßig geringfügige Abweichungen in der Gestaltung der Lernspiele der Beklagten zur Folge haben, dass keine Urheberrechtsverletzung vorliegt.

Recht am eigenen Bild

Das „Recht am eigenen Bild" (oder auch: „Bildnisrecht") ist eine besondere Ausprägung des allgemeinen Persönlichkeitsrechts (vgl. dazu Abschn. 1.3.1) und besagt, dass jeder Mensch grundsätzlich selbst darüber bestimmen darf, ob und in welchem Zusammenhang Bilder von ihm veröffentlicht werden. Es ist damit ein Unterfall des durch Art. 2 Abs. 1 GG i. V. m. Art. 1 GG geschützten Rechts auf informationelle Selbstbestimmung und wird durch das „Gesetz betreffend das Urheberrecht an Werken der bildenden Künste und der Photographie" (KunstUrhG) sowie die §§ 823 Abs. 1, 1004 BGB geschützt.

Das Recht am eigenen Bild gibt dem Abgebildeten die Befugnis, über die Verwendung des Bildes zu bestimmen, einschließlich des Rechts, einer Veröffentlichung zu widersprechen.

Von Bedeutung sind nur noch die §§ 22, 23 und 24 KunstUrhG sowie als Strafvorschrift der § 33 KunstUrhG.

Nach § 22 KunstUrhG dürfen Bildnisse nur mit Einwilligung des Abgebildeten verbreitet oder öffentlich zur Schau gestellt werden. Die Einwilligung gilt im Zweifel als erteilt, wenn der Abgebildete dafür, dass er sich abbilden ließ, eine Entlohnung erhielt.

Nach dem Tode des Abgebildeten bedarf es bis zum Ablaufe von 10 Jahren der Einwilligung der Angehörigen des Abgebildeten. Angehörige sind der überlebende Ehegatte oder Lebenspartner und die Kinder des Abgebildeten und, wenn weder ein Ehegatte oder Lebenspartner noch Kinder vorhanden sind, die Eltern des Abgebildeten.

§ 23 KunstUrhG nennt hierzu Ausnahmen:

Ohne Einwilligung dürfen verbreitet und zur Schau gestellt werden:

1. Bildnisse aus dem Bereiche der Zeitgeschichte;
2. Bilder, auf denen die Personen nur als Beiwerk neben einer Landschaft oder sonstigen Örtlichkeit erscheinen;
3. Bilder von Versammlungen, Aufzügen und ähnlichen Vorgängen, an denen die dargestellten Personen teilgenommen haben;
4. Bildnisse, die nicht auf Bestellung angefertigt sind, sofern die Verbreitung oder Schaustellung einem höheren Interesse der Kunst dient.

Die Befugnis erstreckt sich jedoch nicht auf eine Verbreitung und Schaustellung, durch die ein berechtigtes Interesse des Abgebildeten oder, falls dieser verstorben ist, seiner Angehörigen verletzt wird.

Für Zwecke der Rechtspflege und der öffentlichen Sicherheit dürfen gemäß § 24 KunstUrhG von den Behörden Bildnisse ohne Einwilligung des Berechtigten sowie des Abgebildeten oder seiner Angehörigen vervielfältigt, verbreitet und öffentlich zur Schau gestellt werden.

Mit Freiheitsstrafe bis zu einem Jahr oder mit Geldstrafe wird bestraft, wer entgegen den Bestimmungen der §§ 22, 23 KunstUrhG ein Bildnis verbreitet oder öffentlich zur Schau stellt, wobei die Tat nur auf Antrag verfolgt wird.

5.2.3 Entstehung des Urheberrechts

Das Urheberrecht entsteht grundsätzlich bereits mit der Schaffung („Schöpfung") durch den Urheber, unabhängig davon, ob das Werk schon veröffentlicht ist oder ob es überhaupt veröffentlicht werden soll und ohne dass eine besondere Kennzeichnung erforderlich ist.

Es bedarf also – anders als bei gewerblichen Schutzrechten – keinerlei Eintragung in ein „Urheberrechtsregister". Ein formaler „Staatsakt" ist zur Entstehung des Urheberrechts damit nicht erforderlich. Das Urheberrecht wird deshalb häufig auch als sachliches (und nicht förmliches) Recht bezeichnet.

In diesem Zusammenhang soll der häufig zu findende Copyright-Vermerk © betrachtet werden. Dieser Vermerk dokumentiert nach außen, dass der Urheber bereit ist, seine Rechte zu verteidigen. Eine Kennzeichnung des Urheberrechts ist – wie soeben erwähnt – gerade nicht erforderlich. Der Copyright-Vermerk ist damit ein bloßer Hinweis auf ein bereits entstandenes Urheberrecht. Durch die Verwendung kann jedoch einem möglichen Einwand entgegengewirkt werden, man habe vom Urheberrecht eines Urhebers „nichts gewusst". In Deutschland greift bei der Verwendung des © in Verbindung mit dem Namen einer natürlichen Person die Urhebervermutung des § 10 UrhG, was zu einer – für den Urheber günstigen – Beweislastumkehr führt: Der Verwender gilt bis zum Beweis des Gegenteils als Urheber des Werkes, sodass derjenige, der diese Urheberposition bestreitet, hierfür die Beweislast trägt. Das Copyright Symbol © stellt zudem klar, dass es offenbar einen Berechtigten gibt, der gefragt werden muss, bevor jemand dessen Werk nutzt. Dies kann bewirken, dass an der Nutzung Interessierte bereits einen ersten Hinweis erhalten, an wen sie sich wenden müssten, wenn sie ein Nutzungsrecht (Lizenz) erwerben wollen. Vor diesen Hintergründen kann eine Verwendung eines Copyright-Vermerk © daher aus taktischen Gründen durchaus sinnvoll sein.

Ein Werk muss jedoch eine konkrete, wahrnehmbare Formgestaltung aufweisen, also über eine Idee hinaus bereits so weit konkretisiert sein, dass es mit menschlichen Sinnen wahrnehmbar ist.

Bei einem Werk muss es sich nach § 2 Abs. 2 UrhG damit stets um eine „persönliche geistige Schöpfung" handeln. Dieses Kriterium schließt zum Beispiel Zufallsentstehungen und Fundstücke aus und verlangt immer eine dem Schöpfer zurechenbare Individualität des Werks.

Mehrere Stufen sind dabei zu unterscheiden: Das handwerkliche Können eines Durchschnittsgestalters wird nicht geschützt. Erforderlich ist vielmehr eine mit „nicht zu geringem Abstand" über den Durchschnitt hinausgehende Leistung. Erst wenn ein „bedeutendes schöpferisches Überragen" der durchschnittlichen Tätigkeit eines Gestalters vorliegt und über den durch den Zweck gebotenen Entwurf ein „erheblicher ästhetischer Überschuss" erreicht wird, greift das Urheberrecht ein.

Abgrenzungskriterium ist dabei die sogenannte „Schöpfungshöhe" (auch genannt: „Schöpfungsqualität" oder „Gestaltungshöhe"), die urheberrechtlich geschützte Werke von solchen Leistungen abgrenzt, die keinem urheberrechtlichen Schutz unterliegen. Entscheidend sind hier Individualität, Kreativität und Originalität.

Nach der Rechtsprechung ist die Schöpfungshöhe in den einzelnen Werkarten (wie bereits im vorangegangenen Abschnitt beschrieben) unterschiedlich hoch anzusetzen:

Unproblematisch sind die Anforderungen bei Kunstwerken, Musik und literarischen Werken und Lichtbildwerken; es werden dort nur geringe Anforderungen gestellt. Hier gilt bereits die sogenannte „Kleine Münze" als geschützt. „Kleine Münze" bedeutet die unterste Grenze eines gerade eben noch urheberrechtlich geschützten Werks und betrifft Gestaltungen, welche die Anforderungen des urheberrechtlichen Werkbegriffs erfüllen und so für einen rechtlichen Schutz prinzipiell in Betracht kommen.

Eine deutlich höhere Schwelle der erforderlichen Schöpfungshöhe legt die Rechtsprechung bei Sprachwerken, die nicht literarischen Charakter haben, bei technisch-wissenschaftlichen Darstellungen und bei angewandter Kunst an.

Besondere Bedeutung besitzt das Kriterium der „Schöpfungshöhe" bei Werken der angewandten Kunst, insbesondere bei Gebrauchsgrafik. So sind einfache Firmenlogos urheberrechtlich nicht geschützt. Beispiel: Während das ARD-Logo nicht als „kleine Münze" in Betracht kommt, da eine Grafik als Geschmacksmuster geschützt werden kann, ist zum Beispiel der „Tagesschau-Jingle" urheberrechtlich als Form der „kleinen Münze" geschützt, auch wenn er nur aus sechs Tönen besteht.

Das unkomplizierte Entstehen eines Urheberrechts hat allerdings einen gravierenden praktischen Nachteil: Da zunächst keine amtliche Prüfung und Registrierung des Urheberrechts erfolgt, müssen im Streitfall Gerichte darüber entscheiden, ob das Urheberrecht überhaupt entstanden ist und damit vorliegt und schutzfähig ist. Da in manchen Fällen schwer vorhersehbar ist, wie die Richter konkret entscheiden werden, trägt der vermeintliche Urheber an dieser Stelle ein vergleichsweise hohes Risiko im Fall eines Rechtsstreits.

§ 6 UrhG bestimmt, dass ein Werk veröffentlicht ist, wenn es mit Zustimmung des Berechtigten der Öffentlichkeit zugänglich gemacht worden ist. Ein Werk ist nach dieser Vorschrift erschienen, wenn mit Zustimmung des Berechtigten Vervielfältigungsstücke des Werkes nach ihrer Herstellung in genügender Anzahl der Öffentlichkeit angeboten oder in Verkehr gebracht worden sind. Ein Werk der bildenden Künste gilt auch dann als erschienen, wenn das Original oder ein Vervielfältigungsstück des Werkes mit Zustimmung des Berechtigten bleibend der Öffentlichkeit zugänglich ist.

Beispiel

Der Bundesgerichtshof hat entschieden, unter welchen Voraussetzungen ein Werk bislang „nicht erschienen" ist mit der Folge, dass dem Herausgeber der Erstausgabe ein Verwertungsrecht nach § 71 UrhG zusteht.

Der Fall:[9]

Im Handschriftenarchiv der Klägerin, der Sing-Akademie zu Berlin, wurde im Jahr 2002 die Komposition des 1741 verstorbenen Komponisten Antonio Vivaldi zur Oper „Montezuma" entdeckt. Die Oper war im Jahr 1733 unter Leitung Vivaldis am Teatro S. Angelo in Venedig uraufgeführt worden. Während das Libretto der Oper bekannt blieb, galt die Komposition lange als verschollen. Die Klägerin gab Faksimilekopien der aufgefundenen Handschrift heraus. Sie ist der Ansicht, sie habe damit als Herausgeberin der Erstausgabe des Werkes („editio princeps") nach § 71 UrhG

---

[9]BGH, Urt. v. 22.01.2009 – I ZR 19/07.

das ausschließliche Recht zur Verwertung dieser Komposition erworben. Nach dieser Bestimmung steht demjenigen ein solches Urheberrecht ähnliches Recht zu, der „ein bislang nicht erschienenes Werk… erstmals erscheinen lässt". Die Klägerin verlangt von der Beklagten, der Veranstalterin des Düsseldorfer Kulturfestivals „Altstadtherbst", Schadensersatz, weil diese die Oper im September 2005 in Düsseldorf ohne ihre Zustimmung aufgeführt hat.

Der BGH hat entschieden, dass derjenige, der als Herausgeber der Erstausgabe ein entsprechendes Verwertungsrecht an dem Werk beansprucht, grundsätzlich die Darlegungs- und Beweislast dafür trägt, dass dieses Werk „nicht erschienen" ist. Da es in aller Regel schwierig ist, das Nichtvorlegen dieser Tatsache darzulegen und nachzuweisen – zumal das Nichterschienensein eines jahrhundertealten Werkes – kann der Anspruchsteller sich allerdings zunächst auf die Behauptung beschränken, das Werk sei bislang nicht erschienen. Es ist dann Sache der Gegenseite, die Umstände darzulegen, die dafür sprechen, dass das Werk doch schon erschienen ist. Der Anspruchsteller genügt seiner Darlegungs- und Beweislast, wenn er diese Umstände widerlegt.

Nach diesen Grundsätzen hat die Klägerin – so der BGH – nicht hinreichend dargelegt, dass Vivaldis Komposition zur Oper „Montezuma" „nicht erschienen" ist. Ein Werk ist nach § 6 Abs. 2 S. 1 UrhG erschienen, wenn Vervielfältigungsstücke „in genügender Anzahl" der Öffentlichkeit angeboten oder in Verkehr gebracht worden sind. Das ist der Fall, wenn die Zahl der Kopien ausreicht, um dem interessierten Publikum die Kenntnisnahme des Werkes zu ermöglichen. Danach ist – so der BGH – davon auszugehen, dass die Komposition zur Oper „Montezuma" bereits im Jahr 1733 „erschienen" ist. Aus den von den Parteien vorgelegten Stellungnahmen namhafter Musikwissenschaftler geht hervor, dass damals die für venezianische Opernhäuser angefertigten Auftragswerke – und um ein solches handelt es sich bei der Oper „Montezuma" – üblicherweise nur während einer Spielzeit an dem jeweiligen Opernhaus aufgeführt wurde; zudem wurde regelmäßig ein Exemplar der Partitur bei dem Opernhaus hinterlegt, von dem – wie allgemein bekannt war – Interessenten (etwa auswärtige Fürstenhöfe) Abschriften anfertigen konnten.

Ob es sich auch im Falle der Oper „Montezuma" so verhalten hat, kann zwar heute nicht mehr festgestellt werden. Da die Klägerin jedoch keine Anhaltspunkte für einen abweichenden Verlauf vorgetragen hat, besteht auch in diesem Fall eine hohe Wahrscheinlichkeit, dass bereits mit der Übergabe des Notenmaterials an die Beteiligten der Uraufführung und der Hinterlegung eines Exemplars der Partitur bei dem Opernhaus alles getan war, um dem venezianischen Opernpublikum und möglichen Interessenten an Partiturschriften ausreichend Gelegenheit zur Kenntnisnahme der Komposition zu geben.

5.2.4 Inhalt des Urheberrechts

Das Urheberrecht schützt die geistigen und materiellen Interessen des Urhebers. Sein Zweck ist es, dem Urheber einen angemessenen Lohn zu Teil werden zu lassen dafür, dass er ein Werk zum Wohl der Allgemeinheit geschaffen hat. Das Urheberrecht ermöglicht dem Urheber also, sein Werk zu verwerten und daraus wirtschaftlichen Nutzen zu ziehen.

Nahezu jeder bedient sich heute der Vorzüge der Informationsgesellschaft: Der Einzelne konsumiert Hörfunk- und Fernsehsendungen, Bücher, Zeitschriften, Internetangebote, Theateraufführungen, Kinovorstellungen etc. Bei all diesen Gelegenheiten bezahlt das Publikum gewissermaßen die Urheber der entsprechenden Werke. Dies geschieht allerdings nicht direkt, sondern in vielen Fällen sogar vom Konsumenten unbemerkt. Die Vergütung des Urhebers ist grundsätzlich Bestandteil des Preises, der an Rundfunkanbieter, Buchhändler, Verlage, Kinoveranstalter oder an die Geräteindustrie gezahlt wird, zum Beispiel für Audio- oder Videogeräte sowie für Leerkassetten und Fotokopiergeräte (§§ 54 ff. UrhG).

Inhalt des Urheberrechts ist zum einen der Schutz der ideellen Interessen des Urhebers an seinem Werk, aber eben auch der Schutz der materiellen Interessen. Das Gesetz berücksichtigt diese beiden Aspekte zum einen mit Bestimmungen zu den sogenannten Urheberpersönlichkeitsrechten und zu den wirtschaftlichen Verwertungsrechten.

Urheberpersönlichkeitsrechte
Das Urheberpersönlichkeitsrecht ist eine besondere Form des allgemeinen Persönlichkeitsrechts. Auch hier ist die Grundlage in der Verfassung und damit in Art. 1 GG zu suchen. Das Urheberpersönlichkeitsrecht knüpft aber an das vom Urheber geschaffene Werk an – und nicht wie das allgemeine Persönlichkeitsrecht an die Person. Maßgeblich sind §§ 12 ff. UrhG. Die hier genannten Rechte haben Ausschließlichkeitscharakter, sie wirken also gegen jedermann.

Veröffentlichungsrecht
Das Urheberpersönlichkeitsrecht beinhaltet gemäß § 12 UrhG zuerst das Veröffentlichungsrecht. Allein der Urheber bestimmt demnach, ob und wie sein Werk veröffentlicht wird. Dieses Recht beschränkt sich allerdings grundsätzlich auf die Erstveröffentlichung. Hat der Urheber einmal einer Veröffentlichung zugestimmt und das Werk freigegeben, so kann er die erneute Veröffentlichung über andere Medien später nicht verhindern. Sein Erstveröffentlichungsrecht ist dann erschöpft.

Anerkennung der Urheberschaft
Der Urheber kann von jedem, der sein Werk an die Öffentlichkeit bringt, verlangen, dass sein Name als Schöpfer genannt wird. Das bestimmt § 13 UrhG. Dass der Urheber ein Recht auf Anerkennung der Urheberschaft hat, bedeutet zugleich, dass er bestimmen kann, ob er als Urheber mit seinem bürgerlichen Namen oder mit einem Künstlernamen

genannt wird oder ob er bspw. anonym bleibt. Hier wird die wirtschaftliche Dimension des Urheberrechts deutlich: Zum einen gilt derjenige, der als Urheber eines erschienenen Werkes angegeben ist, bis zum Beweis des Gegenteils als der Urheber, dem die Verwertungsrechte zustehen (§ 10 Abs. 1 UrhG). Bei Werken, die vervielfältigt werden können, kann dies enorme finanzielle Vorteile für den Urheber mit sich bringen. Zum anderen kann ein Urhebervermerk selbstverständlich auch werbewirksam erfolgreich eingesetzt werden.

Probleme kann das Urheberpersönlichkeitsrecht im Bereich der neuen Medien bereiten. Aufwendig gestaltete Internetauftritte/Websites können aus zahlreichen einzelnen Werken im Sinne des Urheberrechts bestehen und damit auch etliche einzelne Urheber betreffen. Unter Umständen wird es schwierig, jeden einzelnen Urheber auf der Website zu nennen. Sowohl Auftraggebern als auch Urhebern ist deshalb zu empfehlen, den Umgang mit dem Urheberpersönlichkeitsrecht vertraglich zu regeln: So kann der Urheber bspw. auf die Nennung seiner Urheberschaft verzichten, die Parteien können aber gleichsam vereinbaren, dass und wie die Urheberkennung auf der Website angegeben wird.

Bis heute ist es üblich, dass Künstler wie Maler oder Bildhauer zur Kennzeichnung ihrer Urheberschaft ihre Werke mit einem Künstlerzeichen versehen, zum Beispiel mit einem Monogramm. Bei Verlagen, in der Musikbranche und auch im Informations- und Kommunikationsbereich ist inzwischen die Verwendung des sogenannten Urheberrechtsvermerks gängige Praxis: Er besteht aus dem Copyright-Zeichen © sowie dem Namen des Urhebers und dem Erscheinungsjahr. Beispiel: © Nitsch, 2017.

Der Schutzvermerk übt in der deutschen Rechtsordnung lediglich eine Mitteilungsfunktion aus und ist sonst nicht von juristischer Bedeutung.

Entstellungsverbot
Neben dem Veröffentlichungsrecht und der Anerkennung der Urheberschaft steht dem Urheber ein drittes Urheberpersönlichkeitsrecht zu: das Entstellungsverbot gemäß § 14 UrhG. Das bedeutet, der Urheber kann eine Entstellung oder Beeinträchtigung seines Werkes, die seine geistigen oder persönlichen Interessen zu gefährden vermag, verbieten. Mit Entstellungen sind Verzerrungen oder Verfälschungen gemeint, also bspw. die Löschung wesentlicher Teile, Verstümmelungen und Sinnentstellungen. Im Streitfall – bspw. zwischen einem Urheber und dem Auftraggeber für eine Website – werden die Gerichte abwägen, ob die Interessen des Urhebers oder die des Nutzungsberechtigten (hier: Website-Betreiber) schwerer wiegen.

Zu beachten ist insbesondere, dass gerade bei der Gestaltung von Internetseiten ein solches Werk auch durch technische Gegebenheiten entstellt werden kann (zum Beispiel Änderungen der Bildschirmauflösung oder des Bildausschnitts). Sofern in diesem Zusammenhang Änderungen an einem urheberrechtlich geschützten Werk unumgänglich oder beabsichtigt sind, sollten entsprechende vertragliche Vereinbarungen getroffen werden.

Verwertungsrechte

In der Praxis – insbesondere in der IT-Branche – wird der ideelle Wert eines Werkes regelmäßig hinter den wirtschaftlichen Interessen des Urhebers stehen, wenngleich die Grenzen fließend sind. Der Rechtsschutz soll sicherstellen, dass dem Urheber die Früchte/Erträge aus allen denkbaren Nutzungsformen der Werkvermittlung zu Teil werden. Das Urheberrecht ist deshalb nicht an Begriffe wie Benutzung, Anwendung oder Gebrauch gebunden, sondern lediglich an verschiedene Verwertungsformen.

Gemäß § 15 UrhG steht dem Urheber ein allgemeines Verwertungsrecht zu. Entsprechend sind dem Urheber die weiteren in der Norm genannten Rechte zuzuordnen, als da wären das Vervielfältigungs-, Verbreitungs- und Ausstellungsrecht (§ 15 Abs. 1 UrhG), das Recht der öffentlichen Zugänglichmachung, das Senderecht und das Recht der Wiedergabe durch Bild- und Tonträger (beispielhafte Aufzählung gemäß § 15 Abs. 2 UrhG). Das Urheberrecht unterscheidet in körperliche und unkörperliche Verwertungsformen (Abb. 5.3).

Verwertung in körperlicher Form

Mit Vervielfältigungsrecht ist das Recht gemeint, Vervielfältigungsstücke eines Werkes herzustellen. Es kommt dabei gemäß § 16 UrhG nicht auf die Anzahl der vervielfältigten

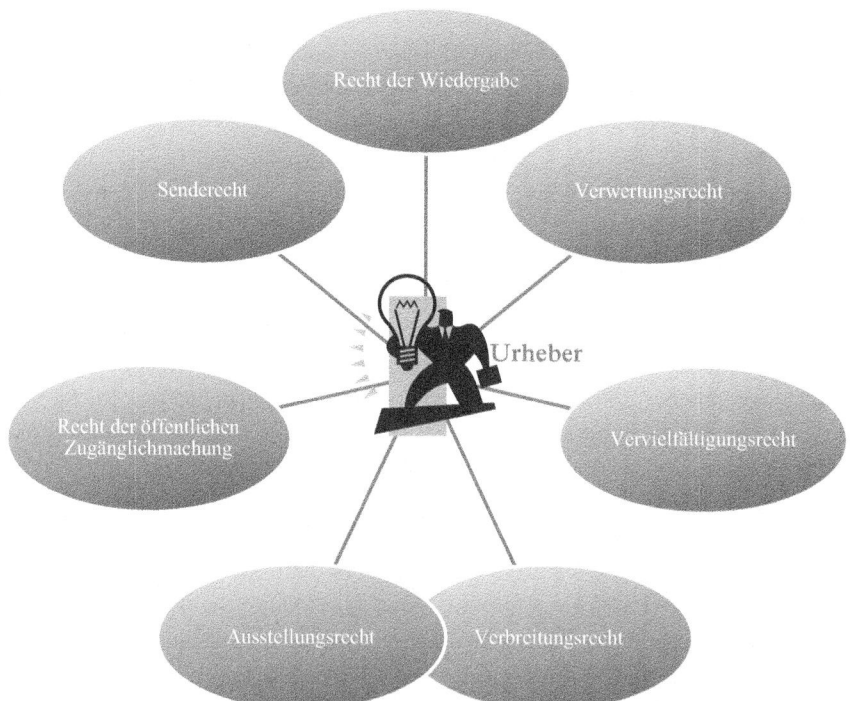

Abb. 5.3   Rechte des Urhebers. (Quelle: eigene Darstellung)

Werke und auch nicht auf die Art des Vervielfältigungsverfahrens an. Beispiele: Bücher, Fotokopien, Baupläne, CDs, Fernsehaufzeichnungen.

Für die IT-Branche von besonderer Bedeutung: Gemäß § 16 Abs. 1 UrhG sind auch flüchtige Vervielfältigungen wie etwa im Arbeitsspeicher eines Computers oder in Zwischenspeichern im Internet vom Vervielfältigungsrecht des Urhebers erfasst. Dem tut der Gesetzgeber durch die Formulierung „gleichviel ob vorübergehend oder dauerhaft" Genüge.

Verbreitungsrecht bedeutet laut § 17 Abs. 1 UrhG das Recht, ein Original oder Vervielfältigungsstücke des Werkes in der Öffentlichkeit anzubieten. Hat ein Urheber sein Werk verkauft, wird er dafür in aller Regel eine Vergütung erhalten haben, damit werden seine wirtschaftlichen Interessen als „erschöpft" angesehen. § 17 Abs. 2 UrhG bestimmt, dass die Weiterverbreitung solcher Werke, die bereits mit Zustimmung des Urhebers innerhalb der Europäischen Union oder des Europäischen Wirtschaftsraumes in Verkehr gebracht wurden, zulässig ist. Dieser sogenannte „Erschöpfungsgrundsatz" soll sicherstellen, dass Waren verkehrsfähig bleiben.

Ausgenommen von der Erschöpfungslehre ist gemäß § 17 Abs. 2, 3 UrhG die Vermietung des Originalwerkes oder der Vervielfältigungsstücke. Das bedeutet:

Das Vermietrecht ist als Element des Verbreitungsrechts ein ausschließliches Recht des Urhebers. Er kann gemäß §§ 17 Abs. 1, 15 UrhG einem gewerblichen Vermieter die Vermietung seines Werkes gestatten und im Gegenzug gemäß § 27 Abs. 1 UrhG ein Entgelt verlangen. Ohne diese Ausnahme vom Erschöpfungsgrundsatz würden die Urheber bei der gewerblichen Vermietung ihrer Werke durch Dritte in aller Regel hohe wirtschaftliche Einbußen erleiden (zum Beispiel Filmwerke: DVD-„Verleih").

Das Ausstellungsrecht ist gemäß § 18 UrhG das Recht, das Original oder Vervielfältigungsstück eines noch unveröffentlichten Werkes der bildenden Künste oder ein unveröffentlichtes Lichtbildwerk zur Schau zu stellen.

Hier bestehen also zwei Schranken: Zum einen muss es sich um bestimmte Werkarten handeln, nämlich solche der bildenden Künste oder Lichtbildwerke, und sie müssen bisher unveröffentlicht sein.

Verwertung in unkörperlicher Form

Gemäß § 15 Abs. 2 UrhG bezieht sich die Verwertung in unkörperlicher Form auf verschiedene Fälle der öffentlichen Wiedergabe eines Werkes. Unter öffentlicher Wiedergabe wird verstanden, dass diese Wiedergabe für eine Mehrzahl von Mitgliedern der Öffentlichkeit bestimmt ist. Zur Öffentlichkeit gehört damit gemäß § 15 Abs. 3 UrhG jeder, der mit dem Urheber nicht durch persönliche Beziehungen verbunden ist.

Die Wiedergabe ist öffentlich, wenn sie für eine Mehrzahl von Mitgliedern der Öffentlichkeit bestimmt ist. Zur Öffentlichkeit gehört jeder, der nicht mit demjenigen, der das Werk verwertet, oder mit den anderen Personen, denen das Werk in unkörperlicher Form wahrnehmbar oder zugänglich gemacht wird, durch persönliche Beziehungen verbunden ist.

Beispiel

Die Rundfunkübertragung von Musik im Wartezimmer einer Zahnarztpraxis stellt keine öffentliche Wiedergabe dar.[10] Die Zahnpatienten gehörten nicht zur Allgemeinheit, da sie durch gemeinsame Behandlungsverträge mit dem Zahnarzt gewissermaßen „untereinander verbunden" seien. Zudem gehöre die Musikwiedergabe nicht zur abrechnungsfähigen Leistung des Zahnarztes und werde auch nur sukzessive und eher beiläufig wahrgenommen. In einer Zahnarztpraxis könne zudem keine Rede von einer öffentlichen Wiedergabe sein, weil die Zahl der Hörer gering sei. Auch seien die meisten Zahnpatienten wohl nicht „aufnahmebereit" für die Hintergrundmusik.

Beispiel

Die Übertragung der von einer Rundfunkstation gesendeten musikalischen und musikalisch-literarischen Werke über ein mit Lautsprechern und/oder Verstärkern verbundenes Rundfunkgerät durch die Betreiber eines Café-Restaurants für die in dem betreffenden Lokal anwesenden Kunden ist demgegenüber eine öffentliche Wiedergabe.[11] Hier ist entscheidend, ob der Gastwirt die Musik durch aktive Handlungen wahrnehmbar macht, also nutzt, ob sie gegenüber einer Mehrzahl von Zuhörern, nämlich „recht vielen Personen" und damit einer unbestimmten Zahl potenzieller Adressaten wahrnehmbar wird und ob sie ein neues Publikum erreicht, das bei der Vergabe der ursprünglichen Sendelizenz vom Rechteinhaber noch nicht absehbar war.

Beispiel

Eine öffentliche Wahrnehmbarmachung einer Fußballsendung in einer grundsätzlich frei zugänglichen Gaststätte liegt dagegen nicht vor, wenn tatsächlich die Sendung zum Beispiel nur Mitgliedern eines Dartclubs und einer Skatrunde zugänglich gemacht wird und Möglichkeiten bestehen, die Wahrnehmung durch eine unbestimmte Zahl Dritter zu verhindern.[12]

Der EuGH hat ferner entschieden, dass eine „öffentliche Wiedergabe" vorliege, wenn in einem Rehabilitationszentrum in Warte- und Trainingsräumen für Patienten über dort aufgestellte Fernsehgeräte Fernsehsendungen verbreitet werden. Die rechtliche Situation sei ähnlich wie in einer Gastwirtschaft, einem Hotel oder einer Kureinrichtung, in denen der Betreiber Radio- oder Fernsehgeräte aufstellt.[13]

Möglich sind dem Gesetz zufolge verschiedene Verwertungsformen in unkörperlicher Form:

---

[10]BGH, Urt. v. 18.06.2015 – I ZR 14/14; EuGH, Urt. v. 15.03.2012 – C-135/10.

[11]EuGH, Urt. v. 04.10.2011 – C-403/08; EuGH, Beschl. v. 14.07.2015 – C-151/15.

[12]OLG Frankfurt a. M., Urt. v. 20.01.2015 – 11 U 95/14.

[13]EuGH, Urt. v. 31.05.2016 – C-117/15.

Vortragsrecht bedeutet gemäß § 19 Abs. 1 UrhG, dass ein Sprachwerk durch die Darbietung einer Person, die nicht der Urheber ist, öffentlich zu Gehör gebracht wird (zum Beispiel Buchlesung nicht durch den Autor selbst).

Das Aufführungsrecht ist das Recht, ein Musikwerk durch persönliche Darbietung zu Gehör zu bringen oder auf der Bühne zu präsentieren (§ 19 Abs. 2 UrhG).

Das Vorführrecht bezieht sich gemäß § 19 Abs. 4 UrhG auf die öffentliche Wahrnehmbarmachung von Werken der bildenden Künste, Lichtbildwerken, Filmwerken oder Darstellungen wissenschaftlicher oder technischer Art (zum Beispiel Filmvorführung im Kino).

In § 19a UrhG ist das Recht der öffentlichen Zugänglichmachung normiert als das Recht, das Werk drahtgebunden oder drahtlos der Öffentlichkeit zugänglich zu machen und zwar so, dass die Mitglieder der Öffentlichkeit von Orten und zu Zeiten ihrer Wahl darauf zugreifen können. Beispiel: Informationsbereitstellung im Internet.

Das Senderecht besagt gemäß § 20 UrhG, dass Rundfunk- und Fernsehanstalten Werke eines Urhebers nur mit dessen Zustimmung ausstrahlen dürfen.

Das Recht der Wiedergabe durch Bild- und Tonträger ist gemäß § 21 UrhG das Recht, Vorträge oder Aufführungen eines Werkes mittels Bild- oder Tonträger öffentlich wahrnehmbar zu machen. Hier wird bspw. bei öffentlichen Vorführungen von Musikaufnahmen die Zustimmung des Komponisten bzw. der GEMA einzuholen sein.

Das Recht der Wiedergabe von Funksendungen und von öffentlicher Zugänglichmachung schließlich umfasst gemäß § 22 UrhG das Recht, Funksendungen oder die Wiedergabe eines Werkes, das auf öffentlicher Zugänglichmachung beruht, durch Bildschirm, Lautsprecher oder andere technische Einrichtungen für die Öffentlichkeit wahrnehmbar zu machen.

Sonstige Rechte des Urhebers sind sein Zugangsrecht zu Werkstücken nach § 25 UrhG, das Folgerecht nach § 26 UrhG und das Recht auf eine Vergütung für die Vermietung und das Verleihen nach § 27 UrhG.

Beispiel

Wiedergabe fremder Fernsehausschnitte zur Dokumentation der Zustände bei einer Castingshow ist erlaubt

Das Oberlandesgericht Köln hat eine Klage der RTL Television GmbH gegen die Sat.1 Satellitenfernsehen GmbH abgewiesen. RTL hatte Schadenersatz in Höhe von 20.000 EUR dafür verlangt, dass Sat.1 Filmmaterial aus der Vorauswahl zur Castingshow „Deutschland sucht den Superstar" für einen eigenen Nachrichtenbeitrag verwandt hatte, in dem über den Zusammenbruch eines Kandidaten nach der vernichtenden Bewertung durch Dieter Bohlen berichtet wurde. Anders als die Vorinstanz verneint das OLG Köln eine Urheberrechtsverletzung, wie sie RTL geltend gemacht hatte. Sat.1 durfte also RTL Filmmaterial senden.

Der Fall:[14]

RTL strahlte am 23.01.2008 eine Aufzeichnung der Kandidatenauswahl zu einer neuen Staffel der Sendereihe „Deutschland sucht den Superstar" aus; gezeigt wurde insbesondere der Zusammenbruch des 17-jährigen Kandidaten R nach der Bewertung seines Auftritts durch den Jury-Sprecher Dieter Bohlen, der den Auftritt unter anderem mit den Bemerkungen kommentierte: „Das war sehr, sehr, sehr, sehr, sehr schlecht, Herr Specht, äh R" und „Ich glaub', wenn Du in die Berge gehst und Du rufst dazu ‚Hallo Echo', da kommt auch kein Echo, weil Echos haben auch Geschmack". Sat.1 verwendete Ausschnitte der Sendung für einen Beitrag, den sie am 24. und 25.01.2008 mehrfach in ihren Sendungen „Das Magazin" und „Frühstücksfernsehen" ausstrahlte. Das OLG Köln hat die Klage der RTL Television GmbH gegen die Sat.1 Satellitenfernsehen GmbH abgewiesen. Das OLG Köln verneinte eine Urheberrechtsverletzung, wie sie RTL geltend gemacht hatte. Zwar habe der Sender Sat.1 in das ausschließliche Verwertungsrecht von RTL eingegriffen, als er dessen Material in seinen Beitrag einbezog. Die Verwendung des Sendematerials sei aber als Berichterstattung über aktuelle Tagesereignisse zulässig gewesen. Die Castingshow stoße auf großes Publikumsinteresse. Schon nach früheren Sendungen sei es zu öffentlichen Diskussionen über die vielfach für unangemessen und Menschen verachtend gehaltenen Äußerungen des Jury-Mitglieds Bohlen gekommen. Der Zusammenbruch eines Kandidaten vor laufenden Kameras im Zusammenhang mit Äußerungen Bohlens während der Vorauswahl zu einer neuen Sendestaffel stelle sich vor diesem Hintergrund als ein die Öffentlichkeit bewegendes Ereignis dar, das seiner Qualität nach Gegenstand aktueller Berichterstattung sein konnte. Wesentlicher Gegenstand des Nachrichtenbeitrags sei das Verhalten Bohlens und die Reaktion des Kandidaten darauf. Das fremde Sendematerial sei auch nur in einem solchen Umfang genutzt worden, wie es zum Zwecke der Berichterstattung für einen meinungsbildenden Beitrag erforderlich gewesen sei. Außerdem sei die Nutzung des RTL-Materials durch das Zitatrecht gedeckt gewesen; die Ausschnitte seien als Belegstellen mit deutlicher Quellenangabe angeführt worden.

Beispiel

Verwendung fremder Fotos für Rezeptsammlung im Internet.

Der Bundesgerichtshof hat zur Verwendung fremder Fotos für Rezeptsammlung im Internet entschieden, dass der Betreiber einer Rezeptsammlung im Internet dafür haften kann, wenn Internetnutzer widerrechtlich Fotos von Kochrezepten auf seine Internetseite hochladen.

---

[14]OLG Köln, Urt. v. 30.10.2009 – 6 U 100/09.

Der Fall:[15]

Die Beklagte bietet unter der Internetadresse www.chefkoch.de eine kostenfrei abrufbare Rezeptsammlung an. Die Rezepte werden von Privatpersonen selbstständig mit passenden Bildern hochgeladen. Dabei wurden mehrfach vom Kläger angefertigte Fotos verwendet, ohne seine Zustimmung einzuholen. Diese Fotos konnten zusammen mit entsprechenden Rezepten kostenlos unter der Internetadresse www.marions-kochbuch.de abgerufen werden, die der Kläger gemeinsam mit seiner Ehefrau betreibt.

Der Kläger will der Beklagten insbesondere verbieten lassen, bestimmte von ihm erstellte und unter www.marions-kochbuch.de abrufbare Fotografien ohne seine Erlaubnis auf der Internetseite www.chefkoch.de öffentlich zugänglich zu machen. Außerdem begehrt er Schadenersatz.

Der Bundesgerichtshof hat entschieden, die Bereitstellung der urheberrechtlich geschützten Fotos des Klägers zum Abruf unter der Internetadresse www.chefkoch.de verletze dessen ausschließliches Recht auf öffentliche Zugänglichmachung (§ 15 Abs. 2 Nr. 2, § 19a UrhG).

Der Rechtsverletzung stehe nicht entgegen, dass die Fotos bereits zuvor auf der Internetseite des Klägers allgemein abrufbar gewesen seien. Die Haftung der Beklagten werde auch nicht dadurch beschränkt, dass Diensteanbieter im Falle der Durchleitung und Speicherung fremder Informationen für Rechtsverletzungen nur eingeschränkt haften (vgl. §§ 8 bis 10 TMG). Denn die Beklagte habe sich die von ihren Nutzern hochgeladenen Inhalte zu eigen gemacht. Für diese Inhalte müsse sie daher wie für eigene Inhalte einstehen.

Nach Ansicht des BGH betreibt die Beklagte nicht lediglich eine Auktionsplattform oder einen elektronischen Marktplatz für fremde Angebote. Sie habe vielmehr nach außen sichtbar die inhaltliche Verantwortung für die auf ihrer Internetseite veröffentlichten Rezepte und Abbildungen übernommen. Die Beklagte kontrolliere die auf ihrer Plattform erscheinenden Rezepte inhaltlich und weise ihre Nutzer auf diese Kontrolle hin. Nicht zuletzt kennzeichne die Beklagte die Rezepte mit ihrem Emblem, einer Kochmütze. Der Verfasser des Rezepts erscheine lediglich als Aliasname und ohne jede Hervorhebung unter der Zutatenliste. Zudem verlange die Beklagte das Einverständnis ihrer Nutzer, dass sie alle zur Verfügung gestellten Rezepte und Bilder beliebig vervielfältigen und an Dritte weitergeben darf.

Der Bundesgerichtshof hat dem Kläger auch Schadensersatz zugesprochen. Die Beklagte habe nicht ausreichend geprüft, wem die Rechte an den auf ihrer Plattform erschienenen Fotos zustünden. Der Hinweis in ihren Allgemeinen Geschäftsbedingungen, dass auf ihre Plattform keine urheberrechtsverletzenden Inhalte geladen werden dürften, reiche insoweit nicht aus.

---

[15]BGH, Urt. v. 12.11.2009 – I ZR 166/07.

Beispiel

Keine Urheberrechtsverletzung durch Bildersuche bei Google

Der Bundesgerichtshof hat entschieden, dass Google nicht wegen Urheberrechtsverletzung in Anspruch genommen werden kann, wenn urheberrechtlich geschützte
Werke in Vorschaubildern ihrer Suchmaschine wiedergegeben werden.

Der Fall:[16]

Die von Google betriebene Internetsuchmaschine verfügt über eine textgesteuerte
Bildsuchfunktion, mit der man durch Eingabe von Suchbegriffen nach Abbildungen
suchen kann, die Dritte im Zusammenhang mit dem eingegebenen Suchwort ins Internet gestellt haben. Die von der Suchmaschine aufgefundenen Bilder werden in der
Trefferliste als verkleinerte und in ihrer Pixelanzahl gegenüber den auf den Originalseiten vorgehaltenen Abbildungen reduzierte Vorschaubilder gezeigt (sogenannte
„Thumbnails"). Die Vorschaubilder enthalten einen elektronischen Verweis (Link),
über den man zu der Internetseite gelangen kann, die die entsprechende Abbildung
enthält. Zur Verkürzung des Suchvorgangs durchsucht Google das Internet in regelmäßigen Intervallen nach Abbildungen und hält diese als Vorschaubilder auf ihren
Servern vor, sodass kurze Zeit nach Eingabe eines Suchworts die Trefferliste mit den
entsprechenden Vorschaubildern angezeigt werden kann.

Die Klägerin ist bildende Künstlerin und unterhält eine eigene Internetseite, auf
der Abbildungen ihrer Kunstwerke eingestellt sind. Im Februar 2005 wurden bei Eingabe ihres Namens als Suchwort in die Suchmaschine der Beklagten Abbildungen
ihrer Kunstwerke als Vorschaubilder angezeigt.

Der Bundesgerichtshof hat angenommen, dass die Beklagte schon keine rechtswidrige Urheberrechtsverletzung begangen habe. Er ist davon ausgegangen, dass die
Klägerin zwar nicht durch eine ausdrückliche oder stillschweigende rechtsgeschäftliche Erklärung Google ein Recht zur Nutzung ihrer Werke als Vorschaubilder im
Rahmen der Bildersuche eingeräumt habe. Der in der Wiedergabe in Vorschaubildern liegende Eingriff in das Recht der Klägerin, ihre Werke öffentlich zugänglich zu
machen (§ 19a UrhG), sei jedoch gleichwohl nicht rechtswidrig, weil die Beklagte
dem Verhalten der Klägerin (auch ohne rechtsgeschäftliche Erklärung) entnehmen
durfte, diese sei mit der Anzeige ihrer Werke im Rahmen der Bildersuche der Suchmaschine einverstanden. Denn die Klägerin habe den Inhalt ihrer Internetseite für den
Zugriff durch Suchmaschinenzugänglich gemacht, ohne von technischen Möglichkeiten Gebrauch zu machen, um die Abbildungen ihrer Werke von der Suche und der
Anzeige durch Bildersuchmaschinen in Form von Vorschaubildern auszunehmen.

Für Fälle, in denen – anders als im hier entschiedenen Fall – die von der Suchmaschine aufgefundenen und als Vorschaubilder angezeigten Abbildungen von dazu
nicht berechtigten Personen in das Internet eingestellt worden sind, hat der Bundesgerichtshof darauf hingewiesen, dass Suchmaschinenbetreiber nach der jüngsten

---

[16]BGH, Urt. v. 29.04.2010 – I ZR 69/08 – Vorschaubilder I.

Rechtsprechung des Gerichtshofs der Europäischen Union unter bestimmten Voraussetzungen für ihre Dienstleistungen die Haftungsbeschränkungen für Anbieter von Diensten der Informationsgesellschaft nach der Richtlinie 2000/31/EG über den elektronischen Geschäftsverkehr in Anspruch nehmen könnten. Danach käme eine Haftung des Suchmaschinenbetreibers erst dann in Betracht, wenn er von der Rechtswidrigkeit der von ihm gespeicherten Information Kenntnis erlangt hat.

Beispiel

Fortführung der Rechtsprechung des Bundesgerichtshofs zur urheberrechtlichen Zulässigkeit der Bildersuche bei Google bei der Wiedergabe urheberrechtlich geschützte Werke in Vorschaubildern der Suchmaschine

Der Fall:[17]

Der Kläger ist Fotograf. Im Dezember 2006 und März 2007 wurden auf Suchanfragen die Abbildungen eines vom Kläger angefertigten Lichtbildes der Fernsehmoderatorin Collien Fernandes als Vorschaubilder angezeigt. Als Fundort der Abbildungen wurden zwei näher bezeichnete Internetseiten angegeben.

Der Kläger hat vorgetragen, er habe den Betreibern dieser Internetseiten keine Nutzungsrechte an der Fotografie eingeräumt. Er hat die Beklagte wegen Urheberrechtsverletzung unter anderem auf Unterlassung in Anspruch genommen.

Der Bundesgerichtshof hatte noch im Urteil „Vorschaubilder I" (vorstehende Entscheidung) entschieden, dass ein Urheber, der eine Abbildung eines urheberrechtlich geschützten Werkes ins Internet einstellt, ohne technisch mögliche Vorkehrungen gegen ein Auffinden und Anzeigen dieser Abbildung durch Suchmaschinen zu treffen, durch schlüssiges Verhalten seine Einwilligung in eine Wiedergabe von Vorschaubildern der Abbildung erklärt und der darin liegende Eingriff in das Recht auf öffentliche Zugänglichmachung des Werkes (§ 19a UrhG) daher nicht rechtswidrig ist.

In der im Jahre 2011 verkündeten Entscheidung stellt der Bundesgerichtshof nun klar, dass eine solche, die Rechtswidrigkeit des Eingriffs ins Urheberrecht ausschließende Einwilligung auch dann vorliegt, wenn eine Abbildung eines Werkes von einem Dritten mit Zustimmung des Urhebers ohne Schutzvorkehrungen ins Internet eingestellt worden ist. Der Kläger hatte im Streitfall zwar geltend gemacht, er habe den Betreibern der Internetseiten, auf denen die Vorschaubilder der Fotografie eingestellt waren, keine Nutzungsrechte eingeräumt. Darauf kommt es nach Ansicht des Bundesgerichtshofs jedoch nicht an. Der Kläger hatte nämlich Dritten das Recht eingeräumt, das Lichtbild im Internet öffentlich zugänglich zu machen. Die von einem Dritten mit Zustimmung des Urhebers durch Einstellen von Abbildungen des Werkes ins Internet wirksam erklärte Einwilligung in die Anzeige in Vorschaubildern ist nicht auf die Anzeige von Abbildungen des Werkes beschränkt, die mit Zustimmung des Urhebers

---

[17]BGH, Urt. v. 19.10.2011 – I ZR 140/10 – Vorschaubilder II.

ins Internet eingestellt worden sind. Es ist allgemein bekannt, dass Suchmaschinen, die das Internet in einem automatisierten Verfahren nach Bildern durchsuchen, nicht danach unterscheiden können, ob ein aufgefundenes Bild von einem Berechtigten oder einem Nichtberechtigten ins Internet eingestellt worden ist. Deshalb kann und darf der Betreiber einer Suchmaschine eine solche Einwilligung dahin verstehen, dass sie sich auch auf die Anzeige von solchen Abbildungen in Vorschaubildern erstreckt, die ohne Zustimmung des Urhebers ins Internet eingestellt worden sind. Dem Urheber ist es allerdings unbenommen, diejenigen wegen Urheberrechtsverletzung in Anspruch zu nehmen, die diese Abbildungen unberechtigt ins Internet gestellt haben.

Beispiel

Urheberrechtliche Zulässigkeit der Übernahme von kurzen Musiksequenzen als Hintergrund-Loops für Rap-Stücke

Ein urheberrechtlich relevanter Eingriff liegt nicht vor, wenn nur Teile der Musik ohne den Text des Stücks übernommen wird. Die ursprüngliche Verbindung zwischen Text und Musik ist urheberrechtlich nicht geschützt.

Der Fall:[18]

Die Kläger sind nach ihrer Darstellung Mitglieder der französischen Gothic-Band „Dark S.", die in den Jahren 1999 bis 2004 mehrere Musikalben veröffentlicht hat. Der Beklagte tritt als Rapper unter dem Künstlernamen „B." auf. Die Kläger behaupten, der Beklagte habe bei 13 der von ihm veröffentlichen Rapstücke Musikabschnitte von durchschnittlich zehn Sekunden verwendet, die aus den Originalaufnahmen der Gruppe „Dark S." ohne Verwendung des jeweiligen Textes elektronisch kopiert („gesampelt") worden seien. Diese Abschnitte habe der Beklagte jeweils als sich ständig wiederholende Tonschleife („Loop") verwendet, mit einem Schlagzeug-Beat verbunden und darüber seinen Sprechgesang (Rap) aufgenommen. Die Kläger sehen darin eine Verletzung ihrer Urheberrechte. Der Kläger macht insoweit Rechte als Komponist, die übrigen Kläger jeweils Rechte als Textdichter geltend. Sie haben den Beklagten unter anderem auf Unterlassung und Zahlung einer Entschädigung für einen erlittenen immateriellen Schaden in Anspruch genommen.

Kein Schutz der Verbindung zwischen Text und Musik: Die von den Mitgliedern der Gruppe „Dark S." erhobene Klage, die sich allein auf ihre Urheberrechte als Textdichter gestützt haben, hat er abgewiesen. Da der Beklagte nur Teile der Musik, nicht aber auch den Text von Stücken der Gruppe übernommen hat, liegt insoweit kein urheberrechtlich relevanter Eingriff vor. Die ursprüngliche Verbindung zwischen Text und Musik ist urheberrechtlich nicht geschützt.

Bestimmung der schöpferischen Eigentümlichkeit fehlt: Im Hinblick auf die Klage des Komponisten der Gruppe hat der Bundesgerichtshof (BGH) die Sache zur neuen

---

[18]BGH, Urt. v.16.04.2015 – I ZR 225/12 – Goldrapper.

Verhandlung und Entscheidung an das Oberlandesgericht zurückverwiesen. Die bislang getroffenen Feststellungen tragen nicht seine Annahme, dass die nach dem Vortrag des Klägers vom Beklagten übernommenen Teile der von ihm komponierten Musikstücke urheberrechtlich geschützt sind. Es ist nicht ersichtlich, durch welche objektiven Merkmale die für einen urheberrechtlichen Schutz erforderliche schöpferische Eigentümlichkeit der übernommenen Sequenzen aus den vom Kläger komponierten Musikstücken bestimmt wird. Das Oberlandesgericht hätte nicht ohne Hilfe eines vom Gericht beauftragten Sachverständigen annehmen dürfen, dass die kurzen Musiksequenzen über ein routinemäßiges Schaffen hinausgehen und die Voraussetzungen urheberrechtlichen Schutzes erfüllen.

Beispiel

Keine Urheberrechtsverletzung bei Einbindung auf Internetseite im Wege des „Framing"

Der Bundesgerichtshof hat zur urheberrechtlichen Zulässigkeit des „Framing" entschieden, dass der Betreiber einer Internetseite keine Urheberrechtsverletzung begeht, wenn er urheberrechtlich geschützte Inhalte, die auf einer anderen Internetseite mit Zustimmung des Rechtsinhabers für alle Internetnutzer zugänglich sind, im Wege des „Framing" in seine eigene Internetseite einbindet.

Der Fall:[19]

Die Klägerin, die Wasserfiltersysteme herstellt und vertreibt, ließ zu Werbezwecken einen etwa zwei Minuten langen Film mit dem Titel „Die Realität" herstellen, der sich mit der Wasserverschmutzung befasst. Sie ist Inhaberin der ausschließlichen urheberrechtlichen Nutzungsrechte an diesem Film. Der Film war – nach dem Vorbringen der Klägerin ohne ihre Zustimmung – auf der Videoplattform „YouTube" abrufbar.

Die beiden Beklagten sind als selbstständige Handelsvertreter für ein mit der Klägerin im Wettbewerb stehendes Unternehmen tätig. Sie unterhalten jeweils eigene Internetseiten, auf denen sie für die von ihnen vertriebenen Produkte werben. Im Sommer 2010 ermöglichten sie den Besuchern ihrer Internetseiten, das von der Klägerin in Auftrag gegebene Video im Wege des „Framing" abzurufen. Bei einem Klick auf einen Link wurde der Film vom Server der Videoplattform „YouTube" abgerufen und in einem auf den Webseiten der Beklagten erscheinenden Rahmen („Frame") abgespielt. Die Klägerin ist der Auffassung, die Beklagten hätten das Video damit unberechtigt öffentlich zugänglich gemacht. Sie hat die Beklagten daher auf Zahlung von Schadensersatz in Anspruch genommen.

Dazu der BGH: Die bloße Verknüpfung eines auf einer fremden Internetseite bereitgehaltenen Werkes mit der eigenen Internetseite im Wege des „Framing" stellt

---

[19]BGH, Urt. v. 09.07.2015 – I ZR 46/12 – Die Realität II.

kein öffentliches Zugänglichmachen im Sinne des § 19a UrhG dar, weil allein der Inhaber der fremden Internetseite darüber entscheidet, ob das auf seiner Internetseite bereitgehaltene Werk der Öffentlichkeit zugänglich bleibt. Eine solche Verknüpfung verletzt auch kein unbenanntes Verwertungsrecht der öffentlichen Wiedergabe. Der Gerichtshof der Europäischen Union hat auf das im vorliegenden Rechtsstreit eingereichte Vorabentscheidungsersuchen des Bundesgerichtshofs ausgeführt, es liege keine öffentliche Wiedergabe vor, wenn auf einer Internetseite anklickbare Links zu Werken bereitgestellt würden, die auf einer anderen Internetseite mit Erlaubnis der Urheberrechtsinhaber für alle Internetnutzer frei zugänglich seien. Das gelte auch dann, wenn das Werk bei Anklicken des bereitgestellten Links in einer Art und Weise erscheine, die den Eindruck vermittele, dass es auf der Seite erscheine, auf der sich dieser Link befinde, obwohl es in Wirklichkeit einer anderen Seite entstamme.

Eine öffentliche Wiedergabe erfolgt jedoch dann, wenn keine Erlaubnis des Urheberrechtsinhabers vorliegt. Danach hätten die Beklagten das Urheberrecht am Film verletzt, wenn dieser ohne Zustimmung des Rechtsinhabers bei „YouTube" eingestellt war. Der BGH hat die Sache an das Berufungsgericht zurückverwiesen, damit dieses hierzu die erforderlichen Feststellungen treffen kann.

Beschränkungen des Urheberrechtsschutzes

Dem Urheber stehen nicht nur Rechte zu, er muss auch gewisse Beschränkungen zu Gunsten privater oder allgemeiner Interessen dulden. Der Urheber kann bestimmte Nutzungsformen also nicht verbieten. Das Gesetz enthält daher im sechsten Abschnitt zahlreiche Schrankenregelungen. Im Folgenden soll ein Überblick über diese Schrankenregelungen gegeben werden:

Vorübergehende Vervielfältigungshandlungen, § 44a UrhG

Zulässig sind vorübergehende Vervielfältigungshandlungen, die flüchtig oder begleitend sind und einen integralen und wesentlichen Teil eines technischen Verfahrens darstellen und deren alleiniger Zweck es ist, entweder eine Übertragung in einem Netz zwischen Dritten durch einen Vermittler oder eine rechtmäßige Nutzung eines Werkes oder sonstigen Schutzgegenstands zu ermöglichen, und die keine eigenständige wirtschaftliche Bedeutung haben.

Rechtspflege und öffentliche Sicherheit, § 45 UrhG

Nach § 45 Abs. 1 UrhG ist die Herstellung oder auch das Herstellen lassen einzelner Vervielfältigungsstücke zur Verwendung in Verfahren vor Gerichten, Schiedsgerichten oder einer Behörde zulässig. Dies soll insbesondere die Beweisführung erleichtern. Das Gesetz beschränkt dabei die Anzahl der zulässigen Vervielfältigungsstücke nicht. Sie ergibt sich vielmehr aus der Anzahl der an dem Verfahren beteiligten Personen.

Vervielfältigungen zu Gunsten behinderter Menschen, § 45a UrhG

Durch § 45a UrhG wird die Vervielfältigung für physisch oder kognitiv beeinträchtigte Menschen gestattet, wenn diese aufgrund ihrer Behinderung sonst keine oder nur erheblich beschränkte Zugangsmöglichkeiten zum Werk hätten. Zu beachten ist dabei, dass die Vervielfältigung nicht Erwerbszwecken dienen darf. Darüber hinaus ist dem Urheber eine angemessene Vergütung für diese Form der Werknutzung zu zahlen, wenn nicht nur einzelne Kopien hergestellt werden.

Sammlungen für Kirchen-, Schul- oder Unterrichtsgebrauch, § 46 UrhG
Umfangreiche Nutzungen von Werkteilen oder Werken geringen Umfangs gestattet § 46 Abs. 1 UrhG zu Gunsten von Sammlungen, die für den Gebrauch in Schulen, nicht gewerblichen Weiterbildungseinrichtungen oder Kirchen bestimmt sind. In diesen Sammlungen müssen Werke einer größeren Anzahl von Urhebern aufgenommen werden. Von der geplanten Verwendung ist der Urheber in Kenntnis zu setzen. Dieser hat unter Umständen die Möglichkeit, die Verwendung zu verbieten, wenn sein Werk nicht mehr seiner Überzeugung entspricht.

Für den Bildungsgebrauch ist erforderlich, dass die Sammlungen tatsächlich im Unterricht verwendet werden. Institutionen der Erwachsenenbildung sowie Musikschulen und Privatunterricht werden nicht erfasst.

Schulfunksendungen, § 47 UrhG
Zur Erleichterung des Unterrichts gestattet § 47 Abs. 1 UrhG, dass Schulen sowie Einrichtungen der Lehrerbildung und -fortbildung sowie bestimmte vergleichbare Stellen einzelne Vervielfältigungsstücke von Werken, die im Rahmen von Schulfunksendungen gesendet werden, herstellen. Diese Kopien dürfen jedoch nur im Unterricht verwendet werden. Sie müssen spätestens am Ende des auf die Sendung folgenden Schuljahres gelöscht werden. Eine Löschung ist nur dann nicht notwendig, wenn dem Urheber eine angemessene Vergütung gezahlt wird.

Öffentliche Reden, § 48 UrhG
Durch § 48 UrhG berücksichtigt der Gesetzgeber das Interesse der Öffentlichkeit an der Kenntnisnahme von Reden, die zu bestimmten öffentlichen Anlässen gehalten wurden. Reden auf öffentlichen Versammlungen sind jeder Nutzung in Zeitungen oder ähnlichen, der breiten Information dienenden Medien zugänglich. Eine Erweiterung für Reden, die bei öffentlichen Verhandlungen vor staatlichen, kommunalen oder kirchlichen Organen gehalten wurden, regelt § 48 Abs. 1 Nr. 2 UrhG. Hierfür enthält das Gesetz keine weiteren Einschränkungen, sodass diese auch in Sammlungen und Broschüren sowie in Rundfunksendungen wiedergegeben werden können. Dem Veranstalter ist es allerdings auf Grund seines Hausrechts möglich, den Mitschnitt zu untersagen.

Zeitungsartikel und Rundfunkkommentare, § 49 UrhG
Eine Schranke zu Gunsten der Verwendung in Zeitungsartikeln und Rundfunkkommentaren ist in § 49 UrhG vorgesehen. Diese Norm gestattet Zeitungen und Rundfunk den Abdruck einzelner Artikel bzw. das Ausstrahlen einzelner Rundfunkkommentare, die politische, wirtschaftliche oder religiöse Tagesfragen betreffen. Unter Umständen ist dem Urheber des ursprünglichen Beitrags eine angemessene Vergütung zu zahlen.

Nach § 49 Abs. 2 UrhG dürfen vermischte Nachrichten tatsächlichen Inhalts und Tagesneuigkeiten, die durch die Presse bereits veröffentlicht wurden, uneingeschränkt und ohne Vergütung durch beliebig viele Kommunikationswege vervielfältigt, verbreitet und öffentlich wiedergegeben werden.

Auf Bildberichte ist § 49 Abs. 2 UrhG nicht anwendbar. In der Regel werden die von § 49 Abs. 2 UrhG erfassten Informationen sowieso wegen fehlender Individualität nicht geschützt sein. Dies wäre nur dann ausnahmsweise der Fall, wenn der Nachricht eine eigentümliche Form gegeben wurde.

Berichterstattung über Tagesereignisse, § 50 UrhG

Zur Berichterstattung über Tagesereignisse durch Funk oder andere, vergleichbare Medien, in Zeitungen, Zeitschriften und anderen Druckschriften/Datenträgern, die im Wesentlichen Tagesinteressen Rechnung tragen, sowie im Film ist nach § 50 UrhG die Nutzung von Werken, die im Verlauf dieser Ereignisse wahrnehmbar werden, in zweckgebotenem Umfang zulässig. Über den gebotenen Umfang würde allerdings beispielsweise die Übertragung eines kompletten Festivals hinausgehen.

Nach dieser Vorschrift kann die Verwendung einer Nachricht auch im Internet zulässig sein. Zu beachten ist jedoch, dass dies nur dann der Fall ist, wenn die Publikation im Wesentlichen Tagesinteressen Rechnung trägt.

Zitate, § 51 UrhG

Durch Zitate können ganze Werke oder Teile davon in einem durch den Zweck gebotenen Umfang übernommen werden. Da auch der Urheber auf den kulturellen Errungenschaften der Allgemeinheit aufbaut, kann ihm dieser verhältnismäßig geringe Eingriff im Interesse der Allgemeinheit zugemutet werden, sofern er die kulturelle Auseinandersetzung fördert (§ 51 UrhG).

Der Gesetzgeber unterteilt grundlegend in das sogenannte „Großzitat", das „Kleinzitat" und das „Musikzitat". Allerdings muss das Zitat der Unterstützung oder Auseinandersetzung mit den eigenen Aussagen dienen, oder ein Mittel künstlerischer Gestaltung sein (sogenannte „Belegfunktion"). Die Schranke wird beispielsweise überstrapaziert, wenn eine Arbeit allein dadurch erstellt wird, dass verschiedene Zitate aneinandergereiht werden. Die Übernahme muss vielmehr die Schaffung eines selbstständigen, schutzfähigen wissenschaftlichen Werks bezwecken.

Öffentliche Wiedergabe, § 52 UrhG

Eine öffentliche Wiedergabe ist auch ohne Zustimmung des Urhebers möglich, wenn sie keinem Erwerbszweck des Veranstalters dient, die Teilnahme unentgeltlich möglich ist und keiner der ausübenden Künstler eine besondere Vergütung erhält (§ 52 UrhG).

Für diese Wiedergabe ist jedoch eine angemessene Vergütung zu zahlen. Die Vergütungspflicht entfällt jedoch unter bestimmten Umständen, zum Beispiel bei Veranstaltungen der Jugend- oder Sozialhilfe und Schulveranstaltungen, die nur einem begrenzten Personenkreis zugänglich sind.

Öffentliche Zugänglichmachung für Unterricht und Forschung, § 52a UrhG

Gemäß § 52a UrhG werden die Rechte des Urhebers auch zu Gunsten der Wissenschaft beschränkt. Die öffentliche Zugänglichmachung für einen jeweils bestimmbar abgegrenzten Personenkreis von Unterrichtsteilnehmern an Schulen, Hochschulen, nichtgewerblichen Einrichtungen der Aus- und Weiterbildung sowie Einrichtungen der Berufsbildung ist ohne Erlaubnis des Urhebers zulässig, soweit sie zur Veranschaulichung im Unterricht geboten ist und keine kommerziellen Ziele verfolgt. Zulässig ist ferner, veröffentlichte Teile eines Werkes, Werke geringen Umfangs sowie einzelne Beiträge aus Zeitungen oder Zeitschriften ausschließlich für einen bestimmt abgegrenzten Kreis von Personen für deren eigene wissenschaftliche Forschung öffentlich zugänglich zu machen, soweit dies zu dem jeweiligen Zweck geboten und zur Verfolgung nicht kommerzieller Zwecke gerechtfertigt ist.

§ 52a UrhG regelt damit die „öffentliche Zugänglichmachung", also die Online-Verfügbarkeit von Werken für Unterricht und Forschung. Diese Zugänglichmachung gilt in § 52a UrhG nicht unbeschränkt, sondern wird im Detail spezifiziert. Beispiel: Zu Ausbildungszwecken dürfen einem „abgegrenzten Kreis" von Unterrichtsteilnehmern „veröffentlichte kleine Teile eines Werkes, Werke geringen Umfangs sowie einzelne Beiträge aus Zeitungen oder Zeitschriften zur Veranschaulichung im Unterricht" zugänglich gemacht werden. Für die Forschung gilt Ähnliches; auch hier gilt die „öffentliche" Zugänglichmachung „ausschließlich für einen bestimmt abgegrenzten Kreis von Personen für deren eigene wissenschaftliche Forschung". In beiden Fällen gilt eine Genehmigungsfreiheit, aber nicht eine Vergütungsfreiheit.

Für die öffentliche Zugänglichmachung ist gemäß § 52a Abs. 4 UrhG eine angemessene Vergütung zu zahlen, wobei der Anspruch nur durch eine Verwertungsgesellschaft (dazu weiter unten) geltend gemacht werden kann. Die Vergütung erfolgt pauschal über einen Gesamtvertrag mit der Verwertungsgesellschaft Wort (VG Wort).

Wiedergabe von Werken an elektronischen Leseplätzen in öffentlichen Bibliotheken, Museen und Archiven, § 52b UrhG

Nach § 52b UrhG dürfen öffentliche Bibliotheken, Museen und Archive publizierte und im Bestand vorhandene Werke genehmigungsfrei (aber gegen angemessene Vergütung) digitalisieren, und Nutzer dürfen die digitalisierten Werke in den Räumen dieser Einrichtungen an speziellen Leseplätzen einsehen, aber nicht kopieren, speichern oder drucken. Ein elektronisches Werk darf nur von so vielen Personen gleichzeitig eingesehen werden, wie die Einrichtung analoge Exemplare erworben hat (oft also nur von einer Person).

Zulässigkeit elektronischer Leseplätze in Bibliotheken

Im Streit um die Digitalisierung von Büchern hat nach einem Urteil des Europäischen Gerichtshofs (EuGH) auch der Bundesgerichtshof (BGH) die Klage eines Verlags gegen die TU Darmstadt abgewiesen.

Bibliotheken dürfen Bücher auch digitalisieren und an elektronischen Leseplätzen anbieten. Begründung: Es könne nicht ohne weiteres davon ausgegangen werden, dass es zu unrechtmäßigen Vervielfältigungen durch Nutzer der Leseplätze gekommen ist. Das

Ausdrucken oder Abspeichern von an elektronischen Leseplätzen bereitgestellten Werken könne in vielen Fällen als Vervielfältigung zum privaten Gebrauch zulässig sein

Die Universität hatte Bücher – darunter ein Standardwerk des Eugen Ulmer Verlags – digitalisiert und Studenten an elektronischen Leseplätzen zur Verfügung gestellt. Dort können sie Texte auch ausdrucken oder abspeichern. Der Verlag ist der Ansicht, dass dies nicht von den Beschränkungen, die das Urheberrecht zugunsten von Bibliotheken vorsieht, gedeckt ist und hatte im Jahr 2010 auf Unterlassung geklagt. Das Angebot, die Werke zusätzlich als E-Book zu beziehen, hatte die Uni abgelehnt.

Das Landgericht Frankfurt a. M. hatte zunächst das Angebot der digitalisierten Fassung für unbedenklich gehalten, der TU Darmstadt aber untersagt, ein Ausdrucken oder Abspeichern zu ermöglichen. Der BGH hatte das Urteil unter Auslassung der nächsten Instanz direkt zur Revision angenommen, das Verfahren ausgesetzt und den EuGH hinzugezogen.

Der EuGH hatte daraufhin entschieden, dass Mitgliedsstaaten ihren Bibliotheken gestatten dürfen, Lehrbücher zu digitalisieren und an Terminals zum Lesen zur Verfügung zu stellen. Die Terminals müssten sich allerdings in den Räumlichkeiten der Einrichtung befinden. Ausdrucke oder Kopien auf Datenträger wie USB-Sticks seien zulässig, dürften im Umfang aber nicht die berechtigten Interessen des Urheberrechtsinhabers ungebührlich verletzen.

Der BGH hat die Klage nun endgültig abgewiesen. Die Beklagte sei berechtigt, Bücher ihres Bibliotheksbestandes zu digitalisieren, um sie an elektronischen Leseplätzen zugänglich zu machen. Es greife die im Urheberrecht vorgesehene Regelung für das öffentliche Zugänglichmachen von Werken in Unterricht und Forschung, die dafür erforderliche Vervielfältigungen erlaubt. Auch die Möglichkeit des Abspeicherns und Ausdruckens verletze nicht das Urheberrecht. Es sei darüber hinaus nicht davon auszugehen, dass es zu unberechtigten Vervielfältigungen gekommen ist.

Vervielfältigungen zum privaten Gebrauch, § 53 Abs. 1 UrhG
Gemäß § 53 Abs. 1 UrhG wird die Herstellung einzelner Vervielfältigungsstücke zum privaten Gebrauch freigestellt, wobei zunächst unerheblich ist, um welche Form der Vervielfältigung es sich handelt. Dieser Frage kommt erst dann Bedeutung zu, wenn die Kopie durch einen Dritten hergestellt wird. Dies ist nach dem Gesetzeswortlaut nur dann zulässig, wenn die Vervielfältigung unentgeltlich vorgenommen wird oder es sich um eine Papierkopie bzw. eine damit vergleichbare Vervielfältigung handelt.

Einschränkend verlangt das Gesetz, dass die Kopiervorlage nicht offensichtlich rechtswidrig hergestellt wurde. Problematisch ist eine Beurteilung im Falle von Online-Tauschbörsen, weil hier nicht erkennbar ist, ob die angebotenen Dateien nicht rechtmäßig hergestellt wurden.

Nach dem Gesetzeswortlaut ist das Herstellen einzelner Vervielfältigungstücke zulässig. Die Grenze liegt mehr als sieben Kopien, wobei diese Zahl gerade im digitalen Umfeld häufig als zu hoch angesehen wird.

Die Weitergabe der Vervielfältigungen ist vom Gesetz nicht verboten. Zu beachten ist jedoch, dass es sich auch hierbei um einen privaten Gebrauch handeln muss. Dieser Bereich der Privatheit kann zwar nicht auf formal die (engere) Verwandtschaft beschränkt werden, aber die Weitergabe an nur flüchtige Bekannte ist vom Wortlaut nicht mehr erfasst. Vielmehr müssen die Personen durch ein persönliches Band verknüpft sein. Die Kopie muss ausschließlich zum Gebrauch in der Privatsphäre zur Befriedigung rein persönlicher Bedürfnisse dienen.

Vervielfältigungen zum eigenen Gebrauch, § 53 Abs. 2, 3 UrhG
Daneben gestattet § 53 Abs. 2, 3 UrhG die Vervielfältigung zum eigenen Gebrauch. Darunter fallen zum Beispiel das Kopieren zum (auch kommerziellen) wissenschaftlichen Gebrauch, das Vervielfältigen zum sonstigen eigenen Gebrauch sowie das Kopieren für den Schulunterricht und Prüfungen. Teilweise wird der Anwendungsbereich der Schranke jedoch beschränkt, zum Beispiel auf Kopien von Werkteilen oder Werke geringen Umfangs.

Einschränkungen durch § 53 Abs. 4 bis 7 UrhG
Wichtige Einschränkungen enthalten die Absätze 4 bis 7 des § 53 UrhG. Bedeutsam ist hier, dass keine im Wesentlichen vollständigen Kopien von Büchern oder Zeitschriften angefertigt werden dürfen, es sei denn, sie werden abgeschrieben. Einschränkungen gibt es auch im Hinblick auf Datenbankwerke.

Bedeutsam ist die Regelung des § 53 Abs. 6 UrhG. Hiernach dürfen die im Rahmen dieser Schranke hergestellten Kopien weder verbreitet noch öffentlich zugänglich gemacht werden. Damit scheidet zum Beispiel ein Verkauf oder das Download-Angebot im Internet grundsätzlich aus.

Darüber hinaus bestimmt § 53 Abs. 7 UrhG, dass u. a. öffentliche Vorführungen eines Werkes nur auf Bild- oder Tonträger aufgenommen werden dürfen, wenn der Rechtsinhaber hierzu seine Einwilligung erteilt hat. Damit ist zum Beispiel das Abfilmen in Kinosälen auch urheberrechtlich unzulässig.

Kopienversand auf Bestellung, § 53a UrhG
Nach § 53a UrhG dürfen öffentlich finanzierte Bibliotheken auf Einzelbestellung elektronische Dokumente als grafische (nicht textverarbeitungsfähige) Datei „zur Veranschaulichung des Unterrichts oder für Zwecke der wissenschaftlichen Forschung" für „nicht gewerbliche Zwecke" gegen Vergütung bereitstellen, aber nur dann, wenn kommerzielle Anbieter auf den Informationsmärkten solche Dienste nicht selber zu „angemessenen Bedingungen" anbieten. Wenn diese das tun, dürfen Bibliotheken nur analoge (Papier-) Kopien versenden.

Vervielfältigung durch Sendeunternehmen, § 55 UrhG
Durch § 55 UrhG wird es Sendeunternehmen, die zur Sendung eines Werks berechtigt sind, gestattet, hiervon mit eigenen Mitteln Vervielfältigungsstücke herzustellen. Diese

Schranke dient der technischen Abwicklung des Sendevorgangs. Daher sind die angefertigten Vervielfältigungsstücke nach einer kurzen Frist zu löschen, es sei denn, die Bild- und Tonträger werden wegen des außergewöhnlichen dokumentarischen Werts in ein Archiv aufgenommen. Hiervon ist der Urheber jedoch unverzüglich zu unterrichten.

Benutzung eines Datenbankwerkes, § 55a UrhG
Ebenfalls der technischen Abwicklung von zulässigen Benutzungsvorgängen dient die Schranke des § 55a UrhG. Hierdurch werden Vervielfältigungen und Bearbeitungen gestattet, die notwendig sind, um ein Datenbankwerk zu benutzen. Dies setzt jedoch voraus, dass die Benutzung ihrerseits vom Rechtsinhaber gestattet wurde.

Vervielfältigung und öffentliche Wiedergabe in Geschäftsbetrieben, § 56 UrhG
Nach § 56 UrhG ist es gestattet, in Verkaufsräumen zum Beispiel Fernsehgeräte und Videorekorder dergestalt vorzuführen, dass urheberrechtlich geschütztes Material gezeigt und aufgenommen wird. Allerdings müssen so hergestellte Datenträger unverzüglich gelöscht werden. Hintergrund dieser Schrankenregelung ist, dass es den Verkäufern ermöglicht werden soll, die Verwendung der Produkte zu demonstrieren und dadurch für diese zu werben. Nicht von dieser Ausnahme erfasst ist damit zum Beispiel das ständige Laufenlassen eines Wiedergabegeräts in einem Restaurant, da es vorrangig der Unterhaltung der Besucher dient.

Unwesentliches Beiwerk, § 57 UrhG
Der Urheberrechtsschutz ist gemäß § 57 UrhG auch eingeschränkt, wenn jemand Werke nur als „unwesentliches Beiwerk" nutzt, zum Beispiel dann, wenn sie neben dem eigentlichen Gegenstand der Vervielfältigung, Verbreitung oder öffentlichen Wiedergabe nur einen sehr unwesentlichen Beitrag darstellen. Dies ist zum Beispiel dann denkbar, wenn ein mit Originalwerken oder Vervielfältigungsstücken ausgestatteter Raum als Kulisse für ein Interview dient. Wann etwas noch als „unwesentlich" anzusehen ist, ist dabei nach dem Einzelfall zu beurteilen.

Werke in Ausstellungen, öffentlichem Verkauf und öffentlich zugänglichen Einrichtungen, § 58 UrhG
Die Vervielfältigung, Verbreitung und öffentliche Zugänglichmachung ist gemäß § 58 Abs. 1 UrhG ohne Zustimmung des Rechtsinhabers erlaubt, wenn die Nutzung für Werbemaßnahmen einer öffentlichen Ausstellung oder eines zum öffentlichen Verkauf bestimmten Werkes der bildenden Künste durch den Veranstalter notwendig ist (so zum Beispiel die Abbildung in Katalogen).

Nach § 58 Abs. 2 UrhG darf allerdings durch die Vervielfältigung und Verbreitung in Verzeichnissen kein eigenständiger Erwerbszweck verfolgt werden. Die jeweiligen Werbemaßnahmen müssen räumlich, zeitlich und inhaltlich der entsprechenden Veranstaltung angeglichen sein und dürfen keine generelle Werbeaussage für den Veranstalter darstellen. Die Beschränkung auf Werbung und Kataloge schließt eine Einbeziehung von Merchandisingprodukten aus.

Werke an öffentlichen Plätzen, § 59 UrhG

Nach § 59 Abs. 1 UrhG dürfen Werke, die sich bleibend an öffentlichen Plätzen, Wegen und Straßen befinden, durch Malerei, Grafik, Lichtbild oder Film vervielfältigt, verbreitet und öffentlich wiedergegeben werden (sogenannte „Panoramafreiheit"). Die Nutzung von Bauwerkansichten ist hier aber auf die äußere Ansicht beschränkt. Die Anforderung, dass sich das Werk bleibend an diesem Platz befinden muss, schließt eine etwaige Kurzlebigkeit (zum Beispiel Verfall bei sensiblem Material) des Kunstwerks nicht aus.

Maßgeblich für die Schranke der Panoramafreiheit ist, dass sich das Werk von öffentlichen Plätzen, Wegen oder Straßen einsehen lässt. Lässt es sich lediglich von einem privaten Grundstück o. ä. fotografieren, greift diese Schrankenregelung nicht ein. Dies gilt auch, wenn das Werk nur unter Verwendung von Hilfsmitteln, zum Beispiel Leitern usw., einsehbar ist.

Bildnisse, § 60 UrhG

In § 60 UrhG wird die Verwendung von Bildnissen geregelt, die auf Bestellung angefertigt wurden. Diese dürfen vom Besteller bzw. vom Abgebildeten vervielfältigt werden. Darüber hinaus ist auch eine Verbreitung zulässig, wenn diese unentgeltlich und nicht zu Erwerbszwecken erfolgt.

Wie oben dargestellt ist es nach § 53 Abs. 1 UrhG auch zulässig, einzelne Vervielfältigungsstücke für den privaten Gebrauch herzustellen. Gemeint sind hier auch Privatkopien eines Werkes, die eine natürliche Person auf beliebigen Datenträgern anfertigt, sofern sie keinen Erwerbszwecken dienen und sofern zur Vervielfältigung keine rechtswidrig hergestellten Vorlagen verwendet werden. Nach den gültigen Regelungen sind also Privatkopien von nicht geschützten CDs oder DVDs zulässig.

Es ist allerdings verboten, den Kopierschutz (technische Schutzmaßnahmen, TSM) zu umgehen. Umgekehrt hat jeder Urheber das Recht, eine Vervielfältigung seiner Werke zu verhindern oder zu beschränken. Im digitalen Bereich spricht man von Digital Rights Management (DRM).

Wirksame technische Maßnahmen zum Schutz eines geschützten Werkes oder eines anderen nach dem Urheberrecht geschützten Schutzgegenstandes dürfen nach § 95a UrhG ohne Zustimmung des Rechtsinhabers nicht umgangen werden, soweit dem Handelnden bekannt ist oder den Umständen nach bekannt sein muss, dass die Umgehung erfolgt, um den Zugang zu einem solchen Werk oder Schutzgegenstand oder deren Nutzung zu ermöglichen. Derartige technische Maßnahmen sind Technologien, Vorrichtungen und Bestandteile, die im normalen Betrieb dazu bestimmt sind, geschützte Werke oder andere nach diesem Gesetz geschützte Schutzgegenstände betreffende Handlungen, die vom Rechtsinhaber nicht genehmigt sind, zu verhindern oder einzuschränken.

Soweit ein Rechtsinhaber technische Maßnahmen anwendet, ist er gemäß § 95b UrhG verpflichtet, bestimmten Begünstigten (zum Beispiel Rechtspflege und öffentlicher Sicherheit, behinderten Menschen, Sammlungen für Kirchen-, Schul- oder Unterrichtsgebrauch, Schulfunksendungen) die notwendigen Mittel zur Verfügung zu stellen, um von diesen Bestimmungen in dem erforderlichen Maße Gebrauch machen zu können.

Werke und andere Schutzgegenstände, die mit technischen Maßnahmen geschützt werden, sind deutlich sichtbar mit Angaben über die Eigenschaften der technischen Maßnahmen zu kennzeichnen, § 95d UrhG.

Rechtswidrig hergestellte Vervielfältigungsstücke dürfen weder verbreitet noch zu öffentlichen Wiedergaben benutzt werden (§ 96 UrhG).

Der BGH hat entschieden, dass auch das einmalige Anbieten von Software zur Umgehung des Kopierschutzes von Tonträgern durch Privatpersonen einen Unterlassungsanspruch und somit auch ein Anspruch auf Erstattung von Abmahnkosten auslöst. Der Verkauf derartiger Software ist gemäß § 95a Abs. 3 UrhG verboten.

Der Bundesgerichtshof hat entschieden, unter welchen Voraussetzungen technische Maßnahmen zum Schutz urheberrechtlich geschützter Videospiele ihrerseits Schutz genießen.

Beispiel

Der Fall:

Die Klägerin produziert und vertreibt Videospiele und Videospiel-Konsolen, darunter die Konsole „Nintendo DS" und zahlreiche dafür passende Spiele. Sie ist Inhaberin der urheberrechtlichen Schutzrechte an den Computerprogrammen, Sprach-, Musik-, Lichtbild- und Filmwerken, die Bestandteil der Videospiele sind. Die Videospiele werden ausschließlich auf besonderen, nur für die Nintendo-DS-Konsole passenden Speicherkarten angeboten, die in den Kartenschacht der Konsole eingesteckt werden.

Die frühere Beklagte zu 1, deren Geschäftsführer die Beklagten zu 2 und 3 waren und über deren Vermögen im Laufe des Revisionsverfahrens das Insolvenzverfahren eröffnet und der jetzige Beklagte zu 1 zum Insolvenzverwalter bestellt worden ist, bot im Internet Adapter für die Nintendo-DS-Konsole an. Diese Adapter sind den originalen Speicherkarten in Form und Größe genau nachgebildet, damit sie in den Kartenschacht der Konsole passen. Sie verfügen über einen Einschub für eine Micro-SD-Karte oder über einen eingebauten Speicherbaustein („Flash-Speicher"). Nutzer der Konsole können mithilfe dieser Adapter im Internet angebotene Raubkopien der Spiele auf der Konsole verwenden. Dazu laden sie solche Kopien der Spiele aus dem Internet herunter und übertragen diese sodann entweder auf eine Micro-SD-Karte, die anschließend in den Adapter eingesteckt wird, oder unmittelbar auf den eingebauten Speicherbaustein des Adapters.

Die Klägerin sieht in dem Vertrieb der Adapter einen Verstoß gegen § 95a Abs. 3 UrhG. Diese Bestimmung regelt den Schutz wirksamer technischer Maßnahmen, die ihrerseits dem Schutz urheberrechtlich geschützter Werke dienen. Die Klägerin hat die Beklagten auf Unterlassung und Schadensersatz in Anspruch genommen.

Das Landgericht hat der Klage stattgegeben. Die Berufung der Beklagten ist erfolglos geblieben. Auf die Revision der Beklagten hat der Bundesgerichtshof das Berufungsurteil weitgehend aufgehoben und die Sache an das Berufungsgericht zurückverwiesen.

Die Entscheidung:

Nach § 95a Abs. 3 Nr. 3 UrhG ist (unter anderem) der Verkauf von Vorrichtungen verboten, die hauptsächlich hergestellt werden, um die Umgehung wirksamer technischer Maßnahmen zu ermöglichen. Diese Vorschrift schützt, so der BGH, auch technische Maßnahmen zum Schutz für Videospiele. Bei der konkreten Ausgestaltung der von der Klägerin hergestellten Karten und Konsolen handelt es sich um eine solche Schutzmaßnahme. Dadurch, dass Karten und Konsolen in ihren Abmessungen so aufeinander abgestimmt sind, dass ausschließlich Nintendo-DS-Karten in die Nintendo-DS-Konsolen passen, wird verhindert, dass Raubkopien von Videospielen der Klägerin auf den Konsolen abgespielt und damit unbefugt vervielfältigt werden können. Die von der Beklagten zu 1 vertriebenen Adapterkarten sind auch hauptsächlich zur Umgehung dieser Schutzvorrichtung hergestellt worden. Die Möglichkeit des Abspielens von Raubkopien bildet den maßgeblichen wirtschaftlichen Anreiz zum Kauf der Adapter; die legalen Einsatzmöglichkeiten der Adapter treten demgegenüber eindeutig in den Hintergrund. Das Berufungsgericht hat allerdings nicht geprüft, ob der Einsatz der technischen Schutzmaßnahme den Grundsatz der Verhältnismäßigkeit wahrt und legale Nutzungsmöglichkeiten nicht in übermäßiger Weise beschränkt werden.

Die vom Berufungsgericht bislang getroffenen Feststellungen rechtfertigen nach Ansicht des Bundesgerichtshofs auch nicht die Annahme, dass der jetzige Beklagte zu 1 als Insolvenzverwalter und die Beklagten zu 2 und 3 als Geschäftsführer wegen des rechtswidrigen Vertriebs der Adapterkarten durch die frühere Beklagte zu 1 auf Unterlassung haften. Auch der von der Klägerin erhobene Schadensersatzanspruch konnte auf der Grundlage der Feststellungen des Berufungsgerichts nicht bejaht werden. Der Bundesgerichtshof hat die Sache daher insoweit an das Berufungsgericht zurückverwiesen, das die erforderlichen Feststellungen nachzuholen hat.

Beispiel

Der Fall:[20]

Die Beklagten sind Tonträgerhersteller. Sie setzen technische Schutzmaßnahmen ein, um ein Kopieren der von ihnen hergestellten CDs zu verhindern. Der Kläger bot bei eBay ein Programm zum Kauf an, mit dem kopiergeschützte CDs vervielfältigt werden können. Die Beklagten mahnten den Kläger durch einen Rechtsanwalt ab. Zugleich forderten sie ihn zur Abgabe einer Unterlassungserklärung und zur Zahlung der durch die Abmahnung entstandenen Anwaltskosten in Höhe von 1113,50 EUR auf. Der Kläger gab die geforderte Unterlassungserklärung ab, weigerte sich jedoch, die angefallenen Anwaltskosten zu erstatten. Er hat beantragt festzustellen, dass der geltend gemachte Zahlungsanspruch nicht besteht.

---

[20]BGH, Urt. v. 17.07.2008 – I ZR 219/05.

Der BGH urteilt, der Kläger habe gegen § 95a Abs. 3 UrhG verstoßen. Das – verfassungsrechtlich unbedenkliche – Verbot, für den Verkauf von Programmen zur Umgehung des Kopierschutzes zu werben, gelte auch für private und einmalige Verkaufsangebote. Da die Bestimmung dem Schutz der Tonträgerhersteller diene, seien die Beklagten berechtigt, den Kläger auf Unterlassung in Anspruch zu nehmen. Dem Anspruch auf Erstattung der Anwaltskosten für die Abmahnung steht, wie der BGH im Anschluss an sein Urteil vom 8. Mai 2008[21] entschieden hat, nicht entgegen, dass die Beklagten über eigene Rechtsabteilungen verfügen.

Der Ersatz der Kosten für die Abmahnung von Urheberrechtsverletzungen ist jetzt in § 97a Abs. 1 S. 2, Abs. 2 UrhG ausdrücklich geregelt worden. Die Neuregelung trat am 1. September 2008 in Kraft und war daher in dem vom Gericht entschiedenen Fall noch nicht anwendbar.[22]

Computerspiele: Videospiele bestehen nicht nur aus Sprach-, Musik-, Lichtbild-und Filmwerken; vielmehr liegen ihnen auch Computerprogramme zugrunde. Deshalb stellt sich die Frage, ob sich der Schutz von Maßnahmen zum Schutz solcher „hybriden Produkte" wie insbesondere Videospiele nach den speziell für Computerprogramme oder nach den allgemein für Werke geltenden Bestimmungen des Urheberrechts richtet oder ob sowohl die einen wie auch die anderen Bestimmungen anwendbar sind.

Der Europäische Gerichtshof (EuGH) hat sich im Fall Nintendo gegen PC Box erstmals zu Kopierschutzsystemen bei Videospielen geäußert:

Danach unterfallen Videospiele zum einen den allgemeinen Vorschriften der EU-Richtlinie zum Urheberrecht, ungeachtet des Umstands, dass für die im Spiel enthaltenen Computerprogramme zusätzlich auf die EU-Richtlinie über den Rechtsschutz von Computerprogrammen abzustellen ist.

Konsequenz ist, dass beide Richtlinien nebeneinander Anwendung finden und sich der Rechtsinhaber die jeweils günstigere Regelung aussuchen kann.

Der EuGH hat ferner entschieden, dass Kopierschutzsysteme zu gewerblichen Zwecken umgangen werden dürfen, wenn der Zweck nicht rechtswidrig ist.

Der Rechtsschutz gilt also nur für technische Maßnahmen, die nicht genehmigte Handlungen der Vervielfältigung, öffentlichen Wiedergabe, des Verbreitens oder sonstigen Zugänglichmachens von Werken verhindern oder unterbinden sollen. Weitere Voraussetzung ist, dass die Genehmigung eines Rechteinhabers für derartige Kopierformen überhaupt erforderlich ist.

Der EuGH definiert den Begriff „wirksame technische Maßnahme" zum Schutz von urheberrechtlichen Werken zunächst relativ weit: Eine solche technische Maßnahme liegt nach Ansicht des EuGH auch dann vor, wenn sie nicht an das Werk unmittelbar

---

[21]BGH, Urt. v. 08.05.2008 – I ZR 83/06.
[22]BGH, Urt. v. 17.07.2008 – I ZR 219/05.

anknüpft, sondern auch dann, wenn hardwareseitig verhindert wird, dass bestimmte Werke – in diesem Fall Computerspiele – installiert bzw. abgespielt werden können.

Auch technische Maßnahmen, die sich aus Informationen auf dem Datenträger und auf der Konsole zusammensetzen, fallen in den Schutzbereich der Richtlinie. Der Schutzumfang ist jedoch nicht unbegrenzt, sondern untersteht dem Verhältnismäßigkeitsgrundsatz. Weil dies dazu führt, dass ein Anbieter proprietärer Lösungen – wie im konkreten Fall Nintendo – damit auch beliebig Wettbewerber ausschließen kann, hat der EuGH diesen weiten Ansatz anschließend jedoch wieder eingeschränkt.

Die Umgehung von Schutzmaßnahmen kann nur untersagt werden, wenn nicht andere Maßnahmen zur Verfügung stehen, die zu geringeren Beschränkungen führen und trotzdem einen vergleichbaren Schutz bieten. Einzubeziehen ist dabei auch, ob die fraglichen Umgehungsmaßnahmen vor allem zu Urheberrechtsverletzungen oder vor allem für sonstige, das Urheberrecht nicht verletzende Zwecke eingesetzt werden, etwa um die Konsole für nicht lizenzierte Spiele Dritter verwenden zu können.

Der EuGH hat nicht entschieden, dass ein Kopierschutz künftig „geknackt" werden darf, sondern nur, dass nationale Gerichte bei der Auslegung darauf zu achten haben, ob eine Umgehungstechnik wirklich vorwiegend dazu dient, einen urheberrechtlichen Schutzmechanismus zu knacken und auch überwiegend zu diesem Zweck benutzt wird. Kopierschutzmaßnahmen müssen also primär dem Schutz von Urheberrechten dienen und dürfen nicht vorwiegend den Ausschluss von Wettbewerbern oder eine Marktabschottung bezwecken.

Die nationalen Gerichte müssen prüfen, ob nicht andere Vorkehrungen zum Kopierschutz zu geringeren Beeinträchtigungen Dritter (also der Wettbewerber) führen würden; zudem müssen die Gerichte prüfen, ob die beanstandeten Werkzeuge tatsächlich primär der Umgehung des Kopierschutzes dienen und können dabei insbesondere berücksichtigen, wie oft solche Vorrichtungen zur Verletzung des Urheberrechts verwendet werden bzw. wie oft sie zu Zwecken benutzt werden, die keine Urheberrechte verletzen.

Im Fall von Nintendo stellt sich konkret die Frage, ob die Umgehung des Schutzmechanismus vorwiegend dazu dient, die Benutzung raubkopierter Nintendospiele zu ermöglichen oder vielmehr dazu, andere Anbieter von Spielen oder Software von der Nintendo-Plattform auszuschließen.

Beispiel

Der Fall:[23]

Die Klägerin produziert und vertreibt Videospiele und Videospiel-Konsolen, darunter die Konsole „Nintendo DS" und zahlreiche dafür passende Spiele. Sie ist Inhaberin der urheberrechtlichen Schutzrechte an den Computerprogrammen, Sprach-, Musik-, Lichtbild- und Filmwerken, die Bestandteil der Videospiele sind. Die Videospiele werden ausschließlich auf besonderen, nur für die Nintendo-DS-Konsole

---

[23]BGH, Beschl. v. 06.02.2012 – I ZR 124/11 – Videospiel-Konsole.

passenden Speicherkarten angeboten, die in den Kartenschacht der Konsole eingesteckt werden.

Die Beklagten boten im Internet Adapter für die Nintendo-DS-Konsole an. Diese
Adapter sind den originalen Speicherkarten in Form und Größe genau nachgebildet,
damit sie in den Kartenschacht der Konsole passen. Sie verfügen über einen Einschub
für eine Micro-SD-Karte oder über einen eingebauten Speicherbaustein („Flash-Speicher"). Nutzer der Konsole können mithilfe dieser Adapter im Internet angebotene
Raubkopien der Spiele auf der Konsole verwenden. Dazu laden sie solche Kopien
der Spiele aus dem Internet herunter und übertragen diese sodann entweder auf eine
Micro-SD-Karte, die anschließend in den Adapter eingesteckt wird, oder unmittelbar
auf den eingebauten Speicherbaustein des Adapters.

Die Klägerin sieht in dem Vertrieb der Adapter einen Verstoß gegen die Vorschrift
des § 95a Abs. 3 UrhG; diese Bestimmung regelt den Schutz wirksamer technischer
Maßnahmen, die ihrerseits dem Schutz urheberrechtlich geschützter Werke dienen.
Die Klägerin hat die Beklagten auf Unterlassung, Auskunft, Schadensersatz und Vernichtung der Karten in Anspruch genommen.

Der Bundesgerichtshof hat das Verfahren ausgesetzt und dem Gerichtshof der
Europäischen Union vorgelegt.

Die Regelung des § 69a Abs. 5 UrhG bestimmt unter anderem, dass die Regelung des
§ 95a Abs. 3 UrhG nicht auf Computerprogramme anwendbar ist. Die von den Klägerinnen vertriebenen Videospiele bestehen nicht nur aus Sprach-, Musik-, Lichtbild- und
Filmwerken; vielmehr liegen ihnen auch Computerprogramme zugrunde.

Deshalb stellte sich für den BGH die Frage, ob sich der Schutz von Maßnahmen zum
Schutz solcher „hybriden Produkte" wie insbesondere Videospiele nach den speziell für
Computerprogramme oder nach den allgemein für Werke geltenden Bestimmungen rich-
tet oder ob sowohl die einen wie auch die anderen Bestimmungen anwendbar sind.

Beispiel

Tonträger-Sampling

Zum sogenannten „Tonträger-Sampling"[24] hat der BGH entschieden, dass bereits
derjenige in die Rechte des Tonträgerherstellers eingreift, der einem fremden Tonträger kleinste Tonfetzen entnimmt. In der Musik bezeichnet „Sampling" den Vorgang,
einen Teil einer Ton- oder Musikaufnahme (ein Sample; engl. für „Auswahl", „Muster" „Beispiel", von lat. exemplum: „Abbild", „Beispiel") in einem neuen, häufig
musikalischen Kontext zu verwenden. Dies geschieht heutzutage in der Regel mit
einem Hardware- oder Software-Sampler, d. h., indem das Sample digitalisiert wird,
und so leicht (zum Beispiel mit einem Sequenzer weiterverarbeitet werden kann).

---

[24]BGH, Urt. v. 20.11.2008 – I ZR 112/06.

Der Bundesgerichtshof hat zum Tonträger-Sampling entschieden, dass es unzulässig ist, die auf einem fremden Tonträger aufgezeichneten Töne oder Klänge im Wege der sogenannten freien Benutzung für eigene Zwecke zu verwenden, wenn es einem durchschnittlichen Musikproduzenten möglich ist, eine gleichwertige Tonaufnahme selbst herzustellen.

Der Fall:[25]

Die Kläger sind Mitglieder der Musikgruppe „Kraftwerk". Diese veröffentlichte im Jahre 1977 einen Tonträger, auf dem sich unter anderem das Musikstück „Metall auf Metall" befindet.

Die Beklagten sind die Komponisten des Titels „Nur mir", den einer der Beklagten mit der Sängerin Sabrina Setlur in zwei Versionen eingespielt hat. Diese Musikstücke befinden sich auf zwei im Jahre 1997 erschienenen Tonträgern.

Die Kläger behaupten, die Beklagten hätten eine etwa zwei Sekunden lange Rhythmussequenz aus dem Titel „Metall auf Metall" elektronisch kopiert („gesampelt") und dem Titel „Nur mir" in fortlaufender Wiederholung unterlegt, obwohl es ihnen möglich gewesen wäre, die übernommene Rhythmussequenz selbst einzuspielen. Sie meinen, die Beklagten hätten damit ihre Rechte als Tonträgerhersteller verletzt. Sie haben die Beklagten auf Unterlassung, Feststellung ihrer Schadensersatzpflicht, Auskunftserteilung und Herausgabe der Tonträger zum Zwecke der Vernichtung in Anspruch genommen.

Der Bundesgerichtshof hat wie folgt entschieden:

Die Beklagten haben – so der BGH – in das Tonträgerherstellerrecht der Kläger (§ 85 Abs. 1 UrhG) eingegriffen, indem sie dem von den Klägern hergestellten Tonträger im Wege des Sampling zwei Takte einer Rhythmussequenz des Titels „Metall auf Metall" entnommen und diese dem Stück „Nur mir" unterlegt haben.

Die Beklagten können sich nicht mit Erfolg auf das Recht zur freien Benutzung (§ 24 Abs. 1 UrhG) berufen.

Zwar kann in entsprechender Anwendung dieser Bestimmung auch die Benutzung fremder Tonträger ohne Zustimmung des Berechtigten erlaubt sein, wenn das neue Werk zu der aus dem benutzten Tonträger entlehnten Tönen oder Klängen einen so großen Abstand hält, dass es als selbstständig anzusehen ist.

Eine freie Benutzung ist nach der Rechtsprechung des Bundesgerichtshofs allerdings ausgeschlossen, wenn es möglich ist, die auf dem Tonträger aufgezeichnete Tonfolge selbst einzuspielen. In diesem Fall gibt es für einen Eingriff in die unternehmerische Leistung des Tonträgerherstellers keine Rechtfertigung.

In § 41 UrhG ist das Rückrufsrecht wegen Nichtausübung wie folgt geregelt: Übt der Inhaber eines ausschließlichen Nutzungsrechts das Recht nicht oder nur unzureichend aus und werden dadurch berechtigte Interessen des Urhebers erheblich verletzt, kann dieser das Nutzungsrecht zurückrufen. Dies gilt nicht, wenn die Nichtausübung oder die unzureichende Ausübung des Nutzungsrechts überwiegend auf Umständen

---

[25]BGH, Urt. v. 13.12.2012 – I ZR 182/11 – Metall auf Metall II.

beruht, deren Behebung dem Urheber zuzumuten ist. Das Rückrufsrecht kann nicht vor Ablauf von zwei Jahren seit Einräumung oder Übertragung des Nutzungsrechts oder, wenn das Werk später abgeliefert wird, seit der Ablieferung geltend gemacht werden. Der Rückruf kann erst erklärt werden, nachdem der Urheber dem Inhaber des Nutzungsrechts unter Ankündigung des Rückrufs eine angemessene Nachfrist zur zureichenden Ausübung des Nutzungsrechts bestimmt hat. Der Bestimmung der Nachfrist bedarf es nicht, wenn die Ausübung des Nutzungsrechts seinem Inhaber unmöglich ist oder von ihm verweigert wird oder wenn durch die Gewährung einer Nachfrist überwiegende Interessen des Urhebers gefährdet würden.

Auch aus der von Art. 5 Abs. 3 GG geschützten Kunstfreiheit lässt sich in einem solchen Fall kein Recht ableiten, die Tonaufnahme ohne Einwilligung des Tonträgerherstellers zu nutzen. Das Berufungsgericht ist mit Recht davon ausgegangen, dass zur Beurteilung der Frage, ob es möglich ist, eine Tonfolge selbst einzuspielen; darauf abzustellen ist, ob es einem durchschnittlich ausgestatteten und befähigten Musikproduzenten zum Zeitpunkt der Benutzung der fremden Tonaufnahme möglich ist, eine eigene Tonaufnahme herzustellen, die dem Original bei einer Verwendung im selben musikalischen Zusammenhang aus Sicht des angesprochenen Verkehrs gleichwertig ist. Das Berufungsgericht hat ohne Rechtsfehler angenommen, dass die Beklagten nach diesen Maßstäben in der Lage gewesen wären, die aus „Metall auf Metall" entnommene Sequenz selbst einzuspielen.

In dem vorerwähnten Fall hat das Bundesverfassungsgericht jedoch eine von der Rechtsauffassung des Bundesgerichtshofs abweichende Entscheidung getroffen:[26]

Das BVerfG hat entschieden, dass die Verwendung von Samples zur künstlerischen Gestaltung zwar grundsätzlich einen Eingriff in Urheber- und Leistungsschutzrechte rechtfertigen könne. Bei der rechtlichen Bewertung der Nutzung von urheberrechtlich geschützten Werken stehe jedoch dem Interesse der Urheberrechtsinhaber, die Ausbeutung ihrer Werke zu fremden kommerziellen Zwecken ohne Genehmigung zu verhindern, das durch die Kunstfreiheit geschützte Interesse anderer Künstler gegenüber, ohne finanzielle Risiken oder inhaltliche Beschränkungen in einen Schaffensprozess im künstlerischen Dialog mit vorhandenen Werken treten zu können. Stehe der künstlerischen Entfaltungsfreiheit ein Eingriff in die Urheberrechte gegenüber, der die Verwertungsmöglichkeiten nur geringfügig beschränke, so könnten die Verwertungsinteressen der Urheberrechtsinhaber zugunsten der Freiheit der künstlerischen Auseinandersetzung zurückzutreten haben.

Die beiden Komponisten und die Musikproduktionsgesellschaft des Titels „Nur mir" seien demnach vorliegend in ihrer durch Art. 5 Abs. 3 S. 1 GG garantierten Freiheit der künstlerischen Betätigung verletzt. Das Gericht hat damit einer Verfassungsbeschwerde stattgegeben, die sich gegen die fachgerichtliche Feststellung wendete, dass die Übernahme einer zweisekündigen Rhythmussequenz aus der Tonspur des Musikstücks „Metall auf Metall" der Band „Kraftwerk" in den Titel „Nur mir" im Wege des

---

[26]BVerfG, Urt. v. 31.05.2016 – 1 BvR 1585/13.

sogenannten Sampling einen Eingriff in das Tonträgerherstellerrecht darstelle, der nicht durch das Recht auf freie Benutzung (§ 24 Abs. 1 UrhG) gerechtfertigt sei.

Die Verwertungsinteressen der Tonträgerhersteller müssten in diesem Fall in der Abwägung mit den Nutzungsinteressen für eine künstlerische Betätigung zurücktreten. Es sei ein neues, eigenständiges Kunstwerk entstanden, ohne dass „Kraftwerk" dadurch einen wirtschaftlichen Schaden habe. Ein Verbot würde die Schaffung von Musikstücken einer bestimmten Stilrichtung praktisch ausschließen.

Für die Übernahme der Sequenz könne der Tonträgerhersteller allerdings die Zahlung einer Lizenzgebühr verlangen, deren Höhe er frei festsetzen könne.

Verwertungsgesellschaften
Durch die oben beschriebenen Schranken des Vervielfältigungsrechts kann der Urheber unter Umständen wirtschaftliche Einbußen erleiden. Dies gleicht der Gesetzgeber durch die Regelung des § 54 UrhG aus: Der Urheber hat einen Vergütungsanspruch gegen die Hersteller von Geräten und gegen Produzenten von Bild- und Tonträgern. Auch Institutionen, in denen häufig kopiert wird, sind zur Abgabe eines sogenannten Betreiberbetrages verpflichtet, zum Beispiel öffentliche Bibliotheken, Hochschulen, Forschungseinrichtungen. Und auch Einrichtungen, die gewerbsmäßig Kopiergeräte bereithalten, müssen eine Abgabe leisten, die den Urhebern zu Gute kommt (zum Beispiel Copyshops). Bisher wurde die sogenannte Geräteabgabe gesetzlich geregelt, nunmehr können die Interessenverbände der Beteiligten sie selbst verhandeln.

Es wäre mit einem unangemessenen Aufwand verbunden, könnte jeder einzelne Urheber die Vergütungsansprüche für sich selbst geltend machen. Gemäß § 54h Abs. 1 UrhG sind deshalb ausschließlich sogenannte Verwertungsgesellschaften berechtigt, die Ansprüche zu verfolgen. Die einzelnen berechtigten Urheber erhalten von diesen Verwertungsgesellschaften dann angemessene Anteile der Gesamteinnahmen. Weitere Erläuterungen zu den Vervielfältigungsabgaben enthält der Abschnitt zum zweiten Korb der Urheberrechtsnovelle. Außerdem gilt es, die Ausführungen zur Vergütung zu beachten.

Das Gesetz über die Wahrnehmung von Urheberrechten und verwandten Schutzrechten durch Verwertungsgesellschaften (Verwertungsgesellschaftengesetz = VGG) regelt gemäß § 1 VGG die Wahrnehmung von Urheberrechten und verwandten Schutzrechten durch Verwertungsgesellschaften, abhängige und unabhängige Verwertungseinrichtungen.

Eine Verwertungsgesellschaft ist gemäß § 2 VGG eine Organisation, die gesetzlich oder auf Grundlage einer vertraglichen Vereinbarung berechtigt ist und deren ausschließlicher oder hauptsächlicher Zweck es ist, für Rechnung mehrerer Rechtsinhaber Urheberrechte oder verwandte Schutzrechte zu deren kollektiven Nutzen wahrzunehmen, gleichviel, ob in eigenem oder in fremdem Namen. Um eine Verwertungsgesellschaft zu sein, muss die Organisation darüber hinaus mindestens eine der folgenden Bedingungen erfüllen:

1. ihre Anteile werden von ihren Mitgliedern gehalten oder sie wird von ihren Mitgliedern beherrscht;
2. sie ist nicht auf Gewinnerzielung ausgerichtet.

Die Verwertungsgesellschaft ist nach § 9 VGG verpflichtet, auf Verlangen des Rechtsinhabers Rechte seiner Wahl an Arten von Werken und sonstigen Schutzgegenständen seiner Wahl in Gebieten seiner Wahl wahrzunehmen, wenn

1. die Rechte, die Werke und sonstigen Schutzgegenstände sowie die Gebiete zum Tätigkeitsbereich der Verwertungsgesellschaft gehören und
2. der Wahrnehmung keine objektiven Gründe entgegenstehen.

Die Bedingungen, zu denen die Verwertungsgesellschaft die Rechte des Berechtigten wahrnimmt (Wahrnehmungsbedingungen), müssen angemessen sein.

Die Verwertungsgesellschaft regelt gemäß § 13 VGG in der Satzung, im Gesellschaftsvertrag oder in sonstigen Gründungsbestimmungen (Statut) die Bedingungen für die Mitgliedschaft dahin gehend, dass Berechtigte und Einrichtungen, die Rechtsinhaber vertreten, als Mitglieder aufzunehmen sind, wenn sie die Bedingungen für die Mitgliedschaft erfüllen.

Die Bedingungen müssen objektiv, transparent und nicht diskriminierend sein und sind im Statut zu regeln.

Lehnt eine Verwertungsgesellschaft einen Antrag auf Aufnahme als Mitglied ab, so sind dem Antragsteller die Gründe verständlich zu erläutern., dass Berechtigte und Einrichtungen, die Rechtsinhaber vertreten, als Mitglieder aufzunehmen sind, wenn sie die Bedingungen für die Mitgliedschaft erfüllen.

Lehnt eine Verwertungsgesellschaft einen Antrag auf Aufnahme als Mitglied ab, so sind dem Antragsteller die Gründe verständlich zu erläutern.

§ 34 VGG bestimmt den Abschlusszwang: Die Verwertungsgesellschaft ist verpflichtet, aufgrund der von ihr wahrgenommenen Rechte jedermann auf Verlangen zu angemessenen Bedingungen Nutzungsrechte einzuräumen. Die Bedingungen müssen insbesondere objektiv und nicht diskriminierend sein und eine angemessene Vergütung vorsehen.

Nach § 35 VGG ist die Verwertungsgesellschaft verpflichtet, über die von ihr wahrgenommenen Rechte mit Nutzervereinigungen einen Gesamtvertrag zu angemessenen Bedingungen abzuschließen.

Die Verwertungsgesellschaft stellt gemäß § 38 VGG Tarife auf über die Vergütung, die sie aufgrund der von ihr wahrgenommenen Rechte fordert. Soweit Gesamtverträge abgeschlossen sind, gelten die dort vereinbarten Vergütungssätze als Tarife.

Für die Verteilung der Einnahmen aus den Rechten, die die beauftragte Verwertungsgesellschaft auf Grundlage einer Repräsentationsvereinbarung wahrnimmt, ist gemäß § 46 VGG der Verteilungsplan der beauftragten Verwertungsgesellschaft maßgeblich, soweit die Verwertungsgesellschaften in der Repräsentationsvereinbarung keine abweichenden Vereinbarungen treffen. Abweichende Vereinbarungen in der Repräsentationsvereinbarung müssen ein willkürliches Vorgehen bei der Verteilung ausschließen.

In den §§ 59 bis 74 VGG sind besondere Vorschriften für die gebietsübergreifende Vergabe von Online-Rechten an Musikwerken geregelt.

Aufsichtsbehörde ist nach § 75 VGG das Deutsche Patent- und Markenamt, das seine Aufgaben und Befugnisse nur im öffentlichen Interesse wahrnimmt. Eine

Verwertungsgesellschaft bedarf gemäß § 77 VGG der Erlaubnis, wenn sie Urheberrechte oder verwandte Schutzrechte wahrnimmt, die sich aus dem Urheberrechtsgesetz ergeben. Ein Widerruf der Erlaubnis ist nach § 80 VGG möglich.

Für Streitfälle nach dem Urheberrechtsgesetz und für Gesamtverträge ist eine Schiedsstelle zuständig (§ 92, 124 VGG).

Die wichtigsten Verwertungsgesellschaften sind:

- GEMA (Gesellschaft für musikalische Aufführungs- und mechanische Vervielfältigungsrechte; Mitglieder sind Komponisten, Musikverlage und Textdichter);
- VG Wort (Mitglieder sind Autoren, Wissenschaftler, Journalisten, Verleger),
- VG Bild-Kunst (Mitglieder sind Urheber von bildender Kunst, Lichtbild- und Filmwerken sowie die Schöpfer von Darstellungen wissenschaftlicher oder technischer Art).

In der Filmbranche haben sich mehrere Verwertungsgesellschaften mit unterschiedlichen Schwerpunkten etabliert.

Beispiel

GEMA

Wer bei öffentlichen Gelegenheiten Musik von CDs abspielen will, muss einen Beitrag an die GEMA bezahlen. Außerdem nimmt die GEMA die gemäß §§ 54, 54a UrhG zu entrichtende Geräteabgabe für aufnahmefähige CD-Player oder CD-Brenngeräte und Leertonträger ein. Von den Urhebern lässt sich die GEMA – neben anderen – die Rechte der Aufnahme auf Tonträger und Bildtonträger und die Vervielfältigungs- und Verbreitungsrechte an Tonträgern und Bildtonträgern übertragen. Die Einnahmen werden (unter Abzug der GEMA-Verwaltungsgebühren) nach einem komplizierten Verteilungsschlüssel dann den einzelnen Mitgliedern zugeordnet und als Tantiemen ausgeschüttet. Bei den anderen Verwertungsgesellschaften funktioniert das Prinzip ähnlich.

Der Bundesgerichtshof hat entschieden, dass die GEMA die Vergütungen für Musikaufführungen bei Freiluftveranstaltungen wie Straßenfesten oder Weihnachtsmärkten nach der Größe der gesamten Veranstaltungsfläche bemessen darf.

Der Fall:[27]

Die Gesellschaft für musikalische Aufführungs- und mechanische Vervielfältigungsrechte (GEMA) nimmt die ihr von Komponisten, Textdichtern und Musikverlegern eingeräumten urheberrechtlichen Nutzungsrechte an Musikwerken wahr. Zu ihren Aufgaben gehört es, von Nutzern der Musikwerke die angemessene Vergütung einzufordern. Sie stritt sich in zwei Verfahren mit Nutzern über die Bemessung der Vergütung für Musikaufführungen bei Freiluftveranstaltungen, die in den Jahren 2004 bis 2008 durchgeführt wurden. In dem einen Rechtsstreit geht es um Veranstaltungen in Bochum, nämlich den „Weihnachtsmarkt", den „Gerther Sommer" und die

---

[27]BGH, Urt. v. 27.10.2011 – I ZR 125/10.

„Bochumer Westerntage". Das andere Verfahren betrifft die Stadt- bzw. Straßenfeste „Barmen Live", „Bottrop Live", „Elberfelder Cocktail" und „Hammer Straße" (in Münster).

Die GEMA hatte zum Zeitpunkt der Veranstaltungen keinen eigenen Tarif für solche Musikaufführungen im Freien aufgestellt. Sie ermittelte die Vergütung deshalb nach einem Tarif, der für Musikaufführungen in Räumen gilt und bei dem sich die Höhe der Vergütung nach der Größe des Veranstaltungsraumes richtet. Sie berechnete die Vergütung dementsprechend nach der Größe der Veranstaltungsfläche, gerechnet vom ersten bis zum letzten Stand und von Häuserwand zu Häuserwand.

Die Veranstalter der Musikaufführungen halten diese Berechnungsweise für unangemessen. Sie sind der Ansicht, es dürfe nur auf den Teil der Veranstaltungsfläche abgestellt werden, der von der Bühne mit Musik beschallt werde. Davon seien die Flächen abzuziehen, die von Besuchern nicht betreten werden könnten (etwa, weil sich dort Stände befinden) oder dürften (wie der für eine Nutzung als Veranstaltungsfläche nicht zugelassene öffentliche Verkehrsraum) oder auf denen die Musik von der Bühne durch andere Musik (beispielsweise Musik von den Ständen) überlagert werde.

Der Bundesgerichtshof hat entschieden:

Für Freiluftveranstaltungen wie die hier in Rede stehenden Straßenfeste oder Weihnachtsmärkte sei es typisch, dass das Publikum vor der Bühne ständig wechsele und damit insgesamt wesentlich mehr Zuhörer die Musik wahrnähmen, als auf der beschallten Fläche Platz fänden. Es komme hinzu, dass die Musik von der Bühne regelmäßig die gesamte Veranstaltung prägt. Der GEMA wäre es auch nicht zumutbar, bei jeder der zahlreichen und verschiedenartigen Veranstaltungen im gesamten Bundesgebiet jeweils die Fläche zu ermitteln, die von der Bühne mit Musik beschallt wird und die Flächen festzustellen, auf denen sich keine Besucher aufhalten können oder dürfen oder auf die andere Musik einwirkt. Die Berechnung nach der Gesamtveranstaltungsfläche sei daher auch aus Gründen der Praktikabilität geboten.

Mittlerweile hat die GEMA einen eigenen Tarif für solche Musikaufführungen im Freien aufgestellt. Auch danach richtet sich die Höhe der Vergütung nach der Größe der gesamten Veranstaltungsfläche.

Schranken zu Gunsten allgemeiner Interessen

Neben den soeben erläuterten Schranken des Urheberrechtsschutzes zu Gunsten privater Interessen gibt es weitere Beschränkungen zu Gunsten allgemeiner Interessen. Es ist gemäß § 48 Abs. 1 Nr. 1 UrhG bspw. erlaubt, Reden über tagesaktuelle Probleme, die bei öffentlichen Versammlungen oder im Rundfunk gehalten wurden, in Zeitungen oder anderen Medien (also auch im Internet) zu vervielfältigen und zu verbreiten. § 63 UrhG schreibt vor, dass in diesen Fällen stets die Quelle anzugeben ist: Wer derartige Werke vervielfältigt und verbreitet, muss also darauf hinweisen, wo sie zum ersten Mal veröffentlicht wurden.

In § 51 UrhG ist die Zitierfreiheit normiert. Sie besagt, dass ganze Werke oder einzelne Stellen daraus auch gegen die Interessen des Urhebers vervielfältigt und verbreitet werden, sofern sie den Zweck eines Zitates erfüllen. Dieser liegt darin, sich mit dem Gedankengut eines anderen kritisch auseinanderzusetzen. Wo Auseinandersetzung überhaupt nicht stattfindet, sondern das Werk eines anderen Urhebers lediglich als Zitat getarnt und ansonsten nur wiedergegeben wird, ist der Zitatzweck nicht erfüllt und die Vervielfältigung und Verbreitung folglich unzulässig.

5.2.5 Übergang des Urheberrechts

Das Urheberrecht kann vom ursprünglichen Rechteinhaber auf einen anderen Rechteinhaber durch Vererbung und durch eine rechtsgeschäftliche Übertragung übergehen. Beide Möglichkeiten sollen hier erklärt werden.

Vererbung
Gemäß § 28 Abs. 1 UrhG ist das Urheberrecht vererblich.

Der Urheber kann es auch einem Testamentsvollstrecker übertragen, sein Urheberrecht auszuüben (§ 28 Abs. 2 UrhG).

Die Erben haben laut § 30 UrhG generell die gleichen Rechte wie der Urheber: Dies betrifft also sowohl die Urheberpersönlichkeitsrechte als auch die Urheberverwertungsrechte.

Übertragung durch Rechtsgeschäft

Es gilt der wichtige Grundsatz, dass das Urheberrecht unter Lebenden nicht übertragbar ist (§ 29 Abs. 1 UrhG). Dieser wichtige Grundsatz gilt für die beiden Bestandteile des Urheberrechts, also sowohl für das Urheberpersönlichkeitsrecht als auch für das Urheberverwertungsrecht insgesamt. Aber auch die einzelnen Urheberpersönlichkeitsrechte nach §§ 12 bis 14 UrhG und die Urheberverwertungsrechte gemäß §§ 15 bis 22 UrhG sind nicht rechtsgeschäftlich übertragbar.

Urheber sind häufig nicht in der Lage oder auch nicht bereit, die ihnen zustehenden Rechte selbst verwerten. So ist es zum Beispiel absolut unrealistisch, dass der Urheber einer Software seine Vergütungsansprüche aus dem Urheberrecht bei jedem einzelnen Computernutzer selbstständig durchsetzt. Gleiches gilt für Autoren oder Komponisten. Die Urheber bedienen sich deshalb Dritter als Mittler (zum Beispiel der bereits zuvor erwähnten Verwertungsgesellschaften). Gemäß § 29 Abs. 2 UrhG ist nämlich die Einräumung von Nutzungsrechten erlaubt. Gesetzlich zulässig sind danach außerdem schuldrechtliche Einwilligungen und Vereinbarungen über Verwertungsrechte und die in § 39 UrhG explizit geregelten Rechtsgeschäfte über die Urheberpersönlichkeitsrechte.

Gemäß § 31 Abs. 1 S. 1 UrhG darf der Urheber einem anderen das Recht einräumen, sein Werk auf bestimmte einzelne Weise oder alle denkbaren Arten zu nutzen. Diese sind mit den Verwertungsrechten des Urhebers identisch. Nutzungsrechte sind gegenüber dem Urheberrecht neue, selbstständige Rechte. In der Praxis spricht man bei vertraglich eingeräumten urheberrechtlichen Nutzungsrechten häufig auch von Lizenzen.

Der Urheber kann nach § 31 Abs. 1 S. 1 UrhG einem anderen das Recht einräumen, das Werk auf einzelne oder alle Nutzungsarten zu nutzen (Nutzungsrecht). Das Urheberrecht gebraucht den Begriff des Nutzungsrechts im Sinne einer Lizenz. Es sind verschiedene Gestaltungsmöglichkeiten bei der Einräumung von Nutzungsmöglichkeiten (Lizenzen) denkbar. Die Lizenz lässt sich daher also auf mehrerlei Weise vergeben.

Sie kann zunächst einmal als nichtausschließliche (sogenannte „einfache Lizenz") vergeben werden. Ein solches Lizenzrecht erlaubt dem Lizenznehmer (i. d. R. im Wege eines positiven Rechts) den Gebrauch des Schutzrechts. Er kann bspw. ein Erzeugnis herstellen, das Gegenstand eines Patents ist, sofern der Lizenzvertrag dies zulässt. Der Inhaber darf das Werk auf die ihm erlaubte Weise nutzen, andere Nutzungsrechteinhaber und der Urheber selbst sind von der Nutzung allerdings dabei nicht ausgeschlossen.

Als „ausschließliche Lizenz" wird dagegen ein Nutzungsrecht bezeichnet, das dem Lizenznehmer für ein bestimmtes Gebiet oder für eine bestimmte Gebrauchsart etc. den ausschließlichen Zugriff gestattet. Abwandlungen wie die Allein- oder Betriebslizenz, die das Gebrauchsrecht an einen einzigen Lizenznehmer oder sein Unternehmen binden, sind keine eigenständigen Lizenztypen. In diesen Fällen ist nur der Erwerber/Inhaber des Nutzungsrechts berechtigt, das Werk auf die vereinbarte Art zu nutzen: Der Urheber selbst und alle anderen Dritten sind ausgeschlossen.

Der Urheber kann aber auch alle Nutzungsrechte einem Erwerber übertragen – und zwar ganz nach seinem Willen mit oder ohne räumliche, zeitliche oder inhaltliche Beschränkung (§ 31 Abs. 1 S. 2 UrhG).

Nach § 31a UrhG können Urheber und Nutzungsberechtigte auch solche Nutzungsarten in ihre Verträge einbeziehen, die bei Vertragsschluss noch gar nicht bekannt sind (sogenannte „unbekannte Nutzungsarten"). Der Urheber hat allerdings die Möglichkeit, später – wenn die bis dato unbekannten Nutzungsarten Gestalt annehmen – seine Erlaubnis zu dieser neuen Nutzung zu widerrufen. Wird die Einräumung von Rechten für unbekannte Nutzungsarten vereinbart, so muss dies schriftlich geschehen, und dem Urheber steht in diesem Fall gemäß § 32c UrhG eine gesonderte Vergütung für die unbekannte Nutzungsart zu.

Nutzungsrechte können ferner gebündelt oder aufgespalten werden, und sie sind grundsätzlich übertragbar: Der Inhaber des Nutzungsrechts kann mit Zustimmung des Urhebers (§ 34 Abs. 1 S. 1 UrhG) andere zur Nutzung des Werkes berechtigen.

Ein Nutzungsrecht kann gemäß § 34 Abs. 3 S. 1 UrhG ausnahmsweise ohne Zustimmung des Urhebers übertragen werden, wenn die Übertragung im Rahmen der Gesamtveräußerung eines Unternehmens oder der Veräußerung von Teilen eines Unternehmens geschieht. Der Urheber kann das Nutzungsrecht zurückrufen, wenn ihm die Ausübung des Nutzungsrechts durch den Erwerber nach Treu und Glauben nicht zuzumuten ist (§ 34 Abs. 3 S. 2 UrhG).

In der Praxis geschieht es nicht selten, dass Urheber und Nutzungsberechtigter die erlaubte Nutzungsart nur ungenau in ihrem Vertrag bezeichnen, häufig fehlen Angaben zu Art, Inhalt und Umfang der Nutzungsrechte. Für den Streitfall gilt daher folgender Grundsatz:

Die sich aus dem Urheberrecht ergebenden Verwertungsbefugnisse verbleiben zum Schutz der wirtschaftlichen Interessen des Urhebers weitestgehend bei ihm. Sie gehen nach diesem sogenannten Zweckübertragungsgrundsatz also gerade nur in dem Umfang auf den Vertragspartner über, der erforderlich ist, um den Vertragszweck zu erfüllen.

Im Zweifel bedeutet das für den Erwerber bestimmter Nutzungsrechte, dass er wegen unzureichender Vertragsformulierungen den Kürzeren zieht, weil die Gerichte ihm bestimmte Nutzungsarten absprechen – und das, obwohl der Vertrag womöglich eine pauschale Vereinbarung über die Übertragung aller Nutzungsarten enthält.

Der Inhaber eines ausschließlichen Nutzungsrechts kann gemäß § 35 Abs. 1 S. 1 UrhG weitere Nutzungsrechte nur mit Zustimmung des Urhebers einräumen. Der Zustimmung bedarf es nicht, wenn das ausschließliche Nutzungsrecht nur zur Wahrnehmung der Belange des Urhebers eingeräumt ist § 35 Abs. 1 S. 2 UrhG.

§ 36a UrhG regelt, dass zur Aufstellung gemeinsamer Vergütungsregeln Vereinigungen von Urhebern mit Vereinigungen von Werknutzern oder einzelnen Werknutzern eine Schlichtungsstelle bilden, wenn die Parteien dies vereinbaren oder eine Partei die Durchführung des Schlichtungsverfahrens verlangt.

Bei Verstößen gegen gemeinsame Vergütungsregeln gibt § 36b UrhG einen Unterlassungsanspruch, § 36c UrhG regelt die individualvertraglichen Folgen des Verstoßes gegen gemeinsame Vergütungsregeln.

Räumt der Urheber einem anderen ein Nutzungsrecht am Werk ein, so verbleibt ihm im Zweifel das Recht der Einwilligung zur Veröffentlichung oder Verwertung einer Bearbeitung des Werkes (§ 37 Abs. 1 UrhG). Sofern der Urheber einem anderen ein Nutzungsrecht zur Vervielfältigung des Werkes einräumt, verbleibt ihm gemäß § 37 Abs. 1 UrhG im Zweifel das Recht, das Werk auf Bild- oder Tonträger zu übertragen. Räumt der Urheber einem anderen ein Nutzungsrecht zu einer öffentlichen Wiedergabe des Werkes ein, so ist dieser im Zweifel nicht berechtigt, die Wiedergabe außerhalb der Veranstaltung, für die sie bestimmt ist, durch Bildschirm, Lautsprecher oder ähnliche technische Einrichtungen öffentlich wahrnehmbar zu machen (§ 37 Abs. 3 UrhG).

§ 40 UrhG regelt Verträge über künftige Werke: Ein solcher Vertrag bedarf der Schriftform und kann von beiden Vertragsteilen nach Ablauf von fünf Jahren gekündigt werden.

§ 40a UrhG bestimmt: Hat der Urheber ein ausschließliches Nutzungsrecht gegen eine pauschale Vergütung eingeräumt, ist er gleichwohl berechtigt, das Werk nach Ablauf von zehn Jahren anderweitig zu verwerten.

5.2.6 Vergütung

Der Urheber hat nach § 32 Abs. 1 S. 1 UrhG für die Einräumung von Nutzungsrechten und die Erlaubnis zur Werknutzung Anspruch auf die vertraglich vereinbarte Vergütung. Ist die Höhe der Vergütung nicht bestimmt, gilt die angemessene Vergütung als vereinbart (§ 32 Abs. 1 S. 2 UrhG). Soweit die vereinbarte Vergütung nicht angemessen ist, kann der Urheber von seinem Vertragspartner die Einwilligung in die Änderung des Vertrages verlangen, durch die dem Urheber die angemessene Vergütung gewährt wird (§ 32 Abs. 1 S. 3 UrhG).

Sofern sie allerdings in einem auffälligen Missverhältnis zu den Erträgen und Vorteilen aus der Nutzung des Werkes stehen, bestimmen §§ 32 Abs. 1 S. 1, 3, 32a Abs. 1 UrhG Folgendes:

Hat der Urheber einem anderen ein Nutzungsrecht zu Bedingungen eingeräumt, die dazu führen, dass die vereinbarte Gegenleistung unter Berücksichtigung der gesamten Beziehungen des Urhebers zu dem anderen in einem auffälligen Missverhältnis zu den Erträgen und Vorteilen aus der Nutzung des Werkes steht, so ist der andere auf Verlangen des Urhebers verpflichtet, in eine Änderung des Vertrages einzuwilligen, durch die dem Urheber eine den Umständen nach weitere angemessene Beteiligung gewährt wird. Ob die Vertragspartner die Höhe der erzielten Erträge oder Vorteile vorhergesehen haben oder hätten vorhersehen können, ist dabei unerheblich, die angemessene Vergütung muss mithin auch dann an den Urheber gezahlt werden, wenn vertraglich keine Höhe der Vergütung vereinbart wurde.

Angemessen ist die Vergütung gemäß § 32 Abs. 2 S. 2 UrhG, wenn sie dem entspricht, was nach Art und Umfang der eingeräumten Nutzungsmöglichkeit üblicher- und redlicherweise bezahlt wird. Urhebervereinigungen und Vereinigungen von Werknutzern stellen hier sogenannte Vergütungsregeln auf (§ 36 UrhG).

Ein Miturheber kann einen Anspruch auf weitere angemessene Beteiligung nach § 32a Abs. 1 oder 2 S. 1 UrhG und einen diesen Anspruch vorbereitenden Auskunftsanspruch grundsätzlich unabhängig von anderen Miturhebern und allein zu seinen Gunsten geltend machen; die Bestimmungen des § 8 Abs. 2 S. 1 Halbsatz 1 und des § 8 Abs. 2 S. 3 Halbsatz 2 UrhG stehen dem nicht entgegen.[28]

Nach § 32d Abs. 1 UrhG kann der Urheber bei einer entgeltlichen Einräumung oder Übertragung eines Nutzungsrechts von seinem Vertragspartner einmal jährlich Auskunft und Rechenschaft über den Umfang der Werknutzung und die hieraus gezogenen Erträge und Vorteile auf Grundlage der im Rahmen eines ordnungsgemäßen Geschäftsbetriebes üblicherweise vorhandenen Informationen verlangen. Der Anspruch ist gemäß § 32d Abs. 1 UrhG ausgeschlossen, soweit der Urheber einen lediglich nachrangigen Beitrag zu einem Werk, einem Produkt oder einer Dienstleistung erbracht hat oder die Inanspruchnahme des Vertragspartners aus anderen Gründen unverhältnismäßig ist. Nachrangig ist ein Beitrag insbesondere dann, wenn er den Gesamteindruck eines Werkes oder die Beschaffenheit eines Produktes oder einer Dienstleistung wenig prägt, etwa, weil er nicht zum typischen Inhalt eines Werkes, eines Produktes oder einer Dienstleistung gehört.

Hat der Vertragspartner des Urhebers das Nutzungsrecht übertragen oder weitere Nutzungsrechte eingeräumt, so kann der Urheber gemäß § 32e UrhG Auskunft und Rechenschaft nach § 32d Abs. 1 und 2 UrhG auch von denjenigen Dritten verlangen, die die Nutzungsvorgänge in der Lizenzkette wirtschaftlich wesentlich bestimmen oder aus deren Erträgnissen oder Vorteilen sich das oben genannte auffällige Missverhältnis gemäß § 32a Abs. 2 UrhG ergibt.

Nach § 54 Abs. 1 UrhG besteht ein Vergütungsanspruch gegen den Hersteller von Geräten und Speichermedien, deren Typ allein oder in Verbindung mit anderen Geräten, Speichermedien oder Zubehör zur Vornahme solcher Vervielfältigungen benutzt wird, also zur Vornahme von bestimmten Vervielfältigungen zum eigenen Gebrauch benutzt

---

[28]BGH, Urt. v. 22.09.2011 – I ZR 127/10.

werden. Der Vergütungsanspruch hängt danach nicht mehr davon ab, dass die Geräte dazu bestimmt sind, ein Werk „durch Ablichtung eines Werkstücks oder in einem Verfahren vergleichbarer Wirkung" zu vervielfältigen. Dieser Vergütungsanspruch soll dem Urheber einen Ausgleich dafür verschaffen, dass unter bestimmten Voraussetzungen Vervielfältigungen seines Werkes zum eigenen Gebrauch – ohne seine Zustimmung – zulässig sind.

Maßgebend für die Vergütungshöhe ist nach § 54a UrhG, in welchem Maß die Geräte und Speichermedien als Typen tatsächlich für Vervielfältigungen genutzt werden. Dabei ist zu berücksichtigen, inwieweit technische Schutzmaßnahmen nach § 95a UrhG auf die betreffenden Werke angewendet werden. Die Vergütung für Geräte ist so zu gestalten, dass sie auch mit Blick auf die Vergütungspflicht für in diesen Geräten enthaltene Speichermedien oder andere, mit diesen funktionell zusammenwirkende Geräte oder Speichermedien insgesamt angemessen ist.

Beispiel

Der Bundesgerichtshof hat entschieden, dass Übersetzer literarischer Werke grundsätzlich einen Anspruch auf angemessene Vergütung in Form einer prozentualen Beteiligung am Erlös der verkauften Bücher haben.

Fall 1:[29]

Eine klagende Übersetzerin hatte sich gegenüber der beklagten Verlagsgruppe im November 2001 zur Übersetzung zweier Romane aus dem Englischen ins Deutsche verpflichtet. Sie räumte dem Verlag sämtliche Nutzungsrechte an ihrer Übersetzung inhaltlich umfassend und zeitlich unbeschränkt ein. Dafür erhielt sie das vereinbarte Honorar von rund 15 EUR für jede Seite des übersetzten Textes.

Die Klägerin ist der Ansicht, das vereinbarte Honorar sei unangemessen. Sie hat von der Beklagten deshalb nach § 32 Abs. 1 S. 3 UrhG eine Änderung des Übersetzervertrages verlangt. Nach dieser Bestimmung, die im Juli 2002 in Kraft getreten und grundsätzlich auf seit Juli 2001 geschlossene Verträge anwendbar ist, kann der Urheber von seinem Vertragspartner die Einwilligung in die Änderung des Vertrages verlangen, falls die vereinbarte Vergütung nicht angemessen ist.

Der Bundesgerichtshof hat gebilligt, dass die Klägerin von der Beklagten grundsätzlich die gewünschte Einwilligung in eine Vertragsänderung verlangen kann.

Das von den Parteien zur Abgeltung sämtlicher Rechte vereinbarte Pauschalhonorar von etwa 15 EUR je Seite sei zum Zeitpunkt des Vertragsschlusses zwar branchenüblich gewesen. Eine solche Vergütung sei jedoch im Sinne des Gesetzes unangemessen, weil sie das berechtigte Interesse der Klägerin nicht wahre, an jeder wirtschaftlichen Nutzung ihrer Übersetzung angemessen beteiligt zu werden. Zum Zeitpunkt des Vertragsschlusses sei nicht absehbar gewesen, dass die Übersetzung bis zum Erlöschen des Urheberrechts siebzig Jahre nach dem Tode der Klägerin (§ 64 UrhG) nur in einem Umfang genutzt werde, dass das vereinbarte Pauschalhonorar angemessen sei.

---

[29]BGH, Urt. v. 07.10.2009 – I ZR 38/07.

Der Bundesgerichtshof hat ferner entschieden, dass der Übersetzer eines literarischen Werkes, dem für die zeitlich unbeschränkte und inhaltlich umfassende Einräumung sämtlicher Nutzungsrechte an seiner Übersetzung lediglich ein für sich genommen übliches und angemessenes Seitenhonorar als Garantiehonorar zugesagt ist, daneben ab einer bestimmten Auflagenhöhe am Erlös der verkauften Bücher prozentual zu beteiligen ist.

Diese zusätzliche Erfolgsbeteiligung setzt bei einer verkauften Auflage von 5000 Exemplaren des übersetzten Werkes ein und beträgt normalerweise bei Hardcover Ausgaben 0,8 % und bei Taschenbüchern 0,4 % des Nettoladenverkaufspreises. Darüber hinaus kann der Übersetzer grundsätzlich die Hälfte des Nettoerlöses beanspruchen, den der Verlag dadurch erzielt, dass er Dritten das Recht zur Nutzung des übersetzten Werkes einräumt. Dabei ist unter Nettoerlös der Betrag zu verstehen, der nach Abzug der Vergütungen weiterer Rechteinhaber verbleibt und auf die Verwertung der Übersetzung entfällt.

Der Bundesgerichtshof hat diese Rechtsprechung zur angemessenen Honorierung von Übersetzern fortgeführt.

Beispiel

Fall 2:[30]

Der klagende Übersetzer hatte sich gegenüber dem beklagten Verlag im Oktober 2002 zur Übersetzung eines Sachbuchs aus dem Englischen ins Deutsche verpflichtet. Er räumte dem Verlag umfassende Nutzungsrechte an seiner Übersetzung ein. Dafür erhielt er das vereinbarte Honorar von 19 EUR für jede Seite des übersetzten Textes. Darüber hinaus war ihm für den Fall, dass mehr als 15.000 Exemplare der Hardcover-Ausgabe verkauft werden, ein zusätzliches Honorar von 0,5 % des Nettoladenverkaufspreises zugesagt. An den Erlösen des Verlags aus der Vergabe von Taschenbuch- und Buchgemeinschaftslizenzen war er nach dem Vertrag mit 5 % des Nettoverlagsanteils zu beteiligen.

Nach der seit Juli 2002 geltenden Regelung im Urheberrechtsgesetz kann der Urheber – dazu zählt auch der Übersetzer – für die Einräumung von Nutzungsrechten zwar grundsätzlich nur die vereinbarte Vergütung verlangen. Ist die vereinbarte Vergütung jedoch nicht angemessen, kann er von seinem Vertragspartner die Einwilligung in eine entsprechende Vertragsanpassung verlangen.

Der Bundesgerichtshof hat seine Rechtsprechung bestätigt, wonach der Übersetzer eines belletristischen Werkes oder Sachbuches, dem für die zeitlich unbeschränkte und inhaltlich umfassende Einräumung sämtlicher Nutzungsrechte an seiner Übersetzung lediglich ein für sich genommen übliches und angemessenes Seitenhonorar als Garantiehonorar zugesagt ist, daneben ab einer bestimmten Auflagenhöhe am Erlös der verkauften Bücher prozentual zu beteiligen ist. Diese zusätzliche Erfolgsbeteiligung setzt bei einer verkauften Auflage von 5000 Exemplaren des übersetzten Werkes ein und beträgt normalerweise bei Hardcover Ausgaben 0,8 % und bei Taschenbüchern 0,4 % des Nettoladenverkaufspreises. Der BGH hat klargestellt,

---

[30]BGH, Urt. v. 20.01.2011 – I ZR 19/09.

dass die zusätzliche Vergütung bei einer Erstverwertung als Hardcover-Ausgabe und einer Zweitverwertung als Taschenbuchausgabe jeweils erst ab dem 5000. verkauften Exemplar der jeweiligen Ausgabe zu zahlen ist. Er hat ferner deutlich gemacht, dass nur ein Seitenhonorar, das außerhalb der Bandbreite von Seitenhonoraren liegt, die im Einzelfall als üblich und angemessen anzusehen sein können, eine Erhöhung oder Verringerung des Prozentsatzes der zusätzlichen Vergütung rechtfertigen kann.

Der Bundesgerichtshof hat ferner bekräftigt, dass ein solcher Übersetzer eine angemessene Beteiligung an Erlösen beanspruchen kann, die der Verlag dadurch erzielt, dass er Dritten das Recht zur Nutzung des übersetzten Werkes einräumt oder überträgt. Dazu gehören etwa die wirtschaftlich bedeutsamen Erlöse des Verlags aus der Vergabe von Lizenzen für Taschenbuchausgaben des Werkes. Der BGH hat – abweichend von seiner früheren Rechtsprechung – entschieden, dass dem Übersetzer grundsätzlich eine Beteiligung in Höhe von einem Fünftel der Beteiligung des Autors des fremdsprachigen Werkes an diesen Erlösen zusteht.

In der Praxis entstehen auch neue Wege zur Wahrung der Urheberinteressen. Eine solche neue Möglichkeit sind die sogenannten „Creative Commons Lizenzen" („CCL").

Creative Commons ist eine Non-Profit-Organisation, die in Form von vorgefertigten Lizenzverträgen einen alternativen Rahmen für die Veröffentlichung und Verbreitung digitaler Medieninhalte anbietet und fortentwickelt. Einfacher ausgedrückt bietet CC eine Reihe von Standard-Lizenzverträgen an, die zur Verbreitung kreativer Inhalte genutzt werden können. CC ist dabei weder als Verwerter noch als Verleger von Inhalten tätig und ist auch nicht Vertragspartner von Urhebern und Rechteinhabern, die ihre Inhalte unter CC-Lizenzverträgen verbreiten wollen.

Die auf die vorwiegende Nutzung im Internet ausgerichteten sechs verschiedenen Musterlizenzverträge bieten vor allem Newcomern und Hobbyisten eine interessante Perspektive, ihren Bekanntheitsgrad zu erweitern und ihre Werke zu schützen.

Nähere Einzelheiten sind unter dem Link http://de.creativecommons.org abrufbar.

5.2.7 Konsequenzen aus der Verletzung des Urheberrechts

Ein Urheberrecht wird verletzt, wenn eine Handlung vorgenommen wird, die gegen das Urheberrecht gerichtet ist. Dies gilt insbesondere für Verstöße gegen die Urheberpersönlichkeitsrechte und gegen die Verwertungsrechte.

Die wichtigste Vorschrift ist hier § 97 UrhG. Demnach kann ein in seinem Recht verletzter Urheber vom Verletzer unter den in der Norm genannten Voraussetzungen Unterlassung oder Schadensersatz verlangen. Schadensersatz kommt demnach nur in Betracht, wenn dem Verletzer Vorsatz oder Fahrlässigkeit angelastet werden können – hier spielt also das Verschulden eine Rolle.

Bei unzulässig angefertigten Vervielfältigungsstücken stehen dem Urheber gemäß § 98 UrhG ein Vernichtungsanspruch, ein Überlassungsanspruch sowie ein Anspruch auf anderweitige Beseitigung der rechtswidrigen Vervielfältigungsstücke zu.

Das Urhebergesetz gewährleistet bei Urheberrechtsverletzungen auch strafrechtlichen Schutz. Wer gemäß §§ 106 ff. UrhG geschützte Werke unerlaubt verwertet, unzulässige Urheberbezeichnungen anbringt oder in verwandte Schutzrechte unerlaubt eingreift, kann mit Geldstrafen oder Freiheitsstrafen bis zu drei, bei gewerbsmäßigem Handel bis zu fünf Jahren bestraft werden.

Nach § 101 Abs. 1 UrhG besteht ein Auskunftsanspruch gegenüber dem Verletzer: Wer in gewerblichem Ausmaß das Urheberrecht widerrechtlich verletzt, kann von dem Verletzten auf unverzügliche Auskunft über die Herkunft und den Vertriebsweg der rechtsverletzenden Vervielfältigungsstücke oder sonstigen Erzeugnisse in Anspruch genommen werden.

In Fällen offensichtlicher Rechtsverletzung besteht der Anspruch auch gegen eine Person, die in gewerblichem Ausmaß rechtsverletzende Vervielfältigungsstücke in ihrem Besitz hatte, rechtsverletzende Dienstleistungen in Anspruch nahm, für rechtsverletzende Tätigkeiten genutzte Dienstleistungen erbrachte oder an der Herstellung, Erzeugung oder am Vertrieb solcher Vervielfältigungsstücke, sonstigen Erzeugnisse oder Dienstleistungen beteiligt war.

Mit dem Auskunftsanspruch gegenüber Dritten sollte insbesondere ein zivilrechtlicher Auskunftsanspruch gegenüber Internetprovidern geschaffen werden. Ziel war es, dadurch den Rechteinhabern eine Ermittlung des Verletzers bei Rechtsverletzungen im Internet zu ermöglichen.

Die Auskunft des Internetproviders über den Namen und die Anschrift eines potenziellen Rechtsverletzers setzt voraus, dass auf Verkehrsdaten zurückgegriffen wird. Die Verwendung der nach § 113a Abs. 4 TKG gespeicherten Verkehrsdaten für eine zivilrechtliche Auskunft wird indessen durch die §§ 113, 113 b TKG ausgeschlossen. Andere als die nach § 113a Abs. 4 TKG gespeicherten Daten dürften kaum mehr zur Verfügung stehen.

5.2.8 Beendigung des Urheberrechts

Das Urheberrecht erlischt gemäß § 64 UrhG siebzig Jahre nach dem Tod des Urhebers.

Bei anonymen und pseudonymen Werken erlischt nach § 66 Abs. 1 UrhG das Urheberrecht siebzig Jahre nach der Veröffentlichung. Es erlischt jedoch bereits siebzig Jahre nach der Schaffung des Werkes, wenn das Werk innerhalb dieser Frist nicht veröffentlicht worden ist.

§ 69 UrhG bestimmt, dass die Frist mit Ablauf des Kalenderjahres beginnt, in dem der Urheber verstorben ist.

5.2.9 Besonderheiten zum Urheberrechtsschutz bei Computerprogrammen

In den vorangegangenen Abschnitten sind bereits zahlreiche Bestimmungen des Urheberrechts im Zusammenhang mit Computerprogrammen erläutert worden. An dieser Stelle sollen darüber hinaus weitere Einzelheiten genannt werden, die in der IT-Praxis von Bedeutung sein können. Wichtig sind hier insbesondere die §§ 69a ff. UrhG.

§ 69a UrhG regelt – wie bereits oben im Abschn. 5.2.2 zum Begriff des urheberrechtlich geschützten Werks erwähnt – den Schutz des Computerprogramms wie folgt:

- Computerprogramme im Sinne des Urheberrechts sind Programme in jeder Gestalt, einschließlich des Entwurfsmaterials.
- Der gewährte Schutz gilt für alle Ausdrucksformen eines Computerprogramms.
- Ideen und Grundsätze, die einem Element eines Computerprogramms zugrunde liegen, einschließlich der den Schnittstellen zugrunde liegenden Ideen und Grundsätze, sind nicht geschützt.
- Computerprogramme werden geschützt, wenn sie individuelle Werke in dem Sinne darstellen, dass sie das Ergebnis der eigenen geistigen Schöpfung ihres Urhebers sind.
- Zur Bestimmung ihrer Schutzfähigkeit sind keine anderen Kriterien, insbesondere nicht qualitative oder ästhetische, anzuwenden.
- Auf Computerprogramme finden die für Sprachwerke im Sinne von § 2 Abs. 1 Ziffer 1 UrhG geltenden Bestimmungen Anwendung, soweit nicht Ausnahmen in den §§ 69a ff. UrhG bestehen.
- Die Vorschriften der §§ 95a bis 95d UrhG über die ergänzenden Schutzbestimmungen, die Regeln über die Durchsetzung von Schrankenbestimmungen und den Schutz der zur Rechtewahrnehmung erforderlichen Informationen sowie die Bestimmungen über Kennzeichnungspflichten finden auf Computerprogramme hingegen keine Anwendung.

So beinhaltet bspw. § 69b UrhG eine Besonderheit: Hier heißt es, dass ausschließlich der Arbeitgeber zu vermögensrechtlichen Befugnissen an einem Computerprogramm berechtigt ist, das ein Arbeitnehmer im Rahmen seiner Aufgaben bzw. nach Weisung des Arbeitgebers geschaffen hat. Arbeitnehmer und Arbeitgeber können allerdings anderes vereinbaren. Die Regelung steht damit im Gegensatz zur allgemeinen Bestimmung des § 43 UrhG. Danach bleibt nämlich der Arbeitnehmer der Urheber eines Werkes; d. h., ihm stehen die vermögensrechtlichen Befugnisse zu, auch wenn er das Werk im Rahmen seines Arbeitsverhältnisses geschaffen hat. Für Angestellte oder auf Basis eines Dienstvertrages tätige Mitarbeiter in Softwareunternehmen dürfte die besondere Regelung des § 69b UrhG damit schon bei den Vertragsverhandlungen von Bedeutung sein.

§ 69c UrhG bestimmt, dass ausschließlich der Inhaber des Urheberrechts auch das Recht hat, bestimmte Handlungen an dem Computerprogramm vorzunehmen oder dies Dritten zu gestatten. Beispielhaft seien die dauerhafte oder vorübergehende Vervielfältigung, die Übersetzung und Bearbeitung sowie jede Form der Verbreitung erwähnt. Für derartige Handlungen ist also grundsätzlich die Zustimmung des Urhebers einzuholen. Sofern derartige Handlungen allerdings dem bestimmungsgemäßen Gebrauch eines Computerprogramms entsprechen, sind sie gemäß § 69d Abs. 1 UrhG zustimmungsfrei. Gleiches gilt für Sicherungskopien (§ 69d Abs. 2 UrhG).

§ 69e UrhG enthält darüber hinaus Voraussetzungen für zustimmungsfreie Dekompilierungshandlungen.

Dekompilierer (englisch: Decompiler) sind Computerprogramme, die aus der sogenannten Maschinensprache oder aus Daten im Objektcode einen lesbaren Quellcode erzeugen.

Es handelt sich quasi um das Gegenteil eines Compilers. (Compiler übersetzen die in Programmiersprache geschriebenen Quelltexte eines Computerprogramms in die Maschinensprache.) Dekompilierungshandlungen sind gemäß § 69e UrhG erlaubt, wenn der Lizenznehmer durch sie Informationen über die Interoperabilität (also die Fähigkeit zur Zusammenarbeit mit anderen Programmen) benötigt und wenn er nur die dafür notwendigen Programmteile „übersetzt".

§ 69 f. UrhG bestimmt, dass der Rechtsinhaber von einem Eigentümer oder Besitzer verlangen kann, rechtswidrig hergestellte, verbreitete oder zur rechtswidrigen Verbreitung bestimmte Vervielfältigungsstücke einer Software (sogenannte Raubkopien) zu vernichten. Die Norm verweist auf § 98 Abs. 2 UrhG, wonach der Rechtsinhaber statt der Vernichtung auch die Überlassung der Raubkopien gegen eine Vergütung (nicht höher als die Herstellungskosten) verlangen kann. Eine verhältnismäßige Beseitigung einer Urheberrechtsverletzung gemäß § 98 Abs. 3 UrhG kommt zudem bspw. bei Veränderungen oder Bearbeitungen am Original-Programm in Betracht. Diese sind rückgängig zu machen.

Verwertungsgesellschaften, wie es sie bspw. in den Bereichen Musik, Wort, Bild, Kunst und Film gibt, existieren im Softwarebereich nicht. Der einzelne Nutzer eines Computerprogramms wird deshalb in aller Regel mit dem Urheber bzw. dem Rechtsinhaber einen Lizenzvertrag schließen. Bei Standard-Software wird dieser üblicherweise beim Verkauf mit dem Datenträger ausgehändigt. Die Auslegung solcher Lizenzverträge erfolgt bei Standardprogrammen nach dem Kaufrecht. Bei anders gestalteten Lizenzvereinbarungen kann auch das Mietrecht ausschlaggebend sein.

Zum Weitervertrieb „gebrauchter" Softwarelizenzen hat sich die Rechtsprechung wiederholt positioniert:

Ein Softwarehersteller kann sich dem Weiterverkauf seiner „gebrauchten" Lizenzen, die die Nutzung seiner aus dem Internet heruntergeladenen Programme ermöglichen, nicht widersetzen. Gebrauchte Software darf weiterverkauft werden, unabhängig davon, wie sie erworben worden war, dies gilt auch für durch Download gekaufte Software.[31]

---

[31]EuGH, Urt. v. 03.12.2012 – C-128/11

Hat der Inhaber des Urheberrechts dem Herunterladen der Kopie eines Computerprogramms aus dem Internet auf einen Datenträger zugestimmt, sind der zweite oder jeder weitere Erwerber einer Lizenz zur Nutzung dieses Computerprogramms nach § 69d Abs. 1 UrhG zur Vervielfältigung des Programms berechtigt, wenn das Recht zur Verbreitung der Programmkopie erschöpft ist und der Weiterverkauf der Lizenz an den Erwerber mit dem Weiterverkauf der von der Internetseite des Urheberrechtsinhabers heruntergeladenen Programmkopie verbunden ist.[32] Die Erschöpfung des Verbreitungsrechts im Sinne von § 69c Ziffer 3 UrhG setzt voraus,

- dass der Urheberrechtsinhaber seine Zustimmung gegen Zahlung eines Entgelts erteilt hat, das es ihm ermöglichen soll, eine dem wirtschaftlichen Wert der Kopie seines Werkes entsprechende Vergütung zu erzielen;
- dass der Urheberrechtsinhaber dem Ersterwerber ein Recht eingeräumt hat, die Kopie ohne zeitliche Begrenzung zu nutzen;
- dass Verbesserungen und Aktualisierungen, die das vom Nacherwerber heruntergeladene Computerprogramm gegenüber dem vom Ersterwerber heruntergeladenen Computerprogramm aufweist, von einem zwischen dem Urheberrechtsinhaber und dem Ersterwerber abgeschlossenen Wartungsvertrag gedeckt sind;
- dass der Ersterwerber seine Kopie unbrauchbar gemacht hat.

Die Erschöpfung des Verbreitungsrechts an den Kopien eines Computerprogramms tritt unabhängig davon ein, ob der Rechtsinhaber der Veräußerung einer bestimmten Anzahl körperlicher Datenträger zustimmt oder ob er dem Anfertigen einer entsprechenden Anzahl von Kopien durch Herunterladen einer Kopie des Computerprogramms und dem Anfertigen weiterer Kopien von dieser Kopie zustimmt.[33] Ist ein körperliches oder ein unkörperliches Vervielfältigungsstück eines Computerprogramms mit Zustimmung des Rechtsinhabers im Wege der Veräußerung in Verkehr gebracht worden, ist die Weiterverbreitung aufgrund der eingetretenen Erschöpfung des urheberrechtlichen Verbreitungsrechts ungeachtet einer inhaltlichen Beschränkung des eingeräumten Nutzungsrechts frei.

Hat der Ersterwerber eine Lizenz erworben, die die Nutzung der auf einem Server installierten Kopie des Computerprogramms durch mehrere Nutzer gestattet, kann sich der Nacherwerber der Kopie dieses Programms nur dann mit Erfolg auf die Erschöpfung des Verbreitungsrechts an dieser Kopie berufen, wenn der Ersterwerber diese Kopie unbrauchbar gemacht hat.

Hat der Ersterwerber dagegen eine Lizenz erworben, die die Nutzung mehrerer eigenständiger Kopien des Computerprogramms erlaubt, kann sich der Nacherwerber von Kopien dieses Programms bereits dann mit Erfolg auf die Erschöpfung des Verbreitungsrechts an diesen Kopien berufen, wenn der Ersterwerber eine entsprechende Anzahl von Kopien unbrauchbar gemacht hat.

---

[32]BGH, Urt. v. 17.07.2013 I ZR 129/08 – UsedSoft II.

[33]BGH, Urt. v. 11.12.2014 – I ZR 8/13 – UsedSoft III.

Das dem Nacherwerber einer „erschöpften" Kopie eines Computerprogramms durch
§ 69d Abs. 1 UrhG vermittelte Recht zu dessen bestimmungsgemäßer Nutzung kann
nicht durch vertragliche Bestimmungen eingegrenzt werden, die die Verkehrsfähigkeit
des Computerprogramms beeinträchtigen. Bestimmungen eines Lizenzvertrages, die
den Einsatz der Software auf einen bestimmten Nutzerkreis oder einen bestimmten Verwendungszweck einschränken, regeln daher nicht die bestimmungsgemäße Nutzung des
Computerprogramms im Sinne von § 69d Abs. 1 UrhG.

5.2.10 Schutz des Datenbankherstellers gegen Entnahme von Daten

Der BGH hat zum Thema Schutz des Datenbankherstellers gegen Entnahme von Daten
entschieden, dass ein Datenbankhersteller verbieten kann, Änderungen seiner Datenbank
in einem Datenabgleich zu erfassen und für ein Wettbewerbsprodukt zu nutzen.

Beispiel

Der Fall:[34]

Die Klägerin vertreibt den elektronischen Zolltarif (EZT), der auf der Grundlage
der Datenbank TARIC der Europäischen Kommission die für die elektronische Zoll-
anmeldung in der EU erforderlichen Tarife und Daten enthält. Die Klägerin bietet den
EZT online und – in abgewandelter Darstellung – auf der CD-ROM „Tarife" an. Die
Beklagten vertreiben ebenfalls eine Zusammenstellung der für die elektronische Zoll-
anmeldung erforderlichen Tarife und Daten. In den Jahren 2001 und 2002 nahm die
Klägerin bewusst unrichtige Daten in ihre CD-ROM „Tarife" auf, die sich – ebenso
wie einige Pflegefehler – danach auch im Produkt der Beklagten fanden. Die Klägerin
sieht in der Übernahme der Daten eine Verletzung ihrer Datenbankherstellerrechte an
den Datenbanken EZT und „Tarife". Sie will den Beklagten verbieten lassen, ohne
ihre Zustimmung die jeweils aktuelle Fassung ihrer Datenbanken auszulesen, um mittels eines Datenabgleichs ein Konkurrenzprodukt zu aktualisieren.

Der BGH hat geurteilt, der Klägerin stünden Datenbankherstellerrechte an der
Datenbank „Tarife" zu, da sie nicht als amtliches Werk gemeinfrei sei und mit erheblichen Investitionen ständig von der Klägerin aktualisiert werde. Das Datenbankher-
stellerrecht hätten die Beklagten zwar nicht schon verletzt, indem sie die CD-ROM
„Tarife" auf der Festplatte eines Computers speicherten. Denn dies sei von einer Einwilligung der Klägerin gedeckt, weil es zur bestimmungsgemäßen Nutzung der CD-
ROM erforderlich sei. Eine Schutzrechtsverletzung der Klägerin liege aber vor, weil die
Beklagten per Datenabgleich der CD-ROM „Tarife" Änderungsdaten entnommen und
zur Aktualisierung ihres Wettbewerbsprodukts verwendet hätten. Die vom Berufungs-

---

[34]BGH, Urt. v. 30.04.2009 – I ZR 191/05.

gericht festgestellte Übernahme einzelner Daten aus der CD-ROM der Klägerin in das Produkt der Beklagten setze notwendig einen umfassenden Datenabgleich voraus. Schon die einmalige Entnahme aller geänderten Daten aus einer bestimmten Version der CD-ROM – durch Erstellung einer (ggf. nur zwischengespeicherten) Änderungsliste oder unmittelbare Übernahme – beziehe sich auf einen qualitativ wesentlichen Teil der Datenbank. Deshalb stehe dem Anspruch der Klägerin nicht entgegen, dass der rechtmäßige Benutzer qualitativ oder quantitativ unwesentliche Teile einer öffentlich zugänglichen Datenbank zu beliebigen Zwecken entnehmen könne.

Hinsichtlich der Datenbank EZT hat der BGH die Abweisung der Klage bestätigt, weil nicht festgestellt war, dass die Beklagten diese Datenbank für einen Datenabgleich verwendet hatten.

5.2.11 Internationales Urheberrecht, Rechtswahl

Aus dem deutschen Vertragsrecht ist bekannt, dass die Parteien grundsätzlich das auf ihren Vertrag anwendbare Recht wählen können. Für das Urheberrecht gilt dies nicht ausschließlich. Vielmehr kennt das Urhebergesetz zwingende Bestimmungen, die nicht durch Rechtswahlklauseln umgangen werden können. Dies betrifft zum Beispiel die Urheberpersönlichkeitsrechte, den Zweckübertragungsgrundsatz und die Regelungen über eine angemessene Vergütung.

Deutsches Urheberrecht wird der Rechtsprechung zufolge auch dann angewendet, wenn geschützte Inhalte zwar auf einem ausländischen Server gespeichert sind, aber in Deutschland zugänglich gemacht werden.

Nach der herrschenden Meinung gilt grundsätzlich das sogenannte Schutzlandprinzip, nach dem das Recht des Staates angewendet wird, für dessen Gebiet der Schutz ersucht wird. Gerade im Internet bereitet dieses Prinzip Schwierigkeiten. Anbieter von Websites müssten ihre Online-Angebote demnach so gestalten, dass sie den Urheberrechtsordnungen aller Staaten entsprechen, in denen die Website abrufbar ist. Dies dürfte schlicht unmöglich sein.

5.3 Patentrecht

Das Patentrecht ist ein technisches Schutzrecht und – wie das Urheberrecht – ein absolutes Recht. In der Wirtschaftspraxis sind Patente von großer Bedeutung – vor allem mit Blick auf den Wettbewerb (zum Beispiel Piraterieprodukte). Es besteht privatrechtlicher und öffentlich-rechtlicher Schutz.

Auch in der IT-Branche kann das Patent als Instrument zum Schutz des geistigen Eigentums eine Rolle spielen, wenngleich das Urheberrecht sicherlich größeres Gewicht hat. In diesem Abschnitt sollen die wichtigsten Regelungen zum gewerblichen Rechtsschutz dennoch erläutert werden.

5.3.1 Patent

Für die Erteilung eines Patents gibt § 1 Abs. 1 des Patentgesetzes (PatG) die Voraussetzungen vor:

Es muss sich um eine Erfindung handeln, die neu und gewerblich anwendbar ist und die auf einer erfinderischen Tätigkeit beruht.

Den Begriff der Erfindung definiert das Gesetz nicht. In der Literatur heißt es häufig: Eine Erfindung ist eine Lehre zum technischen Handeln. Der BGH hat dies in einer Entscheidung[35] wie folgt konkretisiert: Es handelt sich um eine Anweisung zum planmäßigen Handeln unter Einsatz beherrschbarer Naturkräfte zur Erreichung eines kausal übersehbaren Erfolges. Es kann sich demnach um Erfindungen aus verschiedenen naturwissenschaftlichen Bereichen handeln, zum Beispiel Chemie, Physik. Auch biotechnologische Erfindungen sind unter bestimmten Voraussetzungen patentfähig (§ 1 Abs. 2 PatG). Eine Erfindung beginnt grundsätzlich mit einem technischen Problem und endet mit einem Erfolg, der mit bestimmten technischen Mitteln und den Naturkräften erreicht wird.

Als Erfindungen werden nach § 1 Abs. 3 PatG nicht angesehen:

- Entdeckungen sowie wissenschaftliche Theorien und mathematische Methoden,
- ästhetische Formschöpfungen,
- Pläne, Regeln und Verfahren für gedankliche Tätigkeiten, für Spiele oder für geschäftliche Tätigkeiten,
- Programme für Datenverarbeitungsanlagen,
- die Wiedergabe von Informationen.

Neu ist eine Erfindung gemäß § 3 PatG, wenn sie nicht dem bereits gültigen Stand der Technik entspricht. Ausschlaggebend für die Beurteilung ist in aller Regel der Tag, an dem das Patent beim Deutschen Patent- und Markenamt (DPMA) angemeldet wird. Ein Erfinder, der sich über die Erfolgsaussichten seiner Anmeldung kundig machen will, kann beim Patentamt Auskunft zum Stand der Technik beantragen (§ 43 PatG).

Sehr empfehlenswert sind die Internetveröffentlichungen des DPMA unter http://www.dpma.de/patent/index.html, die einen hervorragenden Überblick über den Patentschutz, die Anmeldung, das Verfahren und die Patentrecherche u. a. m. geben.

So wie das Urheberrecht eine bestimmte Schöpfungshöhe verlangt, bedarf es beim Patentrecht einer bestimmten Erfindungshöhe (Erfindungsqualität). Für den Fachmann darf sich eine technische Lösung nicht naheliegend aus dem herrschenden Stand der Technik ergeben (§ 4 PatG). Ist das doch der Fall, fehlt der Erfindung die erforderliche Qualität für die Patentfähigkeit.

Gewerblich anwendbar ist eine Erfindung gemäß § 5 Abs. 1 PatG, wenn ihr Gegenstand auf irgendeinem gewerblichen Gebiet – einschließlich der Landwirtschaft – hergestellt

---

[35]BGH, Urt. v. 27.03.1969 – X ZR 15/67.

oder benutzt werden kann. Chirurgische, therapeutische oder diagnostische Verfahren gelten als nicht gewerblich anwendbar (§ 5 Abs. 2 PatG).

Erfindungen können Erzeugnisse (zum Beispiel Maschinen, Stoffe, Vorrichtungen, Anordnungen) oder Verfahren (Herstellungs- oder Arbeitsverfahren) sein. Der Unterschied zwischen Erzeugnis- und Verfahrenserfindungen ist von Bedeutung, weil der Schutzumfang des Patentrechts jeweils unterschiedlich gestaltet ist.

Für die Patentfähigkeit von Computerprogrammen bzw. von computerimplementierten Erfindungen ist nach dem geltenden deutschen Patentrecht der Technikbegriff entscheidend. Eine EU-weite Harmonisierung zur Patentfähigkeit von Computerprogrammen gibt es bisher nicht.

Nach ständiger Rechtsprechung des BGH muss ein Anspruch auf ein Computerprogramm ein konkretes technisches Problem mit technischen Mitteln lösen. Eine Anmeldung, die ein Computerprogramm oder ein durch ein Datenverarbeitungsprogramm verwirklichtes Verfahren zum Gegenstand hat, muss über die für die Patentfähigkeit unabdingbare Technizität hinaus verfahrensbestimmende Anweisungen enthalten, die die Lösung eines konkreten technischen Problems mit technischen Mitteln zum Gegenstand haben.[36]

▶   Software „als solche" ist nicht patentfähig.

Ein Programm für Datenverarbeitungsanlagen bzw. ein Computerprogramm fällt demnach dann nicht unter die Ausschlusskriterien von Computerprogrammen als solche, wenn es einen technischen Beitrag zum Stand der Technik leistet bzw. einen weiteren technischen Effekt erzielt, wenn also ein konkretes technisches Problem mit technischen Mitteln gelöst wird.

Neben diesen Voraussetzungen muss ein Programm für Datenverarbeitungsanlagen bzw. ein Computerprogramm auch die sonstigen Patentierungsvoraussetzungen erfüllen. Insbesondere bedeutet dies, dass ein Computerprogramm neu sein muss und auf einer erfinderischen Tätigkeit beruhen muss.

Physische Wirkungen einer Software (zum Beispiel elektrischer Strom) sind allein nicht ausreichend, um dem technischen Charakter einer Erfindung zu genügen. Vielmehr muss das Computerprogramm Naturkräfte oder technische Mittel gebrauchen, um einen unmittelbaren technischen Effekt hervorzurufen. Bei Software wird bisher je nach Einzelfall entschieden, ob die Patentfähigkeit gegeben ist oder nicht. Rechtsprechung und Literatur erkennen allerdings Verfahren zur Steuerung technischer Geräte (zum Beispiel Mobiltelefone, TV-Geräte) als technische Erfindungen an.

Bei Erfindungen mit Bezug zu Geräten und Verfahren (Programmen) der elektronischen Datenverarbeitung ist also zunächst zu klären, ob der Gegenstand der Erfindung zumindest mit einem Teilaspekt auf technischem Gebiet liegt (§ 1 Abs. 1 PatG). Ist das

---

[36]vgl. z. B. BGH, Beschl. v. 20.01.2009 – X ZB 22/07.

zu bejahen, ist auf der Grundlage der Regelung in § 1 Abs. 3 Nr. 3 PatG weiter zu prüfen, ob er Anweisungen enthält, die der Lösung eines konkreten technischen Problems
mit technischen Mitteln dienen.

Danach ist also zu ergründen, ob dieser Gegenstand lediglich ein Programm für
Datenverarbeitungsanlagen als solches darstellt und deshalb vom Patentschutz ausgeschlossen ist. Der Ausschlusstatbestand von § 1 Abs. 3 Nr. 3 PatG greift nicht ein, wenn
diese weitere Prüfung ergibt, dass die Lehre Anweisungen enthält, die der Lösung eines
konkreten technischen Problems mit technischen Mitteln dienen.

Auch ein auf dem Gebiet der Technik eingesetztes Verfahren ist nicht schon deswegen
dem Patentschutz zugänglich, weil es zur Herbeiführung des angestrebten Erfolgs auch
den Einsatz eines Programms zur Steuerung einer Datenverarbeitungsanlage vorsieht.
Da das Gesetz Programme für Datenverarbeitungsanlagen als solche vom Patentschutz
ausschließt, muss die beanspruchte Lehre über die für die Patentfähigkeit unabdingbare
Technizität hinaus Anweisungen enthalten, die der Lösung eines konkreten technischen
Problems mit technischen Mitteln dienen.

Auch bereits rein konzeptionelle Überlegungen können unter bestimmten Umständen
ein technisches Problem lösen und sind somit prinzipiell schutzwürdig.

Für die Patentfähigkeit von Computerprogrammen hat der Bundesgerichtshof im
Jahre 2010 neue Möglichkeiten zur Patentierbarkeit von Software und Verfahren, die mit
Hilfe von Computern ausgeführt werden, aufgezeigt.

Beispiel

Der Fall:[37]

Im Streit über eine Patentanmeldung von Siemens auf ein „Verfahren zur dynamischen Generierung strukturierter Dokumente" beim Deutschen Patentamt hat das
Gericht entschieden, dass auch rein konzeptionelle Überlegungen unter bestimmten
Umständen ein technisches Problem lösen könnten und somit prinzipiell schutzwürdig
seien. Ein Verfahren, welches das unmittelbare Zusammenwirken der Elemente eines
Datenverarbeitungssystems betreffe, „sei stets technischer Natur". Dabei komme es
nicht darauf an, ob es in der Ausgestaltung, in der es zum Patent angemeldet wird,
durch technische Anweisungen geprägt ist. Ein solches Verfahren sei nicht als Programm für Datenverarbeitungsanlagen vom Patentschutz ausgeschlossen, wenn es ein
konkretes technisches Problem mit technischen Mitteln löse. Eine Lösung mit technischen Mitteln liege nicht nur dann vor, wenn Systemkomponenten modifiziert oder
in neuartiger Weise adressiert werden. Es reiche vielmehr aus, wenn der Ablauf eines
Datenverarbeitungsprogramms, das zur Lösung des Problems eingesetzt werde, durch
technische Gegebenheiten außerhalb der Datenverarbeitungsanlage bestimmt wird
oder wenn die Lösung gerade darin besteht, ein Datenverarbeitungsprogramm so auszugestalten, dass es auf die technischen Gegebenheiten der Datenverarbeitungsanlage

---

[37]BGH, Beschl. v. 22.04.2010 – Xa ZB 20/08.

Rücksicht nimmt. Ein Verfahren, welches das unmittelbare Zusammenwirken der Elemente eines Datenverarbeitungssystems (zum Beispiel eines Servers mit einem Client zur dynamischen Generierung strukturierter Dokumente) betrifft, ist stets technischer Natur, ohne dass es darauf ankäme, ob es in der Ausgestaltung, in der es zum Patent angemeldet wird, durch technische Anweisungen geprägt ist.

Neben diesen Voraussetzungen muss ein Programm für Datenverarbeitungsanlagen bzw. ein Computerprogramm auch die sonstigen Patentierungsvoraussetzungen (dazu gleich) erfüllen. Insbesondere bedeutet dies, dass ein Computerprogramm neu sein und auf einer erfinderischen Tätigkeit beruhen muss. Physische Wirkungen einer Software (zum Beispiel elektrischer Strom) sind allein nicht ausreichend, um dem technischen Charakter einer Erfindung zu genügen. Vielmehr muss das Computerprogramm Naturkräfte oder technische Mittel gebrauchen, um einen unmittelbaren technischen Effekt hervorzurufen.

▶   Software ist (wohl) immer irgendwie technisch und insofern patentfähig.

Entscheidend ist, dass die Erfindung technisch ist und einen technischen Beitrag leistet, d. h. ein konkretes technisches Problem mit konkreten technischen Mitteln löst und die Lösung auch neu ist und sich nicht in naheliegender Weise aus dem Stand der Technik ergibt.

Ein Beispiel für bisher erteilte Softwarepatente ist der Fortschrittsbalken, der den Fortschritt eines Prozesses anzeigt (zum Beispiel beim Starten eines Computers oder beim Schreiben auf einen Datenträger), dieses Patent war etwa acht Jahre lang gültig, bis IBM es 2003 auslaufen ließ. Auch im Bereich des Versandhandels sind einige Verfahren patentiert: So ist der elektronische Einkaufswagen, mit dessen Hilfe bei vielen Onlinehändlern Bestellungen zusammengestellt werden, eine patentierte Geschäftsmethode des Unternehmens Sun. Das „One-click-shopping" (eine Methode um Bestellungen mit nur einem Mausklick in Auftrag zu geben) ist vom Onlinehändler Amazon.com patentiert. Microsoft hält das Patent auf den Prozess des Doppelklicks und auf Instant Messaging in den USA.

5.3.2 Erfinder

Der Erfinder ist derjenige, der eine technische Regel gefunden, also ein technisches Problem mit technischen Mitteln gelöst hat. Es handelt sich immer um natürliche Personen.

Ein Unternehmen als juristische Person kann kein Erfinder sein, aber Rechtsnachfolger.

Wie bei Schöpfern im Sinne des Urheberrechts können auch mehrere Erfinder an einer Erfindung beteiligt sein. Wie bei Schöpfern im Sinne des Urheberrechts können auch mehrere Erfinder an einer Erfindung beteiligt sein. Sie werden dann Miterfinder genannt.

Es ist auch möglich, dass mehrere Erfinder unabhängig voneinander die gleiche Entdeckung machen, eine gleiche Lösung für ein technisches Problem finden. Im Fall solcher sogenannten Doppelerfindungen steht das Patentrecht gemäß §§ 6, 3 PatG demjenigen zu, der seine Erfindung zuerst beim Patentamt angemeldet hat.

Keine Erfinder im Sinne des Patentgesetzes sind Ideengeber und Gehilfen.

Macht ein Arbeitnehmer im Rahmen seines Dienstverhältnisses eine Erfindung, so steht ihm und nicht dem Arbeitgeber das Recht auf das Patent zu. Das bestimmt das Gesetz über Arbeitnehmererfindungen (ArbnErfG). Handelt es sich um eine Diensterfindung im Sinne von § 4 Abs. 2 ArbnErfG, trifft den Arbeitnehmer laut § 5 ArbnErfG eine Meldepflicht gegenüber dem Arbeitgeber. Hat der Arbeitnehmer diese Pflicht erfüllt, hat er die Wahl, allein alle Rechte aus der Erfindung zu nutzen (unbeschränkte Inanspruchnahme, §§ 6, 7 Abs. 1 ArbnErfG) oder aber nur ein nichtausschließliches Benutzungsrecht (§§ 6, 7 Abs. 2 ArbnErfG) in Anspruch zu nehmen. Dem Arbeitnehmer steht dann ein Vergütungsanspruch gegen seinen Arbeitgeber zu (§§ 9, 10 ArbnErfG).

5.3.3 Inhalt des Patentrechts, Verwertungsrechte

Wie auch beim Urheberrecht ist der Zweck des Patentrechts, den Erfinder angemessen zu belohnen dafür, dass er zum technischen Fortschritt beiträgt und seine Erfindung der Öffentlichkeit bekannt gibt. Auch das Patentrecht kennt ein Persönlichkeitsrecht. Dieses Erfinderpersönlichkeitsrecht beschränkt sich allerdings auf die sogenannte Erfinderehre: Sie soll in der Benennung des Erfinders zum Ausdruck kommen (§§ 37, 63 PatG).

Wesentlich bedeutsamer sind die Verwertungsrechte des Erfinders gemäß § 9 PatG. Die Norm bestimmt, dass ausschließlich der Inhaber des Patentrechts die Erfindung benutzen darf. Für Erzeugniserfindungen heißt das: Jedem Dritten ist es verboten, eine patentierte Erfindung ohne Zustimmung des Erfinders herzustellen, anzubieten, in Verkehr zu bringen, einzuführen oder zu besitzen (§ 9 Abs. 1 PatG). Handelt es sich um eine Verfahrenserfindung, dürfen Dritte ohne Zustimmung des Rechtsinhabers dieses Verfahren weder anwenden noch zur Anwendung anbieten; außerdem ist es Dritten verboten, Erzeugnisse in Verkehr zu bringen, die mit dem patentierten Verfahren unmittelbar hergestellt wurden (§ 9 Abs. 2, 3 PatG).

Auch im Patentrecht gilt der Erschöpfungsgrundsatz, der bereits aus dem Urheberrecht bekannt ist. Das Recht des Erfinders gilt als erschöpft oder verbraucht, wenn er die Erfindung einmal in Verkehr gebracht hat.

Es besteht allerdings ein wesentlicher Unterschied zum Urheberrecht: Dort tritt Erschöpfung ein, wenn ein Werk innerhalb der Europäischen Union oder des Europäischen Wirtschaftsraumes in Verkehr gebracht wurde. Im Patentrecht gilt: Die Erfindung muss in Deutschland in Verkehr gebracht worden sein.

5.3.4 Entstehung des Patentrechts

Anders als beim Urheberrecht entsteht das Patentrecht nicht mit Vorliegen der Erfindung. Das Patentrecht ist vielmehr ein förmliches Recht, es müssen also formelle Voraussetzungen gegeben sein, damit das Patentrecht überhaupt entsteht. Dazu bedarf es eines Patenterteilungsverfahrens.

In der Praxis wird zunächst eine Patentrecherche vorgenommen. Hierunter versteht man eine Suche nach vorbekanntem Stand der Technik, sowohl in Patentliteratur (Patenten, Offenlegungsschriften), Nichtpatentliteratur (zum Beispiel Wissenschaftsartikel, Firmenschriften, Fachzeitungen, Messewerbeschriften), als auch sonst irgendwie öffentlich zugänglich gemachter Beschreibung oder Benutzung in verschiedenen Medien und Archiven. Das Deutsche Patent- und Markenamt (DPMA) unterhält aufgrund von § 29 Abs. 3 PatG eine eigene Dokumentation des Standes der Technik, die zur Patentrecherche genutzt werden kann. Sinnvoll ist auch eine kostenfreie Recherche in den Datenbanken des Deutschen Patent- und Markenamts sowie des Europäischen Patentamts über die Online-Dienste DPMA-Publikationen und das Rechts- und Verfahrensstandsregister DPINFO.

Das Verfahren auf Patenterteilung beginnt mit der Anmeldung beim Deutschen Patent- und Markenamt. Mit dem Antrag muss der Erfinder gemäß § 34 Abs. 3 PatG eine umfassende Beschreibung der Erfindung und Zeichnungen einreichen. Das DPMA führt dann eine sogenannte Öffentlichkeitsprüfung hinsichtlich formeller oder materieller Mängel durch (§§ 34 bis 38, 42 PatG). An die Öffentlichkeitsprüfung schließt sich das umfangreiche Prüfungs- und Erteilungsverfahren an – manchmal sogar unter eidlicher Anhörung von Zeugen oder Sachverständigen. Das Prüfungsverfahren muss der Erfinder gesondert schriftlich beantragen, entweder direkt bei der Anmeldung oder binnen sieben Jahren danach. Der Antrag für das Prüfungsverfahren ist gebührenpflichtig. Stellen die Fachleute des DPMA keine formellen oder materiellen Mängel fest, erteilen sie das Patent (§ 49 Abs. 1 PatG). Die Erteilung wird im Patentblatt veröffentlicht. Erst mit dieser Veröffentlichung entsteht das Patent (§ 58 PatG) und wird sodann in die Patentrolle eingetragen. Dritte haben gemäß §§ 59 Abs. 1, 21 PatG die Möglichkeit, innerhalb von drei Monaten nach der Veröffentlichung im Patentblatt einen begründeten Einspruch zu erheben. Liegt ein solcher Einspruch vor, wird dieser wiederum geprüft, und das Patentamt muss entscheiden, ob und in welchem Umfang das erteilte Patentrecht aufrechterhalten wird. Gegen die Beschlüsse des DPMA können sowohl der Erfinder als auch Dritte Beschwerde beim Bundespatentgericht einreichen (§§ 65 Abs. 1, 73 PatG).

5.3.5 Übertragung des Patentrechts

Das Patentrecht ist – wie das Urheberrecht – vererblich (§ 15 Abs. 1 S. 1 PatG). Es wird als Vermögensgegenstand behandelt.

Möglich ist – ebenfalls wie beim Urheberrecht – auch die Übertragung des Patents durch Rechtsgeschäft. § 15 Abs. 1 S. 2 PatG bestimmt, dass der Rechtsinhaber/Erfinder sein Patent beschränkt oder unbeschränkt übertragen kann. Es handelt sich hier gewissermaßen um die Erlaubnis, die geschützte technische Lösung in einem bestimmten Umfang zu nutzen.

Veräußert der Rechtsinhaber sein Recht an einen Erwerber, handelt es sich um einen unbeschränkten Übergang. Der Erwerber muss in die Patentrolle eingetragen werden.

Für die beschränkte Übertragung des Patentrechts gilt, was bereits zum Urheberrecht erläutert wurde: Der Rechtsinhaber kann mit Dritten einfache oder ausschließliche Lizenzverträge schließen, in denen die jeweiligen Nutzungsrechte vereinbart sein müssen. Eine ausschließliche Lizenz kann auf Antrag in die Patentrolle eingetragen werden.

5.3.6   Konsequenzen aus der Verletzung des Patentrechts

Sofern ein Dritter gegen das Patentrecht verstößt, hat der Rechtsinhaber einen Anspruch auf Unterlassung oder bei fahrlässigem oder vorsätzlichem Verhalten auf Schadensersatz (§ 139 Abs. 1, 2 PatG). Der Erfinder kann zudem die gleichen Maßnahmen verlangen wie ein Urheber, als da wären die Vernichtung oder Beseitigung bspw. von Plagiaten (§ 140a PatG).

Auch strafrechtlich sind Verstöße gegen das Patentrecht relevant: Wer die Verwertungsrechte des Erfinders (§ 9 PatG) missachtet, kann mit einer Freiheitsstrafe von bis zu drei Jahren (§ 142 Abs. 1 PatG), bei gewerbsmäßigem Handel bis zu fünf Jahren (§ 142 Abs. 2 PatG) oder mit einer Geldstrafe belangt werden. Schon der Versuch des Verstoßes ist gemäß § 142 Abs. 3 PatG strafbar.

5.3.7   Beendigung des Patentrechts

Das Patentrecht kann gemäß §§ 16, 20, 21, 22 PatG aus verschiedenen Gründen erlöschen. Ist es beendet, kann jedermann die Erfindung nutzen. Sie gilt dann als „gemeinfrei".

Das Patent dauert nach § 16 Abs. 1 S. 1 PatG zwanzig Jahre, die mit dem Tag beginnen, der auf die Anmeldung der Erfindung folgt. Das Patentrecht kann mit Ablauf der Schutzfrist erlöschen.

Da die Aufrechterhaltung des Patents gebührenpflichtig ist, erlöschen die meisten Patente bereits vor Ablauf der Schutzfrist, weil die Rechtsinhaber die Gebühr nicht mehr bezahlen (§§ 20 Abs. 1 Nr. 2, 17 Abs. 1 PatG), zum Beispiel, weil sich die Erfindung nicht mehr rentiert und die Patentgebühr in keinem Verhältnis zum Ertrag steht.

Für die Beendigung des Patentrechts kommen außerdem der Widerruf durch das DPMA (§§ 21, 59, 61 PatG) und die Nichtigkeitserklärung (§§ 22, 21 PatG) in Betracht.

5.3.8 Patentgerichtsbarkeit

Lange Jahre war streitig, ob die Überprüfungen von Entscheidungen des Patentamtes durch die Beschwerde- oder Nichtigkeitssenate eine richterliche oder eine Verwaltungstätigkeit war. Mit der Entscheidung vom 13.06.1959 wurde jedoch abschließend entschieden, dass die Beschwerdesenate keine Gerichte im Sinne des Grundgesetzes sind. Gegen solche Verwaltungstätigkeiten muss jedoch der Gerichtsweg gem. Art. 19 Abs. 4 GG eröffnet sein. Mit der Einführung des Art. 96 GG wurde vermieden, dass die Verwaltungsgerichtsbarkeit hierfür zuständig ist. Vielmehr konnte der Bund nun für Angelegenheiten des gewerblichen Rechtsschutzes ein Bundesgericht errichten. Hierauf beruhen auch die §§ 65 ff. PatG.

Nach Art. 96 Abs. 1 GG ist das Bundespatentgericht besonderes oberes Bundesgericht für Angelegenheiten des gewerblichen Rechtsschutzes. Es ist dem Bereich der ordentlichen Gerichtsbarkeit zugeordnet und nach Art eines Oberlandesgerichtes dem Bundesgerichtshof nachgeordnet (Art. 96 Abs. 3 GG).

Die funktionelle Zuständigkeit ist in § 65 Abs. 1 S. 1 PatG geregelt: Das Bundespatentgericht ist zuständig für Beschwerden gegen Beschlüsse der Prüfungsstellen oder Patentabteilungen des Patentamts sowie für Klagen auf Erklärung der Nichtigkeit von Patenten oder in Zwangslizenzen gem. §§ 85, 85a PatG. Neben der Zuständigkeit in Hinblick auf das Patentwesen bestehen weitere Zuständigkeiten in Bezug auf Entscheidungen gegen das DPMA für Gebrauchsmuster, Marken, Sortenschutzrechte, Halbleiterschutzrechte sowie Designs.

Von besonderer Bedeutung ist insbesondere das Nichtigkeitsverfahren nach § 81 PatG. Nach Ablauf der Einspruchsfrist gegen die Erteilung eines Patents durch Dritte bleibt die Nichtigkeitsklage vor dem Bundespatentgericht. Das Verfahren wird eingeleitet durch eine Klage, die beim Bundespatentgericht schriftlich zu erheben und gegen den im Register eingetragenen Patentinhaber zu richten ist. Das Gericht stellt nun die Klage dem Beklagten zu und fordert ihn auf, sich darüber innerhalb eines Monats zu erklären (§ 82 Abs. 1 PatG). Kommt er dieser Aufforderung nicht nach, so kann das Gericht ohne mündliche Verhandlung sofort nach der Klage entscheiden und die vom Kläger behauptete Tatsache als erwiesen angenommen werden (§ 82 PatG). Widerspricht der Beklagte jedoch rechtzeitig, so entscheidet das Patentgericht auf Grund mündlicher Verhandlung, sofern die Parteien nicht darauf verzichten (§ 82 Abs. 3 PatG).

Über die Klage sowie deren Kosten wird gem. § 84 PatG durch Urteil entschieden. Es kann dabei zu einer Nichtigkeitserklärung oder Beschränkung des Patents ebenso wie zu einer Abweisung der Klage kommen. Eine rechtskräftige Nichtigkeitserklärung oder Beschränkung bewirkt, dass die entsprechenden Wirkungen des Patents und der Anmeldung von Anfang an nicht eingetreten sind (§ 22 i. V. m. § 21 Abs. 3 PatG).

Gegen die Urteile des Bundespatentgerichts ist die Berufung an den BGH möglich. Sie dient insbesondere der Fortbildung des Rechts und der Sicherung einer einheitlichen Rechtsprechung. Das Patentmodernisierungsgesetz hat mit Wirkung zum 01.10.2009 das

Nichtigkeitsberufungsverfahren vollkommen neu gestaltet. Nach früherem Recht gestaltete sich das Berufungsverfahren vor dem BGH als Tatsacheninstanz, während sich die Aufgaben des BGH nach neuem Recht auf eine Rechtskontrolle der Entscheidungen des Bundespatentgerichts beschränken. Ergänzende Tatsachenfeststellungen sind vor dem BGH nur noch eingeschränkt möglich – daher ist den Parteien in erster Instanz eine verstärkte Prozessförderungspflicht aufgegeben, die insbesondere zum Ausschluss verspäteten Vorbringens führen kann (§ 83 Abs. 4 PatG). Neue Tatsachen können insofern nur noch in Ausnahmefällen berücksichtigt werden.

5.3.9 Europäische Patente

Im Zusammenhang mit Patentanmeldungen ist die Frage wichtig und klärungsbedürftig, ob der nationale, der europäische oder der internationale Weg zu beschreiten ist. Die nationalen Patenterteilungsverfahren bestehen neben dem europäischen Patenterteilungsverfahren.

Der Anmelder hat also die Wahl, ob er zur Erlangung des Patentschutzes in einem oder mehreren Vertragsstaaten des EPÜ den Weg des nationalen Verfahrens in jedem der Staaten einschlägt, in denen er Schutz anstrebt, oder ob er den europäischen Weg wählt, der ihm mit einem einzigen Verfahren Schutz in allen Vertragsstaaten verschafft, die er benennt.

Strebt der Anmelder ein europäisches Patent an, so hat er ferner die Wahl zwischen dem direkten europäischen Weg und dem Euro-PCT-Weg:

Beim direkten europäischen Weg gelten für das gesamte europäische Patenterteilungsverfahren allein die Bestimmungen des EPÜ.

Beim Euro-PCT Weg gelten für die erste Phase des Erteilungsverfahrens (internationale Phase) die Bestimmungen des PCT und für die regionale Phase vor dem EPA als Bestimmungsamt oder ausgewähltem Amt hauptsächlich die des EPÜ.

Europäische Patente werden nach den Bestimmungen des Europäischen Patentübereinkommens (EPÜ) erteilt. Das EPÜ ist derzeit in 38 Staaten anerkannt; dazu zählen auch solche, die nicht Mitglied der EU sind (zum Beispiel Türkei, Schweiz).

Europäische Patente werden in einem einheitlichen Verfahren erteilt und entfalten in den einzelnen Staaten dann die gleiche Wirkung wie ein Patent nach dem dort geltenden nationalen Recht (Art. 2 Abs. 2 EPÜ).

Europäische Patente können von natürlichen und juristischen Personen eingereicht werden (Art. 58 EPÜ) und zwar gemäß Art. 75 Abs. 1 EPÜ beim Europäischen Patentamt München (EPA) oder bei den nationalen Zentralbehörden (in Deutschland DPMA). In der Anmeldung muss benannt sein, in welchen Vertragsstaaten des EPÜ der Patentschutz gelten soll (Art. 3 EPÜ).

Eine europäische Patentanmeldung besteht aus:

- einem Erteilungsantrag,
- einer Beschreibung der Erfindung,

- Patentansprüchen,
- ggf. Zeichnungen,
- einer Zusammenfassung.

Anmeldungen können in jeder beliebigen Sprache beim EPA eingereicht werden. Amtssprachen des EPA sind allerdings nur Deutsch, Englisch und Französisch. Wird eine Anmeldung nicht in einer dieser Sprachen eingereicht, muss eine Übersetzung vorgelegt werden.

Nur Anmelder, die weder Wohnsitz noch Sitz in Europa haben, sind verpflichtet, einen zugelassenen Vertreter zu bestellen. Das EPA empfiehlt aber allen Anmeldern, Rechtsbeistand in Anspruch zu nehmen.

Anträge auf Erteilung eines europäischen Patents sind auf dem dafür vorgesehenen Formblatt des Europäischen Patentamts (EPA 1001) einzureichen. Wenn der Anmelder nicht der (einzige) Erfinder ist, muss dem Antrag das Formblatt für die Erfindernennung (EPA 1002) beigefügt werden. Darüber hinaus kann eine Vollmacht (Formblatt EPA 1003) erforderlich sein.

Den ersten Schritt des europäischen Patenterteilungsverfahrens bildet die Eingangsprüfung. Dabei wird festgestellt, ob alle erforderlichen Angaben und Unterlagen vorhanden sind, damit ein Anmeldetag zuerkannt werden kann.

An die Eingangsprüfung schließt eine Formalprüfung an, die auf bestimmte formalrechtliche Aspekte der Anmeldung abzielt, zum Beispiel Form und Inhalt des Erteilungsantrags, der Zeichnungen und der Zusammenfassung, Nennung des Erfinders, Bestellung eines zugelassenen Vertreters, erforderliche Übersetzungen und Zahlung der fälligen Gebühren.

Parallel zur Formalprüfung wird ein europäischer Recherchebericht erstellt. Darin werden alle dem Amt zur Verfügung stehenden Dokumente aufgelistet, die für die Beurteilung der Neuheit und der erfinderischen Tätigkeit relevant sein könnten. Grundlage für den Recherchebericht sind die Patentansprüche. Die Beschreibung und eventuelle Zeichnungen werden jedoch mitberücksichtigt. Unmittelbar nach seiner Erstellung wird der Bericht dem Anmelder zugesandt – zusammen mit einer Abschrift aller angeführten Dokumente und einer ersten Stellungnahme dazu, ob die beanspruchte Erfindung und die Anmeldung die Erfordernisse des Europäischen Patentübereinkommens erfüllen.

18 Monate nach dem Anmeldetag – bzw., wenn eine Priorität in Anspruch genommen wurde, dem Prioritätstag – wird die Anmeldung veröffentlicht, in der Regel zusammen mit dem Recherchebericht. Der Anmelder hat dann sechs Monate Zeit, um zu entscheiden, ob er das Verfahren mit einem Antrag auf Sachprüfung fortsetzen will. Hat ein Anmelder den Prüfungsantrag bereits gestellt, so wird er aufgefordert zu bestätigen, dass die Anmeldung weiterverfolgt werden soll. Innerhalb derselben Frist muss der Anmelder auch die entsprechende Prüfungsgebühr und etwaiger Erstreckungsgebühren entrichten. Vom Veröffentlichungstag an gewährt eine europäische Patentanmeldung in den Staaten, die in der Anmeldung benannt sind, einstweiligen Schutz der Erfindung. Dazu muss aber je nach den nationalen Rechtsvorschriften gegebenenfalls bei den betreffenden Patentämtern eine Übersetzung der Patentansprüche eingereicht und veröffentlicht werden.

In der Bundesrepublik Deutschland genießt ein angemeldetes europäisches Patent einstweiligen Schutz.

Sachprüfung: Hat der Anmelder die Prüfungsgebühr rechtzeitig bezahlt, folgt die Sachprüfung der Patentanmeldung. Sobald der Prüfungsantrag gestellt ist, prüft das Europäische Patentamt, ob die europäische Patentanmeldung und die Erfindung den Erfordernissen des Europäischen Patentübereinkommens genügen und ein Patent erteilt werden kann. Eine Prüfungsabteilung setzt sich normalerweise aus drei Prüfern zusammen, von denen einer mit dem Anmelder oder dessen Vertreter in Kontakt steht. Die Entscheidung über die Anmeldung trifft jedoch das gesamte Gremium, damit ein Höchstmaß an Objektivität gewährleistet ist.

Patenterteilung: Wenn alle Voraussetzungen erfüllt sind, wird das europäische Patent erteilt (Art. 97 Abs. 2 EPÜ) und entfaltet seine volle Wirkung in den Staaten, für die es angemeldet wurde. Beschließt die Prüfungsabteilung, dass ein Patent erteilt werden kann, so erlässt sie eine entsprechende Entscheidung. Sobald die Übersetzungen der Ansprüche eingereicht und die Erteilungs- und Veröffentlichungsgebühr entrichtet sind, wird im Europäischen Patentblatt ein Hinweis auf die Erteilung bekannt gemacht. Die Entscheidung über die Erteilung wird am Tag der Bekanntmachung wirksam.

Mit der Erteilung zerfällt das europäische Patent in ein „Bündel" einzelner nationaler Patente.

Mit einem Entwurf der Bundesregierung[38] für ein „Gesetz zur Anpassung patentrechtlicher Vorschriften auf Grund der europäischen Patentreform" sollen in Deutschland die notwendigen rechtlichen Anpassungen vollzogen werden, um eine in der EU verabredete Reform des Patentrechts umzusetzen. Kernstück der Reform ist die Einrichtung einer europäischen Patentgerichtsbarkeit. Deren erste Instanz soll ihren Sitz in Paris nehmen, mit Außenstellen in London und München. Die Berufungsinstanz soll in Luxemburg angesiedelt werden. Zudem soll ein neues „Europäisches Patent mit einheitlicher Wirkung", auch „Einheitliches Europäisches Patent" genannt, eingeführt werden. Bestimmungen für verschiedene betroffene Bereiche wie die Führung von Registern beim Deutschen Patent- und Markenamt oder das Vollstreckungsrecht werden mit den Erfordernissen der Reform in Einklang gebracht.

Das bisherige Europäische Patent, das es auch weiterhin geben soll, ist im Grunde nur eine einheitliche Form für nationale Patente in den Staaten, die bei seiner Anmeldung benannt werden, und kann zentral beim Europäischen Patentamt in München angemeldet werden. Bei Rechtsstreitigkeiten sind aber die jeweiligen nationalen Gerichte zuständig. Das Einheitliche Europäische Patent dagegen wird für das „Land" Europäische Union gelten. Es bedeutet daher für die Anmelder eine Vereinfachung und Kostenersparnis. Mit der Europäischen Patentreform soll die neue europäische Patentgerichtsbarkeit unter bestimmten Bedingungen auch für die Europäischen Patente bisheriger Form zuständig werden.

---

[38]BT-Drucksache 18/8827.

Wo kann man erfahren, ob es etwas Ähnliches schon gibt und ob dafür ein Patent erteilt wurde?

Eine Möglichkeit, herauszufinden, ob ein Produkt oder eine Idee schon von einer anderen Person erfunden und zum Patent angemeldet wurde, bietet Espacenet, die kostenlose Online-Datenbank des EPA. Sie enthält über 60 Mio. Patentdokumente, die durch Kombination mehrerer Schlagwörter durchsucht werden können. Eine Suche in Espacenet führen Sie folgendermaßen durch:

- Rufen Sie die http://worldwide.espacenet.com/?locale=de_ep auf.
- Wählen Sie zum Beispiel „Erweiterte Suche".
- Wählen Sie die Patentdatenbank „Worldwide".
- Geben Sie einen oder mehrere Suchbegriffe in das entsprechende Feld ein und klicken Sie auf „Suchen".

Mehr über die Nutzung dieser Datenbank erfahren Sie im E-Learning-Modul „esp@cenet Assistent".

Was kostet ein europäisches Patent?

Es werden folgende Gebühren erhoben: Anmelde- und Recherchegebühr, Benennungsgebühren, Anspruchsgebühren (bei mehr als 15 Patentansprüchen), die Prüfungs-, die Erteilungs- sowie die Veröffentlichungsgebühr. Außerdem fallen ab dem dritten Jahr nach dem Anmeldetag Jahresgebühren an. Die Anmelde- und die Recherchegebühren sind zu Beginn des Verfahrens zu entrichten und betragen derzeit rund 1510 EUR (oder 1420 EUR, wenn die europäische Anmeldung online eingereicht wurde). Die übrigen Gebühren werden erst später fällig. Das bedeutet, dass ein Patentanmelder nach jedem einzelnen Verfahrensschritt darüber entscheiden kann, ob er die Anmeldung weiterverfolgen will oder nicht. Um einen Anhaltspunkt zu liefern: Bis zur Erteilung eines Patents in allen 38 Staaten belaufen sich die Gebühren momentan im Schnitt auf 5710 EUR (oder 5620 EUR, wenn die europäische Anmeldung online eingereicht wurde).

Nach der Erteilung geht das europäische Patent in die Zuständigkeit der benannten Vertragsstaaten über. In einigen dieser Staaten kann die Validierung des Patents mit weiteren Kosten verbunden sein. Zur Aufrechterhaltung des Patents sind in allen benannten Staaten Jahresgebühren zu zahlen. Der Betrag der Jahresgebühren ist von Staat zu Staat unterschiedlich.

Die Gesamtkosten für ein europäisches Patent können auch das Honorar für einen Patentanwalt umfassen. Nähere Auskünfte über die konkreten Kosten erteilt jeder Patentanwalt, der als Vertreter beim Europäischen Patentamt zugelassen ist.

Wie lange bleibt ein erteiltes europäisches Patent in Kraft?

Die maximale Lebensdauer eines europäischen Patents beträgt zwanzig Jahre ab dem Anmeldetag. Es kann auch eher erlöschen, etwa, wenn die Jahresgebühren nicht ordnungsgemäß gezahlt werden, der Patentinhaber sein Patent zurücknimmt oder es für nichtig erklärt wird. In bestimmten Fällen (Patente auf Arznei- oder Pflanzenschutzmittel) besteht die Möglichkeit, die Schutzdauer zu verlängern.

Wie lange dauert das Erteilungsverfahren?

Die Dauer des europäischen Patenterteilungsverfahrens beträgt etwa drei bis fünf Jahre ab dem Anmeldetag. Das Verfahren besteht aus zwei Hauptabschnitten. Der erste umfasst die Formalprüfung sowie die Erstellung des Rechercheberichts und der vorläufigen Stellungnahme dazu, ob die beanspruchte Erfindung und die Anmeldung die Erfordernisse des EPÜ erfüllen. Der zweite Abschnitt umfasst die Sachprüfung.

Nach der Erteilung können Dritte Einspruch gegen das europäische Patent einlegen. Dies tun in der Regel Wettbewerber des Patentinhabers, wenn sie der Meinung sind, dass das Patent zu Unrecht erteilt wurde, weil zum Beispiel die Erfindung nicht neu ist oder keine erfinderische Tätigkeit vorliegt. Der Einspruch ist innerhalb von neun Monaten, nachdem die Erteilung im Europäischen Patentblatt bekannt gemacht wurde, einzulegen. Eine Einspruchsabteilung des Europäischen Patentamts, die gewöhnlich aus drei Prüfern besteht, prüft dann den Einspruch.

In dieser Phase kann der Patentinhaber selbst ein Beschränkungs- und Widerrufsverfahren einleiten. Er kann jederzeit nach der Erteilung beantragen, dass sein Patent beschränkt oder widerrufen werden soll. Die Entscheidung über die Beschränkung bzw. den Widerruf des europäischen Patents wird an dem Tagwirksam, an dem sie im Europäischen Patentblatt bekannt gemacht wird. Sie bewirkt, dass das Patent als von Anfang an beschränkt bzw. widerrufen gilt, und zwar für alle Vertragsstaaten, für die es erteilt worden ist. Entscheidungen des Europäischen Patentamts, zum Beispiel die Zurückweisung einer Anmeldung oder die Entscheidung über einen Einspruch, können mit einer Beschwerde angefochten werden. Über die Beschwerde entscheiden die unabhängigen Beschwerdekammern. In bestimmten Fällen besteht die Möglichkeit, einen Antrag auf Überprüfung durch die Große Beschwerdekammer zu stellen.

Beispiel 1[39]

Die Große Beschwerdekammer des Europäischen Patentamts hat am 9. Dezember 2010 ihre Entscheidung in den Fällen „Brokkoli und Tomate" veröffentlicht. Dabei ging es um die Klärung des Begriffs der „im Wesentlichen biologische Verfahren", mit dem im Europäischen Patentübereinkommen (EPÜ) derartige Verfahren zur Züchtung von Pflanzen (und Tieren) von der Patentierbarkeit ausgeschlossen werden.

Die Große Beschwerdekammer ist die höchste Rechtsprechungsinstanz innerhalb des EPA. Wie alle Beschwerdekammern ist sie unabhängig in der Ausübung ihrer Tätigkeit. Ihre Aufgabe liegt in der Sicherung einer einheitlichen Rechtsanwendung nach dem EPÜ.

In ihrer Entscheidung kommt die Große Beschwerdekammer zum Schluss, dass im Wesentlichen biologische Verfahren, die sexuelle Kreuzungsschritte in Bezug auf das gesamte Genom beinhalten, sowie die darauffolgende Auswahl der daraus resultierenden Pflanzen durch die Züchter nach dem EPÜ nicht patentierbar seien. Auch

---

[39]Pressemitteilung des EPA v. 09.12.2010.

die bloße Verwendung von technischen Verfahrensschritten zur Durchführung bzw. Unterstützung von Verfahren der sexuellen Kreuzung von Genomen von Pflanzen und der nachfolgenden Selektion der Pflanzen würden den Ausschluss von der Patentierbarkeit nicht aufheben. Technische Hilfsmittel wie genetische Marker könnten zwar an sich nach dem EPÜ patentfähige Erfindungen darstellen, ihre Verwendung in einem wesentlichen biologischen Züchtungsverfahren mache dieses aber nicht patentierbar. Die Große Beschwerdekammer führte schließlich aus, dass jedoch ein Verfahren zur Veränderung von Pflanzen mittels Einfügung von Merkmalen in ein Genom bzw. dessen Veränderung durch gentechnische Verfahrensschritte patentierbar sein könne, da es nicht auf sexueller Kreuzung ganzer Genomen beruhe. Allerdings solle in solchen Fällen Kreuzungs- und Auswahlverfahren nicht im Patent beansprucht werden, das die Anwendung technischer Verfahrensschritte vor bzw. nach dem im Wesentlichen biologischen Kreuzungsvorgang nicht zu dessen Patentierbarkeit führe.

Beispiel 2

Im Jahre 2007 erteilte das Europäische Patentamt (EPA) in München zwei Patente auf Kühe (EP1330552), eins davon auf eine gentechnische Manipulation, das zweite auf eine bestimmte Züchtungsmethode. Die Patente sichern den Inhabern sowohl die Rechte an einem Zuchtverfahren für Kühe, als auch auf Kühe, die genmanipuliert wurden. Beide Teil-Patente zielen darauf ab, dass die Kühe mehr Milch geben sollen.

Beispiel 3

Eine patentierte DNA-Sequenz zur Pestizid-Resistenz von Sojapflanzen ist nicht auch als bloßer Rückstand in Sojamehl geschützt. Monsanto kann die Vermarktung von argentinischem Sojamehl, das eine für diese Gesellschaft patentierte DNA-Sequenz als Rückstand enthält, in der EU nicht verbieten. Ein europäisches Patent kann nur für eine Erfindung geltend gemacht werden, die die Funktion, für die sie patentiert wurde, tatsächlich erfüllt.

Der Fall:[40]

Monsanto ist seit 1996 Inhaberin eines europäischen Patents für eine DNA-Sequenz, die bei Einbringung in die DNA einer Sojapflanze diese Pflanze gegen das in der Landwirtschaft häufig verwendete Herbizid Glyphosat resistent macht. Erzeuger können so das Unkraut vernichten, ohne dem Sojapflanzenanbau zu schaden. Diese genetisch veränderte Sojapflanze, die RR-Sojapflanze, wird in Argentinien, wo für die Erfindung von Monsanto kein Patentschutz besteht, in großem Umfang angebaut. Europäische Gesellschaften führten in den Jahren2005 und 2006 Sojamehl aus Argentinien in die Niederlande ein. Eine auf Antrag von Monsanto vorgenommene

---

[40]EuGH, Urt. v. 06.07.2010 C – 428/08.

Untersuchung ergab das Vorhandensein von Spuren der für die RR-Sojapflanze charakteristischen DNA, was bewies, dass das eingeführte Mehl mit diesem Sojapflanzentyp erzeugt worden war. Die von Monsanto befasste Rechtbank's-Gravenhage (erstinstanzliches Gericht Den Haag, Niederlande) hat dem EuGH die Frage gestellt, ob allein das Vorhandensein der durch ein europäisches Patent geschützten DNA-Sequenz für die Feststellung einer Verletzung des europäischen Patents von Monsanto anlässlich der Vermarktung des Mehls in der EU ausreicht.

Der EuGH weist darauf hin, dass die Funktion der Erfindung von Monsanto erfüllt werde, wenn die genetische Information die Sojapflanze, in die sie Eingang gefunden hat, gegen die Wirkweise des Herbizids Glysophat schütze. Diese Funktion der geschützten DNA-Sequenz könne jedoch nicht mehr erfüllt werden, wenn die Sequenz als Rückstand in Sojamehl enthalten sei, das ein nach mehreren Verarbeitungsvorgängen der Sojapflanze gewonnenes totes Material ist.

Folglich sei ein Patenschutz ausgeschlossen, wenn die genetische Information aufgehört habe, ihre Funktion in der ursprünglichen Pflanze, aus der sie hervorgegangen ist, zu erfüllen. Ein solcher Schutz könne nicht mit der Begründung gewährt werden, dass die im Sojamehl enthaltene genetische Information ihre Funktion in einer anderen Pflanze möglicherweise erneut erfüllen könnte. Hierzu wäre es nämlich erforderlich, dass die DNA-Sequenz tatsächlich in diese andere Pflanze eingebracht wird und so ein Schutz für diese auf Grund des europäischen Patents entstehen könnte. Unter diesen Umständen könne Monsanto die Vermarktung von Sojamehl aus Argentinien, das seine biotechnologische Erfindung als Rückstand enthält, auf der Grundlage der Richtlinie nicht verbieten.

5.4   Gebrauchsmusterrecht

Das Gebrauchsmusterrecht ist – wie das Patent – ein technisches Schutzrecht, das eine Erfindung schützt. Es wird in der Literatur häufig als „kleines Patent" oder „Minipatent" bezeichnet. Tatsächlich bestehen zwischen dem Patentrecht und dem Gebrauchsmusterrecht zahlreiche Parallelen. Es sollen hier deshalb die wesentlichen Grundsätze nicht wiederholt werden. Viel mehr wird Wert darauf gelegt, die Unterschiede bzw. Besonderheiten kurz zu nennen.

Das Gebrauchsmusterrecht ist von immenser wirtschaftlicher Bedeutung: Es wird vor allem bei Erfindungen, die aufgrund des technischen Fortschritts nur relativ kurze Zeit praktisch bedeutsam sind, angewendet – in erster Linie, weil es kostengünstiger ist als ein Patent. Vor allem Einzelerfinder und kleine sowie mittelständische Unternehmen bedienen sich des Gebrauchsmusterrechts.

Gemäß § 1 Abs. 1 des Gebrauchsmustergesetzes (GebrMG) muss es sich, damit der Rechtsschutz eintreten kann, um eine neue, gewerblich anwendbare Erfindung handeln, die auf einem erfinderischen Schritt beruht. Hier wird die Nähe zum Patentrecht deutlich.

Beim Gebrauchsmuster ist ebenfalls eine Schutzrechtsrecherche vor der Anmeldung wichtig, da das Deutsche Patent- und Markenamt Gebrauchsmuster einträgt, ohne alle sachlichen Voraussetzungen zu prüfen. Sinnvoll ist daher eine Recherche in den Datenbanken des Deutschen Patent- und Markenamts sowie des Europäischen Patentamts. Hierzu können zum Beispiel die Online-Dienste DPMA-Pubikationen und das Rechts- und Verfahrensstandsregister DPINFO kostenfrei genutzt werden.

Der Inhalt des Gebrauchsmusterrechts ist im Wesentlichen identisch mit dem des Patentrechts, es gelten die gleichen Verbote für Dritte wie bei Erzeugnispatenten (§ 11 GebrMG).

Auch das Gebrauchsmuster und der damit verbundene Rechtsschutz entstehen nur durch ein formelles Verfahren, das sich vom Patentanmelde- und -prüfungsverfahren allerdings unterscheidet: Es ist schneller und unkomplizierter. Die Prüfung des DPMA beschränkt sich auf absolute Schutzvoraussetzungen, d. h. die Neuheit der Erfindung, der zugrunde liegende erfinderische Schritt und die gewerbliche Anwendbarkeit der Erfindung werden hier gar nicht geprüft (§§ 8 Abs. 1, 2 GebrMG).

Wenn das Patent- und Markenamt die Anmeldung als genügend anerkennt, verfügt es gemäß § 8 Abs. 1 GebrMG die Eintragung des Gebrauchsmusters in die Gebrauchsmusterrolle. Damit ist das Gebrauchsmuster entstanden, und der Rechtsinhaber kann seine Rechte ausüben und Ansprüche geltend machen.

Da im Anmeldeverfahren für ein Gebrauchsmuster nicht alle Voraussetzungen geprüft werden, besteht hier für den Erfinder ein ähnliches Risiko wie für den Urheber: Im Fall eines Prozesses könnte ein Gericht entscheiden, dass das Patentamt das Gebrauchsmuster zu Unrecht erteilt hat. Das Gebrauchsmusterrecht hat damit unter Umständen gar keine oder nur eine beschränkte Wirkung, während das Patentrecht in der Literatur als „stark und wertvoll" bezeichnet wird.

Die Übertragung des Gebrauchsmusters kann – wieder wie beim Patentrecht – durch Vererbung (§ 22 Abs. 1 S. 1 GebrMG) oder durch Rechtsgeschäft erfolgen. Es sind die gleichen Gestaltungsformen wie beim Patent möglich: die unbeschränkte Übertragung durch Veräußerung (Rechtskauf gemäß §§ 453, 433 BGB) oder die beschränkte Übertragung durch Lizenzverträge.

Der Gebrauchsmusterschutz fällt wesentlich kürzer aus als die Schutzfrist im Patentrecht. Er beträgt hier zunächst drei Jahre und kann gegen Gebühren auf höchstens zehn Jahre verlängert werden (§ 23 GebrMG). Läuft die Schutzfrist aus, erlischt das Gebrauchsmuster. Das Gebrauchsmuster kann außerdem durch Löschung beendet werden, wenn ein Dritter einen entsprechenden Antrag stellt und das DPMA diesem stattgibt.

5.5 Designrecht

Das Design spielt heute eine erhebliche Rolle bei der Kaufentscheidung. Es gibt Impulse und weckt Emotionen. Nachdem funktionale Unterschiede zwischen Produkten seltener und Lebenszyklen kürzer geworden sind, ist die Aufmachung oft das einzige für den Verbraucher wahrnehmbare Unterscheidungsmerkmal. Unternehmen können mit einer attraktiven Form- und Farbgebung Kundinnen und Kunden emotional ansprechen und binden.

Modernes Design bestimmt damit den wirtschaftlichen Erfolg eines Produkts. Form- und Farbgestaltung verbinden sich mit dem Gebrauchszweck zu einer Einheit. Die Wirtschaft setzt Produktdesign werbewirksam als Imageträger ein. Attraktive Farb- und Formgebung fasziniert, spricht emotional an und bindet den Verbraucher. Für Gebrauchsgüter und selbst für rein technische Geräte ist ein originelles Produktdesign heute ein Muss.

Eingetragene Designs schützen die Farb- und Formgebung von nahezu allen industriell oder handwerklich herstellbaren Erzeugnissen, zum Beispiel von Bekleidung, Möbeln, Stoffen, Ziergegenständen oder grafischen Symbolen. Auch Teile von Erzeugnissen können als eingetragenes Design geschützt werden, zum Beispiel die Sohle eines Sportschuhs oder die Kappe eines Schreibgerätes.

Mit einem eingetragenen Design verfügt der Rechteinhaber über ein zeitlich begrenztes Monopol auf die Form und farbliche Gestaltung seines Produkts.

Nach § 1 Nr. 1 DesignG kann als eingetragenes Design die zwei- oder dreidimensionale Erscheinungsform eines Teils oder eines ganzen Erzeugnisses geschützt werden.

Durch ein eingetragenes Design wird also die Gestaltung einer Fläche – zum Beispiel eines Stoffes oder einer Tapete – oder die Gestaltung eines dreidimensionalen Gegenstands geschützt. Hier spielen die Linien, Konturen, Farben, die Gestalt, die Oberflächenstruktur oder die Werkstoffe des Erzeugnisses eine Rolle.

Ein Erzeugnis ist jeder industrielle oder handwerkliche Gegenstand, einschließlich seiner Verpackung, Ausstattung, grafischen Symbole und typografischen Schriftzeichen sowie Einzelteile, die zu einem komplexen Erzeugnis zusammengebaut werden können.

Das Design muss zum Zeitpunkt der Anmeldung neu sein, d. h. vor dem Anmeldetag darf kein identisches oder nur in unwesentlichen Merkmalen abweichendes Design veröffentlicht, ausgestellt oder sonst auf den Markt gebracht worden sein.

Außerdem muss das Design Eigenart aufweisen. Sein Gesamteindruck muss sich dafür von dem Gesamteindruck bereits bestehender Designs unterscheiden. Hierbei kommt es weder auf die Sicht eines Laien noch auf die eines Produktdesigners an. Vielmehr ist der bei einem sogenannten „informierten Benutzer" hervorgerufene Gesamteindruck entscheidend.

Neuheit und Eigenart des Designs prüft das Deutsche Patent- und Markenamt (DPMA) nicht. Daher bezeichnet man das eingetragene Design auch als „ungeprüftes Schutzrecht".

Rechte Anderer sind ebenfalls nicht Gegenstand der Prüfung. Die Schutzvoraussetzungen werden erst im Nichtigkeitsverfahren vor dem DPMA oder in einem Verletzungsverfahren vor Gericht geprüft. Liegen die Voraussetzungen im Zeitpunkt der Anmeldung nicht vor, entsteht – trotz Eintragung – kein Schutzrecht, aus dem Rechte hergeleitet werden können.

Weil das DPMA die Neuheit und Eigenart eines Designs nicht überprüft, ist es empfehlenswert, vor einer Anmeldung den bestehenden Formenschatz zu recherchieren und sich hierbei auch über den Bestand eingetragener Designs zu informieren.

Auch andere Designs können der Neuheit und Eigenart des eigenen Designs entgegenstehen, wenn sie früher veröffentlicht wurden. Hierzu kann man in der amtlichen Publikations- und Registerdatenbank DPMAregister des DPMA nach allen seit dem 1. Juli 1988 eingetragenen deutschen Designs recherchieren. DPMAregister wird vom DPMA kostenfrei zur Verfügung gestellt und ermöglicht die Online-Recherche zu allen Schutzrechtsveröffentlichungen, einschließlich Publikationsdaten, Bildwiedergaben sowie aktuellen Rechts- und Verfahrensständen. Daneben kann auch in den Datenbanken des Harmonisierungsamtes für den Binnenmarkt (HABM) und der Weltorganisation für geistiges Eigentum (WIPO) recherchiert werden.

Elektronische Anmeldung: Designs können elektronisch über DPMAdirektWeb angemeldet werden.

Mit der Software DPMAdirekt kann die Anmeldung offline vorbereitet und unter Nutzung einer elektronischen Signaturkarte als Datenpaket an das DPMA gesandt werden.

Papieranmeldung: Für die Designanmeldung können aber auch herkömmliche Papierformulare verwendet werden.

Erforderlich für die Anmeldung sind:

- ein Eintragungsantrag, im Falle einer Sammelanmeldung ist zusätzlich ein Anlageblatt zu verwenden (bis zu 100 Designs können in einer Anmeldung zusammengefasst werden);
- Angaben zur Identität des Anmeldenden;
- eine zur Bekanntmachung geeignete fotografische oder sonstige grafische Wiedergabe des Designs, die deutlich und vollständig offenbart, wofür Schutz beansprucht wird;
- eine Angabe der Erzeugnisse, bei denen das Design verwendet werden soll.

Die Wiedergabe besteht aus mindestens einer farbigen oder schwarz-weißen, fotografischen oder sonstigen grafischen Darstellung (zum Beispiel Strichzeichnung) des Designs. Die Wiedergabe legt Gegenstand und Umfang des Schutzrechts fest und ist daher von zentraler Bedeutung. Der Schutzgegenstand ist auf die in der Wiedergabe sichtbaren Erscheinungsmerkmale beschränkt, d. h., nur das, was in der Wiedergabe sichtbar ist, ist auch geschützt.

Es können bis zu zehn Darstellungen eingereicht werden, um die Schutz begründenden Merkmale zu verdeutlichen (zum Beispiel Darstellung aus unterschiedlichen Perspektiven).

Aufschiebung der Bekanntmachung
Es kann ein Antrag auf Aufschiebung der Bekanntmachung des eingetragenen Designs gestellt werden. Das kann zweckmäßig sein, wenn zunächst abgewartet werden soll, ob das Produkt vom Markt angenommen wird, oder wenn das Design vorläufig geheim gehalten werden soll. Der Schutz ist dann zunächst auf 30 Monate begrenzt. In dieser Zeit kann entschieden werden, ob der Schutz auf fünf Jahre erstreckt werden soll. Im Falle der Erstreckung wird das eingetragene Design nachträglich veröffentlicht.

Das Design ist mit dem Tag der Eintragung in das Designregister geschützt. Die Schutzdauer beträgt maximal 25 Jahre ab dem Anmeldetag. Nach jeweils fünf Jahren muss eine Aufrechterhaltungsgebühr gezahlt werden; bei Nichtzahlung dieser Gebühr wird die Eintragung im Designregister gelöscht.

Kosten:

- Einzelanmeldung: 70 EUR – bei elektronischer Anmeldung 60 EUR
- Sammelanmeldung: je Design 7 EUR, mindestens jedoch 70 EUR – bei elektronischer Anmeldung je Design 6 EUR, mindestens jedoch 60 EUR

Die Anmeldegebühren müssen innerhalb von drei Monaten nach dem Anmeldetag gezahlt werden.

Für das Schutzrecht kann auch ein vor dem Anmeldetag liegender Zeitrang anerkannt werden (sogenannte „Priorität").

Ausstellungspriorität: Wurde das Design zum Beispiel bereits auf einer öffentlichen Ausstellung oder Messe zur Schau gestellt, kann es innerhalb von sechs Monaten unter Beanspruchung des Zeitrangs der Zurschaustellung beim DPMA angemeldet werden.

Ausländische Priorität: Wurde das Design bereits in einem Mitgliedstaat der Pariser Verbandsübereinkunft zum Schutz des gewerblichen Eigentums oder der Welthandelsorganisation angemeldet, kann es innerhalb von sechs Monaten unter Beanspruchung des Zeitrangs der Voranmeldung beim DPMA angemeldet werden. Hierfür ist eine Abschrift der Voranmeldung erforderlich.

§ 38 Abs. 1 DesignG: Das eingetragene Design gewährt seinem Rechtsinhaber das ausschließliche Recht, es zu benutzen und Dritten zu verbieten, es ohne seine Zustimmung zu benutzen. Es handelt sich also um ein „Recht mit absoluter Sperrwirkung".

Der Designinhaber kann es Dritten verbieten, das für ihn geschützte Design bei der Herstellung, Veräußerung oder Ein- und Ausfuhr von Produkten zu verwenden.

§ 38 Abs. 2 DesignG: Der Rechtsinhaber kann gegen jedes Design vorgehen, das beim informierten Benutzer den gleichen Gesamteindruck wie das für ihn eingetragene Design erweckt. Bei der Beurteilung des Schutzumfangs wird der Grad der Gestaltungsfreiheit des Gestalters bei der Entwicklung des Designs berücksichtigt.

Anderen ist es verboten, das eingetragene Design ohne Genehmigung zu benutzen, insbesondere herzustellen, anzubieten, in Verkehr zu bringen, einzuführen, auszuführen, zu gebrauchen oder zu besitzen. Auf die Kenntnis des geschützten Designs kommt es nicht an.

Somit ist nicht nur die Nachahmung verboten, sondern auch die Herstellung und Verbreitung unabhängig entwickelter Produkte unzulässig.

Ausnahme: Während der Aufschiebung der Bildbekanntmachung besteht nur Nachahmungsschutz, d. h. es kann nur gegen Designs vorgegangen werden, die in Kenntnis des geschützten Designs hergestellt worden sind; unabhängige Parallelschöpfungen sind dann nicht angreifbar.

Die mit der Anmeldung eingereichten Darstellungen des Designs legen Gegenstand und Umfang des Schutzrechts fest. Geschützt ist nur das, was aus den Darstellungen ersichtlich wird.

Beim DPMA registrierte eingetragene Designs gelten nur auf dem Gebiet der Bundesrepublik Deutschland.

Schutz außerhalb Deutschlands

Es kann ein Gemeinschaftsgeschmacksmuster beim Harmonisierungsamt für den Binnenmarkt (HABM) in Alicante (Spanien) beantragt werden, mit dem mit einer einzigen Anmeldung ein einheitlicher Schutz in der gesamten EU besteht. In seinen Schutzwirkungen gleicht das eingetragene Gemeinschaftsgeschmacksmuster dem deutschen eingetragenen Design.

Ein international registriertes Design bei der Weltorganisation für geistiges Eigentum (WIPO) ermöglicht Schutz in weiteren Ländern.

Die internationale Registrierung ist im Haager Musterabkommen (HMA) geregelt. Das Haager System besteht aus verschiedenen Akten (Haager Akte, Genfer Akte), denen einzelne Länder, darunter die Schweiz und die Türkei, aber auch die Europäische Union, beigetreten sind. Der Schutz gilt nicht automatisch „weltweit", sondern nur in den Mitgliedstaaten, die im Antrag benannt werden.

5.6 Markenrecht

Die deutsche Rechtsordnung kennt verschiedene Arten von Kennzeichen, darunter den Namen (§ 12 BGB) und die Firma (§§ 17 ff., 37 HGB), aber auch Marken, Unternehmenskennzeichen, Geschäftsabzeichen und geografische Herkunftsangaben. Hier soll ein Überblick über das Markenrecht geben werden; sofern Parallelen zu den anderen bereits behandelten Schutzrechten bestehen, wird darauf verwiesen, um Wiederholungen zu vermeiden. Marken kennzeichnen Produkte und Dienstleistungen eines Unternehmens. Sie können für die Qualität eines Unternehmens stehen und zählen ebenso wie Patente zu dessen geistigem Eigentum. Starke Marken stellen einen Vermögenswert dar. Eine Marke dient der Kennzeichnung von Waren oder Dienstleistungen eines Unternehmens. Schutzfähig sind Zeichen, die geeignet sind, Waren oder Dienstleistungen eines Unternehmens von denjenigen anderer Unternehmen zu unterscheiden.

5.6.1 Marken und geschäftliche Bezeichnungen

Als Marke können gemäß § 3 des Markengesetzes (MarkenG) alle Zeichen, insbesondere Wörter einschließlich Personennamen, Abbildungen, Buchstaben, Zahlen, Hörzeichen, dreidimensionale Gestaltungen einschließlich der Form einer Ware oder ihrer Verpackung sowie sonstige Aufmachungen einschließlich Farben und Farbzusammenstellungen geschützt werden, die geeignet sind, Waren oder Dienstleistungen eines Unternehmens von denjenigen anderer Unternehmen zu unterscheiden.

Demgemäß werden unterschieden:

Wortmarken sind Marken, die aus Wörtern, Buchstaben, Zahlen oder sonstigen Schriftzeichen bestehen, die sich mit der vom DPMA verwendeten üblichen Druckschrift darstellen lassen.

- Bildmarken sind Bilder, Bildelemente oder Abbildungen (ohne Wortbestandteile).
- Wort-/Bildmarken bestehen aus einer Kombination von Wort- und Bildbestandteilen, oder aus Wörtern, die grafisch gestaltet sind.
- Dreidimensionale Marken sind gegenständliche Marken. Sie bestehen aus einer dreidimensionalen Gestaltung.
- Hörmarken sind akustische, hörbare Marken, also Töne, Tonfolgen, Melodien oder sonstige Klänge und Geräusche. Weniger bekannt sind.
- Kennfadenmarken. Farbige Streifen oder Fäden, die auf bestimmten Produkten angebracht sind, werden so bezeichnet.

Es handelt sich also um ein Unterscheidungsmerkmal, das ein bestimmtes Produkt identifiziert. In der Wirtschaftspraxis kann die Marke in Bezug auf die Kreditwürdigkeit und das Image eines Unternehmens von großer Bedeutung sein. Es besteht allerdings keine Pflicht, eine Marke zu führen – im Gegenteil: sogenannte „no name"-Produkte sind am Markt absolut üblich und zulässig. Andererseits ist nicht jede verwendete Bezeichnung für eine Ware oder eine Dienstleistung automatisch eine Marke.

Nach § 1 MarkenG werden Marken, geschäftliche Bezeichnungen und geografische Herkunftsangaben geschützt. Entscheidendes Merkmal einer Marke ist – wie eingangs erwähnt – deren Unterscheidungskraft, §§ 3, 8 MarkenG.

Gemäß § 2 MarkenG schließt der Schutz von Marken, geschäftlichen Bezeichnungen und geografischen Herkunftsangaben nach dem Markengesetz die Anwendung anderer Vorschriften zum Schutz dieser Kennzeichen nicht aus. Nach der wettbewerbsrechtlichen Bestimmung des § 5 Abs. 2 UWG ist eine geschäftliche Handlung auch irreführend, wenn sie im Zusammenhang mit der Vermarktung von Waren oder Dienstleistungen einschließlich vergleichender Werbung eine Verwechslungsgefahr mit einer anderen Ware oder Dienstleistung oder mit der Marke oder einem anderen Kennzeichen eines Mitbewerbers hervorruft. Nach der bisherigen Rechtsprechung wird das Wettbewerbsrecht jedoch vom Kennzeichenrecht verdrängt. Die Vorschriften des Markenrechts wären mithin in ihrem Anwendungsbereich als abschließende Spezialregelung anzusehen, neben der sich ein Rückgriff auf eine nach Irreführungsaspekten zu beurteilende tatsächliche Verwechslungsgefahr verbietet. Für die Anwendung von § 5 Abs. 2 UWG verbliebe demgemäß lediglich der Bereich nicht marken- und kennzeichenmäßiger Verwendung fremder Marken und Kennzeichen.

Nach § 3 Abs. 1 MarkenG können als Marke alle Zeichen, insbesondere Wörter einschließlich Personennamen, Abbildungen, Buchstaben, Zahlen, Hörzeichen, dreidimen-

sionale Gestaltungen einschließlich der Form einer Ware oder ihrer Verpackung sowie
sonstige Aufmachungen einschließlich Farben und Farbzusammenstellungen geschützt
werden, die geeignet sind, Waren oder Dienstleistungen eines Unternehmens von denjenigen anderer Unternehmen zu unterscheiden.

Nicht als Marke geschützt werden können nach § 3 Abs. 2 MarkenG Zeichen, die ausschließlich aus einer Form bestehen, die durch die Art der Ware selbst bedingt ist, die zur
Erreichung einer technischen Wirkung erforderlich ist oder die der Ware einen wesentlichen Wert verleiht.

Bedeutsam ist folgende Unterscheidung: § 3 MarkenG meint die abstrakte Unterscheidungskraft einer Marke, bei der nach einer abstrakten Sichtweise zu beurteilen ist,
ob das Zeichen eines Unternehmens zur Unterscheidung von denjenigen Zeichen anderer
Unternehmen geeignet ist. Im Zuge eines Prüfungsverfahrens, ob ein bestimmtes Zeichen in das Markenregister eingetragen werden kann oder nicht, prüft das DPMA an dieser Stelle die rein abstrakte Fähigkeit des jeweiligen Zeichens, für irgendeine Ware oder
Dienstleistung als Unterscheidungsmerkmal zum Zwecke der Abgrenzung zu Waren
oder Dienstleistungen eines anderen Unternehmens zu dienen. Ein nicht einmal abstrakt
unterscheidungskräftiges Zeichen ist nicht eintragungsfähig. Diese rein abstrakte Eignung eines Zeichens zur Unterscheidung ist aber regelmäßig bei nahezu jedem Zeichen
gegeben. In der Praxis kommt es daher fast nie vor, dass vom Deutschen Patentamt die
abstrakte Unterscheidungskraft eines Zeichens im Sinne von § 3 Abs. 1 MarkenG verneint wird. Begriffe wie „prima", „extra" oder „super" können zum Beispiel eine abstrakte Unterscheidungskraft erlangen.

Eine wesentlich höhere Hürde auf dem Weg zu einer eingetragenen Marke stellt das
in § 8 Abs. 2 Nr. 1 MarkenG enthaltene Erfordernis dar, wonach eine Marke für die
Waren oder Dienstleistungen, für die die Eintragung beantragt wurde, eine konkrete
Unterscheidungskraft besitzen muss, weil es dort um deren Eintragungsfähigkeit geht.
Im Gegensatz zur nur abstrakten Unterscheidungseignung nach § 3 Abs. 1 MarkenG
muss bei der konkreten Unterscheidungskraft nachgewiesen werden, dass die Marke
geeignet ist, „vom Verkehr als Unterscheidungsmittel aufgefasst zu werden, das die in
Rede stehenden Waren oder Dienstleistungen als von einem bestimmten Unternehmen
stammend kennzeichnet und diese Waren oder Dienstleistungen damit von denjenigen
anderer Unternehmen unterscheidet".[41] Bei der konkreten Unterscheidungseignung einer
Marke geht es also um die Fähigkeit des Zeichens, den betroffenen Verkehrskreisen die
Herkunft eines Produktes oder einer Dienstleistung aus einem ganz bestimmten Betrieb
aufzuzeigen.

Dabei wird von den Gerichten bei der Prüfung der konkreten Unterscheidungseignung einer Marke aber grundsätzlich ein eher großzügiger Maßstab angelegt: Jede auch
noch so geringe Unterscheidungskraft einer Marke genügt bereits, um die Eintragungsfähigkeit zu bejahen.

---

[41]BGH, Beschl. v. 14.01.2010 – I ZB 32/09 – hey!

Einem Zeichen kommt danach Unterscheidungskraft zu, wenn es Elemente enthält, die es den angesprochenen Verkehrskreisen erlauben, das Zeichen als unterscheidungskräftige Marke für die angemeldeten Waren und Dienstleistungen leicht und unmittelbar im Gedächtnis zu behalten. Mangelnde Unterscheidungskraft liegt dagegen vor, wenn das Zeichen lediglich aus beschreibenden Angaben oder aus Angaben besteht, die sonst als übliche Werbeslogans, Qualitätshinweise oder Aufforderungen zum Kauf der Waren oder Dienstleistungen, auf die sich diese Marke bezieht, verwendet werden.

Wortmarken sind nach § 8 Abs. 2 Nr. 1 MarkenG wegen fehlender Unterscheidungskraft von der Eintragung ausgeschlossen, wenn ihnen entweder ein für die fraglichen Waren und Dienstleistungen im Vordergrund stehender beschreibender Begriffsgehalt zugeordnet werden kann[42] oder wenn es sich um beschreibende Angaben handelt, die sich auf Umstände beziehen, welche die beanspruchten Waren und Dienstleistungen zwar nicht unmittelbar betreffen, durch die aber ein enger beschreibender Bezug zu diesen hergestellt wird.[43]

Weiter fehlt solchen Angaben die erforderliche Unterscheidungskraft, bei denen es sich um ein gebräuchliches Wort der deutschen Sprache oder einer bekannten Fremdsprache handelt, das vom Verkehr – etwa auch wegen einer entsprechenden Verwendung in der Werbung – stets nur als solches und nicht als Unterscheidungsmittel verstanden wird.[44]

Auch Werbeslogans können als Marke eingetragen werden, wenn der Verbraucher in dem Slogan einen Hinweis auf die betriebliche Herkunft der Waren oder Dienstleistungen erkennt. So wurde zum Beispiel der Werbeslogan „Audi Vorsprung durch Technik" für Fahrzeuge, Reparatur, Bauwesen und Werbung für die Audi AG[45] oder der Werbeslogan „Ich liebe es" für Nahrungsmittel, Getränke, Verpflegung für McDonald's[46] als Marke eingetragen.

Als „Geschäftliche Bezeichnungen" werden nach § 5 Abs. 1 MarkenG Unternehmenskennzeichen und Werktitel geschützt.

Unternehmenskennzeichen sind gemäß § 5 Abs. 2 MarkenG Zeichen, die im geschäftlichen Verkehr als Name, als Firma oder als besondere Bezeichnung eines Geschäftsbetriebs oder eines Unternehmens benutzt werden.

Schutzfähige Werktitel sind nach § 5 Abs. 3 MarkenG die Namen oder besonderen Bezeichnungen von Druckschriften, Filmwerken, Tonwerken, Bühnenwerken oder sonstigen vergleichbaren Werken. Dabei gilt ein gegenüber dem Urheberrecht eigenständiger kennzeichenrechtlicher Werkbegriff. Werke im kennzeichenrechtlichen Sinne sind alle

---

[42]BGH, Beschl. v. 01.03.2001 – I ZB 42/98 – marktfrisch.

[43]BGH, Beschl. v. 23.10.1997 – I ZB 18/95 – BONUS.

[44]BGH, Beschl. v. 21.12.2011 – I ZB 56/09 – Link economy.

[45]EuGH, Urt. v. 21.01.2010 – C-398/08 P.

[46]LG München I, Urt. v. 18.08.2010 – 21 O 177/09.

immateriellen Arbeitsergebnisse, die als Gegenstand des Rechts- und Geschäftsverkehrs nach der Verkehrsanschauung bezeichnungsfähig sind.[47] Als solche bezeichnungsfähigen immateriellen Arbeitsergebnisse sind auch Computerprogramme denkbar.[48]

Internetseiten kommen grundsätzlich ebenfalls als titelschutzfähige Werke in Betracht, wenn ihr Inhalt selbst eine für die Annahme eines Werkes hinreichende geistige Leistung beinhaltet, der Verkehr in ihrem Namen ein Zeichen zur Unterscheidung von anderen Internetseiten und nicht nur eine Adressbezeichnung sieht und die Internetseite weitgehend fertiggestellt ist.

Unterscheidungskraft bezeichnet bei einem Werktitel die Eignung, ein Werk als solches zu individualisieren und von einem anderen zu unterscheiden.[49] Sie fehlt, wenn sich der Titel nach Wortwahl, Gestaltung und vom Verkehr zugemessener Bedeutung in einer werkbezogenen Inhaltsbeschreibung erschöpft.[50]

Maßgeblich für die Frage, ob ein Werktitel von Haus aus unterscheidungskräftig ist, ist die Verkehrsauffassung. Daraus ergibt sich, dass der für einen Werktitelschutz erforderliche Grad an Unterscheidungskraft davon abhängt, ob dem Verkehr bekannte Besonderheiten für bestimmte Werkarten bestehen. So sind zum Beispiel an die Unterscheidungskraft eines Zeitungs- oder Zeitschriftentitels nur geringe Anforderungen zu stellen, da der Verkehr seit langem daran gewöhnt ist, dass Zeitschriften und Zeitungen mit mehr oder weniger farblosen und nur inhaltlich oder räumlich konkretisierten Gattungsbezeichnungen gekennzeichnet werden, und er deshalb auf feinere Unterschiede achtet.[51]

Titelschutzfähige Werke im Sinne von § 5 Abs. 3 MarkenG können auch Apps für Mobilgeräte sowie Informationsangebote im Internet sein. Die für Zeitungs- und Zeitschriftentitel geltenden geringen Anforderungen an die Unterscheidungskraft von Werktiteln können jedoch auf Apps für Mobilgeräte und auf Internetangebote, die nicht auch als Printversion erhältlich sind, nicht angewendet werden, weil es (bislang) an einer entsprechenden Verkehrsgewöhnung an die Benutzung von Gattungsbezeichnungen in diesen Bereichen fehlt.[52]

Beispiel

Der Bezeichnung „wetter.de" kommt keine für einen Werktitelschutz nach § 5 Abs. 1 und Abs. 3 MarkenG hinreichende originäre Unterscheidungskraft für eine App und eine Internetseite zu, auf der ortsspezifisch aufbereitete Wetterdaten und weitere Informationen in Bezug auf das Thema Wetter zum Abruf bereitgehalten werden. Der Begriff

---

[47]BGH, Urt. v. 24.04.1997 – I ZR 44/95 – PowerPoint.
[48]BGH, Urt. v. 15.01.1998 – I ZR 282/95 – WINCAD.
[49]BGH, Urt. v. 23.01.2003 – I ZR 171/00 – Winnetous Rückkehr.
[50]BGH, Urt. v. 22.03.2012 – I ZR 102/10 – Stimmt's?
[51]BGH, Urt. v. 08.02.1963 – Ib ZR 76/61 – Deutsche Zeitung.
[52]BGH, Urt. v. 28.01.2016 – I ZR 202/14 – wetter.de.

„Wetter" ist für Informationen und Dienstleistungen zum Thema „Wetter" rein beschreibend und allgemein freihaltebedürftig. Der Zusatz „.de" ist ebenfalls nicht individualisierend.[53]

Markenschutz entsteht entweder durch die Eintragung eines Zeichens als Marke in das
vom Deutschen Patent- und Markenamt (DPMA) geführte Register (§ 4 Nr. 1 MarkenG)
oder durch Benutzung eines Zeichens im geschäftlichen Verkehr mit Verkehrsgeltung
(§ 4 Nr. 2 MarkenG) oder durch die sogenannte „notorische Bekanntheit" einer Marke
(§ 4 Nr. 3 MarkenG).

Eine Verkehrsgeltung im Sinne von § 4 Nr. 2 MarkenG begründet den Schutz eines
Kennzeichens als Marke („Benutzungsmarke" oder „Benutzte Marke kraft Verkehrsgeltung"), die nicht eingetragen ist, und zwar dann, wenn ein nicht unerheblicher Teil der
beteiligten Verkehrskreise ein bestimmtes Zeichen für bestimmte Waren oder Dienstleistungen einem bestimmten Unternehmen zuordnet. Auch von Haus aus nicht unterscheidungskräftige (etwa, weil nur beschreibende) Kennzeichen erwerben mithin den Schutz
als geschäftliche Bezeichnung oder als Marke, wenn sie Verkehrsgeltung erlangt haben.
Ein Kennzeichen besitzt Verkehrsgeltung, wenn es innerhalb eines beachtlichen Teils der
beteiligten Verkehrskreise – unter Umständen auch nur regional – als Kennzeichen des
Unternehmens (der Ware bzw. Dienstleistung) gilt.

Notorisch bekannt im Sinne von § 4 Nr. 3 MarkenG ist eine Marke, die durch einen
gegenüber der Verkehrsgeltung nochmals gesteigerten Grad an Verkehrsdurchsetzung
gekennzeichnet ist und daher unbeschadet ihrer Eintragungsfähigkeit als sachliches Markenrecht geschützt wird.

In der Literatur sind verschiedentlich Prozentzahlen erörtert worden (Verkehrsgeltung ab 25 %, beginnende Verkehrsdurchsetzung ab 50 %, berühmte Bezeichnung ab ca.
65 %), die aber allenfalls einen Anhaltspunkt geben können, da je nach Art des Kennzeichens das Freihalteinteresse des Verkehrs zu berücksichtigen ist.

Marken, die Schutz durch Verkehrsgeltung erlangt haben, sind genauso zu behandeln wie eingetragene Marken und gemäß §§ 9 Abs. 1 Nr. 3, 14 Abs. 2 Nr. 3 MarkenG
geschützt. Dies gilt im Hinblick auf die Rechtsfolgen, die Ansprüche und den Vermögenswert.

Beim Deutschen Patent- und Markenamt eingetragene Marken gelten ausschließlich
für das Gebiet der Bundesrepublik Deutschland. Wenn ihr Schutz ausgedehnt werden
soll, kann ein Antrag auf internationale Registrierung bei der Weltorganisation für Geistiges Eigentum (WIPO/OMPI) gestellt werden. Dieser Antrag ist beim Deutschen Patent-
und Markenamt einzureichen.

Im Falle, dass Schutz in den Ländern der Europäischen Union begehrt wird, kann
beim Harmonisierungsamt für den Binnenmarkt (HABM) eine Gemeinschaftsmarke
angemeldet werden, sogenannte „Gemeinschaftsmarke".

---

[53]BGH, Urt. v. 28.01.2016 – I ZR 202/14 – wetter.de.

5.6.2 Schutzhindernisse

Absolute Schutzhindernisse im Sinne von § 8 MarkenG hindern die Eintragungsfähigkeit einer Marke. Im Einzelnen:

Von der Eintragung als Marke sind gemäß § 8 Abs. 1 MarkenG zunächst schutzfähige Zeichen im Sinne von § 3 MarkenG ausgeschlossen, wenn sie sich nicht grafisch darstellen lassen.

§ 8 Abs.2 MarkenG stellt darüber hinaus eine Reihe weiterer absoluter Schutzhindernisse auf:

Von der Eintragung ausgeschlossen sind zunächst Marken, denen für die Waren oder Dienstleistungen jegliche Unterscheidungskraft (s. o.) fehlt.

Eine Eintragung ist ferner nicht möglich für Marken, für die ein sogenanntes „Freihaltebedürfnis" besteht. Ein solches Freihaltebedürfnis besteht dann, wenn für die angemeldeten Waren oder Dienstleistungen konkrete Interessen der Allgemeinheit daran bestehen, dass das angemeldete Zeichen für die angemeldeten Waren oder Dienstleistungen nicht von einem Marktteilnehmer allein, sondern allgemein genutzt werden kann, insbesondere dann, wenn das Zeichen in Bezug auf die angemeldeten Waren und Dienstleistungen aus lediglich beschreibenden Begriffen besteht. Hierunter das berechtigte Interesse von Wettbewerbern eines Unternehmens zu verstehen, derartige beschreibende Angaben ihrer Waren oder Dienstleistungen frei benutzen zu können.

Dies ist nach § 8 Abs. 2 Nr. 2 MarkenG der Fall bei Marken, die ausschließlich aus Zeichen oder Angaben bestehen, die im Verkehr zur Bezeichnung der Art, der Beschaffenheit, der Menge, der Bestimmung, des Wertes, der geografischen Herkunft, der Zeit der Herstellung der Waren oder der Erbringung der Dienstleistungen oder zur Bezeichnung sonstiger Merkmale der Waren oder Dienstleistungen dienen können oder die nach § 8 Abs. 2 Nr. 3 MarkenG ausschließlich aus Zeichen oder Angaben bestehen, die im allgemeinen Sprachgebrauch oder in den redlichen und ständigen Verkehrsgepflogenheiten zur Bezeichnung der Waren oder Dienstleistungen üblich geworden sind.

Beispiel

- „Diesel" kann nicht als Marke für Kraftstoffe eingetragen werden, da andere Kraftstoffhersteller oder Vertreiber diesen Begriff zur Beschreibung der Art des Kraftstoffs benötigen. Dagegen kann Diesel für Bekleidungswaren durchaus eingetragen werden, da nicht anzunehmen ist, dass ein Bekleidungshersteller diesen Begriff zur Beschreibung eines Bekleidungsstückes benötigt.
- „Flüssig" kann ebenfalls nicht für Kraftstoffe eingetragen werden, da dies eine Beschreibung der Beschaffenheit eines Kraftstoffs sein kann, die von einem Wettbewerber benötigt werden könnte.
- Kein Markenschutz besteht für die Marke für „FUSSBALL WM 2006":

Der Fall:[54]

Der Bundesgerichtshof hatte über die Rechtsbeständigkeit der für die Fédération Internationale de Football Association (FIFA) eingetragenen Marken „FUSSBALL WM 2006" und „WM 2006" zu befinden. Die Marken waren vom Deutschen Patent- und Markenamt Mitte 2002 bzw. Anfang 2003 für über 850 Waren oder Dienstleistungen eingetragen worden. Dagegen waren mehrere Anträge auf Löschung der Eintragung wegen des Bestehens absoluter Schutzhindernisse gestellt worden.

Der Bundesgerichtshof hat dazu entschieden, dass die Eintragung der Marke „FUSSBALL WM 2006" für alle beanspruchten Waren und Dienstleistungen zu löschen sei. Der Marke fehle jegliche Unterscheidungskraft im Sinne von § 8 Abs. 2 Nr. 1 MarkenG. Die Angabe „FUSSBALL WM 2006" sei eine sprachübliche Bezeichnung für die damit beschriebene Sportveranstaltung, nämlich der im Jahre 2006 in Deutschland stattfindenden Fußballweltmeisterschaft. Sie werde vom Verkehr als beschreibende Angabe für das Ereignis selbst aufgefasst. Dieser Bezeichnung fehle die Eignung, Waren und Dienstleistungen einem Unternehmen zur Unterscheidung von Waren und Dienstleistungen eines anderen Unternehmens zuzuordnen. Die Tatsache, dass die FIFA als Veranstalterin der Fußballweltmeisterschaft im Jahre 2006 in Deutschland auftrete, erwecke beim Verkehr nicht die Vorstellung, dass mit der Bezeichnung „FUSSBALL WM 2006" in Verkehr gebrachte Waren oder Dienstleistungen unter deren Kontrolle hergestellt oder erbracht worden seien und sie für ihre Qualität wie ein Warenproduzent oder Dienstleister verantwortlich gemacht werden könne. Wegen des eindeutigen Bezugs, der durch den Bestandteil „FUSSBALL" zu der Veranstaltung der Fußballweltmeisterschaft im Jahre 2006 hergestellt werde, gelte dies für alle beanspruchten Waren und Dienstleistungen, entgegen der Ansicht des Bundespatentgerichts also auch für solche Waren und Dienstleistungen, die nicht schon wegen ihrer Art, ihres Verwendungszwecks oder ihrer sonstigen Merkmale in einem unmittelbaren Sachzusammenhang mit einer derartigen Sportveranstaltung stünden. Etwas anderes gelte für die Verwendung der Bezeichnung „FIFA FUSS-BALL WM 2006", über die allerdings nicht zu befinden war.

Bei der Marke „WM 2006" könne nach Ansicht des Bundesgerichtshofs dagegen nicht von einem vergleichbar eindeutig beschreibenden Bezug der Bezeichnung ausgegangen werden. Zwar diene „WM 2006" gleichfalls dazu, einen internationalen Wettkampf im Jahre 2006 zu beschreiben. Dieses Zeichen sei daher für solche Waren und Dienstleistungen nicht unterscheidungskräftig. Insoweit hat der Bundesgerichtshof auch die Löschung der Marke „WM 2006" bestätigt. Anders als bei der Bezeichnung „FUSSBALL WM 2006" könne bei „WM 2006" jedoch nicht angenommen werden, dass der Verkehr diese Angabe allgemein, d. h. für alle beanspruchten Waren und Dienstleistungen, als nicht unterscheidungskräftigen Hinweis auf die Veranstaltung einer Weltmeisterschaft im Jahre 2006 als solche verstehe und ein solches

---

[54]BGH, Urt. v. 12.11.2009 – I ZR 183/07.

Verkehrsverständnis bereits im Zeitpunkt der Eintragung Anfang 2003 bestanden habe. „WM 2006" sei eine Zahlen- und Buchstabenkombination, die nicht notwendig für jede Ware oder Dienstleistung einen Bezug zu einer Weltmeisterschaft im Jahre 2006 nahelege. Hier müsse also differenziert werden.

Von der Eintragung ausgeschlossen sind darüber hinaus Marken,

- die geeignet sind, das Publikum insbesondere über die Art, die Beschaffenheit oder die geografische Herkunft der Waren oder Dienstleistungen zu täuschen,
- die gegen die öffentliche Ordnung oder die gegen die guten Sitten verstoßen,
- die Staatswappen, Staatsflaggen oder andere staatliche Hoheitszeichen oder Wappen eines inländischen Ortes oder eines inländischen Gemeinde- oder weiteren Kommunalverbandes enthalten,
- die amtliche Prüf- oder Gewährzeichen enthalten, die nach einer Bekanntmachung des Bundesministeriums der Justiz im Bundesgesetzblatt von der Eintragung als Marke ausgeschlossen sind,
- die Wappen, Flaggen oder andere Kennzeichen, Siegel oder Bezeichnungen internationaler zwischenstaatlicher Organisationen enthalten, die nach einer Bekanntmachung des Bundesministeriums der Justiz im Bundesgesetzblatt von der Eintragung als Marke ausgeschlossen sind,
- deren Benutzung ersichtlich nach sonstigen Vorschriften im öffentlichen Interesse untersagt werden kann, oder
- die bösgläubig angemeldet worden sind.

Die vorstehend erwähnten absoluten Schutzhindernisse stehen der Eintragung einer Marke jedoch dann nicht entgegen, wenn sich diese bereits vor dem Zeitpunkt der Entscheidung über ihre Eintragung infolge ihrer Benutzung für die Waren oder Dienstleistungen, für welche sie angemeldet wurde, in den beteiligten Verkehrskreisen durchgesetzt hat (§ 8 Abs. 3 i. V. m. Abs. 2 Nr. 1 bis 3 MarkenG). Der Grad der Durchsetzung lässt sich nicht abstrakt festlegen, wird jedoch dann angenommen, wenn über 50 % dieser beteiligten Verkehrskreise die Marke als Identifizierung des Unterscheidungskennzeichens erkennen.

Wichtig: Das Hindernis einer fehlenden abstrakten Unterscheidungskraft im Hinblick auf die Markenfähigkeit nach § 3 MarkenG kann durch eine derartige Verkehrsdurchsetzung nicht überwunden werden. Der Begriff der Verkehrsdurchsetzung darf nämlich nicht mit dem Begriff der sogenannten Verkehrsgeltung bei einer sogenannten „Benutzten Marke kraft Verkehrsgeltung" (dazu gleich) verwechselt werden: Die Verkehrsdurchsetzung bezieht sich auf die Eintragungsfähigkeit einer Marke, die Verkehrsgeltung ist hingegen für die Entstehung eines Markenschutzes durch die Benutzung einer Marke bedeutsam.

Unabhängig von der Eintragung kann der Markenschutz nämlich bereits allein durch die Benutzung eines Zeichens als Marke im geschäftlichen Verkehr erlangt werden (sogenannte „Benutzte Marke"), vgl. § 4 Nr. 2 MarkenG. „Benutzte Marken kraft Verkehrsgeltung" gemäß § 4 Nr. 2 MarkenG sind Zeichen, die im geschäftlichen Verkehr benutzt werden und innerhalb der beteiligten Verkehrskreise Verkehrsgeltung erworben haben. Hier bedarf es mithin keiner Eintragung. Voraussetzung ist jedoch, dass das Zeichen innerhalb der beteiligten Verkehrskreise als Marke Verkehrsgeltung erworben hat. Wann genau eine solche „Verkehrsgeltung" erreicht wurde, ist eine Einzelfallentscheidung. Regelmäßig wird sie nach der Rechtsprechung dann angenommen, wenn „ein nicht unerheblicher Teil der angesprochenen Verkehrskreise das Zeichen wiedererkennt und eine Verbindung zwischen dem Zeichen und einem bestimmten Unternehmen herstellt". Der Grad der Verkehrsgeltung bei § 4 Nr. 2 MarkenG ist jedoch niedriger anzusetzen als bei der Verkehrsdurchsetzung im Sinne von § 8 Abs. 3 MarkenG.

Notorische Marken im Sinne von § 4 Nr. 3 MarkenG liegen vor, wenn sie allgemein bekannt sind. Die Einordnung erfolgt nach Art 6 PVÜ (Pariser Verbandsübereinkunft zum Schutz des gewerblichen Eigentums). Auch hier ist keine Eintragung nötig. Der Begriff der notorischen Bekanntheit wird als eine gesteigerte Verkehrsgeltung verstanden, die innerhalb aller angesprochenen Verkehrskreise bestehen muss, die mit den entsprechenden Waren- und Dienstleistungen in Berührung kommen. Für die Bestimmung der Notorietät sind u. a. der Marktanteil der Waren, für welche die Marke benutzt wird, die Unterscheidungskraft, die Warenart, das Verteilungssystem, die Dauer des Gebrauchs sowie die Verbreitung der Frage ausschlaggebend. Die wesentlichen Abnehmerkreise müssen das Zeichen in „erdrückender Mehrheit" erkennen. Notorisch bekannte Marken sind bspw. Weltmarken wie bspw. „Ford", „Coca-Cola", „McDonald's", „Rolex" oder „Marlboro".

Einer Eintragung können ferner die sogenannten „relativen Schutzhindernisse" entgegenstehen. Diese sind in § 9 MarkenG geregelt. Es handelt es sich hierbei um Fälle, bei denen eine neu eingetragene Marke mit einer älteren bereits vorher eingetragenen Marke kollidiert, weil die Marken wegen ihrer Ähnlichkeit verwechselbar oder sogar identisch sind.

Relative Schutzhindernisse sind nach § 9 MarkenG dann gegeben, wenn die jüngere Marke

- mit einer angemeldeten oder eingetragenen Marke mit älterem Zeitrang identisch ist und die Waren oder Dienstleistungen, für die sie eingetragen worden ist, mit den Waren oder Dienstleistungen identisch sind, für die die Marke mit älterem Zeitrang angemeldet oder eingetragen worden ist,
- wegen ihrer Identität oder Ähnlichkeit mit einer angemeldeten oder eingetragenen Marke mit älterem Zeitrang und der Identität oder der Ähnlichkeit der durch die beiden Marken erfassten Waren oder Dienstleistungen für das Publikum die Gefahr von Verwechslungen besteht, einschließlich der Gefahr, dass die Marken gedanklich miteinander in Verbindung gebracht werden, oder
- mit einer angemeldeten oder eingetragenen Marke mit älterem Zeitrang identisch oder dieser ähnlich ist und für Waren oder Dienstleistungen eingetragen worden ist,

die nicht denen ähnlich sind, für die die Marke mit älterem Zeitrang angemeldet oder eingetragen worden ist, falls es sich bei der Marke mit älterem Zeitrang um eine im Inland bekannte Marke handelt und die Benutzung der eingetragenen Marke die Unterscheidungskraft oder die Wertschätzung der bekannten Marke ohne rechtfertigenden Grund in unlauterer Weise ausnutzen oder beeinträchtigen würde.

5.6.3 Anmeldung und Eintragung der Marke

Der Antrag der Eintragung einer Marke ist beim Deutschen Patent- und Markenamt (DPMA) oder bei einem Pateninformationszentrum zu stellen. Die gesetzlichen Regelungen hierzu finden sich in den §§ 32 ff. MarkenG. Empfehlenswert ist ein Blick auf die Internetseiten des DPMA unter http://www.dpma.de/marke/index.html, die einen guten Überblick über Voraussetzungen und Ablauf des Markenverfahrens bieten.

Die Anmeldung muss folgende Mindestangaben enthalten:

- die Identität des Anmelders,
- eine Wiedergabe der Marke,
- ein Verzeichnis der Waren oder Dienstleistungen, für welche die Eintragung beantragt wird.

Bei der Anmeldung muss angegeben werden, ob die Marke als

- Wortmarke,
- Bildmarke, Wort-/Bildmarke,
- dreidimensionale Marke,
- Hörmarke,
- Kennfadenmarke,
- oder als sonstige Markenform

in das Register eingetragen werden soll.

Markenanmeldungen müssen zudem ein Waren-/Dienstleistungsverzeichnis enthalten. In diesem legt der Anmelder fest, für welche Waren/Dienstleistungen seine Marke eingetragen werden soll. Maßgeblich ist dabei die „Klassifikation von Nizza", ein internationales Abkommen über die Einteilung von Waren und Dienstleistungen. In insgesamt 45 sogenannten „Klassen" sind alle nur denkbaren Waren und Dienstleistungen eingruppiert. Der Name geht auf das auf der diplomatischen Konferenz von Nizza am 15.06.1957 geschlossene Übereinkommen zurück, das die Schaffung der Klassifikation vertraglich festlegte. Die Bundesrepublik Deutschland ist Vertragsstaat dieses Abkommens. Das Verzeichnis der Waren- und Dienstleistungen ist entsprechend der Nizzaer Klassifikation für Waren- und Dienstleistungen (NCL) http://www.dpma.de/service/klassifikationen/nizzaklassifikation/index.html geordnet und klassifiziert einzureichen.

Das DPMA überprüft nicht, ob die geplante Marke in identischer oder ähnlicher Form bereits existiert. Es ist daher anzuraten, vor Eintragung einer Marke eine umfassende Markenrecherche – und zwar auch in Bezug auf ähnliche Marken sowie ähnliche Waren und Dienstleistungen – durchzuführen, um das Risiko von Kollisionen mit bestehenden Marken aufgrund von Verwechslungsgefahr bzw. Ähnlichkeiten abzuklären und um zu vermeiden, dass die geplante Marke ältere Rechte verletzt. Die beim DPMA geführte Datenbank http://register.dpma.de/DPMAregister/Uebersicht, in der kostenfrei recherchiert werden kann, enthält angemeldete, eingetragene und zurückgewiesene nationale deutsche Marken.

Das DPMA prüft hingegen, ob formelle oder materielle Schutzvoraussetzungen einer Eintragung entgegenstehen, vgl. § 36 Abs. 1 Marken G. Die Prüfung erfolgt im Hinblick auf sogenannte absolute Eintragungshindernisse (§ 37 MarkenG), insbesondere dahin gehend, ob eine Anmeldung markenfähig im Sinne von § 3 MarkenG ist, ob sie unterscheidungskräftig ist, ob ein Freihaltebedürfnis nach § 8 MarkenG besteht oder ob es sich um eine notorisch bekannte Marke im Sinne von § 10 MarkenG handelt.

Wenn die Marke den gesetzlichen Anforderungen entspricht, wird sie in das deutsche Markenregister eingetragen und im Markenblatt veröffentlicht. Kommt das DPMA dagegen zum Schluss, dass die Voraussetzungen der Eintragung nicht gegeben sind, beanstandet es die Mängel und gibt dem Anmelder die Möglichkeit zu einer Stellungnahme. Soweit die Mängel nicht geheilt werden, wird die Markenanmeldung gemäß § 61 MarkenG durch einen Beschluss des DPMA zurückgewiesen.

Nach der Veröffentlichung der eingetragenen Marke (§ 41 MarkenG) hat der Inhaber einer Marke mit älterem Zeitrang ein Widerspruchsrecht gegen diese Eintragung, § 42 MarkenG.

5.6.4 Rechte aus der Marke

Der Inhaber erwirbt an der Marke das ausschließliche Recht aus der geschützten Marke, bei Verletzung dieses Schutzes Ansprüche gegen den Verletzer geltend zu machen. Die zentrale Norm ist § 14 MarkenG, der zum einen die Untersagungserfordernisse und die daraus resultierenden Unterlassungs-und Schadensersatzansprüche regelt.

§ 15 Abs. 1 MarkenG erweitert dieses Ausschließlichkeitsrecht auf geschäftliche Bezeichnungen.

§ 14 Abs. 1 MarkenG wirkt dabei in zweierlei Hinsicht:

Der Markeninhaber ist zum einen berechtigt, die Marke in der Weise, wie sie für ihn eingetragen oder auf andere Weise geschützt ist, zur Kennzeichnung seiner Waren oder Dienstleistungen zu benutzen (sogenanntes „positives Benutzungsrecht").

Er kann aber wegen Marken verletzender Benutzungshandlungen Dritter auch Ansprüche auf Unterlassung und Schadensersatz geltend machen (sogenanntes „negatives Verbietungsrecht"), vgl. § 14 Abs. 2 bis 6 MarkenG.

Nach § 14 Abs. 2 MarkenG ist es Dritten nämlich untersagt,

- ohne Zustimmung des Inhabers der Marke im geschäftlichen Verkehr ein mit der Marke identisches Zeichen für Waren oder Dienstleistungen zu benutzen, die mit denjenigen identisch sind, für die sie Schutz genießt,
- ein Zeichen zu benutzen, wenn wegen der Identität oder Ähnlichkeit des Zeichens mit der Marke und der Identität oder Ähnlichkeit der durch die Marke und das Zeichen erfassten Waren oder Dienstleistungen für das Publikum die Gefahr von Verwechslungen besteht, einschließlich der Gefahr, dass das Zeichen mit der Marke gedanklich in Verbindung gebracht wird, oder.
- ein mit der Marke identisches Zeichen oder ein ähnliches Zeichen für Waren oder Dienstleistungen zu benutzen, die nicht denen ähnlich sind, für die die Marke Schutz genießt, wenn es sich bei der Marke um eine im Inland bekannte Marke handelt und die Benutzung des Zeichens die Unterscheidungskraft oder die Wertschätzung der bekannten Marke ohne rechtfertigenden Grund in unlauterer Weise ausnutzt oder beeinträchtigt.

Nach § 14 Abs. 3 MarkenG ist es Dritten verboten, im geschäftlichen Verkehr eine identische oder verwechslungsfähig ähnliche Marke

- auf Waren oder ihrer Aufmachung oder Verpackung anzubringen,
- unter dem Zeichen Waren anzubieten, in den Verkehr zu bringen oder zu den genannten Zwecken zu besitzen,
- unter dem Zeichen Dienstleistungen anzubieten oder zu erbringen,
- unter dem Zeichen Waren einzuführen oder auszuführen,
- das Zeichen in Geschäftspapieren oder in der Werbung zu benutzen.
- Dritten ist es nach § 14 Abs. 4 MarkenG ferner untersagt, ohne Zustimmung des Inhabers der Marke im geschäftlichen Verkehr
- ein mit der Marke identisches Zeichen oder ein ähnliches Zeichen auf Aufmachungen oder Verpackungen oder auf Kennzeichnungsmitteln wie Etiketten, Anhängern, Aufnähern oder dergleichen anzubringen,
- Aufmachungen, Verpackungen oder Kennzeichnungsmittel, die mit einem mit der Marke identischen Zeichen oder einem ähnlichen Zeichen versehen sind, anzubieten, in den Verkehr zu bringen oder zu den genannten Zwecken zu besitzen oder
- Aufmachungen, Verpackungen oder Kennzeichnungsmittel, die mit einem mit der Marke identischen Zeichen oder einem ähnlichen Zeichen versehen sind, einzuführen oder auszuführen.

Bei einer Markenverletzung besitzt der Markeninhaber gegenüber dem verletzenden Dritten folgende Ansprüche:

- Unterlassungsanspruch, 14 Abs. 5 MarkenG,
- Schadenersatzanspruch, 14 Abs. 6 MarkenG,

- Vernichtungs- und Rückrufanspruch, § 18 MarkenG,
- Auskunftsanspruch über Herkunft und Vertriebsweg widerrechtlich gekennzeichneten Waren oder Dienstleistungen, § 19 MarkenG,
- Strafbarkeit und Bußgeldverhängung, § 143 MarkenG,
- Anspruch auf Beschlagnahme widerrechtlich gekennzeichneter Waren oder Dienstleistungen durch die Zollbehörde, § 146 MarkenG.

Für geschäftliche Bezeichnungen gilt nach § 15 MarkenG:

Dritten ist es untersagt, die geschäftliche Bezeichnung oder ein ähnliches Zeichen im geschäftlichen Verkehr unbefugt in einer Weise zu benutzen, die geeignet ist, Verwechslungen mit der geschützten Bezeichnung hervorzurufen.

Handelt es sich bei der geschäftlichen Bezeichnung um eine im Inland bekannte geschäftliche Bezeichnung, so ist es Dritten ferner untersagt, die geschäftliche Bezeichnung oder ein ähnliches Zeichen im geschäftlichen Verkehr zu benutzen, wenn keine Gefahr von besteht, soweit die Benutzung des Zeichens die Unterscheidungskraft oder die Wertschätzung der geschäftlichen Bezeichnung ohne rechtfertigenden Grund in unlauterer Weise ausnutzt oder beeinträchtigt.

Wer eine geschäftliche Bezeichnung oder ein ähnliches Zeichen missbräuchlich benutzt, kann von dem Inhaber der geschäftlichen Bezeichnung bei Wiederholungsgefahr auf Unterlassung in Anspruch genommen werden.

Wer die Verletzungshandlung vorsätzlich oder fahrlässig begeht, ist dem Inhaber der geschäftlichen Bezeichnung zum Ersatz des daraus entstandenen Schadens verpflichtet.

Marken können gekauft und verkauft werden. Der Inhaber kann Dritten ein Nutzungsrecht an seiner Marke einräumen (sogenannte „Markenlizenz").

5.6.5   Gerichtsentscheidungen zum Markenrecht

Beispiel

Der BGH hat über die Rechtsbeständigkeit der Eintragung eines Legosteins als Marke entschieden.

Der Fall:[55]

Ein Legostein mit der typischen Noppenanordnung auf der Oberseite war vom Deutschen Patent- und Markenamt im Jahre 1996 als dreidimensionale Marke für die Ware „Spielbausteine" eingetragen worden. Dagegen richteten sich mehrere Löschungsanträge, weil nach Meinung der Antragsteller die dreidimensionale Marke nicht hätte eingetragen werden dürfen.

Der BGH hat angenommen, dass der Legostein von der Eintragung als dreidimensionale Marke nach § 3 Abs. 2 Nr. 2 MarkenG ausgeschlossen ist. Nach dieser

---

[55]BGH, Urt. v. 16.07.2009 – I ZR 53/07 und 55/07.

Bestimmung sind Zeichen dem Markenschutz nicht zugänglich, wenn sie ausschließlich aus einer Form bestehen, die zur Erreichung einer technischen Wirkung erforderlich ist. Der Vorschrift des § 3 Abs. 2 Nr. 2 MarkenG liegt der Rechtsgedanke zugrunde, dass im Allgemeininteresse Formen vom Markenschutz freigehalten werden müssen, deren wesentliche Merkmale eine technische Funktion erfüllen.

Der BGH ist davon ausgegangen, dass für die Frage der Eintragung des Spielbausteins als Marke ausschließlich auf die Klemmnoppen auf der Oberseite des Spielsteins abzustellen ist. Die quaderförmige Gestaltung des Steins kann für den Markenschutz nicht berücksichtigt werden, weil es sich um die Grundform der Warengattung handelt, die nach § 3 Abs. 2 Nr. 1 MarkenG nicht geschützt werden kann. Die Noppen auf der Oberseite des Spielsteins haben ausschließlich eine technische Funktion. Sie sind im Zusammenwirken mit der Gestaltung der Innenseite des Spielsteins Teil des für Lego typischen Klemmsystems. Über weitergehende nicht technische Gestaltungsmerkmale verfügt der Legobaustein nicht. Die technischen Bestandteile des Spielsteins müssen aber im Interesse der Wettbewerber vom Markenschutz freigehalten werden.

Beispiel

Der Bundesgerichtshof hat über die Verwendung des Aktienindex DAX als Bezugswert für Wertpapiere entschieden.

Der Fall:[56]

Die Deutsche Börse AG berechnet und veröffentlicht den Deutschen Aktienindex DAX. Sie ist Inhaberin der Wortmarke DAX, die u. a. für Börsenkursnotierungen und die Ermittlung eines Aktienindex eingetragen ist. Die Commerzbank emittiert auf den DAX bezogene Optionsscheine, bei denen ein Zahlungsanspruch begründet wird, dessen Höhe vom jeweiligen Stand des DAX abhängt. Über diese Verwendung des DAX hatten die Parteien 2001 einen Lizenzvertrag geschlossen. Nachdem die Commerzbank diesen Vertrag gekündigt hatte, kam es zu Auseinandersetzungen darüber, ob die Commerzbank auch ohne Lizenzierung die Bezeichnung DAX als Bezugswert für ihre Finanzprodukte benutzen darf.

Der BGH hat diese Frage bejaht. Die Deutsche Börse könne die Verwendung der Bezeichnung DAX nicht aus ihrem Markenrecht untersagen. Die Benutzung stelle eine die Leistung der Commerzbank beschreibende Angabe dar, die nicht gegen die guten Sitten verstoße (§ 23 Nr. 2 MarkenG). Den Banken sei es nicht verwehrt, auf den Index zu verweisen, der die für den deutschen Finanzplatz bedeutendsten Aktien repräsentiere. In dieser Bezugnahme liege auch keine unlautere Ausnutzung des guten Rufs der Bezeichnung DAX. Die Wertschätzung der Finanzprodukte beruhe vorrangig auf der Einschätzung der wichtigsten deutschen Aktiengesellschaften und ihrer

---

[56]BGH, Urt. v. 30.04.2009 – I ZR 42/07.

Wertentwicklung sowie auf den Bedingungen des jeweiligen Wertpapiers und der Bonität der emittierenden Bank. Einen Schutz aus ergänzendem wettbewerbsrechtlichem Leistungsschutz (§ 4 Nr. 9 lit. b UWG) hat der BGH ebenfalls verneint.

Das Markenrecht berechtigt nicht dazu, der Benutzung eines mit einer Marke identischen oder ihr ähnliches Zeichens in einer vergleichenden Werbung entgegenzutreten, wenn für den Verbraucher keine Verwechslungsgefahr zwischen dem Werbenden und dem Markeninhaber oder zwischen den Marken, Waren oder Dienstleistungen des Werbenden und denen des Markeninhabers.

Vergleichende Werbung und Rechte eines Markeninhabers

Das Markenrecht berechtigt nicht dazu, der Benutzung eines mit einer Marke identischen oder ihr ähnlichen Zeichens in einer vergleichenden Werbung entgegenzutreten, wenn für den Verbraucher keine Verwechslungsgefahr zwischen dem Werbenden und dem Markeninhaber oder zwischen den Marken, Waren oder Dienstleistungen des Werbenden und denen des Markeninhabers besteht.

Der Inhaber einer Marke kann im geschäftlichen Verkehr die Benutzung eines mit der Marke identischen Zeichens für identische Waren oder Dienstleistungen verbieten, sowie, wenn eine Verwechslungsgefahr einschließlich der Gefahr, dass das Zeichen mit der Marke gedanklich in Verbindung gebracht wird, besteht, die Benutzung eines der Marke ähnlichen Zeichens. Erlaubt ist vergleichende Werbung unter bestimmten Voraussetzungen, nämlich, wenn sie unter anderem nicht irreführend ist, auf dem Markt keine Verwechslung zwischen dem Werbenden und einem Mitbewerber oder zwischen den Marken verursacht, nicht eine Marke herabsetzt oder verunglimpft und nicht den Ruf einer Marke in unlauterer Weise ausnutzt.

Beispiel

Der Fall:[57]

O2 verwendet in der Werbung für ihre Mobilfunkdienste Bilder von Blasen unterschiedlicher Art und ist Inhaber von zwei nationalen britischen Marken, die aus einem statischen Bild von Blasen bestehen. Im Jahr 2004 startete Hutchison 3G (H3G), eine Konkurrentin von O2, die ihre Dienstleistungen unter dem Zeichen „3" vermarktet, eine Werbekampagne für ihren „Threepay" genannten Sofortzahlungsdienst. Hierzu ließ sie im Fernsehen einen Werbefilm ausstrahlen, in dem sie den Preis ihrer Dienste mit dem von O2 verglich. Diese Fernsehwerbung zeigte am Anfang den Namen „O2" und Bilder sich bewegender Blasen in Schwarz-Weiß und führt fort mit Bildern von „Threepay" und „3" sowie einer Werbebotschaft, der zufolge die Dienste von H3G in spezieller Hinsicht preiswerter seien. O2 erhob beim High Court Klage wegen Verletzung ihrer genannten Bildmarken, wobei sie einräumte, dass der in der Werbung angestellte Preisvergleich zutreffend und die Werbung nicht irreführend sei. Die Klage

---

[57]EuGH, Urt. v. 12.0 7.2011 – C-324/09.

wurde abgewiesen. O2 legte daher gegen das Urteil Berufung beim Court of Appeal ein, der dem EuGH die Fragen vorgelegt hat, ob der Inhaber einer Marke die Benutzung eines mit seiner Marke identischen oder ihr ähnlichen Zeichens in einer vergleichenden Werbung verbieten kann, die keine Verwechslung zwischen dem Werbenden und einem Mitbewerber oder zwischen den Marken, Waren oder Dienstleistungen der Werbenden und denen eines Mitbewerbers hervorruft.

Der Gerichtshof erläutert zunächst das Verhältnis zwischen der Markenrichtlinie und der Richtlinie über die vergleichende Werbung. Er stellt fest, dass die Benutzung eines mit der Marke eines Mitbewerbers identischen oder ihr ähnlichen Zeichens in einer vergleichenden Werbung zu dem Zweck, die von ihm angebotenen Waren oder Dienstleistungen identifizieren, gemäß der Richtlinie über die Marke verboten werden kann. Der Gerichtshof weist jedoch darauf hin, dass der Gemeinschaftsgesetzgeber die vergleichende Werbung fördern und das Recht aus der Marke zu diesem Zweck in einem gewissen Maß beschränken wollte. Um den Schutz eingetragener Marken und die Verwendung vergleichender Werbung miteinander in Einklang zu bringen, ist der Inhaber der Marke, wie der Gerichtshof ausführt, nicht dazu berechtigt, die Benutzung eines mit seiner Marke identisch oder ihr ähnlichen Zeichens durch einen Dritten in einer vergleichenden Werbung zu verbieten, die sämtliche Zulässigkeitsbedingungen für vergleichende Werbung erfüllt. Allerdings erfüllt die Werbung dann, wenn zwischen dem Werbenden und einem Mitbewerber oder zwischen den Marken, Waren oder Dienstleistungen des Werbenden und denen eines Mitbewerbers Verwechslungsgefahr besteht, nicht alle in der Richtlinie über die vergleichende Werbung aufgezählten Zulässigkeitsbedingungen, und in diesem Fall kann der Markeninhaber die Benutzung eines mit seiner Marke identischen oder eines ihr ähnlichen Zeichens verbieten.

Der Europäische Gerichtshof ruft in Erinnerung, dass ein Inhaber einer Marke die Benutzung eines seiner Marke ähnlichen Zeichens verbieten kann, wenn vier Voraussetzungen vorliegen:

Die Benutzung muss im geschäftlichen Verkehr stattfinden, sie muss ohne die Zustimmung des Markeninhabers erfolgen, sie muss für Waren oder Dienstleistungen erfolgen, die mit denjenigen identisch sind, für die die Marke eingetragen wurde, und sie muss die Hauptfunktion der Marke, den Verbrauchern die Herkunft der Waren oder Dienstleistungen zu garantieren, beeinträchtigen oder beeinträchtigen können, weil für das Publikum eine Verwechslungsgefahr besteht. Die ersten drei Voraussetzungen sind im Ausgangsverfahren erfüllt. Hingegen stellt der EuGH fest, dass die Benutzung von Bildmarken von O2 ähnlichen Bildern von Blasen durch H3G nach den eigenen Feststellungen des vorlegenden Gerichts bei den Verbrauchern keine Verwechslungsgefahr hervorgerufen hat. Die Werbung war nämlich in ihrer Gesamtheit nicht irreführend und suggerierte insbesondere nicht, dass zwischen O2 und H3G irgendeine Geschäftsverbindung bestehe. Folglich fehlt es im Ausgangsverfahren an der vierten Voraussetzung. Unter diesen Voraussetzungen kann sich der Inhaber einer Marke nicht auf seine Markenrechte berufen, um einem Dritten die Benutzung eines

dieser Marke ähnlichen Zeichens für Waren oder Dienstleistungen, die mit denen, für
die die Marke eingetragen wurde, identisch oder ihnen ähnlich sind, in einer vergleichenden Werbung zu verbieten, wenn diese Benutzung beim Publikum keine Verwechslungsgefahr hervorruft.

Beispiel

„Cannabis" ist als Marke für Getränke nicht eintragungsfähig.

„Cannabis" ist als Marke für Getränke nicht eintragungsfähig. Die Eintragung der
Marke „Cannabis" für Getränke, die Hanf enthalten können, ist unzulässig.

Die Marke ist rein beschreibenden Charakters, da ein angemessen verständiger
Durchschnittsverbraucher glauben könnte, dass es sich bei ihr um eine Beschreibung
der Merkmale der fraglichen Ware handelt.

Der Fall:[58]

Herr Giampietro Torresan ließ im Jahr 2003 vom Harmonisierungsamt für den
Binnenmarkt (HABM) das Wortzeichen „CANNABIS" für Biere, Weine und Spirituosen als Gemeinschaftsmarke eintragen. Auf Antrag der Klosterbrauerei Weissenohe
GmbH & Co. KG mit Sitz in Deutschland wurde die Marke vom HABM für nichtig erklärt, da die Marke beschreibend sei. Das HABM vertrat die Auffassung, dass
der Begriff „Cannabis" umgangssprachlich sowohl eine Hanfpflanze als auch ein
Betäubungsmittel bezeichne und vom Durchschnittsverbraucher als klarer und unmittelbarer Hinweis auf die Merkmale der Waren aufgefasst werde, für die die Marke
angemeldet worden sei. Herr Torresan wendete gegen diese Entscheidung ein, dass
die Marke „CANNABIS" Unterscheidungskraft habe, denn es handele sich sowohl
um einen Gattungsbegriff als auch um eine reine Fantasiemarke, die in keinem – auch
nur mittelbaren – Zusammenhang mit Bier und Getränken im Allgemeinen stünden.
Als Gattungsbegriff sei „Cannabis" die wissenschaftliche Bezeichnung einer Blüten-
pflanze, aus der bestimmte Betäubungsmittel gewonnen würden und auch Heilsubs-
tanzen extrahiert werden könnten. Das Zeichen „CANNABIS" gebe es als Marke
seit 1996 auf dem italienischen Markt. Es habe seit 1999 als Gemeinschaftsmarke
für Biere, Weine und Spirituosen einen hohen Bekanntheitsgrad erlangt. Auf jeden
Fall sei der Begriff „Cannabis" nicht üblich, um Biere oder alkoholische Getränke zu
bezeichnen.

Der EuGH stellt zunächst fest, dass der Begriff „Cannabis", auch „Hanf" genannt,
drei mögliche Bedeutungen hat, nämlich:

1. eine Hanfpflanze, deren gemeinsame Marktorganisation gemeinschaftlich geregelt
   ist und deren Erzeugung in Bezug auf den Gehalt an Tetrahydrocannabinol (THC),
   den Cannabis Wirkstoff, sehr strengen Rechtsvorschriften unterliegt;

---

[58]EuGH, Urt. v. 19.11.2009 T – 234/06.

2. einen Suchtstoff, der in vielen Mitgliedstaaten verboten ist;
3. eine Substanz, deren mögliche therapeutische Verwendung derzeit diskutiert wird.

Außerdem weist der EuGH darauf hin, dass Cannabis im Lebensmittelbereich in verschiedenen Formen (Öle, Kräutertees) und in unterschiedlichen Zubereitungen (Tees, Teigwaren, Backwaren, Getränke mit oder ohne Alkohol usw.) verwendet wird, die eine sehr niedrige THC-Konzentration besitzen und daher keine bewusstseinsverändernden Wirkungen entfalten.

Ferner erinnert der EuGH daran, dass gemäß der Verordnung über die Gemeinschaftsmarke Zeichen und Angaben von der Eintragung als Marken ausgeschlossen sind, die im Verkehr zur Bezeichnung der Art, der Beschaffenheit, der Menge, der Bestimmung, des Wertes, der geografischen Herkunft oder der Zeit der Herstellung der Ware dienen können und die im normalen Sprachgebrauch nach dem Verständnis der maßgeblichen Verkehrskreise die beanspruchte Ware entweder unmittelbar oder durch Hinweis auf eines ihrer wesentlichen Merkmale bezeichnen können. Diese beschreibenden Zeichen sind nämlich nicht geeignet, die den Marken eigene Funktion eines Herkunftshinweises zu erfüllen. Der beschreibende Charakter einer Marke ist in Bezug auf die Waren, für die die Marke eingetragen worden ist, sowie im Hinblick darauf zu beurteilen, wie ein normal informierter und angemessen aufmerksamer und verständiger Durchschnittsverbraucher diese Waren vermutlich wahrnimmt.

Der EuGH hat daher geprüft, ob ein Durchschnittsverbraucher beim bloßen Anblick eines Getränks der Marke „CANNABIS" denken könnte, dass es sich bei dieser Marke um eine Beschreibung der Merkmale des Getränks handelt. Dazu stellt das Gericht zum einen fest, dass ein sachlicher Zusammenhang zwischen dem Zeichen „CANNABIS" und bestimmten Merkmalen der genannten Waren besteht, da Cannabis bei der Herstellung zahlreicher Lebensmittel, darunter der von Bier und bestimmten Getränken, verwendet wird, und zum anderen, dass das Wort „Cannabis" ein wissenschaftlicher lateinischer Begriff ist, der in mehreren Sprachen der Gemeinschaft existiert und der breiten Öffentlichkeit durch seine Präsenz in den Medien bekannt ist. Infolgedessen ist dieser Begriff für den angesprochenen Verbraucher im gesamten Gebiet der Gemeinschaft verständlich. Deshalb wird der Durchschnittsverbraucher der Gemeinschaft die Marke „CANNABIS" als Beschreibung eines Merkmals der fraglichen Produkte wahrnehmen. Dieses Merkmal ist, so der EuGH, für die Kaufentscheidung des Verbrauchers entscheidend, weil ihn die Möglichkeit reizen könnte, die gleichen Wirkungen wie mit dem Konsum von Cannabis zu erzielen.

Aus diesen Gründen hat der EuGH die Klage von Herrn Torresan abgewiesen und die Entscheidung des HABM, mit der dieses die Eintragung der Marke „CANNABIS" für Getränke, die Hanf enthalten können, für nichtig erklärt hat, bestätigt.

Beispiel

Keine Verwechslungsgefahr: Der Metro-Konzern unterliegt im Streit um die Bezeichnung „METROBUS"

Der Bundesgerichtshof hat in drei Entscheidungen kennzeichenrechtliche Ansprüche gegen die Verwendung der Bezeichnung „METROBUS" durch die Verkehrsbetriebe in Berlin, Hamburg und München verneint.

Der Fall:[59]

Die zur Metro-Unternehmensgruppe gehörige Klägerin ist Inhaberin der Marken „METRO" und „METRORAPID", die unter anderem für Dienstleistungen im Bereich des Transportwesens und der Veranstaltung von Reisen eingetragen sind. Sie nimmt zudem die Rechte aus dem Unternehmenskennzeichen der Metro AG wahr. Die drei Beklagten betreiben in den Städten Berlin (Berliner Verkehrsbetriebe), Hamburg (Hamburger Verkehrsverbund) und München (Münchner Verkehrsgesellschaft) den öffentlichen Personennahverkehr und verwenden die Bezeichnung „METROBUS" für bestimmte Buslinien, die U-Bahn-Stationen an das übrige öffentliche Verkehrsnetz anschließen. Sie hatten sich ihrerseits die Bezeichnung „Metrobus" in Verbindung mit einer auf ihr Unternehmen hinweisende Abkürzung (zum Beispiel „BVG Metrobus", „HVV Metrobus" und „MVG Metrobus") als Marke eintragen lassen.

Die Klägerin hat die Verwendung der Bezeichnung „METROBUS" durch die Beklagten allein oder zusammen mit den auf die jeweiligen Verkehrsbetriebe hinweisenden Buchstabenkombinationen „BVG", „HVV" oder „MVG" als eine Verletzung ihrer Markenrechte und des Unternehmenskennzeichens der Metro AG beanstandet.

Der Bundesgerichtshof hat Ansprüche der Klägerin verneint, soweit die Beklagten die Bezeichnung „METROBUS" im Zusammenhang mit Transportdienstleistungen im Bereich des Personennahverkehrs verwenden. Er ist in Übereinstimmung mit den Vorinstanzen davon ausgegangen, dass zwischen den Zeichen der Klägerin mit dem Bestandteil „METRO" und der Bezeichnung „METROBUS" bei der Verwendung im Bereich des Personennahverkehrs keine kennzeichenrechtliche Verwechslungsgefahr besteht, weil das Publikum die angegriffene Bezeichnung „METROBUS" nicht in die Bestandteile „METRO" und „BUS" aufspaltet und deshalb auch keine gedankliche Verbindung zwischen der Bezeichnung einer Buslinie mit „METROBUS" und der Metro-Unternehmensgruppe herstellt. Aus diesem Grund schieden auch Ansprüche aufgrund des Schutzes von „METRO" als bekannter Marke und als bekanntes Unternehmenskennzeichen gegen die Verwendung von „METROBUS" im Dienstleistungssektor des Personennahverkehrs aus. Soweit die Beklagten die von ihnen eingetragenen Marken jedoch auch für Waren und Dienstleistungen haben registrieren lassen, die sich nicht auf Transportleistungen beziehen, hat der Bundesgerichtshof die zugunsten des Metro-Konzerns ergangenen Entscheidungen teilweise bestätigt oder – soweit gegen den Metro-Konzern entschieden worden war – teilweise aufgehoben und die Verfahren zur weiteren Aufklärung an das Oberlandesgericht zurückverwiesen.

[59]BGH, Urt. v. 05.02.2009 – I ZR 167/06.

Beispiel

Keine Markenverletzung durch Zeichen „CCCP" und „DDR" auf Kleidungsstücken

Der Bundesgerichtshof hat in zwei Fällen entschieden, dass Dritte auf Bekleidungsstücken Symbole ehemaliger Ostblockstaaten anbringen dürfen, obwohl diese Symbole mittlerweile als Marken für Bekleidungsstücke geschützt sind.

Der Fall:[60]

Der Kläger eines Verfahrens ist Inhaber der unter anderem für Bekleidungsstücke eingetragenen Wortmarke „DDR". Er war außerdem Inhaber einer für Textilien eingetragenen Bildmarke, die das Staatswappen der DDR abbildete. Der Beklagte vertreibt sogenannte Ostprodukte. Er bewirbt und vertreibt T-Shirts mit der Bezeichnung „DDR" und ihrem Staatswappen. Der Kläger hat den Beklagten auf Unterlassung in Anspruch genommen. Das Landgericht München I hat die Klage abgewiesen. Das Oberlandesgericht München hat den Beklagten antragsgemäß verurteilt.

Das zweite Klageverfahren betraf die Verwendung der Buchstabenfolge „CCCP" zusammen mit dem Hammer-und-Sichel-Symbol auf T-Shirts. Die Buchstabenfolge „CCCP" (in lateinischen Buchstaben SSSR) steht als Abkürzung der kyrillischen Schreibweise der früheren UdSSR. Die Klägerin ist Lizenznehmerin der Wortmarke „CCCP", die für bestimmte Bekleidungsstücke (zum Beispiel Hosen, Overalls) eingetragen ist. Die Beklagte vertreibt über das Internet bedruckte Bekleidungsstücke. Zu den zur Auswahl stehenden Motiven gehört auch ein Hammer-und-Sichel-Symbol mit der Buchstabenfolge „CCCP". Die Klägerin hat die Beklagte auf Unterlassung des Vertriebs dieser Produkte in Anspruch genommen. Landgericht und Oberlandesgericht Hamburg haben die Klage mangels markenmäßiger Benutzung der angegriffenen Bezeichnung abgewiesen.

Der Bundesgerichtshof hat die Klage abweisenden Entscheidungen im Hamburger Verfahren bestätigt. Im Münchner Verfahren I ZR 92/08 hat er das von der Vorinstanz ausgesprochene Verbot aufgehoben und die Klage abgewiesen.

Im markenrechtlichen Verletzungsverfahren geht es nicht mehr um den Bestand der Marken. Die Ansprüche der Kläger aus ihren Marken hat der Bundesgerichtshof verneint, weil die Anbringung der Symbole der ehemaligen Ostblockstaaten auf Bekleidungsstücken die Markenrechte der Kläger nicht verletzen. Die markenrechtlichen Ansprüche setzen voraus, dass der Verkehr auf Bekleidungsstücken angebrachte Aufdrucke als Hinweis auf die Herkunft der Produkte von einem bestimmten Unternehmen und nicht nur als dekoratives Element auffasst, das nach Art des Motivs variieren kann. Der Bundesgerichtshof hat angenommen, dass die Verbraucher die auf der Vorderseite von T-Shirts angebrachten Symbole ehemaliger Ostblockstaaten ausschließlich als dekoratives Element auffassen und in ihnen kein Produktkennzeichen sehen.

---

[60]BGH, Urt. v. 14.01.2010 – I ZR 82/08.

Beispiel

Eintragung der Marke „Speicherstadt"

Die Eintragung der Marke „Speicherstadt" wurde mangels Unterscheidungskraft abgelehnt, da die Schutzhindernisse der fehlenden Unterscheidungskraft nach § 8 Abs. 2 Nr. 1 MarkenG sowie der waren- und dienstleistungsbeschreibenden Angabe nach § 8 Abs. 2 Nr. 2 MarkenG entgegenstehen.

Der Fall:[61]

Die Marke „Speicherstadt" war für eine Vielzahl von Waren und Dienstleistungen unterschiedlicher Klassen beim Deutschen Patent- und Markenamt angemeldet worden. Dieses hatte die Eintragung mit der Begründung zurückgewiesen, dass es der Marke an der für die Eintragung notwendigen Unterscheidungskraft fehle.

Das BPatG hat die Entscheidung des Deutschen Patent- und Markenamts bestätigt. Es hat ausgeführt, dass einer Eintragung der angemeldeten Bezeichnung die Schutzhindernisse der fehlenden Unterscheidungskraft nach § 8 Abs. 2 Nr. 1 MarkenG sowie der waren- und dienstleistungsbeschreibenden Angabe nach § 8 Abs. 2 Nr. 2 MarkenG entgegenstünden. „Speicherstadt" ist eine schutzunfähige geografische Bezeichnung.

Der Begriff würde sofort und naheliegender Weise mit der am Hafenrand gelegenen Hamburger Speicherstadt, einer der größten und bekanntesten Sehenswürdigkeiten dieser Stadt, in Verbindung gebracht. Nicht nur Ortsnamen selbst, sondern auch Bezeichnungen von bekannten Stadtteilen könnten schutzunfähige geografische Bezeichnungen darstellen. In diesem Sinn sei auch „Speicherstadt" eine geografische Bezeichnung, wenngleich dort bisher so gut wie keine Wohnbevölkerung ansässig sei, sondern es sich um einen Komplex von – überwiegend historischen – Lagerhäusern in Ziegelbauweise handle. In diesen mehrstöckigen Lagerhäusern (Speichern) könnten, jedenfalls in den oberen, nicht hochwassergefährdeten Stockwerken, so gut wie alle Erzeugnisse, in jedem Stadium der Verarbeitung, gelagert und gehandelt werden.

Beispiel

In drei Entscheidungen hat sich der BGH mit der kennzeichenrechtlichen Beurteilung der Verwendung fremder Kennzeichen als Schlüsselwörter (Keywords) im Rahmen der von der Suchmaschine Google eröffneten Möglichkeit der Werbung mit sogenannten AdWord-Anzeigen befasst. In zwei Sachen hat der BGH Ansprüche der Kennzeicheninhaber verneint, in der dritten Sache hat er dem Gerichtshof der Europäischen Gemeinschaften (EuGH) eine Frage zur Auslegung der Markenrechtsrichtlinie vorgelegt.

Die Fälle: In den Verfahren ging es um die in der Rechtsprechung unterschiedlich beurteilte Frage, ob es eine Kennzeichenverletzung darstellt, wenn ein Dritter ein fremdes Kennzeichen (also eine Marke oder eine Unternehmensbezeichnung)

---

[61]BPatG, Urt. v. 10.06.2010 – 24 W (pat) 76/08.

oder eine dem geschützten Zeichen ähnliche Bezeichnung einem Suchmaschinenbetreiber gegenüber als Schlüsselwort angibt mit dem Ziel, dass bei der Eingabe dieser Bezeichnung als Suchwort in die Suchmaschine in einem von der Trefferliste räumlich getrennten Werbeblock eine als solche gekennzeichnete Anzeige des Dritten (mit Link auf dessen Website) als Werbung für seine Waren oder Dienstleistungen erscheint. In den entschiedenen Fällen enthielt die Anzeige weder das als Suchwort verwendete fremde Zeichen noch sonst einen Hinweis auf den Kennzeicheninhaber oder auf die von diesem angebotenen Produkte.

Im ersten Verfahren[62] hatte die beklagte Anbieterin von Erotikartikeln gegenüber Google das Schlüsselwort „bananabay" angegeben. „Bananabay" ist für die Klägerin, die unter dieser Bezeichnung ebenfalls Erotikartikel im Internet vertreibt, als Marke geschützt. Ist eine als Schlüsselwort benutzte Bezeichnung – wie in diesem Fall – mit einer fremden Marke identisch und wird sie zudem für Waren oder Dienstleistungen benutzt, die mit denjenigen identisch sind, für die die fremde Marke Schutz genießt, hängt die Annahme einer Markenverletzung in einem solchen Fall nur noch davon ab, ob in der Verwendung der geschützten Bezeichnung als Schlüsselwort eine Benutzung als Marke im Sinne des Markengesetzes liegt. Da die Bestimmungen des deutschen Rechts auf harmonisiertem europäischen Recht beruhen, hat der BGH das Verfahren ausgesetzt, um dem Europäischen Gerichtshof diese Frage zur Vorabentscheidung nach Art. 234 EG-Vertrag vorzulegen.

Im zweiten Verfahren[63] standen sich zwei Unternehmen gegenüber, die über das Internet Leiterplatten anbieten. Für die Klägerin ist die Marke „PCB-POOL" geschützt. Der Beklagte hatte bei Google als Schlüsselwort die Buchstaben „pcb" angemeldet, die von den angesprochenen Fachkreisen als Abkürzung für „printed circuit board" (englisch für Leiterplatte) verstanden werden. Die Adword-Anmeldung von „pcb" hatte zur Folge, dass auch bei Eingabe von „PCB-POOL" in die Suchmaschine von Google in dem gesonderten Anzeigenblock neben der Trefferliste eine Anzeige für Produkte des Beklagten erschien. Der BGH hat in diesem Fall die Klage unter Aufhebung des Berufungsurteils abgewiesen. Der Markeninhaber kann i. d. R. die Verwendung einer beschreibenden Angabe (hier „pcb") auch dann nicht untersagen, wenn sie markenmäßig benutzt und dadurch die Gefahr einer Verwechslung mit der geschützten Marke begründet wird. Der BGH hat in diesem Fall eine markenrechtlich erlaubte beschreibende Benutzung angenommen. Da eine Kennzeichenverletzung schon aus diesem Grund zu verneinen war, kam es auf die dem Europäischen Gerichtshof bereits vorgelegte Rechtsfrage nicht mehr an.

Am dritten Verfahren[64] war ebenfalls die Klägerin des zweiten Verfahrens – sie führt die Unternehmensbezeichnung „Beta Layout GmbH" – beteiligt. Hier ging es

---

[62]BGH, Beschl. v. 22.01.2009 – I ZR 125/07.
[63]BGH, Urt. v. 22.01.2009 – I ZR 139/07.
[64]BGH, Urt. v. 22.01.2009 – I ZR 30/07.

darum, dass ein anderer Wettbewerber bei Google als Schlüsselwort die Bezeichnung „Beta Layout" anmeldet hatte. Auch in diesem Fall erschien immer dann, wenn ein Internetnutzer bei Google als Suchwort „Beta Layout" eingab, neben der Trefferliste ein Anzeigenblock mit einer Anzeige für die Produkte des Wettbewerbers. In diesem Fall hat der BGH die Entscheidung des Berufungsgerichts bestätigt, das eine Verletzung der Unternehmensbezeichnung und einen entsprechenden Unterlassungsanspruch mit der Begründung verneint hatte, es fehle an der für die Verletzung der Unternehmensbezeichnung erforderlichen Verwechslungsgefahr. Der Internetnutzer nehme nicht an, dass die in dem gesonderten Anzeigenblock neben der Trefferliste erscheinende Anzeige von der Beta Layout GmbH stamme. Diese tatrichterliche Feststellung des Verkehrsverständnisses war nach Auffassung des Bundesgerichtshofs nicht zu beanstanden. Da der Schutz der Unternehmensbezeichnungen anders als der Markenschutz nicht auf harmonisiertem europäischem Recht beruht, kam in diesem Verfahren eine Vorlage an den Europäischen Gerichtshof nicht in Betracht.

Beispiel

Der BGH hatte in zwei Fällen über den Schutzumfang der für Schokoladenprodukte eingetragenen Marke „Kinder" zu entscheiden.[65]

Die Fälle: Die Klägerin, der Süßwarenhersteller Ferrero, ist Inhaberin mehrerer grafisch gestalteter, teilweise farbiger Marken mit dem Wortbestandteil „Kinder", die u. a. für Schokolade eingetragen sind.

Im ersten Fall hat die Klägerin den Süßwarenhersteller Haribo auf Unterlassung in Anspruch genommen, unter der Marke „Kinder Kram" Zuckerwaren, Back- und Konditorwaren anzubieten.

Der BGH hat eine Verletzung der Wort-/Bildmarke „Kinder" der Klägerin durch die angegriffene Marke „Kinder Kram" verneint. Die Klägerin konnte nach Ansicht des Bundesgerichtshofs für die Klagemarken Schutz nur aufgrund ihrer grafischen, teilweise farbigen Gestaltung in Anspruch nehmen. Der in den Marken der Klägerin enthaltene Wortbestandteil „Kinder" verfüge für Schokolade wegen des die Abnehmerkreise beschreibenden Gehalts für sich genommen über markenrechtlichen Schutz. Zwischen den grafisch gestalteten Klagemarken und der angegriffenen Wortmarke „Kinder Kram" fehle die für das beantragte Verbot erforderliche Zeichenähnlichkeit.

Mit der zweiten, ebenfalls auf die für die Klägerin eingetragenen „Kinder"- Marken gestützten Klage richtete sich Ferrero gegen einen Hersteller von Molkereiprodukten.[66] Dieser beabsichtigte, ein Milchdessert unter Verwendung der Bezeichnung „Kinderzeit" auf den Markt zu bringen. Die Klägerin hatte beantragt, der Beklagten

---

[65]BGH, Urt. v. 20.09.2007 – I ZR 6/05.
[66]BGH, Urt. v. 20.09.2007 – I ZR 94/04.

zu verbieten, die Bezeichnung „Kinderzeit" auf Verpackungen und in der Werbung zu verwenden.

Der BGH hat geurteilt, dass zwischen den grafisch gestalteten Klagemarken „Kinder" und der Bezeichnung „Kinderzeit" ebenfalls die für ein Verbot erforderliche Zeichenähnlichkeit nicht gegeben sei.

Beispiel

Der BGH hatte ferner in drei Fällen über den Schutzumfang der Marke „POST" zu entscheiden.

Die drei Fälle: Klägerin im ersten Fall war die Deutsche Post AG, zu deren Gunsten die Marke „POST" u. a. für die Beförderung und Zustellung von Briefen und Paketen eingetragen ist.[67] In diesem Verfahren nahm die Klägerin ein Unternehmen wegen Verletzung ihrer Marke in Anspruch, das unter „CITY Post KG" firmiert, ein Wort/Bildmarke mit dem Bestandteil „CITY POST" hat eintragen lassen und die Bestandteile „city post" als Domainnamen und als E-Mail-Adresse nutzt. Die zweite Klage der Deutschen Post aus der Marke „POST" war gegen ein Unternehmen mit der Firmierung „Die Neue Post" gerichtet, das diese Bezeichnung ebenfalls bei seinem Internetauftritt verwendet.[68]

Der BGH hat für diese beiden Fälle offengelassen, ob zwischen der Klagemarke „POST" und den angegriffenen Zeichen „City Post" und „Die Neue Post" Verwechslungsgefahr besteht. Die Ansprüche der Klägerin aus ihrer Marke hat der BGH nach § 23 Nr. 2 MarkenG jedoch verneint. Nach dieser Bestimmung kann der Markeninhaber einem Dritten nicht untersagen, ein mit der Klagemarke ähnliches Zeichen als eine Angabe zu benutzen, mit der Dritte die von ihm angebotene Ware oder Dienstleistung beschreibt, sofern diese Benutzung nicht gegen die guten Sitten verstößt.

An der Bezeichnung „Post" haben die Unternehmen, die nach der teilweisen Öffnung des Marktes Postdienstleistungen erbringen, zur Beschreibung ihres Tätigkeitsbereichs ein besonderes Interesse. Soweit sich die Wettbewerber der Deutschen Post AG durch Zusätze von dem in Alleinstellung benutzten Markenwort „POST" abgrenzen und nicht durch eine Anlehnung an weitere Kennzeichen und Ausstattungsmerkmale der Deutschen Post AG – etwa an das Posthornzeichen oder an die Farbe Gelb – die Verwechslungsgefahr erhöhen, kann ihnen die Verwendung der Bezeichnung „POST" nicht untersagt werden.

In einem dritten Fall hat der BGH über die Rechtsbeständigkeit der Marke „POST" wie folgt entschieden:[69]

---

[67]BGH, Urt. v. 05.06.2008 – I ZR 108/05.
[68]BGH, Urt. v. 05.06.2008 – I ZR 169/05.
[69]BGH, Beschl. v. 23.10.2008 – I ZB 48/07.

Der BGH ist hier davon ausgegangen, dass die Bezeichnung „POST" eine beschreibende Sachangabe für die Dienstleistungen ist, für die der Markenschutz beansprucht wird. Denn der Begriff bezeichnet den Gegenstand, auf den sich die Dienstleistung bezieht. Das damit an sich bestehende Schutzhindernis kann nach dem Gesetz dadurch überwunden werden, dass sich die Bezeichnung „POST" im Verkehr als Hinweis auf die betriebliche Herkunft und damit als Marke durchgesetzt hat. Das Deutsche Patent- und Markenamt war hiervon zunächst ausgegangen und hatte die Marke „POST" deswegen im Jahr 2003 eingetragen. Die dann beantragte Löschung der Marke setzt die Feststellung voraus, dass die Verkehrsdurchsetzung entgegen der ursprünglichen Annahme weder im Zeitpunkt der Eintragung als Marke vorlag noch im Laufe des Löschungsverfahrens eingetreten ist.

Der BGH hat deutlich gemacht, dass allein Zweifel an der Verkehrsdurchsetzung die Löschung nicht rechtfertigen könnten. Die Deutsche Post AG hatte im Löschungs-verfahren zu der Verkehrsdurchsetzung der Marke „POST" Verkehrsbefragungen und Meinungsforschungsinstitute vorgelegt. Der dort ausgewiesene Anteil von annähernd 85 % der Befragten, die den Begriff „POST" als Hinweis auf die betriebliche Her-kunft auffassten, lässt – so der BGH – nicht den Schluss zu, die Marke habe sich nicht als Herkunftshinweis durchgesetzt. Das Bundespatentgericht habe zwar methodische Bedenken gegen die Ergebnisse der Meinungsforschungsgutachten geäußert und sei deshalb von einem wesentlich niedrigen Durchsetzungsgrad ausgegangen. Die Beden-ken gegen die von der Deutschen Post AG vorgelegten Meinungsforschungsgutachten rechtfertigen es aber nicht, die Marke zu löschen. Vielmehr hätte das Bundespatent-gericht von Amts wegen weitere Ermittlungen anstellen und, soweit erforderlich, ein weiteres Gutachten einholen müssen. Der BGH hat die Sache deshalb zur Nach-holung weiterer tatsächlicher Feststellungen an das Bundespatentgericht zurück-verwiesen. Der BGH hat im Übrigen bei seiner Entscheidung berücksichtigt, dass die Deutsche Post AG ihren Wettbewerbern auch im Falle des Bestands der Marke „POST" die Verwendung der beschreibenden Angabe „Post" selbst als Bestandteil der Unternehmensbezeichnung nicht untersagen kann.

Beispiel

Der Bundesgerichtshof hat über die Rechtsbeständigkeit der Eintragung der Wort-Bild-Marke „test" der Stiftung Warentest entschieden.

Der Fall:[70]

Die auf rotem Grund in weißer Schrift gehaltene Wort-Bild-Marke „test" war 2004 vom Deutschen Patent- und Markenamt unter anderem für Testmagazine und Verbrau-cherinformationen sowie Veröffentlichung von Warentests und Dienstleistungsunter-suchungen eingetragen worden. Der Axel Springer Verlag hat 2006 die Löschung der Marke beantragt.

---

[70]BGH, Beschl. v. 17.10.2013 – I ZB 65/121.

Das Deutsche Patent- und Markenamt hat dem Löschungsantrag stattgegeben und die Löschung der Marke angeordnet. Auf die Beschwerde der Markeninhaberin hat das Bundespatentgericht die Löschungsanordnung aufgehoben.

Der Bundesgerichtshof hat wie zuvor das Bundespatentgericht angenommen, dass die Wort-Bild-Marke „test" für Testmagazine und Verbraucherinformationen sowie Veröffentlichung von Warentests und Dienstleistungsuntersuchungen eine beschreibende Angabe ist, weil sie den Inhalt der Druckschriften bezeichnet. Das danach bestehende Schutzhindernis mangelnder Unterscheidungskraft kann durch Benutzung der Marke überwunden werden. Davon war das Bundespatentgericht aufgrund der Marktstellung des von der Stiftung Warentest herausgegebenen Magazins mit der Bezeichnung „test" und eines Meinungsforschungsgutachtens ausgegangen.

Der Bundesgerichtshof hat anders als das Bundespatentgericht angenommen, dass das Ergebnis des Ende 2009 eingeholten Meinungsforschungsgutachtens für die Annahme, das Wort-Bild-Zeichen habe sich beim allgemeinen Publikum als Marke durchgesetzt, nicht ausreicht. Nach diesem Gutachten sahen nach Bereinigung von Fehlzuordnungen lediglich 43 % der Befragten in dem Zeichen einen Hinweis auf ein bestimmtes Unternehmen, was für eine Verkehrsdurchsetzung im Regelfall nicht ausreicht. Da die Markeninhaberin die Marke seit Mai 2008 auch nicht mehr in der eingetragenen Form benutzt, war zudem nicht auszuschließen, dass dieser Anteil sich bis zu dem für die Entscheidung des Bundespatentgerichts über die Löschung maßgeblichen Zeitpunkt im Juni 2012 weiter verringert hatte. Die übrigen Indizien (Marktanteil, Auflage, Werbeaufwendungen und Dauer des Vertriebs des Magazins) reichten für die Annahme einer Verkehrsdurchsetzung nicht aus, weil dem das Ergebnis des Meinungsforschungsgutachtens entgegenstand. Meinungsforschungsgutachten sind normalerweise das zuverlässigste Beweismittel zur Beurteilung der Frage der Verkehrsdurchsetzung einer Marke.

Beispiel

Der Bundesgerichtshof hat zur Reichweite des Schutzes einer Farbmarke entschieden, dass die gelbe Verpackung und die in Gelb gehaltene Werbung eines Unternehmens, das Sprachlernsoftware vertreibt, die Farbmarke der Klägerin, die die Langenscheidt-Wörterbücher herausgibt, verletzt.

Der Fall:[71]

Die Klägerin vertreibt in Deutschland unter der Marke „Langenscheidt" zweisprachige Wörterbücher; sie ist in diesem Bereich Marktführerin in Deutschland. Sie bietet darüber hinaus vergleichbare Nachschlagewerke in elektronischer Form an. Die Klägerin ist Inhaberin der eingetragenen Farbmarke „Gelb" für zweisprachige Wörterbücher in Printform. Sie gestaltet ihre gedruckten Wörterbücher seit 1956 und seit

---

[71]BGH, Urt. v. 08.09.2014 – I ZR 228/12 – Gelbe Wörterbücher.

1986 auch andere Sprachlernprodukte in einer gelben Farbausstattung mit einem in blauer Farbe gehaltenen „L". Auch die Werbung der Klägerin ist regelmäßig entsprechend aufgemacht.

Die Beklagte, eine Tochtergesellschaft der US-amerikanischen Rosetta Stone Inc., bietet in Deutschland seit April 2010 Sprachlernsoftware für 33 Sprachen in einer gelben Kartonverpackung an, auf der als Kennzeichen in schwarzer Farbe eine aus ihrer Unternehmensbezeichnung abgeleitete Wortmarke sowie eine blaue, als halbrunde Stele ausgeformte Bildmarke angebracht sind. Sie bewirbt ihre Produkte in ihrem Internetauftritt sowie im Fernsehen unter Verwendung eines gelben Farbtons.

Mit der vorliegenden Klage will die Klägerin der Beklagten verbieten lassen, die gelbe Farbe bei der Verpackung der Sprachlernsoftware und in der Werbung zu verwenden.

Die Beklagte hatte im Registerverfahren die Löschung der Farbmarke der Klägerin beantragt. Dieser Antrag war beim Deutschen Patent- und Markenamt und beim Bundespatentgericht ohne Erfolg geblieben.

Die Entscheidung:

Der Bundesgerichtshof hat die Auffassung des Berufungsgerichts bestätigt, dass eine Verwechslungsgefahr zwischen der Farbmarke der Klägerin und der von der Beklagten verwendeten Farbe besteht. Die Beklagte verwendet den gelben Farbton in Art einer Marke. Der Verkehr fasst die Verwendung einer Farbe in der Werbung oder auf der Ware oder deren Verpackung allerdings im Regelfall als Gestaltungsmittel und nur ausnahmsweise als Marke auf. Auf dem inländischen Markt der zweisprachigen Wörterbücher prägen jedoch Farben die Kennzeichnungsgewohnheiten. Dies strahlt auf den Markt benachbarter Produkte aus, zu denen die Sprachlernsoftware der Beklagten gehört, sodass das Publikum auch in diesem Produktbereich die von der Beklagten großflächig und durchgängig verwendete Farbe „Gelb" als Produktkennzeichen versteht. Die gelbe Farbmarke der Klägerin, die aufgrund langjähriger Verwendung kraft Verkehrsdurchsetzung eingetragen ist, verfügt über durchschnittliche Kennzeichnungskraft. Die von den Parteien vertriebenen Produkte – Wörterbücher und Sprachlernsoftware – und die von ihnen verwendeten Gelbtöne sind hochgradig ähnlich. Obwohl die Beklagte auch ihre Wortmarke und ihr blaues Logo auf ihren Verpackungen und in der Werbung verwendet, sieht der Verkehr in der gelben Farbe ein eigenständiges Kennzeichen. Für die Frage der Zeichenähnlichkeit ist deshalb isoliert auf den gelben Farbton abzustellen. Bei hochgradiger Waren und Zeichenähnlichkeit und durchschnittlicher Kennzeichnungskraft der Klagemarke sind die Voraussetzungen der markenrechtlichen Verwechslungsgefahr erfüllt.

Die Antragstellerin hatte in einen weiteren Verfahren beim Deutschen Patent- und Markenamt (DPMA) die Löschung der Marke beantragt, weil die Voraussetzungen einer Verkehrsdurchsetzung der nicht unterscheidungskräftigen und freihaltebedürftigen Marke nicht vorlägen. Das DPMA hatte diesen Löschungsantrag zurückgewiesen. Die dagegen gerichtete Beschwerde beim Bundespatentgericht hatte keinen Erfolg, der BGH hat die Entscheidung des Patentgerichts bestätigt. Zur Begründung führt der BGH u. a. aus: Jedenfalls auf dem Gebiet der zweisprachigen Wörterbücher kann angesichts der festgestellten Dauer der Verwendung der als Marke eingetragenen Farbe, der Zahl der verkauften Exemplare zweisprachiger Wörterbücher und des Werbeaufwands der Markeninhaberin davon ausgegangen werden, dass diese als Marktführerin mit einem Marktanteil von über 60 % im engen Segment der zweisprachigen Wörterbücher in Printform die Kennzeichnungsgewohnheiten dahin gehend geprägt hat, dass ein in gelber Farbe gestalteter Einband als Marke wahrgenommen wird.

Ergebnis: Langenscheidt darf die abstrakte Farbmarke „Gelb" also behalten.

Beispiel

Der Bundesgerichtshof hat über die Löschung der Farbmarke Nivea von Beiersdorf im Markenregister des Deutschen Patent- und Markenamts entschieden. Die Marke ist aufgrund Verkehrsdurchsetzung für „Mittel zur Körper- und Schönheitspflege, nämlich Haut- und Körperpflegeprodukte" eingetragen. Nach Auffassung des Gerichts liegen die absoluten Schutzhindernisse des § 8 Abs. 2 Nr. 1 und 2 MarkenG vor. Abstrakte Farbmarken sind im Allgemeinen nicht unterscheidungskräftig und deshalb nach § 8 Abs. 2 Nr. 1 MarkenG nicht eintragungsfähig, weil der angesprochene Verkehr eine Farbe regelmäßig als dekoratives Element und nicht als Produktkennzeichen wahrnimmt. Besondere Umstände, die eine andere Beurteilung rechtfertigen, lagen nicht vor.

Ferner ist die Farbmarke nach § 8 Abs. 2 Nr. 2 MarkenG nicht eintragungsfähig, weil sie im betroffenen Warensegment als Hinweis auf Produkte für die Nachtpflege oder als Hinweis auf eine bestimmte Zielgruppe, und zwar auf Haut- und Körperpflegeprodukte für Männer, verwendet wird und deshalb freihaltebedürftig ist.

Nach Ansicht des Bundesgerichtshofs ist nicht ausgeschlossen, dass sich die Farbmarke für die in Rede stehenden Waren im Verkehr im Sinne von § 8 Abs. 3 MarkenG durchgesetzt hat und deshalb nicht gelöscht werden darf. Ausreichend für eine Verkehrsdurchsetzung ist auch bei einer abstrakten Farbmarke, dass mehr als 50 % des Publikums in der Farbe ein Produktkennzeichen sehen. Dagegen hatte das Bundespatentgericht wesentlich höhere Anforderungen an den Erwerb von Unterscheidungskraft durch Verkehrsdurchsetzung bei einer konturlosen Farbmarke gestellt und angenommen, mindestens 75 % des allgemeinen Publikums müssten in der Farbe Blau im Warenbereich der Haut- und Körperpflegeprodukte einen Hinweis auf ein bestimmtes Unternehmen erkennen. Diesen Maßstab hat der Bundesgerichtshof als zu streng beanstandet. Das Bundespatentgericht wird nunmehr ein Meinungsforschungsgutachten zum Vorliegen der Voraussetzungen der Verkehrsdurchsetzung einholen müssen. Allein auf das von der Markeninhaberin bereits vorgelegte Verkehrsgutachten kann die abschließende Entscheidung nicht gestützt werden. Diese demoskopische Untersuchung stellt allgemein auf „Mittel der Haut- und Körperpflege" ab, ohne eine weitere Differenzierung nach einzelnen Warengruppen innerhalb des großen, ganz unterschiedliche Erzeugnisse umfassenden Produktbereichs vorzunehmen. Eine solche Differenzierung

nach bestimmten Produktsegmenten innerhalb des Warenbereichs der „Mittel der Haut-
und Körperpflege" ist nach Ansicht des Bundesgerichtshofs aber erforderlich.

Zudem sind die Ergebnisse des von der Markeninhaberin vorgelegten Meinungsforschungsgutachtens nicht hinreichend verlässlich. Den Testpersonen hätte bei der
Befragung eine Farbkarte ausschließlich mit dem blauen Farbton vorgelegt werden
müssen. Stattdessen ist den Testpersonen eine blaue Farbkarte mit weißer Umrandung
gezeigt worden. Dies kann die Ergebnisse des von der Markeninhaberin vorgelegten
Meinungsforschungsgutachtens zu ihren Gunsten beeinflusst haben, weil die Produkt-
gestaltung der Markeninhaberin vielfach etwa bei der bekannten Nivea-Creme in der
blauen Dose mit weißer Aufschrift eine Kombination der Farben Blau und Weiß aufweist.

Beispiel

Der Bundesgerichtshof hat entschieden, dass die rote Farbmarke der Sparkassen nicht
im Markenregister zu löschen ist.

Der Fall:[72]

Der Markeninhaber ist der Dachverband der Sparkassen-Finanzgruppe. Für ihn
ist die am 7. Februar 2002 angemeldete und am 11. Juli 2007 eingetragene abstrakte
Farbmarke „Rot"(HKS 13) als verkehrsdurchgesetztes Zeichen für die Dienstleistungen „Finanzwesen, nämlich Retail-Banking (Bankdienstleistungen für Privatkunden)"
registriert.

Die Antragstellerinnen sind Unternehmen der spanischen Santander-Banken-
gruppe, die in Deutschland Dienstleistungen im Bereich des Privatkundengeschäfts
der Banken erbringen und für ihren Marktauftritt die Farbe Rot verwenden.

Der Bundesgerichtshof hat entschieden, dass das absolute Schutzhindernis mangelnder Unterscheidungskraft nach § 8 Abs. 2 Nr. 1 MarkenG vorliegt. Abstrakte
Farbmarken sind im Allgemeinen nicht unterscheidungskräftig und deshalb nach § 8
Abs. 2 Nr. 1 MarkenG nicht eintragungsfähig, weil der angesprochene Verkehr eine
Farbe regelmäßig als dekoratives Element und nicht als Produktkennzeichen wahrnimmt. Besondere Umstände, die eine andere Beurteilung rechtfertigten, lagen nicht
vor.

Das Bundespatentgericht hatte zuvor angenommen, die Farbmarke habe sich für
die in Rede stehenden Dienstleistungen weder im Zeitpunkt der Anmeldung im Jahr
2002 noch der Entscheidung über den Löschungsantrag im Jahr 2015 im Verkehr im
Sinne von § 8 Abs. 3 MarkenG durchgesetzt. Diese Sichtweise hat der Bundesgerichtshof nicht gebilligt.

Ausreichend für eine Verkehrsdurchsetzung von abstrakten Farbmarken ist wie bei
anderen Markenformen auch, dass der überwiegende Teil des Publikums in der Farbe

---

[72]BGH, Beschl. v. 21.07.2016 – I ZB 52/15 – Sparkassen-Rot.

ein Kennzeichen für die Waren oder Dienstleistungen sieht, für die die Marke Geltung beansprucht. Der Markeninhaber und die Antragstellerinnen haben im Verfahren eine Vielzahl von Meinungsforschungsgutachten zur Frage der Verkehrsdurchsetzung vorgelegt. Diese Gutachten belegen zwar keine Verkehrsdurchsetzung der Farbmarke zum Zeitpunkt der Markenanmeldung im Jahr 2002, sie rechtfertigen jedoch die Annahme der Verkehrsdurchsetzung zum Zeitpunkt der Entscheidung über den Löschungsantrag im Jahr 2015. In einem derartigen Fall darf die Farbmarke gemäß § 50 Abs. 2 S. 1 MarkenG nicht gelöscht werden.

5.6.6 Kollektivmarken

Nach § 97 Abs. 1 MarkenG können als Kollektivmarken alle als Marke schutzfähigen Zeichen im Sinne des § 3 MarkenG eingetragen werden, die geeignet sind, die Waren oder Dienstleistungen der Mitglieder des Inhabers der Kollektivmarke von denjenigen anderer Unternehmen nach ihrer betrieblichen oder geografischen Herkunft, ihrer Art, ihrer Qualität oder ihren sonstigen Eigenschaften zu unterscheiden. Kollektivmarken unterscheiden sich von Individualmarken dadurch, dass ihr Inhaber ein rechtsfähiger Verband ist, §§ 98, 102 MarkenG. Hierzu zählen auch rechtsfähige Dachverbände und Spitzenverbände, deren Mitglieder selbst Verbände sind. Diesen Verbänden sind juristische Personen des öffentlichen Rechts gleichgestellt.

5.6.7 Geografische Herkunftsangaben

Auch geografische Herkunftsangaben sind dem Kollektivmarkenschutz zugänglich: § 99 MarkenG lässt eine Eintragbarkeit von geografischen Herkunftsangaben als Kollektivmarken ausdrücklich zu.

Die Eintragung einer geografischen Herkunftsangabe als Kollektivmarke gibt ihrem Inhaber nach § 100 MarkenG jedoch nicht das Recht, einem Dritten zu untersagen, solche Angaben im geschäftlichen Verkehr zu benutzen, sofern die Benutzung den guten Sitten entspricht und nicht gegen den Schutzinhalt geografische Herkunftsangaben verstößt.

Aus § 101 MarkenG ergeben sich Klagebefugnis und Schadensersatz der zur Benutzung der Kollektivmarke berechtigte Personen bzw. des Inhabers der Kollektivmarke.

Der Anmeldung einer Kollektivmarke muss nach § 102 Abs. 1 MarkenG eine Markensatzung beigefügt sein. Die Markensatzung muss nach § 102 Abs. 2 MarkenG mindestens enthalten:

- Namen und Sitz des Verbandes,
- Zweck und Vertretung des Verbandes,
- Voraussetzungen für die Mitgliedschaft,

- Angaben über den Kreis der zur Benutzung der Kollektivmarke befugten Personen,
- die Bedingungen für die Benutzung der Kollektivmarke und
- Angaben über die Rechte und Pflichten der Beteiligten im Falle von Verletzungen der Kollektivmarke.

Dabei muss in der Markensatzung eine Aufnahmemöglichkeit für örtlich Berechtigte vorgesehen werden (§ 102 Abs. 3 MarkenG), sofern diese die vorgeschriebenen Satzungsbedingungen erfüllen. Kollektivmarken haben die Funktion, dass nicht nur ein einzelnes Unternehmen sich der geografischen Herkunftsangabe bedienen darf, sondern das Kollektiv aller ortsansässiger Unternehmen es benutzen kann, um sich von Nichtmitgliedern der geografischen Herkunft nach zu unterscheiden. Es ist jedoch gemäß § 100 Abs. 1 MarkenG jedem ortsansässigen Produzenten, der nicht Mitglied des Kollektivs ist, gestattet, die „geografische Kollektivmarke" zu benutzen, soweit er sich in den Grenzen bewegt, die die guten Sitten bzw. § 127 Marken G vorgeben.

Geografische Herkunftsangaben sind gemäß § 126 Abs. 1 MarkenG die Namen von Orten, Gegenden, Gebieten oder Ländern sowie sonstige Angaben oder Zeichen, die im geschäftlichen Verkehr zur Kennzeichnung der geografischen Herkunft von Waren oder Dienstleistungen benutzt werden.

Typischerweise erfolgt die Angabe in adjektivischer Form. Es gibt aber auch andere Hinweisformen, bei denen Symbole verwendet werden, die für einen bestimmten Ort, manchmal für ein ganzes Land stehen, wie zum Beispiel der Kölner Dom, das Lübecker Holstentor oder die Schweizer Nationalfrage, die als Symbole für Bier, Süßwaren bzw. Schweizer Messern gebräuchlich sind.

Regelmäßig verbindet der angesprochene Verkehr mit geografischen Herkunftsangaben nicht nur den Hinweis auf die Herkunft der Ware aus einer bestimmten Region, sondern eine besondere Vorstellung von Güte oder Eigenschaft der entsprechend gekennzeichneten Produkte. Häufig hat dies seinen Grund darin, dass das entsprechende Produkt seine besonderen Eigenschaften der Gegend verdankt, aus der es stammt. Diese besondere Verbindung zwischen dem Hinweis auf eine bestimmte Herkunft und der Erwartung einer bestimmten Qualität gibt der geografischen Herkunftsangabe ihre wirtschaftliche Bedeutung.

Geografische Herkunftsangaben sind von sogenannten Gattungsbezeichnungen abzugrenzen. Gemäß § 126 Abs. 2 S. 1 MarkenG sind Gattungsbezeichnungen von dem Kennzeichenschutz als geografische Herkunftsangabe ausgeschlossen. Als Gattungsbezeichnungen sind solche Bezeichnungen anzusehen, die zwar eine Angabe über die geografische Herkunft enthalten oder von einer solchen abgeleitet sind, die aber ihre ursprüngliche Bedeutung verloren haben und als Namen von Waren oder Dienstleistungen oder als Bezeichnungen oder Angaben der Art, der Beschaffenheit, der Sorte oder sonstigen Eigenschaften oder Merkmalen von Waren oder Dienstleistungen dienen.

Darunter versteht man solche Angaben, die allgemein auf eine bestimmte Warenart hinweisen, auch wenn sie auf den ersten Blick den Charakter einer geografischen Herkunftsangabe haben. Sie können allenfalls noch einen Hinweis auf eine bestimmte

Beschaffenheit und damit auf einen bestimmten Qualitätsstandard enthalten, der mit dem geografischen Ursprung allerdings nichts mehr gemeinsam hat.

Beispiele dafür sind: „Linzer Torte", „Frankfurter Würstchen", „Italienischer Salat" oder „Wiener Schnitzel". Jede geografische Herkunftsangabe unterliegt der Gefahr, sich in eine Gattungsbezeichnung oder Beschaffenheitsangabe umzuwandeln. Das führt zur Vernichtung wirtschaftlicher Werte, da insoweit die geografische Herkunftsangabe ihre Aufgabe, dem angesprochenen Verkehr eine bestimmte Qualität aufgrund der geografischen Herkunft zu signalisieren, nicht mehr erfüllen kann. Daher müssen diejenigen, die berechtigterweise geografische Herkunftsangaben für bestimmte Erzeugnisse verwenden, besonders darauf achten, dass die geografischen Herkunftsangaben nicht unberechtigt verwendet werden und dadurch aus Sicht des angesprochenen Verkehrs sich in Gattungsbezeichnungen umwandeln.

Der Schutz geografischer Herkunftsangaben ist auf drei unterschiedlichen Ebenen gegeben:

Es gibt zunächst den Schutz auf der nationalen Grundlage nach den Bestimmungen der §§ 126 ff. MarkenG. Die in den §§ 126 ff. MarkenG enthaltenen Regelungen vermitteln für geografische Herkunftsangaben keinen lauterkeitsrechtlichen (also wettbewerbsrechtlichen), sondern einen kennzeichenrechtlich begründeten Schutz.[73]

Daneben gibt es auf europäischer Ebene den Schutz geografischer Herkunftsangaben auf der Grundlage der Verordnung Nr. 510/06. Diese Verordnung gilt für Lebensmittel und Agrarerzeugnisse. Sie unterscheidet zwischen Ursprungsangaben und geografischen Angaben. Entsprechende Bezeichnungen können in das bei der Europäischen Kommission geführte Register auf Antrag eingetragen werden. Die Verordnung gewährt für geschützte Ursprungsbezeichnungen und geschützte geografische Herkunftsangaben einen sehr weitgehenden Schutz. Ferner ist in der Verordnung festgehalten, dass die eingetragenen Bezeichnungen sich nicht in Gattungsbezeichnungen umwandeln können.

Auch auf internationaler Ebene besteht Schutz für geografische Herkunftsangaben.

Daneben besteht weiterer Schutz durch zweiseitige Abkommen, die Deutschland mit Frankreich, Italien, Griechenland, der Schweiz und Spanien geschlossen hat.

Hier finden Sie die aktuellen Verzeichnisse zum Download im pdf-Format:

http://www.dpma.de/docs/service/formulare/marke/w7729.pdf

http://www.digh.org/downloads/ehdeu.pdf

http://www.digh.org/downloads/emin.pdf

Geografische Herkunftsangaben dürfen nach § 127 Abs. 1 MarkenG im geschäftlichen Verkehr nicht für Waren oder Dienstleistungen benutzt werden, die nicht aus dem Ort, der Gegend, dem Gebiet oder dem Land stammen, das durch die geografische Herkunftsangabe bezeichnet wird, wenn bei der Benutzung solcher Namen, Angaben oder Zeichen für Waren oder Dienstleistungen anderer Herkunft eine Gefahr der Irreführung über die geografische Herkunft besteht.

---

[73]BGH, Urt. v. 31.03.2016 – I ZR 86/13 – Himalaya-Salz.

Hier ist der Schutz sogenannter „einfacher geografischer Herkunftsangaben" gegen ihre Verwendung für Waren und Dienstleistungen anderer Herkunft geregelt. Einfache geografische Herkunftsangaben liegen vor, wenn nach den Vorstellungen der beteiligten Verkehrskreise die Waren und Dienstleistungen dieser geografischen Herkunft keine besonderen Eigenschaften oder eine besondere Qualität besitzen.

Die Vorschrift untersagt die Irreführung der beteiligten Verkehrskreise durch geografische Herkunftsangaben. Die Gefahr einer Irreführung reicht dafür bereits aus, sie ist dann gegeben, wenn ein nicht unerheblicher Teil der beteiligten Verkehrskreise die geografische Herkunftsangabe als einen Hinweis auf die geografische Herkunft des Produktes verstehen kann.

§ 127 Abs. 1 MarkenG ist nicht schon allein dann verwirklicht, wenn die geografische Herkunftsangabe für Produkte anderer Herkunft verwendet wird. Zusätzlich ist nach den Umständen des konkreten Einzelfalls konkret festzustellen, ob tatsächlich eine Irreführung eines nicht unerheblichen Teils der beteiligten Verkehrskreise vorliegt. Die Bestimmung des § 127 Abs. 1 MarkenG ist aber dahin gehend einschränkend auszulegen, dass bei der Beurteilung der Frage, ob eine Gefahr der Irreführung über die geografische Herkunft des Produkts besteht, bei Agrarerzeugnissen und Lebensmitteln mit der geografischen Herkunft etwa verbundene besondere Qualitäts- oder Eigenschaftsvorstellungen unberücksichtigt bleiben.[74]

Einen erweiterten Schutz im Hinblick auf sogenannte „qualifizierte geografische Herkunftsangaben" gewährt § 127 Abs. 2 MarkenG gegen die Verwendung für Waren und Dienstleistungen besonderer Qualität oder mit besonderen Eigenschaften. Haben die durch eine geografische Herkunftsangabe gekennzeichneten Waren oder Dienstleistungen besondere Eigenschaften oder eine besondere Qualität, so darf die geografische Herkunftsangabe im geschäftlichen Verkehr für die entsprechenden Waren oder Dienstleistungen dieser Herkunft nur benutzt werden, wenn die Waren oder Dienstleistungen diese Eigenschaften oder diese Qualität aufweisen. Besondere Qualitätsmerkmale dürfen also nur dann verwendet werden, wenn die Produkte auch tatsächlich diejenige besondere Qualität aufweisen, welche die Verkehrskreise mit dem Herkunftsgebiet verbinden. Diese besondere Qualifikation beruht darauf, dass die Verkehrskreise – möglicherweise eventuell sogar zu Unrecht – eine besondere Qualität der aus dem geografischen Gebiet stammenden Produkte vermuten, erwarten oder voraussetzen. Bei der Bestimmung der qualitativen Produktmerkmale einer qualifizierten geografischen Herkunftsangabe ist auf die berechtigten Erwartungen eines verständigen Verbrauchers abzustellen. Eine eventuelle Irreführung des Verkehrs ist hier nicht erforderlich.

Nach § 127 Abs. 3 MarkenG werden ferner sogenannte „Herkunftsangaben mit besonderen Ruf" geschützt. Genießt eine geografische Herkunftsangabe nämlich einen besonderen Ruf, so darf sie im geschäftlichen Verkehr für Waren oder Dienstleistungen anderer Herkunft auch dann nicht benutzt werden, wenn eine Gefahr der Irreführung über die geografische Herkunft nicht besteht, sofern die Benutzung für Waren oder

---

[74]BGH, Urt. v. 31.03.2016 – I ZR 86/13 – Himalaya-Salz.

Dienstleistungen anderer Herkunft geeignet ist, den Ruf der geografischen Herkunftsangabe oder ihre Unterscheidungskraft ohne rechtfertigenden Grund in unlauterer Weise auszunutzen oder zu beeinträchtigen. Der besondere Ruf der geografischen Herkunftsangabe muss positiv festgestellt werden; der bloße Bekanntheitsgrad allein kann diesen Ruf nicht begründen. Ein besonderer Ruf entwickelt sich im Verkehr im Allgemeinen durch die besonderen Eigenschaften eines Produktes, das positive Image und den erworbenen Prestigewert.

Nach § 127 Abs. 4 MarkenG erstreckt sich der Schutz geografischer Herkunftsangaben auch auf Namen oder Zeichen, die den geschützten Herkunftsangaben ähnlich sind, sofern trotz der Abweichung oder der Zusätze eine Gefahr der Irreführung über die geografische Herkunft besteht oder wenn trotz der Abweichung oder der Zusätze die Eignung zur unlauteren Ausnutzung oder Beeinträchtigung des Rufs oder der Unterscheidungskraft der geografischen Herkunftsangabe besteht.

§ 128 MarkenG gewährt zivilrechtliche Unterlassungs- und Schadensersatzansprüche, sofern entgegen § 127 MarkenG im geschäftlichen Verkehr Namen, Angaben oder Zeichen benutzt werden Bei der Bemessung des Schadensersatzes kann auch der Gewinn, den der Verletzer durch die Verletzung des Rechts erzielt hat, berücksichtigt werden. Diese Ansprüche können gemäß § 128 Abs. 1 MarkenG i. V. m. § 8 Abs. 3 UWG von Mitbewerbern, Verbänden zur Förderung gewerblicher Interessen, Verbraucherverbänden sowie Industrie-, Handels- und Handwerkskammern geltend gemacht werden.

Beispiel

Eine bedeutsame und grundlegende Entscheidung zu geografischen Herkunftsangaben ist die Entscheidung des Bundesgerichtshofs zu „Lübecker Marzipan":

Der Fall:[75]

Die Klägerinnen waren Unternehmen mit Sitz außerhalb der Stadtgrenzen von Lübeck, die Marzipan unter der Bezeichnung „Lübecker Marzipan" herstellen und vertreiben. Die Beklagten waren in Lübeck ansässig. Sie stellten ebenfalls „Lübecker Marzipan" her und vertrieben es unter dieser Bezeichnung. Die Parteien stritten darum, ob die in Lübeck ansässigen Marzipanhersteller den auswärtigen Unternehmen den Gebrauch der Bezeichnung „Lübecker Marzipan" als irreführend verbieten dürften. Die Beklagten hatten verschiedene Anzeigen veröffentlichen lassen, in denen sie ihre Auffassung verbreitet hatten, dass die Angabe „Lübecker Marzipan" auf die örtliche Herkunft der Erzeugnisse hinweise.

Die Klägerinnen hielten die Behauptung der Beklagten, die Bezeichnung „Lübecker Marzipan" sei eine Herkunftsangabe und dürfe nur von Unternehmen mit Sitz innerhalb der Stadtgrenzen Lübeck zur Bezeichnung von Marzipan benutzt werden, für unzutreffend. Sie waren der Ansicht, bei der Bezeichnung „Lübecker Marzipan" handele es sich um eine Gattungsbezeichnung, mit der eine bestimmte Art von Marzipan

---

[75]BGH, Urt. v. 06.06.1980 – I ZR 97/78.

benannt werde. Deshalb dürften auch sie ihre Erzeugnisse als „Lübecker Marzipan"
bezeichnen, zumal die Qualität und Ausführung ihrer Erzeugnisse nicht von denen
abwichen, die die Beklagten unter dieser Bezeichnung auf den Markt brächten.

Der BGH hat dazu entschieden: Für die im Vordergrund stehende Frage, ob die
Bezeichnung „Lübecker Marzipan" eine Angabe über die örtliche Herkunft der so
bezeichneten Erzeugnisse aus Lübeck ist oder ob diese Bezeichnung eine Angabe
über die Beschaffenheit, eine Sortenbezeichnung, darstellt, ist auf die Verkehrsauffassung abzustellen. Dabei ist in erster Linie die Auffassung der angesprochenen Ver-
braucherkreise maßgeblich. Für die Annahme einer geografischen Herkunftsangabe
ist es als ausreichend anzusehen, wenn auch nur ein nicht unerheblicher Teil des Verkehrs in der Angabe einen solchen Hinweis sieht.

Für den Fall, dass eine Angabe über die örtliche Herkunft sich im Laufe der Zeit
zunehmend zu einer Beschaffenheitsangabe oder Gattungsbezeichnung entwickelt,
bedeutet dies, dass rechtlich eine solche Entwicklung erst dann als abgeschlossen
behandelt wird – und damit eine Irreführung im Sinne des § 3 UWG entfällt – wenn
nur noch ein „ganz unbeachtlicher" Teil der beteiligten Verkehrskreise in der Angabe
einen Hinweis auf die örtliche Herkunft der Ware erblickt. Geografischen Herkunftsangaben soll ein möglichst wirksamer Schutz gegen unrichtige Verwendung gewährt
werden, weil im Allgemeinen kein schutzwürdiges Interesse Dritter besteht, unrichtige Angaben über die Herkunft zu verwenden.

Allerdings gilt ein anderer Maßstab, wenn sich eine Angabe, die ursprünglich
Herkunftsangabe war, bereits zu einer Beschaffenheitsangabe umgewandelt hatte
und sich dann eine Rückumwandlung zur Herkunftsvorstellung vollzieht. In einem
solchen Falle genügt nicht schon die Auffassung eines nicht unerheblichen Teils des
Verkehrs, um die Angabe wieder als Herkunftsangabe zu behandeln, vielmehr würde
die Rückentwicklung zur geografischen Herkunftsangabe erst dann als abgeschlossen
anzusehen sein, wenn der „überwiegende" Teil jener Kreise die Bezeichnung als Herkunftsangabe auffasst.

Nach einer Meinungsumfrage sahen etwa 40 % der Verbraucher „Lübecker Marzipan" als einen Herkunftshinweis an. Die Angabe „Lübecker Marzipan" war daher,
wenn sie von nicht ortsansässigen Herstellern in der Werbung verwendet wird, für
einen großen Teil der Verbraucher unrichtig.

Es ist davon auszugehen, dass im Allgemeinen kein schutzwürdiges Interesse an der
Benutzung unrichtiger Herkunftsangaben besteht und dass deshalb nur Beeinträchtigun-
gen von sehr erheblichem Gewicht die Zurückdrängung des Verbraucherinteresses am
Schutz vor Irreführungen rechtfertigen können.

Beispiel

Ein weiterer Fall zur Abgrenzung von geografischen Herkunftsangaben und reinen Beschaffenheitsangaben ist der Fall „Rügenwalder Teewurst II":

Der Fall:[76]

Der BGH hatte sich mit der Frage zu beschäftigen, ob die Bezeichnung „Rügenwalder Teewurst" auch heute noch von nicht unerheblichen Teilen des Verkehrs nicht als Gattungsbezeichnung, sondern als Bezeichnung mit Hinweischarakter auf einen bestimmten Herstellerkreis verstanden wird. Die Vorstellung, bei „Rügenwalder Teewurst" handele es sich um eine Bezeichnung, die auf solche Hersteller verweist, die lediglich früher an einem Ort Rügenwalde – den es heute unter dieser deutschen Bezeichnung nicht mehr gibt – eine Wurst unter dieser Bezeichnung hergestellt haben, sei keineswegs einfacher und naheliegender Art. Sie erfordere zunächst Kenntnisse und sodann Denkprozesse im Zusammenhang mit diesen Kenntnissen, die nicht ohne weiteres vorausgesetzt werden können und von man nicht annehmen könne, dass sie tatsächlich bei einem noch nennenswerten Teil des Verkehrs – auch in den neuen Bundesländern – vorliegen bzw. erfolgen würden. Es erscheine nicht zweifelsfrei, ob und wieweit eine solche Vermutung auch dann zugrunde gelegt werden kann, wenn – wie vorliegend – nicht mehr die Funktion der Bezeichnung als Hinweis auf eine tatsächliche örtliche Herkunft, sondern allein die des Hinweises auf einen Herstellerkreis in Frage stehe, der selbst oder dessen Rechtsvorgänger vor einem halben Jahrhundert in einem bestimmten, jetzt unter seiner Ursprungsbezeichnung nicht mehr existenten Ort die Ware, deren Bezeichnung in Frage steht, produziert hätten.

In diesem Urteil finden sich auch Verweise auf weitere einschlägige Rechtsprechung zum Thema.

Beispiel

Das Bundespatentgericht hat zur geografischen Herkunftsangabe „Schwarzwälder Schinken" entschieden: „Schwarzwälder Schinken" muss nicht nur im Schwarzwald hergestellt, sondern auch im Schwarzwald geschnitten und verpackt werden.

Der Fall:[77]

Der Schutzverband der Schwarzwälder Schinkenhersteller hatte beantragt, die Bedingungen für die Benutzung der geschützten geografischen Angabe „Schwarzwälder Schinken" dahin gehend zu ändern, dass Schwarzwälder Schinken, der fertig geschnitten und verpackt in den Handel kommt, im Schwarzwald geschnitten und verpackt werden muss.

---

[76]BGH, Urt. v. 19.01.95 – I ZR 197/92.
[77]BPatG, Urt. v. 13.10.2011 – 30 W (pat) 33/09.

Hiergegen hatten drei Firmen Einspruch erhoben, darunter ein größerer Fleisch-
verarbeitungsbetrieb, der zwar im Schwarzwald Schinken produziert, diesen jedoch
neben anderen Produkten zentral in Norddeutschland schneidet und verpackt.

Das Deutsche Patent- und Markenamt hatte den Änderungsantrag des Schutzver-
bandes zurückgewiesen, weil es der Auffassung war, dass eine derartige Beschränkung der Vermarktungsbedingungen für Schwarzwälder Schinken nicht hinreichend
gerechtfertigt sei.

Demgegenüber hat das auch für den Schutz geografischer Bezeichnungen zuständige Bundespatentgericht entschieden, dass die Echtheit von geschnittenem und ver-
packtem Schwarzwälder Schinken nur dann hinreichend gewährleistet sei, wenn die
genannten Verarbeitungsschritte im Schwarzwald durchgeführt werden und dies vor
Ort kontrolliert werden kann.

Wettbewerbsrecht 6

6.1 Überblick

Die deutsche Wirtschaftsordnung ist vom Prinzip der sozialen Marktwirtschaft geprägt. Der Staat übernimmt die soziale Verantwortung, damit die Freiheit des Kapitalismus und soziale Gerechtigkeit weitgehend vereinbar bleiben. Die Sozialstaatsgarantie ist in Art. 20 GG verankert.

Wie für alle anderen Branchen gilt auch im Medienbereich: Nur ein freier und funktionierender Wettbewerb sichert Vielfalt. Konkreter bedeutet das für die Medienbranche: Meinungsvielfalt und unabhängige Meinungsbildung sind nur möglich, wenn der Wettbewerb zwischen den Medienunternehmen intakt ist. Die Konkurrenz bezieht sich dabei nicht nur aus Leser, Abonnenten, Zuschauer oder Online-Nutzer, sondern – und das ist von mindestens ebenso großer Bedeutung – auch auf Werbekunden (Anzeigenkunden). Um publizistische Vielfalt und ein gleichzeitig möglichst hohes Maß an Qualität in den Medien zu gewährleisten, muss der Staat regulierend eingreifen. Er tut dies bspw. über die Mediengesetze der Länder und den Rundfunkstaatsvertrag. Außerdem betreffen weitere allgemeine Vorschriften auch die Medienbranche, nämlich das Gesetz gegen den unlauteren Wettbewerb (UWG) und das Gesetz gegen Wettbewerbsbeschränkungen (GWB).

6.2 Gesetz gegen den unlauteren Wettbewerb

6.2.1 Allgemeines zum UWG: §§ 1, 3, 3a, 4, 4a UWG

Das Gesetz gegen den unlauteren Wettbewerb (UWG) ist in seiner jetzigen Fassung ein sehr junges Gesetz, dass im Ursprung erst im Jahre 2004 in Kraft getreten ist und mit Wirkung ab 2009 sowie noch einmal im Jahre 2015 umfassend modernisiert wurde, weil

© Springer Fachmedien Wiesbaden GmbH 2017   315
K.W. Nitsch, *Informatikrecht*, DOI 10.1007/978-3-658-16426-3_6

es zum einen den Entwicklungen der Wirtschaft nicht mehr entsprach und zum anderen europarechtliche Vorgaben zur Liberalisierung des Wettbewerbs drängten. Das UWG ist besonders im Zusammenhang mit Werbung in allen Formen der Medien von herausragender Bedeutung.

Das Gesetz gegen den unlauteren Wettbewerb (UWG) dient gemäß § 1 UWG dem Schutz von Mitbewerbern, Verbraucherinnen und Verbrauchern sowie sonstigen Marktteilnehmern vor unlauteren geschäftlichen Handlungen.

In § 2 UWG finden sich Definitionen vieler der im Gesetz verwendeten Rechtsbegriffe, wie zum Beispiel „geschäftliche Handlung", „Marktteilnehmer", „Mitbewerber", „unternehmerische Sorgfalt" u. a. m.

Ausgangspunkt jeder rechtlichen Beurteilung im Wettbewerbsrecht ist zunächst die sogenannte „geschäftliche Handlung".

Dies ist nach § 2 Abs. 1 Nr. 1 UWG „jedes Verhalten einer Person zugunsten des eigenen oder eines fremden Unternehmens vor, bei oder nach einem Geschäftsabschluss, das mit der Förderung des Absatzes oder des Bezugs von Waren oder Dienstleistungen oder mit dem Abschluss oder der Durchführung eines Vertrags über Waren oder Dienstleistungen objektiv zusammenhängt; als Waren gelten auch Grundstücke, als Dienstleistungen auch Rechte und Verpflichtungen".

Im Vordergrund stehen sodann die Regelungen des § 3 UWG:

§ 3 Abs. 1 UWG enthält zunächst eine Generalklausel sowie eine Rechtsfolgenverweisung und bestimmt ein Verbot unlauterer geschäftlicher Handlungen:

„Unlautere geschäftliche Handlungen sind unzulässig".

§ 3 Abs. 2 UWG enthält für geschäftliche Handlungen gegenüber Verbrauchern ebenfalls eine Generalklausel, die allgemein umschreibt, was verboten ist:

„Geschäftliche Handlungen, die sich an Verbraucher richten oder diese erreichen, sind unlauter, wenn sie nicht der unternehmerischen Sorgfalt entsprechen und dazu geeignet sind, das wirtschaftliche Verhalten des Verbrauchers wesentlich zu beeinflussen".

In § 3 Abs. 3 UWG findet sich der Hinweis auf einen Gesetzesanhang mit dreißig irreführenden bzw. aggressiven geschäftlichen Handlungen, die unter allen Umständen verboten sind (sogenannte „Schwarze Liste" oder auch „Black List"). Diese „absoluten" Verbote sollen dem Verbraucher die Durchsetzung seiner Rechte erleichtern und zu einer größeren Transparenz führen. Es handelt hierbei um Verbote ohne Wertungsvorbehalt, die Unzulässigkeit wird in diesen „Per-se-Verboten" unwiderleglich ohne Bewertung ihrer Relevanz im konkreten Einzelfall vermutet.

Unzulässige geschäftliche Handlungen im Sinne des § 3 Abs. 3 UWG sind danach:

1. die unwahre Angabe eines Unternehmers, zu den Unterzeichnern eines Verhaltenskodexes zu gehören;
2. die Verwendung von Gütezeichen, Qualitätskennzeichen oder Ähnlichem ohne die erforderliche Genehmigung;

3. die unwahre Angabe, ein Verhaltenskodex sei von einer öffentlichen oder anderen Stelle gebilligt;

4. die unwahre Angabe, ein Unternehmer, eine von ihm vorgenommene geschäftliche Handlung oder eine Ware oder Dienstleistung sei von einer öffentlichen oder privaten Stelle bestätigt, gebilligt oder genehmigt worden, oder die unwahre Angabe, den Bedingungen für die Bestätigung, Billigung oder Genehmigung werde entsprochen;

5. Waren- oder Dienstleistungsangebote im Sinne des § 5a Abs. 3 UWG zu einem bestimmten Preis, wenn der Unternehmer nicht darüber aufklärt, dass er hinreichende Gründe für die Annahme hat, er werde nicht in der Lage sein, diese oder gleichartige Waren oder Dienstleistungen für einen angemessenen Zeitraum in angemessener Menge zum genannten Preis bereitzustellen oder bereitstellen zu lassen (Lockangebote). Ist die Bevorratung kürzer als zwei Tage, obliegt es dem Unternehmer, die Angemessenheit nachzuweisen;

6. Waren- oder Dienstleistungsangebote im Sinne des § 5a Abs. 3 UWG zu einem bestimmten Preis, wenn der Unternehmer sodann in der Absicht, stattdessen eine andere Ware oder Dienstleistung abzusetzen, eine fehlerhafte Ausführung der Ware oder Dienstleistung vorführt oder sich weigert zu zeigen, was er beworben hat, oder sich weigert, Bestellungen dafür anzunehmen oder die beworbene Leistung innerhalb einer vertretbaren Zeit zu erbringen;

7. die unwahre Angabe, bestimmte Waren oder Dienstleistungen seien allgemein oder zu bestimmten Bedingungen nur für einen sehr begrenzten Zeitraum verfügbar, um den Verbraucher zu einer sofortigen geschäftlichen Entscheidung zu veranlassen, ohne dass dieser Zeit und Gelegenheit hat, sich auf Grund von Informationen zu entscheiden;

8. Kundendienstleistungen in einer anderen Sprache als derjenigen, in der die Verhandlungen vor dem Abschluss des Geschäfts geführt worden sind, wenn die ursprünglich verwendete Sprache nicht Amtssprache des Mitgliedstaats ist, in dem der Unternehmer niedergelassen ist; dies gilt nicht, soweit Verbraucher vor dem Abschluss des Geschäfts darüber aufgeklärt werden, dass diese Leistungen in einer anderen als der ursprünglich verwendeten Sprache erbracht werden;

9. die unwahre Angabe oder das Erwecken des unzutreffenden Eindrucks, eine Ware oder Dienstleistung sei verkehrsfähig;

10. die unwahre Angabe oder das Erwecken des unzutreffenden Eindrucks, gesetzlich bestehende Rechte stellten eine Besonderheit des Angebots dar;

11. der vom Unternehmer finanzierte Einsatz redaktioneller Inhalte zu Zwecken der Verkaufsförderung, ohne dass sich dieser Zusammenhang aus dem Inhalt oder aus der Art der optischen oder akustischen Darstellung eindeutig ergibt (als Information getarnte Werbung);

12. unwahre Angaben über Art und Ausmaß einer Gefahr für die persönliche Sicherheit des Verbrauchers oder seiner Familie für den Fall, dass er die angebotene Ware nicht erwirbt oder die angebotene Dienstleistung nicht in Anspruch nimmt;

13. Werbung für eine Ware oder Dienstleistung, die der Ware oder Dienstleistung eines bestimmten Herstellers ähnlich ist, wenn dies in der Absicht geschieht, über die betriebliche Herkunft der beworbenen Ware oder Dienstleistung zu täuschen;

14. die Einführung, der Betrieb oder die Förderung eines Systems zur Verkaufsförderung, bei dem vom Verbraucher ein finanzieller Beitrag für die Möglichkeit verlangt wird, allein oder hauptsächlich durch die Einführung weiterer Teilnehmer in das System eine Vergütung zu erlangen (Schneeball- oder Pyramidensystem);

15. die unwahre Angabe, der Unternehmer werde demnächst sein Geschäft aufgeben oder seine Geschäftsräume verlegen;

16. die Angabe, durch eine bestimmte Ware oder Dienstleistung ließen sich die Gewinnchancen bei einem Glücksspiel erhöhen;

17. die unwahre Angabe oder das Erwecken des unzutreffenden Eindrucks, der Verbraucher habe bereits einen Preis gewonnen oder werde ihn gewinnen oder werde durch eine bestimmte Handlung einen Preis gewinnen oder einen sonstigen Vorteil erlangen, wenn es einen solchen Preis oder Vorteil tatsächlich nicht gibt, oder wenn jedenfalls die Möglichkeit, einen Preis oder sonstigen Vorteil zu erlangen, von der Zahlung eines Geldbetrags oder der Übernahme von Kosten abhängig gemacht wird;

18. die unwahre Angabe, eine Ware oder Dienstleistung könne Krankheiten, Funktionsstörungen oder Missbildungen heilen;

19. eine unwahre Angabe über die Marktbedingungen oder Bezugsquellen, um den Verbraucher dazu zu bewegen, eine Ware oder Dienstleistung zu weniger günstigen Bedingungen als den allgemeinen Marktbedingungen abzunehmen oder in Anspruch zu nehmen;

20. das Angebot eines Wettbewerbs oder Preisausschreibens, wenn weder die in Aussicht gestellten Preise noch ein angemessenes Äquivalent vergeben werden;

21. das Angebot einer Ware oder Dienstleistung als „gratis", „umsonst", „kostenfrei" oder dergleichen, wenn hierfür gleichwohl Kosten zu tragen sind; dies gilt nicht für Kosten, die im Zusammenhang mit dem Eingehen auf das Waren- oder Dienstleistungsangebot oder für die Abholung oder Lieferung der Ware oder die Inanspruchnahme der Dienstleistung unvermeidbar sind;

22. die Übermittlung von Werbematerial unter Beifügung einer Zahlungsaufforderung, wenn damit der unzutreffende Eindruck vermittelt wird, die beworbene Ware oder Dienstleistung sei bereits bestellt;

23. die unwahre Angabe oder das Erwecken des unzutreffenden Eindrucks, der Unternehmer sei Verbraucher oder nicht für Zwecke seines Geschäfts, Handels, Gewerbes oder Berufs tätig;

24. die unwahre Angabe oder das Erwecken des unzutreffenden Eindrucks, es sei im Zusammenhang mit Waren oder Dienstleistungen in einem anderen Mitgliedstaat der Europäischen Union als dem des Warenverkaufs oder der Dienstleistung ein Kundendienst verfügbar;

25. das Erwecken des Eindrucks, der Verbraucher könne bestimmte Räumlichkeiten nicht ohne vorherigen Vertragsabschluss verlassen;

26. bei persönlichem Aufsuchen in der Wohnung die Nichtbeachtung einer Aufforderung des Besuchten, diese zu verlassen oder nicht zu ihr zurückzukehren, es sein denn, der Besuch ist zur rechtmäßigen Durchsetzung einer vertraglichen Verpflichtung gerechtfertigt;

27. Maßnahmen, durch die der Verbraucher von der Durchsetzung seiner vertraglichen Rechte aus einem Versicherungsverhältnis dadurch abgehalten werden soll, dass von ihm bei der Geltendmachung seines Anspruchs die Vorlage von Unterlagen verlangt wird, die zum Nachweis dieses Anspruchs nicht erforderlich sind, oder dass Schreiben zur Geltendmachung eines solchen Anspruchs systematisch nicht beantwortet werden;

28. die in eine Werbung einbezogene unmittelbare Aufforderung an Kinder, selbst die beworbene Ware zu erwerben oder die beworbene Dienstleistung in Anspruch zu nehmen oder ihre Eltern oder andere Erwachsene dazu zu veranlassen;

29. die Aufforderung zur Bezahlung nicht bestellter, aber gelieferter Waren oder erbrachter Dienstleistungen oder eine Aufforderung zur Rücksendung oder Aufbewahrung nicht bestellter Sachen und sofern es sich nicht um eine nach den Vorschriften über Vertragsabschlüsse im Fernabsatz zulässige Ersatzlieferung handelt, und

30. die ausdrückliche Angabe, dass der Arbeitsplatz oder Lebensunterhalt des Unternehmers gefährdet sei, wenn der Verbraucher die Ware oder Dienstleistung nicht abnehme.

Wichtig zur Prüfungsreihenfolge: § 3 Abs. 3 UWG ist eine Spezialregelung im Zusammenhang mit Verbrauchern, sodass immer zunächst zu prüfen ist, ob eine gegen die im Anhang zu § 3 Abs. 3 UWG aufgeführten Tatbestände („Schwarze Liste") verstoßende geschäftliche Handlung mit Bezug zu Verbrauchern vorliegt. Falls dies bejaht wird, liegt stets ein Wettbewerbsverstoß vor, auch ohne dass gegen die unternehmerische Sorgfalt verstoßen oder hierdurch das wirtschaftliche Verhalten eines Verbrauchers wesentlich beeinflusst sein müsste („Per-se-Verbote").

Nur wenn kein Verbraucherbezug gegeben ist und auch kein Tatbestand der „Schwarzen Liste" vorliegt, folgt sodann die rechtliche Überprüfung eines wettbewerbsrechtlichen Einzelfalls nach den speziellen Regelungen der §§ 3a bis 6 UWG. Bei einem Verstoß gegen eine dieser Normen ergibt sich die Unzulässigkeit der geschäftlichen Handlung aus § 3 Abs. 1 UWG in Verbindung mit eben dieser Vorschrift.

§ 7 UWG enthält einen gesonderten eigenen Tatbestand, der unabhängig hiervon immer neben § 3 Abs. 1 UWG zu prüfen ist.

§ 3 Abs. 1 UWG und § 3 Abs. 2 UWG sind sogenannte „Auffangtatbestände": Was nicht unter §§ 3a, 4, 4a, 5, 5a, 6 oder 7 UWG fällt, ist gleichwohl nicht in jedem Fall erlaubt. Das Verhalten kann trotzdem unlauter sein, wenn es missbilligenswert erscheint. Die „Generalklauseln" der § 3 Abs. 1 UWG und § 3 Abs. 2 UWG werden mithin durch die Verbote in §§ 3a, 4, 4a, 5, 5a, 6 und 7 UWG präzisiert.

Wenn weder die Tatbestände der „Schwarzen Liste" des § 3 Abs. 3 UWG noch die Bestimmungen der §§ 3a bis § 7 UWG einschlägig sind, muss für alle Fälle mit Verbraucherbezug zur abschließenden Einschätzung einer geschäftlichen Handlung auf die Generalklausel des § 3 Abs. 2 UWG zurückgegriffen werden.

Bei Fällen ohne Bezug zu Verbrauchern wäre für eine abschließende Beurteilung der geschäftlichen Handlung ein Verstoß gegen die Generalklausel des § 3 Abs. 1 UWG vorstellbar.

Eine besondere Bedeutung kommt § 3a UWG zu, der den „Rechtsbruch" regelt:

„Unlauter handelt, wer einer gesetzlichen Vorschrift zuwiderhandelt, die auch dazu bestimmt ist, im Interesse der Marktteilnehmer das Marktverhalten zu regeln, und der Verstoß geeignet ist, die Interessen von Verbrauchern, sonstigen Marktteilnehmern oder Mitbewerbern spürbar zu beeinträchtigen".

Rechtsnorm im Sinne des § 3a UWG ist grundsätzlich jede Bestimmung aus einer Verordnung der Europäischen Union, einem deutschen Gesetz oder einer deutschen Verordnung oder einer Satzung einer Körperschaft des öffentlichen Rechts (Gemeinden, Kammer).

Auf eine Verletzung vertraglicher Bestimmungen kann ein Vorsprung durch Rechtsbruch mithin nicht gestützt werden, auch wenn die vertraglichen Bestimmungen für eine Vielzahl von Personen gelten.

Auch Wettbewerbsregeln, die von Verbänden aufgestellt werden, Standesregeln, Handelsbräuche oder technische Regeln, wie DIN- oder VDI-Normen sind keine gesetzlichen Vorschriften im Sinne von § 3a UWG.

Nicht jeder Verstoß gegen eine „gesetzliche Vorschrift" im Sinne des § 3a UWG begründet aber einen auch zugleich einen „Rechtsbruch". Die verletzte Norm muss nämlich (zumindest auch) die Funktion haben, das Marktverhalten zu regeln und so gleiche Voraussetzungen für die auf diesem Markt tätigen Wettbewerber zu schaffen.

§ 4 UWG regelt den Mitbewerberschutz und enthält die dort im Einzelnen aufgeführten Fälle des Mitbewerberschutzes.

Danach handelt zum Beispiel unlauter, wer die Kennzeichen, Waren, Dienstleistungen, Tätigkeiten oder persönlichen oder geschäftlichen Verhältnisse eines Mitbewerbers herabsetzt oder verunglimpft, über die Waren, Dienstleistungen oder das Unternehmen eines Mitbewerbers oder über den Unternehmer oder ein Mitglied der Unternehmensleitung Tatsachen behauptet oder verbreitet, die geeignet sind, den Betrieb des Unternehmens oder den Kredit des Unternehmers zu schädigen, sofern die Tatsachen nicht erweislich wahr sind.

Unlauter handelt auch, wer Waren oder Dienstleistungen anbietet, die eine Nachahmung der Waren oder Dienstleistungen eines Mitbewerbers sind.

Unlauter handelt beispielsweise insbesondere, wer Wettbewerbshandlungen vornimmt, die geeignet sind, die Entscheidungsfreiheit der Verbraucher oder sonstiger Marktteilnehmer durch Ausübung von Druck, in menschenverachtender Weise oder

durch sonstigen unangemessenen unsachlichen Einfluss zu beeinträchtigen, Wettbewerbshandlungen vornimmt, die geeignet sind, die geschäftliche Unerfahrenheit insbesondere von Kindern oder Jugendlichen, die Leichtgläubigkeit, die Angst oder die
Zwangslage von Verbrauchern auszunutzen, den Werbecharakter von Wettbewerbshandlungen verschleiert oder bei Verkaufsförderungsmaßnahmen wie Preisnachlässen,
Zugaben oder Geschenken die Bedingungen für ihre Inanspruchnahme nicht klar und
eindeutig angibt.

Weitere Beispiele zum Mitbewerberschutz finden sich in den Einzelheiten der Gesetzesbestimmung.

Nach § 4a UWG handelt ferner unlauter, wer eine aggressive geschäftliche Handlung
vornimmt, die geeignet ist, den Verbraucher oder sonstigen Marktteilnehmer zu einer
geschäftlichen Entscheidung zu veranlassen, die dieser andernfalls nicht getroffen hätte.

Eine geschäftliche Handlung ist aggressiv, wenn sie im konkreten Fall unter Berücksichtigung aller Umstände geeignet ist, die Entscheidungsfreiheit des Verbrauchers oder
sonstigen Marktteilnehmers erheblich zu beeinträchtigen durch Belästigung, Nötigung
einschließlich der Anwendung körperlicher Gewalt oder unzulässige Beeinflussung.

Eine unzulässige Beeinflussung liegt dabei vor, wenn der Unternehmer eine Macht-
position gegenüber dem Verbraucher oder sonstigen Marktteilnehmer zur Ausübung von
Druck, auch ohne Anwendung oder Androhung von körperlicher Gewalt, in einer Weise
ausnutzt, die die Fähigkeit des Verbrauchers oder sonstigen Marktteilnehmers zu einer
informierten Entscheidung wesentlich einschränkt.

6.2.2 Irreführende geschäftliche Handlungen und Irreführung durch Unterlassen: §§ 5, 5a UWG

Werbung ist im Zusammenhang mit dem Wettbewerbsrecht im weitesten Sinne auszulegen. Damit fallen bspw. auch die betriebswirtschaftliche Verkaufsförderung und Public
Relations unter den Begriff der Werbung.

Ausschlaggebend ist nach Ansicht der Rechtsprechung, wie die Zielgruppe den Inhalt
der Werbung versteht und nicht, wie der Werbetreibende seine Botschaft verstanden wissen will.[1]

Als Zielgruppe kommen das breite Publikum und Fachkreise infrage. Dabei gilt es zu
beachten, dass zahlreiche Werbebotschaften beide Zielgruppen auch gleichzeitig ansprechen. Grundsätzlich ist davon auszugehen, dass das breite Publikum Werbebotschaften meist oberflächlich und kritiklos zur Kenntnis nimmt. Fachkreise dagegen nehmen
Werbung, die ihr Arbeits- oder Forschungsgebiet betrifft, dagegen eher sorgfältig und
detailliert wahr. Diese Voraussetzungen sind zu beachten, wenn die §§ 3 ff. UWG (insbesondere §§ 5, 6, 7 UWG) geprüft werden.

---

[1]BGH, Urt. v. 04.12.1986 – I ZR 170/84.

Unlauter handelt, wer eine irreführende geschäftliche Handlung vornimmt (§ 5 Abs. 1 S. 1 UWG).

Eine geschäftliche Handlung ist nach § 5 Abs. 1 S. 2 UWG irreführend, „wenn sie unwahre Angaben enthält oder sonstige zur Täuschung geeignete Angaben über folgende Umstände enthält":

1. die wesentlichen Merkmale der Ware oder Dienstleistungen wie Verfügbarkeit, Art, Ausführung, Vorteile, Risiken, Zusammensetzung, Zubehör, Verfahren oder Zeitpunkt der Herstellung, Lieferung oder Erbringung, Zwecktauglichkeit, Verwendungsmöglichkeit, Menge, Beschaffenheit, Kundendienst und Beschwerdeverfahren, geografische oder betriebliche Herkunft, von der Verwendung zu erwartende Ergebnisse oder die Ergebnisse oder wesentliche Bestandteile von Tests der Waren oder Dienstleistungen;
2. den Anlass des Verkaufs wie das Vorhandensein eines besonderen Preisvorteils, den Preis oder die Art und Weise, in der er berechnet wird, oder die Bedingung, unter denen die Ware geliefert oder die Dienstleistung erbracht wird;
3. die Person, Eigenschaften oder Rechte des Unternehmers wie Identität, Vermögen einschließlich der Rechte des geistigen Eigentums, den Umfang von Verpflichtungen, Befähigung, Status, Zulassung, Mitgliedschaft oder Beziehungen, Auszeichnungen oder Ehrungen, Beweggründe für die geschäftliche Handlung oder die Art des Vertriebs;
4. Aussagen oder Symbole, die im Zusammenhang mit direktem oder indirektem Sponsoring stehen oder sich auf eine Zulassung des Unternehmers oder der Ware oder Dienstleistung beziehen;
5. die Notwendigkeit einer Leistung, eines Ersatzteils, eines Austauschs oder einer Reparatur;
6. die Einhaltung eines Verhaltenskodex, auf den sich der Unternehmer verbindlich verpflichtet hat, wenn er auf diese Bindung hinweist, oder
7. Rechte des Verbrauchers, insbesondere solche auf Grund von Garantieversprechen oder Gewährleistungsrechte bei Leistungsstörungen.

Nach § 5 Abs. 2 UWG ist eine geschäftliche Handlung auch irreführend, wenn sie im Zusammenhang mit der Vermarktung von Waren oder Dienstleistungen einschließlich vergleichender Werbung eine Verwechslungsgefahr mit einer anderen Ware oder Dienstleistung oder mit der Marke oder einem anderen Kennzeichen eines Mitbewerbers hervorruft. Nach der bisherigen Rechtsprechung wird das Wettbewerbsrecht jedoch vom Kennzeichenrecht verdrängt. Die Vorschriften des Markenrechts wären mithin in ihrem Anwendungsbereich als abschließende Spezialregelung anzusehen, neben der sich ein Rückgriff auf eine nach Irreführungsaspekten zu beurteilende tatsächliche Verwechslungsgefahr verbietet. Für die Anwendung von § 5 Abs. 2 UWG verbliebe demgemäß lediglich der Bereich nicht marken- und kennzeichenmäßiger Verwendung fremder Marken und Kennzeichen.

§ 5a UWG enthält eine ergänzende Regelung zur Irreführung durch Unterlassen:

„Bei der Beurteilung, ob das Verschweigen einer Tatsache irreführend ist, sind insbesondere deren Bedeutung für die geschäftliche Entscheidung nach der Verkehrsauffassung sowie die Eignung des Verschweigens zur Beeinflussung der Entscheidung zu
berücksichtigen".

Unlauter handelt nach § 5a Abs. 2 UWG auch, wer im konkreten Fall unter Berücksichtigung aller Umstände dem Verbraucher eine wesentliche Information vorenthält,
die der Verbraucher je nach den Umständen benötigt, um eine informierte geschäftliche
Entscheidung zu treffen, und deren Vorenthalten geeignet ist, den Verbraucher zu einer
geschäftlichen Entscheidung zu veranlassen, die er andernfalls nicht getroffen hätte.

Als Vorenthalten gilt auch das Verheimlichen wesentlicher Informationen, die Bereitstellung wesentlicher Informationen in unklarer, unverständlicher oder zweideutiger
Weise sowie die nicht rechtzeitige Bereitstellung wesentlicher Informationen.

Werden Waren oder Dienstleistungen unter Hinweis auf deren Merkmale und Preis in
einer dem verwendeten Kommunikationsmittel angemessenen Weise so angeboten, dass
ein durchschnittlicher Verbraucher das Geschäft abschließen kann, gelten folgende Informationen als wesentlich im Sinne des Absatzes 2, sofern sie sich nicht unmittelbar aus
den Umständen ergeben:

1. alle wesentlichen Merkmale der Ware oder Dienstleistung in dem dieser und dem verwendeten Kommunikationsmittel angemessenen Umfang;
2. die Identität und Anschrift des Unternehmers, gegebenenfalls die Identität und
   Anschrift des Unternehmers, für den er handelt;
3. der Gesamtpreis oder in Fällen, in denen ein solcher Preis auf Grund der Beschaffenheit der Ware oder Dienstleistung nicht im Voraus berechnet werden kann, die Art der
   Preisberechnung sowie gegebenenfalls alle zusätzlichen Fracht-, Liefer- und Zustell-
   kosten oder in Fällen, in denen diese Kosten nicht im Voraus berechnet werden können, die Tatsache, dass solche zusätzlichen Kosten anfallen können;
4. Zahlungs-, Liefer- und Leistungsbedingungen sowie Verfahren zum Umgang mit Beschwerden, soweit sie von Erfordernissen der unternehmerischen Sorgfalt abweichen, und
5. das Bestehen eines Rechts zum Rücktritt oder Widerruf.

Beispiel

Zu § 5a UWG:[2]

Der Unternehmer enthält dem Verbraucher eine Information im Sinne von § 5a
Abs. 2 S. 1 UWG vor, wenn diese zu seinem Geschäfts- und Verantwortungsbe-
reich gehört oder er sie sich mit zumutbarem Aufwand beschaffen kann und der

---

[2]BGH, Urt. v. 21.07.2016 – I ZR 26/15 – LGA tested.

Verbraucher sie nicht oder nicht so erhält, dass er sie bei seiner geschäftlichen Entscheidung berücksichtigen kann. Eine Information ist wesentlich im Sinne des § 5a Abs. 2 UWG, wenn ihre Angabe unter Berücksichtigung der beiderseitigen Interessen vom Unternehmer erwartet werden kann und ihr für die vom Verbraucher zu treffende geschäftliche Entscheidung erhebliches Gewicht zukommt. Die Frage, ob eine Information für die geschäftliche Entscheidung des Verbrauchers von besonderem Gewicht ist, ist nach dem Erwartungs- und Verständnishorizont des Durchschnittsverbrauchers zu beurteilen.

Nach der Lebenserfahrung hat der Hinweis auf ein Prüfzeichen für die geschäftliche Entscheidung des Verbrauchers über den Erwerb des damit versehenen Produkts erhebliche Bedeutung. Der Verbraucher erwartet, dass ein mit einem Prüfzeichen versehenes Produkt von einer neutralen und fachkundigen Stelle auf die Erfüllung von Mindestanforderungen anhand objektiver Kriterien geprüft worden ist und bestimmte, von ihm für die Güte und Brauchbarkeit der Ware als wesentlich angesehene Eigenschaften aufweist. Bei Prüfzeichen besteht ähnlich wie bei Warentests regelmäßig ein erhebliches Interesse des Verbrauchers zu erfahren, anhand welcher Kriterien diese Prüfung erfolgt ist.

Wer für seine Waren mit einem Prüfsiegel wird, muss also angeben, was Gegenstand der Prüfung war. Diese Aufklärung muss zwar nicht in der Werbung selbst erfolgen, sondern kann zum Beispiel auch auf einer Website stehen, auf die in der Werbung verwiesen wird. Wer jedoch nicht aufklärt, verstößt gegen § 5a Abs. 2 UWG.

Beispiel

Regenwaldprojekt I, II

Der BGH hatte auf Klagen von Wettbewerbsverbänden über die wettbewerbsrechtliche Beurteilung von zwei in den Jahren 2002 und 2003 auch im Fernsehen intensiv verbreiteter Werbekampagnen zu entscheiden, in denen die Brauerei Krombacher den Kunden versprochen hatte, für den Kauf eines Kasten Bieres 1 Quadratmeter Regenwald unter Einschaltung der Word Wide Fund of Nature (WWF) nachhaltig zu schützen.

Die Fälle:[3]

Die Kläger halten diese Werbung wegen mangelnder Transparenz für wettbewerbswidrig, da sie keine Information enthalte, in welcher Form der Schutz gewährleistet werde. Zudem sehen sie in den konkreten Fällen einen Verstoß gegen das Irreführungsverbot, weil die Beklagte vermutlich nur einen geringen Betrag von wenigen Cent spenden würde, mit dem ein nachhaltiger Schutz kaum erreicht werden könne.

Der BGH hat angenommen, dass die Verknüpfung der Förderung des Umweltprojektes mit dem Warenabsatz grundsätzlich zulässig sei. Es bestehe bei dieser Form

---

[3]BGH, Urt. v. 26.10.2006 – I ZR 33/04 u. I ZR 97/04.

der Werbung auch keine allgemeine Pflicht, über die Art und Weise der Unterstützung oder die Höhe der Zuwendungen zu informieren. Der Gesetzgeber habe sich im Rahmen der UWG-Reform ausdrücklich gegen ein allgemeines Transparenzgebot entschieden. Die Verpflichtung zu aufklärenden Angaben könne daher – wie in den Fällen der Wertreklame – nur dann angenommen werden, wenn andernfalls die Gefahr einer unlauteren Beeinflussung des Verbrauchers durch Täuschung über den tatsächlichen Wert des Angebotes, insbesondere über den Wert einer angebotenen Zusatzleistung gegeben sei. Dies sei vorliegend nicht der Fall. Soweit ein Unternehmen verspreche, ein bestimmtes Projekt zu unterstützen, bestehe der zusätzliche Kaufanreiz darin, dass der Verbraucher sich mit dem Kauf der Ware auch für das entsprechende Ziel engagieren könne. Wenn der Werbende nach Art und Umfang keine näher bestimmte Leistung versprochen habe, erwarte der Verbraucher deshalb nur, dass das werbende Unternehmen zeitnah überhaupt eine Sponsoringleistung erbringe und diese nicht so geringfügig sei, dass sie die werbliche Herausstellung nicht rechtfertige.

Die angegriffenen Werbemaßnahmen könnten daher nur unter dem Gesichtspunkt der irreführenden Werbung wettbewerbswidrig sein, wenn – wie von den Klägern behauptet – die beklagte Brauerei in ihrer Werbung zur Förderung des Regenwald-Projekts mehr versprochen als sie tatsächlich an Leistung erbracht habe und dadurch die berechtigten Erwartungen der Verbraucher in relevanter Weise enttäuscht worden seien. Da hierzu die Gerichte in den angefochtenen Entscheidungen keine bzw. keine ausreichenden Feststellungen getroffen hatten, wurden die Sachen an die Instanzgerichte zurückverwiesen.

Beispiel

Zinserhöhung, abhängig vom Ergebnis bei Fußballturnier

Der BGH hat in einem anderen Fall entschieden, dass eine Bank die Höhe der Zinsen für eine Geldanlage vom Ergebnis eines Fußballturniers abhängig machen darf: Eine Bank darf die Zinshöhe vom Ergebnis eines Fußballturniers abhängig machen.

Der Fall:[4]

Im Juni 2004 hatte die Postbank kurz vor Beginn der Fußball- Europameisterschaft in Portugal unter der Überschrift „Postbank Bonus Volltreffer. Jetzt auf die Nationalelf setzen!" für eine Festgeldanlage geworben, bei der neben einer garantierten Basisverzinsung ein zusätzlicher Zielbonus „von bis zu 150 %" erzielt werden konnte. Der garantierten Basiszinssatz – je nach Höhe der Anlage zwischen 1,3 und 1,5 % – sollte sich bei Erreichen des Viertelfinales um 25 %, des Halbfinales um 50 %, des Finales um 75 % und im Falle des Titelgewinns um 150 % erhöhen. Wäre die deutsche Mannschaft Europameister geworden, hätte der Zinssatz bei einer Anlage von 50.000 EUR

---

[4]BGH, Urt. v. 19.04.2007 – I ZR 57/05.

also 3,75 % betragen. Tatsächlich schied die deutsche Mannschaft jedoch schon in der Vorrunde aus.

Ein Wettbewerbsverband hatte dies beanstandet, weil die Postbank für ein wettbewerbswidriges Gewinnspiel werbe. Nach §§ 3, 4 Nr. 6 UWG darf die Teilnahme von Verbrauchern an einem Preisausschreiben oder Gewinnspiel nicht vom Erwerb einer Ware oder von der Inanspruchnahme einer Dienstleistung abhängig gemacht werden.

Der BGH hat entschieden, dass es sich bei der beanstandeten Festgeldanlage nicht um ein wettbewerbswidriges Gewinnspiel handelte. Die Vorschrift des § 4 Nr. 6 UWG erfasse nur Fälle, in denen die Teilnahme an einem Gewinnspiel von einem Umsatzgeschäft abhängig gemacht werde, und setze daher ein von dem Umsatzgeschäft getrenntes Gewinnspiel voraus.

Dies sei etwa dann der Fall, wenn eine Bank den Kunden, die eine bestimmte Geldanlage wählten, die Teilnahme an der Verlosung von Geld- oder Sachpreisen verspreche. Anders verhalte es sich, wenn der Preis für eine bestimmte Ware oder Leistung von dem unsicheren Ausgang eines Sportereignisses abhängig gemacht werde. Bestimme das Spielelement unmittelbar die im Rahmen des Umsatzgeschäftes zu erbringende Gegenleistung, fehle es an der im Gesetz vorausgesetzten Koppelung.

Der BGH hat in der beanstandeten Werbung auch keine nach § 4 Nr. 1 UWG verbotene unsachliche Beeinflussung der Verbraucher gesehen.

Beispiel

Ein Pharmaunternehmen darf nicht mit „Akut"-Produkt werben, wenn Wirkung frühestens nach einer Stunde eintritt.

Ein Pharmaunternehmen darf ein Mittel gegen „Sodbrennen und saures Aufstoßen" wegen zu langsamer Wirkung nicht mit dem Namenszusatz „akut" anbieten, wenn eine erste Besserung erst nach einigen Stunden eintritt.

Der Fall:[5]

Ein Pharmaunternehmen hatte ein Mittel gegen „Sodbrennen und saures Aufstoßen" mit der Bezeichnung „akut" angeboten. Geklagt gegen diesen Namen hatte ein Wettbewerbsverband. Er hielt die Bezeichnung „akut" für irreführend, weil das Mittel erst einen Tag nach Einnahme und damit nur mit erheblicher zeitlicher Verzögerung wirke. Dem widersprach der Arzneimittelhersteller. Bereits eine Stunde nach der Einnahme könnte eine Besserung der Beschwerden eintreten, spätestens jedoch nach eineinhalb bis drei Stunden.

Das LG München I verbot die Bezeichnung „akut" für das fragliche Arzneimittel. Denn die durch die Werbung angesprochenen Verbraucher würden angesichts des Zusatzes „akut" schnell Abhilfe erwarten, so die Siebte Kammer. Als schnell sei eine Wirkung innerhalb eines Zeitraums von 20 min bis zu einer Stunde anzusehen. Der

---

[5]LG München I, Urt. v. 15.12.2009 – 7 O 17092/09.

Beginn einer Beschwerdenbesserung nach einer Stunde und länger widerspreche also den durch die Werbung geweckten Verbrauchererwartungen.

Beispiel

Zulässigkeit einer mit dem Slogan „20 % auf alles" angekündigten Rabattaktion

Der Bundesgerichtshof hat über die Zulässigkeit einer mit dem Slogan „20 % auf alles" angekündigten Rabattaktion entschieden.

Der Fall:[6]

Die Beklagte betreibt an vielen Standorten in Deutschland Bau- und Heimwerkermärkte. Sie führte im Januar 2005 eine Rabattaktion durch, für die sie mit dem Slogan „20 % auf alles, ausgenommen Tiernahrung" warb. Die Klägerin, die Zentrale zur Bekämpfung unlauteren Wettbewerbs, nahm die Beklagte auf Unterlassung in Anspruch. Sie hat die Auffassung vertreten, die Aktion sei wegen Irreführung der Verbraucher wettbewerbswidrig. Sie hatte aufgrund von Testkäufen festgestellt, dass für vier Artikel – das Sortiment der Beklagten umfasst etwa 70.000 Artikel – unmittelbar vor der Aktion ein niedrigerer Preis gegolten hatte, der zum Aktionsbeginn erhöht worden war. Im Verfahren war unstreitig, dass die Beklagte für die vier Artikel die höheren Preise auch schon über einen längeren Zeitraum in der Vergangenheit verlangt hatte, dass aber in der Woche unmittelbar vor der Aktion ein Sonderpreis gegolten hatte, der allerdings nicht als solcher gekennzeichnet war.

Nach § 5 Abs. 4 S. 1 UWG ist von einer Irreführung der Verbraucher auszugehen, wenn mit der Herabsetzung eines Preises geworben wird, sofern der Preis nur für eine unangemessen kurze Zeit gefordert worden ist. Bei den vier von der Klägerin erworbenen Produkten hat die Beklagte den herabgesetzten Preis mit Beginn der Rabattaktion heraufgesetzt. Eine solche Preisgestaltung ist mindestens ebenso irreführend wie die Werbung mit einem früheren Preis, der nur für kurze Zeit verlangt worden ist. Der Gesetzgeber wollte mit der Regelung des § 5 Abs. 4 S. 1 UWG Missbräuchen bei der Preissenkungswerbung begegnen, weil diese Werbung ein hohes Irreführungspotenzial in sich birgt. Dieses zeigt sich gerade bei der vorliegenden Fallgestaltung. Der Verkehr versteht eine Werbung, in der das gesamte Sortiment mit Ausnahme einer Produktgruppe ab einem bestimmten Zeitpunkt zu einem um 20 % reduzierten Preis angeboten wird, in der Weise, dass er beim Kauf eines beliebigen Artikels aus dem Sortiment gegenüber vorher eine Preisersparnis in der angekündigten Höhe erzielt. Tatsächlich hat der Verbraucher jedoch bei den vier von der Klägerin zu Testzwecken erworbenen Artikeln im Vergleich zu dem in der Woche vor der Aktion geltenden Preis keine oder nur eine Ersparnis im Bereich von wenigen Prozentpunkten erlangt.

---

[6]BGH, Urt. v. 20.11.2008 – I ZR 122/06.

Beispiel

Werben mit „110 Jahre Familientradition" setzt entsprechend langes Bestehen des Unternehmens voraus.

Werbung mit einer „110-jährigen Möbeltradition" enthält eine Qualitätsaussage, die geeignet ist, die Kaufentscheidung der Verbraucher zu beeinflussen. Wenn ein Unternehmen daher mit einer solche Aussage wirbt, muss es auch selbst auf einen entsprechend langen Bestand zurückblicken können. Ist das nicht der Fall, ist jede Werbung damit unzulässig.

Der Fall:[7]

Ein in der Region ansässiges Möbelunternehmen hatte mit „110 Jahre Familientradition" und „110 Jahre Möbeltradition" geworben und aus Anlass des „Jahrhundert"-Jubiläums entsprechende Sonderangebote gemacht. Ein Wettbewerbsverein hat darauf vom Möbelunternehmen die Unterlassung der Werbung verlangt.

Dieser Antrag war erfolgreich. Der BGH entschied, dass die Werbung mit zutreffenden Hinweisen auf einen langzeitigen Bestand und Erfolg eines Unternehmens als sogenannte „Alters- oder Traditionswerbung" grundsätzlich zulässig sei, weil damit eine besondere unternehmerische Leistung hervorgehoben werde. Dies müsse jedoch auch den tatsächlichen Gegebenheiten entsprechen. Die Werbung sei im zu entscheidenden Fall irreführend, weil das werbende Unternehmen erst 1992 gegründet worden sei und damit gerade nicht auf eine 110-jährige Geschichte zurückblicken könne. Es sei nicht ausreichend, dass es möglicherweise eine 110-jährige Tradition in der Familie der Gesellschafter gebe oder es bei einem anderen, von Familienmitgliedern geführten Geschäft eine 110-jährige Möbeltradition gebe.

Beispiel

„Statt 49,99 Euro nur 19,99 Euro" ist nicht irreführend.

Es wird nicht irreführend geworben, wenn neben dem Verkaufspreis ein durchgestrichener, früher verlangter Verkaufspreis angegeben wird.

Der Fall:[8]

In dem zugrunde liegenden Fall hatte ein Internet-Schuhhändler für Markenschuhe mit „Statt 49,99 Euro nur 19,99 Euro" geworben. Ein anderer Internethändler hatte hiergegen geltend gemacht, es sei nicht klar, um was für einen Preis es sich bei dem durchgestrichenen Preis handle (früherer Verkaufspreis des Händlers, Preisempfehlung des Herstellers oder Preis eines Mitbewerbers).

Das Landgericht Düsseldorf hatte daraufhin eine Unterlassungsverfügung gegen den Anbieter der Schuhe erlassen und die Preisangabe für irreführend gehalten.

Das Oberlandesgericht Düsseldorf hat in dem einstweiligen Verfügungsverfahren jedoch die landgerichtliche Verfügung aufgehoben und eine Irreführung verneint.

---

[7]OLG Oldenburg, Urt. v. 22.04.2010 – 1 W 12/10 u. 1 W 16/10.
[8]OLG Düsseldorf, Urt. v. 29.06.2010 – I-20 U 28/10.

Nach Auffassung des OLG könne ein Durchschnittsverbraucher ohne weiteres erkennen, dass es sich bei dem durchgestrichenen Preis um den früher von dem Internethändler geforderten Preis handle.

Beispiel

Strenge Anforderungen an Aktualität von Preisangaben in Preissuchmaschinen

Der Bundesgerichtshof hat entschieden, dass ein Händler, der für sein Angebot über eine Preissuchmaschine wirbt, wegen Irreführung in Anspruch genommen werden kann, wenn eine von ihm vorgenommene Preiserhöhung verspätet in der Preissuchmaschine angezeigt wird.

Der Fall:[9]

Die Parteien sind Wettbewerber auf dem Gebiet des Handels mit Haushaltselektronik. Der Beklagte bot am 10. August 2006 eine Espressomaschine der Marke Saeco über die Preissuchmaschine idealo.de an. Versandhändler übermitteln dem Betreiber dieser Suchmaschine die Daten der von ihnen angebotenen Produkte einschließlich der Preise. Die Suchmaschine ordnet diese Angaben in Preisranglisten ein. Die Preisgünstigkeit der Angebote bestimmt die Reihenfolge, in der die Anbieter in den Ranglisten genannt werden. Der Beklagte stand mit dem von ihm geforderten Preis von 550 EUR unter 45 Angeboten an erster Stelle, und zwar auch noch um 20 Uhr, obwohl er den Preis für die Espressomaschine drei Stunden zuvor auf 587 EUR heraufgesetzt hatte. Der Beklagte hatte idealo.de die Preisänderung zwar in dem Moment mitgeteilt, in dem er selbst den Preis auf seiner Internetseite heraufgesetzt hat. Derartige Änderungen werden dort aber nicht sofort, sondern erst zeitlich verzögert angezeigt.

Die Klägerin sieht in der unrichtigen Preisangabe eine irreführende Werbung des Beklagten. Sie hat ihn deshalb auf Unterlassung, Feststellung der Schadensersatzpflicht und Auskunft in Anspruch genommen.

Der Bundesgerichtshof ist der Ansicht, dass der durchschnittlich informierte Nutzer eines Preisvergleichsportals mit den ihm dort präsentierten Informationsangeboten regelmäßig die Erwartung einer höchstmöglichen Aktualität verbindet. Zwar sind Verbraucher heute mit den Besonderheiten des Internets und damit auch mit dessen technischen Grenzen weitgehend vertraut.

Sie gehen aber davon aus, dass die in einer Preissuchmaschine angebotenen Waren zu dem dort angegebenen Preis erworben werden können, und rechnen nicht damit, dass die dort angegebenen Preise aufgrund von Preiserhöhungen, die in der Suchmaschine noch nicht berücksichtigt sind, bereits überholt sind. Die Irreführung der Verbraucher wird auch durch den Hinweis „Alle Angaben ohne Gewähr!" in der Fußzeile der Preisvergleichsliste nicht verhindert. Durch einen Klick auf diesen Hinweis öffnet sich ein Fenster mit einem weiteren Text, aus dem sich ergibt, dass „eine

---

[9]BGH, Urt. v. 11.03.2010 – I ZR 123/08.

Aktualisierung in Echtzeit … aus technischen Gründen nicht möglich [ist], sodass es im Einzelfall insbesondere hinsichtlich der Verfügbarkeit bzw. der Lieferzeit von Produkten zu Abweichungen kommen kann".

Der Bundesgerichtshof hat auch die Relevanz der Irreführung bejaht. Es stellt einen besonderen Vorteil im Wettbewerb dar, wenn ein Anbieter mit seinem Angebot in der Rangliste einer bekannten Preissuchmaschine an erster Stelle steht. Den Händlern ist es – so der BGH – zuzumuten, die Preise für Produkte, für die sie in einer Preissuchmaschine werben, erst dann umzustellen, wenn die Änderung in der Suchmaschine angezeigt wird.

6.2.3 Vergleichende Werbung: § 6 UWG

§ 6 UWG bezieht sich auf vergleichende Werbung. Die Definition enthält den ersten Absatz der Norm:

Vergleichende Werbung ist jede Werbung, die unmittelbar oder mittelbar einen Mitbewerber oder die von einem Mitbewerber angebotenen Waren oder Dienstleistungen erkennbar macht.

In der Vergangenheit war vergleichende Werbung grundsätzlich in Deutschland verboten; die Rechtsprechung und europarechtliche Vorgaben haben dann jedoch dazu geführt, dass sie nunmehr grundsätzlich zulässig ist und nur in bestimmten Fällen als unlauter angesehen wird.

Diese Fälle bestimmt das Gesetz in § 6 Abs. 2 UWG. Demnach ist vergleichende Werbung bspw. dann unlauter, wenn sie sich nicht auf Waren oder Dienstleistungen für den gleichen Bedarf oder die gleiche Zweckbestimmung bezieht (§ 6 Abs. 2 Nr. 1 UWG) oder wenn sie nicht auf wesentliche, nachprüfbare, typische Eigenschaften bezogen ist (§ 6 Abs. 2 Nr. 2 UWG), wenn sie also – vereinfacht gesagt – Äpfel mit Birnen vergleicht.

Vergleichende Werbung ist außerdem unlauter, wenn sie Waren/Dienstleistungen eines Mitbewerbers herabsetzt und verunglimpft (§ 6 Abs. 2 Nr. 5 UWG). Selbst nach diesen gesetzlich vorgegebenen Fällen für unzulässige vergleichende Werbung wird es in der Praxis schwierig sein zu entscheiden, ob im Einzelfall ein Wettbewerbsverstoß vorliegt oder nicht.

Unlauter handelt ferner, wer vergleichend wirbt, wenn der Vergleich im geschäftlichen Verkehr zu einer Gefahr von Verwechslungen zwischen dem Werbenden und einem Mitbewerber oder zwischen den von diesen angebotenen Waren oder Dienstleistungen oder den von ihnen verwendeten Kennzeichen führt (§ 6 Abs. 2 Nr. 3 UWG), den Ruf des von einem Mitbewerber verwendeten Kennzeichens in unlauterer Weise ausnutzt oder beeinträchtigt (§ 6 Abs. 2 Nr. 4 UWG) oder eine Ware oder Dienstleistung als Imitation oder Nachahmung einer unter einem geschützten Kennzeichen vertriebenen Ware oder Dienstleistung darstellt (§ 6 Abs. 2 Nr. 6 UWG).

Als Grundregel darf gelten: Wer mit Superlativen wirbt („Das meist genutzte Online-Portal", „Die Zeitung mit der stärksten Auflage"), sollte diese Superlative anhand von Nutzerklicks oder Auflagenzahlen belegen können.

Beispiel

Der Bundesgerichtshof zur Zulässigkeit von Werbeanrufen

Der Bundesgerichtshof hat zur Zulässigkeit von Werbeanrufen entschieden, dass die strengen Anforderungen, die das deutsche Recht an die Zulässigkeit von Werbeanrufen bei Verbrauchern stellt, mit dem Recht der Europäischen Union vereinbar sind.

Der Fall:[10]

Die AOK Plus, die Allgemeine Ortskrankenkasse für Sachsen und Thüringen, hatte sich im Jahr 2003 gegenüber der Verbraucherzentrale Sachsen verpflichtet, es zu unterlassen, Verbraucher ohne deren Einverständnis zu Werbezwecken anzurufen. Ferner hatte sie sich verpflichtet, für jeden Verstoß eine Vertragsstrafe von 5000 EUR zu zahlen. Im September 2008 erhielten zwei Verbraucher Werbeanrufe von einem Callcenter, das von der AOK Plus beauftragt worden war.

Die Verbraucherzentrale hat die AOK Plus daraufhin auf Zahlung von 10.000 EUR in Anspruch genommen.

Die beklagte AOK hat behauptet, die Einwilligung der Angerufenen im sogenannten „Double-Opt-In-Verfahren" erhalten zu haben: Die Verbraucher hätten an Online-Gewinnspielen teilgenommen, dort ihre Telefonnummer angegeben und durch Markieren eines Feldes ihr Einverständnis auch mit Telefonwerbung erklärt.

Daraufhin sei ihnen eine E-Mail mit dem Hinweis auf die Einschreibung für das Gewinnspiel (sogenannte „Check-Mail") an die angegebene E-Mail-Adresse übersandt worden, die sie durch Anklicken eines darin enthaltenen Links bestätigt hätten.

Die Klage der Verbraucherzentrale war vor dem Landgericht und dem OLG Dresden erfolgreich. Der Bundesgerichtshof hat die Revision der Beklagten zurückgewiesen. Zur Begründung führt er an:

Das deutsche Recht geht zwar damit, dass es unaufgeforderte Werbeanrufe stets als unzumutbare Belästigung und damit als unlauter einstuft, über die Richtlinie über unlautere Geschäftspraktiken der Europäischen Union hinaus.

Aufgrund einer in der Datenschutzrichtlinie für elektronische Kommunikation enthaltenen Öffnungsklausel ist der deutsche Gesetzgeber aber berechtigt, Telefonwerbung gegenüber Verbrauchern generell von deren vorherigem ausdrücklichen Einverständnis abhängig zu machen (sogenanntes „Opt-In").

Im Streitfall hatte die beklagte AOK das Einverständnis der angerufenen Verbraucher nicht nachgewiesen. Für diesen Nachweis kommt insbesondere der Ausdruck einer E-Mail des angerufenen Verbrauchers in Betracht, in der er sich ausdrücklich mit der Werbung einverstanden erklärt.

---

[10]BGH, Urt. v. 10.02.2011 – I ZR 164/09.

Die Speicherung der entsprechenden E-Mail ist dem Werbenden ohne weiteres möglich und zumutbar. Diesen Nachweis hat die beklagte AOK nicht geführt, sondern sich nur allgemein auf die Einhaltung des Double-Opt-In-Verfahrens berufen.

Dieses elektronisch durchgeführte Double-Opt-In-Verfahren ist von vornherein ungeeignet, um ein Einverständnis von Verbrauchern mit Werbeanrufen zu belegen. Zwar kann bei Vorlage der dabei angeforderten elektronischen Bestätigung angenommen werden, dass der – die Einwilligung in Werbeanrufe enthaltende – Teilnahmeantrag für das Online Gewinnspiel tatsächlich von der angegebenen E-Mail-Adresse stammt. Damit ist aber nicht sichergestellt, dass es sich bei der angegebenen Telefonnummer tatsächlich um den Anschluss des Absenders der Bestätigungs-E-Mail handelt. Es kann zahlreiche Gründe für die versehentliche oder vorsätzliche Eintragung einer falschen Telefonnummer geben. Das Gesetz verlangt aber zwingend, dass der konkret angerufene Teilnehmer vor dem Werbeanruf ausdrücklich sein Einverständnis erklärt hat.

Beispiel

Der Bundesgerichtshof zu Markenparfümimitaten

Der Bundesgerichtshof hat entschieden, dass der Handel mit Markenparfümimitaten nicht als unlautere vergleichende Werbung nach § 6 Abs. 2 Nr. 6 UWG untersagt werden kann, wenn keine klare und deutliche Imitationsbehauptung erfolgt, sondern lediglich Assoziationen an die Originale geweckt werden.

Der Fall:[11]

Die Beklagten bieten im Internet unter der Marke „Creation Lamis" niedrigpreisige Parfüms an, deren Duft demjenigen bestimmter teurerer Markenparfüms ähnelt. Dabei hatten sie zunächst Bestelllisten verwendet, in denen den Imitaten jeweils ein teureres Markenprodukt gegenübergestellt wurde. Seit mehreren Jahren benutzen sie derartige Bestelllisten aber nicht mehr. Die Klägerin, die hochpreisige Parfüms bekannter Marken vertreibt, hält das Angebot, die Werbung und den Vertrieb der Parfümimitate für wettbewerbswidrig, weil sie als Nachahmung der Originale zu erkennen seien.

Die Entscheidung: Das Verbot des § 6 Abs. 2 Nr. 6 UWG richtet sich nicht dagegen, ein Originalprodukt nachzuahmen. Für eine nach dieser Bestimmung unlautere vergleichende Werbung genügt es deshalb nicht, dass das Originalprodukt aufgrund der Aufmachung und Bezeichnung der Imitate lediglich erkennbar wird und mit der Werbung entsprechende Assoziationen geweckt werden. Verboten ist vielmehr eine klare und deutliche Imitationsbehauptung, aus der – ohne Berücksichtigung sonstiger, erst zu ermittelnder Umstände – hervorgeht, dass das Produkt des Werbenden gerade als Imitation des Originalprodukts beworben wird. Richtet sich die beanstandete Werbung an verschiedene Verkehrskreise, reicht es für die Unlauterkeit aus, wenn deren Voraussetzungen im Hinblick auf einen dieser Verkehrskreise erfüllt sind.

---

[11]BGH, Urt. v. 05.05.2011 – I ZR 157/09.

Beispiel

Der Bundesgerichtshof zu den Grenzen humorvoller Werbevergleiche

Der Bundesgerichtshof hat sich in diesem Zusammenhang mit den Grenzen humorvoller Werbevergleiche befasst.

Der Fall:[12]

Die Parteien sind Presseunternehmen. Im Verlag der Klägerin erscheint die BILD-Zeitung, die Beklagte verlegt „die tageszeitung" (TAZ). Die Beklagte warb im Jahr 2005 mit einem Kino-Werbespot für die TAZ. Im ersten Teil des Werbespots ist vor einem als „Trinkhalle" bezeichneten Zeitungskiosk ein mit dem Logo der BILD-Zeitung versehener, leerer Zeitungsständer zu sehen. Ein Kunde, der nur mit einem Unterhemd und einer Jogginghose bekleidet ist, fordert den Inhaber des Kiosks auf: „Kalle, gib mal Zeitung", worauf dieser entgegnet: „Is aus". Auf Nachfrage des Kunden: „Wie aus?", schiebt der Kioskinhaber wortlos eine TAZ über den Tresen. Der Kunde reagiert hierauf mit den Worten: „Wat is dat denn? Mach mich nicht fertig, Du" und wirft die TAZ nach einem Blick in die Zeitung verärgert zurück auf den Ladentisch. Der Kioskinhaber holt nun eine unter dem Tresen versteckte BILD-Zeitung hervor, die er dem Kunden gibt. Daraufhin brechen beide in Gelächter aus. Im zweiten Teil des Werbespots ist vor der „Trinkhalle" ein nunmehr mit BILD-Zeitungen gefüllter Zeitungsständer zu sehen. Der Kunde verlangt aber: „Kalle, gib mal taz". Der Kioskinhaber ist so verblüfft, dass er dieser Aufforderung nicht nachkommt. Jetzt bricht der Kunde in Gelächter aus, in das der Kioskinhaber einstimmt. Am Ende beider Teile des Werbespots ist der Texteingeblendet: „taz ist nicht für jeden. Das ist OK so." Die Klägerin sieht in diesem Werbespot eine nach § 6 Abs. 2 Nr. 5 UWG unlautere vergleichende Werbung und nimmt die Beklagte daher auf Unterlassung, Auskunftserteilung und Feststellung ihrer Schadensersatzpflicht in Anspruch. Wer vergleichend wirbt, handelt nach dieser Bestimmung unlauter, wenn der Vergleich die Waren eines Mitbewerbers herabsetzt oder verunglimpft.

Der Bundesgerichtshof hat die Klage abgewiesen. Für die Beurteilung der Zulässigkeit eines Werbevergleichs ist – so der Bundesgerichtshof – auf die mutmaßliche Wahrnehmung eines durchschnittlich informierten, aufmerksamen und verständigen Durchschnittsverbrauchers abzustellen, der zunehmend anpointierte Aussagen in der Werbung gewöhnt ist. Eine humorvolle oder ironische Anspielung auf einen Mitbewerber oder dessen Produkte stelle daher erst dann eine unzulässige Herabsetzung dar, wenn sie den Mitbewerber dem Spott oder der Lächerlichkeit preisgebe oder von den Adressaten der Werbung wörtlich und damit ernst genommen und daher als Abwertung verstanden werde. Der Werbespot der Beklagten ist nach Auffassung des Bundesgerichtshofs danach nicht als wettbewerbswidrig anzusehen. Er bringe lediglich

---

[12]BGH, Urt. v. 01.10.2009 – I ZR 134/07.

zum Ausdruck, dass die TAZ „nicht für jeden" sei, also nicht den Massengeschmack anspreche.

Der durchschnittliche Zuschauer erkenne, dass es sich bei der Darstellung um eine humorvolle Überspitzung handele, mit der die Aufmerksamkeit der Werbeadressaten geweckt und nicht die BILD-Zeitung oder deren Leserschaft pauschal abgewertet werden solle.

Beispiel

Der Bundesgerichtshof zu vergleichender herabsetzender Werbung gemäß § 6 Abs. 2 Nr. 4 Fall 2 UWG

Der Bundesgerichtshof entschied im Streit zwischen einem Druckerhersteller und einem Anbieter von Druckerpatronen über irreführende und vergleichende Werbung im Wettbewerbsrecht zur Frage, ob Bildmotive, die der Originalhersteller für die Zuordnung seiner Patronen zu seinen Druckern verwendet, auch für fremde Druckerpatronen verwendet werden dürfen.

Der Fall:[13]

Die Klägerin, die EPSON Deutschland GmbH, produziert und vertreibt Drucker und hierzu passende Farbpatronen, auf denen sie seit Mitte 2002 neben der Artikelnummer und der Bezeichnung der Drucker, für die sie geeignet sind, Bildmotive wie Teddybären, Badeentchen oder Sonnenschirme anbringt, die ebenfalls die Zuordnung der jeweiligen Patrone zum passenden Drucker erlauben. Die Bildmotive sind in der Farbe der in der Patrone jeweils enthaltenen Tinte gehalten. Bei Patronen mit verschiedenen Farben findet sich das Bildmotiv für jede Farbe einmal auf der Verpackung.

Die Beklagten gehören zum Pelikan-Konzern, der ebenfalls u. a. Tintenerzeugnisse herstellt. Das Sortiment der Beklagten umfasst auch für Drucker anderer Hersteller geeignete Patronen, darunter solche für EPSON-Drucker. Die Verpackungen ihrer Patronen zeigen ähnliche Bildmotive wie die Motive, die EPSON verwendet.

Nach Ansicht der Klägerin ist diese Übernahme der Bildmotive insbesondere wegen unzulässiger Rufausnutzung unlauter.

Der Bundesgerichtshof hat dazu entschieden:

Nach § 6 Abs. 2 Nr. 4 Fall 2 UWG ist eine vergleichende Werbung nur dann unzulässig, wenn sie das fremde Zeichen herabsetzt oder verunglimpft. Eine Beeinträchtigung der Unterscheidungskraft, die das Berufungsgericht als ausreichend angesehen hat, steht der Beeinträchtigung des Rufs nicht gleich.

In Betracht zu ziehen war daneben eine Rufausnutzung, die ebenfalls zur Unzulässigkeit der vergleichenden Werbung führen kann, vom Berufungsgericht aber nicht im Einzelnen geprüft worden war. Im Streitfall kam jedoch ein Verbot wegen Rufausnutzung nicht in Betracht. Im Rahmen einer vergleichenden Werbung sei eine Rufausnutzung

---

[13]BGH, Urt. v. 28.09.2011 – I ZR 48/10.

häufig unvermeidbar. Ob der Werbende, der im Rahmen der vergleichenden Werbung auf ein fremdes Produkt Bezug nimmt, auf eine schonendere Form der Bezugnahme verwiesen werden kann, ist eine Frage, die nur aufgrund einer Abwägung der Interessen des Werbenden, des betroffenen Zeicheninhabers und der Verbraucher beantwortet werden könne. Da sich aber die Besitzer von EPSON-Druckern auch nach dem Vortrag der Klägerin vor allem an den Bildmotiven orientieren, muss es den Beklagten auch im Interesse der Verbraucher erlaubt sein, zur Kennzeichnung der verschiedenen Drucker nicht nur auf die Bestellnummern, sondern – in abgewandelter Form – auch auf die Bildmotive zu verweisen.

Beispiel

Im Wettbewerbsrecht gelten Besonderheiten für die Werbung im Internet. So hat der Bundesgerichtshof entschieden, dass das Anbieten eines gebrauchten Pkw in einer unzutreffenden Rubrik zum Kilometerstand auf einer Internethandelsplattform nicht wegen Irreführung der am Kauf eines Gebrauchtfahrzeugs interessierten Verbraucher wettbewerbswidrig sei.

Der Fall:[14]

Die Parteien handeln mit gebrauchten Kraftfahrzeugen, die sie unter anderem über eine Internethandelsplattform zum Kauf anbieten. Dabei kann der Verkäufer verschiedene Merkmale, beispielsweise den Kilometerstand, zu dem von ihm angebotenen Fahrzeug eingeben. Ein Kaufinteressent kann ebenfalls Kriterien zu dem von ihm gesuchten Fahrzeug auswählen. Zum Kilometerstand kann er „beliebig" oder beispielsweise 5000 km, 100.000 km oder 125.000 km eingeben.

Die Beklagte inserierte auf einer Internethandelsplattform in der Rubrik „bis 5.000 km" ein Fahrzeug mit folgender fett gedruckter Überschrift: „BMW 320 d Tou.* Gesamt-KM 112.970** ATM – 1.260 km**".

Die Klägerin hatte in dem Angebot des Fahrzeugs in einer unzutreffenden Kilometerstandsrubrik eine wettbewerbsrechtlich relevante Irreführung des Verkehrs erblickt und die Beklagte daher auf Unterlassung in Anspruch genommen.

Der Bundesgerichtshof hat wie folgt entschieden: Zwar liege in dem Angebot des Fahrzeugs in der unrichtigen Rubrik über die Laufleistung eine unwahre Angabe.

Im konkreten Fall sei die unzutreffende Einordnung aber nicht geeignet, das Publikum irrezuführen. Die richtige Laufleistung des Fahrzeugs ergäbe sich ohne weiteres bereits aus der Überschrift des Angebots, sodass eine Täuschung von Verbrauchern ausgeschlossen sei.

Die Frage, ob eine Einstellung in eine falsche Rubrik unter anderen Gesichtspunkten, etwa einer unzumutbaren Belästigung der Internetnutzer, wettbewerbsrechtlich unlauter sei, war nicht Gegenstand des Rechtsstreits.

---

[14]BGH, Urt. v. 06.10.2011 – I ZR 42/10.

6.2.4 Belästigende Werbung: § 7 UWG

Ein weiterer Aspekt, der in der Medienbranche von Bedeutung ist: belästigende Werbung. Dies betrifft insbesondere den Direktkontakt mit Kunden via Telefon oder E-Mail. Gemäß § 7 Abs. 1, 2 UWG sind Wettbewerbsverstöße zu bejahen, wenn die Werbung den Kunden belästigt oder ihm gegen seinen Willen aufgedrängt wird. Eine derartige Werbung ist unzulässig.

Durch das Merkmal „in unzumutbarer Weise" wird klargestellt, dass die Bagatellklausel des § 3 Abs. 1 UWG hier nicht gilt. Vielmehr kommt in § 7 Abs. 1 S. 2 UWG eine spezielle Bagatellschwelle der Unzumutbarkeit zur Anwendung, die eine umfassende Wertung erfordert. § 7 Abs. 1 S. 2 stellt nämlich insoweit klar, dass insbesondere Werbung, die der beworbene Marktteilnehmer nicht wünscht, unlauter ist.

Im Einzelnen geht es um „eine geschäftliche Handlung, durch die ein Marktteilnehmer in unzumutbarer Weise belästigt wird". Dies gilt insbesondere für Werbung, obwohl erkennbar ist, dass der angesprochene Marktteilnehmer diese Werbung nicht wünscht.

Eine unzumutbare Belästigung ist nach § 7 Abs. 2 UWG daher stets anzunehmen,

1. bei Werbung unter Verwendung eines in den nachfolgenden Nummern 2 und 3 nicht aufgeführten, für den Fernabsatz geeigneten Mittels der kommerziellen Kommunikation, durch die ein Verbraucher hartnäckig angesprochen wird, obwohl er dies erkennbar nicht wünscht (zum Beispiel „Spam-Mails");
2. bei Werbung mit einem Telefonanruf gegenüber einem Verbraucher ohne dessen vorherige ausdrückliche Einwilligung oder gegenüber einem sonstigen Marktteilnehmer ohne dessen zumindest mutmaßliche Einwilligung („Cold Calling");
3. bei Werbung unter Verwendung einer automatischen Anrufmaschine, eines Faxgerätes oder elektronischer Post, ohne dass eine vorherige ausdrückliche Einwilligung des Adressaten vorliegt, oder
4. bei Werbung mit einer Nachricht, bei der die Identität des Absenders, in dessen Auftrag die Nachricht übermittelt wird, verschleiert oder verheimlicht wird oder bei der keine gültige Adresse vorhanden ist, an die der Empfänger eine Aufforderung zur Einstellung solcher Nachrichten richten kann, ohne dass hierfür andere als die Übermittlungskosten nach den Basistarifen entstehen.

E-Mail-Werbung ist stets unzulässig, wenn keine Einwilligung des Adressaten vorliegt (§ 7 Abs. 2 Nr. 3 UWG). Die Einwilligung muss ohne Zwang, für den konkreten Fall und in Kenntnis der Sachlage eingeholt worden sein. Für die Einholung des Einverständnisses wird das „Double-Opt-In-Verfahren" vorgeschrieben – unabhängig davon, ob es sich beim Empfänger um einen Verbraucher oder einen Gewerbetreibenden handelt.

Das Double-Opt-In-Verfahren ist zweistufig aufgebaut: Im ersten Schritt trägt der Interessent seine E-Mail-Adresse in ein Anmeldeformular ein und sendet das Formular ab. Das System des Werbenden verschickt unmittelbar danach eine Bestätigungs-E-Mail an die von dem Interessenten angegebene E-Mail-Adresse. In der Bestätigungs-E-Mail wird der Empfänger gebeten, durch einen Klick auf den Bestätigungslink ein zweites Mal zu erklären, dass er zukünftig vom Versender E-Mails erhalten möchte. Nur wenn der Empfänger dieser Bitte nachkommt, wird seine E-Mail-Adresse in das Adressbuch eingetragen. Reagiert der Empfänger nicht binnen weniger Tage („Time out"), so erhält er keine weiteren E-Mails. Das Double-Opt-In-Verfahren vermindert damit die Gefahr einer missbräuchlichen Nutzung von E-Mail-Adressen und stellt sicher, dass eine E-Mail-Adresse tatsächlich von ihrem rechtmäßigen Inhaber in das Anmeldeformular eingetragen wurde.

Auch anonyme Werbung per E-Mail wird gemäß § 7 Abs. 2 Nr. 4 UWG und § 6 Abs. 2 TMG gleichermaßen als unzulässig klassifiziert. Aus der E-Mail müssen stets der werbliche Charakter und der Absender deutlich hervorgehen.

Bei der Bestellung eines E-Mail-Newsletters muss also nach § 7 Abs. 2 Nr. 3 UWG und § 13 Abs. 2 TMG muss eine nicht vorangekreuzte Checkbox eingerichtet werden, die der Verbraucher aktiv und bewusst ankreuzen muss.

Eine unzumutbare Belästigung bei einer Werbung unter Verwendung elektronischer Post ist nach § 7 Abs. 3 UWG nicht anzunehmen, wenn

1. ein Unternehmer im Zusammenhang mit dem Verkauf einer Ware oder Dienstleistung von dem Kunden dessen elektronische Postadresse erhalten hat,
2. der Unternehmer die Adresse zur Direktwerbung für eigene ähnliche Waren oder Dienstleistungen verwendet,
3. der Kunde der Verwendung nicht widersprochen hat und
4. der Kunde bei Erhebung der Adresse und bei jeder Verwendung klar und deutlich darauf hingewiesen wird, dass er der Verwendung jederzeit widersprechen kann, ohne dass hierfür andere als die Übermittlungskosten nach den Basistarifen entstehen.

Hierzu folgende Anmerkungen:

– Durch die gesetzliche Regelung wird ausgeschlossen, dass ein Verbraucher angerufen und seine diesbezügliche Zustimmung erst in dem Telefonat selbst – ggf. sogar konkludent – eingeholt wird.
– Hinzuweisen ist hier auch auf die Bußgeldvorschrift des § 20 UWG: Danach können unerlaubte Telefonanrufe durch die Bundesnetzagentur mit einem Bußgeld bis zu 50.000 EUR sanktioniert werden.
– Des Weiteren ist nach § 102 Abs. 2 TKG verboten, die Rufnummer des Anrufers zu unterdrücken. Zuwiderhandlungen können mit einer Geldbuße von bis zu 10.000 EUR geahndet werden (§ 149 Abs. 2 S. 1 TKG).

Nach ständiger Rechtsprechung wird ein Verbraucher durch die Einholung einer Einwilligungserklärung in Telefonwerbung mittels vorformulierter Erklärung in unzumutbarer Weise benachteiligt.[15] Als wesentliche Begründung wird angeführt, Telefonwerbung

---

[15]BGH, Urt. v. 16.03.1999 – XI ZR 76/98; BGH, Urt. v. 27.01.2000 – I ZR 241/97.

stelle einen groben Missbrauch des vom Inhaber im eigenen Interesse und auf eigene Kosten unterhaltenen Telefonanschlusses zu Werbezwecken dar und ermögliche praktisch ein unkontrollierbares Eindringen in die Lebensgewohnheiten der Zielperson und in ihre häusliche Sphäre. Würde man eine solche Form der Werbung ohne Einschränkung für rechtmäßig erklären, wäre ihr Umsichgreifen innerhalb kurzer Zeit schon aus Wettbewerbsgründen unvermeidlich und damit der Inhaber eines Telefonanschlusses nicht nur vielfältigen Belästigungen ausgesetzt, sondern sein Anschluss für ins Gewicht fallende Zeiträume mit unerwünschten Anrufen blockiert und damit in unzumutbarer Weise seinem bestimmungsgemäßen Zweck entfremdet.[16]

Wer gegenüber Endnutzern

- Premium-Dienste,
- Auskunftsdienste,
- Massenverkehrsdienste,
- Service-Dienste,
- Neuartige Dienste oder
- Kurzwahldienste

anbietet oder dafür wirbt, hat dabei nach § 66a TKG den für die Inanspruchnahme des Dienstes zu zahlenden Preis zeitabhängig je Minute oder zeitunabhängig je Inanspruchnahme einschließlich der Umsatzsteuer und sonstiger Preisbestandteile anzugeben. Bei Angabe des Preises ist der Preis gut lesbar, deutlich sichtbar und in unmittelbarem Zusammenhang mit der Rufnummer anzugeben.

Für sprachgestützte Premium-Dienste hat derjenige, der den vom Endnutzer zu zahlenden Preis für die Inanspruchnahme dieses Dienstes festlegt, gemäß § 66b TKG vor Beginn der Entgeltpflichtigkeit dem Endnutzer den für die Inanspruchnahme dieses Dienstes zu zahlenden Preis zeitabhängig je Minute oder zeitunabhängig je Datenvolumen oder sonstiger Inanspruchnahme einschließlich der Umsatzsteuer und sonstiger Preisbestandteile anzusagen.

Für Kurzwahl-Datendienste hat derjenige, der den vom Endnutzer zu zahlenden Preis für die Inanspruchnahme dieses Dienstes festlegt, nach § 66c TKG vor Beginn der Entgeltpflichtigkeit den für die Inanspruchnahme dieses Dienstes zu zahlenden Preis einschließlich der Umsatzsteuer und sonstiger Preisbestandteile ab einem Preis von 2 EUR pro Inanspruchnahme deutlich sichtbar und gut lesbar anzuzeigen und sich vom Endnutzer den Erhalt der Information bestätigen zu lassen.

Der Preis für zeitabhängig über Rufnummern für Premium-Dienste abgerechnete Dienstleistungen darf nach § 66d TKG höchstens 3 EUR/min betragen. Dies gilt auch im Falle der Weitervermittlung durch einen Auskunftsdienst.

Die Abrechnung darf höchstens im 60-s-Takterfolgen. Der Preis für zeitunabhängig über Rufnummern für Premium-Dienste abgerechnete Dienstleistungen darf höchstens

---

[16]BGH, Urt. v. 16.03.1999 – XI ZR 76/98.

30 EUR pro Verbindung betragen. Über die Preisgrenzen hinausgehende Preise dürfen nur erhoben werden, wenn sich der Kunde vor Inanspruchnahme der Dienstleistung gegenüber dem Diensteanbieter durch ein geeignetes Verfahren legitimiert.

Abgrenzungsschwierigkeiten kann in der Praxis die Frage bereiten, wann ein zulässiger Beratungsanruf vorliegt und wo die Grenze zur unerlaubten Telefonwerbung überschritten wird.

– Anrufe, die letztlich dem Absatz von Produkten dienen, sind als Werbung einzustufen, auch wenn der Kunde hinsichtlich dieser Produkte beraten wird. Zulässige Beratung wird dagegen vorliegen, wenn bspw. im Rahmen eines konkreten Vertragsverhältnisses Fragen oder Unklarheiten zu klären sind und/oder der Anruf der Abwicklung dient. Derartige Fälle sind indessen eher selten. Im Versicherungsbereich können Anrufe ggf. auf die Beratungspflicht nach § 6 Abs. 4 VVG gestützt werden.
– Ein Anruf zu Werbezwecken ist auch dann gegeben, wenn der Kunde auf ein objektiv für ihn vorteilhaftes Geschäft hingewiesen wird.
– Rechtlich unerheblich für die Frage, ob Telefonwerbung vorliegt, ist, ob es sich bei dem Angerufenen bereits um einen Kunden handelt oder nicht. Auch Werbeanrufe bei eigenen Kunden sind ohne deren vorherige ausdrückliche Einwilligung unzulässig.
– Ebenso kommt es nicht darauf an, ob das Kreditinstitut den Verbraucher selbst anruft oder einen Dritten (Callcenter) beauftragt.
– Ein nicht durch den Kunden motivierter Anruf zum Zweck einer Terminvereinbarung ist dann als Werbeanruf einzustufen, wenn der Termin (auch) dem Produktabsatz dient.
– In einem Graubereich bewegen sich Anrufe zu Marktforschungszwecken und Kundenzufriedenheitsbefragungen. Das OLG Stuttgart hat entschieden[17], dass ein als Meinungsbefragung getarnter Telefonanruf sittenwidrig ist, wenn der Gewerbetreibende damit erfahren wolle, wie der Angerufene eine ihm zuvor übersandte Print-Werbung beurteile. In den Fällen, in denen der Anruf mittelbar der Absatzförderung dient, geht die Rechtsprechung regelmäßig von Telefonwerbung aus.

Beispiel

Unaufgeforderter Telefonanruf zu Werbezwecken bei bestehender Geschäftsverbindung

Eine bereits bestehende Geschäftsverbindung ist nicht ausreichend, um annehmen zu können, dass ein Werbeanruf dem Interesse des Angerufenen entspricht. Das Interesse darf jedenfalls dann nicht angenommen werden, wenn der Angerufene in einer Vielzahl ähnlicher Geschäftsverbindungen steht und das Beworbene für ihn nicht wichtig ist. Ohne das Interesse am Anruf fehlt auch die mutmaßliche Einwilligung des Angerufenen im Sinne von § 7 Abs.2 Nr. 2 UWG.

---

[17]OLG Stuttgart, Urt. v. 17.01.2002 – 2 U 95/01.

Der Fall:[18]

Die Beklagte betreibt eine Internetsuchmaschine mit einem eigenen Unternehmensverzeichnis, in das sie Unternehmen kostenlos oder bei einem erweiterten Eintrag gegen Entgelt aufnimmt. Bei der Gestaltung seines Internetauftritts veranlasste ein Unternehmen durch Linksetzung, dass seine Internetseite über zahlreiche Suchmaschinen, darunter auch die der Beklagten, aufgerufen werden konnten. In der Folgezeit rief ein Mitarbeiter der Beklagten bei dem Geschäftsführer des Unternehmens unaufgefordert wegen des Suchmaschineneintrags an. Dabei verfolgte er jedenfalls den Zweck, den Angerufenen zu veranlassen, den bisher kostenlosen Eintrag in der Suchmaschine der Beklagten in einen erweiterten, aber entgeltlichen Eintrag umzuwandeln. Der Kläger, ein Wettbewerber der Beklagten, hat diesen Anruf als unzumutbare Belästigung (§ 7 Abs. 2 Nr. 2 UWG) beanstandet. Die Beklagte habe nicht bereits wegen des vorhandenen Suchmaschineneintrags davon ausgehen können, dass das Unternehmen mit dem Anruf einverstanden sei. Die Beklagte hat demgegenüber die Ansicht vertreten, sie sei auf Grund der bestehenden Geschäftsverbindung zu dem Anruf berechtigt gewesen; dieser habe zudem vor allem dazu dienen sollen, die über das Unternehmen gespeicherten Daten zu überprüfen.

Der BGH hat seine Rechtsprechung bekräftigt, dass Werbeanrufe bei Unternehmen wettbewerbswidrig sein können, weil sie zu belästigenden oder sonst unerwünschten Störungen der beruflichen Tätigkeit des Angerufenen führen können. Anders als Anrufe bei Privatpersonen sein ein Werbeanruf im geschäftlichen Bereich allerdings bereits dann zulässig, wenn auf Grund konkreter Umstände ein sachliches Interesse des Anzurufenden daran zu vermuten sei. Dies sei bei dem beanstandeten Anruf jedoch nicht der Fall gewesen. Der kostenlose Eintrag des Unternehmens in ihrer Suchmaschine habe die Beklagte zwar möglicherweise zu der Annahme berechtigt, das Unternehmen sei mit einem Anruf zur Überprüfung der eingespeicherten Daten einverstanden. Eine Telefonwerbung, um zugleich das Angebot einer entgeltlichen Leistung zu unterbreiten, sei aber nach den gegebenen Umständen für den Anzurufenden unzumutbar belästigend gewesen. Die Beklagte habe nicht mit einem besonderen Interesse des Unternehmens rechnen können, gerade im Verzeichnis ihrer – nicht besonders bekannten – Suchmaschine gegen Vergütung mit einem erweiterten Eintrag aufgeführt zu sein. Ein kostenloser Eintrag über das Unternehmen sei in gleicher Weise wie bei der Beklagten bei weiteren 450 Suchmaschinen gespeichert gewesen. Angesichts der großen Zahl gleichartiger Suchmaschinen und der Verbreitung kostenloser Unternehmenseinträge in den Verzeichnissen von Suchmaschinen hätte die Beklagte vor einem Anruf berücksichtigen müssen, dass für einen Gewerbetreibenden die Gefahr bestehe, in seinem Geschäftsbetrieb durch eine Vielzahl ähnlicher Telefonanrufe empfindlich gestört zu werden.

---

[18]BGH, Urt. v. 20.09.2007 – I ZR 88/05.

Beispiel

Grenzen gewerblicher Nachfrage per Telefax und E-Mail

Der BGH hatte in zwei Fällen darüber zu entscheiden, inwieweit es Unternehmen verboten ist, Waren oder Dienstleistungen mittels Telefaxschreiben oder E-Mail nachzufragen.

Die Fälle: In dem ersten Fall[19] hatte ein Fahrzeughändler per Telefax bei einer Toyota-Vertretung sein Interesse zum sofortigen Ankauf von drei bestimmten Toyota-Modellen – neu oder gebraucht – bekundet. Im zweiten Fall[20] hatte der Anbieter eines Online-Fußballspiels per E-Mail bei einem kleineren Fußballverein angefragt, ob er auf der Website des Vereins ein Werbebanner für sein Produkt gegen Umsatzprovision platzieren dürfe.

Nach § 7 Abs. 2 Nr. 3 UWG ist eine Werbung unter Verwendung von Faxgeräten oder E-Mail als unzumutbare Belästigung verboten, wenn keine Einwilligung des Adressaten vorliegt. Das Gesetz unterscheidet dabei nicht zwischen privaten oder gewerblichen Adressaten. Der BGH hat entschieden, dass auch gewerbliche Anfragen nach Waren oder Dienstleistungen „Werbung" im Sinne dieser Vorschrift sind. Für das Schutzbedürfnis des Inhabers eines Telefax- oder E-Mail-Anschlusses sein es unerheblich, ob er unaufgeforderte Kaufangebote für Waren oder Dienstleistungen erhält oder ihm Anfragen zugehen, in denen etwa Immobilien oder Antiquitäten nachgefragt werden. Der Bezug von Waren und Dienstleistungen, die ein Unternehmen für seine Geschäftstätigkeit auf dem Markt benötige, diene zudem mittelbar der Förderung seines Absatzes.

Damit kam es auf die Frage an, ob die Adressaten in den beiden Fällen sich damit einverstanden erklärt hatten, dass ihnen über das Telefaxgerät oder per E-Mail-Angeboten zugehen. Der BGH ist im Fall der Toyota-Vertretung davon ausgegangen, diese habe mit der Veröffentlichung der Nummer des Telefaxanschlusses in allgemein zugänglichen Verzeichnissen ihr Einverständnis erklärt, dass Kunden den Anschluss bestimmungsgemäß für Kaufanfragen nutzten, die sich auf die übliche Verkaufstätigkeit des Unternehmens bezögen. Sofern sich nicht im Einzelfall etwas anderes aus den Umständen ergebe, erstrecke sich dieses Einverständnis auch auf Anfragen gewerblicher Nachfrager. Entsprechendes gelte, wenn ein Unternehmen seine E-Mail-Adresse – etwa auf seiner Homepage – veröffentliche. Die Faxnummer und die E-Mail-Adresse eines Unternehmens seien gerade dazu bestimmt, Anfragen hinsichtlich des Waren oder Leistungsangebot entgegenzunehmen.

In Anwendung dieser Grundsätze hat der BGH die Anfrage des Fahrzeughändlers an die Toyota-Vertretung nicht als wettbewerbswidrig angesehen, weil insofern von einer konkludenten Einwilligung auszugehen sei.

---

[19]BGH, Urt. v. 17.07.2008 – I ZR 75/06.
[20]BGH, Urt. v. 17.07.2008 – I ZR 197/05.

Hingegen hat der BGH in der Anfrage hinsichtlich des Werbebanners für ein Online-Fußballspiel eine belästigende Werbemaßnahme gesehen, die zu untersagen sei. Weder gehöre das Angebot von Bannerwerbung gegen Entgelt auf der eigenen Homepage zum typischen Vereinszweck eines Fußballvereins, noch sei die von einem Fußballverein auf seiner Homepage zur Kontaktaufnahme angegebene E-Mail-Adresse für derartige Anfragen bestimmt.

Werbung in Katalogen ist grundsätzlich unverbindlich – der Kunde kann deshalb nicht auf die Auslieferung einer irrtümlich abgebildeten Ware bestehen. Das hat der BGH in einem Urteil klargestellt.

Beispiel

Der Fall:[21]

Auslöser des Falls war eine Klage des Bundesverbandes der Verbraucherzentrale gegen eine Klausel im Katalog eines Mobilfunkanbieters, wonach „Änderungen und Irrtümer vorbehalten" sein sollten.

Laut BGH ist eine solche Bestimmung zulässig, weil sie lediglich eine – auch ohne Klausel geltende – Rechtslage zum Ausdruck bringt. Danach sind Katalogangaben und Abbildungen vorläufig und für den Händler nicht bindend. Erst wenn der Käufer unter Verweis auf den Katalog die Ware bestellt und der Händler die Bestellung akzeptiert, kommt laut BGH ein verbindlicher Vertrag zustande.

Im konkreten Fall hatte der Kunde aus dem Katalog eines Mobilfunkanbieters für 10 EUR eine UMTS-Karte bestellt, deren „Inklusiv-Volumen" versehentlich mit 100 statt mit 30 Megabyte angegeben war. In der Rechnung stellte der Anbieter den Irrtum richtig und verwies auf die Irrtumsklausel im Katalog. Als der Kunde auf Auslieferung der bestellten Ware beharrte, erhielt er eine Gutschrift, der Mobilfunkvertrag wurde aufgelöst.

Das Gericht verwies auf ein früheres Urteil, wonach der Hinweis „Irrtümer sind vorbehalten" auch wettbewerbsrechtlich für zulässig erachtet worden war. Etwas anderes könne nur dann gelten, wenn ein Händler eine solche Klausel dazu missbrauchen würde, die Rechte der Kunden auszuhebeln.

Der BGH hat zu diesem Themenkomplex entschieden, dass der Zeitungsvertrieb über „Stumme Verkäufer" grundsätzlich zulässig ist.

Der Fall:[22]

Die Kläger sind Berliner Zeitungsverlage, die die „Berliner Zeitung", den „Berliner Kurier" und den „Tagesspiegel" herausgeben. Die Beklagte ist die Axel Springer AG, die in Berlin über einen Marktanteil – bezogen auf die verkauften Exemplare – von 50 % verfügt. Der Springer-Verlag plant, seine Zeitung „WELT KOMPAKT"

---

[21]BGH, Urt. v. 04.02.2009 – VIII ZR 32/08.
[22]BGH, Urt. v. 29.10.2009 – I ZR 180/07 u. I ZR 188/07.

zu einem Kaufpreis von 70 Cent auch über ungesicherte Verkaufshilfen, sogenannte „Stumme Verkäufer", abzusetzen. Die Kläger hatten die Ansicht vertreten, diese Vertriebsart sei wettbewerbswidrig, weil sie in erheblichem Umfang auf eine Gratisabgabe hinauslaufe und die Verbraucher durch die Möglichkeit, sich die Zeitung ohne Bezahlung zu verschaffen, übermäßig angelockt würden. Auch führe die von der Beklagten geplante Praxis zu einer allgemeinen Marktbehinderung.

Der Bundesgerichtshof hat bestätigt, dass ein Unterlassungsanspruch wegen übertriebenen Anlockens jedenfalls deshalb nicht bestehe, weil es an einer unangemessenen unsachlichen Einflussnahme auf die Personen fehle, die sich durch die beanstandete Geschäftsmethode der Beklagten dazu verleiten lassen, die in deren Verkaufsautomaten angebotenen Zeitungen ohne Bezahlung zu entnehmen. Außerdem verdiene die Entscheidungsfreiheit von Verbrauchern keinen Schutz, die sich durch die ungesicherten Verkaufsboxen zu einem Diebstahl verleiten ließen.

Das beanstandete Verhalten des Springer-Verlages stelle auch keine wettbewerbswidrige Marktstörung dar. Unter diesem Gesichtspunkt könne einem Anbieter zwar untersagt werden, seine Waren in großem Umfang zu verschenken, wenn dadurch andere Wettbewerber aus dem Markt gedrängt werden und deswegen die ernstliche Gefahr bestehe, dass der Wettbewerb auf dem fraglichen Markt erheblich eingeschränkt werde. Der Vertrieb über stumme Verkäufer begründe aber eine solche ernste Gefahr für den Wettbewerb nicht.

Im Streitfall kam hinzu, dass sich der Springer-Verlag gegenüber den Klägern verpflichtet hatte, auf den Verkaufsboxen deutlich darauf hinzuweisen, dass eine Zeitung nur gegen Bezahlung des Kaufpreises entnommen werden dürfe, Diebstahl verfolgt werde und Kontrolleure im Einsatz seien.

6.2.5   Rechtsfolgen bei Wettbewerbsverstößen

Wer gegen Bestimmungen des Gesetzes gegen den unlauteren Wettbewerb verstößt, kann gemäß § 8 Abs. 1 UWG auf Beseitigung oder Unterlassung in Anspruch genommen werden. Dabei richtet sich der Beseitigungsanspruch darauf, dass die Störungsursache entfernt wird; mit dem Unterlassungsanspruch sollen drohende oder – bei Wiederholungsgefahr – künftige Zuwiderhandlungen verhindert werden.

Gemäß § 8 Abs. 3 UWG stehen der Beseitigungs- und der Unterlassungsanspruch ausschließlich Mitbewerbern, rechtsfähige Berufsverbände, qualifizierten Einrichtungen gemäß § 4 des Unterlassungsklagegesetzes (zum Beispiel Verbraucherschutzverbände) und den Industrie- und Handelskammern (IHK) sowie den Handwerkskammern zu. Der einzelne Verbraucher (§ 1 UWG) oder jeder sonstige Marktteilnehmer (vgl. § 2 Abs. 1 Nr. 2 UWG) ist damit nicht befugt, Ansprüche gemäß § 8 Abs. 1 UWG geltend zu machen.

Unzulässig ist gemäß § 8 Abs. 4 UWG die Geltendmachung von Beseitigungs- oder Unterlassungsansprüchen, wenn Missbrauch dahinتersteckt, insbesondere, wenn der

Anspruchsteller von dem Zuwiderhandelnden in erster Linie Aufwendungen oder Kosten der Rechtsverfolgung verlangen will.

Um unnötige Auseinandersetzungen vor den Gerichten zu vermeiden, bestimmt § 12 Abs. 1 UWG, dass derjenige, der ein Unterlassungsverfahren anstreben will, den Verletzer zunächst abmahnen soll. So soll dieser Gelegenheit haben, die Angelegenheiten durch eine Unterlassungserklärung (gegebenenfalls verbunden mit einer Vertragsstrafe) zu beenden.

Die zweite wichtige Anspruchsgrundlage bei Verstößen gegen das Wettbewerbsrecht bildet für Mitbewerber § 9 UWG. Hier ist der Schadensersatzanspruch normiert. Es muss ein Verschulden vorliegen, also Fahrlässigkeit oder Vorsatz. § 9 S. 2 UWG enthält eine Einschränkung für den Medienbereich: Gegen verantwortliche Personen von periodischen Druckschriften kann der Anspruch auf Schadensersatz demnach nur bei einer vorsätzlichen Zuwiderhandlung geltend gemacht werden. Bei Fahrlässigkeit (auch bei grober Fahrlässigkeit) können die Verantwortlichen damit nicht in Anspruch genommen werden. Fraglich ist, ob es sich lediglich um ein wettbewerbsrechtliches Privileg für die Presse oder für alle Medienbereiche – also auch die neuen Medien – handelt. Hier bleibt abzuwarten, wie die Rechtsprechung die Norm auslegt. Nach der herrschenden Meinung in der Literatur ist aber davon auszugehen, dass eine Differenzierung zwischen Journalisten in der Presse und Journalisten bei Rundfunk, Fernsehen oder neuen Medien nicht zu begründen ist. § 9 S. 2 UWG wird deshalb mehrheitlich als umfassendes Medienprivileg gesehen.

Das Gesetz gegen den unlauteren Wettbewerb beinhaltet zudem eine Besonderheit, nämlich einen Gewinnabschöpfungsanspruch zu Gunsten der Allgemeinheit. § 10 Abs. 1 UWG bestimmt, dass derjenige, der gegen § 3 UWG oder § 7 UWG verstößt und dadurch zu Lasten einer Vielzahl von Abnehmern Gewinn erzielt, auf Herausgabe des Gewinns an den Bundeshaushalt in Anspruch genommen werden kann. Anspruchsberechtigt sind demnach diejenigen, die auch einen Unterlassungsanspruch gemäß § 8 Abs. 3 Nr. 2 bis 4 UWG geltend machen können: also rechtsfähige Berufsverbände, qualifizierte Einrichtungen und die IHK sowie Handwerkskammern. Der Gewinnabschöpfungsanspruch soll sogenannten Streuschäden entgegenwirken: Es geht also um Fälle, in denen durch einen Wettbewerbsverstoß eine Vielzahl von Abnehmern geschädigt wird, die Schadenshöhe für den Einzelnen aber geringwertig ist. Ziel der Regelung ist die Abschreckung von derartigen Wettbewerbsverstößen, nicht der Schadensausgleich für den Einzelnen.

Besonders schwere Wettbewerbsverstöße sind auch strafrechtlich relevant. Gemäß § 16 UWG können wissentlich unwahre Werbeaussagen und Werbung nach dem sogenannten „Schneeballprinzip" mit Freiheitsstrafen von bis zu zwei Jahren oder Geldstrafen bestraft werden. §§ 17 bis 19 UWG verbieten die sogenannten Betriebsspionage, also das Verraten und Verwerten von Geschäftsgeheimnissen und Vorlagen. Die Gerichte haben als solche in den vergangenen Jahren anerkannt: Kalkulationen, Kundenkarteien, Entwürfe, beabsichtigte Vertragsschlüsse und auch geheime Software. Bei Verstößen gegen § 17 ff. UWG drohen zwei bzw. drei Jahren Freiheitsstrafe oder Geldstrafe.

Der BGH hat zur Strafbarkeit unwahrer und irreführender Werbung mit Gewinner-mittlungen und Geschenkversprechen im Versandhandel entschieden.

Beispiel

Der Fall:[23]

Nach den Urteilsfeststellungen waren die Angeklagten für im Versandhandel tätige Unternehmen verantwortlich. Über ein System ausländischer Domizilgesellschaften veranlassten und organisierten sie die Versendung standardisierter Werbesendungen an Verbraucher, die mittels Adressdatenbanken personalisiert wurden und daher als persönliche Schreiben gestaltet waren. Die Sendungen, denen jeweils Warenkata-loge beigefügt waren, enthielten unwahre und irreführende Gewinnmitteilungen und Geschenkversprechen. Die in den Sendungen bezeichneten Gewinne und Geschenke wurden nicht ausgekehrt. Denn die zugesagten Gewinne wurden nicht ausgezahlt; es fanden überhaupt keine Gewinnspiele statt. Die übersandten Geschenke waren nur „wertloser Plunder". Den Angeklagten kam es darauf an, mit den Werbemaßnahmen den Absatz der in den Katalogen angebotenen Waren zu fördern; der Kundenstamm bestand vorwiegend aus älteren Personen mit geringem Bildungsniveau.

Das Gericht hat die Rechtsprechung zu diesem Straftatbestand präzisiert. Er hat es als zutreffend erachtet, dass die Angeklagten in der „Absicht" handelten, „den Anschein eines besonders günstigen Angebots hervorzurufen". Dieses subjektive Tatbestandsmerkmal war gegeben, auch wenn sich die unwahren und irreführenden Angaben nicht unmittelbar auf die Katalogwaren, sondern auf die Gewinnmittei-lungen und Geschenkversprechen bezogen. Denn diese geldwerten Vorteile und die Katalogwaren stellten nach dem – für die rechtliche Bewertung maßgeblichen – Gesamteindruck der Werbesendung insgesamt ein einheitliches „Angebot" im Sinne von § 16 Abs. 1 UWG dar: Die Geschenke sollte der Empfänger nur erhalten kön-nen, wenn er Waren im Mindestwert von 15 EUR bestellte. Der BGH hat insoweit ein vertraglich vereinbartes oder gesetzliches Widerrufsrecht für bedeutungslos gehalten. Hinsichtlich der Gewinnermittlung fehlte ein solcher rechtlicher Zusammenhang. Der BGH hat allerdings erstmals entschieden, dass auch dann ein einheitliches Gesamtan-gebot vorliegt, wenn die Entscheidung der Empfänger für die Warenbestellung von den Gewinnmitteilungen unter wirtschaftlichen Gesichtspunkten beeinflusst werden soll (wirtschaftlicher Zusammenhang). Dies war hier nach den Gesamtumständen der Fall. Insbesondere erfolgte die Gestaltung der Werbesendungen in der Weise, dass für den Empfänger der Eindruck entstehen sollte, durch einen Gewinn schon begünstigt worden zu sein; vor diesem Hintergrund erschien auch die Ware günstiger, weil der Kunde für sein Geld vermeintlich mehr erhielt als nur diese.

---

[23]BGH, Urt. v. 20.09.2007 – I ZR 6/05.

Den Verbrauchern und sonstigen Marktteilnehmern stehen darüber hinaus auch Ansprüche aus dem Bürgerlichen Gesetzbuch (BGB) zu. Die Normen aus dem BGB ergänzen dabei jedoch grundsätzlich lediglich die UWG-Regelungen: Nur, wenn die Regelungen des UWG nicht ausreichen, sind die BGB-Vorschriften direkt anwendbar.

Für die Anspruchsberechtigten, die nicht schon durch § 8 Abs. 3 UWG, sondern erst aus dem BGB aktivlegitimiert werden (also Verbraucher und sonstige Marktteilnehmer), gilt dabei der Grundsatz, dass eine geschäftliche Handlung, die einen Wettbewerbsverstoß im Sinne des UWG darstellt und damit einen wettbewerbsrechtlichen Anspruch auslöst, auch im Zivilrecht einen Anspruch begründet.

Problematisch wird es hingegen bei Anspruchsberechtigten, die bereits durch § 8 Abs. 3 UWG aktivlegitimiert sind, da sie auch auf die konkurrierenden Vorschriften des BGB zurückgreifen dürfen. Dies wäre beispielsweise bei unterschiedlichen Verjährungsfristen relevant. Welche Regelungen in diesen Konkurrenzfällen anzuwenden sind, kann nicht generell gesagt werden und muss im jeweiligen Einzelfall gerichtlich geklärt werden.

Aus dem Zivilrecht des BGB können sich mehrere Ansprüche ergeben: Denkbar sind Schadensersatzansprüche sowie ein Unterlassungs- oder ein Beseitigungsanspruch.

Ein Schadensersatzanspruch kann sich aus § 823 Abs. 1 BGB oder aus § 826 BGB ergeben.

Denkbar wäre zwar auch ein Anspruch aus § 823 Abs. 2 BGB i. V. m. §§ 3 und 7 UWG, wenn müsste das UWG ein Schutzgesetz im Sinne von § 823 Abs. 2 BGB wäre. Dies ist indessen nicht der Fall, da die Ansprüche und Anspruchsberechtigungen dort bereits abschließend geregelt sind, sodass ein solcher Anspruch ausscheidet.

§ 823 Abs. 1 BGB verpflichtet denjenigen, der das Leben, den Körper, die Gesundheit, die Freiheit, das Eigentum oder ein sonstiges Recht eines anderen widerrechtlich verletzt, zum Schadensersatz gegenüber den anderen. Diese rechtswidrige Handlung muss darüber hinaus schuldhaft – also vorsätzlich oder fahrlässig – begangen werden. Voraussetzung für einen Schadensersatzanspruch ist, dass ein Rechtsgut im Sinne von § 823 Abs. 1 BGB verletzt worden ist. Ist ein in § 823 Abs. 1 BGB ausdrücklich erwähntes Rechtsgut verletzt worden, wird die Rechtswidrigkeit des Eingriffs grundsätzlich „indiziert", ist also angezeigt.

Hier kommen drei möglicherweise verletzte Rechtsgüter in Betracht: Eigentum, Besitz oder ein sonstiges Recht.

Eine Verletzung des Eigentums scheidet regelmäßig aus. Unter Eigentum werden nur körperliche Gegenstände klassifiziert, weshalb solche Schäden im Allgemeinen im Zusammenhang mit Wettbewerbsverstößen nicht mit abgedeckt werden.

Auch der Besitz ist zweifelhaft: Besitz ist nämlich nur die eigentumsähnliche Herrschaft über eine Sache und daher kein sonstiges Recht im Sinne von § 823 Abs. 1 BGB.

Als Rechtsgut kommt aber das allgemeine Persönlichkeitsrecht in Betracht, das vom BGH den sonstigen Rechten im Sinne von § 823 Abs. 1 BGB zugeordnet wurde. Es wird aus Art. 1 Abs. 1 i. V. m. Art. 2 Abs. 1 GG – also dem Schutz der Würde des Menschen und der Handlungsfreiheit – abgeleitet und soll dem Einzelnen die Möglichkeit zur freien Entfaltung gewähren.

Der Einzelne darf sich also gegen eine Beeinträchtigung durch den Eingriff in die Privat- oder Sozialsphäre durch unlautere geschäftliche Handlungen wehren. Hierzu muss indessen stets eine Interessenabwägung im Einzelfall zwischen dem Interesse des Werbenden und dem Interesse des Einzelnen vorgenommen werden. Ein Unternehmen hat nämlich grundsätzlich ein aus Art. 5 GG abgeleitetes Recht auf Wirtschaftswerbung, was dazu führt, dass der Werbende generell ein Interesse daran hat, auf seine Produkte mittels Werbung aufmerksam machen zu dürfen.

Das allgemeine Persönlichkeitsrecht wird aber nur Verbrauchern zugeschrieben. Gewerbetreibende können sich demgegenüber nicht auf einen solchen Eingriff berufen. Hier ist vielmehr zu prüfen, ob ihr Recht am „eingerichteten und ausgeübten Gewerbebetrieb" beeinträchtigt wird, das als sonstiges Recht im Sinne von § 823 Abs. 1 BGB zu klassifizieren ist. Da die zivilrechtlichen Ansprüche nur eine Lücken füllende Funktion haben, scheidet ein Schadensersatzanspruch gemäß § 823 Abs. 1 BGB allerdings aus, wenn der Gewerbetreibende bereits aus dem Wettbewerbsrecht zu einem Anspruch aus § 8 UWG oder § 9 UWG ermächtigt wäre. Nur wenn dem Unternehmer kein wettbewerbsrechtlicher Anspruch zusteht, kann er auf einen zivilrechtlichen Schadensersatzanspruch aus einer Verletzung des Rechts am „eingerichteten und ausgeübten Gewerbebetrieb" zurückgreifen.

In Betracht kommt auch ein Schadensersatzanspruch aus § 826 BGB: Da diese Norm durch einen stets erforderlichen Schädigungsvorsatz eine strengere Regelung aufstellt als das Wettbewerbsrecht, findet dieser Anspruch neben dem UWG Anwendung.

Im Gegensatz zu den Voraussetzungen des § 823 Abs. 1 BGB wird hier keine Rechtsgutverletzung vorausgesetzt, sondern bereits ein reiner Vermögensschaden als ausreichend angesehen. Ein solcher Vermögensschaden entsteht dem Adressaten zum Beispiel bei unverlangter E-Mail-Werbung, da er dort Zeit und Arbeitsaufwand aufbringen muss, um sich mit der E-Mail auseinanderzusetzen. Als zweite Voraussetzung von § 826 BGB muss die Handlung des Werbenden sittenwidrig sein. Dies ist dann der Fall, wenn sie dem „Anstandsgefühl aller billig und gerecht Denkenden" zuwiderläuft. Unverlangte E-Mail-Werbung ist nach der Rechtsprechung zum Beispiel sittenwidrig im Sinne von § 1 UWG. Als letzte Voraussetzung sieht § 826 BGB einen Schädigungsvorsatz vor: Hier bezieht sich das Verschulden direkt auf den Schaden. Gefordert ist nicht, dass der Handelnde eine exakte Vorstellung von der Kausalitätskette, der geschädigten Person oder der Schadenshöhe hat. Auch eine konkrete Schädigungsabsicht ist nicht entscheidend. Es reicht vielmehr aus, dass dem Handelnden bewusst ist, dass sein Vorgehen zu einem Schaden führen kann und er dies willentlich oder zumindest billigend in Kauf nimmt. Nur wenn der Handelnde redlich davon überzeugt ist, dass sein Verhalten keiner rechtlichen oder sittlichen Beanstandung entspricht, entfällt der Schädigungsvorsatz aus § 826 BGB.

Art und Umfang des Schadensersatzes richten sich nach den Grundsätzen der §§ 249 ff. BGB: Demnach kann ein Anspruch auf Ersatz des Vermögensschadens, entgangenen Gewinn oder – bei Nichtvermögensschäden – auf Wiederherstellung geltend gemacht werden.

Ein Unterlassungsanspruch aus dem BGB kann sich aus §§ 1004 Abs. 1 S. 2, 823 Abs. 1 BGB ergeben. Als Voraussetzungen müssen dazu eine rechtswidrige Rechtsgutverletzung und eine Wiederholungs- bzw. eine drohende Erstbegehungsgefahr vorliegen. Ein Verschulden ist – ebenso wie im Wettbewerbsrecht – dagegen nicht erforderlich. Problematisch ist, dass lediglich das Eigentum in § 1004 Abs. 1 BGB genannt wird. Nach der Rechtsprechung und der herrschenden Meinung beschränkt sich der Schutz dieser Norm aber nicht hierauf, sondern umfasst darüber hinaus auch alle absoluten Rechte aus § 823 Abs. 1 BGB. Der Schutz deckt damit auch das allgemeine Persönlichkeitsrecht und das Recht am eingerichteten und ausgeübten Gewerbebetrieb ab. Weitere Voraussetzung ist, dass eine tatsächliche objektive Wiederholungs- bzw. drohende Erstbegehungsgefahr vorliegen muss.

Neben einem Schadensersatz- und einem Unterlassungsanspruch ergibt sich auch ein Beseitigungsanspruch aus den §§ 1004 Abs. 1 S. 1, 823 Abs. 1 BGB ergeben. Die Voraussetzungen hierfür sind denen des Unterlassungsanspruchs ähnlich: Auch hier handelt es sich um einen verschuldensunabhängigen Anspruch. Es kommt ebenfalls auf einen rechtswidrigen Eingriff in ein Schutzgut aus § 823 Abs. 1 BGB an. Einziger Unterschied ist, dass anstelle einer Wiederholungs- bzw. drohenden Erstbegehungsgefahr eine fortbestehende Beeinträchtigung des verletzten Rechtsgutes vorliegen muss. Der Schutz des § 1004 BGB erstreckt sich auf alle Rechtsgüter, die auch durch § 823 Abs. 1 BGB geschützt werden. Ein Beseitigungsanspruch kann sich nur auf die konkrete Störungsquelle beziehen und nicht etwa darüber hinaus auf die Folgeschäden, die durch die Beeinträchtigung entstehen.

Beseitigungs- und Unterlassungsansprüche können sich bei Vorliegen entsprechender Voraussetzungen zudem aus den §§ 1004 Abs. 1 S. 1, 1004 Abs. 1 S. 2, 826 BGB analog ergeben.

6.2.6 Besonderheiten des Wettbewerbsrechts im Internet

Die Grenzenlosigkeit des Internets bereitet in Bezug auf die Anwendbarkeit des Wettbewerbsrechts häufig Probleme. Hier wird nach dem Internationalen Privatrecht unterschieden in Handlungs- und Erfolgsort. Als Handlungsorte kommen die Orte infrage, an denen Informationen ins Internet eingespeist werden oder die, an denen sie abgerufen werden. Der Erfolgsort zielt auf den Ort ab, wo wettbewerbsrechtliche Interessen kollidieren. Fallen die beiden Orte auseinander, kann der Verletzte das Recht wählen, das für ihn am günstigsten ist (Art. 40 EGBGB). Grundsätzlich gelten bei Verstößen gegen das Wettbewerbsrecht auch die Haftungsvorschriften des Telemediengesetzes.

Werbung, die gegen das Gebot der Trennung von redaktionellem Inhalt und Werbung verstößt, kann als wettbewerbswidrig angesehen werden. Für Bannerwerbung gilt dies in aller Regel nicht.

Auch das sogenannte „Framing" kann wettbewerbsrechtlich Probleme bereiten. Zur Wiederholung: Das Framing ermöglicht, größere Teile eines externen Angebots in bestimmte Bereiche einer eigenen Website zu integrieren. Für den Benutzer ist die Herkunft der Informationen dadurch nicht unmittelbar ersichtlich. Wenn fremde Marken als Hyperlinks in ein eigenes Internetangebot aufgenommen werden, kann darin eine unzulässige Bezugnahme auf fremde Inhalte gesehen werden. Im Einzelfall kann dies gegen die Generalklausel § 3 UWG verstoßen.

Auch in der Verwendung sogenannter „Meta-Tags" ohne Zustimmung des Markeninhabers hat die Rechtsprechung in der Vergangenheit häufig Wettbewerbsverstöße gesehen. Meta-Tags sind Programmteile einer Webseite, die Informationen über eine Webseite enthalten. Sie werden im Kopf eines HTML-Dokumentes (also im sogenannten „HEAD-Element") einer Webseite notiert. Das HEAD-Element wird auf der Seite selbst nicht angezeigt, es dient vielmehr dazu, Definitionen und Anweisungen für Suchmaschinen und Browser zu speichern. Dies ist in etwa mit dem Barcode zum Beispiel auf einer Lebensmittelpackung zu vergleichen, der ebenfalls alle wichtigen Informationen über den jeweiligen Artikel enthält. Meta-Tags beinhalten häufig bekannte Marken. Für den Nutzer der Homepage bleiben diese Meta-Tags also meist unsichtbar; Suchmaschinen dagegen können sie identifizieren. Diese Situation führt dazu, dass Meta-Tags missbraucht werden mit dem Ziel, die eigene Internetseite bei Suchmaschinen sehr weit vorn zu listen. Sofern die Inhaber der Marken, die als Meta-Tags verwendet werden, dieser Verwendung nicht zustimmen, kann darin ein Verstoß sowohl gegen das Wettbewerbs- als auch das Markenrecht gesehen werden.

Beispiel

Markenrechtsverletzung durch einen „Meta-Tag" auf einer Internetseite

Der Fall:[24]

Die Klägerin produziert und vertreibt u. a. Holzschutzmittel, Holzlasuren und Holzklarlacke, die sie unter der Bezeichnung „AIDOL" vertreibt. Die Beklagte vertreibt ebenfalls Holzschutzmittel, Holzschutzlasuren und Klarlacke und steht mit der Klägerin im Wettbewerb. Die Klägerin beanstandet die Verwendung der Bezeichnung „AIDOL" auf den Internetseiten der Beklagten als sogenannte Meta-Tags bzw. in der Benutzungsform „weiß auf Weiß-Schrift" auf den Internetseiten der Beklagten, auf denen diese ihre Produkte anbietet, als Markenverletzung. Die Klägerin ist Inhaberin der deutschen Wortmarke „AIDOL" Nr. 00, angemeldet am 17. September 1976 und eingetragen am 31. Oktober 1977 für Holzschutzmittel und Feuerschutzmittel, Holzschutzlasuren und Klarlacke.

Die Beklagte ist Inhaberin von Internet-Domains, auf deren Seiten sie u. a. Holzschutzmittel, Holzschutzlasuren und Klarlacke anbietet. Auf einigen dieser Seiten befanden sich Meta-Tags bzw. in „weiß auf Weiß-Schrift" mit der Bezeichnung

---

[24]OLG Hamburg, Urt. v. 06.05.2004 – 3 U 34/02.

„AIDOL", d. h. für den Leser der Internetseiten unsichtbar, aber les- und auffindbar für Suchmaschinen, und zwar auch auf Internet-Seiten, auf denen kein „AIDOL"-Produkt beworben worden ist.

Nach Auffassung des OLG Hamburg handelte es sich in diesem Fall um eine Fantasiebezeichnung ohne beschreibenden Inhalt. Werde die Bezeichnung „AIDOL" und damit die Marke benutzt, d. h. als Meta-Tag im HTML-Code oder in der Benutzungsform „Weiß auf Weiß-Schrift" auf den Internetseiten der Beklagten, liege eine zeichenmäßige Benutzung vor.

Wenn unter einer zeichenmäßigen Benutzung verstehe man die Verwendung zur Kennzeichnung der betrieblichen Herkunft von Produkten aus immer nur einer Betriebsstätte. Werde die Bezeichnung „AIDOL" im geschäftlichen Verkehr für Holzschutzmittel, Holzschutzlasuren und/oder Klarlacke verwendet, so werde damit stets auf den Betrieb bzw. auf die Waren der Klägerin hingewiesen. Um eine beschreibende Funktion etwa nach Art einer Gattungsbezeichnung gehe es für die angesprochenen Verkehrskreise offensichtlich nicht.

Die Verwendung einer fremden Marke als Meta-Tag im HTML-Code oder in der Benutzungsform der „weiß auf weiß-Schrift" von Internetseiten sei daher eine unzulässige Markenbenutzung im Sinne der §§ 14 Abs. 2 Nr. 2, 15 Abs. 2 MarkenG, wenn die Bezeichnung als reines Fantasiewort ohne erkennbaren beschreibenden Inhalt gebildet sei und deswegen als „typische" Markenbezeichnung als Herkunftshinweis auf ein bestimmtes Unternehmen verstanden werde. Diese Form der unsichtbaren, aber für die Suchmaschinen lesbaren Markierung diene gerade dazu, über die „Trefferliste" auf die entsprechenden Internetseiten zu gelangen.

Bei der Klagemarke „AIDOL" handele es sich um eine typische Markenbezeichnung, die keinen beschreibenden Inhalt erkennen lasse. Diese Bezeichnung sei nur dazu geeignet, eine darunter angebotene Leistung von dem Angebot eines anderen Unternehmers zu unterscheiden und müsse daher vom Verkehr als Herkunftshinweis verstanden werden. Auch bei einer gesteigerten Trefferzahl nach Eingabe des Begriffs „AIDOL" als Suchwort in eine Suchmaschine werde der Suchmaschinen-Nutzer vernünftigerweise nur erwarten können, dort jeweils Angebote von „AIDOL"-Waren, d. h. von solchen aus dem Betrieb der Klägerin stammenden zu bekommen.

6.3   Gesetz gegen Wettbewerbsbeschränkungen, Kartellrecht

Das Gesetz gegen Wettbewerbsbeschränkungen (GWB) – auch Kartellgesetz genannt – bildet die Grundlage für die Prüfung von Unternehmenszusammenschlüssen. Es soll wettbewerbsbeschränkende Marktmächte verhindern. Wettbewerbsbeschränkende Marktmacht kann bspw. entstehen, wenn Unternehmen Absprachen treffen, die zu Wettbewerbsverzerrungen führen (zum Beispiel Preisabsprachen) oder wenn sich Unternehmen unkontrolliert zusammenschließen.

6.3.1   Kartellverbot

§ 1 GWB enthält das sogenannte Kartellverbot. Kartelle sind Vereinbarungen zwischen Unternehmen, Beschlüsse von Unternehmensvereinigungen und aufeinander abgestimmte Verhaltensweisen, die den Wettbewerb verhindern, einschränken oder verfälschen können. Marktbeherrschende Stellungen dürfen gemäß § 19 Abs. 1 GWB nicht ausgenutzt werden.

Als marktbeherrschend gilt ein Unternehmen, wenn es keine Wettbewerber hat oder jedenfalls keinem wesentlichen Wettbewerb ausgesetzt ist (§ 18 Abs. 1 Nr. 1 und 2 GWB). Außerdem wird eine marktbeherrschende Stellung vermutet, wenn ein Unternehmen einen Marktanteil von mindestens 30 % hat oder wenn Zusammenschlüsse aus drei oder mehr Unternehmen zusammen einen Marktanteil von 40 % erreichen (§ 18 Abs. 4 GWB).

Nach § 19 Abs. 1 GWB ist die missbräuchliche Ausnutzung einer marktbeherrschenden Stellung durch ein oder mehrere Unternehmen verboten. Ein Missbrauch liegt gemäß § 19 Abs. 2 GWB insbesondere vor, wenn ein marktbeherrschendes Unternehmen als Anbieter oder Nachfrager einer bestimmten Art von Waren oder gewerblichen Leistungen

1. ein anderes Unternehmen unmittelbar oder mittelbar unbillig behindert oder ohne sachlich gerechtfertigten Grund unmittelbar oder mittelbar anders behandelt als gleichartige Unternehmen;
2. Entgelte oder sonstige Geschäftsbedingungen fordert, die von denjenigen abweichen, die sich bei wirksamem Wettbewerb mit hoher Wahrscheinlichkeit ergeben würden; hierbei sind insbesondere die Verhaltensweisen von Unternehmen auf vergleichbaren Märkten mit wirksamem Wettbewerb zu berücksichtigen; ein Einschreiten der Kartellbehörde wird schon dann für möglich gehalten, wenn die Preise um 3 % überhöht sind.[25]
3. ungünstigere Entgelte oder sonstige Geschäftsbedingungen fordert, als sie das marktbeherrschende Unternehmen selbst auf vergleichbaren Märkten von gleichartigen Abnehmern fordert, es sei denn, dass der Unterschied sachlich gerechtfertigt ist;
4. sich weigert, einem anderen Unternehmen gegen angemessenes Entgelt Zugang zu den eigenen Netzen oder anderen Infrastruktureinrichtungen zu gewähren, wenn es dem anderen Unternehmen aus rechtlichen oder tatsächlichen Gründen ohne die Mitbenutzung nicht möglich ist, auf dem vor- oder nachgelagerten Markt als Wettbewerber des marktbeherrschenden Unternehmens tätig zu werden; dies gilt nicht, wenn das marktbeherrschende Unternehmen nachweist, dass die Mitbenutzung aus betriebsbedingten oder sonstigen Gründen nicht möglich oder nicht zumutbar ist;
5. seine Marktstellung dazu ausnutzt, andere Unternehmen dazu aufzufordern oder zu veranlassen, ihm ohne sachlich gerechtfertigten Grund Vorteile zu gewähren.

---

[25]BGH, Beschl. v. 14.07.2015 – KVR 77/13.

Wer gegen Bestimmungen des Gesetzes gegen Wettbewerbsbeschränkungen verstößt, kann zivilrechtlich auf Unterlassung, Schadensersatz oder sogenannte Vorteilsabschöpfung in Anspruch genommen werden. Das bestimmen die §§ 33 ff. GWB.

Im Herbst 2007 hatte im Zusammenhang mit dem Missbrauch einer marktbeherrschenden Stellung ein erstinstanzliches Urteil[26] des Europäischen Gerichtshofs (EuGH) für Aufsehen gesorgt: Der Software-Konzern Microsoft verlor eine Klage gegen die EU-Kommission und wurde zur Zahlung einer Kartellstrafe von 497 Mio. EUR sowie zur Einhaltung zahlreicher Wettbewerbsauflagen verurteilt.

Zum Hintergrund: Im Jahr 2004 hatte die EU-Kommission in Brüssel ein Zwangsgeld in Höhe von 497 Mio. EUR und 2006 nochmals in Höhe von 280,5 Mio. EUR verhängt. Der EuGH hatte das erste Bußgeld 2007 bestätigt, daraufhin zog Microsoft seine Klage gegen das zweite Bußgeld zurück. Eine dritte Wettbewerbsbuße wurde danach verhängt, weil Microsoft nach Überzeugung der Kommission von Wettbewerbern unangemessen hohe Preise für die verlangten Informationen verlangt hatte.

Zur Begründung hieß es damals, der Konzern nutze seine Monopolstellung bei Betriebssystemen aus und schade damit seinen Konkurrenten in Bezug auf Server-Software und Multimedia-Abspielprogramme. Es ging vorrangig um den Media-Player, der Musik und Videos aus dem Internet abspielt. Mit dem Einbau des Media-Players in das Betriebssystem Windows habe Microsoft Konkurrenzsoftware (zum Beispiel RealPlayer) vom Markt vertrieben. (Windows ist weltweit auf ca. 95 % der Personal Computer installiert.) Microsoft hatte dagegen argumentiert, Windows lediglich kontinuierlich verbessert zu haben. Der US-Konzern sah in den Forderungen der EU-Kommission sein Urheberrecht verletzt.

Die Luxemburger Richter stellten sich mit ihrem Urteil hinter die Auffassung der Brüsseler Wettbewerbshüter: Der Software-Riese muss demnach die Kartellstrafe der EU-Kommission in voller Höhe zahlen und einer unabhängigen Kontrollkommission Zugang zu seinem Betriebsgelände, zu seinen Beschäftigten und zu den Quellcodes der umstrittenen Softwareprodukte gewähren. Das Unternehmen darf selbst einen Vorschlag zur Einrichtung dieser Kommission machen. Der Expertengruppe müssen die Dokumentationen für den Zugang zu den Microsoft-Produkten vorgelegt werden. Damit soll erreicht werden, dass andere Wettbewerber interoperable Software entwickeln können – solche Programme also, die ohne Komplikationen auf Windows laufen. Das Gericht stellte damit fest, dass ein marktbeherrschendes Unternehmen seine Forschungsergebnisse in gewissem Umfang mit anderen teilen muss, um den Wettbewerb auf dem Markt zu gewährleisten. In diesem Urteil wurde verdeutlicht, dass Microsoft durch die Verknüpfung des Windows Media Player mit dem allgegenwärtigen PC-Betriebssystem Windows seine beherrschende Stellung auf dem Markt für PC-Betriebssysteme ausnutze. Durch diese Entscheidung wurde ein wichtiger Präzedenzfall geschaffen, wonach beherr-

---

[26]EuGH, Urt. v. 17.09.2007 – T-201/04.

schende Unternehmen, insbesondere in Hochtechnologiebranchen, Wettbewerb zulassen müssen.

Der Europäische Gerichtshof hat im Jahr 2012 das Bußgeld gegen Microsoft bestätigt.[27]

Begründung: Die von der EU-Kommission verhängte Kartellstrafe sei rechtens. Einzig die Summe bewerteten die Richter als etwas zu hoch – und setzten das Zwangsgeld von 899 Mio. auf 860 Mio. EUR herab. Die Luxemburger Richter folgten weitgehend der Entscheidung der Kommission und wiesen „alle Argumente zurück, die Microsoft für deren Nichtigerklärung anführt". Microsoft habe unangemessen hohe Preise für die verlangten Informationen verlangt und unzulässig versucht, den „strategischen Wert" dieser Informationen auszureizen – also die Gewinnchancen, die sich Wettbewerbern dadurch eröffnen. Die Preise müssten sich aber am technischen Wert orientieren. Zu Recht habe die Kommission daher die „erfinderische Tätigkeit" von Microsoft und den „innovativen Charakter" der Schnittstellen bewertet.

Der Kartellsenat des Oberlandesgericht Frankfurt am Main (OLG) hat in einem viel beachteten Urteil das Verbot in einem Vertriebsvertrag für Markenrucksäcke, diese auf Internetverkaufsplattformen wie Amazon zu verkaufen, für zulässig erklärt. Das Verbot, die Markenrucksäcke über Preisvergleichsportale zu bewerben, hat das Gericht hingegen als kartellrechtlich unzulässig angesehen.[28]

Die beklagte Herstellerin von Markenrucksäcken macht die Belieferung der Klägerin, einer Sportartikelfachhändlerin, davon abhängig, dass diese dem in der Vertriebsvereinbarung enthaltenem Verbot zustimmt, die Markenrucksäcke über die Internetverkaufsplattform Amazon zu verkaufen und diese über Preisvergleichsportale bzw. Preissuchmaschinen zu bewerben. Das erstinstanzlich zuständige Landgericht hat dieses Verbot insgesamt für kartellrechtswidrig erachtet, da für diese Wettbewerbsbeschränkung keine Rechtfertigung bestehe.

Zur Begründung hat das OLG Frankfurt a. M. ausgeführt, ein Hersteller von Markenprodukten dürfe grundsätzlich in einem sogenannten selektiven Vertriebssystem zum Schutz der Marke steuern, unter welchen Bedingungen seine Markenprodukte weitervertrieben werden. Bei dem Verbot des Vertriebs über die Internetplattform Amazon überwiege das Interesse des Herstellers an einer qualitativen hochwertigen Beratung sowie der Signalisierung einer hohen Produktqualität der Marke. Im Gegensatz zu den Preissuchmaschinen erscheine bei Amazon auch bei Händlershops das Produktangebot als ein solches von Amazon und nicht als ein solches des Fachhändlers. Dem Hersteller werde damit ein Händler „untergeschoben", mit dem er keine Vertragsbeziehung unterhalte und auf dessen Geschäftsgebaren er keinen Einfluss habe. Die Tatsache, dass der Vertrieb über „Amazon-Marketplace" für kleine Händler die Wahrnehmbarkeit und Auffindbarkeit erheblich erhöhe, stehe dem nicht entgegen. Der Hersteller könne nicht zu einer

---

[27]EuGH, Urt. v. 27. 6. 2012 – T- 167/08.
[28]OLG Frankfurt a. M., Urt. v. 22.12.2015 (Kart) – 11 U 84/14 – Rucksäcke.

aktiven Förderung des Wettbewerbs kleiner und mittlerer Unternehmen im Internet-Handel durch die Zulassung eines Verkaufs über Amazon verpflichtet werden. Ein qualitatives selektives Vertriebssystem, das an objektive Kriterien qualitativer Art anknüpft, die sich auf die fachliche Eignung des Wiederverkäufers, seines Personals und seiner sachlichen Ausstattung beziehen, unterfällt nicht dem Verbot des § 1 GWB, wenn die Kriterien zur Sicherung eines bestehenden Beratungsbedarfs und der Signalisation einer hohen Produktqualität erforderlich sind.

Der Hersteller missbrauche jedoch seine durch die Abhängigkeit der Händler bestehende Stellung, wenn er diesen verbiete, die Markenprodukte über Preissuchmaschinen zu bewerben. Dies sei zur Aufrechterhaltung des Markenimages nicht erforderlich, da diese Suchmaschinen in den Augen der Verbraucher nicht dem unmittelbaren Verkauf dienten, sondern lediglich dem Auffinden von Händlern, die das gesuchte Produkt anbieten. Dem Markenimage stehe nicht entgegen, dass durch die Anhäufung von gleichförmigen Produktabbildungen und Preisangaben beim potenziellen Käufer der monotone Eindruck einer massenhaften Verfügbarkeit entstehe. Diesem Aspekt komme – jedenfalls solange keine Luxusgüter vertrieben würden – keine Bedeutung zu. Ein generelles Verbot der Bewerbung von Vertragswaren über Preissuchmaschinen ist jedenfalls dann nicht zur Sicherung eines Beratungsbedarfes und zur Signalisierung einer hohen Produktqualität erforderlich, wenn der Nutzer bei Kaufinteresse notwendig auf die eigene Website des Händlers weitergeleitet wird.

6.3.2 Fusionskontrolle, Konzentrationskontrolle

Die Sicherung des Wettbewerbs und die Einhaltung der Konkurrentenvielfalt soll durch die Fusionskontrolle gemäß §§ 35 bis 42 GWB gewährleistet werden. Sie erfolgt in zwei Stufen: In der ersten Stufe werden die sogenannten Aufgreiftatbestände geprüft. Dabei geht es bspw. darum, ob ein Unternehmen an einem anderen die Mehrheitsbeteiligung übernimmt. Auch Unternehmenskäufe und Nutzungsrechte können wettbewerbsrechtliche Aufgreiftatbestände darstellen. Es geht hier konkret um den Vermögenserwerb an einem Unternehmen (§ 37 GWB). Ebenfalls in der ersten Stufe werden bei der Fusionskontrolle sogenannte Umsatzschwellen geprüft. Gemäß § 35 Abs. 1, 2 GWB ist die Umsatzschwelle überschritten, wenn die betroffenen Unternehmen im Geschäftsjahr vor der Fusion gemeinsam weltweit Umsätze von mehr als 500 Mio. EUR erreicht haben. Darüber hinaus muss mindestens eines der beiden Unternehmen mehr als 25 Mio. EUR Umsatz in Deutschland erzielt haben. Von diesen Umsatzschwellen gibt es allerdings Ausnahmen bzw. Regelungen, die speziell für einzelne Branchen gelten.

Bei Printmedien und Rundfunk – hier spricht man von der Konzentrationskontrolle – ist gemäß § 38 Abs. 3 GWB für Verlage oder Rundfunkprogramme das Zwanzigfache der Umsatzerlöse in Ansatz zu bringen. Damit genügt im Bereich von Presse oder Rundfunkzusammenschlüssen bereits eine Umsatzschwelle von 5 % des allgemeinen Wertes (5 % von 500 Mio. EUR = 25 Mio. EUR), damit die Konzentrationskontrolle greift.

Hintergrund der sogenannten „Presserechenklausel" in § 38 Abs. 3 GWB, die in den 1970er Jahren in Kraft trat: Die Zahl der Zeitungsverlage hatte in der Bundesrepublik in den Nachkriegsjahrzehnten immer weiter abgenommen, sodass regional Zeitungsmonopole entstanden. Dies sollte für die Zukunft verhindert werden. Gleiches gilt für den Rundfunk: Die Werbemärkte haben sich regional immer weiter verkleinert, sodass hier Kartellbildungen beobachtet wurden.

Hinsichtlich der Konzentrationskontrolle beim Rundfunk sind zudem die Bestimmungen des Rundfunkstaatsvertrages (§§ 26, 30 RStV) zu beachten. Hier ist bspw. geregelt, dass jede natürliche oder juristische Person bundesweit Fernsehprogramme veranstalten darf, wenn sie dabei keine vorherrschende Meinungsmacht erlangt. Von einer derartig vorherrschenden Meinungsmacht geht der Rundfunkstaatsvertrag dann aus, wenn die Programme, die einem Unternehmen zuzurechnen sind, im Jahresdurchschnitt einen Zuschaueranteil von 30 % erreichen. Die Konzentrationskontrolle nimmt die Kommission zur Ermittlung der Konzentration im Medienbereich (KEK) vor. Ihre Entscheidungen sind für die Landesmedienanstalten, die die Lizenzen für private Rundfunkprogramme vergeben, bindend. Sie müssen also dem Rundfunkveranstalter die Entscheidung der KEK hinsichtlich eines Zusammenschlusses der beteiligten Unternehmen mitteilen. Es handelt sich hierbei um einen Verwaltungsakt. Das bedeutet, dass sich die Betroffenen auf dem Verwaltungsrechtsweg dagegen wehren können.

Für alle anderen Zusammenschlüsse ist das Bundeskartellamt im Rahmen der sogenannten Fusionskontrolle zuständig. Gegen die Fusionskontrollentscheidungen des Bundeskartellamtes kann vor dem zuständigen OLG Düsseldorf Beschwerde eingereicht werden. Sofern eine Fusion angestrebt und vom Bundeskartellamt versagt wird, können die betroffenen Unternehmen auch eine sog. „Ministererlaubnis" beantragen: Der Bundesminister für Wirtschaft und Energie erteilt gemäß § 42 Abs. 1 GWB auf Antrag die Erlaubnis zu einem vom Bundeskartellamt untersagten Zusammenschluss, wenn im Einzelfall die Wettbewerbsbeschränkung von gesamtwirtschaftlichen Vorteilen des Zusammenschlusses aufgewogen wird oder der Zusammenschluss durch ein überragendes Interesse der Allgemeinheit gerechtfertigt ist. Diese unterliegt ebenfalls der gerichtlichen Kontrolle.

Beispielhaft seien einige Entscheidungen des Bundeskartellamtes zu Zusammenschlüssen aus der jüngeren Vergangenheit genannt:

Der Antrag auf Zusammenschluss von Air Berlin und LTU im Bereich Ferienflug wurde 2007 freigegeben. Für den Fernsehwerbemarkt, den Anzeigenmarkt und Straßenverkaufszeitungen hat das Bundeskartellamt 2006 die Fusion zwischen dem Axel Springer Verlag und der ProSiebenSat.1 Media untersagt. Der Zusammenschluss von RTL und n-tv auf dem Fernsehwerbemarkt wurde dagegen knapp drei Monate später freigegeben.

Zur Ministererlaubnis ebenfalls ein Beispiel, das vor einigen Jahren für monatelanges Aufsehen gesorgt hat: Der Energiekonzern E.ON AG hatte 2001 beim Bundeskartellamt die Mehrheitsübernahme bei der Ruhrgas AG angemeldet. Die Behörde lehnte diese ab. Daraufhin erhielt E.ON unter strengen Auflagen eine Erlaubnis des Bundeswirtschaftsministers. Diese wurde wiederum wegen Verfahrensfehlern vom OLG Düsseldorf aufgehoben, sodass die Fusion schließlich erst im Jahr 2003 auf Grundlage einer erneuten Ministererlaubnis zustande kam.

Beispiel

Die Einzelhandelsunternehmen Edeka und Rewe unterzeichnen im Jahre 2016 Verträge zur Aufteilung der in finanziellen Schwierigkeiten steckenden Supermarktkette Kaiser's Tengelmann. Edeka und Rewe einigten sich auf einen Kaufvertrag für Filialen des angeschlagenen Konkurrenten. Daraufhin zog Rewe seine Klage gegen die zuvor erteilte Ministererlaubnis von Bundeswirtschaftsminister Sigmar Gabriel vor dem OLG Düsseldorf zurück. Damit wurde der Weg für die Sondererlaubnis frei, die auf den Erhalt von über 15.000 Stellen bei Kaiser's Tengelmann abzielte.

Beispiel

Die Untersagung der Fusion Springer/ProSieben-SAT.1 war rechtmäßig.

Die Untersagung des Zusammenschlusses zwischen der Axel Springer AG und den Fernsehsendern ProSieben/SAT.1 durch das Bundeskartellamt war rechtmäßig. Auf dem Fernsehwerbemarkt bestand im Zeitpunkt des Zusammenschlussvorhabens ein marktbeherrschendes Oligopol.

Der Fall:[29]

Das Bundeskartellamt hatte Anfang 2006 Springer den Erwerb von Geschäftsanteilen an den Fernsehsendern ProSieben und SAT.1 untersagt; Springer hätte nach dem Erwerb über sämtliche Stammaktien an ProSieben und SAT.1 verfügt. Das Bundeskartellamt hatte die Untersagung u. a. damit begründet, dass bei Durchführung des Vorhabens eine beherrschende Stellung der am Zusammenschluss beteiligten Unternehmen auf dem bundesweiten Markt für die Bereitstellung von Werbezeiten in Fernsehprogrammen (Fernsehwerbemarkt) verstärkt worden wäre. Wenige Wochen nach der Untersagung hatten die am Zusammenschluss beteiligten Unternehmen erklärt, das Vorhaben nicht weiterverfolgen zu wollen.

Die gleichwohl von Springer eingelegte zunächst als unzulässig verworfene Beschwerde war vom Bundesgerichtshof in einem ersten Rechtsbeschwerdeverfahren für zulässig erachtet worden. Das Oberlandesgericht hat daraufhin den Antrag von Springer festzustellen, dass die Untersagungsverfügung des Bundeskartellamts rechtswidrig gewesen sei, als unbegründet zurückgewiesen.

Die vom Oberlandesgericht wiederum zugelassene Rechtsbeschwerde hatte keinen Erfolg. Der Bundesgerichtshof hat die Entscheidung des Oberlandesgerichts, dass die Untersagung des Zusammenschlusses rechtmäßig war, bestätigt:

Das Oberlandesgericht habe rechtsfehlerfrei festgestellt, dass auf dem Fernsehwerbemarkt im Zeitpunkt des Zusammenschlussvorhabens ein marktbeherrschendes

---

[29]BGH, Beschl. v. 08.06.2010 – KVR 4/09.

Oligopol bestanden habe. Dieses Oligopol sei von den Sendergruppen einerseits Pro Sieben, SAT.1, Kabel 1 und N 24 sowie andererseits den zur Bertelsmann AG gehörenden Sendern RTL, VOX und n-tv gebildet worden und habe über einen gemeinsamen Marktanteil von über 80 % verfügt.

Die Prognose des Oberlandesgerichts, es sei zu erwarten gewesen, dass durch den beabsichtigten Zusammenschluss von Springer und Pro Sieben/SAT 1 die marktbeherrschende Stellung dieses Oligopols auf dem Fernsehwerbemarkt verstärkt worden wäre, halte der rechtlichen Nachprüfung stand.

Beispiel

Das Landgericht Hamburg befasste sich unter kartellrechtlichen Gesichtspunkten in drei Urteilen mit einem Anspruch auf Aufnahme in das Google AdWords-Programm. Die Fälle:[30]

Geklagt hatten jeweils Usenet-Provider, deren Anzeigen abgelehnt worden waren und die ganz vom Programm ausgeschlossen wurden. Das Gericht entschied dazu, dass ein Anspruch wegen unbilliger Behinderung gemäß § 20 GWB nicht bestehe, da Google ein Interesse daran habe, nicht für Urheberrechtsverstöße in eine Mithaftung zu geraten. Eine unbillige Behinderung der Antragstellerin im Verhältnis zu Wettbewerbern sei „nicht überwiegend wahrscheinlich" (§§ 33 Abs. 1, 20 Abs. 1 GWB).

Nach § 20 Abs. 1 GWB ist es Unternehmen mit gegenüber kleinen und mittleren Wettbewerbern überlegener Marktmacht untersagt, ihre Marktmacht dazu auszunutzen, solche Wettbewerber unmittelbar oder mittelbar unbillig zu behindern oder gegenüber gleichartigen Unternehmen ohne sachlich gerechtfertigtem Grund unmittelbar oder mittelbar unterschiedlich zu behandeln. Eine Behinderung im Sinne des § 20 Abs. 1 GWB verlangt lediglich eine für das Wettbewerbsverhalten des betroffenen Unternehmens nachteilige Maßnahme, dass mithin das betroffene Unternehmen in seinen wettbewerblichen Betätigungsmöglichkeiten eingeschränkt wird, gleichgültig ob dabei wettbewerbsfremde oder in sonstiger Weise anfechtbare Mittel angewendet werden

Ob die Behinderung unbillig ist bzw. ohne sachlich gerechtfertigten Grund erfolgt, ist durch eine umfassende Interessenabwägung unter Berücksichtigung der auf die Freiheit des Wettbewerbs gerichteten Zielsetzung des GWB festzustellen.

Nach § 19 Abs. 4 Nr. 1 GWB ist die missbräuchliche Ausnutzung einer marktbeherrschenden Stellung verboten, insbesondere wenn ein marktbeherrschendes Unternehmen die Wettbewerbsmöglichkeiten anderer Unternehmen in einer für den Wettbewerb auf den Markt erheblichen Weise ohne sachlich gerechtfertigten Grund beeinträchtigt.

---

[30]LG Hamburg, Urt. v. 13.12.2007 – 315 O 553/07; LG Hamburg, Urt. v. 04.02.2008 – 315 O 870/07; LG Hamburg, Urt. v. 06.03.2008 – 315 O 906/07.

Eine Beeinträchtigung der Wettbewerbsmöglichkeiten anderer Unternehmen liegt nicht schon bei jeder für ein Unternehmen wettbewerblich nachteiligen Maßnahme vor; der missbräuchliche Charakter ergibt sich erst aus den Fehlen einer sachlichen Rechtfertigung. Dabei ist das Merkmal des sachlich gerechtfertigten Grundes durch eine Interessenabwägung unter Berücksichtigung der Interessen des Marktbeherrschers und des behinderten Unternehmens sowie der Ziele des Gesetzes, nämlich der Aufrechterhaltung freien Wettbewerbs, auszulegen.

Zwar mag die Antragstellerin die Antragsgegnerin durch die Ablehnung der Schaltung von AdWords-Werbung behindert haben. Unter der Behinderung eines anderen Unternehmens i. S. d. § 20 Abs. 1 GWB ist in einem rein objektiven Sinne jede Beeinträchtigung seiner Betätigungsmöglichkeiten im Wettbewerb zu verstehen, gleichgültig, ob dabei „wettbewerbsfremde" oder in sonstiger Weise anfechtbare Mittel angewendet werden.

Eine solche tatsächliche Beeinträchtigung der Betätigungsmöglichkeiten im Wettbewerb ist anzunehmen, weil der Suchmaschine der Antragsgegnerin zweifellos eine bedeutende Rolle zukommt und damit die kontextbezogene Werbung im Zusammenhang mit der Eingabe von Suchbegriffen in der Suchmaschine eine erhebliche Attraktivität gegenüber anderen Formen der Online-Werbung zukommt.

Ob der Behinderungen eines anderen Unternehmens im Wettbewerb unbillig ist, beurteilt sich nach dem einheitlichen Maßstab der Abwägung der Interessen der Beteiligten unter Berücksichtigung der auf die Freiheit des Wettbewerbs gerichteten Zielsetzung des GWB.

Der Kreis der abwägungsfähigen Interessen ist grundsätzlich enger zu ziehen, da § 20 Abs. 1 GWB nur das Interesse betroffener Unternehmen schützt, in ihren wettbewerblichen Betätigungsmöglichkeiten nicht durch machtbedingtes Verhalten von Normadressaten dieser Vorschrift beeinträchtigt zu werden.

Dazu gehört in erster Linie das Interesse an der Freiheit des Marktzugangs, ferner das Interesse, bei offenem Marktzugang nicht durch Beeinträchtigung der Chancengleichheit in der wettbewerblichen Betätigung auf dem Markt im Verhältnis zu anderen Unternehmen benachteiligt zu werden.

Datenschutz, Jugendschutz und allgemeine Strafvorschriften

7

7.1 Überblick

Neben den speziellen Mediengesetzen und den anderen bereits erläuterten Regelungen müssen in den Medien Tätige auch die Vorschriften des Jugend- und des Datenschutzes beachten. Außerdem greifen unter Umständen allgemeine Strafvorschriften, die Sie kennen sollten. Einige Bestimmungen dieser drei Rechtsgebiete wurden, wo sie für das Verständnis des Gesamtzusammenhanges von Bedeutung waren, in den voran gegangenen Kapiteln bereits erläutert. Hier soll ein Überblick über weitere Bestimmungen, die in der Praxis bedeutsam sein können, gegeben werden. Insbesondere wird Wert darauf gelegt, den Schutzzweck der Gesetze zu erläutern.

7.2 Datenschutz

Der Datenschutz ist grundlegend geregelt im Bundesdatenschutzgesetz (BDSG) und in den Datenschutzgesetzen der Länder. Diese Regelwerke beinhalten allgemeine Datenschutzbestimmungen, die immer dann Wirkung entfalten, wenn keine speziellen Regelungen greifen.

Zu beachten ist, dass solche speziellen Bestimmungen für zahlreiche Rechtsgebiete gelten. Sie finden sich bspw. in Art. 10 GG (Brief-, Post- und Fernmeldegeheimnis), im Telemediengesetz oder im Rundfunkstaatsvertrag. Weitere Spezialregelungen sind das Bankgeheimnis und das Steuergeheimnis. Spezielle Regelungen gehen den allgemeinen Bestimmungen der Datenschutzgesetze vor, sie können aber auch neben ihnen bestehen.

Die Datenschutzgesetze schützen die Persönlichkeit des Einzelnen vor Zugriffen des Staates oder Dritter im Zusammenhang mit der Datenverarbeitung. Hier handelt es sich also um eine Konkretisierung des allgemeinen Persönlichkeitsrechts. Die Gesetze

© Springer Fachmedien Wiesbaden GmbH 2017
K.W. Nitsch, *Informatikrecht*, DOI 10.1007/978-3-658-16426-3_7

enthalten vor allem Vorschriften über zulässige Datenerhebung und Datenspeicherung sowie über die Löschung. Grundsätzlich gilt: Es sollen möglichst wenig Daten zusammengefasst gespeichert werden, um Eingriffe in das Persönlichkeitsrecht zu vermeiden. Den sogenannten „gläsernen Bürger" soll es demnach nicht geben.

7.2.1 Notwendigkeit und Inhalt der Datenschutzbestimmungen

In der heutigen Informationsgesellschaft kann die Mehrzahl der geschäftlichen Prozesse nicht mehr abgewickelt werden, ohne personenbezogene Daten zu erheben und zu verarbeiten. Allein bei einem unkomplizierten Kaufgeschäft im Internet muss der Kunde seinen Namen, seine Anschrift, seinen Wohnort sowie gegebenenfalls seine Bankverbindung oder die Daten seiner Kreditkarte preisgeben. Darüber hinaus werden personenbezogene Daten immer häufiger für Marketingzwecke erhoben (zum Beispiel Rabattsysteme, Kundenkarten).

Selbstverständlich kommt auch die betriebliche Praxis nicht mehr ohne die systematische Verarbeitung personenbezogener Daten aus: Personalabteilungen erheben und speichern Daten zu den einzelnen Mitarbeitern und nutzen diese bspw. für die Personalbedarfsplanung. Es ließen sich zahlreiche weitere Beispiele nennen.

Der technische Fortschritt hat dazu beigetragen, dass der direkte Zugriff auf personenbezogene Daten heute leichter ist denn je. Kunden, Arbeitnehmer oder andere Beteiligte an Wirtschaftsprozessen können kaum verhindern, dass ihre Daten zu bestimmten Zwecken erhoben und gegebenenfalls gespeichert werden. Sie sollen jedoch Einfluss darauf nehmen können, welche Daten erfasst und verarbeitet werden. Das Bundesdatenschutzgesetz gibt – wie erwähnt – als Leitlinie vor, dass das Persönlichkeitsrecht nicht verletzt werden darf.

7.2.2 Anwendung des Bundesdatenschutzgesetzes

Zweck des Bundesdatenschutzgesetzes ist es, den Einzelnen davor zu schützen, dass er durch den Umgang mit seinen personenbezogenen Daten in seinem Persönlichkeitsrecht beeinträchtigt wird (§ 1 Abs. 1 BDSG).

Gemäß § 1 Abs. 3 BDSG ist das BDSG ein „Auffanggesetz". Das bedeutet, es kommt immer nur dann zur Anwendung, wenn keine spezielleren Rechtsvorschriften einschlägig sind. Dabei haben nicht nur andere Bundesgesetze – wie zum Beispiel das Telemediengesetz (TMG) oder das Telekommunikationsgesetz (TKG) – Vorrang, sondern auch Rechtsverordnungen und Satzungen des Bundes.

Vorschriften des Landesrechts gehen dem Bundesdatenschutzgesetz hingegen nicht vor (Art. 31 GG – „Bundesrecht bricht Landesrecht").

Voraussetzung für die Anwendbarkeit bereichsspezifischer Datenschutzregelungen ist, dass eine sogenannte „Tatbestandskongruenz" gegeben ist, d. h., die Regelung der

betreffenden Bestimmung muss deckungsgleich mit den Bestimmungen des Bundesdatenschutzgesetzes sein. Soweit die bereichsspezifischen Regelungen nicht abschließend
sind, finden auf die nicht geregelten Sachverhalte die Bestimmungen des Bundesdatenschutzgesetzes Anwendung.

Aus § 1 Abs. 2 BDSG ergibt sich, dass die Datenschutzbestimmungen nicht nur für
staatliche Einrichtungen (öffentliche Stellen des Bundes oder der Länder) gelten, sondern auch für die Privatwirtschaft (nicht-öffentliche Stellen).

Die Unterscheidung ist von großer Bedeutung: Das Bundesdatenschutzgesetz entfaltet seine Wirkung gemäß § 1 Abs. 2 Nr. 1, 2 BDSG bei jeglicher Erhebung, Verarbeitung
und Nutzung personenbezogener Daten durch öffentliche Stellen. Öffentliche Stellen
des Bundes sind nach § 2 Abs. 1 BDSG die Behörden, die Organe der Rechtspflege und
andere öffentlich-rechtlich organisierte Einrichtungen des Bundes, der bundesunmittel-
baren Körperschaften, Anstalten und Stiftungen des öffentlichen Rechts sowie deren Vereinigungen ungeachtet ihrer Rechtsform. Öffentliche Stellen der Länder sind nach § 2
Abs. 2 BDSG die Behörden, die Organe der Rechtspflege und andere öffentlich-rechtlich
organisierte Einrichtungen eines Landes, einer Gemeinde, eines Gemeindeverbandes und
sonstiger der Aufsicht des Landes unterstehender juristischer Personen des öffentlichen
Rechts sowie deren Vereinigungen ungeachtet ihrer Rechtsform.

Auf die Erhebung, Verarbeitung und Nutzung personenbezogener Daten durch nicht
öffentliche Stellen findet das Gesetz dagegen gemäß § 1 Abs. 2 Nr. 3 BDSG nur Anwendung, wenn sogenannte Datenverarbeitungsanlagen eingesetzt werden. Dabei handelt es
sich per Definition um elektronische Systeme, die aus einer Zentraleinheit und periphe-
ren Geräten bestehen und Datenverarbeitung durch Annahme, Speicherung, Verarbeitung
und Abgabe selbstständig durchführen (Computer).

§§ 12 ff. BDSG enthalten Bestimmungen zum Datenschutz bei Daten, die durch
öffentliche Stellen erhoben werden. In den §§ 27 ff. BDSG wird die Datenverarbeitung
durch nicht-öffentliche Stellen und durch öffentlich-rechtliche Unternehmen, die am
Wettbewerb teilnehmen, geregelt.

§ 3 Abs. 1 BDSG definiert schutzwürdige personenbezogene Daten als Einzelangaben
über persönliche oder sachliche Verhältnisse des Betroffenen. Das betrifft Daten wie

- sein Alter,
- seine Privatanschrift,
- seine E-Mail-Adressen,
- seinen Familienstand,
- sein Gesundheitszustand,
- seine Einkommens- und Vermögensverhältnisse,
- seine Glaubensbekenntnisse,
- die Mitgliedschaft in Vereinen, ferner
- Angaben zu persönlichen Lebensumständen und zur
- Freizeitgestaltung sowie
- Angaben über sein sexuelles Verhalten.

Automatisierte Verarbeitung

Automatisierte Verarbeitung ist gemäß § 3 Abs. 2 BDSG die Erhebung, Verarbeitung oder Nutzung personenbezogener Daten unter Einsatz von Datenverarbeitungsanlagen.

§ 3a BDSG bestimmt den sogenannten Grundsatz der Erforderlichkeit (Datenvermeidung und Datensparsamkeit). Demnach dürfen keine oder nur so wenig wie möglich personenbezogene Daten erhoben, verarbeitet oder genutzt werden. Wer Datenverarbeitungssysteme aufbaut oder unterhält, hat insbesondere von den Möglichkeiten der Anonymisierung oder Pseudonymisierung Gebrauch zu machen, soweit der Aufwand in einem angemessenen Verhältnis zu dem angestrebten Schutzzweck steht.

§ 4 BDSG enthält das sogenannte Verbot der Datenerhebung, Datenverarbeitung und Datennutzung mit Erlaubnisvorbehalt. Damit ist gemeint, dass personenbezogene Daten ausschließlich dann erhoben, verarbeitet und genutzt werden dürfen, wenn entweder das Gesetz dies erlaubt oder der Betroffene einwilligt.

Ferner bestimmt § 4 Abs. 2 BDSG, dass personenbezogene Daten grundsätzlich beim Betroffenen selbst zu erheben sind. In § 4 Abs. 2 Nr. 1, 2 BDSG sind Ausnahmen von diesem Grundsatz geregelt:

Danach ist die Mitwirkung des Betroffenen entbehrlich, wenn eine Rechtsvorschrift dies erlaubt oder anordnet, wenn die zu erfüllende Verwaltungsaufgabe die Datenerhebung bei anderen Personen/Stellen erfordert oder wenn die Erhebung bei dem Betroffenen unverhältnismäßig aufwendig ist und keine schutzwürdigen Interessen des Betroffenen beeinträchtigt werden.

Gemäß § 4 Abs. 3 BDSG muss die Stelle, die personenbezogene Daten erhebt, den Betroffenen informieren über ihre Identität, ferner über die Zweckbestimmung der Erhebung, Verarbeitung und Nutzung und über die Empfänger, soweit der Betroffene nicht damit rechnen muss, dass seine Daten an diese übermittelt werden. Der Betroffene muss auf die Freiwilligkeit der Angaben hingewiesen werden oder – sofern ihn eine Auskunftspflicht trifft – auf diese aufmerksam gemacht werden.

§ 4a BDSG bestimmt, dass die Erhebung personenbezogener Daten darüber hinaus zulässig ist, wenn der Betroffene eingewilligt hat. An diese sogenannte informierte Einwilligung werden strenge Voraussetzungen geknüpft: Sie ist gemäß § 4a Abs. 1 BDSG nur wirksam, wenn sie auf der freien Entscheidung des Betroffenen beruht. Voraussetzung ist, dass er auf den Zweck der Erhebung, Verarbeitung und Nutzung der Daten sowie auf die Folgen der Verweigerung der Einwilligung hingewiesen wurde. Der Zweck muss also von vornherein feststehen. Des Weiteren bedarf die Einwilligung der Schriftform, wenn nicht wegen besonderer Umstände eine andere Form angemessen ist. Gerade im Internet dürfen die Voraussetzungen der Einwilligung häufig nicht erfüllt sein, da Daten durch einen einzigen Mausklick weitergeleitet werden können.

Beispiel

In seinem „Payback-Urteil" hat der der Bundesgerichtshof wichtige Regeln im Zusammenhang mit der Einholung formularmäßiger datenschutzrechtlicher Einwilligungserklärungen aufgestellt.

Der Fall:[1]

Der Kläger ist der Bundesverband der Verbraucherzentralen und Verbraucherverbände. Der Beklagte unterhält das Kundenbindungs- und Rabattsystem „Payback". Der Kläger nimmt den Beklagten im Wesentlichen auf Unterlassung der Verwendung dreier Klauseln in Anspruch, die dieser in Papierformularen verwendet, mit denen sich Verbraucher zur Teilnahme am Rabattprogramm anmelden können.

Mit seinem Urteil hat der Bundesgerichtshof eine vom Beklagten verwendete Klausel, die die Einwilligung in die Speicherung und Nutzung von Daten für die Zusendung von Werbung per Post, E-Mail und SMS betrifft, für unwirksam erklärt, soweit sie E-Mail und SMS betrifft (§ 307 Abs. 1 S. 1, Abs. 2 Nr. 1 BGB).

Eine Klausel, wonach die Angabe des Geburtsdatums für die Teilnahme am „Payback"-Programm benötigt werde, sowie eine Formularbestimmung, die die Meldung der Rabattdaten für die Verwaltung und Auszahlung der Rabatte zum Gegenstand hat, hat der Bundesgerichtshof nicht beanstandet, weil sie keine von Rechtsvorschriften abweichenden Regelungen enthalten (§ 307 Abs. 3 S. 1 BGB).

Die mit „Einwilligung in Werbung und Markforschung" überschriebene Einwilligungsklausel lautet:

Mit meiner Unterschrift erkläre ich mich einverstanden, dass die von mir oben angegebenen Daten sowie die Rabattdaten (Waren/Dienstleistungen, Preis, Rabattbetrag, Ort und Datum des Vorgangs) für an mich gerichtete Werbung (zum Beispiel Informationen über Sonderangebote, Rabattaktionen) per Post und mittels ggfs. von mir beantragter Services (SMS oder E-Mail-Newsletter) sowie zu Zwecken der Marktforschung ausschließlich von der L. Partner GmbH und den Partnerunternehmen gemäß Nummer 2 der beiliegenden Hinweise zum Datenschutz gespeichert und genutzt werden. ...

[ ] Hier ankreuzen, falls die Einwilligung nicht erteilt wird...

Die verwendete Klausel unterscheidet zwischen Werbung per Post, E-Mail und SMS. Im Hinblick auf die Einwilligung in die Speicherung und Nutzung von Daten für die Zusendung von Werbung per Post war die Bestimmung an den §§ 4 Abs. 1, 4a Abs. 1 des Bundesdatenschutzgesetzes (BDSG) zu messen, die besonderen Voraussetzungen für die Zulässigkeit der Datenerhebung, -verarbeitung und -nutzung aufstellen. Der Bundesgerichtshof hat entschieden, dass die Einwilligungsklausel unter diesem Gesichtspunkt nicht zu beanstanden ist.

Aus § 4a BDSG ergibt sich insbesondere nicht, dass die Einwilligung nur dann wirksam sein soll, wenn sie in der Weise „aktiv" erklärt wird, dass der Verbraucher eine gesonderte Einwilligungserklärung unterzeichnen oder ein für die Erteilung der Einwilligung vorzusehendes Kästchen ankreuzen muss („Opt-In"-Erklärung). Vielmehr folgt aus § 4a Abs. 1 S. 4 BDSG, dass die Einwilligung auch zusammen mit anderen Erklärungen schriftlich erteilt werden kann, sofern sie – wie hier – besonders hervorgehoben wird.

---

[1]BGH, Urt. v. 16.07.2008 – VIII ZR 348/06.

Dagegen ist die hier verwendete Einwilligungsklausel unwirksam, soweit sie sich auf die Einwilligung in die vom Beklagten erstrebte Datennutzung für Werbung durch E-Mail oder SMS bezieht. Insoweit greift zusätzlich das Gesetz gegen den unlauteren Wettbewerb (UWG) ein. Nach § 7 Abs. 2 Nr. 3 UWG stellt unter anderem Werbung unter Verwendung elektronischer Post (E-Mail und SMS) eine unzumutbare Belästigung dar, sofern keine Einwilligung des Adressaten vorliegt.

Der Bundesgerichtshof hat ferner entschieden, dass Einwilligungsklauseln, die so gestaltet sind, dass der Kunde tätig werden und ein Kästchen ankreuzen muss, wenn er seine Einwilligung in die Zusendung von Werbung unter Verwendung von elektronischer Post nicht erteilen will („Opt-out"-Erklärung), mit dieser Vorschrift nicht vereinbar sind. § 7 Abs. 2 Nr. 3 UWG verlangt, dass die Einwilligung durch eine gesonderte Erklärung erteilt wird („Opt-In"-Erklärung).

Das Erfordernis einer gesonderten Erklärung ergibt sich aus der EG-Datenschutzrichtlinie für elektronische Kommunikation (2002/58/EG), die der deutsche Gesetzgeber mit der Regelung des § 7 UWG umsetzen wollte. Nach dieser Richtlinie kann die Einwilligung in jeder geeigneten Weise gegeben werden, durch die der Wunsch des Nutzers in einer „spezifischen Angabe" zum Ausdruck kommt. Diese Formulierung macht deutlich, dass eine gesonderte, nur auf die Einwilligung in die Zusendung von Werbung mittels elektronischer Post bezogene Zustimmungserklärung des Betroffenen erforderlich ist. Eine solche Erklärung ist nicht schon in der Unterschrift zu sehen, mit der der Kunde das auf Rabattgewährung gerichtete Vertragsangebot annimmt.

Eine gesonderte Einwilligungserklärung sieht das von dem Beklagten verwendete Anmeldeformular nicht vor. Der Verbraucher kann in dem Formular zwar seine E-Mail-Adresse oder Mobilfunknummer angeben. Damit willigt er nach der Formulargestaltung aber nur in die elektronische Information über „Extra-Punktechancen, Top-Aktionen und Neuigkeiten zu Payback …" ein, nicht aber in die Zusendung von Werbung jeglicher Art durch elektronische Post.

Die zweite Klausel sieht vor:

„Wenn Sie am Payback Programm teilnehmen, werden… Ihr Geburtsdatum… benötigt …"

Der Bundesgerichtshof hat entschieden, dass diese Bestimmung gemäß § 307 Abs. 3 S. 1 BGB nicht der Inhaltskontrolle unterliegt. Die Angabe des Geburtsdatums dient der Zweckbestimmung des Vertrags des Beklagten mit dem Verbraucher (§ 28 Abs. 1 S. 1 Nr. 1 Alt. 1 BDSG). Schon angesichts der Vielzahl der Teilnehmer am Payback-Programm gehört eine praktikable und gleichzeitig sichere Methode der Identifizierung der Programmteilnehmer zu den Vertragszwecken. Die Angabe des vollständigen Geburtsdatums ist bei einem Bonusprogramm, welches nach den Feststellungen des Berufungsgerichts rund dreißig Millionen Teilnehmer hat, zur Vermeidung von Identitätsverwechslungen in besonderer Weise geeignet.

Die dritte Klausel, die Gegenstand des Revisionsverfahrens war, lautet:

„Setzen Sie Ihre Payback-Karte bei einem Partnerunternehmen ein, so meldet dieses die Rabattdaten (Waren/Dienstleistungen …) an L. Partner zur Gutschrift, Abrechnung gegenüber den Partnerunternehmen, Verwaltung und Auszahlung der Rabatte."

Der Bundesgerichtshof hat bestätigt, dass auch diese Formularbestimmung nicht der Inhaltskontrolle unterliegt (§ 307 Abs. 3 S. 1 BGB). Die Mitteilung der Rabattdaten durch das Partnerunternehmen dient, auch soweit es um eine Mitteilung der von den Teilnehmern unter Einsatz der Payback-Karte erworbenen Waren und Dienstleistungen geht, ebenfalls der Zweckbestimmung des Vertragsverhältnisses des Beklagten mit den Teilnehmern des Rabattsystems (§ 28 Abs. 1 S. 1 Nr. 1 Alt. 1 BDSG).

Die dem Bonusprogramm angeschlossenen Partnerunternehmen können von einer Vielzahl unterschiedlicher Rabattierungsmöglichkeiten Gebrauch machen, die speziell von der jeweiligen Ware bzw. Dienstleistung abhängen können. Angesichts dessen bedarf der Beklagte der Kenntnis der vom Kunden bei dem Partnerunternehmen erworbenen Waren bzw. in Anspruch genommenen Dienstleistungen, um den Kunden über deren Punktestand vollständig, richtig, verständlich und nachprüfbar Auskunft geben zu können.

Beispiel

Die Rechtsprechung zur Wirksamkeit einer formularmäßigen Einwilligung in die Datenspeicherung und Datennutzung für die Zusendung von Werbung per Post wurde vom Bundesgerichtshof im Fall „HappyDigits" fortgeführt.

Der Fall:[2]

Der Kläger ist der Bundesverband der Verbraucherzentralen und Verbraucherverbände. Die Beklagte organisiert und betreibt das Kundenbindungs- und Rabattsystem „HappyDigits". Der Kläger nimmt die Beklagte auf Unterlassung der Verwendung von Klauseln in Anspruch, die diese in ihren Anmeldeformularen verwendet. Im Revisionsverfahren hatte der Bundesgerichtshof über die Wirksamkeit zweier Klauseln zu entscheiden. Die erste, in der Mitte des Formulars platzierte und zusätzlich umrandete Klausel, deren Verwendung das Berufungsgericht untersagt hat, lautet:

„Einwilligung in Beratung, Information (Werbung) und Marketing

Ich bin damit einverstanden, dass meine bei HappyDigits erhobenen persönlichen Daten (Name, Anschrift, Geburtsdatum) und meine Programmdaten (Anzahl gesammelte Digits und deren Verwendung; Art der gekauften Waren und Dienstleistungen; freiwillige Angaben) von der D GmbH […] als Betreiberin des HappyDigits Programms und ihren Partnerunternehmen zu Marktforschungs- und schriftlichen Beratungs- und Informationszwecken (Werbung) über Produkte und Dienstleistungen der jeweiligen Partnerunternehmen gespeichert, verarbeitet und genutzt werden.

[…] Sind Sie nicht einverstanden, streichen Sie die Klausel […]"

---

[2]BGH, Urt. v. 11.11.2009 – VIII ZR 12/08.

Der Bundesgerichtshof hat entschieden, dass die Klausel wirksam ist. Sie betrifft allein die Einwilligung in die Speicherung, Verarbeitung und Nutzung von Daten für die Zusendung von Werbung per Post sowie zu Zwecken der Marktforschung.

Die Vorschriften des Bundesdatenschutzgesetzes bilden insoweit den alleinigen Prüfungsmaßstab für die Frage, ob durch eine solche Einwilligung Regelungen vereinbart worden sind, die im Sinne von § 307 Abs. 3 S. 1 BGB von Rechtsvorschriften abweichen oder diese ergänzen.

Unter dem Gesichtspunkt datenschutzrechtlicher Bestimmungen ist die Klausel nicht zu beanstanden. Danach kann die Einwilligung in die Speicherung, Verarbeitung und Nutzung von Daten zusammen mit anderen Erklärungen schriftlich erteilt werden, sofern sie – wie hier – besonders hervorgehoben wird. Zwar sieht die Klausel – im Gegensatz zu der Klausel, die Gegenstand der „Payback"-Entscheidung vom 16. Juli 2008 war – nicht die Möglichkeit vor, zu ihrer Abwahl ein zusätzliches Kästchen anzukreuzen, sondern weist fett gedruckt auf die Möglichkeit zur Streichung der Klausel hin. Die Möglichkeit zur Abwahl durch Ankreuzen ist aber nicht zwingend, wenn die Klausel eine andere Abwahlmöglichkeit enthält und dem Hervorhebungserfordernis des § 4a Abs. 1 BDSG gerecht wird. Das ist hier der Fall. Die Klausel 1 ist in der Mitte des eine Druckseite umfassenden Formulars platziert und als einziger Absatz der Seite mit einer zusätzlichen Umrahmung versehen, sodass sie schon deshalb Aufmerksamkeit auf sich zieht. Der fett gedruckten Überschrift lässt sich schon aufgrund des verwendeten Worts „Einwilligung" unmittelbar entnehmen, dass sie ein rechtlich relevantes Einverständnis des Verbrauchers mit Werbungs- und Marketingmaßnahmen enthält, die – was einem durchschnittlich verständigen Verbraucher bekannt ist – in aller Regel mit einer Speicherung und Nutzung von Daten einhergehen. Es ist auch von einem flüchtigen, aber durchschnittlich verständigen Verbraucher zu erwarten, dass er den Umstand der Einwilligung und die Abwahlmöglichkeit zur Kenntnis nimmt.

Nach § 28 Abs. 3 S. 1 BDSG ist die Verarbeitung oder Nutzung personenbezogener Daten für Zwecke des Adresshandels oder der Werbung zulässig, soweit der Betroffene eingewilligt hat. Soll die Einwilligung zusammen mit anderen Erklärungen schriftlich erteilt werden, ist sie nach § 28 Abs. 3a S. 2 BDSG in drucktechnisch deutlicher Gestaltung besonders hervorzuheben. Die in der Regelung enthaltenen Anforderungen sollen denen entsprechen, die der Bundesgerichtshof an die Hervorhebung der Einwilligungserklärung gestellt hat.

Eine „Opt-out"-Regelung, also eine Erklärung, bei welcher der Verbraucher eine bereits vorformulierte Einwilligung wieder streicht, ist zur Erteilung der Einwilligung in die Verarbeitung und Nutzung personenbezogener Daten für Zwecke der Werbung per Post somit zulässig.

Diese Regelungen gelten auch für die geschäftsmäßige Datenerhebung und Speicherung zum Zwecke der Übermittlung (§ 29 Abs. 1 S. 2 BDSG) und für die Übermittlung im Rahmen dieser Zwecke (§ 29 Abs. 2 S. 2 BDSG), nicht aber für Zwecke der Markt- oder Meinungsforschung.

Eine darüber hinausgehende Einwilligung in die Verwendung solcher Daten für Werbung im Wege elektronischer Post (SMS, E-Mail), die nach § 7 Abs. 2 Nr. 3 UWG wirksam nur durch eine gesondert abzugebende Erklärung („Opt-In") erteilt werden kann, ist nicht Gegenstand der von der Beklagten verwendeten Klausel.

Die zweite, vor der Unterschriftenzeile platzierte Klausel lautet:

„Die Teilnahme an HappyDigits erfolgt auf Grundlage der Allgemeinen Teilnahmebedingungen, die Sie mit Ihrer Karte erhalten und die Sie dann mit Ihrer ersten Aktivität, zum Beispiel Sammeln, anerkennen."

Der Bundesgerichtshof hat entschieden, dass diese Klausel unwirksam ist (§ 307 Abs. 2 Nr. 1 in Verbindung mit § 305 Abs. 2, § 308 Nr. 5 BGB): Sie soll die Einbeziehung der von der Beklagten verwendeten Allgemeinen Teilnahmebedingungen in die zu schließenden Verträge bewirken, ohne dass die dafür erforderlichen Voraussetzungen eingehalten sind (§ 305 Abs. 2 BGB). Voraussetzung für die wirksame Einbeziehung ist unter anderem, dass der Verwender der anderen Vertragspartei bei Vertragsabschluss die Möglichkeit verschafft, in zumutbarer Weise von dem Inhalt Allgemeiner Geschäftsbedingungen Kenntnis zu nehmen (§ 305 Abs. 2 Nr. 2 BGB). Die Klausel geht aber davon aus, dass die Allgemeinen Teilnahmebedingungen den Teilnehmern bei Abgabe des Teilnahmeantrags nicht vorliegen, sondern erst später mit der Karte übersandt werden. In den somit ohne Einbeziehung der Allgemeinen Teilnahmebedingungen zustande gekommenen Vertrag sollen diese sodann nachträglich dadurch einbezogen werden, dass das Einverständnis der Teilnehmer mit der darin liegenden Vertragsänderung durch die erste Verwendung der Karte unter Verstoß gegen § 308 Nr. 5 BGB fingiert wird. Darin liegt eine unangemessene Benachteiligung der Verbraucher.

Eine wirksame Einwilligung in Telefonanrufe mittels einer Gewinnspielkarte ist nur dann möglich, wenn die Zustimmungshandlung allein abgefragt wird, ohne weitere Zusätze.

Beispiel

Der Fall:[3]

Die Zeitschrift „BILD der Frau" veranstaltete ein Preisausschreiben. Für die Teilnahme vom Gewinnspiel war der Zeitung eine an den Verlag adressierte Gewinnspielkarte beigefügt.

Der Teilnehmer musste auf Leerzeilen seinen Namen, seine Anschrift und seine Telefonnummer eintragen. Unter der Leerzeile für die Telefonnummer befand sich der Hinweis:

„Tel. (zum Beispiel zur Gewinnbenachrichtigung u. für weitere interessante telef. Angebote (…))"

---

[3]BGH, Urt. v. 14.04.2011 – I ZR 38/10.

Der Verlag rief wenig später an und teilte dem Teilnehmer unter Hinweis auf das Gewinnspiel mit, dass er demnächst per Post einen Gutschein zugesandt bekomme. Im Anschluss bot der Verlag dem Teilnehmer an, die Zeitschrift „BILD der Frau" zu einem Vorzugspreis zu beziehen.

Der BGH stufte den Anruf als unerlaubten Telefonanruf ein: Die Einwilligungserklärung auf der Gewinnspielkarte erfülle nicht die gesetzlichen Voraussetzungen. Eine wirksame Einwilligung in Telefonanrufe sei nur dann möglich, wenn die Zustimmungshandlung allein abgefragt werde, ohne weitere Zusätze. Dies sei nicht gegeben. Denn die Einwilligungserklärung umfasse nicht nur die Berechtigung in weitere interessante telefonische Angebote, sondern zugleich auch die Erlaubnis, die Gewinnbenachrichtigung per Telefon mitzuteilen.

§ 4d BDSG bestimmt zur Meldepflicht, dass Verfahren automatisierter Verarbeitungen vor ihrer Inbetriebnahme von nicht-öffentlichen verantwortlichen Stellen der zuständigen Aufsichtsbehörde und von öffentlichen verantwortlichen Stellen des Bundes sowie von den Post- und Telekommunikationsunternehmen dem Bundesbeauftragten für den Datenschutz zu melden sind. Die Meldepflicht entfällt, wenn die verantwortliche Stelle einen Beauftragten für den Datenschutz bestellt hat sowie, wenn die verantwortliche Stelle personenbezogene Daten für eigene Zwecke erhebt, verarbeitet oder nutzt, hierbei in der Regel höchstens neun Personen ständig mit der Erhebung, Verarbeitung oder Nutzung personenbezogener Daten beschäftigt und entweder eine Einwilligung des Betroffenen vorliegt oder die Erhebung, Verarbeitung oder Nutzung für die Begründung, Durchführung oder Beendigung eines rechtsgeschäftlichen oder rechtsgeschäftsähnlichen Schuldverhältnisses mit dem Betroffenen erforderlich ist. Den Inhalt der Meldepflicht bestimmt § 4e BDSG. Zu melden sind danach Name oder Firma der verantwortlichen Stelle, Inhaber, Vorstände, Geschäftsführer oder sonstige gesetzliche oder nach der Verfassung des Unternehmens berufene Leiter und die mit der Leitung der Datenverarbeitung beauftragten Personen, die Anschrift der verantwortlichen Stelle, Zweckbestimmungen der Datenerhebung, -verarbeitung oder -nutzung, eine Beschreibung der betroffenen Personengruppen u. a. m.

Entscheidungen, die für den Betroffenen eine rechtliche Folge nach sich ziehen oder ihn erheblich beeinträchtigen, dürfen nach § 6a BDSG nicht ausschließlich auf eine automatisierte Verarbeitung personenbezogener Daten gestützt werden, die der Bewertung einzelner Persönlichkeitsmerkmale dienen. Eine ausschließlich auf eine automatisierte Verarbeitung gestützte Entscheidung liegt insbesondere dann vor, wenn keine inhaltliche Bewertung und darauf gestützte Entscheidung durch eine natürliche Person stattgefunden hat. Ziel dieser Regelung ist es, klarzustellen, dass diese Vorgaben nicht dadurch umgangen werden können, indem dem automatisierten Datenverarbeitungsverfahren noch eine mehr oder minder formale Bearbeitung durch einen Menschen nachgeschaltet wird, dieser Mensch aber gar keine Befugnis oder ausreichende Datengrundlage besitzt, um von der automatisierten Entscheidung abweichen zu können. Automatisierte Entscheidungen sind zulässig, wenn dem Betroffenen bspw. die Möglichkeit eingeräumt wird, dass die

ablehnende Entscheidung erneut überprüft wird und dem Betroffenen von der verantwortlichen Stelle die Tatsache des Vorliegens einer ausschließlich automatisierten Entscheidung mitgeteilt wird. Dem Betroffenen sind auf sein Verlangen die wesentlichen
Gründe der ablehnenden Entscheidung mitzuteilen und zu erläutern.

§ 6c BDSG beinhaltet eine Sonderregelung und bezieht sich auf mobile personenbezogene Speicher- und Verbreitungsmedien. Solche sind zum Beispiel Notebooks,
Mobiltelefone, Kredit- und Chipkarten. Auf ihnen sind personenbezogene Daten gespeichert, die bspw. für Nutzungsberechtigungen, Zahlungsfunktionen oder andere Zwecke
genutzt werden können. Die Norm bestimmt, dass eine Stelle, die solche Speicher- oder
Verbreitungsmedien ausgibt, den Betroffenen informieren muss über ihre Identität und
Anschrift, über die Funktionsweise des Mediums, über die Rechte gemäß §§ 19, 20,
34, 35 BDSG (Auskunft, Berichtigung, Löschung und Sperrung gegenüber öffentlichen
und nicht-öffentlichen Stellen) und über die zu treffenden Maßnahmen bei Verlust oder
Zerstörung des Mediums. Gemäß § 6c Abs. 2 BDSG muss die verpflichtete Stelle die
erforderlichen Geräte oder Einrichtungen zur Wahrnehmung des Auskunftsrechts unentgeltlich zur Verfügung stellen (zum Beispiel Kundenservice-Hotline für Verlust von
Geld- oder Kreditkarten).

7.2.3 Internationale Anwendbarkeit

Sofern ein Sachverhalt im Datenschutzrecht einen grenzüberschreitenden Charakter aufweist, muss die Frage nach der internationalen Anwendbarkeit geklärt werden. Grundsätzlich findet hierbei das sogenannte „Territorialitätsprinzip" Anwendung, wonach der
Ort der Datenverarbeitung maßgeblich dafür ist, welches nationale Datenschutzrecht
Anwendung findet.

Abweichend hiervon gilt für den EU-grenzüberschreitenden Datenverkehr gemäß § 1
Abs. 5 BDSG das sogenannte „Sitzlandprinzip", wonach sich das insoweit anzuwendende nationale Recht hier nach dem Recht des Ortes, an dem die hierfür verantwortliche Stelle ihren Sitz hat, richtet. Daher müssen sich international tätige Unternehmen
innerhalb der EU nicht mit vielen verschiedenen Datenschutzrechten der Mitgliedstaaten
auseinandersetzen, sondern lediglich mit dem nationalen Recht des Staates, in dem sie
ihren Sitz haben.

Allerdings gilt das Sitzlandprinzip auch innerhalb der EU nur eingeschränkt: Sofern
eine aus einem EU-Staat tätige Stelle eine Niederlassung im Inland (also in Deutschland)
hat, findet wiederum das Territorialitätsprinzip Anwendung. Von einer Niederlassung ist
dann auszugehen, wenn die Ausübung der Tätigkeit effektiv und tatsächlich von einer
festen Einrichtung erfolgt. Auf diese Niederlassung ist – dem Sitzlandprinzip entsprechend – dann das deutsche Recht anzuwenden.

Im Verhältnis zu Drittstaaten außerhalb der EU ist gemäß § 1 Abs. 5 S. 2 BDSG das
deutsche Datenschutzrecht anzuwenden, soweit eine verantwortliche Stelle personenbezogene Daten im Inland erhebt, verarbeitet oder nutzt. Diese Norm hat jedoch nur eine

untergeordnete und eher formale Bedeutung, da diese Rechtsfolge aufgrund des Territorialprinzips des BDSG bereits auch ohne die genannte Regelung eintritt.

Schutz der Persönlichkeitsrechte bei der Übermittlung von Daten in das Ausland
Wenn eine Daten verarbeitende Stelle personenbezogene Daten aus Deutschland heraus an eine Stelle in einem anderen Staat übermittelt, trägt sie die Verantwortung dafür, dass diese Übermittlung die Persönlichkeitsrechte der betroffenen Personen nicht verletzt. Je nach der Grundlage der Datenübermittlung und je nachdem in welchen Staat übermittelt wird, sind unterschiedliche Anforderungen zu beachten:

In einer 1. Prüfungsstufe muss sich jede Stelle oder jedes Unternehmen, das Daten übermittelt, vergewissern, ob diese Übermittlung zulässig ist. Es muss also gemäß § 4 Abs. 1 BDSG prüfen, ob die Übermittlung durch ein Gesetz erlaubt ist oder ob die von der Übermittlung betroffenen Personen ihre Einwilligung (§ 4a BDSG) erteilt haben. Diese erste Prüfungsstufe muss immer erfolgen, unabhängig davon, ob die Daten an eine Stelle im Inland oder im Ausland transferiert werden.

Angemessenes Datenschutzniveau im Zielstaat: Bei Übermittlungen in das Ausland folgt eine 2. Prüfungsstufe, die sich darauf bezieht, ob die von der Übermittlung betroffenen Personen durch die Weitergabe ihrer Daten keine unverhältnismäßigen Eingriffe in ihre Persönlichkeitsrechte erfahren. Solche Eingriffe sind nicht zu befürchten, wenn personenbezogene Daten in Staaten übermittelt werden, die ein angemessenes Datenschutzniveau besitzen. Ein angemessenes Datenschutzniveau setzt eine Gesetzgebung voraus, die die wesentlichen Datenschutzgrundsätze festlegt, wie sie auch in der europäischen Datenschutzrichtlinie enthalten sind.

Unter diesem Aspekt bereiten Datenübermittlungen an Stellen, die in Staaten des Europäischen Wirtschaftsraumes (EWR) ansässig sind, keinerlei Probleme (§ 4 b Abs. 1 Nr. 1 und 2 BDSG). Staaten des Europäischen Wirtschaftsraumes (EWR) sind neben den Mitgliedstaaten der Europäischen Union auch Island, Norwegen und Liechtenstein.

Ebenso bestehen auf der 2. Prüfungsstufe keine Vorbehalte bei Datenübermittlungen an Stellen in solche Staaten, für welche die Europäische Kommission durch eine sogenannte Angemessenheitsentscheidung attestiert hat, dass diese Staaten ein angemessenes Datenschutzniveau gewährleisten (§ 4b Abs. 2 S. 2 BDSG). Zurzeit sind dies: Andorra, Argentinien, Kanada, Schweiz, Färöer, Guernsey, Israel, Isle of Man, Jersey, Neuseeland und Uruguay (Stand 09/2015).

Eine Besonderheit bildete bislang die „Safe-Harbor-Entscheidung" der Europäischen Kommission im Verhältnis zu den USA aus dem Jahr 2000. Grundsätzlich besteht in den USA zwar kein angemessenes Datenschutzniveau im Sinne der vorstehenden Ausführungen. US-Unternehmen, die der Kontrolle des Handelsministeriums unterliegen, konnten aber die vom US-Handelsministerium verabschiedeten Grundsätze des sicheren Hafens anerkennen und sich entsprechend zertifizieren. Nach „Safe Harbor" zertifizierte Unternehmen stellten damit für ihren Bereich ein angemessenes Datenschutzniveau her. Art. 25 Abs. 6 der Datenschutz-Richtlinie ermöglicht der EU-Kommission die Feststellung, dass in einem Drittland ein angemessenes Schutzniveau herrscht. Mehr als 5000

US-Unternehmen, darunter Apple, Microsoft und Facebook, hatten sich „Safe Harbor" unterworfen. Bislang galt die Datenübertragung an sie daher als sicher.

Der EuGH hat nun jedoch das „Safe-Harbor-Abkommen" für ungültig und die darauf beruhende Datenübertragung in die USA für rechtswidrig erklärt. Die Entscheidung wird massive Änderungen für den Datenverkehr mit den USA und speziell mit den dort ansässigen Unternehmen wie etwa Google und Facebook bringen. Ins Rollen gebracht hat die Entscheidung der Österreicher Max Schrems. Der EuGH-Entscheidung ging eine Weigerung des irischen Datenschutzbeauftragten gegenüber Max Schrems voraus, den Datenschutz bei Facebook zu überprüfen. Facebook hat seinen europäischen Sitz in Irland; dabei übermittelt es zahlreiche Daten europäischer Nutzer auf Server in den USA, wo bekanntermaßen ein geringeres Datenschutzniveau herrscht und zudem von einer massiven staatlichen Überwachung auszugehen ist.

Voraussetzung für eine rechtmäßige Datenübermittlung in Nicht-EU-Länder ist jedoch, dass in diesen ein vergleichbares Niveau in Sachen Datenschutz herrscht wie in der EU. Das verlangt die EU-Datenschutzrichtlinie (95/46/EG). Max Schrems hatte daran jedoch aufgrund der Enthüllungen Edward Snowdens über die NSA Zweifel am tatsächlichen Datenschutz in den USA angeführt. Dennoch sah sich der irische Datenschutzbeauftragte nicht zum Handeln veranlasst und verwies insofern auf das mit den USA durch die EU-Kommission geschlossene „Safe-Harbor-Abkommen". In Bezug auf US-Unternehmen, die sich „Safe Harbor" unterworfen haben, sei ohne Weiteres von einem ausreichenden Datenschutz auszugehen. Durch Vorlage des Falls zur Klärung dieser Haltung durch das Irische High Court, dem obersten Zivilgericht Irlands, an den EuGH setzte sich dieser mit dem Abkommen auseinander.

Den Verweis auf „Safe Harbor" hielt der EuGH daher nun für ungenügend. Den Luxemburger Richtern zufolge ist das Datenschutzabkommen bereits deshalb unwirksam, weil die EU-Kommission zu einem derart weitreichenden Abkommen keine Kompetenz hatte. Materielle Gründe für diese Entscheidung waren vor allem die fehlende Kontrolle der über Safe Harbor beim US-Handelsministerium registrierten Firmen hinsichtlich des praktizierten Datenschutzes. Dabei geht der EuGH von einer generellen Überwachung der übermittelten Daten durch US-Behörden aus, der sich die Unternehmen ihrerseits aufgrund geltenden Rechts zur nationalen Sicherheit in den Vereinigten Staaten nicht entziehen könnten. Der daraus resultierende massive Eingriff in die Grundrechte auf Achtung der Privatsphäre und auf wirksamen Rechtsschutz lasse sich durch die bisherige Regelung nicht rechtfertigen, weil Betroffene keinen wirksamen Rechtsschutz gegen die staatliche Überwachung hätten.

In der Folge der Entscheidung ist es daher nicht mehr so leicht, Daten in die USA zu übermitteln. Der EuGH stellte klar, dass die nationalen Datenschutzbehörden, schon als „Safe Harbor" noch bestand, zur Kontrolle berufen waren. Diese werden angesichts des Wegfalls von „Safe Harbor" ihrer Aufgabe aber nun erst recht verstärkt nachkommen. Für den Datenschutz zuständige Stellen müssen ihre Aufgaben dabei gemäß Art. 28 Abs. 1 der EU-Datenschutzrichtlinie „in völliger Unabhängigkeit" wahrnehmen können.

Die Europäische Union und die USA haben daraufhin einen Nachfolger für das Safe Harbor-Abkommen abgeschlossen: das EU-US Privacy Shield-Abkommen (EU-US-Datenschutzschild), das Verbesserungen beinhalten und so den Schutz europäischer Daten bei zertifizierten US-amerikanischen Unternehmen sicherstellen soll. Beim Transfer personenbezogener Daten in die USA werden die Grundrechte von EU-Bürgern fortan besser geschützt.

Folgende Punkte gelten:

- Strenge Datenschutz-Auflagen für US-Unternehmen, die Daten aus der Europäischen Union verarbeiten:
  - Überwachung durch das US-Handelsministerium
  - Verpflichtung zur Veröffentlichung von Unternehmensdatenschutz-Richtlinien. Verstöße gegen die eigenen Unternehmensrichtlinien sind in den USA durch eine staatliche Kommission verfolgbar.
  - Bei der Verarbeitung von Personaldaten sind US-Unternehmen zudem verpflichtet, Entscheidungen europäischer Datenschutzbehörden zu beachten.
- Klare Schutzmechanismen und Verpflichtungen zur Transparenz für Zugriffsmöglichkeiten von staatlichen Einrichtungen:
  - Die USA haben schriftlich erklärt, den Zugriff von staatlichen Stellen zu limitieren und Schutzmechanismen zu ergreifen.
  - Zugriffe dürfen nur noch in Ausnahmefällen und in einem Umfang erfolgen, der notwendig und verhältnismäßig ist. Eine undifferenzierte Massenüberwachung soll ausgeschlossen werden. Die Einhaltung dieser Regeln soll jährlich überprüft werden.
- Verbesserung des Schutzes von europäischen Bürgern:
  - US-Unternehmen müssen innerhalb gewisser Fristen auf Beschwerden von Bürgern reagieren.
  - Beschwerden können von europäischen Datenschutzbehörden u. a. an das US-Handelsministerium weitergegeben werden.
- Gemeinsame jährliche Überprüfung:
  - Überprüft wird die Funktionsweise des Datenschutzschilds einschließlich der Zusicherungen und Zusagen hinsichtlich des Datenzugriffs aus Gründen der Rechtsdurchsetzung oder der nationalen Sicherheit. Die Europäische Kommission und das US-Handelsministerium werden diese Überprüfung gemeinsam durchführen und Sachverständige der US-Nachrichtendienste und der europäischen Datenschutzbehörden hinzuziehen. Die Kommission wird darüber hinaus alle anderen verfügbaren Informationsquellen heranziehen und einen an das Europäische Parlament und den Rat gerichteten öffentlichen Bericht vorlegen.

Einzelpersonen können sich auch an ihre nationalen Datenschutzbehörden wenden, die dann zusammen mit der FTC (Federal Trade Commission), einer unabhängig arbeitenden Bundesbehörde der USA mit Sitz in Washington, D.C., dafür sorgen, dass Beschwerden nachgegangen und ihnen abgeholfen wird. Kann der Fall nicht auf andere

Weise gelöst werden, gibt es als letztes Mittel für Beschwerden gegen US-amerikanische Geheimdienste ein Schiedsverfahren bei einem Ombudsmann.

Vorgehen bei Datenübermittlungen in das Ausland:

Bei Datenübermittlungen an eine Stelle in einem sogenannten Drittstaat, die also weder in einem EWR-Staat noch in einem Staat liegt, für den die Kommission eine Angemessenheitsentscheidung getroffen hat, muss die Daten übermittelnde Stelle grundsätzlich selbst das Datenschutzniveau des Staates überprüfen (§ 4b Abs. 3 und 5 BDSG). Soweit wie möglich bemühen sich die Datenschutzaufsichtsbehörden, Unternehmen in Fragen des Datenschutzniveaus in Drittstaaten zu beraten.

Beispielsweise muss zurzeit davon ausgegangen werden, dass ein angemessenes Datenschutzniveau in Japan, Indien, und China nicht besteht.

Falls kein angemessenes Datenschutzniveau im Zielstaat gegeben ist, gilt:

Sollen personenbezogene Daten in einen Staat ohne angemessenes Datenschutzniveau übermittelt werden, ist § 4c BDSG zu beachten. Diese Bestimmung enthält einige Tatbestände, bei denen eine Datenübermittlung ohne weitere Vorkehrungen durchgeführt werden kann, wenn die Übermittlung nach der 1. Prüfungsstufe zulässig ist. An erster Stelle wird dabei die Möglichkeit der Einwilligung der betroffenen Personen in die Datenübermittlung genannt. Hier ist darauf zu achten, dass die Betroffenen vor der Einwilligung eindeutig darüber informiert wurden, dass ihre Daten an eine Stelle übermittelt werden sollen, bei der kein angemessenes Datenschutzniveau besteht. Nur unter diesen Umständen kann die Einwilligung auch wirksame Grundlage für die Übermittlung nach § 4c Abs. 1 Nr. 1 BDSG sein.

Darüber hinaus sind die Voraussetzungen des § 4a BDSG für eine wirksame Einwilligung zu beachten.

Die weiteren Tatbestände des § 4c Abs. 1 Nr. 1 bis Nr. 6 BDSG sind grundsätzlich restriktiv auszulegen und dürfen nicht zu einer Aushöhlung des Persönlichkeitsrechtsschutzes bei Datenübermittlungen ins Ausland führen.

Greifen die Tatbestände des § 4c Abs. 1 BDSG nicht, sollen Daten aber dennoch in einen nicht sicheren Drittstaat übermittelt werden, muss die Daten übermittelnde Stelle in Deutschland dafür Sorge tragen, dass die von der Übermittlung betroffenen Personen Garantien für den Schutz der Persönlichkeitsrechte erhalten. Zurzeit stehen hierzu im Wesentlichen drei Instrumente zur Verfügung, nämlich EU-Standardverträge, Individualverträge und verbindliche Konzernregelungen zum Datenschutz. Die Europäische Kommission stellt insgesamt drei Musterverträge zur Verfügung, die ausreichende Garantien für die Persönlichkeitsrechte gewährleisten. Allgemein werden diese Verträge als Standardverträge bezeichnet. Einer der Verträge ist speziell für die Übermittlung an Auftragsdatenverarbeiter im Drittstaat vorgesehen, die anderen beiden können für die Datenübermittlung zwischen zwei selbstständigen verantwortlichen Stellen eingesetzt werden. Diese Verträge werden von der Daten übermittelnden Stelle mit der die Daten empfangenden Stelle abgeschlossen. Es ist auch möglich, diese Verträge als Mehrparteienvertrag zu gestalten, dann ist allerdings besonders darauf zu achten, dass die konkreten Datenflüsse zwischen den Vertragsparteien klar beschrieben sind. Es muss für die Betroffenen transparent bleiben, an welche Stellen ihre Daten übermittelt wurden.

Wenn Unternehmen mit dem Datenimporteur im Drittstaat einen Standardvertrag abschließen, können sie das in eigener Verantwortung tun. Einer Genehmigung durch die Aufsichtsbehörde für den Datenschutz bedarf es nicht, denn die Eignung des Vertragswerks als Garantie für die Persönlichkeitsrechte wurde bereits durch supranationalen Rechtsakt festgestellt. Werden allerdings einzelne Klauseln individuell verändert oder Klauseln der einzelnen Verträge miteinander vermischt, entsteht grundsätzlich ein Individualvertrag, der gemäß § 4c Abs. 2 BDSG der Genehmigung durch die Aufsichtsbehörde bedarf. Einer solchen Genehmigung bedarf es ausnahmsweise dann nicht, wenn ein Standardvertrag eindeutig zugunsten der Betroffenen geändert wird. Ob im Einzelfall keine Genehmigungspflicht besteht, ist durch Rückfrage bei der zuständigen Aufsichtsbehörde zu klären. Abschließend sei noch einmal ausdrücklich darauf hingewiesen, dass der Einsatz des Standardvertrages nicht davon entbindet, die Zulässigkeit der einzelnen Datenübermittlung zu prüfen (1. Stufe).

Wenn Unternehmen lieber ein gänzlich eigenes Vertragswerk, also einen Individualvertrag, mit dem Datenimporteur im Drittstaat abschließen möchten, prüft die Aufsichtsbehörde diesen Vertrag daraufhin, ob er ausreichende Garantien für die Persönlichkeitsrechte der von der Übermittlung betroffenen Personen gewährleistet.

Neben dem Vertragswerk, das vorzulegen ist, sind im Genehmigungsverfahren auch die Datenkategorien zu benennen, die übermittelt werden sollen. Die Genehmigung wird nämlich für konkrete Datenkategorien erteilt. Sollen zu einem späteren Zeitpunkt weitere Datenkategorien übermittelt werden, ist ein erneuter Genehmigungsantrag zu stellen mit dem Ziel, die Genehmigung um die neuen Datenkategorien zu ergänzen.

Die Genehmigung für eine abstrakte Datenkategorie entbindet die verantwortliche Stelle allerdings nicht davon, die Zulässigkeit der Übermittlung im Einzelfall (1. Stufe) zu überprüfen.

Als drittes in der Praxis genutztes Instrument für die Übermittlung von personenbezogenen Daten an eine Stelle im Drittstaat ist die „Verbindliche Konzernregelung zum Datenschutz" zu nennen. Dieses Instrument ist praktikabel für Konzerne, in denen ein regelmäßiger Austausch personenbezogener Daten erfolgt. Hier wird für den Konzern ein Regelwerk erarbeitet, das Datenschutzgarantien für die Personen schafft, deren Daten im Konzern verarbeitet werden. Praktiziert werden auch Konzernregelungen, die sich nur auf eine Gruppe von Personen beziehen, so zum Beispiel Konzernregelungen für die Verarbeitung von Personaldaten innerhalb eines Konzernverbundes.

7.2.4 Datenerhebung durch öffentliche und nicht-öffentliche Stellen

Gemäß § 13 BDSG dürfen öffentliche Stellen personenbezogene Daten erheben, wenn dies zur Erfüllung ihrer Aufgaben notwendig ist. Die entsprechenden notwendigen Daten bestimmen die jeweiligen Verwaltungsvorschriften, zum Beispiel für das Meldewesen, die Standesämter, die Bundesagentur für Arbeit, die Polizeibehörden. Gelöscht werden müssen die erhobenen Daten gemäß § 20 Abs. 2 BDSG, wenn ihre Speicherung unzulässig ist oder wenn die verantwortliche Stelle die Daten zur Erfüllung ihrer Aufgaben nicht mehr benötigt.

§ 14 BDSG enthält Vorschriften zur Datenspeicherung, -veränderung und -nutzung durch öffentliche Stellen. Das Speichern, Verändern und Nutzen personenbezogener Daten ist demnach zulässig, wenn dies erforderlich ist für die Erfüllung der Aufgaben der zuständigen Stellen und wenn dies zu dem Zweck erfolgt, zu dem die Daten ursprünglich erhoben wurden. § 14 Abs. 2 BDSG bestimmt u. a., dass eine Rechtsnorm das Speichern, Verändern oder Nutzen der personenbezogenen Daten vorsehen oder anordnen muss oder dass der Betroffene eingewilligt haben muss. Andernfalls ist das Speichern, Verändern und Nutzen der Daten unzulässig.

Die Übermittlung personenbezogener Daten an öffentliche Stellen (zum Beispiel vom Arbeitgeber an das Finanzamt) ist gemäß § 15 Abs. 1 Nr. 1 BDSG zulässig, wenn die Daten zur Aufgabenerfüllung der übermittelnden Stelle oder des Empfängers erforderlich sind. Die Verantwortung für die Zulässigkeit der Übermittlung trägt gemäß § 15 Abs. 2 BDSG die Stelle, die die Daten an Dritte übermittelt. Der Empfänger der Daten darf diese nur für den Zweck verarbeiten oder nutzen, zu dem sie ihm übermittelt wurden (§ 15 Abs. 3 BDSG).

Im Bereich der Privatwirtschaft sind die Erhebung, Verarbeitung und Nutzung personenbezogener Daten durch nicht-öffentliche Stellen und öffentlich-rechtliche Wettbewerbsunternehmen gemäß § 28 Abs. 1 BDSG zulässig, wenn dies der Zweckbestimmung eines Vertragsverhältnisses dient, wenn es zur Wahrung berechtigter Interessen der verantwortlichen Stellen erforderlich ist und nicht schutzwürdige Interessen des Betroffenen gegen die Datenerhebung und -verarbeitung überwiegen (beispielhafte Aufzählung). Zulässig sind Erhebung, Verarbeitung und Nutzung personenbezogener Daten in der Privatwirtschaft auch dann, wenn die Daten ohnehin allgemein zugänglich sind.

Die Zwecke, zu denen die Daten erhoben werden (zum Beispiel Vertragsabwicklung, Statistiken), müssen konkret festgelegt werden (§ 28 Abs. 1 S. 2 BDSG). Derjenige, der die Daten erhält, darf sie nur zu Erfüllung des festgelegten Zwecks verwenden (§ 28 Abs. 5 BDSG).

Zulässig sind die Übermittlung und Nutzung personenbezogener Daten gemäß § 28 Abs. 2 Nr. 2 lit. b BDSG außerdem, soweit sie zur Gefahrenabwehr für die staatliche und öffentliche Sicherheit oder zur Strafverfolgung erforderlich sind.

Die Verarbeitung oder Nutzung personenbezogener Daten für Zwecke des Adresshandels oder der Werbung ist nach § 28 Abs. 3 BDSG nur zulässig, soweit der Betroffene eingewilligt hat. Wird die Einwilligung in anderer Form als der Schriftform erteilt, hat die verantwortliche Stelle dem Betroffenen den Inhalt der Einwilligung schriftlich zu bestätigen, es sei denn, dass die Einwilligung elektronisch erklärt wird und die verantwortliche Stelle sicherstellt, dass die Einwilligung protokolliert wird und der Betroffene deren Inhalt jederzeit abrufen und die Einwilligung jederzeit mit Wirkung für die Zukunft widerrufen kann. Soll die Einwilligung zusammen mit anderen Erklärungen schriftlich erteilt werden, ist sie in drucktechnisch deutlicher Gestaltung besonders hervorzuheben. Selbst die Einwilligung zusammen mit anderen Erklärungen erteilt, ist sie nach § 28 Abs. 3a S. 2 BDSG in „drucktechnisch deutlicher Gestaltung besonders hervorzuheben". § 4 a Abs. 1 S. 4 BSDG konkretisiert diese Anforderung, wonach eine solche Einwilligung „besonders hervorzuheben" ist (zum Beispiel größere Schrifttypen, Fettdruck, Umrahmung usw.).

Nach § 28 Abs. 3 S. 2 Nr. 1 BDSG ist für die Zwecke der Werbung für eigene Angebote die Verarbeitung oder Nutzung personenbezogener Daten auch ohne Einwilligung zulässig, soweit es sich um listenmäßig oder sonst zusammengefasste bestimmte Daten handelt und die Daten von der verantwortlichen Stelle beim Betroffenen selbst erhoben worden sind, zum Beispiel im Rahmen eines Vertragsverhältnisses. Nach § 28 Abs. 3 S. 3 BDSG darf die verantwortliche Stelle listenmäßig oder sonst zusammengefasste Daten für Zwecke der Werbung für eigene Angebote weitere Datenmengen zu speichern.

Gemäß § 28 Abs. 3 S. 5 BDSG ist es möglich, dass Daten von sogenannten Bestandskunden auch für Zwecke der Werbung für fremde Angebote genutzt werden dürfen, wenn in der Werbung die für die Nutzung verantwortliche Stelle eindeutig erkennbar ist. Eindeutig erkennbar bedeutet, dass der Betroffene die verantwortliche Stelle ohne Zweifel und mit seinen Kenntnissen und Möglichkeiten identifizieren kann. Diese Ausnahme umfasst bspw. die Tatbestände einer „Beipackwerbung" oder einer „Empfehlungswerbung", bei der etwa ein Unternehmen seine Kundendaten im Interesse eines anderen Unternehmens nutzt, indem es seinen Kunden im Werbeanschreiben ein Angebot des anderen Unternehmens empfiehlt.

Die Verarbeitung von Daten für Zwecke der Werbung gegenüber im Unternehmen Beschäftigten ist nach § 28 Abs. 3 S. 2 Nr. 2 BDSG ohne Einwilligung zulässig, wenn sich die Werbung gegenüber dem Beschäftigten auf seine berufliche Tätigkeit unter seiner beruflichen Anschrift bezieht.

Der Betroffene ist bei der Ansprache zum Zweck der Werbung oder der Markt- oder Meinungsforschung über die verantwortliche Stelle sowie über sein Widerspruchsrecht zu unterrichten; soweit der Ansprechende personenbezogene Daten des Betroffenen nutzt, die bei einer ihm nicht bekannten Stelle gespeichert sind, hat er auch sicherzustellen, dass der Betroffene Kenntnis über die Herkunft der Daten erhalten kann. Widerspricht der Betroffene bei dem Dritten, dem die Daten übermittelt werden, der Verarbeitung oder Nutzung für Zwecke der Werbung oder der Markt- oder Meinungsforschung, hat dieser die Daten für diese Zwecke zu sperren.

Widerspricht der Betroffene bei der verantwortlichen Stelle der Nutzung oder Übermittlung seiner Daten für Zwecke der Werbung oder der Markt- oder Meinungsforschung, ist gemäß § 28 Abs. 4 BDSG eine Nutzung oder Übermittlung für diese Zwecke unzulässig.

Das Erheben von besonderen Arten personenbezogener Daten ist nach § 28 Abs. 7 BDSG ferner zulässig, wenn dies zum Zweck der Gesundheitsvorsorge, der medizinischen Diagnostik, der Gesundheitsversorgung oder Behandlung oder für die Verwaltung von Gesundheitsdiensten erforderlich ist und die Verarbeitung dieser Daten durch ärztliches Personal oder durch sonstige Personen erfolgt, die einer entsprechenden Geheimhaltungspflicht unterliegen.

Organisationen, die politisch, philosophisch, religiös oder gewerkschaftlich ausgerichtet sind und keinen Erwerbszweck verfolgen, dürfen gemäß § 28 Abs. 9 BDSG besondere Arten personenbezogener Daten erheben, verarbeiten oder nutzen, soweit dies für die Tätigkeit der Organisation erforderlich ist. Dies gilt jedoch nur für personenbezogene Daten ihrer Mitglieder oder von Personen, die im Zusammenhang mit deren Tätigkeitszweck regelmäßig Kontakte mit ihr unterhalten.

Die Übermittlung personenbezogener Daten über eine Forderung an Auskunfteien ist nach § 28a BDSG nur zulässig, soweit die geschuldete Leistung trotz Fälligkeit nicht erbracht worden ist. Ferner muss die Übermittlung zur Wahrung berechtigter Interessen der verantwortlichen Stelle erforderlich sein. Zudem muss die Forderung durch ein Urteil festgestellt oder vom Betroffenen ausdrücklich anerkannt worden sein, und die verantwortliche Stelle muss den Betroffenen über die bevorstehende Übermittlung unterrichtet haben. Nach § 28a Abs. 2 S. 2 BDSG dürfen nur bestimmte Datenarten, wie Daten über die Begründung, die ordnungsgemäße Durchführung und die Beendigung eines Vertragsverhältnisses nach dem Kreditwesengesetz (KWG) an Auskunfteien übermittelt werden, es sei denn, dass das schutzwürdige Interesse des Betroffenen an dem Ausschluss der Übermittlung gegenüber dem Interesse der Auskunftei an der Kenntnis der Daten offensichtlich überwiegt. Nach § 28a Abs. 2 S. 3 BDSG ist der Betroffene vor Abschluss des Vertrages hierüber zu unterrichten.

Gemäß § 28b BDSG darf unter Zugrundelegung eines wissenschaftlich anerkannten mathematisch-statistischen Verfahrens über die Begründung, Durchführung oder Beendigung eines Vertragsverhältnisses mit dem Betroffenen ein Wahrscheinlichkeitswert für ein bestimmtes zukünftiges Verhalten des Betroffenen erhoben oder verwendet werden. Erforderlich ist hierbei jedoch, dass die zur Berechnung des Wahrscheinlichkeitswerts genutzten Daten nachweisbar für die Berechnung der Wahrscheinlichkeit des bestimmten Verhaltens erheblich sind und der Betroffene über die vorgesehene Nutzung dieser Daten unterrichtet worden ist („Scoring").

Nach § 30a BSDG ist das geschäftsmäßige Erheben, Verarbeiten oder Nutzen personenbezogener Daten für Zwecke der Markt- oder Meinungsforschung zulässig, wenn kein Grund zu der Annahme besteht, dass der Betroffene ein schutzwürdiges Interesse an deren Ausschluss hat, oder die Daten aus allgemein zugänglichen Quellen entnommen werden können oder die verantwortliche Stelle sie veröffentlichen dürfte und das schutzwürdige Interesse des Betroffenen an dem Ausschluss der Erhebung, Verarbeitung oder Nutzung gegenüber dem Interesse der verantwortlichen Stelle nicht offensichtlich überwiegt.

Aufgrund von § 32 BDSG dürfen personenbezogene Daten eines Beschäftigten für Zwecke des Beschäftigungsverhältnisses erhoben, verarbeitet oder genutzt werden, wenn dies für die Entscheidung über die Begründung eines Beschäftigungsverhältnisses oder nach Begründung des Beschäftigungsverhältnisses für dessen Durchführung oder Beendigung erforderlich ist. § 28 BDSG wird als allgemeine Zulässigkeitsnorm aber von § 32 BDSG nicht vollständig verdrängt.

Drei Bereiche lassen sich aus § 32 Abs. 1 S. 1 BDSG ableiten:

- Bewerbung und Eintritt der Beschäftigten in das Unternehmen,
- Vorgänge während der Beschäftigung (Verwaltung und Kontrolle),
- Ausscheiden der Beschäftigten aus dem Unternehmen.

Der Arbeitnehmerdatenschutz soll zwar schon seit langem neu geregelt und die seit Jahrzehnten diskutierte Schaffung umfassender gesetzlicher Regelungen für den Arbeitnehmerdatenschutz verwirklicht werden. Gegenwärtig existieren nur wenige spezifische gesetzliche Vorschriften zum Schutz der personenbezogenen Daten von Beschäftigten. Für zahlreiche Fragen der Praxis zum Beschäftigtendatenschutz bestehen hingegen keine speziellen gesetzlichen Regelungen. Teilweise ergibt sich der rechtliche Rahmen für den Beschäftigtendatenschutz aus verschiedenen allgemeinen Gesetzen wie dem Bundesdatenschutzgesetz und dem Betriebsverfassungsgesetz. Daneben existiert eine Vielzahl an gerichtlichen Einzelfallentscheidungen, anhand derer wichtige Grundsätze für den Beschäftigtendatenschutz entwickelt worden sind. Jedoch sind insbesondere die gerichtlichen Entscheidungen für die betroffenen Beschäftigten teilweise nur schwer zu erschließen.

Durch klarere gesetzliche Regelungen sollte daher die Rechtssicherheit für Arbeitgeber und Beschäftigte erhöht werden. So sollten einerseits die Beschäftigten vor der unrechtmäßigen Erhebung und Verwendung ihrer personenbezogenen Daten geschützt werden, andererseits soll das Informationsinteresse des Arbeitgebers beachtet werden. Beides sollte dazu dienen, ein vertrauensvolles Arbeitsklima zwischen Arbeitgebern und Beschäftigten am Arbeitsplatz zu unterstützen.

Daten, die von nicht-öffentlichen Stellen (also in erster Linie zu privatwirtschaftlichen Zwecken) erhoben wurden, können gemäß § 35 Abs. 1 BDSG grundsätzlich jederzeit gelöscht werden, es sei denn es besteht eine gesetzliche, satzungsmäßige oder vertragliche Aufbewahrungspflicht (§ 35 Abs. 3 BDSG). Auch wenn schutzwürdige Interessen des Betroffenen beeinträchtigt werden, können die Daten nicht gelöscht, sondern nur gesperrt werden (§ 35 Abs. 3 Nr. 2 BDSG). Verpflichtet sind nicht-öffentliche Stellen zur Löschung personenbezogener Daten, wenn die Speicherung unzulässig ist, wenn es sich um Daten über rassische oder ethnische Herkunft, politische Meinungen oder religiöse Auffassungen des Betroffenen handelt oder wenn die Daten zur Zweckerfüllung nicht mehr benötigt werden (beispielhafte Aufzählungen gemäß § 35 Abs. 2 BDSG).

7.2.5 Rechte der Betroffenen

Gemäß § 6 Abs. 1 BDSG stehen einem Betroffenen unabdingbare Rechte zu. „Unabdingbar" bedeutet: Diese Rechte können durch Rechtsgeschäft nicht ausgeschlossen oder beschränkt werden.

Dazu zählen das Recht auf Auskunft sowohl gegenüber öffentlichen (§ 19 BDSG) als auch gegenüber nicht-öffentlichen Stellen (§ 34 BDSG): Die verantwortliche Stelle hat dem Betroffenen auf Verlangen über die zu seiner Person gespeicherten Daten, auch soweit sie sich auf die Herkunft dieser Daten beziehen, den Empfänger oder Kategorien von Empfängern, an die Daten weitergegeben werden, und den Zweck der Speicherung Auskunft zu erteilen. § 34 Abs. 2 und 3 BDSG regeln die Auskunftsrechte des Betroffenen gegenüber Scoring-Betreibern mit dem Ziel, die Transparenz der Scoring-Verfahren zu verbessern. Kommen derartige Verfahren bei einem Kreditinstitut zum Einsatz und nutzt die Bank diese Verfahren bspw. für eine Kreditentscheidung, so ist der errechnete Score-Wert sechs Monate lang zu speichern, um dem potenziellen Auskunftsanspruch des Betroffenen nachkommen zu können.

Außerdem besteht das Recht auf Berichtigung, Löschung oder Sperrung der erhobenen personenbezogenen Daten (gegenüber öffentlichen Stellen gemäß § 20 BDSG, gegenüber nicht-öffentlichen Stellen gemäß § 35 BDSG) (Abb. 7.1).

Personenbezogene Daten über die Ausübung eines Rechts des Betroffenen, das sich aus dem BDSG oder aus einer anderen Vorschrift über den Datenschutz ergibt, dürfen nur zur Erfüllung der sich aus der Ausübung des Rechts ergebenden Pflichten der verantwortlichen Stelle verwendet werden (§ 6 Abs. 3 BDSG).

Gemäß § 7 BDSG steht einem Betroffenen Schadensersatz zu, wenn ihm eine verantwortliche Stelle (sowohl öffentlich als auch nicht-öffentlich) dadurch einen Schaden zugefügt hat, dass sie seine personenbezogenen Daten unzulässig oder unrichtig erhoben, verarbeitet oder genutzt hat. Die Ersatzpflicht entfällt, sofern die verantwortliche Stelle die gebotene Sorgfalt beachtet hat.

Fügt eine verantwortliche öffentliche Stelle dem Betroffenen durch eine unzulässige oder unrichtige automatisierte Erhebung, Verarbeitung oder Nutzung seiner

Abb. 7.1 Rechte der Betroffenen. (Quelle: Eigene Darstellung)

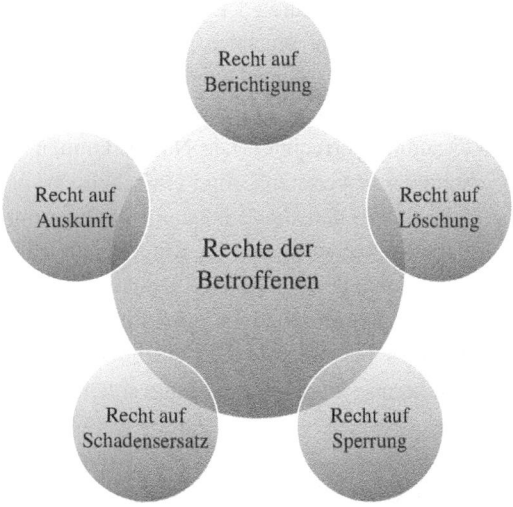

personenbezogenen Daten einen Schaden zu, ist ihr Träger dem Betroffenen nach § 8 BDSG unabhängig von einem Verschulden zum Schadensersatz verpflichtet.

Entscheidungen, die für den Betroffenen eine rechtliche Folge nach sich ziehen oder ihn erheblich beeinträchtigen, dürfen nach § 6 a BDSG nicht ausschließlich auf eine automatisierte Verarbeitung personenbezogener Daten gestützt werden, die der Bewertung einzelner Persönlichkeitsmerkmale dienen. Eine ausschließlich auf eine automatisierte Verarbeitung gestützte Entscheidung liegt insbesondere dann vor, wenn keine inhaltliche Bewertung und darauf gestützte Entscheidung durch eine natürliche Person stattgefunden hat.

Der BGH entschied im Zusammenhang mit der Erhebung, Speicherung und Übermittlung von Daten über die Zulässigkeit einer Lehrerbewertung im Internet durch Schüler auf der Website www.spickmich.de sowie über die Zulässigkeit einer Arztbewertung auf einem Ärztebewertungsportal.

Beispiel

Lehrerbewertung im Unterricht

Der Fall:[4]

Die Klägerin, deren Name und Funktion auch der Homepage der Schule, an der sie unterrichtet, entnommen werden kann, erhielt für das Unterrichtsfach Deutsch eine Gesamtbewertung von 4,3. Ihr zugeschriebene Zitate wurden bisher nicht eingestellt. Mit der Klage verfolgte die Klägerin einen Anspruch auf Löschung bzw. Unterlassung der Veröffentlichung ihres Namens, des Namens der Schule, der unterrichteten Fächer im Zusammenhang mit einer Gesamt- und Einzelbewertung und der Zitat- und Zeugnisseite auf der Homepage www.spickmich.de. Zugang zu dem Portal haben nur registrierte Nutzer. Die Registrierung erfolgt nach Eingabe des Namens der Schule, des Schulortes, eines Benutzernamens und einer E-Mail-Adresse. An die E-Mail-Adresse wird ein Passwort versandt, das den Zugang zu dem Portal eröffnet. Die mit den Schulnoten 1 bis 6 abzugebenden Bewertungen sind an vorgegebene Kriterien gebunden wie etwa „cool und witzig", „beliebt", „motiviert", „menschlich", „gelassen" und „guter Unterricht". Ein eigener Textbeitrag des Bewertenden ist nicht möglich. Aus dem Durchschnitt der anonym abgegebenen Bewertungen wird eine Gesamtnote errechnet. Die Nutzer können außerdem auf einer Zitatseite angebliche Zitate der bewerteten Lehrer einstellen.

Der BGH hat die Erhebung, Speicherung und Übermittlung der Daten trotz der fehlenden Einwilligung der Klägerin für zulässig gehalten. Zwar umfasst der Begriff der personenbezogenen Daten nicht nur klassische Daten wie etwa den Namen oder den Geburtsort, sondern auch Meinungsäußerungen und Beurteilungen, die sich auf einen bestimmten oder bestimmbaren Betroffenen beziehen. Für die Erhebung, Speicherung und Übermittlung solcher Daten in automatisierten Verfahren gelten

---

[4]BGH, Urt. v. 23.06.2009 – VI ZR 196/08.

grundsätzlich die Vorschriften des Bundesdatenschutzgesetzes. Die Erhebung und Speicherung von Daten zur Übermittlung an Dritte ist auch ohne Einwilligung des Betroffenen nach § 29 BDSG u. a. dann zulässig, wenn ein Grund zu der Annahme eines schutzwürdigen Interesses an dem Ausschluss der Datenerhebung und -speicherung nicht gegeben ist. Ein entgegenstehendes Interesse der Klägerin hat der BGH nach Abwägung des Rechts auf informationelle Selbstbestimmung einerseits und des Rechts auf freien Meinungsaustausch andererseits für nicht gegeben erachtet. Die Bewertungen stellen Meinungsäußerungen dar, die die berufliche Tätigkeit der Klägerin betreffen, bei der der Einzelne grundsätzlich nicht den gleichen Schutz wie in der Privatsphäre genießt. Konkrete Beeinträchtigungen hat die Klägerin nicht geltend gemacht. Die Äußerungen sind weder schmähend noch der Form nach beleidigend. Dass die Bewertungen anonym abgegeben werden, macht sie nicht unzulässig, weil das Recht auf Meinungsfreiheit nicht an die Zuordnung der Äußerung an ein bestimmtes Individuum gebunden ist. Die Meinungsfreiheit umfasst grundsätzlich das Recht, das Verbreitungsmedium frei zu bestimmen.

Auch die Zulässigkeit der Übermittlung der Daten an den Nutzer kann nur aufgrund einer Gesamtabwägung zwischen dem Persönlichkeitsschutz des Betroffenen und dem Recht auf Kommunikationsfreiheit im jeweiligen Einzelfall beurteilt werden. Im Streitfall ist im Hinblick auf die geringe Aussagekraft und Eingriffsqualität der Daten und die Zugangsbeschränkungen zum Portal die Datenübermittlung nicht von vornherein unzulässig. Besondere Umstände, die der Übermittlung im konkreten Fall entgegenstehen könnten, hat die Klägerin nicht vorgetragen.

Ärztebewertungsportale sind Hostprovider im Sinne von § 10 TMG. Hierzu im Einzelnen: Es besteht kein Auskunftsanspruch im Hinblick auf die Anmeldedaten gegen den Betreiber eines Internetportals aufgrund persönlichkeitsverletzender Inhalte, wohl aber ein Unterlassungsanspruch gegen den Portalbetreiber.

Der Betreiber eines Internetportals ist in Ermangelung einer gesetzlichen Ermächtigungsgrundlage im Sinne des § 12 Abs. 2 TMG grundsätzlich nicht befugt, ohne Einwilligung des Nutzers dessen personenbezogene Daten zur Erfüllung eines Auskunftsanspruchs wegen einer Persönlichkeitsrechtsverletzung an den Betroffenen zu übermitteln. Nach dem Gebot der engen Zweckbindung des § 12 Abs. 2 TMG dürfen für die Bereitstellung von Telemedien erhobene personenbezogene Daten für andere Zwecke nur verwendet werden, soweit eine Rechtsvorschrift dies erlaubt oder der Nutzer eingewilligt hat. Ein Verwenden im Sinne des § 12 Abs. 2 TMG stellt auch eine Übermittlung an Dritte dar. Eine Erlaubnis durch Rechtsvorschrift kommt außerhalb des Telemediengesetzes nach dem Gesetzeswortlaut lediglich dann in Betracht, wenn sich eine solche Vorschrift ausdrücklich auf Telemedien bezieht. Eine solche Vorschrift hat der Gesetzgeber bisher – bewusst – nicht geschaffen. Es besteht also kein Anspruch auf Auskunft über Anmeldedaten des Nutzers gegen den Betreiber eines Internetportals. Die Herausgabe der personenbezogenen Daten des Nutzers darf nur gegenüber den Strafverfolgungsbehörden.

Dem durch persönlichkeitsrechtsverletzende Inhalte einer Internetseite Betroffenen kann allerdings ein Unterlassungsanspruch gegen den Diensteanbieter zustehen.[5]

> **Beispiel**
>
> Zum Löschungsanspruch des bewerteten Arztes
>
> Der Fall:[6]
>
> Der Kläger ist niedergelassener Gynäkologe. Auf dem Online-Portal jameda.de können zu Ärzten zum einen verschiedene Basisdaten abgerufen werden, dazu zählen insbesondere Name, Fachrichtung, Praxisanschrift, Kontaktdaten und Sprechzeiten des jeweiligen Arztes. Zum anderen sind – soweit vorhanden – auch Bewertungen des Arztes durch andere Portalnutzer abrufbar. Der Kläger ist in dem Onlineportal mit seinem akademischen Grad, seinem Namen, seiner Fachrichtung und der Anschrift seiner Praxis verzeichnet. Zudem wurden im Zeitraum von Januar bis Mitte März 2012 drei Bewertungen über ihn abgegeben und auf der von der Beklagten betriebenen Internetseite mit den Titeln „Toller Arzt – sehr empfehlenswert", „na ja…" sowie „Kompetenter netter Arzt, sehr zu empfehlen!" angezeigt. Der Kläger wollte erreichen, dass seine Daten nicht weiter über das Portal zugänglich gemacht werden und sein Profil gelöscht wird.
>
> Die Entscheidung:
>
> Dem mit dem allgemeinen Persönlichkeitsrecht begründeten Löschungsverlangen des Klägers kam der BGH nicht nach: Die geltend gemachten Ansprüche bestünden nicht, weil das Recht des Klägers auf informationelle Selbstbestimmung das Recht der Beklagten auf Kommunikationsfreiheit nicht überwiege. Die Beklagte sei deshalb nach § 29 Abs. 1 BDSG zur Erhebung, Speicherung und Nutzung sowie nach § 29 Abs. 2 BDSG zur Übermittlung der Daten an die Portalnutzer berechtigt. Zwar wird ein Arzt durch seine Aufnahme in ein Bewertungsportal nicht unerheblich belastet. Abgegebene Bewertungen können – neben den Auswirkungen für den sozialen und beruflichen Geltungsanspruch des Arztes – die Arztwahl behandlungsbedürftiger Personen beeinflussen, sodass er im Falle negativer Bewertungen wirtschaftliche Nachteile zu gewärtigen hat. Auch besteht eine gewisse Gefahr des Missbrauchs des Portals.

Auf der anderen Seite war im Rahmen der Abwägung aber zu berücksichtigen, dass das Interesse der Öffentlichkeit an Informationen über ärztliche Leistungen vor dem Hintergrund der freien Arztwahl ganz erheblich ist und das von der Beklagten betriebene Portal dazu beitragen kann, einem Patienten die aus seiner Sicht erforderlichen Informationen zur Verfügung zu stellen. Zudem berühren die für den Betrieb des Portals erhobenen, gespeicherten und übermittelten Daten den Arzt nur in seiner sogenannten

---

[5]BGH, Urt. v. 01.07.2014 – VI ZR 345/13.
[6]BGH, Urt. v. 23.09.2014 – VI ZR 358/13.

„Sozialsphäre", also in einem Bereich, in dem sich die persönliche Entfaltung von vornherein im Kontakt mit anderen Personen vollzieht. Hier muss sich der Einzelne auf die Beobachtung seines Verhaltens durch eine breitere Öffentlichkeit sowie auf Kritik einstellen. Missbrauchsgefahren ist der betroffene Arzt nicht schutzlos ausgeliefert, da er von der Beklagten die Löschung unwahrer Tatsachenbehauptungen sowie beleidigender oder sonst unzulässiger Bewertungen verlangen kann. Dass Bewertungen anonym abgegeben werden können, führt zu keinem anderen Ergebnis. Denn die Möglichkeit zur anonymen Nutzung ist dem Internet immanent (vgl. § 13 Abs. 6 S. 1 TMG).

Zur Haftung des Betreibers eines Ärztebewertungsportals:

Nimmt ein Betroffener einen Hostprovider auf Unterlassung der Verbreitung einer in einem Blog enthaltenen Äußerung eines Dritten in Anspruch, weil diese das Persönlichkeitsrecht des Betroffenen verletze, setzt die Störerhaftung des Hostproviders die Verletzung zumutbarer Prüfpflichten voraus. Der Hostprovider ist erst verantwortlich, wenn er Kenntnis von der Verletzung des Persönlichkeitsrechts erlangt. Dies setzt voraus, dass die Beanstandung des Betroffenen so konkret gefasst ist, dass der Rechtsverstoß auf der Grundlage der Behauptungen des Betroffenen unschwer bejaht werden kann. Eine Verpflichtung zur Löschung des beanstandeten Eintrags besteht, wenn auf der Grundlage der Stellungnahme des für den Blog Verantwortlichen und einer etwaigen Replik des Betroffenen unter Berücksichtigung etwa zu verlangender Nachweise von einer rechtswidrigen Verletzung des Persönlichkeitsrechts auszugehen ist.[7]

Der Bundesgerichtshof konkretisierte die Pflichten des Betreibers eines Ärztebewertungsportals.

Beispiel

Der Fall:[8]

Der Kläger ist Zahnarzt. Die Beklagte betreibt unter der Internetadresse www.jameda.de ein Portal zur Arztsuche und -bewertung. Dort können Interessierte Informationen über Ärzte aufrufen. Registrierten Nutzern bietet das Portal zudem die Möglichkeit, die Tätigkeit von Ärzten zu bewerten. Die Bewertung, die der jeweilige Nutzer ohne Angabe seines Klarnamens abgeben kann, erfolgt dabei anhand einer sich an Schulnoten orientierenden Skala für insgesamt fünf vorformulierte Kategorien, namentlich „Behandlung", „Aufklärung", „Vertrauensverhältnis", „genommene Zeit" und „Freundlichkeit". Ferner besteht die Möglichkeit zu Kommentaren in einem Freitextfeld.

Gegenstand der Entscheidung des Bundesgerichtshofs war die Bewertung des Klägers durch einen anonymen Nutzer, er könne den Kläger nicht empfehlen. Als Gesamtnote war 4,8 genannt. Sie setzte sich aus den in den genannten Kategorien vergebenen Einzelnoten zusammen, darunter jeweils der Note „6" für „Behandlung",

---

[7]BGH, Urt. v. 25.10.2011 – VI ZR 93/10.
[8]BGH, Urt. v. 01.03.2016 – VI ZR 34/15.

„Aufklärung" und „Vertrauensverhältnis". Der Kläger bestreitet, dass er den Bewertenden behandelt hat.

Der Kläger forderte die Beklagte vorprozessual zur Entfernung der Bewertung auf. Diese sandte die Beanstandung dem Nutzer zu. Die Antwort des Nutzers hierauf leitete sie dem Kläger unter Hinweis auf datenschutzrechtliche Bedenken nicht weiter. Die Bewertung beließ sie im Portal.

Mit seiner Klage verlangte der Kläger von der Beklagten, es zu unterlassen, die dargestellte Bewertung zu verbreiten oder verbreiten zu lassen.

Die Entscheidung:

Die beanstandete Bewertung ist keine eigene „Behauptung" der Beklagten, weil diese sie sich inhaltlich nicht zu eigen gemacht hat. Die Beklagte haftet für die vom Nutzer ihres Portals abgegebene Bewertung deshalb nur dann, wenn sie zumutbare Prüfungspflichten verletzt hat. Deren Umfang richtet sich nach den Umständen des Einzelfalles. Maßgebliche Bedeutung kommt dabei dem Gewicht der beanstandeten Rechtsverletzung, den Erkenntnismöglichkeiten des Providers sowie der Funktion des vom Provider betriebenen Dienstes zu. Hierbei darf einem Diensteanbieter keine Prüfungspflicht auferlegt werden, die sein Geschäftsmodell wirtschaftlich gefährdet oder seine Tätigkeit unverhältnismäßig erschwert.

Die Beklagte hat hier ihr obliegende Prüfpflichten verletzt. Der Betrieb eines Bewertungsportals trägt im Vergleich zu anderen Portalen von vornherein ein gesteigertes Risiko von Persönlichkeitsrechtsverletzungen in sich. Diese Gefahr wird durch die Möglichkeit, Bewertungen anonym oder pseudonym abzugeben, verstärkt. Zudem erschweren es derart verdeckt abgegebene Bewertungen dem betroffenen Arzt, gegen den Bewertenden direkt vorzugehen. Vor diesem Hintergrund hätte die beklagte Portalbetreiberin die Beanstandung des betroffenen Arztes dem Bewertenden übersenden und ihn dazu anhalten müssen, ihr den angeblichen Behandlungskontakt möglichst genau zu beschreiben. Darüber hinaus hätte sie den Bewertenden auffordern müssen, ihr den Behandlungskontakt belegende Unterlagen, wie etwa Bonushefte, Rezepte oder sonstige Indizien, möglichst umfassend vorzulegen. Diejenigen Informationen und Unterlagen, zu deren Weiterleitung sie ohne Verstoß gegen § 12 Abs. 1 TMG in der Lage gewesen wäre, hätte sie an den Kläger weiterleiten müssen.

7.2.6　Datenschutz und Datensicherung

Es sei darauf hingewiesen, dass zwischen den Begriffen Datenschutz und Datensicherheit unterschieden wird. Während der Datenschutz – wie soeben dargestellt – das Persönlichkeitsrecht des Einzelnen betrifft, soll die Datensicherheit gewährleisten, dass personenbezogene Daten vor unbefugten Zugriff, unbefugter Veränderung oder unbefugter Löschung geschützt sind. Es geht also um technisch-organisatorische Abläufe, die so gestaltet sein müssen, dass Datensammlungen und Datenverarbeitungsprozesse sicher gewährleistet werden. Das bedeutet, dass der Zugriff zu diesen Daten nur Befugten möglich sein darf, dass Missbrauch vermieden werden muss, dass Daten nicht gefälscht werden dürfen und dass sie reproduzierbar sein müssen.

7.2.7 Datenschutzbeauftragte

Zur Einhaltung der allgemeinen und der speziellen Datenschutzbestimmungen müssen öffentliche und nicht-öffentliche Stellen gemäß § 4 f. Abs. 1 S. 1 BDSG schriftlich Datenschutzbeauftragte bestellen. Die Norm bestimmt aber auch Ausnahmen:

So müssen nicht-öffentliche Stellen bspw. keinen Datenschutzbeauftragten bestellen, wenn sie höchstens neun Mitarbeiter ständig mit der automatisierten Verarbeitung personenbezogener Daten beschäftigen. Soweit nicht-öffentliche Stellen automatisierte Verarbeitungen vornehmen, die einer Vorabkontrolle unterliegen oder personenbezogene Daten geschäftsmäßig zum Zweck der Übermittlung, der anonymisierten Übermittlung oder für Zwecke der Markt- oder Meinungsforschung automatisiert verarbeiten, haben sie unabhängig von der Anzahl der mit der automatisierten Verarbeitung beschäftigter Personen einen Beauftragten für den Datenschutz zu bestellen.

Gemäß § 4 f. Abs. 2 BDSG darf nur zum Datenschutzbeauftragten bestellt werden, wer die erforderliche Fachkunde und Zuverlässigkeit besitzt. In Ausübung seiner Tätigkeit ist der Datenschutzbeauftragte nicht an Weisungen – bspw. des Arbeitgebers – gebunden (§ 4 f. Abs. 3 BDSG). Das Gesetz verpflichtet ihn zur Verschwiegenheit (§ 4 f. Abs. 4 BDSG), sofern der Betroffene ihn davon nicht befreit. Er besitzt unter bestimmten Umständen auch ein Zeugnisverweigerungsrecht.

Die Kündigung des Arbeitsverhältnisses eines Datenschutzbeauftragten ist unzulässig, es sei denn, dass Tatsachen vorliegen, die zu einer fristlosen Kündigung aus wichtigem Grund berechtigen (§ 4 f. Abs. 3 BDSG).

Zur Erhaltung der zur Erfüllung seiner Aufgaben erforderlichen Fachkunde muss dem Datenschutzbeauftragten die Teilnahme an Fort- und Weiterbildungsveranstaltungen ermöglicht werden. Die Kosten hierfür müssen übernommen werden (§ 4 f. Abs. 3 BDSG).

Die Ausführung des Datenschutzes wird von den Datenschutzbeauftragten der Länder und des Bundes (§ 21 BDSG) überwacht.

7.2.8 Medienprivilegien

Die Medien können ohne die Verwendung personenbezogener Daten nicht berichtet. Das Bundesdatenschutzgesetz enthält deshalb in § 41 BDSG das sogenannte Presseprivileg. Es zielt darauf ab, den Schutz des Rechts auf informationelle Selbstbestimmung mit der Pressefreiheit zu vereinbaren. Der Datenschutz des Einzelnen wird also zur Sicherung der Pressefreiheit eingeschränkt. Damit entfallen das Recht auf Auskunft, Berichtigung, Sperrung und Löschung sowie der Schadensersatzanspruch für den Betroffenen. Dies bezieht sich allerdings ausschließlich auf Daten, die zu eigenen journalistisch-redaktionellen und publizistischen Zwecken erhoben werden.

Dass sich das Privileg des Bundesdatenschutzgesetzes ausschließlich auf die Presse und nicht auch auf den Rundfunk und die neuen Medien bezieht, hängt mit der föderalistischen Ordnung in der Bundesrepublik zusammen: Der Bund hat die Rahmengesetzgebungskompetenz, damit liegt die Ausgestaltung des Privilegs für die anderen Medien in der Verantwortung der Länder.

In den neuen Medien ist der Datenschutz vor allem von Bedeutung, weil die Gefahr besteht, anhand sogenannter Datenspuren Eigenheiten oder Vorlieben des Nutzers nachzuvollziehen und entsprechende Nutzungsprofile zu erstellen. Dies spielt wirtschaftlich bspw. beim erzielten Einsatz von Werbung eine Rolle. Weil sie von so großer Bedeutung sind, hat der Gesetzgeber die Datenschutzvorschriften für die neuen Medien in den Spezialgesetzen geregelt: §§ 11 bis 15 TMG, § 47 RStV.

7.2.9 Videoüberwachung und Online-Durchsuchungen

Wegen der durch die Sicherheitsbehörden bestätigten steigenden Terrorgefahr haben in der jüngsten Vergangenheit Maßnahmen zur Videoüberwachung und zu Online-Durchsuchungen verstärkt für politische Diskussionen gesorgt.

Die Videoüberwachung in öffentlich zugänglichen Räumen ist in § 6b BDSG geregelt. Sie bezieht sich bspw. auf öffentliche Plätze, Straßen, Verkehrseinrichtungen (zum Beispiel auch Busse, Bahnen) oder Banken. Zulässig ist die Videoüberwachung, wenn sie der Aufgabenerfüllung der öffentlichen Stellen, der Wahrnehmung des Hausrechts oder der Wahrnehmung bestimmter Interessen zu einem festgelegten Zweck dient. Schutzwürdige Interessen von Betroffenen dürfen nicht überwiegen.

Dass die Videoüberwachung an einem öffentlich zugänglichen Ort erfolgt und durch wen, ist für den Betroffenen durch geeignete Maßnahmen kenntlich zu machen (§ 6b Abs. 2 BDSG; zum Beispiel durch Hinweisschilder).

Die Verarbeitung oder Nutzung von Daten, die durch Videoüberwachung erhoben wurden, ist zulässig, wenn sie zum Erreichen des verfolgten Zwecks erforderlich ist. Zu anderen Zwecken dürfen sie gemäß § 6b Abs. 3 BDSG nur verarbeitet oder genutzt werden, wenn dies zur Gefahrenabwehr für die staatliche und öffentliche Sicherheit sowie zur Strafverfolgung erforderlich ist.

Aus einem Verstoß eines Verkehrsteilnehmers beim Betrieb einer Dashcam (On-Board-Kamera) gegen das datenschutzrechtliche Verbot gemäß § 6b BDSG, nach welchem die Beobachtung öffentlich zugänglicher Räume mit optisch-elektronischen Einrichtungen nur in engen Grenzen zulässig ist, folgt nicht zwingend ein Beweisverwertungsverbot im Bußgeldverfahren: § 6b Abs. 3 S. 2 BDSG enthält nämlich kein gesetzlich angeordnetes Beweisverwertungsverbot für das Straf- und Bußgeldverfahren. Ob ein (möglicherweise) unter Verstoß gegen § 6b BDSG erlangtes Beweismittel zulasten eines Betroffenen in einem Bußgeldverfahren verwertet werden darf, ist im Einzelfall insbesondere nach dem Gewicht des Eingriffs sowie der Bedeutung der betroffenen Rechtsgüter unter Abwägung der widerstreitenden Interessen zu entscheiden.[9]

Werden durch Videoüberwachung erhobene Daten einer bestimmten Person zugeordnet, ist diese über eine Verarbeitung oder Nutzung zu benachrichtigen (§ 6b Abs. 4 BDSG).

Gemäß § 6b Abs. 5 BDSG sind die Daten unverzüglich zu löschen, wenn sie zur Erreichung des Zwecks nicht mehr erforderlich sind oder schutzwürdigen Interessen der Betroffenen einer weiteren Speicherung entgegenstehen.

Die sogenannte Online-Durchsuchung ist als Methode der staatlichen Informationsgewinnung in der Bundesrepublik bislang gesetzlich nicht ausdrücklich geregelt. Der Begriff bezeichnet einen heimlich staatlichen Zugriff auf informationstechnische Systeme über das Internet. Dabei können ohne das Wissen und Bemerken des Betroffenen umfangreiche Durchsuchungen durchgeführt, große Datenmengen kopiert und zur Auswertung gespeichert werden.

Online-Durchsuchungen sollen demnach im Rahmen der Strafverfolgung, zur polizeilichen Gefahrenabwehr und zur nachrichtendienstlichen Informationsbeschaffung durchgeführt werden können.

Nach bisher ständiger Rechtsprechung sind Online-Durchsuchungen, die wegen ihrer Heimlichkeit einen schwerwiegenden Eingriff in das Recht auf informationelle Selbstbestimmung darstellen, nicht durch die gültige Strafprozessordnung gedeckt und haben damit keine Rechtsgrundlage.

Das Bundesverfassungsgericht hat zum Thema Online-Durchsuchungen entschieden, dass die seinerzeit geplanten Regelungen zur Online-Durchsuchung verfassungswidrig und Online-Durchsuchungen prinzipiell nur unter strengen Auflagen zulässig sind.[10]

Das allgemeine Persönlichkeitsrecht (Art. 2 Abs. 1 GG i. V. m. Art. 1 Abs. 1 GG) umfasst das Grundrecht auf Gewährleistung der Vertraulichkeit und Integrität informationstechnischer Systeme. Die Nutzung informationstechnischer Systeme ist für die Persönlichkeitsentfaltung vieler Bürger von zentraler Bedeutung, begründet gleichzeitig aber auch neuartige Gefährdungen der Persönlichkeit. Eine Überwachung der Nutzung solcher Systeme und eine Auswertung der auf den Speichermedien befindlichen Daten können weitreichende Rückschlüsse auf die Persönlichkeit des Nutzers bis hin zu einer Profilbildung ermöglichen. Hieraus folgt ein grundrechtlich erhebliches Schutzbedürfnis.

Die Gewährleistungen der Art. 10 GG (Telekommunikationsgeheimnis) und Art. 13 GG (Unverletzlichkeit der Wohnung) wie auch die in der Rechtsprechung des Bundesverfassungsgerichts entwickelten Ausprägungen des allgemeinen Persönlichkeitsrechts tragen dem durch die Entwicklung der Informationstechnik entstandenen Schutzbedürfnis nicht hinreichend Rechnung.

---

[9]OLG Stuttgart, Beschl. v. 04.05.2016 – 4 Ss 543/15.
[10]BVerfG, Urt. v. 27.02.2008 – 1 BvR 370/07; 1 BvR 595/07.

Die heimliche Infiltration eines informationstechnischen Systems, mittels derer die Nutzung des Systems überwacht und seine Speichermedien ausgelesen werden können, ist verfassungsrechtlich nur zulässig, wenn tatsächliche Anhaltspunkte einer konkreten Gefahr für ein überragend wichtiges Rechtsgut bestehen. Überragend wichtig sind Leib, Leben und Freiheit der Person oder solche Güter der Allgemeinheit, deren Bedrohung die Grundlagen oder den Bestand des Staates oder die Grundlagen der Existenz der Menschen berührt.

Die Maßnahme kann schon dann gerechtfertigt sein, wenn sich noch nicht mit hinreichender Wahrscheinlichkeit feststellen lässt, dass die Gefahr in näherer Zukunft eintritt, sofern bestimmte Tatsachen auf eine im Einzelfall durch bestimmte Personen drohende Gefahr für das überragend wichtige Rechtsgut hinweisen.

Die heimliche Infiltration eines informationstechnischen Systems ist grundsätzlich unter den Vorbehalt richterlicher Anordnung zu stellen. Das Gesetz, das zu einem solchen Eingriff ermächtigt, muss Vorkehrungen enthalten, um den Kernbereich privater Lebensgestaltung zu schützen.

Soweit eine Ermächtigung sich auf eine staatliche Maßnahme beschränkt, durch welche die Inhalte und Umstände der laufenden Telekommunikation im Rechnernetz erhoben oder darauf bezogene Daten ausgewertet werden, ist der Eingriff an Art. 10 Abs. 1 GG zu messen. Verschafft der Staat sich Kenntnis von Inhalten der Internetkommunikation auf dem dafür technisch vorgesehenen Weg, so liegt darin nur dann ein Eingriff in Art. 10 Abs. 1 GG, wenn die staatliche Stelle nicht durch Kommunikationsbeteiligte zur Kenntnisnahme autorisiert ist.

Nimmt der Staat im Internet öffentlich zugängliche Kommunikationsinhalte wahr oder beteiligt er sich an öffentlich zugänglichen Kommunikationsvorgängen, greift er grundsätzlich nicht in Grundrechte ein. In der Regel wird die reine Internetaufklärung keinen Grundrechtseingriff bewirken. Die von dem allgemeinen Persönlichkeitsrecht gewährleistete Vertraulichkeit und Integrität informationstechnischer Systeme wird nicht berührt, wenn sich die Maßnahmen darauf beschränken, Daten, die der Inhaber des Systems für die Internetkommunikation vorgesehen hat, auf dem technisch dafür vorgesehenen Weg zu erheben.

Die Erhebung von Kontoinhalten und Kontobewegungen steht mit dem Grundgesetz in Einklang. Insbesondere wird dadurch nicht das Recht auf informationelle Selbstbestimmung verletzt. Das Gebot der Verhältnismäßigkeit ist gewahrt, indem die Erhebung von einem sowohl hinsichtlich der betroffenen Rechtsgüter als auch hinsichtlich der tatsächlichen Grundlage des Eingriffs qualifizierten Gefährdungstatbestand abhängig gemacht wird.

Dem Bundeskriminalamt (BKA) wurden durch das Gesetz zur Abwehr von Gefahren des internationalen Terrorismus durch das Bundeskriminalamt (BKAG) in diesem Zusammenhang weitere Befugnisse eingeräumt, die üblicherweise die Länderpolizei und Geheimdiensten zustehen. Neben der Online- Durchsuchung haben die neuen §§ 20a bis 20x des BKA-Gesetzes unter anderem folgende Befugnisse im Gefahrenabwehrbereich geregelt:

- Zulässigkeit der Raster- und Schleierfahndung,
- den Einsatz von verdeckten Ermittlern,
- den Lauschangriff (auch innerhalb der Wohnung dritter Personen),
- die Videoüberwachung innerhalb der Wohnung,
- das heimliche Betreten von Wohnungen.

Dadurch wurde das BKA im Bereich der präventiven Befugnisse der Polizei der Bundesländer gleichgestellt.

Außerdem hat das BKA das Recht erhalten, präventive Ermittlungen ohne konkreten Tatverdacht in eigener Regie durchzuführen. Im Rahmen sogenannter „Vorfeldermittlungen" unterliegt das BKA nicht der Leitungsbefugnis der Staatsanwaltschaft. Erst wenn die Ermittler des BKA meinen, dass die Erkenntnisse ausreichend sind, muss die Bundesanwaltschaft informiert werden. Abhörmaßnahmen dürfen auch gegen Berufsgeheimnisträger (§ 53 StPO), mit Ausnahme der Verteidiger, Abgeordneten und Geistlichen, durchgeführt werden (§ 20u des BKA-Gesetzes).

Ein „Richtervorbehalt" gilt insoweit, als dass der Schutz des Kernbereichs privater Lebensgestaltung dadurch sichergestellt werden soll, indem die Durchsicht der erlangten Informationen unter die „Sachleitung des anordnenden Gerichts" gestellt wird (§ 20k Abs. 7 S. 3 BKAG).

Beispiel

Beispiel 1: Videoüberwachung im Hauseingang

Die Überwachung des Hauseingangs durch eine Kamera stellt einen erheblichen Eingriff in das Persönlichkeitsrecht des Mieters dar. Dieser wäre nur gerechtfertigt, wenn die Überwachung zur Abwehr schwerwiegender Beeinträchtigungen erforderlich wäre. Ist dies nicht der Fall, kann die Entfernung der Videokamera verlangt werden.

Der Fall:[11]

Der Vermieter einer Wohnung installierte im Oktober 2008 im Treppenhaus seines Mietshauses im Erdgeschoss eine Videokamera. Die Kamera war von innen auf die Eingangstüre gerichtet und erfasste jede Person, die das Haus betrat und sich im Eingangsbereich aufhielt. Eine Mieterin des Anwesens sah dies und forderte den Vermieter auf, die Kamera zu entfernen. Als er dies verweigerte, erhob sie Klage vor dem *AG München*. Schließlich sei ihr Persönlichkeitsrecht verletzt.

Dies sah der Vermieter anders: Vor dem Anwesen seien Fahrräder gestohlen, die Hauseingangstür sowie der Hauseingangsbereich mit Farbe besprüht worden. Deshalb sei er berechtigt, die Kamera anzubringen.

Der zuständige Richter gab der Mieterin Recht:

---

[11]AG München, Urt. v. 16.10.2009 – 423 C 34037/08.

Die Überwachung des Hauseingangs durch eine Kamera – und zwar unabhängig davon, ob eine Speicherung der Bilder erfolge – stelle einen erheblichen Eingriff in das Persönlichkeitsrecht des Mieters dar. Das allgemeine Persönlichkeitsrecht umfasse auch die Freiheit von unerwünschter Kontrolle und Überwachung durch Dritte. Dies beinhalte für den Mieter einer Wohnung nicht nur die Freiheit, die eigene Wohnung zu verlassen und zu betreten, ohne dass dies überwacht werde.

Es beinhalte auch das Recht, ungestört und unüberwacht Besuch zu empfangen. Der Eingriff wäre allenfalls gerechtfertigt gewesen, wenn die Überwachung zur Abwehr von schwerwiegenden Beeinträchtigungen des Beklagten erforderlich und eine drohende Rechtsverletzung anderweitig nicht zu verhindern gewesen wäre. Entgegen der Ansicht des Vermieters komme es hierbei nicht darauf an, ob eine offene oder verdeckte Überwachung vorliege. Bei einer offenen Überwachung könne der Mieter zwar sein Verhalten darauf einstellen, dass er überwacht werde, die Überwachungsfunktion und Unfreiheit bleibe aber bestehen. Für eine derartige Rechtfertigung lägen keine Gründe vor. Konkret habe nur ein Vorfall berichtet werden können, bei dem eine Besprühung der Hauseingangstür, der Klingel, des Lichtschalters und des Gehweges erfolgt sei. Es sei schon fraglich, ob ein einmaliger Vorfall überhaupt ausreichen würde. Eine Überwachung wäre jedenfalls nur gerechtfertigt, wenn diese derartige Vorfälle auch verhindern könnte. Dies sei jedoch nicht der Fall. Der im Außenbereich besprühte Bereich könne allenfalls bei geöffneter Hauseingangstür von der Kamera erfasst werden. Bei geschlossener Tür nütze die Kamera nichts. Diese sei daher zur Verhinderung von Straftaten nicht geeignet. Das gelte auch für gestohlene Fahrräder, da die Kamera die Abstellplätze nicht erfasse.

Beispiel

Installation von Überwachungskameras auf privatem Grundstück

Die Installation einer Überwachungskamera auf einem Privatgrundstück ist grundsätzlich zulässig, wenn gesichert ist, dass öffentliche und fremde private Flächen nicht erfasst werden.

Der Fall:[12]

Der Eigentümer einer Doppelhaushälfte hatte eine Firma für Sicherheitstechnik beauftragt, Videokameras zur Grundstücksüberwachung zu installieren. Die Firma stellte dabei die Kameras so ein, dass ausschließlich das private Grundstück überwacht wurde. Durch manuelle Veränderungen der Einstellungen hätte allerdings auch das Nachbargrundstück beobachtet werden können.

Der Nachbar jedenfalls fühlte sich durch die Videokameras beeinträchtigt und klagte erfolgreich auf Entfernung der Überwachungsanlage. Der Doppelhausbesitzer seinerseits nahm die Sicherheitsfirma in Regress. Sie hafte für die Kosten des

---

[12]BGH, Urt. v. 16.03.2010 – VI ZR 176/09.

Rechtsstreits, weil sie nicht darauf hingewiesen habe, dass die Überwachungsanlage die Persönlichkeitsrechte von Nachbarn nicht beeinträchtigen dürfe.

Der Bundesgerichtshof entschied, die Sicherheitstechnikfirma müsse lediglich über Zustand und Eigenschaft der Überwachungsanlage aufklären. Sie sei zum Rechtsrat nicht verpflichtet und müsse nicht darauf hinweisen, dass bei Änderungen an der Anlage gegebenenfalls Rechte Dritter beeinträchtigt werden können. Der Käufer einer Videoüberwachungsanlage müsse sich grundsätzlich selbst um die Rechtslage kümmern und kompetenten Rechtsrat einholen.

Hat der Fachbetrieb zudem bei der Installation der Überwachungskameras auf einem Privatgrundstück darauf geachtet, dass öffentliche und fremde private Flächen nicht erfasst werden, habe er seine Leistung mangelfrei erfüllt. Er hafte nicht dafür, dass sich sein Auftraggeber wegen der Überwachungskameras in einen Nachbarschaftsstreit verwickelt sieht.

Beispiel

Datenschutz und Wohnungseigentum – Keine Videokamera in der Tiefgarage

Selbst wenn es wiederholt zu Diebstählen in der Tiefgarage einer Eigentümergemeinschaft gekommen ist, können die Eigentümer eine Videoüberwachung nicht mehrheitlich beschließen. Diese Maßnahme verletzt das allgemeine Persönlichkeitsrecht der übrigen Wohnungseigentümer.

Der Fall:[13]

In der großen Tiefgarage einer Wohnungseigentumsanlage war es mehrfach zu Sachbeschädigungen und Diebstählen gekommen. Auf einer Eigentümerversammlung beschloss daraufhin die Mehrheit der Wohnungseigentümer, die Garage durch eine Videoanlage zu überwachen. Die Aufzeichnungen sollten nur im Fall einer Schadensmeldung ausgewertet, andernfalls nach drei Tagen gelöscht werden. Zugang hatte nur der Hausverwalter mit einem ausschließlich ihm bekannten Code.

Damit waren mehrere Wohnungseigentümer nicht einverstanden. Diese sehen sich durch die Kameraüberwachung in ihren Persönlichkeitsrechten verletzt.

Das Landgericht München gab ihnen Recht. Der Beschluss der Eigentümerversammlung ist rechtswidrig. Die Videoüberwachung in der Tiefgarage stellt einen schwerwiegenden Eingriff in das Persönlichkeitsrecht der anfechtenden Eigentümer dar. Die permanente Kontrolle der Garagennutzung führt dazu, dass sich der einzelne nicht mehr unbeobachtet bewegen kann.

Dem steht nicht entgegen, dass die Aufnahmen nur begrenzt ausgewertet werden sollen. Denn die Eigentümer können nicht wissen, wann es eine Schadensmeldung gibt und sie können nicht kontrollieren, ob die Vorgaben für die Einsichtnahme tatsächlich eingehalten werden.

---

[13]LG München I, Urt. v. 11.11.2011 – 1 S 12752/11.

Die Beeinträchtigung des Persönlichkeitsrechts wiegt schwerer als das Interesse der anderen Eigentümer am Schutz des Eigentums. Denn diese Schutzwirkung lässt sich auch durch mildere Mittel erreichen, etwa durch das Aufstellen von Attrappen und Warnschildern.

Beispiel

Überwachungskameras in einer Reihenhausanlage

Der Fall:[14]

Die Parteien sind Mitglieder einer Wohnungseigentümergemeinschaft. Die Anlage besteht aus drei Reihenhäusern. Die Kläger haben an der Gartenseite ihres Reihenhauses in sieben und neun Metern Höhe zwei Überwachungskameras angebracht. Nachdem die Kläger wegen Meinungsverschiedenheiten über die Nutzung und Instandhaltung des Gemeinschaftseigentums Klage erhoben hatten, haben die Beklagten im Wege der Widerklage die Beseitigung der Überwachungskameras verlangt.

Nach Auffassung des Bundesgerichtshofs ist es einem Grundstückseigentümer grundsätzlich gestattet, zum Schutz vor unberechtigten Übergriffen auf sein Eigentum seinen Grundbesitz mit Videokameras zu überwachen, sofern diese nicht den angrenzenden öffentlichen Bereich oder benachbarte Privatgrundstücke, sondern allein das Grundstück des Eigentümers erfassen.

Allerdings kann nach Meinung des Gerichts auch bei der Ausrichtung von Überwachungskameras allein auf das eigene Grundstück des Grundstückseigentümers das Persönlichkeitsrecht Dritter beeinträchtigt sein. Dies sei dann der Fall, wenn Dritte eine Überwachung durch die Kameras objektiv ernsthaft befürchten müssten. Eine solche Befürchtung sei dann gerechtfertigt, wenn sie aufgrund konkreter Umstände als nachvollziehbar und verständlich erscheint, etwa im Hinblick auf einen eskalierenden Nachbarstreit oder aufgrund objektiv Verdacht erregender Umstände. Allein die hypothetische Möglichkeit einer Überwachung durch eine Videokamera beeinträchtige das allgemeine Persönlichkeitsrecht derjenigen, die dadurch betroffen sein könnten, hingegen nicht. Maßgeblich seien jeweils die Umstände des Einzelfalls.

7.2.10 Vorratsdatenspeicherung

Die sogenannte „Vorratsdatenspeicherung" betrifft die Verpflichtung der Anbieter von Telekommunikationsdiensten zur Registrierung der Verbindungsdaten von elektronischen Kommunikationsvorgängen.

Der Begriff der Vorratsdatenspeicherung ist nicht eindeutig definiert, er beschreibt die verdachtsunabhängige Speicherung von Verkehrs- und Kommunikationsdaten, die im Rahmen der Telekommunikation entstehen. In der politischen Diskussion wird der

---

[14]BGH, Urt. v. 21.10.2011-V ZR 265/10.

Begriff der Vorratsdatenspeicherung oft als Synonym für die Speicherung von Telekommunikationsdaten für Strafverfolgungs- und Gefahrenabwehrzwecke verwendet.

Gespeichert durch einen Telekommunikations-Diensteanbieter – auch „Service Provider" genannt – werden Verkehrs-, Bestands- und ggf. Inhaltsdaten über eine vorher definierte Zeitspanne für einen eventuell nachträglichen staatlichen Zugriff auf diese Daten, vorgehalten.

Des Weiteren müssen Zugangsvermittler – sogenannte „Access Provider" –, welche als Internetdienstleister oder Internet Service Provider (ISP) gelten, ebenfalls Telekommunikationsdaten vorhalten, wenn sie einen Zugang bereitstellen. Ausgenommen davon sind jene, die lediglich Inhalte anbieten.

Gegenstand der Vorratsdatenspeicherung sind Verkehrsdaten, Bestandsdaten und Inhaltsdaten.

Verkehrsdaten sind Teilmengen von Daten, die bei der Kommunikation anfallen und eine nähere Auskunft über die Umstände des eigentlichen Kommunikationsvorgangs geben. Der Begriff der Verkehrsdaten ist in § 3 Nr. 30 TKG legal definiert und beschreibt dabei Daten, „die bei der Erbringung eines Telekommunikationsdienstes erhoben, verarbeitet oder genutzt werden". Legitimiert werden die Erhebung und die Verwendung von Verkehrsdaten bei der Herstellung und Aufrechterhaltung einer Telekommunikationsverbindung in § 96 TKG. Darüber hinaus konkretisiert § 96 Abs. 1 Nr. 1 – 5 TKG eine Reihe von Beispielen von Verkehrsdaten, wie die Nummer und Kennung der beteiligten Anschlüsse, Datum und Uhrzeit des Beginns und des Endes einer Verbindung, der in Anspruch genommene Telekommunikationsdienst, die dabei übermittelte Datenmenge und Standortdaten bei Mobilfunkanschlüssen.

Telekommunikation ist im Zusammenhang mit den Verkehrsdaten nicht nur das klassische Telefongespräch, sondern jede Art der elektronisch vermittelten Kommunikation oder auch Datenübertragung wie zum Beispiel der E-Mail oder SMS-Versand, sowie der Internetdienst www. Dabei sind Verkehrsdaten personenbezogene Daten, die bei dem Verbindungsaufbau verarbeitet und bei den Telekommunikationsorganisationen in den Vermittlungsstellen gespeichert werden. Das TKG hat aufgrund der korrespondierenden Begrifflichkeiten der Verkehrs- und Verbindungsdaten die bundesrechtliche Terminologie weitgehend vereinheitlicht, indem bspw. in § 100 g Abs. 1 StPO durch Verweis auf § 96 Abs. 1 TKG und § 113b TKG der Terminus Verkehrsdaten legal definiert anstelle der Verbindungsdaten getreten ist.

Die Legaldefinition für Bestandsdaten findet sich in § 3 Nr. 3 TKG und beschreibt diese als Daten „eines Teilnehmers, die für die Begründung, inhaltliche Ausgestaltung, Änderung oder Beendigung eines Vertragsverhältnisses über Telekommunikationsdienste erhoben werden". Teilnehmer sind gem. § 3 Nr. 20 TKG „natürliche und juristische Personen die mit einem Anbieter von öffentlich zugänglichen Telekommunikationsdiensten einen Vertrag über die Erbringung derartiger Dienste geschlossen haben". Bestandsdaten können daher auch umgangssprachlich als Kundendaten bezeichnet werden und finden sich in allen Phasen eines Vertragsverhältnisses. Beispiele für Bestandsdaten sind die Anschrift, das Datum des Vertragsbeginns und -endes, die Rufnummer sowie die Bankverbindung. Der Rahmen, in welchem Bestandsdaten erhoben werden dürfen, richtet sich nach der Erforderlichkeit. Dabei dürfen Bestandsdaten nur zweckgebunden genutzt werden. Die Abgrenzung zu den Verkehrsdaten gestaltet sich schwierig, da Bestandsdaten, die im Rahmen eines Kommunikationsvorgangs erfasst werden, zugleich auch Verkehrsdaten sein können, wie bspw. die Anschlussnummer.

Der Begriff der Inhaltsdaten ist nicht legal definiert, er beschreibt alle Daten, die während eines Kommunikationsvorgangs anfallen. Grundsätzlich ist gem. § 100 Abs. 4 TKG die Erhebung und Verwendung von Nachrichteninhalten unzulässig, es sei denn diese Inhaltsdaten helfen zum Aufklären und Unterbinden bei zum Beispiel rechtswidriger Inanspruchnahme eines Telekommunikationsdienstes. Die inhaltliche Auswertung von Daten durch Dritte stellt gem. § 88 Abs. 4 TKG einen schwerwiegenden Eingriff in das Fernmeldegeheimnis dar und ist nur zulässig, wenn eine andere gesetzliche Vorschrift dies vorsieht und sich dabei ausdrücklich auf Telekommunikationsvorgänge bezieht. Eine andere gesetzliche Vorschrift ist zum Beispiel das Gesetz zur Beschränkung des Brief-, Post- und Fernmeldegeheimnisses (Artikel 10-Gesetz – G 10), in dessen in §§ 3, 5 und 8 inhaltliche Beschränkungen des Brief-, Post- und Fernmeldegeheimnisses formuliert sind. Eine weitere gesetzliche Norm zur inhaltlichen Überwachung ist § 100a StPO, welcher die Telekommunikationsüberwachung gesetzlich regelt.

Allgemein gelten für Verkehrs-, Bestands-, und Inhaltsdaten, dass Verbindungen und Verbindungsversuche und die dabei übermittelten Informationen in ihrer Gesamtheit dem Fernmeldegeheimnis nach Art. 10 GG unterliegen.

Erklärter Zweck der Vorratsdatenspeicherung ist die verbesserte Möglichkeit der Verhütung und Verfolgung von schweren Straftaten. Das Bundesverfassungsgericht hat dazu entschieden, dass die in § 113a Abs. 1 TKG den Diensteanbietern auferlegte Speicherung der Telekommunikationsverkehrsdaten in das Telekommunikationsgeheimnis eingreifen.

Das Bundesverfassungsgericht hat in seiner Entscheidung vom 2. März 2010[15] die Vorratsdatenspeicherung von Telefon- und Internetdaten zur Strafverfolgung in der bisherigen Form für verfassungswidrig erklärt. Die bislang erhobenen Daten müssten „unverzüglich" gelöscht werden. Die Richter entschieden, das Gesetz zur Vorratsdatenspeicherung sei in der jetzigen Fassung nicht mit dem Grundgesetz vereinbar. Es verstoße derzeit gegen das Telekommunikationsgeheimnis. Die Bestimmungen seien zu unbestimmt. Es fehle insbesondere an hohen Standards für eine Datensicherung.

Dies gilt zunächst für die Speicherungspflichten bezüglich der Telekommunikationsdienste gemäß § 113a Abs. 2 bis 5 TKG und in Verbindung hiermit gemäß § 113a Abs. 6 und 7 TKG. Die insoweit zu speichernden Angaben geben Auskunft darüber, ob, wann, wo und wie oft zwischen welchen Telekommunikationseinrichtungen Verbindungen aufgenommen oder aufzunehmen versucht wurden. Insbesondere gilt dies auch für die Speicherung der Daten zu Diensten der elektronischen Post gemäß § 113a Abs. 3 TKG, deren Vertraulichkeit gleichfalls durch Art. 10 Abs. 1 GG geschützt wird.

---

[15]BVerfG, Urt. v. 02.03.2010 – 1 BvR 256/08.

Dass sich E-Mails technisch leicht abfangen lassen, ändert an deren vertraulichem Charakter und ihrer Schutzwürdigkeit nichts. Einen Eingriff in Art. 10 Abs. 1 GG begründet dabei auch die Speicherung der den Internetzugang betreffenden Daten gemäß § 113a Abs. 4 TKG. Zwar ermöglicht der Internetzugang nicht nur die Aufnahme von Individualkommunikation, die dem Schutz des Telekommunikationsgeheimnisses unterfällt, sondern auch die Teilnahme an Massenkommunikation. Da eine Unterscheidung zwischen Individual- und Massenkommunikation ohne eine der Schutzfunktion des Grundrechts zuwiderlaufende Anknüpfung an den Inhalt der jeweils übermittelten Information nicht möglich ist, ist bereits in der Speicherung der den Internetzugang als solchen betreffenden Daten ein Eingriff zu sehen, auch wenn sie Angaben über die aufgerufenen Internetseiten nicht enthalten.

Grundrechtseingriffe in Art. 10 Abs. 1 GG liegen auch in den Regelungen zur Datenübermittlung in § 113b S. 1 Halbsatz 1 TKG.

Einen Eingriff in Art. 10 Abs. 1 GG begründet auch § 113b S. 1 Halbsatz 2 in Verbindung mit § 113 Abs. 1 TKG. Danach können Behörden von den Diensteanbietern Auskünfte über Bestands- und Kundendaten gemäß §§ 95, 111 TKG verlangen, die die Diensteanbieter nur unter Nutzung der nach § 113a Abs. 4 TKG gespeicherten Daten ermitteln können.

Bei der Speicherung handele es sich „um einen besonders schweren Eingriff mit einer Streubreite, wie sie die Rechtsordnung bisher nicht kennt".

Eine sechsmonatige vorsorglich anlasslose Speicherung von Telekommunikationsverkehrsdaten in dem vom Gesetzgeber in § 113a Abs. 1 bis 8 TKG vorgesehenen Umfang unter den gegenwärtigen Umständen ist nicht von vornherein unverhältnismäßig und mit Art. 10 GG nicht schlechthin unvereinbar. Für ihre verfassungsrechtliche Unbedenklichkeit ist allerdings Voraussetzung, dass die Ausgestaltung der Speicherung und der Verwendung der Daten dem besonderen Gewicht einer solchen Speicherung angemessen Rechnung trägt.

Der Grundsatz der Verhältnismäßigkeit verlange, dass die gesetzliche Ausgestaltung einer solchen Datenspeicherung dem besonderen Gewicht des mit der Speicherung verbundenen Grundrechtseingriffs angemessen Rechnung trage. Erforderlich seien hinreichend anspruchsvolle und normenklare Regelungen hinsichtlich der Datensicherheit, der Datenverwendung, der Transparenz und zum Rechtsschutz. Hinsichtlich der Datensicherheit bedürfe es Regelungen, die einen besonders hohen Sicherheitsstandard normenklar und verbindlich vorgeben. Angesichts des besonderen Gewichts einer vorsorglichen Telekommunikationsverkehrsdatenspeicherung sei diese nur dann mit Art. 10 Abs. 1 GG vereinbar, wenn ihre Ausgestaltung besonderen verfassungsrechtlichen Anforderungen entspricht.

Der Abruf und die unmittelbare Nutzung der Daten sind nur verhältnismäßig, wenn sie überragend wichtigen Aufgaben des Rechtsgüterschutzes dienen. Im Bereich der Strafverfolgung setzt dies einen durch bestimmte Tatsachen begründeten Verdacht einer schweren Straftat voraus. Für die Gefahrenabwehr und die Erfüllung der Aufgaben der Nachrichtendienste dürften sie nur bei Vorliegen tatsächlicher Anhaltspunkte für eine konkrete Gefahr für Leib, Leben oder Freiheit einer Person, für den Bestand oder die Sicherheit des Bundes oder eines Landes oder für eine gemeine Gefahr zugelassen werden. Diese müsse gewährleisten, dass diejenigen, auf die sich eine Datenabfrage unmittelbar bezogen hat, wenigstens im Nachhinein grundsätzlich in Kenntnis zu setzen sind. Ausnahmen hiervon bedürften der richterlichen Kontrolle.

Der Gesetzgeber müsse die diffuse Bedrohlichkeit, die die als solche nicht spürbare Datenspeicherung und -verwendung für die Bürger erhalten können, durch wirksame Transparenzregeln auffangen. Hierzu zähle der Grundsatz der Offenheit der Erhebung und Nutzung von personenbezogenen Daten. Eine Verwendung der Daten ohne Wissen des Betroffenen sei verfassungsrechtlich nur dann zulässig, wenn andernfalls der Zweck der Untersuchung, dem der Datenabruf dient, vereitelt werde.

Eine nur mittelbare Nutzung der Daten zur Erteilung von Auskünften durch die Telekommunikationsdiensteanbieter über die Inhaber von Internetprotokolladressen ist auch unabhängig von begrenzenden Straftaten- oder Rechtsgüterkatalogen für die Strafverfolgung, Gefahrenabwehr und die Wahrnehmung nachrichtendienstlicher Aufgaben zulässig. Für die Verfolgung von Ordnungswidrigkeiten können solche Auskünfte nur in gesetzlich ausdrücklich benannten Fällen von besonderem Gewicht erlaubt werden.

Mit dem „Gesetz zur Einführung einer Speicherpflicht und einer Höchstspeicherfrist für Verkehrsdaten" vom 10.12.2015[16] wurde die Wiedereinführung der Vorratsdatenspeicherung beschlossen. Das Gesetz ändert die Regelungen zur Erhebung von Vorratsdaten in der StPO und führt im TKG die Pflicht zur Speicherung von Verkehrsdaten ein. Des Weiteren gibt es Ergänzungen im EGStPO und Entschädigungsregelungen für die Telekommunikations-Diensteanbieter. Zusätzlich wurde ein neuer Straftatbestand – und zwar jener der Datenhehlerei nach § 202d StGB – im StGB aufgenommen. Das Gesetz stellt aufgrund des Zitiergebotes außerdem klar, dass es zu Einschränkungen des Fernmeldegeheimnisses gemäß Art. 10 GG kommt.

Die Verpflichtungen zur Neugestaltung der Vorratsdatenspeicherung wird im Wesentlichen in den §§ 113 lit. a–g TKG geregelt. Zur Speicherung und der Verwendung der Daten, sowie zur Sicherstellung der Datensicherheit sind gemäß § 113a TKG die „Erbringer öffentlicher zugänglicher Telekommunikationsdienste für Endnutzer" verpflichtet.

Die Pflicht zur Speicherung ergibt sich aus § 113b TKG. Dabei beträgt gem. § 113b Abs. 1 TKG die Speicherdauer für Standortdaten im Mobilfunkbereich vier Wochen. Für Verkehrsdaten ist eine Zeitspanne von zehn Wochen vorgesehen. Die Differenzierung der zu speichernden Daten sowie die Ausgestaltung unterschiedlicher Speicherfristen ist dabei bewusst gewählt worden, um dem Gebot einer möglichst grundrechtskonformen Reglung näher zu kommen. In den Absätzen 2–4 des § 113b TKG sind die zu speichernden Datenarten aufgeführt. Dabei gibt § 113b Abs. 5 TKG Ausnahmen über Daten vor, die nicht mehr gespeichert werden dürfen. Dazu gehören Inhaltsdaten, die auch vorher von der Speicherung ausgeschlossen waren, aber auch Verkehrsdaten, die Aufschluss

---

[16]BGBl. I Nr. 51 v. 17.12.2015.

über die aufgerufenen Internetseiten, sowie Rückschlüsse auf den E-Mail Dienst geben. Des Weiteren findet die Möglichkeit zur Speicherung präziserer Standortdaten, wie etwa die der Triangulation zur Bereitstellung von Diensten mit Zusatznutzen nach § 98 TKG, keine Berücksichtigung mehr. Unmittelbar nach Ablauf der Speicherfrist sind die Verkehrs- und Standortdaten irreversibel zu löschen.

Der Zugriff und die Weitergabe der auf Vorrat gespeicherten Daten ist gem. § 113c Abs. 1 TKG nur in drei Fällen erlaubt. Verkehrsdaten dürfen an Strafverfolgungsbehörden zur Verfolgung besonders schwerer Straftaten weitergeben werden. Des Weiteren können Gefahrenabwehrbehörden zur Abwehr einer konkreten Gefahr für Leib und Leben, der Freiheit einer Person oder bei der Gefahr für den Bestand des Bundes oder eines Landes, auf diese Daten zugreifen. Das manuelle Auskunftsverfahren gem. § 113 TKG bildet im Rahmen der Bestandsdatenauskunft zu dynamischen IP-Adressen die letzte Möglichkeit, Daten an die Verfassungsschutzbehörden des Bundes und Landes sowie an den Militärischen Abschirmdienst (MAD) weiterzureichen.

Die Auskunft über Vorratsdaten zu Strafverfolgungszwecken ist darüber hinaus in § 100 g Abs. 2 StPO näher geregelt. Hier wählt der Gesetzgeber einen sehr engen Straftatenkatalog, welcher speziell terroristische Straftaten und Straftaten gegen höchstpersönliche Rechtsgüter aufführt. Mit der Beschränkung der Straftaten auf einen Katalog, welcher den Zugriff auf Vorratsdaten rechtfertigt, erfüllt der Gesetzgeber die Forderungen des BVerfG, zur Eingrenzung der Anwendbarkeit der Norm, über die Forderungen hinaus. Die Übermittlung von Verkehrsdaten an Behörden unterliegt gemäß § 113c Abs. 3 TKG der Kennzeichnungspflicht, welche nach Übermittlung durch die empfangende Behörde aufrechtzuerhalten ist.

Unzureichende Sicherheit mit dem Umgang der zu speichernden Daten war Grund für das BVerfG sowie für den EuGH, mit einer Unverhältnismäßigkeit der Vorratsdatenspeicherung zu argumentieren. Das „Gesetz zur Einführung einer Speicherpflicht und Höchstspeicherfrist für Verkehrsdaten" versucht dem entgegenzuwirken, indem die §§ 113 lit. d–g TKG die Sicherheit der Daten zur Vorratsdatenspeicherung regeln. Gem. § 113d TKG müssen die zu speichernden Daten besonders hohen Sicherheitsstandards unterliegen. So müssen technische und organisatorische Maßnahmen getroffen werden, die dazu noch dem aktuellen „Stand der Technik" unterliegen. Des Weiteren werden vordefinierte Sicherheitsvorgaben aufgeführt. Zur Gewährleistung der Sicherheit der Daten müssen gem. § 113d Nr. 1–5 TKG:

- sichere Verschlüsselungsverfahren zum Einsatz kommen,
- Daten getrennt gespeichert werden und ein Zugriffsschutz aus dem Internet bestehen,
- Beschränkungen der Zugriffsmöglichkeiten auf besonders ermächtigte Personen erfolgen,
- Datenzugriffe mittels des „Vier-Augen-Prinzips" erfolgen.

Zur Datenschutzkontrolle sieht das Gesetz ebenfalls eine Protokollierung vor. So sind gem. § 113e Nr. 1–3 TKG der Zeitpunkt des Zugriffes, die zugreifende Person, sowie der Zweck des Zugriffs zu protokollieren. Die §§ 113 lit. f–g TKG definieren zusätzlich Anforderungskataloge und Sicherheitskonzepte, um den Entwicklungsstand der Technik abzubilden und schaffen somit die Möglichkeit, die Telekommunikations-Diensteanbieter zu überprüfen. Inhaltlich werden die Anforderungskataloge und Sicherheitskonzepte durch das Bundesamt für Sicherheit in der Informationstechnik (BSI), die Bundesnetzagentur und den Bundesbeauftragten für den Datenschutz erarbeitet.

Auch der Katalog der Ordnungswidrigkeiten wurde in § 149 Abs. 1 TKG um die Nr. 36–44 ergänzt. Dort werden Verletzungen der Datensicherheit nun gleichermaßen geahndet und gemäß § 149 Abs. 2 TKG mit einem Bußgeld von bis zu 500.000 EUR bedroht.

Ferner gibt es Entschädigungsregelungen: Aufgrund der organisatorischen und technischen Umsetzung entstehen den betroffenen Unternehmen erhebliche Anschaffungs- und Folgekosten. Die Erstattung dieser Kosten können sie gemäß § 113a Abs. 2 TKG bei der Bundesnetzagentur beantragen. Des Weiteren wurden die Entschädigungsregelungen für Auskunftsersuchen der Strafverfolgungsbehörden neu, in diesem Fall wesentlich höher, gefasst.

Das Gesetz ändert zudem gemäß Art. 1 den § 100 g StPO und fügt die §§ 101 lit. a–b StPO neu ein.

Dürfen gem. § 100 g Abs. 1 StPO Daten zur Aufklärung von Straftaten, die mittels Telekommunikation begangen worden sind, nach § 96 TKG erhoben werden, so erlaubt der § 100 g Abs. 2 StPO die Verkehrsdatenerhebung nur noch nach dem neu formulierten § 113b TKG. Diese Form der Erhebung ist an mehrere Bedingungen geknüpft: Zunächst muss es sich um eine besonders schwere Straftat gem. § 100 g Abs. 2 Nr. 1–8 StPO handeln. Des Weiteren muss gem. § 100 g Abs. 2 StPO die Erhebung von Verkehrsdaten „in einem angemessenen Verhältnis zur Bedeutung der Sache" stehen und sie muss im Einzelfall besonders schwer wiegen.

Der § 100 g Abs. 3 StPO enthält neue Sonderregelungen zur Abfrage von Funkzellen. Hierbei handelt es sich nicht um die Abfrage von Standortdaten, sondern über Verkehrsdaten die in einer bestimmten Funkzelle angefallen sind, um festzustellen, welches Mobilgerät zu einer bestimmten Zeit einer bestimmten Funkzelle zu zuordnen ist. Auch bei dieser Art der Datenerhebung ist durch die Strafverfolgungsbehörden der Grundsatz der Verhältnismäßigkeit zur Bedeutung der Sache einzuhalten.

Das Gesetz führt ferner die Regelung des § 101a StPO neu ein: Der Abruf der bevorrateten Daten mit § 101a Abs. 1 StPO sieht für die Fälle der erhobenen Verkehrsdaten gem. § 100 g Abs. 2 StPO einen umfassenden Richtervorbehalt vor. Dies bedeutet, dass eine staatsanwaltliche Eilanordnung selbst bei Gefahr im Verzug nach § 101a Abs. 1 StPO nicht mehr möglich ist. Des Weiteren ergeben sich aus § 101a Abs. 6 StPO Benachrichtigungspflichten, durch die sichergestellt werden soll, dass im Rahmen der Strafverfolgung eine offene Erhebung und Nutzung der Daten in Betracht kommt, die verdeckt nur noch im Einzelfall richterlich angeordnet werden darf.

Zusammenfassend: Telekommunikationsunternehmen, Internetprovider und andere Zugangsanbieter werden nach einer Übergangsfrist von achtzehn Monaten verpflichtet, sogenannte Verkehrsdaten – also wer wann mit wem wie lange telefoniert, simst, und wie sich jemand im Internet bewegt – zehn Wochen lang zu speichern. Standortdaten, die bei der Nutzung von Mobildiensten anfallen, sollen vier Wochen lang gespeichert werden. Daten zum E-Mail-Verkehr sowie Kommunikationsinhalte werden nicht erfasst. Die Sicherheitsbehörden bekommen nur in bestimmten Fällen Zugriff auf die Daten. Doch die Erfassung trifft nicht nur verdächtige Schwerverbrecher, sondern sämtliche – auch völlig unbescholtene – Bürger.

Die Vorratsdatenspeicherung verlangt die Speicherung der Verbindungsdaten aller User, die bei der Telekommunikation, bei der Internet-Nutzung und im Mobilfunk anfallen, und zwar ohne konkreten Verdacht auf strafbare Handlungen, was Strafverfolgern bei Ermittlungen helfen soll. Die Regierung erhofft sich dadurch eine effizientere Bekämpfung von Terror und schweren Verbrechen. Die Behörden dürfen die Daten nur zur Verfolgung bestimmter schwerer Straftaten nutzen – etwa bei der Bildung terroristischer Vereinigungen, Mord, Totschlag oder sexuellem Missbrauch. Einen Abruf der Informationen muss jeweils vorher ein Richter erlauben.

Telekommunikationsfirmen werden verpflichtet, bei der Speicherung Sicherheitsvorkehrungen einzuhalten, dafür einen Server im Inland zu benutzen und die Daten nach Ablauf von vier bzw. zehn Wochen unverzüglich zu löschen, ansonsten droht ein Bußgeld.

Bei sogenannten sensiblen Daten gibt es Ausnahmen: Anrufe bei Seelsorge-Hotlines werden grundsätzlich nicht erfasst. Daten von Berufsgeheimnisträgern – zum Beispiel Rechtsanwälten, Ärzten, Abgeordneten oder Journalisten – werden zwar mitgespeichert, dürfen aber nicht verwertet werden. Allerdings gibt es hier ein Problem: Diese Daten lassen sich nicht vorab herausfiltern, es zeigt sich hier erst beim Zugriff, ob jemand Informant oder Lehrer, Tatverdächtiger oder Anwalt ist.

Raum für Schlupflöcher ist vorhanden: Potenzielle Straftäter wissen, dass ihre Telefongespräche in Call-Shops oder die Web-Nutzung in Internetcafés nicht in die Vorratsdatenspeicherung einfließen. Auch das Telefonieren mit Krypto-Telefonen (abhörsicheren Mobiltelefonen), welche die Kommunikation sicher verschlüsseln und auch die Verbindungsdaten verschleiern, ist möglich.

Bei im Voraus bezahlten Mobilfunktarifen (Prepaid-Handys) müssen Telefonanbieter und Händler aber künftig die Identität von Kunden anhand eines amtlichen Ausweises überprüfen. Das Ziel: Kriminelle sollen Prepaid-Handys dadurch nicht mehr ohne Weiteres für eine unkontrollierte Kommunikation nutzen können.

Diverse Gruppen halten das Gesetz für verfassungswidrig und haben bereits angekündigt, gegen das Gesetz zu klagen.

Beispiel

Löschung personenbezogener Daten aus der Datei „Gewalttäter Sport"

Das Bundesverwaltungsgericht hat eine Klage abgewiesen, mit der der Kläger die Löschung seiner Daten in der beim Bundeskriminalamt eingerichteten Datei „Gewalttäter Sport" erreichen wollte. Das Oberverwaltungsgericht Lüneburg hatte zuvor die Rechtmäßigkeit dieser Datei mangels entsprechender Verordnung des Bundesministers des Innern verneint; eine solche Verordnung liegt jedoch seit dem 08.06.2010 vor.

Der Fall:[17]

Der Kläger ist Anhänger des Fußballvereins Hannover 96. Am 24.05.2006 besuchte er ein Regionalliga-Spiel im Leine-Stadion in Letter. Kurz nach Spielbeginn betrat eine Gruppe von ca. 30 bis 40 Anhängern von Hannover 96 – darunter der Kläger – das Stadion, überkletterte die Absperrung und lief vor den gegnerischen Fan-Block. Aus der Gruppe wurden zwei bis drei Feuerwerkskörper, ein Bengalfeuer und ein fester Gegenstand – möglicherweise ein Stein – geworfen. Nach Zeugenberichten lief der Kläger mit an der Spitze der Gruppe. Das gegen ihn wegen Landfriedensbruchs eingeleitete Verfahren wurde von der Staatsanwaltschaft gemäß § 170 StPO eingestellt, weil dem Kläger eine Beteiligung an Ausschreitungen in der Menge nach Zeugenaussagen nicht nachzuweisen war. Auf ein von ihm gestelltes Auskunftsersuchen teilte die beklagte Polizeidirektion Hannover dem Kläger mit, dass er „im Zusammenhang … mit einem polizeilichen Einschreiten am 24. Mai 2006" wegen des Verdachts des Landfriedensbruchs in der Verbunddatei „Gewalttäter Sport", „insbesondere" mit den Daten Name und Vorname, Geburtsdatum und -ort, Geschlecht, Staatsangehörigkeit, Personalausweisdaten und Vereinszuordnung, erfasst sei und dass die Löschung des Datensatzes am 24.05.2011 anstehe.

Mit seiner auf Löschung gerichteten Klage hatte er beim Verwaltungsgericht und beim Oberverwaltungsgericht Erfolg: Die Datei „Gewalttäter Sport" sei errichtet und betrieben worden, ohne dass der Bundesminister des Innern eine gemäß § 7 Abs. 6 Bundeskriminalamtgesetz (BKAG) vorgesehene Verordnung über die Art der zu speichernden Daten erlassen habe. Gegen das Urteil legte die Polizeidirektion Revision ein. Am 28.05.2010 hat das Bundesministerium des Innern einen Verordnungsentwurf vorgelegt, dem der Bundesrat am 04.06.2010 zugestimmt hat. Die Verordnung ist am 08.06.2010 in Kraft getreten.

Auf dieser Grundlage hat das Bundesverwaltungsgericht die Klage abgewiesen. Es ist dem Einwand des Klägers nicht gefolgt, die weitere Speicherung seiner Daten sei nach der Einstellung des strafrechtlichen Ermittlungsverfahrens nicht zulässig. Nach § 8 Abs. 3 BKAG ist die Speicherung nur dann unzulässig, wenn sich aus den Gründen der staatsanwaltschaftlichen Einstellungsentscheidung ergibt, dass der Betroffene die Tat nicht oder nicht rechtswidrig begangen hat. Das war hier nach den bindenden Feststellungen des OVG nicht der Fall.

Beispiel

BGH zur Speicherung dynamischer IP-Adressen

In einem Urteil stellte der Bundesgerichtshof Grundsätze im Hinblick auf die Speicherung dynamischer IP-Adressen auf.

Der Fall:[18]

---

[17]BVerwG, Urt. v. 09.06.2010 – 6 C 5/09.

Die Beklagte bietet Telekommunikationsleistungen an. Der Kläger ist Inhaber eines von ihr bereitgestellten DSL-Anschlusses. Hierfür haben er und die Rechtsvorgängerin der Beklagten den „T. flat"-Tarif vereinbart. Dieser beinhaltet ein zeit- und volumenunabhängiges Pauschalentgelt, soweit der Kunde für die Einwahl in das Internet den von der Beklagten zur Verfügung gestellten DSL-Anschluss nutzt. Der Kunde kann sich mit seinen Zugangsdaten (Kennung und Passwort) jedoch auch über andere Telekommunikationsanschlüsse (zum Beispiel über Mobiltelefone, Anschlüsse von Wettbewerbern der Beklagten im Inland oder aus dem Ausland) oder mittels anderer Zugangstechniken (zum Beispiel Analog-, ISDN- oder GSM-Verbindungen) in die Dienste der Beklagten einwählen. In diesem Fall werden zeitabhängige Nutzungsentgelte berechnet. Ferner kann der Kunde Zugriff auf kostenpflichtige Dienste nehmen, die entsprechend der individuellen Nutzung gesondert und unabhängig von den angebotenen Zugangstarifen von der Beklagten in Rechnung gestellt werden.

Die Beklagte weist dem Rechner, den der Kunde zur Einwahl in das Internet nutzt, für die Dauer der einzelnen Verbindung eine IP-Adresse zu, die sie einem ihr zugeteilten Großkontingent entnimmt. Diese Adresse besteht aus einer mit einer Telefonnummer vergleichbaren, aus vier Blöcken gebildeten Ziffernfolge, die die Kommunikation vernetzter Geräte (zum Beispiel Web-Server, E-Mail-Server oder Privatrechner) ermöglicht. Nach Beendigung der Verbindung wird die jeweilige IP-Adresse wieder freigegeben und steht den Kunden der Beklagten zur Einwahl in das Internet erneut zur Verfügung. Aufgrund dieses Verfahrens erhält der einzelne Nutzer für jede Einwahl in das Internet in aller Regel eine unterschiedliche IP-Nummer (dynamische IP-Adresse).

Die Beklagte speichert nach Beendigung der jeweiligen Verbindung unter anderem die hierfür verwendete IP-Adresse für einen gewissen Zeitraum. Diesen hat sie während des laufenden Rechtsstreits auf sieben Tage begrenzt. Zuvor hatte sie für die Speicherung eine längere Zeitspanne in Anspruch genommen. Der Kläger meint, die Beklagte sei verpflichtet, die IP-Adressen sofort nach dem Ende der einzelnen Internetsitzungen zu löschen. Die Beklagte ist demgegenüber der Auffassung, sie sei gemäß § 96 Abs. 1 S. 2 i. V. m. § 97 Abs. 1 S. 1, Abs. 2 Nr. 1 und § 100 Abs. 1 TKG zu einer vorübergehenden Speicherung der IP-Adressen berechtigt.

Die Entscheidung: Findet eine Speicherung von IP-Adressen zur Ermittlung von Entgelten statt, muss der Provider darlegen und beweisen, dass die Speicherung hierzu erforderlich ist. Gelingt dieser Beweis nicht, kann ein Anspruch auf sofortige Löschung der Daten bestehen. Hinsichtlich der Speicherung von IP-Adressen zur Ermittlung von Störungen sei nach Auffassung des BGH eine Speicherung von sieben Tagen noch verhältnismäßig, wenn dies zum Erkennen, Eingrenzen oder Beseitigen von Störungen oder Fehlern an Telekommunikationsanlagen erforderlich sei, wie es § 100 Abs. 1 TKG ausdrücklich fordert.

---

[18]BGH, Urt. v. 13.01.2011 – III ZR 146/10.

Die Befugnis zur Speicherung von IP-Adressen zum Erkennen, Eingrenzen oder Beseitigen von Störungen oder Fehlern an Telekommunikationsanlagen gemäß § 100 Abs. 1 TKG setze nicht voraus, dass im Einzelfall bereits Anhaltspunkte für eine Störung oder einen Fehler vorlägen. Es genüge vielmehr, dass die in Rede stehende Datenerhebung und -verwendung geeignet, erforderlich und im engeren Sinn verhältnismäßig sei, um abstrakten Gefahren für die Funktiontüchtigkeit des Telekommunikationsbetriebs entgegenzuwirken.

Hintergrund dieser Entscheidung des Bundesgerichtshofs war der Streit um entsprechende Löschungspflichten des Telekomunternehmens: Ist das Telekommunikationsunternehmen zu einer vorübergehenden Speicherung der dem Rechner des Kunden jeweils zugeteilten dynamischen IP-Adressen nach Beendigung der Internetverbindungen nicht berechtigt, so kann der Kunde gemäß § 44 Abs. 1 S. 1 i. V. m. § 96 Abs. 1 S. 3 TKG die unverzügliche Löschung verlangen kann. Sofern für die Speicherung der IP-Adressen keine Rechtsgrundlage besteht, kann dieser Anspruch je nach den technischen Möglichkeiten auch auf eine „sofortige" Löschung hinauslaufen.

Nach § 100 Abs. 1 TKG darf der Diensteanbieter zum Erkennen, Eingrenzen oder Beseitigen von Störungen oder Fehlern an Telekommunikationsanlagen u. a. die Verkehrsdaten der Teilnehmer und Nutzer erheben und verwenden, soweit dies für diese Zwecke erforderlich ist.

Sofern die Speicherung der dynamischen IP-Adressen notwendig ist, um unter anderem der Versendung von Spammails und sogenannten „Denial-of-Service-Attacken"[19] entgegen zu wirken, ist der Diensteanbieter nicht vor Ablauf von sieben Tagen zur sofortigen Löschung verpflichtet. Der Bundesgerichtshof schließt sich insoweit der von dem Bundesbeauftragten für den Datenschutz und Informationsfreiheit vertretenen Auffassung an.

Zu den Verkehrsdaten, die nach § 100 Abs. 1 TKG erhoben und verwendet werden dürfen, gehören grundsätzlich auch die jeweils genutzten IP-Adressen.

Die in § 100 Abs. 1 TKG geregelte Befugnis zur Erhebung und Verwendung von Daten setzt auch unter Berücksichtigung des Fernmeldegeheimnisses (Art. 10 Abs. 1 GG, § 88 TKG) und des Grundrechts auf informationelle Selbstbestimmung (Art. 1 Abs. 1, Art. 2 Abs. 1 GG) nicht voraus, dass im Einzelfall bereits Anhaltspunkte für eine Störung oder einen Fehler an den Telekommunikationsanlagen vorliegen. Es genügt vielmehr, dass die in Rede stehende Datenerhebung und -verwendung geeignet, erforderlich und im engeren Sinn verhältnismäßig ist, um abstrakten Gefahren für die Funktiontüchtigkeit des Telekommunikationsbetriebs entgegenzuwirken.

---

[19]Denial of Service (kurz DoS, engl. für: Dienstverweigerung) bezeichnet in der digitalen Datenverarbeitung die Nichtverfügbarkeit eines Dienstes, der eigentlich verfügbar sein sollte. DoS-Angriffe wie z. B. SYN-Flooding oder der Smurf-Angriff belasten den Internetzugang, das Betriebssystem oder die Dienste eines Hosts, bspw. HTTP, mit einer größeren Anzahl Anfragen als diese verarbeiten können, woraufhin reguläre Anfragen nicht oder nur sehr langsam beantwortet werden.

Diese Auslegung begegnet auch keinen verfassungsrechtlichen Bedenken. § 100 TKG greift zwar, soweit er die Erhebung und Verwendung von Telekommunikationsdaten erlaubt, in den Anspruch des einzelnen Nutzers auf Wahrung des Fernmeldegeheimnisses (Art. 10 Abs. 1 GG, § 88 TKG) und seines Grundrechts auf informationelle Selbstbestimmung (Art. 1 Abs. 1, Art. 2 Abs. 1 GG) ein. Insbesondere Art. 10 Abs. 1 GG begründet nicht nur ein Abwehrrecht gegen den Staat, sondern auch einen Auftrag an diesen, Schutz insoweit vorzusehen, als Private sich Zugriff auf Kommunikationsdaten verschaffen. Diese Rechte können und müssen aber mit den berechtigten Belangen der Telekommunikationsunternehmen, öffentlichen Interessen und den übrigen Interessen der Kunden abgewogen werden.

Die anlasslose, jedoch auf sieben Tage begrenzte Speicherung der jeweils genutzten IP-Adressen wahrt – ihre technische Erforderlichkeit für die Zwecke des § 100 Abs. 1 TKG vorausgesetzt – die Verhältnismäßigkeit. Die bloße Speicherung der IP-Adressen stellt noch keinen schwerwiegenden Eingriff in die Grundrechte der Nutzer dar. Dies gilt umso mehr, als von maßgebender Bedeutung für das Gewicht des Grundrechtseingriffs ist, welche Persönlichkeitsrelevanz die Informationen aufweisen, die von der informationsbezogenen Maßnahme erfasst werden. Die Identität des jeweiligen Nutzers ist aus der IP-Nummer selbst nicht erkennbar und wird erst durch die Zusammenführung mit weiteren Angaben ermittelbar. Diese findet jedoch – nach dem bisherigen Sach- und Streitstand – für die Zwecke des § 100 Abs. 1 TKG nur bei dem konkreten Verdacht einer Störung oder eines Fehlers an den Telekommunikationsanlagen statt. Überdies ist die Speicherung auf einen sehr kurzen Zeitraum begrenzt.

Allerdings können bei einer, wie im vorliegenden Sachverhalt, anlasslosen Speicherung von Daten erhöhte Anforderungen an die Verhältnismäßigkeit der Maßnahme zu stellen sein. Die kurzzeitige Speicherung der dynamischen IP-Adressen durch die Beklagte zum Zweck des Erkennens, des Eingrenzens und der Beseitigung von Störungen und Fehlern und damit des Schutzes ebenfalls teilweise grundrechtlich geschützter Rechte und öffentlicher Interessen zielt nicht auf Maßnahmen hoheitlicher Repression oder Verhaltensüberwachung ab. Insgesamt ist der mit der streitgegenständlichen Speicherung verbundene Eingriff in die Rechte der Nutzer vergleichsweise gering und überwiegt die legitimen, teilweise ebenfalls grundrechtlich abgesicherten Interessen der Beklagten und ihrer Kunden sowie die öffentlichen Interessen an der Funktionstüchtigkeit und Leistungsfähigkeit der Telekommunikationsinfrastruktur nicht.

Dieses Urteil bedeutet im Ergebnis: Will ein Provider IP-Adressen speichern, darf er sich nicht pauschal auf eine Erlaubnisnorm aus dem TKG berufen. Vielmehr muss er im Einzelnen darlegen, warum jeweils die Speicherung der IP-Adresse zur Beitragsermittlung oder Fehlerbehebung notwendig und ohne Alternative ist.

Der Bundesgerichtshof hat zum Auskunftsanspruch gegen Internet-Provider über Nutzer von IP-Adressen entschieden, dass ein Internet-Provider dem Rechtsinhaber in aller Regel den Namen und die Anschrift derjenigen Nutzer einer IP-Adresse mitteilen muss, die ein urheberrechtlich geschütztes Musikstück offensichtlich unberechtigt in eine Online-Tauschbörse eingestellt haben.

Beispiel

Der Fall:[20]

Die Antragstellerin ist ein Musikvertriebsunternehmen. Die Naidoo Records GmbH hat ihr das ausschließliche Recht eingeräumt, die Tonaufnahmen des Musikalbums von Xavier Naidoo „Alles kann besser werden" über Online-Tauschbörsen auszuwerten. Ein von der Antragstellerin beauftragtes Unternehmen ermittelte IP-Adressen, die Personen zugewiesen waren, die den Titel „Bitte hör nicht auf zu träumen" des Albums „Alles kann besser werden" im September 2011 über eine Online-Tauschbörse offensichtlich unberechtigt anderen Personen zum Herunterladen angeboten hatten. Die jeweiligen (dynamischen) IP-Adressen waren den Nutzern von der Deutschen Telekom AG als Internet-Provider zugewiesen worden.

Die Antragstellerin hat gemäß § 101 Abs. 9 UrhG in Verbindung mit § 101 Abs. 2 S. 1 Nr. 3 UrhG beantragt, der Deutschen Telekom AG zu gestatten, ihr unter Verwendung von Verkehrsdaten im Sinne des § 3 Nr. 30 TKG über den Namen und die Anschrift derjenigen Nutzer Auskunft zu erteilen, denen die genannten IP-Adressen zu den jeweiligen Zeitpunkten zugewiesen waren.

Der Bundesgerichtshof hat dem Antrag mit folgender Begründung stattgegeben:

Der in Fällen offensichtlicher Rechtsverletzung (im Streitfall das offensichtlich unberechtigte Einstellen des Musikstücks in eine Online-Tauschbörse) gegebene Anspruch des Rechtsinhabers aus § 101 Abs. 2 S. 1 Nr. 3 UrhG auf Auskunft gegen eine Person, die in gewerblichem Ausmaß für rechtsverletzende Tätigkeiten genutzte Dienstleistungen erbracht hat (im Streitfall die Deutsche Telekom AG als Internet-Provider), setzt nach Ansicht des Bundesgerichtshofs nicht voraus, dass die rechtsverletzende Tätigkeit das Urheberrecht oder ein anderes nach dem Urheberrechtsgesetz geschütztes Recht in gewerblichem Ausmaß verletzt hat. Aus dem Wortlaut der Bestimmung und der Systematik des Gesetzes ergibt sich eine solche Voraussetzung nicht. Sie widerspräche auch dem Ziel des Gesetzes, Rechtsverletzungen im Internet wirksam zu bekämpfen. Dem Rechtsinhaber, stehen Ansprüche auf Unterlassung und Schadensersatz nicht nur gegen einen im gewerblichen Ausmaß handelnden Verletzer, sondern gegen jeden Verletzer zu. Er wäre faktisch schutzlos gestellt, soweit er bei Rechtsverletzungen, die kein gewerbliches Ausmaß aufweisen, keine Auskunft über den Namen und die Anschrift der Verletzer erhielte. In den Fällen, in denen – wie im Streitfall – ein Auskunftsanspruch nach § 101 Abs. 2 S. 1 Nr. 3 UrhG besteht, hat das Gericht dem Dienstleister auf dessen Antrag nach § 101 Abs. 9 S. 1 UrhG zu gestatten, die Auskunft über den Namen und die Anschrift der Nutzer, denen zu bestimmten Zeitpunkten bestimmte IP-Adressen zugewiesen waren, unter Verwendung von Verkehrsdaten zu erteilen. Ein solcher Antrag setzt – so der Bundesgerichtshof – gleichfalls kein gewerbliches Ausmaß der Rechtsverletzung voraus, sondern ist unter Abwägung der betroffenen Rechte des Rechtsinhabers, des

---

[20]BGH, Beschl. v. 19.04.2012 – I ZB 80/11 – Alles kann besser werden.

Auskunftspflichtigen und der Nutzer sowie unter Berücksichtigung des Grundsatzes der Verhältnismäßigkeit in aller Regel ohne Weiteres begründet.

7.2.11 BDSG-neu und EU-DSGVO

Am 25.05.2018 wird die Verordnung (EU) 2016/679 des Europäischen Parlaments und des Rates vom 27. April 2016 zum Schutz natürlicher Personen bei der Verarbeitung personenbezogener Daten, zum freien Datenverkehr und zur Aufhebung der Richtlinie 95/46/EG (Datenschutz-Grundverordnung) unmittelbar geltendes Recht in allen Mitgliedstaaten der Europäischen Union sein. Ziel der Verordnung ist ein gleichwertiges Schutzniveau für die Rechte und Freiheiten von natürlichen Personen bei der Verarbeitung von Daten in allen Mitgliedstaaten. Um ein reibungsloses Zusammenspiel der Verordnung (EU) 2016/679 und der Richtlinie (EU) 2016/680 mit dem deutschen Datenschutzrecht sicherzustellen, ist es erforderlich, das bisherige Bundesdatenschutzgesetz durch ein neues Bundesdatenschutzgesetz abzulösen.

Im Interesse einer homogenen Entwicklung des allgemeinen Datenschutzrechts soll das neu gefasste Bundesdatenschutzgesetz auch für die Verarbeitung personenbezogener Daten im Rahmen von Tätigkeiten öffentlicher Stellen des Bundes Anwendung finden, die außerhalb des Anwendungsbereichs des Unionsrechts liegen, wie etwa die Datenverarbeitung durch das Bundesamt für Verfassungsschutz, den Bundesnachrichtendienst oder den Militärischen Abschirmdienst oder im Bereich des Sicherheitsüberprüfungsgesetzes. Dies geht einher mit zusätzlichem gesetzlichen Änderungsbedarf in den jeweiligen bereichsspezifischen Gesetzen.

Der Entwurf eines Gesetzes zur Anpassung des Datenschutzrechts an die Verordnung (EU) 2016/679 und zur Umsetzung der Richtlinie (EU) 2016/680 (Datenschutz-Anpassungs- und -Umsetzungsgesetz EU – DSAnpUG-EU) sieht folgende Neufassung des Bundesdatenschutzgesetzes – BDSG-neu, bestehend aus drei Teilen, – vor, das für öffentliche Stellen des Bundes und der Länder (soweit nicht landesrechtliche Regelungen greifen) sowie für nicht-öffentliche Stellen gilt:

- a. Gemeinsame Bestimmungen mit folgenden Regelungsschwerpunkten:
  - Schaffung allgemeiner Rechtsgrundlagen für die Datenverarbeitung durch öffentliche Stellen und für die Videoüberwachung (§§ 3, 4 BDSG-neu);
  - Regelungen zu Datenschutzbeauftragten öffentlicher Stellen (§§ 5 bis 7 BDSG-neu);
  - Ausgestaltung der unabhängigen Datenschutzaufsichtsbehörden (§§ 8 bis 16 BDSG-neu);
  - Festlegung der deutschen Vertretung im Europäischen Datenschutzausschuss; gemeinsamer Vertreter im Ausschuss ist die Bundesbeauftragte für den Datenschutz und die Informationsfreiheit; als Stellvertreter wählt der Bundesrat den Leiter einer Aufsichtsbehörde eines Landes (§§ 17 bis 19 BDSG-neu);
  - Rechtsbehelfe (§§ 20, 21 BDSG-neu).

- b. Bestimmungen zur Durchführung der Verordnung (EU) 2016/679 mit folgenden Regelungsschwerpunkten:
  - Schaffung einer Rechtsgrundlage für die Verarbeitung besonderer Kategorien personenbezogener Daten (§ 22 BDSG-neu);
  - Festlegung der Zulässigkeitsvoraussetzungen für Verarbeitungen zu anderen Zwecken (§ 23 BDSG-neu);
  - Erhalt der Vorschriften zu Auskunfteien und Scoring sowie Regelung weiterer besonderer Verarbeitungssituationen (§§ 24 bis 29 BDSG-neu);
  - Regelungen zu den Betroffenenrechten (§§ 30 bis 35 BDSG-neu);
  - Verhängung von Geldbußen bei Verstößen gegen die Verordnung (EU) 2016/679 (§§ 39, 40 BDSG-neu).
- c. Bestimmungen zur Umsetzung der Richtlinie EU 2016/680 mit folgenden Regelungsschwerpunkten
  - Aussagen zu Rechtsgrundlagen der Verarbeitung, Zweckbindung und -änderung (§§ 44 bis 46 BDSG-neu)
  - Ausformung der Betroffenenrechte (§§ 51 bis 56 BDSG-neu)
  - Anforderungen an Auftragsverarbeitungsverhältnisse (§ 57 BDSG-neu)
  - Datensicherheit und Umgang mit Datensicherheitsvorfällen (§§ 58 bis 60 BDSG-neu)
  - Instrumente zur Berücksichtigung des Datenschutzes (Datenschutzfolgenabschätzung,
  - Anhörung der oder des Bundesbeauftragten, Verzeichnis von Verarbeitungstätigkeiten, Protokollierung §§ 61 bis 63 und 71 BDSG-neu)
  - Berichtigungs- und Löschungspflichten (§ 70 BDSG-neu)
  - Datenübermittlungen an Stellen in Drittstaaten und an internationale Organisationen (§§ 73 bis 76 BDSG-neu).

Der Datenschutz in Deutschland wird ab 25.05.2018 zum einen durch das vorbeschriebene „neue" BDSG und zum anderen durch die EU-Datenschutz-Grundverordnung (EU-DSGVO) geregelt. Der Schutz natürlicher Personen bei der Verarbeitung personenbezogener Daten ist ein Grundrecht. Die Grundsätze und Vorschriften zum Schutz natürlicher Personen bei der Verarbeitung ihrer personenbezogenen Daten sollten gewährleisten, dass ihre Grundrechte und Grundfreiheiten und insbesondere ihr Recht auf Schutz personenbezogener Daten ungeachtet ihrer Staatsangehörigkeit oder ihres Aufenthaltsorts gewahrt bleiben. Die Verordnung soll zur Vollendung eines Raums der Freiheit, der Sicherheit und des Rechts und einer Wirtschaftsunion, zum wirtschaftlichen und sozialen Fortschritt, zur Stärkung und zum Zusammenwachsen der Volkswirtschaften innerhalb des Binnenmarkts sowie zum Wohlergehen natürlicher Personen beitragen.

Die EU-DSGVO enthält Vorschriften zum Schutz natürlicher Personen bei der Verarbeitung personenbezogener Daten und zum freien Verkehr solcher Daten und schützt die Grundrechte und Grundfreiheiten natürlicher Personen, insbesondere deren Recht auf Schutz personenbezogener Daten (Art. 1 Abs. 1 und 2 EU-DSGVO). Es geht in der EU-DSGVO also ausschließlich um personenbezogene Daten, nur natürliche Personen genießen mithin – im Unterschied zu juristischen Personen – ein Grundrecht auf den Schutz der sie betreffenden personenbezogenen Daten.

Der freie Verkehr personenbezogener Daten in der EU darf aus Gründen des Schutzes natürlicher Personen bei der Verarbeitung personenbezogener Daten weder eingeschränkt noch verboten werden Daten (Art. 1 Abs. 3 EU-DSGVO).

Die EU-DSGVO gilt nach Art. 2 EU-DSGVO für die ganz oder teilweise automatisierte Verarbeitung personenbezogener Daten sowie für die nichtautomatisierte Verarbeitung personenbezogener Daten, die in einem Dateisystem gespeichert sind oder gespeichert werden sollen (sachlicher Anwendungsbereich). Sie findet u. a. keine Anwendung auf die Verarbeitung personenbezogener Daten im Rahmen einer Tätigkeit durch natürliche Personen zur Ausübung ausschließlich persönlicher oder familiärer Tätigkeiten sowie die Verarbeitung durch die zuständigen Behörden zum Zwecke der Verhütung, Ermittlung, Aufdeckung oder Verfolgung von Straftaten oder der Strafvollstreckung, einschließlich des Schutzes vor und der Abwehr von Gefahren für die öffentliche Sicherheit.

Die EU-DSGVO findet gemäß Art. 3 Abs. 1 EU-DSGVO räumlich auf die Verarbeitung personenbezogener Daten, soweit diese im Rahmen der Tätigkeiten einer Niederlassung eines Verantwortlichen oder eines Auftragsverarbeiters in der Union erfolgt, Anwendung, unabhängig davon, ob die Verarbeitung in der Union stattfindet (räumlicher Anwendungsbereich).

Ob eine Verarbeitung vom räumlichen Anwendungsbereich erfasst ist, ergibt sich aus Art. 3 Abs. 2 EU-DSGVO, wo zwischen dem „Niederlassungsprinzip" und dem „Marktortprinzip" unterschieden wird.

Das „Niederlassungsprinzip" besagt, dass, sofern die Verarbeitung personenbezogener Daten durch eine Niederlassung in der EU durch einen Verantwortlichen oder Auftragsverarbeiter vorgenommen wird, deren räumlicher Anwendungsbereich der eröffnet ist. Es kommt also nach Art. 3 Abs. 1 DSGVO auf den Sitz der Niederlassung an; ob die Daten selbst innerhalb der EU verarbeitet werden, ist in diesem Zusammenhang nicht zu berücksichtigen.

Ergänzend zum „Niederlassungsprinzip" regelt das „Marktortprinzip" gemäß Art. 3 Abs. 2 EU-DSGVO die räumliche Anwendbarkeit, wenn u.a. Dienstleistungen an Verbraucher geleistet werden, die ihren Aufenthalt in der EU haben. Hier geht es um die Verarbeitung personenbezogener Daten, welche die Grundlage für das Angebot von Waren und Dienstleistungen sind, sofern sich dieses an Personen in der EU richtet. Die Verordnung ist also auch dann anwendbar, wenn die Datenverarbeitung durch außereuropäische Stellen gezielt Daten über Personen in der EU erfolgt, sei es durch das Angebot von Waren oder Dienstleistungen oder der Verhaltensbeobachtung, wie z.B. beim Tracking/Profiling und Targeting im Rahmen der Werbung.

Art. 4 EU-DSGVO enthält Begriffsbestimmungen, z. B. für „personenbezogene Daten", "Verarbeitung", "Profiling", „Verantwortlicher", „Auftragsverarbeiter", „Einwilligung" u. a. m. Nach Art. 4 Nr. 7 EU-DSGVO können sowohl natürliche als auch juristische Personen „Verantwortliche" sein.

Die Ziele der EU-DSGVO sollen durch die in Art. 5 EU-DSGVO festgelegten Grundsätze der Verarbeitung personenbezogener Daten erreicht werden: Rechtmäßigkeit, Treu und Glauben, Transparenz, Zweckbindung, Datenminimierung, Richtigkeit, Speicherbegrenzung, Integrität und Vertraulichkeit sowie Rechenschaftspflicht.

Nach Art. 6 Abs. 1 EU-DSGVO ist die Verarbeitung ist nur rechtmäßig, wenn mindestens eine der nachstehenden Bedingungen erfüllt ist:

a) Die betroffene Person hat ihre Einwilligung zu der Verarbeitung der sie betreffenden personenbezogenen Daten für einen oder mehrere bestimmte Zwecke gegeben;
b) die Verarbeitung ist für die Erfüllung eines Vertrags, dessen Vertragspartei die betroffene Person ist, oder zur Durchführung vorvertraglicher Maßnahmen erforderlich, die auf Antrag der betroffenen Person erfolgen;
c) die Verarbeitung ist zur Erfüllung einer rechtlichen Verpflichtung erforderlich, der der für die Verarbeitung Verantwortliche unterliegt;
d) die Verarbeitung ist erforderlich, um lebenswichtige Interessen der betroffenen Person oder einer anderen natürlichen Person zu schützen;
e) die Verarbeitung ist für die Wahrnehmung einer Aufgabe erforderlich, die im öffentlichen Interesse liegt oder in Ausübung öffentlicher Gewalt erfolgt, die dem für die Verarbeitung Verantwortlichen übertragen wurde;
f) die Verarbeitung ist zur Wahrung der berechtigten Interessen des Verantwortlichen oder eines Dritten erforderlich, sofern nicht die Interessen oder Grundrechte und Grundfreiheiten der betroffenen Person, die den Schutz personenbezogener Daten erfordern, überwiegen, insbesondere dann, wenn es sich bei der betroffenen Person um ein Kind handelt.

Art. 7 EU-DSGVO formuliert die Einzelheiten der Bedingungen für die Einwilligung.

Die betroffene Person hat das Recht, ihre Einwilligung jederzeit zu widerrufen (Art. 7 Abs. 3 EU-DSGVO). Der Widerruf der Einwilligung muss so einfach wie die Erteilung der Einwilligung sein.

Folgende Anforderungen sind bei einer Einwilligung zu beachten:

Freiwilligkeit, Bestimmtheit, Informiertheit, Unmissverständlichkeit, Nachweisbarkeit, verständliche und leicht zugänglicher Form sowie klare, einfache Sprache und bei Minderjährigen (Kindern bis 16 Jahren) Zustimmung des Erziehungsberechtigten (Art. 8 EU-DSGVO).

Art. 7 Abs. 4 EU-DSGVO stellt u. a. klar, dass die Einwilligung ohne Zwang erfolgen muss und der Abschluss eines Vertrages nicht von der Verarbeitung weiterer Daten abhängig gemacht werden darf, die für die eigentliche Vertragsdurchführung nicht benötigt werden.

In den Artikeln 12 bis 23 EU-DSGVO sind die Betroffenenrechte bestimmt:

Der Verantwortliche muss nach Art. 12 EU-DSGVO geeignete Maßnahmen treffen, um alle Informationen und alle Mitteilungen, die sich auf die Verarbeitung beziehen, in präziser, transparenter, verständlicher und leicht zugänglicher Form in einer klaren und einfachen Sprache zu übermitteln; dies gilt insbesondere für Informationen, die sich speziell an Kinder richten. Die Übermittlung der Informationen erfolgt schriftlich oder in anderer Form, gegebenenfalls auch elektronisch. Falls von der betroffenen Person verlangt, kann die Information mündlich erteilt werden, sofern die Identität der betroffenen Person in anderer Form nachgewiesen wurde.

Die EU-DSGVO führt in den Art. 13 und 14 EU-DSGVO für Unternehmen und Verantwortliche eine Reihe neuer Informationspflichten ein. Auch die Kontaktdaten des Datenschutzbeauftragten sind anzugeben. In der Praxis geschah dies bislang freiwillig, dies wird jedoch nach Art. 13 und Art. 14 EU-DSGVO zukünftig verpflichtend. Des Weiteren sind nach Art. 13 Abs. 1c EU-DSGVO und Art. 14 Abs. 1c EU-DSGVO der jeweilige Zweck und die Rechtsgrundlage für die Verarbeitung anzugeben. Ein weiterer Unterschied ist in Art. 13 Abs. 1e und Art. 14 Abs. 1e EU-DSGVO zu finden: Der Verantwortliche hat die betroffene Person über mögliche Empfänger oder Kategorien von Empfängern zu informieren, unabhängig davon, ob eine Übermittlung der personenbezogenen Daten eintritt oder eher unwahrscheinlich ist. Die Möglichkeit eines Beschwerderechts bei der zuständigen Aufsichtsbehörde mit den dazugehörigen Kontaktdaten gehört ebenfalls zur Informationspflicht. Wird die Datenerhebung nicht beim Betroffenen selbst durchgeführt, so hat der Verantwortliche weitere Informationspflichten zu beachten. Wichtig ist hier nach Art. 14 Abs. 1e EU-DSGVO, über mögliche Empfänger der Daten zu informieren. Der Verantwortliche muss ergänzend nach Art. 14 Abs. 2f EU-DSGVO die Herkunft der Daten angeben, z. B. darüber, ob diese aus einer öffentlich zugänglichen Quelle stammen.

Ein zentraler Bestandteil der EU-DSGVO stellt das neu geregelte Auskunftsrecht dar. Nach Art. 15 Abs. 1 EU-DSGVO wird das Auskunftsrecht zweistufig ausgestaltet. Im ersten Schritt ist zu prüfen, ob überhaupt eine Verarbeitung personenbezogener Daten des Anfragenden bzw. Betroffenen geschehen ist. Als zweiter Schritt muss dann tatsächlich eine Auskunft erteilt werden. Das Auskunftsersuchen kann entweder damit enden, eine Bestätigung der Nichtbearbeitung zu erhalten oder vom Verantwortlichen eine Erklärung, mangels Verarbeitung von personenbezogenen Daten nicht tätig werden zu müssen. Ist die Auskunftspflicht gegeben, ist nach Art. 15 Abs. 3 S. 1 EU-DSGVO eine entsprechende unentgeltliche Kopie bereitzustellen, die alle verarbeiteten personenbezogenen Daten des Anfragenden offenlegen muss. Die Auskunft hat unentgeltlich zu erfolgen. Führt die Verarbeitung personenbezogener Daten aufgrund von falschen und/oder unvollständigen Angaben zu Nachteilen für die betroffene Person, so entsteht ein Recht auf Berichtigung gemäß Art. 16 EU-DSGVO.

Art. 17 DSGVO regelt ein Recht auf Löschung, welches gleichzeitig als ein ("Recht auf "Vergessenwerden") bezeichnet wird. Die betroffene Person hat das Recht, von dem Verantwortlichen zu verlangen, dass sie betreffende personenbezogene Daten unverzüglich gelöscht werden, und der Verantwortliche ist verpflichtet, personenbezogene Daten unverzüglich zu löschen, sofern einer der folgenden Gründe zutrifft wenn die personenbezogenen Daten für die Zwecke, für die sie erhoben oder auf sonstige Weise verarbeitet wurden, nicht mehr notwendig sind, wenn die betroffene Person ihre Einwilligung widerruft und es an einer anderweitigen Rechtsgrundlage für die Verarbeitung fehlt oder wenn die betroffene Person Widerspruch gegen die Verarbeitung einlegt und keine vorrangigen berechtigten Gründe für die Verarbeitung vorliegen.

Gemäß Art. 18 EU-DSGVO besteht ein Recht auf Einschränkung der Verarbeitung, Art. 19 EU-DSGVO regelt die Mitteilungspflicht im Zusammenhang mit der Berichtigung oder Löschung personenbezogener Daten oder der Einschränkung der Verarbeitung.

Durch die Einführung des Art. 20 EU-DSGVO wird mit dem Recht der Datenübertragbarkeit ein komplett neues Betroffenenrecht eingeführt. Es besteht demnach die

Möglichkeit, vom Verantwortlichen die bereitgestellten personenbezogenen Daten zu erhalten und an einen anderen Verantwortlichen weiterzuleiten, sofern die Voraussetzungen einer Einwilligung für die Verarbeitung vorliegen und es sich um ein automatisiertes Verfahren gemäß Art. 20 Abs. 1a und b EU-DSGVO handelt.

In Art. 21 EU-DSGVO ist das Widerspruchsrecht geregelt: Die betroffene Person hat das Recht, aus Gründen, die sich aus ihrer besonderen Situation ergeben, jederzeit gegen die Verarbeitung sie betreffender personenbezogener Daten Widerspruch einzulegen.

Bestimmungen betreffend Verantwortliche für die Datenverarbeitung und Auftragsverarbeiter finden sich in den Artikeln 24 bis 43 der EU-DSGVO.

Eine wesentliche Neuerung stellen nach Art. 26 DSGVO die Pflichten einer „gemeinsamen Verantwortung („joint control") dar.

Neu ist in Art. 35 EU-DSGVO auch eine Datenschutz-Folgenabschätzung: Hat eine Form der Verarbeitung, insbesondere bei Verwendung neuer Technologien, aufgrund der Art, des Umfangs, der Umstände und der Zwecke der Verarbeitung voraussichtlich ein hohes Risiko für die Rechte und Freiheiten natürlicher Personen zur Folge, so führt der Verantwortliche vorab eine Abschätzung der Folgen der vorgesehenen Verarbeitungsvorgänge für den Schutz personenbezogener Daten durch. Die Datenschutz-Folgenabschätzung ist einer Vorabkontrolle gleichzustellen und soll in Konstellationen, in denen die Datenverarbeitung ein erhöhtes Eingriffspotential aufweist, den Schutz erhöhen.

Die EU-DSGVO kennt zwar keine konkrete Regelung zur Zulässigkeit von Videoüberwachung, Erwähnung findet diese aber in Artikel 35 EU-DSGVO: Eine Datenschutz-Folgenabschätzung ist danach nicht generell bei jeder Videoüberwachung erforderlich, sondern nur dann, wenn eine „systematische und umfangreiche" Überwachung öffentlich zugänglicher Bereiche" stattfindet.

Unternehmen müssen auf jeden Fall einen Datenschutzbeauftragten bestellen (Art. 37 EU-DSGVO), wenn die Verarbeitung von einer Behörde oder öffentlichen Stelle durchgeführt wird, die Kerntätigkeit des Verantwortlichen oder des Auftragsverarbeiters in der Durchführung von Verarbeitungsvorgängen besteht, welche aufgrund ihrer Art, ihres Umfangs und/oder ihrer Zwecke eine umfangreiche regelmäßige und systematische Überwachung von betroffenen Personen erforderlich machen, oder die Kerntätigkeit des Verantwortlichen oder des Auftragsverarbeiters in der umfangreichen Verarbeitung besonderer Kategorien von Daten oder von personenbezogenen Daten über strafrechtliche Verurteilungen und Straftaten besteht. Der Verantwortliche und der Auftragsverarbeiter stellen nach Art. 38 EU-DSGVO sicher, dass der Datenschutzbeauftragte ordnungsgemäß und frühzeitig in alle mit dem Schutz personenbezogener Daten zusammenhängenden Fragen eingebunden wird.

Die einzelnen Aufgaben des Datenschutzbeauftragten sind in Art. 39 EU-DSGVO geregelt, wonach ihm obliegen zumindest folgende Aufgaben obliegen:

a) Unterrichtung und Beratung des Verantwortlichen oder des Auftragsverarbeiters und der Beschäftigten, die Verarbeitungen durchführen, hinsichtlich ihrer Pflichten nach dieser Verordnung sowie nach sonstigen Datenschutzvorschriften der Union bzw. der Mitgliedstaaten;

b) Überwachung der Einhaltung dieser Verordnung, anderer Datenschutzvorschriften der Union bzw. der Mitgliedstaaten sowie der Strategien des Verantwortlichen oder des Auftragsverarbeiters für den Schutz personenbezogener Daten einschließlich der Zuweisung von Zuständigkeiten, der Sensibilisierung und Schulung der an den Verarbeitungsvorgängen beteiligten Mitarbeiter und der diesbezüglichen Überprüfungen;

c) Beratung im Zusammenhang mit der Datenschutz-Folgenabschätzung und Überwachung ihrer Durchführung;

d) Zusammenarbeit mit der Aufsichtsbehörde;

e) Tätigkeit als Anlaufstelle für die Aufsichtsbehörde in mit der Verarbeitung zusammenhängenden Fragen, einschließlich der vorherigen und gegebenenfalls Beratung zu allen sonstigen Fragen.

Die Artikel 44 bis 50 der EU-DSGVO regeln die Übermittlung personenbezogener Daten an Drittländer oder an internationale Organisationen.

Bestimmungen über die Unabhängigkeit, die Zusammenarbeit und die Kohärenz der Aufsichtsbehörden finden sich in den Artikeln 51 bis 76 der EU-DSGVO.

In Art. 57 EU-DSGVO ist ein Aufgabenkatalog von 22 unterschiedlichen Einzelaufgaben der Datenschutzaufsichtsbehörden enthalten. Dazu kommen weitere Aufgaben aus unterschiedlichen Artikeln der EU-DSGVO.

Rechtsbehelfe, Haftung und Sanktionen sowie Vorschriften für besondere Datenverarbeitungssituationen sind in den Artikeln 77 bis 91 der EU-DSGVO geregelt.

7.3   Jugendschutz

Der Jugendschutz wird nach der herrschenden Meinung als besondere Ausprägung des Straf- und Ordnungswidrigkeitenrechts angesehen. Er ist von besonderer gesellschaftlicher Bedeutung und die Schutzpflicht des Staates so stark ausgeprägt, weil die Betroffenen – Kinder und Jugendliche – in den meisten Fällen nicht selbst ihre Rechte durchsetzen können. Das Meinungsbild der Jugend wird durch Medien aller Art in besonderer Weise geprägt, deshalb wiegen Verstöße gegen die Jugendschutzbestimmungen schwer. Der Jugendschutz ist verfassungsrechtlich verankert und stützt sich auf verschiedene Rechtsquellen. Diese und die in der Praxis bedeutsamsten Vorschriften sollen im Folgenden erläutert werden.

7.3.1   Rechtsquellen des Jugendschutzes

Die verfassungsrechtliche Pflicht des Gesetzgebers zum Schutz der Jugend ergibt sich aus dem Schutz der Menschenwürde und dem des allgemeinen Persönlichkeitsrechts (Art. 1, 2 GG). Sie ist als Schranke der Medienfreiheiten außerdem verankert in Art. 5 Abs. 2 GG. Gewährleistet wird der Jugendschutz im Bereich der Medien in erster Linie durch zwei Regelwerke: das Jugendschutzgesetz und den Jugendmedienschutz-Staats-vertrag.

Das Jugendschutzgesetz (JuSchG) des Bundes bestimmt Vorschriften für das allge-meine Verhalten von Kindern und Jugendlichen in der Öffentlichkeit.

Im Sinne dieses Gesetzes sind Kinder Personen, die noch nicht 14 Jahre alt sind und Jugendliche Personen, die 14, aber noch nicht 18 Jahre alt sind.

§ 4 Abs. 1 JuSchG: Jugendlichen unter 16 Jahren dürfen sich in Gaststätten nur auf-halten, wenn bspw. ein Elternteil sie begleitet oder wenn sie zwischen 5.00 Uhr und 23.00 Uhr Getränke bzw. Mahlzeiten konsumieren. Jugendliche, die 16 Jahre oder älter sind, dürfen sich ohne erwachsene Begleitung zwischen Mitternacht und 5.00 nicht in Gaststätten aufhalten.

§ 4 Abs. 3 JuSchG: Nachtbars, Nachtclubs oder ähnliche Vergnügungseinrichtungen bleiben Kindern und Jugendlichen grundsätzlich versperrt.

§ 5 Abs. 1 JuSchG: Öffentliche Tanzveranstaltungen dürfen Jugendlichen unter 16 Jahren gar nicht ohne erwachsenen Begleitung besuchen. Jugendliche ab 16 Jahren ist der Besuch höchstens bis Mitternacht gestattet.

§ 9 Abs. 1, 2 JuSchG: Alkoholische Getränke dürfen an Kinder und Jugendliche unter 16 Jahren ohne erwachsenen Begleitung nicht abgeben werden. § 9 Abs. 3 JuSchG ver-bietet zudem das Angebot von alkoholischen Getränken an Automaten.

§ 10 Abs. 1, 3 JuSchG: Tabakwaren dürfen weder in Gaststätten, noch in Verkaufs-stellen oder sonst in der Öffentlichkeit an Kinder und Jugendliche abgegeben werden. Außerdem gilt für Kinder und Jugendliche ein Rauchverbot, und in der Öffentlichkeit dürfen keine Zigarettenautomaten aufgestellt werden, die für Kinder und Jugendliche zugänglich und nicht durch technische Vorrichtungen gesperrt sind.

In Bezug auf die Medien regelt das Jugendschutzgesetz in erster Linie den Bereich des Films (§ 11 ff. JuSchG), aber auch den der Spielprogramme (Software). Für den Zugang zu Kinofilme gelten gemäß §§ 11, 14 JuSchG bindende Alterseinstufungen. Bestimmte jugendgefährdende Trägermedien mit Filmen oder Spielen (zum Beispiel Videokassetten, CD-ROM, DVD) dürfen überhaupt nicht an öffentlich zugänglichen Stellen, sondern nur in eigens dafür vorgesehenen Kinos gezeigt oder in abgetrennten Bereichen von Videotheken angeboten werden (§ 15 JuSchG). Gleiches gilt auch für die unkörperliche elektronische Verbreitung von Filmen oder Spielen als Anhang von E-Mails.

Von besonderer Bedeutung ist die sogenannte Indizierung von Filmen. Gemeint ist ihr Ausschluss von der öffentlichen Ausstrahlung gemäß §§ 18, 24 JuSchG. Diesen Ausschluss bestimmt gemäß § 17 JuSchG die Bundesprüfstelle für jugendgefährdende Medien (BPjM). Sie führt eine Liste (sogenannter Index) und bestimmt, welche Filme aufgenommen und welche wieder gestrichen werden. Gemäß § 18 Abs. 1 JuSchG muss die Bundesprüfstelle solche Träger- und Telemedien in den Index aufnehmen, die geeig-net sind, die Entwicklung oder Erziehung von Kindern oder Jugendlichen zu einer eigenverantwortlichen und gemeinschaftsfähigen Persönlichkeit zu gefährden. Dazu zählen insbesondere unsittliche, verrohend wirkende, zu Gewalttätigkeit, Verbrechen oder Rassenhass anreizende Medien.

Der Jugendmedienschutz-Staatsvertrag (JMStV) der Länder verfolgt ähnlich wie das Bundesjugendschutzgesetz einen umfassenden Jugendschutz. Zweck des Staatsvertrages ist der einheitliche Schutz der Kinder und Jugendlichen vor Angeboten in elektronischen Informations- und Kommunikationsmedien und im Rundfunk, die deren Entwicklung oder Erziehung beeinträchtigen oder gefährden und die die Menschenwürde oder sonstige durch das Strafgesetzbuch geschützte Rechtsgüter verletzen (§ 1 JMStV).

Gemäß § 4 JMStV sind unzulässig:

- Propagandamittel in Sinne von § 86 StGB (zum Beispiel von verfassungswidrigen Parteien oder Vereinigungen);
- Angebote, die zum Hass gegen Teile der Bevölkerung aufstacheln;
- Schilderungen von grausamen und unmenschlichen Gewalttätigkeiten gegen Menschen:
- Kriegsverherrlichungen;
- Angebote, die Kinder oder Jugendlichen in unnatürlich geschlechtsbetonter Haltung zeigen, sonstige pornografischer Darstellungen und Angebote, die den sexuellen Missbrauch von Kindern und Jugendlichen zum Inhalt haben.
- Auch Werbung für derartige Angebote ist gemäß § 6 Abs. 1 JMStV unzulässig.
- Gleiches gilt für Werbung, die Kindern und Jugendlichen körperlichen oder seelischen Schaden zufügt oder direkte Kaufappelle enthält (§ 6 Abs. 1 JMStV).

Geregelt wird im Jugendschutzmedien-Staatsvertrag bspw. auch die Ausstrahlung von Filmen: Jugendgefährdende Filme dürfen im Fernsehen gar nicht oder nur zu bestimmten Sendezeiten ausgestrahlt werden (§ 8 JMStV). Sie müssen außerdem angekündigt und gekennzeichnet werden (§ 10 JMStV). § 19 JMStV bestimmt zudem, dass private Rundfunkanbieter und Anbieter von Telemedien die Einhaltung der Jugendschutzbestimmungen durch freiwillige Selbstkontrolle überwachen dürfen. Sie müssen sich dazu zu Selbstkontrolleinrichtungen zusammenschließen und von der Kommission für Jugendmedienschutz anerkannt werden.

Auch im Wettbewerbsrecht gelten für Kinder und Jugendliche besondere Regeln. Als Beispiel eine aktuelle Entscheidung des Bundesgerichtshofs zu einer Sammelaktion für Schoko-Riegel:

Beispiel

Schoko-Riegel

Der Bundesgerichtshof hatte über die Zulässigkeit einer Sammelaktion zu entscheiden, die sich auch an Kinder und Jugendliche richtete.

Der Fall:[21]

---

[21]BGH, Urt. v. 17.07.2008 – I ZR 160/05.

Die Nestlé AG hatte für ihre Schoko-Riegel (zum Beispiel „Lion", „KIT KAT" und „NUTS") eine Sammelaktion durchgeführt, bei der auf der Verpackung jeweils ein Sammelpunkt (sogenannter „N-Screen") aufgedruckt war. 25 Sammelpunkte konnten gegen einen Gutschein im Wert von 5 EUR für einen Einkauf bei dem Internet-Versandhändler amazon.de eingelöst werden. Der Kläger, der Bundesverband der Verbraucherzentralen, hatte Nestlé auf Unterlassung in Anspruch genommen. Er hat die Auffassung vertreten, die Aktion sei wettbewerbswidrig, weil sie die Sammelbegeisterung von Kindern und Jugendlichen ausnutze und so eine rationale Kaufentscheidung bei ihnen verdrängen könne.

Der BGH hat diese Entscheidung getroffen:

Zwar sind Werbeaktionen, mit denen die geschäftliche Unerfahrenheit von Kindern und Jugendlichen ausgenutzt wird, im Hinblick auf die besondere Schutzbedürftigkeit jugendlicher Verbraucher wettbewerbswidrig. Der BGH hat jedoch klargestellt, dass nicht jede gezielte Beeinflussung von Minderjährigen wettbewerbswidrig ist. Auch sei nicht jede an Minderjährige gerichtete Sammel- und Treueaktion unzulässig. Abzustellen sei auch bei besonders schutzbedürftigen Zielgruppen auf den durchschnittlich informierten und aufmerksamen Verbraucher dieser Gruppe. Die wirtschaftlichen Folgen einer Beteiligung an der beanstandeten Sammelaktion konnten – so der BGH – auch von Minderjährigen hinreichend überblickt werden. Es handele sich um ein Produkt, über das auch Minderjährige ausreichende Marktkenntnisse hätten. Die Riegel seien während der Werbeaktion zu ihrem üblichen Preis von ca. 40 Cent verkauft worden; die Teilnahme an der Sammelaktion habe sich im Übrigen im Rahmen des regelmäßig verfügbaren Taschengelds Minderjähriger gehalten. Die Teilnahmebedingungen seien auch für Minderjährige transparent gestaltet gewesen.

Die Rechtslage nach der EU-Richtlinie über unlautere Geschäftspraktiken spielte bei der Entscheidung noch keine maßgebliche Rolle.

Kommission für Jugendmedienschutz, Jugendschutz.net

Die Kommission für Jugendmedienschutz (KJM) ist eine zentrale Aufsichtsstelle für den Jugendschutz und dient den Landesmedienanstalten als Organ bei der Erfüllung ihrer Aufgaben. Die KJM sorgt dafür, dass der JMStV umgesetzt wird, sie prüft Verstöße und entscheidet über darauf folgende Maßnahmen. Die KJM hat zwölf Mitglieder: Das Gremium setzt sich zusammen aus sechs Direktoren von Landesmedienanstalten, vier Mitarbeitern der obersten Landesjugendbehörden und zwei Mitarbeitern der obersten Bundesjugendbehörde (Abb. 7.2).

Für die Anerkennung von Einrichtungen zur freiwilligen Selbstkontrolle durch die KJM enthält § 19 Abs. 3 JMStV die Voraussetzungen. Zu nennen sind insbesondere die Unabhängigkeit und Sachkunde der für die Selbstkontrolle benannten Prüfer und die sachgerechte Ausstattung der Einrichtungen durch eine Vielzahl von Anbietern.

Die Arbeit von KJM und Jugendschutz.net

Die KJM arbeitet eng zusammen mit anderen Institutionen, die mit dem Jugendschutz befasst sind; zum Beispiel mit der BPjM und mit Jugendschutz.net.

Jugendschutz.net ist eine gemäß § 18 JMStV von den obersten Landesjugendschutzbehörden eingerichtete Stelle für alle Länder und hat den Auftrag, die Angebote der Telemedien – insbesondere im Internet – zu überprüfen. Jugenschutz.net wacht damit über alle Telemedien-Angebote, die sich an die Öffentlichkeit richten, aber auch über Chats, Instant- Messaging und File-Sharing. Bei Verstößen gegen den Jugendschutz weist Jugendschutz.net den Anbieter darauf hin und informiert die zuständigen Einrichtungen der Freiwilligen Selbstkontrolle sowie die KJM.

Hintergrund der Einrichtung von Jugendschutz.net ist, dass eine umfassende Kontrolle der Internetinhalte mit Blick auf den Jugendschutz allein durch die Eltern oder Diensteanbieter nahezu unmöglich ist. Jugendgefährdende oder pornografische Inhalte sind im Internet leicht zugänglich – auch für Kinder und Jugendliche – und werden den Nutzern teilweise sogar aufgedrängt. Jugendschutz.net soll helfen, entsprechende Schwierigkeiten zu beheben und Kindern und Jugendliche vor derartigen Angeboten zu schützen.

Freiwillige Selbstkontrolle

Im Bereich der Filmwirtschaft existiert bereits seit 1949 die Freiwillige Selbstkontrolle – FSK. Sie prüft freiwillig Filme, Videos und DVDs sowie andere Bildträger, die zur öffentlichen Vorführung oder Zugänglichmachung vorgesehen sind. Für die Freigabe ist eine Kennzeichnung vorgesehen, die die FSK vergibt: zum Beispiel „FSK 12", das bedeutet, Jugendliche ab 12 Jahre dürfen den Film sehen. Seit der letzten Neuregelung des Jugendschutzes ist eine freiwillige Selbstkontrolle für den Jugendschutz nun auch im Bereich des Rundfunks und der neuen Medien vorgesehen (§ 19 JMStV)

Seit 2003 ist die „Freiwillige Selbstkontrolle Fernsehen" (FSF) für die privaten Fernsehanbieter in Deutschland von der KJM anerkannt. Die FSF will nach eigener Darstellung einerseits durch Programmbegutachtung den Jugendschutzbelangen im Fernsehen gerecht werden, andererseits durch medienpädagogische Aktivitäten und Publikationen den bewussten Umgang mit dem Fernsehen fördern. In den Prüfausschüssen der FSF

Abb. 7.2 Kommission für Jugendmedienschutz. (Quelle: eigene Darstellung)

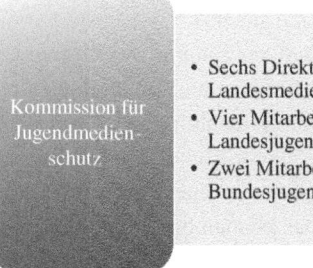

Kommission für Jugendmedien-schutz

- Sechs Direktoren von Landesmedienanstalten
- Vier Mitarbeiter der obersten Landesjugendbehörden
- Zwei Mitarbeiter der obersten Bundesjugendbehörde

arbeiten – wie bei der FSK – unabhängige Fachleute aus den Bereichen Pädagogik, Psychologie und Jugendhilfe.

Für den Bereich Multimedia hat die KJM ebenfalls einen Verein zur freiwilligen Selbstkontrolle anerkannt, nämlich die „Freiwillige Selbstkontrolle Multimedia-Diensteanbieter" (FSM). Ihr gehören bspw. Google, AOL, die Deutsche Telekom, T-Online, AMANGO und CYBITS an. Der Verein ist nach eigenen Angaben in erster Linie als Selbstkontrolle der Onlinewirtschaft tätig, er übernimmt aber gemäß § 7 JMStV auch die Aufgaben des Jugendschutzbeauftragten für seine Mitglieder und unterhält eine eigene Beschwerdestelle. Hier werden Beschwerden von Internetnutzern zu jugendgefährdenden und strafbaren Internetinhalten im Bereich des Jugendmedienschutzes bearbeitet. Ihre Selbstdarstellung zufolge arbeitet die FSM eng mit den staatlichen Behörden zusammen: Sie zeigt bspw. geplante Straftaten an, sofern sie davon erfährt. Darüber hinaus informiert sie die zuständigen Behörden, wenn sich aus bei ihr eingehenden Beschwerden Verdachtsmomente für konkrete Gefahren für Leib, Leben oder Freiheit ergeben. Beschwerden über kinderpornografische Darstellungen im Internet leitet die FSM anonymisiert an das Bundeskriminalamt weiter.

Auch für Computerspiele gibt es eine solche Einrichtung: Die „Unterhaltungssoftware Selbstkontrolle" (USK). Sie ist gemeinsam mit den obersten Landesjugendbehörden für die gesetzlich vorgeschriebene Alterskennzeichnung von Computerspielen (§ 14 JuSchG) zuständig. Darüber hinaus bietet sie den Anbietern von Softwareprodukten aus den Bereichen Entertainment, Infotainment und Edutainment eigenen Angaben zufolge Beratung an in Bezug auf den Jugendschutz sowie die gesellschaftliche Akzeptanz der Software-Inhalte.

Die freiwillige Selbstkontrolle unterliegt dem Prinzip der sogenannten „regulierten Selbstregulierung". Die staatlichen Behörden müssen die Entscheidung der Selbstkontrolleinrichtungen demnach grundsätzlich akzeptieren. Die KJM darf allerdings eingreifen, wenn die Entscheidung einer Selbstkontrolleinrichtung (oder das Unterlassen einer Entscheidung) die rechtlichen Grenzen des Beurteilungsspielraums überschreitet (§ 20 Abs. 3 JMStV).

7.3.2   Rechtsfolgen bei Verletzung der Jugendschutzbestimmungen

Wer gegen die Bestimmungen des Jugendschutzgesetzes verstößt, handelt ordnungswidrig oder macht sich strafbar.

Einen umfassenden Katalog der Ordnungswidrigkeiten enthält § 28 Abs. 1 bis 4 JuSchG. Wer bspw. Kindern und Jugendlichen ohne erwachsene Begleitung den Besuch von öffentlichen Tanzveranstaltungen auch nach Mitternacht gestattet, handelt ordnungswidrig; ebenso wer alkoholische Getränke an unter 16-jährige abgibt oder Tabakwaren an Jugendliche abgibt oder einem Kind oder einer jugendlichen Person das Rauchen gestattet. Die Bußgelder können bis zu 50.000 EUR betragen (§ 28 Abs. 5 JuSchG).

Strafbar macht sich, wer die Verbotet des § 15 Abs. 1 JuSchG missachtet. Das bedeutet: Wer Medien (Filme oder Spiele), die auf dem Index stehen, Kindern und Jugendlichen anbietet oder zugänglich macht, wer sie durch Versandhandel an die Jugend verbreitet oder sie öffentlich aufführt, kann strafrechtlich verfolgt werden. Gemäß § 27 JuSchG kommen Geldstrafen oder Freiheitsstrafen bis zu einem Jahr in Betracht.

Auch der Jugendmedienschutz-Staatsvertrag enthält Rechtsfolgen für Verstöße gegen die Bestimmungen. Zum einen sieht der Staatsvertrag vor, dass die Landesmedienanstalten Angebote in Telemedien oder im privaten Rundfunk untersagen und deren Sperrung anordnen können (§ 20 JMStV).

Darüber hinaus beinhaltet der JMStV eigene Vorschriften für Straftaten und Ordnungswidrigkeiten. Die §§ 23, 24 JMStV enthalten dazu die entsprechenden Voraussetzungen und Fallkataloge. Möglich sind Bußgelder bis zu 500.000 EUR, Geldstrafen oder Freiheitsstrafen bis zu einem Jahr.

7.4 Allgemeine Strafvorschriften

Es ist immer wieder deutlich geworden, dass auch allgemeine strafrechtliche Bestimmungen im Bereich der Medien – und zwar sowohl der traditionelle wie auch der neuen Medien – von Bedeutung sein können. Im Folgenden sollen solche Tatbestände genannt werden, die entweder häufig von Medienschaffenden erfüllt werden oder die eine besondere Ausprägung hinsichtlich der Medien beinhalten.

7.4.1 Medienbezogene Strafbestimmungen

Zu den wichtigsten Vorschriften des Strafgesetzbuches, die sich auf den Medienbereich auswirken können, zählen die Verbote der Verbreitung von Schriften, Tondokumenten und Bildträgern sowie Abbildungen, die den Rechtsstaat beschädigen können.

Beispiele:

- Verbreiten von Propagandamitteln verfassungswidriger Organisationen (§ 86 StGB),
- Verwenden von Kennzeichen verfassungswidriger Organisationen (§ 86a StGB),
- Volksverhetzung (§ 130 StGB),
- Gewaltdarstellung (§ 131 StGB).

Auch die Vorschriften zum Schutz der Ehre betreffen häufig die Medienbranche. Es handelt sich bei den §§ 185 ff. StGB um die sogenannten Beleidigungstatbestände

- Beleidigung (§ 185 StGB),
- üble Nachrede (§ 186 StGB),
- Verleumdung (§ 187 StGB),

- Beleidigung trotz Wahrheitsbeweise (§ 192 StGB).

Für Journalisten enthält § 193 StGB eine Besonderheit: Sofern sie die journalistische Sorgfaltspflicht beachten, können sie sich auf den sogenannten Rechtfertigungsgrund der Wahrnehmung berechtigter Interessen berufen.

Darüber hinaus sollten als strafrechtlich relevante Tatbestände folgende bekannte sein: § 166 StGB soll die Beschimpfung von religiösen und weltanschaulichen Bekenntnissen verhindern. Gemäß § 184 StGB ist die Verbreitung pornografischer Schriften unter Strafe gestellt. § 201a StGB bestimmt, dass sich strafbar macht, wer das nicht öffentliche Wort eines anderen aufzeichnet und öffentlich zugänglich macht. Gemäß § 201a StGB ist auch die Verletzung des höchstpersönlichen Lebensbereichs durch Bildaufnahmen unter Strafe gestellt. Gleiches gilt laut §§ 203, 204 StGB für die Verletzung und Verwertung von Privatgeheimnissen Dritter, zum Beispiel durch Ärzte, Rechtsanwälte, Sucht- oder Eheberater.

7.4.2 Computer- und Internetkriminalität

Das Strafgesetzbuch enthält darüber hinaus zahlreiche Vorschriften, die die Computer- und Internetkriminalität betreffen.

Hier ist zu beachten, dass die Straftaten zum einen mittels der Medien von jedermann begangen werden können, zum anderen können hier selbstverständlich auch die Medien, besser: Medienschaffende selbst, straffällig werden.

Strafbar ist bspw. das Ausspähen von Daten, sofern diese gegen unberechtigten Zugriff gesichert sind (§ 202a StGB). Firewalls werden in diesem Zusammenhang gemeinhin nicht als ausreichender Schutz angesehen; vielmehr müssen die Daten gesondert geschützt sein, zum Beispiel durch die Verwendung von Passwörtern. Ob der Straftatbestand auch auf das sogenannte Hacking – also das Eindringen in ein Computersystem ohne Datenbeschaffung – zutrifft, ist in der Literatur umstritten.

Geschützt wird durch § 202b StGB das Abfangen von Informationen aus einer nichtöffentlichen Datenübermittlung. Entscheidend ist hier der Erwerb der Herrschaft über die Daten, etwa durch Kopieren, Umleiten oder Herunterladen. „Nichtöffentlich" ist eine Übermittlung, sofern sie sich an einen abgegrenzten Personenkreis richtet (zum Beispiel innerhalb privater Netzwerke oder eines Intranets).

Sanktioniert wird nach § 202c StGB als „Vorbereiten des Ausspähens und Abfangens von Daten" das Herstellen, Verschaffen, Verkaufen, Überlassen, Verbreiten oder Zugänglichmachen sog. „Hacker-Tools", sofern damit eine Straftat nach § 202a oder § 202b StGB vorbereitet wird.

Relevant ist im Internet aber bspw. der Betrug gemäß § 263 StGB. Die Anonymität, die moderne Kommunikationsmittel bieten, wird bspw. bei Internetauktionen oder beim Einsatz sogenannten Dialer missbraucht. Auch der Betrugsversuch ist bereits strafbar.

Von großer Bedeutung ist die Bestimmung des § 263a StGB zum Computerbetrug. Demnach macht sich strafbar, wer Datenverarbeitungsvorgänge durch unrichtige Programmgestaltung derart manipuliert, dass Dritte dadurch einen Schaden erleiden und der Täter sich selbst oder anderen einen rechtswidrigen Vermögensvorteil verschafft. In der Praxis wird diese Norm bspw. beim Missbrauch von Bankautomaten durch gefälschte Geldkarten angewendet.

Die Methoden der Betrüger beim Electronic Banking werden immer raffinierter. Die Zahl der Internet-Nutzer, deren Konten mit gestohlenen Passwörtern geplündert worden sind, ist in den letzten Jahren enorm gestiegen.

Unter „Phishing" = „Kontodatenklau" – sind in diesem Zusammenhang Versuche zu verstehen, über gefälschte www.-Adressen Daten eines Internet-Benutzers zu erlangen. Der Begriff ist ein englisches Wortspiel, das sich an fishing („Angeln", „Fischen") anlehnt. Bei einem Phishing-Versuch soll der Benutzer seine Zugangsdaten auf der vom Phisher präparierten Webseite preisgeben. Das Opfer wird dazu verleitet, einen in der E-Mail enthaltenen Internetlink zu verfolgen. Typisch ist die Nachahmung des Designs eines bekannten und vertrauenswürdigen Anbieters. Gibt das Opfer dort nun seine vertraulichen Kontoinformationen ein, „fischen" die Betrüger diese ab und greifen selbst auf das Konto zu. Phishing-Nachrichten werden meist per E-Mail oder Instant Messaging versandt. Diese Mails sind heute oft perfekt formuliert, während sie zu Beginn der Phishing-Angriffe zumeist in sehr schlechtem Deutsch verfasst waren. Das lag daran, dass sie oft aus dem fremdsprachigen Ausland stammten und mit automatischen Übersetzungsprogrammen oder von Laien ins Deutsche übertragen wurden. Zum anderen gibt es die Nachahmung von Teilen oder einer gesamten vertrauten Webseite, auch „Spoofing" („Verschleierung") genannt. Hier geschieht der eigentliche Betrug, indem die Angreifer einen getäuschten Nutzer zur Preisgabe vertraulicher Daten verleiten, die dann missbraucht werden. Viele Banken erstatten zwar einen Phishing-Schaden, jedoch nur dann, wenn die Nutzer nicht fahrlässig handeln.

Eine weiter entwickelte Variante des klassischen Phishings ist das sogenannte „Pharming", das auf einer Manipulation der DNS-Adressen von Webservern basiert. Kunden werden beim Pharming auf gefälschte Web-Seiten, die den Originalseiten oft täuschend ähnlich sehen, umgeleitet und unter Vortäuschung falscher Tatsachen dazu bewegt, ihre geheimen Online-Banking-Daten preiszugeben.

Die Strafbarkeit von Phishing, Spoofing und Pharming ergibt sich aus § 269 StGB, wonach sich derjenige, der zur Täuschung im Rechtsverkehr beweiserhebliche Daten so speichert oder verändert, dass bei ihrer Wahrnehmung eine unechte oder verfälschte Urkunde vorliegen würde, oder derart gespeicherte oder veränderte Daten gebraucht, strafbar macht. Der Gesetzgeber hat § 269 Abs. 1 StGB den Tatbestandsvarianten der Urkundenfälschung (§ 267 Abs. 1 StGB) so weit nachgebildet, wie es ihm unter Beachtung der Besonderheiten der elektronischen Datenverarbeitung möglich erschien: Die Speicherung oder Veränderung beweiserheblicher Daten zur Täuschung im Rechtsverkehr ist danach nur strafbar, wenn bei Wahrnehmung der manipulierten Daten eine unechte oder verfälschte Urkunde vorliegen würde. Gleiches gilt für den täuschenden Gebrauch derartiger Daten.

Der Täuschung im Rechtsverkehr steht gemäß § 270 StGB die fälschliche Beeinflussung einer Datenverarbeitung im Rechtsverkehr gleich.

Wer rechtswidrig Daten löscht, unterdrückt, unbrauchbar macht oder verändert, wird nach § 303a StGB wegen einer Datenveränderung bestraft; bereits die Vorbereitung hierzu ist strafbar. Dies kann insbesondere durch Schadsoftware – wie zum Beispiel Würmer, Viren und Trojaner – geschehen.

Auch die sogenannte Computersabotage ist strafrechtlich von Bedeutung. Gemäß § 303b StGB stehen Datenveränderungen oder Störungen der Datenverarbeitung sowie Manipulation an Datenverarbeitungsanlagen und Datenträgern unter Strafe, wenn sie von wesentlicher Bedeutung sind. Dies betrifft konkret das Inverkehrbringen von Viren, die ein Computersystem nachhaltig schädigen können. Außerdem steht demnach das rechtswidrige Löschen, Unterdrücken, Verändern oder Abfangen von Daten unter Strafe. Für die soeben genannten Normen sieht das Strafgesetzbuch je nach Tatbestand Geldstrafen oder Freiheitsstrafen von bis zu einem, drei oder fünf Jahren vor.

7.4.3　Begünstigende Sondernormen für die Medien

Schließlich sei erwähnt, dass die Strafprozessordnung (StPO) etliche Sondernormen kennt, die die Medien begünstigen. Zu nennen ist hier das Zeugnisverweigerungsrecht für Medienangehörige gemäß § 53 Abs. 1 Nr. 5 StPO. Demnach sind in den Medien – Presse, Rundfunk, Film, neue Medien – Tätige berechtigt, vor Gericht das Zeugnis zu verweigern, und zwar in Bezug auf die Person des Verfassers oder Einsenders von Beiträgen oder Unterlagen und sonstigen Informanten. Das Zeugnisverweigerungsrecht gilt allerdings gemäß § 53 Abs. 1 S. 3 StPO nur, wenn es um Beiträge, Unterlagen, Mitteilungen und Materialien geht, die ausschließlich journalistisch-redaktionell verwendet wurden.

Sofern das Zeugnisverweigerungsrecht der Betroffenen reicht, ist gemäß § 97 Abs. 5 SPO (ebenso § 111 m StPO) auch die Beschlagnahme von Schriftstücken, Ton-, Bild- und Datenträgern, Abbildungen und anderen Darstellungen, die sich im Besitz des Journalisten oder seiner Redaktion befinden, unzulässig.

Das Bundesverfassungsgericht hat in einem Urteil[22] zwar festgestellt, dass die öffentlich-rechtlichen Rundfunkanstalten sich zum Schutz der Vertraulichkeit der Informationsbeschaffung und der Redaktionsarbeit auf das Fernmeldegeheimnis aus Art. 10 GG und insoweit auch auf die Rechtsschutzgarantie des Art. 19 Abs. 4 GG berufen können. Staatlichen Stellen sei es grundsätzlich verwehrt, sich Einblick in die Vorgänge zu verschaffen, die zur Entstehung von Nachrichten oder Beiträgen führen, die in der Presse gedruckt oder im Rundfunk gesendet werden. Geschützt sei auch der Kontakt zu Personen, die selbst Gegenstand der Berichterstattung sind.

---

[22]BVerfG, Urt. v. 12.03.2003 – 1 BvR 330/96, 1 BvR 348/99.

Art. 5 Abs. 1 S. 2 GG gebiete es jedoch nicht, Journalisten generell von strafprozessualen Maßnahmen auszunehmen. Der Gesetzgeber ist weder gehalten noch stehe es ihm frei, der Presse- und Rundfunkfreiheit absoluten Vorrang vor anderen wichtigen Gemeinschaftsgütern einzuräumen.

Die journalistische Tätigkeit dürfe nicht zum Anlass genommen werden, Journalisten einem höheren Risiko auszusetzen als andere Grundrechtsträger. Insbesondere dürfe die Inanspruchnahme von Journalisten nicht allein auf den Erfahrungssatz gestützt werden, dass Journalisten auf Grund ihrer Recherchen häufig mehr über gesuchte Straftäter wüssten als andere Bürger.

Verfassungsrechtlich habe das Interesse von Journalisten, unbehelligt telefonischen Kontakt zu gesuchten Straftätern zu haben, grundsätzlich ein geringeres Gewicht als das Interesse an der Kommunikation mit Personen, die als Informanten den Medien für die Öffentlichkeit wichtige Informationen zukommen lassen, etwa zur Aufdeckung und Aufklärung von Missständen.

Ermittlungsbehörden dürften daher die Telefone von Journalisten überwachen, wenn diese aus journalistischen Gründen Kontakt mit gesuchten Straftätern haben und sich aus den Verbindungsdaten Hinweise auf den Aufenthaltsort des Straftäters ergeben könnten. Solche schwerwiegenden Eingriffe in das Fernmeldegeheimnis seien aber nur verhältnismäßig und zulässig, wenn die Straftat, die dadurch aufgeklärt werden soll, besonders schwer wiegt.

Domainrecht

8

8.1 Überblick

Wer mit seinem Angebot im Internet gefunden werden will, braucht eine eindeutige Adresse für dieses Angebot. Anderenfalls hat der Nutzer im grenzenlosen Netz keine Chance, die Seiten zu entdecken und aufzurufen. Können Nutzern den Internetauftritt eines Unternehmens nicht finden oder ist dieser bspw. wegen einer Auseinandersetzung um den Domainnamen gesperrt, droht dem Unternehmen im schlimmsten Fall die Insolvenz. Domains sind in der modernen Wirtschaftsgesellschaft zu Marketinginstrumenten geworden. Sie spielen also eine große wirtschaftliche Rolle.

Internetadressen werden mittlerweile knapp: Da sie nur jeweils einmal vergeben werden können, sind zahlreiche Domainnamen bereits nicht mehr verfügbar. Mutmaßlich wertvolle Domainnamen haben sich digitale Adresshändler längst gesichert, sodass sie sie im Bedarfsfall zu hohen Preisen verkaufen können. Solche Fälle werden in der Literatur als Namenspiraterie oder als Domain-Grabbing bezeichnet.

Das Recht der Domains ist eine besondere Ausprägung des Namens- und Kennzeichenrechts. Es geht in aller Regel um die Problematik, wem ein Name zuzuordnen ist und wem eine Internetadresse gehört.

Wie eine Internetadresse aufgebaut ist, wie ein rechtssicherer Name gefunden und registriert wird und welche Besonderheiten dabei jeweils zu beachten sind, wird folgend erläutert.

© Springer Fachmedien Wiesbaden GmbH 2017
K.W. Nitsch, *Informatikrecht,* DOI 10.1007/978-3-658-16426-3_8

8.2   Aufbau der URL

Internetadressen bestehen aus einem Zahlencode, dem sogenannten „Domain Name System" (DNS). Dieser wird allerdings – weil Zahlencodes in der praktischen Anwendung wenig sinnvoll wären – in alphanumerische Adressen übersetzt: Hierbei handelt es sich um den „Uniform Ressource Locator" (die URL). So wird im Internet aus einer langen Zahlenfolge bspw. www.oncampus.de.

Eine URL besteht aus folgenden Informationen:

- http: Hypertext Transfer Protocol; ein Protokoll zur Übertragung von HTML-Dokumenten, das dem Webbrowser/Webserver den Aufruf einer Seite mitteilt.
- www: Name des Webservers, hier: World Wide Web, das ein wesentlicher Bestandteil und die meistgenutzte Form des Internet ist.
- oncampus: Second Level Domain, die – sofern verfügbar – bei Registrierungsstellen beantragt und registriert werden kann.
- .de: Top Level Domain (in der Literatur häufig TLD). Sie existiert als Länderkennung/country code (ccTLD; zum Beispiel .de für Deutschland, .uk für Großbritannien, .f für Frankreich) und als sogenannte generische Top Level Domain (gTLD; zebu.com für commercial, gov für government oder .edu für education).

Weil mittlerweile nicht mehr jeder Interessent die Second Level Domain erhält, die er begehrt, werden regelmäßig neue Top Level Domains neu erfunden, bspw. .info oder .name. Ihre Verwendung wird nicht sehr streng geprüft (Ausnahmen: .mil für military und .gov). Neuerdings wird auch die Top Level Domain .tv für Internetangebote im Zusammenhang mit Fernsehdiensten geführt, obwohl es sich hier eigentlich um die Länderkennung von Tuvalu (Inselstaat im Pazifik, nördlich von Neuseeland) handelt. Tuvalu hat mit dem US-amerikanischen Registrierungsunternehmen Verisign Inc. einen Lizenzvertrag, der die Nutzung der Länderkennung auch Anbietern erlaubt, die nicht in Tuvalu leben. Ähnlich verhält es sich bei der Top Level Domain .ag, der Länderkennung von Antigua. Die Abkürzung steht im Deutschen für „Aktiengesellschaft" und ist als Domain entsprechend begehrt.

8.3   Schutz von Domains

Der Schutz von Domains kann aus § 12 BGB und §§ 14, 15 MarkenG abgeleitet werden.

Markenrechtlich ist eine Domain dann geschützt, wenn sie im Wesentlichen einer Marke entspricht.

Trifft das nicht zu, kommt ein Schutz als Unternehmenskennzeichen in Betracht (§§ 5 Abs. 1, 15 MarkenG). Als Unternehmenskennzeichen kann gemäß § 5 Abs. 2 S. 1 MarkenG eine Firma in Betracht kommen. Hier ist der Namensschutz des Handelsrechts zu beachten: § 17 Abs. 1 des Handelsgesetzbuches (HGB) definiert die Firma als den Namen eines Kaufmanns, unter dem er seine Geschäfte betreibt und die Unterschrift abgibt.

Die Firma muss zur Kennzeichnung des Kaufmanns geeignet sein und Unterscheidungs-kraft besitzen (§ 18 Abs. 1 HGB). Sie darf keine Angaben enthalten, die geeignet sind, über geschäftliche Verhältnisse, die für die angesprochenen Verkehrskreise wesentlich sind, irrezuführen (§ 18 Abs. 2 HGB). Sind diese Voraussetzungen erfüllt, wird die Firma als Unternehmenskennzeichen anerkannt und genießt damit Domain-Schutz nach dem Markengesetz.

Handelt es sich bei dem Domain-Namen weder um eine Marke noch um ein Unter-nehmenskennzeichen, bleibt der Schutz nach dem Namensrecht des Bürgerlichen Gesetzbuches.

§ 12 BGB schützt nicht nur die Namen natürlicher Personen, sondern auch Namen juristischer Personen, insbesondere also von Unternehmen als Kapitalgesellschaften (zum Beispiel GmbH, AG).

Der Inhaber einer .de-Domain ist aber nicht immer zugleich der tatsächliche – auch materiell berechtigte – Domaininhaber. Durch die Registrierung eines Domainnamens erwirbt der Inhaber der Internetadresse weder Eigentum am Domainnamen selbst noch ein sonstiges absolutes Recht, das ähnlich der Inhaberschaft an einem Immaterialgü-terrecht verdinglicht wäre.[1] Der Vertragsschluss mit der Registrierungsstelle begründet zwar ein relativ wirkendes vertragliches Nutzungsrecht zu Gunsten des Domainnamens-inhabers, das ihm ebenso ausschließlich zugewiesen ist wie das Eigentum an einer Sache.[2] Eine Einordnung als deliktsrechtlich geschütztes Recht erfordert dagegen eine absolute, gegenüber jedermann wirkende Rechtsposition. Bei einem Domainnamen handelt es sich aber nur um eine technische Adresse im Internet. Die ausschließliche Stellung, die darauf beruht, dass ein Domainname nur einmal vergeben wird, ist allein technisch bedingt. Eine derartige, rein faktische Ausschließlichkeit begründet kein abso-lutes Recht.[3] Das Nutzungsrecht des Inhabers eines Domainnamens ist auch nicht mit dem berechtigten Besitz als sonstigem Recht im Sinne von § 823 Abs. 1 BGB vergleich-bar. Die Ausschließlichkeitsrechte des berechtigten Besitzers werden – anders als diejeni-gen des Inhabers eines Domainnamens – gerade nicht vertraglich begründet, sondern beruhen auf dem gesetzlich geregelten und gegenüber jedem Dritten wirkenden Besitz-schutz gemäß den §§ 858 ff. BGB.[4]

Wer unbefugt Domains benutzt, schafft damit eine Verwechslungsgefahr, die sich dem Nutzer des Internetangebots mitunter nicht auf den ersten Blick offenbart. Gegen unrechtmäßige Verwender kann bei Marken und Unternehmenskennzeichen deshalb gemäß §§ 14 Abs. 5, 15 Abs. 2, 4 MarkenG und bei Namen gemäß § 12 BGB ein Unter-lassungsanspruch geltend gemacht werden. Bei Verschulden (Fahrlässigkeit oder Vor-satz) ist auch ein Schadensersatzanspruch nach §§ 14 Abs. 6, 15 Abs. 2, 5 MarkenG

---

[1]BGH, Urt. v. 24.04.2008 – I ZR 159/05.
[2]BGH, Urt. v. 14.05. 2009 – I ZR 231/06.
[3]BGH, Beschl. v. 05.07.2005 – VII ZB 5/05.
[4]BGH, Urt. v. 18.01.2012 – I ZR 187/10.

möglich. Außerdem kann von dem unbefugten Benutzer die Freigabe der Domain verlangt werden.

Aus § 12 S. 1 BGB kann sich ein Anspruch auf Löschung eines Domainnamens ergeben, weil die den Berechtigten ausschließende Wirkung bei der unbefugten Verwendung
des Namens als Domainadresse nicht erst mit der Benutzung des Domainnamens, sondern bereits mit der Registrierung eintritt.[5]

Der Namensschutz aus § 12 BGB wird nicht durch die Bestimmungen des Markenge-
setztes verdrängt und ist neben dem Kennzeichenschutz aus §§ 5, 15 MarkenG anwendbar, wenn mit der Löschung des Domainnamens eine Rechtsfolge begehrt wird, die aus
kennzeichenrechtlichen Vorschriften deswegen nicht hergeleitet werden kann, weil das
Halten des Domainnamens im konkreten Fall für sich gesehen die Voraussetzungen einer
Verletzung der Marke oder des Unternehmenskennzeichens des Klägers nicht erfüllt.[6]
Der Kennzeichenschutz aus §§ 5,15 MarkenG verdrängt in seinem Anwendungsbereich
zwar generell den Namensschutz aus § 12 BGB; die Bestimmung des § 12 BGB bleibt
jedoch dann anwendbar, wenn der Funktionsbereich des Unternehmens ausnahmsweise
durch eine Verwendung der Unternehmensbezeichnung außerhalb der kennzeichenrechtlichen Verwechslungsgefahr berührt wird.[7]

In der Literatur wird häufig die Forderung nach einem Anspruch erhoben, der die
Übertragung der Domain vom unrechtmäßigen Verwender auf den Berechtigten beinhaltet. Hintergrund ist, dass der Berechtigte durch die bloße Freigabe der Domain durch
den unrechtmäßigen Benutzer nicht hinreichend vor weiteren Zugriffen Dritter geschützt
ist. Für einen solchen Anspruch lässt sich nach den geltenden Gesetzen allerdings keine
Rechtsgrundlage konstruieren.

8.4   Vergabe von Domains

Zu rechtlichen Auseinandersetzungen kommt es häufig, wenn für eine Second Level
Domain (im Folgenden kurz: Domain) ein Name benutzt wird, der im Wesentlichen der
Firma (Unternehmensname) eines seit längerem bestehenden Unternehmens entspricht
oder einer eingeführten Marke.

Eine gesetzliche Regelung für die Domain-Vergabe gibt es bisher nicht, obwohl ihr
wirtschaftlicher Wert äußerst hoch ist: Domains dienen der Identifikation im grenzenlosen Internet; sie können verkauft, vermietet oder verpfändet werden. Damit sind häufig
sehr hohe finanzielle Beträge verbunden. Dass keine gesetzliche Vergabe-Regelung existiert, ist mit der weltweiten Gültigkeit von Internetadressen zu erklären: Es müsste, damit

---

[5]BGH, Urt. v. 22.11Farbigkeit (IST): 1c.2001 – I ZR 138/99; BGH, Urt. v. 24.04.200Farbigkeit
(SOLL):1c 8 – I ZR 159/05.
[6]BGH, Urt. v. 09.11.2011 – I ZR 150/09.
[7]BGH, Urt. v. 09.11.2011 – I ZR 150/09.

ein solches Gesetz überhaupt Sinn hätte, ein Regelwerk geschaffen werden, das weltweit anerkannt und damit Wirksamkeit entfalten würde.

Die Domain-Vergabe erfolgt durch private Gesellschaften. Die Namen mit dem Top Domain Level .de werden von der eingetragenen Genossenschaft DENIC (Deutsches Network Information Center) vergeben. Eine staatliche Kontrolle – etwa durch die Bundesnetzagentur – erfolgt nicht; vielmehr herrscht das Prinzip der Selbstregulierung.

Die Verwaltung der zentralen Datenbank für die Top Level Domains .com, .net, .org, .info, .eu, .name und andere führt das US-amerikanische Unternehmen Network Solutions (NSI). Als übergeordnete Organisation ist die ICANN (Internet Corporation for Assigned Names and Numbers) mit Sitz in Kalifornien zuständig – sowohl für die DENIC, als auch für NSI und andere Registrare (Abb. 8.1).

Nach den Richtlinien der DENIC muss ein gültiger .de-Domain-Name aus mindestens drei und maximal 63 Buchstaben oder Ziffern und Bindestrichen bestehen. Er hat mit einem Buchstaben oder einer Ziffer zu enden, wobei er mindestens einen Buchstaben beinhalten muss. Zwischen Groß- und Kleinschreibung wird nicht unterschieden. Umlaute und Sonderzeichen sind seit 2004 erlaubt. Nicht zulässig sind dagegen die Namen existierender Top Level Domains, ein- und zweibuchstabige Abkürzungen sowie deutsche Kfz-Kennzeichen.

In den seltensten Fällen erfolgt die Registrierung einer .de-Domain direkt über die DENIC. Meist sind Service-Provider (zum Beispiel STRATO, 1&1) gewissermaßen als Zwischenhändler tätig.

Freie Domain-Namen können im Internet recherchiert werden, entweder bei der DENIC selbst oder bei anderen Suchmaschinen. Wer einen freien Namen gefunden und registrieren lassen hat, riskiert allerdings, dass er nachträglich markenrechtlich auf Unterlassung in Anspruch genommen wird. Die Haftung für derartige Folgen trägt nicht die DENIC, sondern der Kunde. Der Antragsteller muss zwar bei der Registrierung versichern, dass er keine Rechte Dritter verletzt, eine Überprüfung findet aber nicht statt. Daraus ergeben sich häufig Rechtsstreitigkeiten.

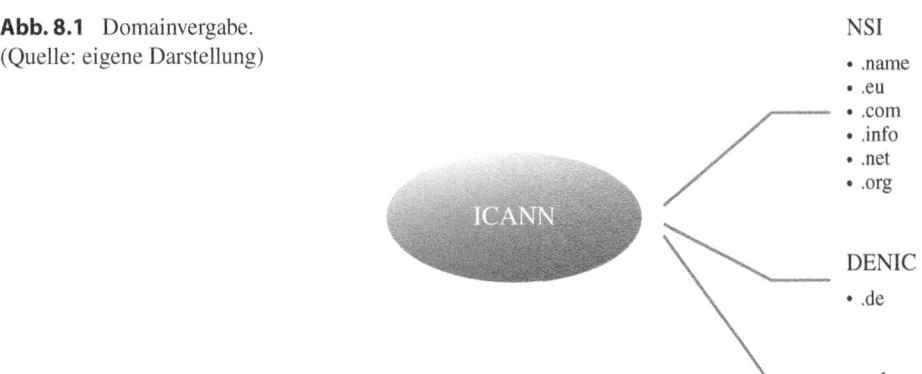

Abb. 8.1 Domainvergabe. (Quelle: eigene Darstellung)

8.5   Gleichnamigkeit

In der Praxis kommt es häufig vor, dass sich zwei Personen/Unternehmen mit dem gleichen Namen um eine Domain streiten. Hier gilt bei der Vergabe zunächst der Prioritätsgrundsatz:

Wer zuerst registriert war, darf die Domain nutzen („first-come-first served"-Prinzip genannt auch: „first-in-first-out"-Prinzip – „FIFO").

Das entspricht dem sogenannten Recht der Namensgleichen gemäß § 23 Nr. 1 MarkenG, wonach dem Inhaber der Domain bei Namensgleichheit die Nutzung nur untersagt werden kann, wenn diese gegen die guten Sitten verstößt.

Ausnahmen vom Prioritätsprinzip gelten dann, wenn die Allgemeinheit mit einem Namen ein bestimmtes Unternehmen oder eine Marke, ein Produkt etc. verbindet. Bei herausragender Bekanntheit kommt dem Inhaber eines Namens unter Umständen ein überragendes Recht zu. Dies ist häufig der Fall bei Unternehmen, Städten, aber auch bei Prominenten.

Treten solche Konflikte auf, wird geprüft, ob einer Person/einem Unternehmen ein besseres Recht an der Bezeichnung zukommt als der/dem anderen. Ausschlaggebend sind meist marken- oder wettbewerbsrechtliche Sachverhalte. Wird ein überragendes Recht für einen der Beteiligten bejaht, muss ein sogenannter namensrechtlicher Interessensausgleich stattfinden.

Verhindern lassen sich Streitigkeiten dieser Art, indem die Domain-Namen um unterscheidungskräftige Zusätze ergänzt werden.

Streiten sich bspw. der Softwareentwickler Schultze und der Schornsteinfeger Schultze um die Domain www.schultze.de, kämen als Unterscheidungszusätze www. schornstein-schultze.de oder www.software-schultze.de in Betracht, um langwierige gerichtliche Auseinandersetzungen zu vermeiden.

Aus der bisherigen Rechtsprechung lassen sich einige Grundregeln für die Wahl eines Domain-Namens ableiten. Privatpersonen sollten demnach keine kennzeichenrechtlich geschützten Namen verwenden, keine Namen von Werken (Software oder Zeitschriftentitel). Ferner sollte auf die Verwendung von Prominentennamen sowie Städte- und Behördennamen verzichtet werden.

Der BGH hat in mehreren Grundsatzurteilen Streitfragen über die Vergabe und Verwendung von Domain-Namen entschieden.

Beispiel

Maßstäbe für Prüfungspflicht der DENIC festgelegt

Entscheidung im Streit um „ambiente.de"

In dem ersten Fall „ambiente.de"[8] hatte sich die Messe Frankfurt AG, die unter der Bezeichnung „Ambiente" eine Messe für Tischkultur, Küche, Wohn- und Lichtkonzepte sowie Geschenkideen veranstaltet und Inhaberin der Marke „Messe Frankfurt

---

[8]BGH, Urt. v. 17.05.2001 – I ZR 251/99.

Ambiente" ist, dagegen gewandt, dass sich ein Privatmann den Domain-Namen „ambi-ente.de" hatte registrieren lassen. Dieser Dritte hatte sich zwar bereit erklärt, diesen Domain-Namen nicht mehr zu benutzen, war aber zu einer Löschung der Registrierung nicht bereit. Darauf verklagte die Messe Frankfurt die DENIC, die Genossenschaft von Internet-Providern, von der die mit „.de" endenden Domain-Namen vergeben wer-den. Ziel der Klage war es, die Registrierung von „ambiente.de" aufzuheben und diese Bezeichnung für die Klägerin zu registrieren. Zwar sei nichts dagegen einzuwenden, dass DENIC den Domain-Namen „ambiente.de" registriert habe. Nachdem die DENIC inzwischen aber von den bestehenden älteren Rechten an der Bezeichnung „ambi-ente" wisse, sei sie verpflichtet, die ursprüngliche Registrierung aufzuheben und den Domain-Namen nunmehr für die Klägerin zu registrieren.

Der BGH hat klargestellt, dass die DENIC, die die Aufgabe der Registrierung und Verwaltung von vielen Millionen Domain-Namen mit verhältnismäßig geringem Aufwand erledigt, grundsätzlich keine Verpflichtung trifft, bei der Registrierung zu prüfen, ob an der einzutragenden Bezeichnung Rechte Dritter bestehen. Aber auch wenn sie auf ein angeblich besseres Recht hingewiesen wird, kann die DENIC – so der BGH – den Anspruchsteller im allgemeinen auf den Inhaber des beanstandeten Domain-Namens verweisen, mit dem – notfalls gerichtlich – zu klären ist, wer die besseren Rechte an der Bezeichnung hat. Nur wenn der Rechtsverstoß offenkundig und für die DENIC ohne weiteres festzustellen sei, müsse sie die beanstandete Regis-trierung ohne weiteres aufheben. In anderen Fällen brauche sie erst tätig zu werden, wenn ein rechtskräftiges Urteil oder eine entsprechende Vereinbarung mit dem Inha-ber der Registrierung die bessere Rechtsposition des Anspruchstellers bestätigt.

Im konkreten Fall war zwischen dem Inhaber der Registrierung „ambiente.de" und der Messe Frankfurt AG streitig, ob aufgrund der Erklärung des Inhabers von „ambi-ente.de", diesen Namen nicht mehr zu benutzen, ein entsprechender Vertrag zustande gekommen war. Ob der Messe Frankfurt AG bessere Rechte zustanden, war – so der BGH – für die DENIC nicht offenkundig.

Beispiel

Gattungsbezeichnungen sind als Domain-Namen zugelassen

Entscheidung im Streit um „Mitwohnzentrale.de"

Im zweiten Fall „Mitwohnzentrale.de"[9] hatte sich der beklagte Verband, in dem unter anderem 25 deutsche Mitwohnzentralen organisiert sind, den Domain-Namen „Mitwohnzentrale.de" registrieren lassen. Auf der Homepage sind die Mitglie-der nach Städten geordnet mit Telefon- und Faxnummern sowie mit E-Mail-Adres-sen aufgeführt. Dagegen wandte sich ein konkurrierender Verband, in dem 40 Mitwohnzentralen organisiert sind und der im Internet unter „HomeCompany.de" auftritt. Gattungsbegriffe und Branchenbezeichnungen – so dieser klagende Verband – seien im Internet freizuhalten. Der Begriff „Mitwohnzentrale" habe sich als übliche

---

[9]BGH, Urt. v. 17.05.2001 – I ZR 216/99.

Branchenbezeichnung für die Kurzzeitvermietung von Wohnraum durchgesetzt und dürfe nicht von einem Wettbewerber monopolisiert werden. Außerdem sei die Bezeichnung „Mitwohnzentrale.de" irreführend, weil sie den Eindruck erwecke, man finde dort das Angebot sämtlicher Mitwohnzentralen.

Vor dem Landgericht und Oberlandesgericht Hamburg hatte der Kläger Erfolg. Der beklagte Verband wurde verurteilt, die Verwendung des Domain- Namens „Mitwohnzentrale.de" ohne unterscheidende Zusätze zu unterlassen. Das OLG Hamburg stellte sich auf den Standpunkt, die Verwendung von Gattungsbezeichnungen als Domain Namen sei unlauter und daher generell nach § 1 UWG verboten. Der Beklagte fange mit seinem Domain-Namen den Teil der Interessenten ab, die durch Eingabe eines Gattungsbegriffs als Internet-Adresse nach Angeboten suchten. Diese Kunden gelangten zufällig auf die Homepage der Beklagten mit der Folge, dass nach anderen Wettbewerbern aus Bequemlichkeit nicht mehr gesucht werde und ein Leistungsvergleich unterbleibe. Dies führe zu einer erheblichen Kanalisierung der Kundenströme in Richtung auf die Homepage der Beklagten und könne eine nachhaltige Beeinträchtigung des Wettbewerbs zur Folge haben.

Der BGH hat mit seiner Entscheidung die verbreitete Übung, Gattungsbegriffe als Internet-Adresse zu verwenden, als rechtmäßig anerkannt. Das beanstandete Verhalten passt – so der BGH – in keine der Fallgruppen, die die Rechtsprechung zur Konkretisierung des Verbots von „Handlungen, die gegen die guten Sitten verstoßen" (§ 1 UWG) entwickelt hat, und gibt auch keinen Anlass zur Bildung einer neuen Fallgruppe. Allein mit dem Argument einer Kanalisierung der Kundenströme lasse sich eine Wettbewerbswidrigkeit nicht begründen. Ein Abfangen von Kunden sei nur dann unlauter, wenn sich der Werbende gewissermaßen zwischen den Mitbewerber und dessen Kunden stellt, um diesem eine Änderung des Kaufentschlusses aufzudrängen. So verhalte es sich hier aber nicht. Denn mit der Verwendung des Gattungsbegriffs habe der Beklagte nur einen sich bietenden Vorteil genutzt, ohne dabei in unlauterer Weise auf bereits dem Mitbewerber zuzurechnende Kunden einzuwirken. Das vom OLG Hamburg herangezogene Freihaltebedürfnis – Gattungsbegriffe dürfen nicht als Marke eingetragen werden – sei hier nicht berührt. Denn die Internetadresse des Beklagten führe anders als die Marke nicht zu einem Ausschließlichkeitsrecht. Der Kläger und andere Wettbewerber seien nicht gehindert, in ihrer Werbung oder in ihrem Namen den Begriff „Mitwohnzentrale" zu verwenden. Schließlich liege – abgesehen von einer möglichen Irreführung – auch keine unsachliche Beeinflussung der Internet-Nutzer vor. Ein Verbraucher, der den Einsatz von Suchmaschinen als lästig empfinde und stattdessen direkt einen Gattungsbegriff als Internet-Adresse eingebe, sei sich im allgemeinen über die Nachteile dieser Suchmethode, insbesondere über die Zufälligkeit des gefundenen Ergebnisses, im Klaren.

Der BGH hat jedoch klargestellt, dass die Zulässigkeit der Verwendung von beschreibenden Begriffen als Domain-Namen auch Grenzen habe. Zum einen könne sie missbräuchlich sein, wenn der Verwender nicht nur die Gattungsbezeichnung unter einer Top-Level-Domain (hier „.de") nutzt, sondern gleichzeitig andere

Schreibweisen oder die Verwendung derselben Bezeichnung unter anderen Top-Level-Domains blockiert. Zum anderen dürfe die Verwendung von Gattungsbezeichnungen nicht irreführend sein. Dieser zweite Gesichtspunkt führte hier dazu, dass die Sache an das OLG zurückverwiesen wurde. Der Kläger hatte nämlich auch beanstandet, dass die Verbraucher durch die Internet-Adresse des Beklagten irregeführt würden, weil der Eindruck entstehe, es handele sich beim Beklagten um den einzigen oder doch um den maßgeblichen Verband von Mitwohnzentralen. Das OLG muss nun diesem Vorwurf der unzutreffenden Alleinstellungsbehauptung nachgehen. Sollte es eine Irreführung bejahen, wäre dem Beklagten zum Beispiel aufzugeben, „Mitwohnzentrale.de" nur zu benutzen, wenn auf der Homepage darauf hingewiesen wird, dass es noch andere Verbände von Mitwohnzentralen gibt.

Beispiel

Deutsche Shell gewinnt Streit um „shell.de"

Der BGH hat in einem Grundsatzurteil entschieden, dass auch die private Verwendung einer Internet-Adresse zu einer Verletzung des Namensrechts eines gleichnamigen Unternehmens führen kann.

Der Fall:[10]

Die Klägerin ist die Deutsche Shell GmbH. Sie ist ein Tochterunternehmen des weltweit bekannten Mineralölunternehmens Shell. Als die Deutsche Shell im Mai 1996 die Internet-Adresse „shell.de" für sich registrieren wollte, erfuhr sie, dass dieser Domain-Name kurz zuvor bereits für ein Unternehmen reserviert worden war, das eine Vielzahl von Namen hatte registrieren lassen, um sie später dem Namensträger anzubieten. Als sich die Deutsche Shell auf ein solches Geschäft nicht einlassen wollte, übertrug dieses Unternehmen die Internet-Adresse „shell.de" auf den Beklagten, der mit bürgerlichem Namen Andreas Shell heißt. Dieser richtete unter dieser Adresse zunächst eine in den Farben rot und gelb gehaltene Homepage seines nebenberuflich betriebenen Übersetzungs- und Pressebüros ein.

Daraufhin erhob die Deutsche Shell Klage gegen Andreas Shell: Dem Beklagten solle die Verwendung des Domain-Namens „shell.de" untersagt werden; außerdem solle er verurteilt werden, diese Internet-Adresse auf sie zu überschreiben. Im Laufe des Prozesses verpflichtete sich der Beklagte, den Domain-Namen nicht mehr für geschäftliche Zwecke zu verwenden, und änderte seine Homepage entsprechend.

Vor dem Landgericht und Oberlandesgericht München hatte die Klägerin Erfolg. Die Gerichte waren der Ansicht, der Beklagte verletze durch die Verwendung der Internet Adresse „shell.de" das durch § 12 BGB geschützte Namensrecht der Klägerin. Aufgrund der überragenden Bekanntheit und Berühmtheit des Namens und der Marke „Shell" erwarte derjenige, der die Internet-Adresse „shell.de" anwähle, die Homepage der Klägerin und nicht die Homepage einer ihm unbekannten Person mit

---

[10]BGH, Urt. v. 22.11.2001 – I ZR 138/99.

dem Familiennamen Shell. Die Klägerin habe ein schutzwürdiges geschäftliches Interesse daran, dass diejenigen, die mit ihr Kontakt aufnehmen wollten, nicht auf der Homepage der Beklagten landeten. Auch die Allgemeinheit sei daran interessiert, nicht auf eine falsche Fährte gesetzt zu werden. Dem Beklagten sei es eher zuzumuten, sich von der Klägerin abzugrenzen als umgekehrt.

Der BGH hat der Klägerin einen Unterlassungsanspruch zuerkannt. Auch in der privaten Verwendung der Internet-Adresse „shell.de" sei eine Verletzung des Namensrechts der Klägerin zu sehen. Da ein Domain-Name nur einmal vergeben werden könne und der Beklagte Inhaber der Internet-Adresse „shell.de" sei, sei der Klägerin die Möglichkeit genommen, den interessierten Internet-Nutzer auf einfache Weise über ihr Unternehmen zu informieren. Ein erheblicher Teil des Publikums suche in der Weise Informationen im Internet, dass der Name des gesuchten Unternehmens als Internet-Adresse eingegeben werde. Allerdings könne es dem Beklagten als Träger des Namens Shell grundsätzlich nicht verwehrt werden, seinen eigenen Namen für einen Internet-Auftritt zu verwenden. Kämen mehrere Personen als berechtigte Namensträger für einen Domain-Namen in Betracht, so seien deren Interessen gegeneinander abzuwägen. Dabei gelte in erster Linie das Gerechtigkeitsprinzip der Priorität, also der Grundsatz „wer zuerst kommt, mahlt zuerst". Dem müsse sich – bei einem Streit von zwei Gleichnamigen – grundsätzlich auch der bekanntere Namensträger unterwerfen. Ein Vorrang geschäftlicher vor privaten Interessen sei ebenfalls nicht anzuerkennen.

Der BGH war allerdings der Ansicht, dass die Interessen der Parteien im Streitfall von derart unterschiedlichem Gewicht seien, dass es ausnahmsweise nicht bei der Anwendung der Prioritätsregel bleiben könne. Die zwischen Gleichnamigen geschuldete Rücksichtnahme gebiete es, dass der Beklagte für seinen Domain-Namen einen Zusatz wähle, um zu vermeiden, dass eine Vielzahl von Kunden, die sich für das Angebot des Unternehmens Shell interessierten, seine Homepage aufriefen. Auf der einen Seite stehe die mit einer überragenden Bekanntheit ausgestattete Marke „Shell". Ein Internet-Nutzer, der in der Adresszeile „www.shell.de" eingebe, erwarte den Internet-Auftritt der Klägerin. Der heterogene Kreis der am Internet-Angebot der Klägerin interessierten Kunden könne auch nicht auf einfache Weise darüber informiert werden, dass ihr Internet-Auftritt unter einem anderen Domain-Namen als „shell.de" zu finden sei. Auf der anderen Seite erwarteten Freunde des Beklagten und seiner Familie kaum von sich aus, die private Homepage der Familie Shell unter „shell.de" aufrufen zu können. Als ein homogener Benutzerkreis könnten sie auch leicht über eine Änderung des Domain-Namens informiert werden.

Soweit die Deutsche Shell allerdings die Übertragung der Internet-Adresse „shell.de" auf sich verlangt hatte, hat der BGH die Klage abgewiesen. Die Klägerin könne nur den Verzicht des Beklagten auf die Adresse „shell.de", nicht aber die Übertragung auf sich beanspruchen. Auch wenn dies im konkreten Fall keine Rolle spiele, könne einem Dritten ein gleich gutes oder ein noch besseres Recht zustehen. Deshalb sei ein Anspruch auf Übertragung des Domain-Namens generell abzulehnen.

Beispiel

„braunschweig.de"

Das LG Braunschweig hat in einem Urteil einem Nutzer den Gebrauch des Domain-Namens „braunschweig.de" verboten.

Der Fall:[11]

Die Stadt Braunschweig wollte „braunschweig.de" registrieren lassen, der Domain-Name war aber nicht mehr verfügbar: Der Inhaber einer Fahrschule – sein bürgerlicher Name war Busch – nutzte die Domain für eine kommerzielle Seite, auf der sich andere Unternehmen präsentieren konnten. Die Richter stellten fest, dass durch die Verwendung von „braunschweig.de" der Eindruck erweckt werde, es handele sich um offizielle Internetseiten der Stadt. So wurde Herrn Busch die Nutzung der Domain untersagt, zumal er selbst kein Recht an dem Namen „Braunschweig" geltend machen konnte.

Im Übrigen sind auch sogenannte „Tippfehler-Domains" nicht zu empfehlen (zum Beispiel „gogle", „gooogle", „googl", „micosoft" etc.). Große Unternehmen haben für solche Fälle häufig vorgesorgt und neben dem korrekten Namen „google" oder „microsoft" auch falsch geschriebene Namen als Marken geschützt, sodass bei der Nutzung einer solchen Domain sowohl marken- als auch wettbewerbsrechtliche Auseinandersetzungen folgen können.

Beispiel

Der Bundesgerichtshof hat in diesem Zusammenhang über die Zulässigkeit eines Domainnamens entschieden, der bewusst in einer fehlerhaften Schreibweise eines bereits registrierten Domainnamens angemeldet ist.

Der Fall:[12]

Die Klägerin betreibt unter dem Domainnamen „www.wetteronline.de" im Internet einen Wetterdienst. Der Beklagte ist Inhaber des Domainnamens „wetteronlin.de". Nutzer, die durch einen Tippfehler auf die Internetseite des Beklagten gelangen, werden von dort auf eine Internetseite weitergeleitet, auf der für private Krankenversicherungen geworben wird. Für jeden Aufruf dieser Internetseite erhält der Beklagte ein Entgelt.

Die Klägerin hat geltend gemacht, sie werde dadurch, dass der Beklagte Interessenten, die auf ihre Seite gelangen wollten, auf eine andere Internetseite umleite, in unlauterer Weise behindert und zugleich werde ihr Namensrecht verletzt. Sie hat den Beklagten daher auf Unterlassung der Benutzung und Einwilligung in die Löschung des Domainnamens „www.wetteronlin.de" sowie auf Auskunftserteilung in Anspruch genommen und die Feststellung der Schadensersatzpflicht begehrt.

---

[11]LG Braunschweig, Urt. v. 28.01.1997 – 9 O 450/96.
[12]BGH, Urt. v. 22.01.2014 – I ZR 164/12 – wetteronline.de.

Der Bundesgerichtshof hat die Klage abgewiesen, soweit die Klage auf die Verletzung des Namensrechts gestützt war. Er hat eine für den Namensschutz erforderliche namensmäßige Unterscheidungskraft der Bezeichnung „wetteronline" verneint, weil es sich um einen rein beschreibenden Begriff handelt. Mit „wetteronline" wird der Geschäftsgegenstand der Klägerin bezeichnet, „online" Informationen und Dienstleistungen zum Thema „Wetter" anzubieten.

Dagegen hat der BGH angenommen, dass die konkrete Benutzung der „Tippfehler-Domain" unter dem Gesichtspunkt des Abfangens von Kunden gegen das Verbot unlauterer Behinderung gemäß § 4 Nr. 10 UWG verstößt, wenn der Nutzer auf der sich öffnenden Internetseite nicht sogleich und unübersehbar auf den Umstand hingewiesen wird, dass er sich nicht auf der Seite „wetteronline.de" befindet. Den auf eine unlautere Behinderung gestützten Antrag auf Einwilligung in die Löschung des Domainnamens „wetteronlin.de" hat der Bundesgerichtshof abgewiesen, weil eine rechtlich zulässige Nutzung denkbar ist und die bloße Registrierung des Domainnamens die Klägerin nicht unlauter behindert.

Beispiel

Der Inhaber eines Namens hat Vorrecht auf die gleichlautende de-Domain. Wer Grit Lehmann heißt, hat auch ein Anrecht auf die Internetadresse „grit-lehmann.de".

Der Fall:[13]

Der Frau gehörten bereits die Domains „gritlehmann.de" und „gritlehmann.com". „grit-lehmann.de" hatte sich hingegen ein Nutzer anderen Namens gesichert. Über die zentrale Registrierungsstelle DENIC versuchte sie, die Freigabe zu erreichen. Der Mann machte geltend, er halte die Adresse für seine ehemalige Lebensgefährtin, die ebenfalls Grit Lehmann heiße. Dem Urteil zufolge geht so etwas Der Registrierung eines 0aus einem bürgerlichen Namen bestehenden Domainnamens durch einen Treuhänder kommt im Verhältnis zu Gleichnamigen die Priorität zu, wenn für alle Gleichnamigen eine einfache und zuverlässige Möglichkeit besteht zu überprüfen, ob die Registrierung des Namens als Domainname im Auftrag eines Namensträgers erfolgt ist oder ob der Namensträger die Eintragung nachträglich genehmigt hat, bevor der gleichnamige Prätendent etwa im Wege eines Dispute-Eintrags bei der DENIC den Domainnamen beansprucht, also nur, wenn alle Gleichnamigen „einfach und zuverlässig" überprüfen können, dass die Adresse wirklich eine Grit Lehmann nutzt. Auf der fraglichen Homepage stand aber damals nur der Hinweis „Hier entsteht eine neue Internetpräsenz". Das reicht nicht aus. Keine Rolle spielt, dass die Klägerin schon zwei Domains auf ihren Namen hatte und es inzwischen auch noch andere Varianten zum Beispiel unter „.eu" gibt. Am geläufigsten sei immer noch die Top-Level-Domain „.de" – auf Alternativen müssten sich Namensinhaber daher nicht verweisen lassen.

---

[13]BGH, Urt. v. 24.03.2016 – I ZR 185/14 – grit-lehmann.de.

Beispiel

Der Bundesgerichtshof hat entschieden, dass der Träger eines bürgerlichen Namens gegenüber einem Dritten, der denselben Namen als Aliasnamen für seine Internet-präsenz verwendet, beanspruchen kann, dass dieser den Namen nicht als Internet-Adresse benutzt.

Der Fall:[14]

Kläger war ein Rechtsanwalt mit dem bürgerlichen Namen Werner Maxem. Der Beklagte verwendete „Maxem" seit 1990/1991 als Aliasnamen für die Kommunikation in Netzwerken, insbesondere im Internet. Den Aliasnamen hatte er aus den Anfangsbuchstaben der Vornamen seines Großvaters, seines Vaters und seines eigenen Vornamens gebildet (Max, Erhardt, Matthias). Seit 1998 unterhält der Beklagte unter „www.maxem.de" eine private Homepage. Der Kläger wollte sich und seine Anwaltskanzlei unter „maxem.de" im Internet präsentieren.

Der BGH gab der Klage im Wesentlichen statt, indem er es dem Beklagten untersagte, den Domain-Namen „maxem.de" zu verwenden. Er hat in der Verwendung eines fremden Namens als Internet-Adresse einen unbefugten Namensgebrauch gesehen, den jeder Träger des Namens Maxem untersagen lassen könne. Eigene Rechte des Beklagten an dem Aliasnamen Maxem hat der BGH verneint. Zwar schütze das Namensrecht auch denjenigen, der ein Pseudonym verwende. Dieser Schutz setze jedoch voraus, dass der Träger des angenommenen Namens im Verkehr unter diesem Namen bekannt sei, dass er also mit diesem Namen Verkehrsgeltung erlangt habe. Das Namensrecht des Klägers werde allerdings nicht durch jede Verwendung seines Namens, sondern nur durch die Registrierung als Domain-Name „maxem.de" verletzt, weil er dadurch von einer entsprechenden Nutzung des eigenen Namens ausgeschlossen.

Dem Beklagten sei es dagegen unbenommen, für die private Kommunikation im Internet weiterhin den Alias- oder Spitznamen Maxem zu verwenden. Hierdurch werde der Kläger in seinen schutzwürdigen Interessen nicht beeinträchtigt.

8.6 Domain-Inhaber

Vertragspartner der Registrierungsgesellschaften (zum Beispiel DENIC, NSI) und damit Inhaber der Domain ist immer der Kunde, auch wenn die Registrierung des Domain-Namens über einen Service-Provider abgewickelt wird. Die Provider handeln lediglich in Vertretung des Kunden. Unseriöse Service-Provider versuchen allerdings nicht selten, sich selbst als Domain-Inhaber einzutragen.

Bei der Registrierung müssen eine technische Kontaktperson (Tech-C) für die Seite und ein administrativer Ansprechpartner (Admin-C) genannt werden. Der Tech-C wird

---

[14]BGH, Urt. v. 26.06.2003 – I ZR 296/00.

in der Regel der Service-Provider sein. Als Admin-C wird die Person (das Unternehmen, die Organisation) eingetragen, die Inhaber der Domain sein soll. Beim Vertragsschluss mit Providern ist hier – um Missbrauch vorzubeugen – auf die korrekte Angabe der Namen zu achten.

Ob der Admin-C mit seiner Eintragung bei der Registrierung auch eine Haftung über-nimmt, ist in der Rechtsprechung bisher umstritten. Die Gerichte haben in der Vergan-genheit sowohl zustimmend als auch ablehnend geurteilt.

Das LG Magdeburg[15] und das OLG München[16] haben die Haftung des Admin-C zum Beispiel teilweise bejaht, und zwar für solche Fälle, in denen Personengesellschaften als Domain-Inhaber eingetragen, aber nicht erreichbar waren. Der Admin-C ist nach Auffas-sung der Gerichte hier passiv legitimiert, kann also als Anspruchsgegner haftbar gemacht werden.

Abgelehnt wurde die Admin-C-Haftung bspw. in Entscheidungen des Landgerichts Kassel[17] und des Oberlandesgerichts Koblenz.[18] Letzteres hat festgestellt, dass der Admin-C lediglich die vom Domain-Inhaber bevollmächtigte natürliche Person ist, die berechtigt und verpflichtet ist, sämtliche Angelegenheiten, die mit der Domain in Zusam-menhang stehen, zu entscheiden. Der Admin-C ist diesem Urteil zufolge Ansprechpart-ner der DENIC, aber nicht passiv legitimiert.

Die Haftung des auf Löschung des Domainnamens in Anspruch genommenen Admin-C als Störer setzt voraus, dass ihn ausnahmsweise eine eigene Pflicht trifft, zu prüfen, ob mit der beabsichtigten Registrierung Rechte Dritter verletzt werden.[19] Voraussetzung ist inso-fern das Vorliegen besonderer Gefahr erhöhender Umstände, die darin bestehen können, dass vor allem bei Registrierung einer Vielzahl von Domainnamen die möglichen Kollisi-onen mit bestehenden Namensrechten Dritter auch vom Anmelder nicht geprüft werden. Eine abstrakte Gefahr, die mit der Registrierung einer Vielzahl von Domainnamen verbun-den sein kann, reicht insofern nicht aus.

Grundsätzlich wird an dieser Stelle auf die Haftungsregelungen des Telemediengeset-zes verwiesen.

Beispiel

Domainname „kinski-klaus.de"

Der BGH hatte über einen Schadensersatzanspruch zu entscheiden, dem ein Streit um den Domain-Namen „kinski-klaus.de" zugrunde lag – „kinski-klaus.de".

---

[15]LG Magdeburg, Urt. v. 18.06.1999 – 36 O 11/99.

[16]OLG München, Urt. v. 20.01.2000 – 29 U 5819/99.

[17]LG Kassel, Urt. v. 15.11.2002 – 7 O 343/02.

[18]OLG Koblenz, Urt. v. 25.01.2002 – 8 U 1842/00.

[19]BGH, Urt. v.13.12.2012 – I ZR 150/11.

Der Fall:[20]

Die Kläger sind die Erben des am 23. November 1991 verstorbenen Klaus Nakszynski, der unter dem Künstlernamen Klaus Kinski sehr bekannt geworden ist. Die Beklagten haben den Domain-Namen „kinski-klaus.de" zur Registrierung angemeldet und dazu benutzt, um für eine von ihnen veranstaltete Ausstellung über Klaus Kinski zu werben. Die Kläger haben dies mit Abmahnungen beanstandet und die Abgabe strafbewehrter Unterlassungserklärungen gefordert. Die Beklagten hätten in ihr absolutes Recht an der Vermarktung der Prominenz von Klaus Kinski eingegriffen. Mit ihrer Klage haben die Kläger als Schadensersatz die Erstattung der Abmahnkosten verlangt.

Der BGH hat entschieden, die Kläger hätten keine Schadensersatzansprüche wegen einer Verletzung des postmortalen Persönlichkeitsrechts von Klaus Kinski. Das postmortale Persönlichkeitsrecht schütze allerdings mit seinen vermögenswerten Bestandteilen, die den Erben zustünden, auch vermögenswerte Interessen; eine Rechtsverletzung könne dementsprechend auch Schadensersatzansprüche der Erben begründen.[21] Die vermögenswerten Bestandteile des postmortalen Persönlichkeitsrechts behielten dem Erben jedoch nicht in gleicher Weise wie die Verwertungsrechte des Urheberrechts bestimmte Nutzungshandlungen vor. Es müsse vielmehr jeweils durch Güterabwägung ermittelt werden, ob der Eingriff durch schutzwürdige andere Interessen gerechtfertigt sei oder nicht. Die Befugnisse des Erben aus den vermögenswerten Bestandteilen des postmortalen Persönlichkeitsrechts leiteten sich zudem vom Verstorbenen als Träger des Persönlichkeitsrechts ab und dürften nicht gegen dessen mutmaßlichen Willen eingesetzt werden. Sie sollten es nicht ermöglichen, die öffentliche Auseinandersetzung mit Leben und Werk der Person zu kontrollieren oder gar zu steuern. Eine Verletzung der vermögenswerten Bestandteile des postmortalen Persönlichkeitsrechts könne deshalb nur nach sorgfältiger Abwägung angenommen werden. Dies gelte insbesondere dann, wenn sich der in Anspruch Genommene für seine Handlungen auf Grundrechte wie die Freiheit der Meinungsäußerung (Art. 5 Abs. 1 GG) und die Freiheit der Kunst (Art. 5 Abs. 3 GG) berufen könne.

Im vorliegenden Fall hat der BGH einen Anspruch wegen eines Eingriffs in die vermögenswerten Bestandteile des postmortalen Persönlichkeitsrechts schon deshalb nicht für gegeben erachtet, weil dieser Schutz mit dem Ablauf von zehn Jahren nach dem Tod von Klaus Kinski erloschen sei. Er hat damit die für den postmortalen Schutz des Rechts am eigenen Bild in § 22 KUG festgelegte Schutzdauer von zehn Jahren auf den Schutz der vermögenswerten Bestandteile des postmortalen Persönlichkeitsrechts übertragen. Die gesetzliche Begrenzung der Schutzdauer des Rechts am eigenen Bild beruhe nicht nur auf dem Gedanken, dass das Schutzbedürfnis nach dem Tod mit zunehmendem Zeitablauf abnehme. Sie schaffe auch Rechtssicherheit und berücksichtige das

---

[20]BGH, Urt. v. 05.10.2006 – I ZR 277/03.
[21]BGH, Urt. v. 01.12.1999 – I ZR 49/97; BVerfG, Beschl. v. 22.08.2006 – 1 BvR 1168/04.

berechtigte Interesse der Öffentlichkeit, sich mit Leben und Werk einer zu Lebzeiten weithin bekannten Persönlichkeit auseinandersetzen zu können. Der postmortale Schutz des allgemeinen Persönlichkeitsrechts ende damit nicht insgesamt nach zehn Jahren. Unter den Voraussetzungen des Schutzes der ideellen Bestandteile des postmortalen Persönlichkeitsrechts bestehe er fort. Über derartige Ansprüche sei jedoch nach dem Gegenstand des Rechtsstreits nicht zu entscheiden gewesen.

Beispiel

Registrierung fremden Domainnamen für sich

Der BGH hatte darüber zu entscheiden, ob es unter bestimmten Umständen zulässig sein kann, einen fremden Domainnamen für sich zu registrieren.

Der Fall:[22]

Der Kläger trägt den Familiennamen Grundke. Er hat sich dagegen gewandt, dass der Domainname „grundke.de" für den Beklagten registriert ist, und hat von diesem die Freigabe des Domainnamens verlangt. Der Beklagte heißt selbst nicht Grundke. Er ist aber von der Grundke Optik GmbH im April 1999 beauftragt worden, diesen Domainnamen registrieren zu lassen und für die Grundke Optik eine Homepage zu erstellen. Bei der DENIC e. G. ist als Inhaber der Domain der Beklagte registriert. Bis auf eine kurze Unterbrechung im Sommer 2001 erschien auf der Homepage „grundke.de" seitdem der Internetauftritt der Grundke Optik.

Der BGH hat zunächst bestätigt, dass grundsätzlich schon die Registrierung eines fremden Namens als Domainname ein unbefugter Namensgebrauch ist, gegen den jeder Namensträger unter dem Aspekt der Namensanmaßung vorgehen kann. Das gilt jedoch nicht, wenn der Domainname im Auftrag eines Namensträgers reserviert worden ist. Wegen des im Domainrecht unter Gleichnamigen geltenden Prioritätsprinzips, wonach eine Domain allein demjenigen zusteht, der sie zuerst für sich hat registrieren lassen, müssen die anderen Namensträger aber zuverlässig und einfach überprüfen können, ob eine derartige Auftragsreservierung vorlag. Das ist insbesondere der Fall, wenn unter dem Domainnamen die Homepage eines Namensträgers mit dessen Einverständnis erscheint. Es sind aber auch andere Möglichkeiten denkbar, wie die Auftragsregistrierung gegenüber anderen Namensträgern in prioritätsbegründender Weise dokumentiert werden kann.

Im Streitfall lag bei Registrierung des Domainnamens ein Auftrag der Grundke Optik zur Erstellung ihrer Homepage vor. Diese Homepage wurde auch alsbald freigeschaltet, bevor der Kläger seine Ansprüche geltend gemacht hat. Damit steht der Grundke Optik gegenüber dem Kläger die Priorität für den Domainnamen grundke.de zu, auf die sich der Kläger aufgrund des ihm erteilten Auftrags berufen kann. Dabei ist nicht entscheidend, ob zwischen der Grundke Optik und dem Beklagten ausdrücklich vereinbart war, dass die Registrierung auf den Namen des Beklagten erfolgt. Für

---

[22]BGH, Urt. v. 02.2007 – I ZR 59/04.

die Priorität der Registrierung des Domainnamens kommt es auf Einzelheiten des Auftragsverhältnisses nicht an, wenn es tatsächlich bestand und etwa durch Freischaltung einer Homepage des Namensträgers nach außen dokumentiert worden ist.

Bei einem eindeutigen Missbrauch muss ein Domainname durch die DENIC gelöscht werden.

Beispiel

Der Fall:[23]

Der Kläger ist der Freistaat Bayern, dessen Staatsgebiet in sieben Regierungsbezirke unterteilt ist. Die Beklagte ist die DENIC, eine Genossenschaft, die die Domainnamen mit der Top-Level-Domain „.de" vergibt.

Der Kläger hat festgestellt, dass unter dieser Top-Level-Domain zugunsten mehrerer Unternehmen mit Sitz in Panama sechs Domainnamen registriert wurden, die aus dem Wort „regierung" und dem Namen jeweils einer seiner Regierungsbezirke gebildet wurden (zum Beispiel „regierung-oberfranken.de").

Der Kläger, der für seine Regierungsbezirke ähnliche Domainnamen hat registrieren lassen (zum Beispiel „regierung.oberfranken.bayern.de"), verlangt von der Beklagten, die Registrierung dieser Domainnamen aufzuheben.

Zur Begründung führt der BGH an: Zwar träfen die DENIC, die die Aufgaben der Registrierung der Domainnamen ohne Gewinnerzielungsabsicht erfüllt, nach der Entscheidung „ambiente.de" (s. o.) nur eingeschränkte Prüfungspflichten. Bei der Registrierung selbst, die in einem automatisierten Verfahren allein nach Prioritätsgesichtspunkten erfolgt, müsse keinerlei Prüfung erfolgen. Aber auch dann, wenn die DENIC auf eine mögliche Rechtsverletzung hingewiesen worden ist, sei sie nur dann gehalten, die Registrierung des beanstandeten Domainnamens zu löschen, wenn die Rechtsverletzung offenkundig und für sie ohne weiteres feststellbar sei. Diese Voraussetzungen lägen im Streitfall vor. Bei den Namen, auf deren Verletzung der Kläger die DENIC hingewiesen hat, handele es sich um offizielle Bezeichnungen der Regierungen bayerischer Regierungsbezirke. Aufgrund eines solchen Hinweises könne auch ein Sachbearbeiter der DENIC, der über keine namensrechtlichen Kenntnisse verfügt, ohne weiteres erkennen, dass diese als Domainnamen registrierten Bezeichnungen allein einer staatlichen Stelle und nicht einem in Panama ansässigen privaten Unternehmen zustehen.

Weitere Beispiele:

- Admin-C eines ausländischen Domaininhabers haftet als Mitstörer[24]
- Bindestrich-Domain verletzt nicht Namensrecht[25]

---

[23]BGH, Urt. v. 27.10.2011 – I ZR 131/10.

- Entscheidung im Streit um „schmidt.de"[26]
- Kein Prioritätsprinzip bei gleichzeitiger Registrierung von Domains[27]
- Haftung des Admin-C bei Verletzungen von Rechten Dritter durch einen registrierten Domainnamen[28]

8.7   Domain-Pfändung

Domains können im Rahmen der Zwangsvollstreckung gepfändet werden. Als Vermögensrecht gemäß § 857 Abs. 1 der Zivilprozessordnung (ZPO), in das vollstreckt wird, sind der Rechtsprechung zufolge alle schuldrechtlichen Ansprüche anzusehen, die dem Domain-Inhaber gegen die DENIC als sogenannter Drittschuldnerin aus dem Registrierungsvertrag zustehen.

Weigert sich die DENIC, im Rahmen der Domainpfändung bei der Pfändung selbst als Drittschuldner mitzuwirken, haftet die DENIC selbst auf Schadensersatz.

Beispiel

Der Fall:[29]

Der Kläger nimmt die DENIC als die Registrierungsstelle für die sogenannte Top Level Domain „.de" auf Schadensersatz aus Pflichtverletzung in Anspruch. In dieser Funktion ist die DENIC zuständig für die Registrierung und den Betrieb von Second Level Domains unter .de, also dem vor dieser Endung befindlichen Bestandteil einer Internetadresse. Die DENIC registriert hierbei einen Domain-Namen, also eine Internetadresse, der aus technischen Gründen nur einmal vergeben werden kann, für den jeweiligen Anmelder, wenn der Domain-Name nicht bereits für einen anderen eingetragen ist. Rechtliche Grundlage für die Registrierung von Domains bei der Beklagten ist dabei der zwischen der Beklagten und dem jeweiligen Domaininhaber bestehende Domainvertrag und die Domainbedingungen.

Der Kläger bestellte am 07.11.2007 bei der Web S. AG über die Domain p...24. de einen Fernseher zum Preis von 1148,90 EUR. Dieses Gerät wurde in der Folgezeit trotz Zahlung durch den Kläger nicht ausgeliefert und der Kläger forderte die Web S. AG sodann erfolglos zur Rückzahlung des Kaufpreises auf. Er erwirkte sodann einen Vollstreckungsbescheid in Höhe von 1485,79 EUR zuzüglich weiterer Kosten von 54,10 EUR gegen die Web. S. AG. Mit Pfändungsbeschluss vom 21.08.2008 wurde

---

[24]LG Hamburg, Urt. v. 15.03.2007 – 327 O 718/06.

[25]OLG Köln, Urt. v. 31.08.2007 – 6 U 48/07.

[26]LG Hannover, Urt. v. 22.04.2005 – 9 O 117/04.

[27]AG Köln, Urt. v. 24.11.2004 – 136 C 161/04.

[28]BGH, Urt. v. 09.11.2011 – I ZR 150/09.

[29]LG Frankfurt a. M., Urt. v. 09.05.2011 – 2 – 01 S 309/10.

daraufhin die Domain der Web S. AG namens p…24.de gepfändet. Dieser Pfändungs-beschluss betraf die Nutzungsrechte des Schuldners an der Internetdomain. Im Pfän-dungsbeschluss wurde die Beklagte als Drittschuldnerin bezeichnet. Der Beschluss wurde ihr am 2.09.2008 zugestellt. Sie wandte sich daraufhin noch am gleichen Tag an den Kläger und teilte mit, dass sie nicht Drittschuldnerin sei und keine Drittschuld-nererklärung nach § 840 Abs. 1 ZPO abgeben werde.

Am 25.09.2008 löschte die Beklagte die Domain. Am gleichen Tag wurde sie auf einen Herrn K. neu registriert, der sie auf die A. Consulting Ltd. mit Sitz in Großbri-tannien übertrug.

Die Parteien streiten insbesondere darüber, ob die DENIC Drittschuldnerin im Sinne des § 840 ZPO ist.

Begründung des Gerichts: Die DENIC schuldet aufgrund des mit ihrem Kunden bestehenden Dauerschuldverhältnisses nach der Konnektierung insbesondere die Aufrechterhaltung der Eintragung im Primary Nameserver als Voraussetzung für den Fortbestand der Konnektierung. Daneben bestehen weitere Ansprüche des Domain-inhabers wie die Anpassung des Registers an seine veränderten persönlichen Daten oder die Zuordnung zu einem anderen Rechner durch Änderung der IP-Nummer. Die Pfändung des Anspruchs auf Aufrechterhaltung der Registrierung aus einem Vertrag des Domaininhabers mit der Beklagten umfasst ferner auch alle weiteren, sich aus dem Vertragsverhältnis ergebenden Nebenansprüche. Drittschuldner ist jeder Dritte, dessen Leistung zur Ausübung des gepfändeten Rechts erforderlich ist oder dessen Rechtsstellung von der Pfändung berührt wird. Bei einer Domainpfändung ist damit die DENIC Drittschuldner und so zur Erfüllung aller sich aus dem Vertrag mit dem Domaininhaber als Schuldner des Pfändungsgläubigers ergebenden Verbindlichkeiten verpflichtet. Bei einer unterlassenen Drittschuldnererklärung macht sich die DENIC gegenüber dem Pfändungsgläubiger schadensersatzpflichtig.

Anhang

Auflistung der angesprochenen Gesetze

ArbnErfG	Gesetz über Arbeitnehmererfindungen (Arbeitnehmererfindungsgesetz)
BDSG	Bundesdatenschutzgesetz
BGB	Bürgerliches Gesetzbuch
BGB-InfoVO	Verordnung über Informations- und Nachweispflichten nach bürgerlichem Recht
BKAG	Gesetz über das Bundeskriminalamt und die Zusammenarbeit des Bundes und der Länder in kriminalpolizeilichen Angelegenheiten (Artikel 1 des Gesetzes über das Bundeskriminalamt und die Zusammenarbeit des Bundes und der Länder in kriminalpolizeilichen Angelegenheiten) – (Bundeskriminalamtgesetz)
BVG	Gesetz über die Versorgung der Opfer des Krieges (Bundesversorgungsgesetz)
CISG	Convention on Contracts of the international Sale of Goods – Übereinkommen der Vereinten Nationen über Verträge über den internationalen Warenkauf (UN-Kaufrecht)
DesignG	Gesetz über den rechtlichen Schutz von Design (Designgesetz)
DSAnpUG-EU	Gesetz zur Anpassung des Datenschutzrechts an die Datenschutz-Grundverordnung und zur Umsetzung der Richtlinie (EU) 2016/680 (Datenschutz-Anpassungs- und -Umsetzungsgesetz-EU)
EGBGB	Einführungsgesetz zum Bürgerlichen Gesetzbuche
EGStPO	Einführungsgesetz zur Strafprozessordnung
EPÜ	Europäisches Patentübereinkommen
FFG	Gesetz über Maßnahmen zur Förderung des deutschen Films (Filmförderungsgesetz)
GG	Grundgesetz für die Bundesrepublik Deutschland
GWB	Gesetz gegen Wettbewerbsbeschränkungen
HGB	Handelsgesetzbuch
JMStV	Jugendmedienschutz-Staatsvertrag

© Springer Fachmedien Wiesbaden GmbH 2017
K.W. Nitsch, *Informatikrecht*, DOI 10.1007/978-3-658-16426-3

JuSchG	Jugendschutzgesetz
KunstUrhG	Gesetz betreffend das Urheberrecht an Werken der bildenden Künste und der Photographie (Kunsturhebergesetz)
KWG	Gesetz über das Kreditwesen (Kreditwesengesetz)
MarkenG	Gesetz über den Schutz von Marken und sonstigen Kennzeichen (Markengesetz)
MDStV	Staatsvertrag über Mediendienste (Mediendienste-Staatsvertrag)
NWPresseG	Pressegesetz für das Land Nordrhein-Westfalen
PAngV	Preisangabenverordnung
PatG	Patentgesetz
ProdSG	Gesetz über die Bereitstellung von Produkten auf dem Markt (Produktsicherheitsgesetz)
PVÜ	Pariser Verbandsübereinkunft zum Schutz des gewerblichen Eigentums
RFinStV	Rundfunkfinanzierungsstaatsvertrag
RStV	Rundfunksstaatsvertrag
SigG	Gesetz über Rahmenbedingungen für elektronische Signaturen (Signaturgesetz)
SGB XII	Sozialgesetzbuch Zwölftes Buch – Sozialhilfe
StGB	Strafgesetzbuch
StPO	Strafprozessordnung
TDDSG	Teledienstedatenschutzgesetz
TDG	Teledienstegesetz
TKG	Telekommunikationsgesetz
TKTransparenzVO	Verordnung zur Förderung der Transparenz auf dem Telekommunikationsmarkt
TMG	Telemediengesetz
UrhG	Gesetz über Urheberrecht und verwandte Schutzrechte (Urheberrechtsgesetz)
UStG	Umsatzsteuergesetz
UWG	Gesetz gegen den unlauteren Wettbewerb
VGG	Gesetz über die Wahrnehmung von Urheberrechten und verwandten Schutzrechten durch Verwertungsgesellschaften
ZPO	Zivilprozessordnung

The manufacturer's authorised representative in the EU is Springer
Nature Customer Service Centre GmbH, Europaplatz 3, 69115 Heidelberg,
Germany. If you have any concerns regarding our products, please
contact ProductSafety@springernature.com

Printed and bound by CPI Group (UK) Ltd, Croydon, CR0 4YY
27/04/2026
02097643-0011